VON DER HÖLLE BIS ZUM HIMMEL

VON DER HÖLLE BIS ZUM HIMMEL

Die jenseitige Führung des Robert Blum

durch das innere Wort empfangen

JAKOB LORBER

5. Auflage

1995

LORBER-VERLAG - BIETIGHEIM/WÜRTT.

ISBN 3-87495-186-3

Druck: Verlagsdruckerei Otto W. Zluhan, D-74321 Bietigheim
Umschlaggestaltung: Franz Reins

Vorwort zur dritten Auflage

Seit der zweiten Auflage dieses Werkes sind fast vier Jahrzehnte vergangen — ein Zeitraum atemberaubenden Weltgeschehens, dem ein zweiter Weltkrieg den Stempel von Blut, Not und millionenfachem Leid aufprägte. Auch seitdem kehrte kein wahrer Friede mehr in die Menschheit ein. Die Aufspaltung in politisch und wirtschaftlich sich bekämpfende Machtblöcke schufen einen neuen Rüstungswahn, in dessen Dienst die Wissenschaft und Technik ihre besten Kräfte hinopfert.

Trotz dem Siegeszug der Zivilisation bleibt die Atombombe das markanteste Kennzeichen unserer Zeit: ein drohendes Gespenst, das den Dämon Weltangst nährt und die Menschheit ihrer Errungenschaften nicht froh werden läßt. Kultur und Kunst zeigen gewaltige Verfallserscheinungen, auch die Religion — vertreten durch die Kulte und Dogmen der Kirchen — vermag dem lebensfeindlichen Tun der Verantwortlichen nicht Einhalt zu gebieten, weil sie nicht mehr Herzensbedürfnis ist, sondern zur bloßen Tradition erstarrte.

Im klaren Wissen oder in unbewußter Ahnung der kommenden Folgen einer Mißachtung aller göttlichen Gebote sind es jedoch nicht wenige Menschen, die zu den ewigen Werten des Geistes hinstreben. Sie verzichten darauf, aus den trüben Brunnen der Gegenwart zu schöpfen und stillen ihren geistigen Durst lieber an jenen reinen Quellen der Wahrheit, die uns durch gottberufene Mittler zu allen Zeiten erschlossen wurden. Ein solcher Gottesbote war Jakob Lorber, dem das lebendige innere Wort, der Christusgeist im Menschen, Werke von unvergänglichem Wert über das Wesen Gottes, des Universums und des Menschen niederschreiben ließ.

Unter diesen Neuoffenbarungen finden sich auch Bücher, die sich mit den nachtodlichen Zuständen des Menschen und den jenseitigen Entwicklungssphären eingehend befassen. Die vorliegende Schrift „Von der Hölle bis zum Himmel“ zählt zu den umfassendsten dieser Bücher. Sie schildert nicht nur den Entwicklungsgang eines großen Geistes, sondern berührt dabei die tiefsten Probleme des Menschendaseins überhaupt. Sie gibt dem Leser auf die letzten Fragen des Lebens überzeugende Antworten und stellt eine wirkliche Offenbarung höchster Schöpfungsgeheimnisse dar.

Wir leben heute in einer entscheidenden Zeitenwende, welche das Problem vom Weiterbestand oder der Selbstvernichtung der Menschheit immer dringlicher werden läßt. Kein Wunder, daß stets mehr Menschen nach Büchern greifen, die das Fortleben nach dem Tode und die Schilderung der jenseitigen Welten zum Inhalt haben. Gerade hier aber ist die Quelle, der solche Kundgaben entstammen, von größter Bedeutung für deren Wahrheitsgehalt. Von den zweifelhaften Mitteilungen noch erdgebundener Jenseitsseelen mit ihrem beschränkten Erkenntnisvermögen reicht die Skala bis zu den großen, geistdurchleuchteten Offenbarungen z. B. eines Jakob Böhme, Emanuel Swedenborg und nicht zuletzt eines Jakob Lorber. Daher sind solche Werke zeitlos und von bleibendem Wert, und ihre Aufnahme bei ernsten Wahrheitssuchern bedingt stets neue Auflagen ihres Schrifttums, um der steigenden Nachfrage zu genügen.

Eine solche Neuauflage erlebt nun auch dieses Buch, wobei durch eine flüssigere Gestaltung des teilweise zeitgebundenen Sprachstils Lorbers das Werk dem modernen Leser zugänglicher gemacht werden soll. Wenn ein Bibelwort lautet „Der Buchstabe (die äußere Wortform) tötet, der Geist (der innere Sinn) allein macht lebendig" — so war der Lorber-Verlag getreu diesem Grundsatz strenge darauf bedacht, daß der Sinn aller Darstellungen in jedem Detail gewahrt blieb, wovon sich die Kenner der früheren Auflagen leicht überzeugen können.

Zum Schluß noch ein Hinweis: Lorber selbst empfing bei Niederschrift des Werkes eine Zwischenkundgabe, die ihrer Wichtigkeit wegen bereits hier angeführt sei. Sie will einer zuweilen erhobenen Kritik begegnen, die gewisse szenische Erlebnisse und Redensarten für unvereinbar mit der göttlichen Inspiration des Werkes zu halten vermeint — ohne zu bedenken, daß die Seele auch drüben vor ihrer Vereinigung mit dem Geiste nicht anders zu denken, reden und handeln vermag. Aus jener Kundgabe hier die Sätze:

. . . „Daß manche Szenen hier bildlich und wörtlich so wiedergegeben sind, wie sie in der Geisterwelt wirklich vor sich gehen, erfolgt deshalb, um dem Leser dieser Offenbarung einen anschaulichen Beweis davon zu geben: daß der Mensch nach Ablegen seines Erdenleibes ganz derselbe Mensch bleibt mit Haut und Haaren, mit seiner Sprache, seinen Ansichten, Gewohnheiten, Sitten, Gebräuchen, Neigungen und Leidenschaften. Ebenso seine daraus hervorgehenden Handlungen, wie sie auf der Welt bei seinem Leibesleben stattfanden. Dies alles, solange er nicht die völlige Wiedergeburt im Geiste erlangt hat. Deshalb heißt dieser Zustand nach dem Übertritt die „naturmäßige Geistigkeit“, während ein voll wiedergeborener Geist sich im Zustande der „reinen Geistigkeit“ befindet. Die Erscheinung der Örtlichkeit aber ist stets ein Aushängeschild von dem, wie die Geister innerlich hauptsächlich beschaffen sind“ ...

Möge dieser Hinweis manch neuem, mit den geistigen Lehren noch weniger vertrauten Leser das Studium dieses großen Jenseitswerkes erleichtern. Es will zudem vornehmlich mit dem Herzen gelesen werden, um in dem Menschen eine Ahnung zu erwecken von der Liebe und Weisheit, mit der der VATER seine Gotteskinder von Sphäre zu Sphäre führt bis zu ihrer Vollendung in höchster Freiheit und Seligkeit.

Der Verlag.

Vorwort

von Dr. Walter Lutz

Die Frage, ob es nach diesem irdischen Dasein ein Fortleben gibt und wie solches gestaltet ist, hat von jeher das Menschenherz auf das tiefste bewegt. Viele hofften durch unmittelbare Botschaften aus dem Jenseits bestimmte Aufschlüsse zu empfangen. Der bekannteste, durch die Schrift verbürgte Fall einer solchen Kunde ist das Erlebnis König Sauls beim Weibe von Endor. Das Erscheinen des Moses und Elias auf dem Berge der Verklärung (Matth. 17, 3) darf wohl in göttlichstem Sinn ebenfalls hierher gezählt werden.

Auch in unserer Zeit erleben wir, daß unmittelbare Botschaften aus der geistigen Welt in großer Zahl an die Menschheit ergehen. Tausende Menschen durften durch die Ergebnisse des Okkultismus und Spiritismus ihren verlorenen Glauben wiederfinden und sich auf diesem Wege insbesondere davon überzeugen, daß nach dem leiblichen Tod ein Fortleben stattfindet: in einem Reich, dessen Schöpfer und Regent ein heiliger Gott der Liebe und Weisheit ist. Freilich sind diese Erscheinungen ihrer Natur nach meist so, daß sie einem hartgläubigen Menschen immer noch Zweifel übriglassen. Und so können wir es unserem himmlischen Vater nicht innig genug danken, daß Er dem — trotz Bibel und Kirche — so irregegangenen Menschengeschlecht unserer Tage eine neue, machtvolle Offenbarung der göttlichen Lebenswahrheiten geschenkt hat.

Diese Vermittlung eines neuen, vollen Erkenntnislichtes erfolgte durch den 1800—1864 in Graz lebenden deutschen Seher und Gottesboten Jakob Lorber*. In den durch das innere Wort des Geistes eingegebenen Schriftwerken dieses Mannes ist auch das Geheimnis des Fortlebens und des Jenseits in klarster und umfassendster Weise enthüllt.

* Näheres über ihn berichtet das Lebensbild „Jakob Lorber“ von dem durch jahrzehntelange persönliche Bekanntschaft mit Lorber verbundenen steiermärkischen Schriftsteller und Ständesekretär Karl Gottfried Ritter von Leitner.

Eine Gewißheit auf Fortsetzung des menschlichen Daseins nach dem Tod erweckt schon die Lorbersche Schöpfungs- und Lebenslehre. Hier wird uns das ganze Weltgeschehen als ein großer geistiger Lebens-Entwicklungsvorgang dargestellt, in dem der Schöpfer aus unvollkommenen und unselbständigen Geschöpfen durch eine unendlich weise und liebevolle Erfahrungsschule wahre Ebenbilder und Kinder Gottes heranbildet. In tiefüberzeugenden Darlegungen wird mit dieser Entwicklungslehre der eigentliche Sinn des Menschenlebens wie auch der ganzen Schöpfung enthüllt. Schon durch diese unvergleichlichen Eröffnungen muß jedem denkenden Menschen klar werden, daß mit dem Leibestod unser Dasein unmöglich sein Ende haben kann. Denn das in uns angefangene Gotteswerk findet nun auf anderer Stufe und in anderen Lebensformen seinen Fortgang, um fortlaufend dem erhabenen Vollendungsziel in Gott näherzukommen.

Entsprechend dieser großen Wahrheit sind auch die weiteren Aufschlüsse, die wir durch Lorber über die Einzelheiten der jenseitigen Weiterbildung der Menschenseele erhalten. Das Wichtigste davon ist folgendes:

Beim leiblichen Tod des Menschen trennt sich die Seele unter Führung des als Leiter und Lebensvollender in ihr wohnenden göttlichen Geistfunkens als ätherischer Geistmensch von ihrer irdischen Hülle. Diese Loslösung geschieht umso schwerer, je mehr der Mensch mit seinem Denken und Wollen noch am Diesirdischen klebt. Räumlich erhebt sich die Seele nach der Trennung gewöhnlich in den höheren Luftraum der Erde. Die meisten Abgeschiedenen, die in ihrem irdischen Leben die Läuterung zur geistigen Wiedergeburt nicht wenigstens annähernd erreicht haben, gelangen hier zunächst in einen eigenartigen Zustand, am besten einem sehr lebhaften Traum- oder Phantasieleben vergleichbar. Bei Lorber wird diese Welt unvollendeter Seelen das Mittelreich genannt, da von hier aus die Wege der seelischen Entwicklung entweder abwärts zu gottesfernen, qualvollen, höllischen Zuständen oder aber aufwärts in gottesinnige, lichtvolle, selige Zustände der Paradiese und Himmel führen.

Im Mittelreich ist der Regel nach den Seelen die Sehgabe für die materielle Wirklichkeit benommen. Sie schauen und vernehmen nichts mehr von der unter ihnen liegenden irdischen Welt noch von den himmlischen Sphären über ihnen, sondern erkennen und fühlen nur, was in ihnen selbst ist. Ihr Sein ist wie eine Art heller Traum, in dem die Seele in einer gleichsam aus ihr (d. h. aus ihrer Phantasie) hervorgegangenen Gegend lebt und ganz so handelt, als befände sie sich in der natürlichen Welt.

Aber in dieser eigenartigen Eingesponnenheit bleibt die Seele nicht hilflos sich selbst überlassen. Schutzgeister, die schon im irdischen Dasein sich um ihre Läuterung und Reifung bemüht haben, führen auch jetzt ihr Werk liebevoll weiter, indem sie das innere Schauen und Erleben der Seele unvermerkt beeinflussen und zu einer geistigen Lebensschulung gestalten.

Freilich dauert es oft lange, bis eine Seele solchen weisen Belehrungen folgt. Bis sie ihre alten selbstischen Gedanken und Gelüste fahren läßt und sich endlich demütig in die heilige Liebesordnung des Gottesreiches fügt. Wir vernehmen durch Lorber, daß für eine lässige Seele der Fortschritt im Jenseits ein weit schwierigerer ist als auf Erden; daß ein Tag diesseits mehr sein kann als tausend Jahre drüben und daher die zeitliche Lebensschule mit allem Ernst zu nützen ist! Auf Grund ihrer W i l l e n s f r e i h e i t kann eine hartnäckige Seele in ihrem jenseitigen Traumleben sich auch höchst unglücklich entwickeln, indem sie in ihrer unreinen Liebe sich immer mehr vom Göttlichen abwendet und in höllische Gedanken und Leidenschaften übergeht. Für eine solche Seele werden dann infolge dieser Gesinnung auch ihre inneren Erlebnisse immer höllischer und peinvoller, bis sie, durch oft furchtbare Erfahrung belehrt, ihre falsche Richtung endlich erkennt und doch noch umkehrt.

Gibt eine Seele im Jenseits früher oder später sich der Führung ihrer Schutzgeister und höheren Gottesdiener hin, gelangt sie bald in lichtere geistige Zustände, die schließlich immer mehr Wahrheit, Wirklichkeit und Seligkeit in sich bergen. Denn in einer solchen Seele entwickelt sich dann, genährt durch das in sie eindringende göttliche Lebenslicht, der reingeistige Gottesfunken zu einer das ewige Leben in sich tragenden, alles beseligenden Macht.

„Wenn eine Seele", so lesen wir in den Neuoffenbarungen, „einmal dahin kommt, daß ihr innerer Geist sie ganz durchdringt, dann gelangt sie auch zum vollen Hellsehen und klaren Erkennen. Ebenso zur Erinnerung an alles, was sie war, wie sie geworden, was sie gemacht und wie die Welt bestellt war, in der sie im Leibe gelebt hat." Auch alle ihre

Lieben, die ihr im irdischen Leben nahegestanden, wird sie dann wiedersehen, um mit ihnen für ewig verbunden zu bleiben. Solch eine Seele kann dann die ganze Schöpfung erschauen und ist durch ihre nunmehr machtvolle Gottesliebe befähigt, in seliger Vereinigung mit ihrem Gott und Vater und mit den anderen gereiften und vollendeten Geistern am endlosen Werke der göttlichen Welten- und Wesenschöpfung mitzuwirken.

Diese hier mit einfachsten Grundlinien angedeutete Jenseitslehre finden wir hauptsächlich in dem großen, durch Jakob Lorber gegebenen zehnbändigen Evangelium und im besonderen auch in den Werken: „Die Geistige Sonne“, „Bischof Martin“ und dem vorliegenden zweibändigen Werk „Robert Blum“. Als ein großes Beispiel wird uns hier die jenseitige Weiterentwicklung eines hervorragenden Mannes der politischen Zeitgeschichte vor Augen geführt. Wir erleben sein geistiges Erwachen im Jenseits und sind Zeugen, wie sich diesem liebereichen Menschen in seiner geistigen Phantasiewelt der Herr selbst naht, um ihn aus seinen weltlichen Irrtümern zu lösen und den Geläuterten zum Läuterer vieler anderer Seelen zu machen, die schon im irdischen Leben seiner Wirkungssphäre nahegekommen waren.

Jeder Leser wird schon durch das in diesem Buche dargestellte äußere Geschehen eine Fülle großer Eindrücke und Anregungen finden. Zeitbilder, Charakterschilderungen, die tiefe Seelenmalerei und viele geistvolle Auseinandersetzungen werden jeden fesseln, zumal der Aufbau dieses Werkes sich vom Bild der einsam erwachenden Seele bis zum weitgedehnten Menschheits- und Schöpfungspanorama weitet. Das Wichtigste aber ist die aus allen Geschehnissen sprechende Gesamtlehre: der wahrhaft göttliche, die Herzen bezwingende Geist der Lorberschen Neubotschaft. Hinweg vom zeitlich Vergänglichen und irdisch Unvollkommenen! Empor aus Nacht zum Licht, zum unvergänglichen Reiche der ewiggöttlichen Liebe! Das ist der bedeutsame Inhalt auch dieser Offenbarungsschrift, wie es der heilige Sinn eines jeden wahren Gotteswortes von jeher war und ist.

1

Robert Blums Erdenlaufbahn

1 *Robert Blum* kam unter den dürftigsten Umständen auf diese Erde und hatte bis auf seine letzten Jahre stets mit irdischer Lebensnot zu kämpfen, was ihm aber aus gutem, der Welt freilich unbekanntem Grund zu teil wurde. Seine Seele und sein Geist stammten von jenem Planeten her, von dem ihr aus der Enthüllung der ‚Natürlichen Sonne'[1] wißt, daß seine Einwohner mit hartnäckigster Beharrlichkeit ganze Berge versetzen und, was sie leiblich nicht vollbringen, sogar als Geister noch ins Werk setzen[2].

2 Dieser durch seine Tollkühnheit von der Welt gerichtete Mann zeigte schon von Kindheit an, welch beharrlichen Geistes er war. Obschon Ich Selbst[3] ihm, wo immer er sich erheben wollte, seines Heiles wegen stets tauglichste Hindernisse in den Weg legte, so half das besonders für diese Welt doch wenig. Denn seines Geistes zu beharrliches Streben brach sich endlich aus aller Unbedeutendheit doch eine Bahn, auf der er zu größerem Wirken gelangte.

3 Hier machte er sogleich tausend große Pläne und setzte sie auch nach Möglichkeit ins Werk. Vor allem lag ihm ein gewisses *Völkerwohl* am Herzen, das zu bewerkstelligen er kein Opfer scheute. So er alle Schätze der Erde besessen hätte zur Verwirklichung dieser für ihn höchsten Idee, hätte er sie alle, samt seinem Leben, in die Schanze geschlagen!

4 Diese Völkerwohlidee hatte er hauptsächlich der Welt-Religionsschule des Ronge[4] und Genossen zu verdanken. Aber eigentlich ist diese gar keine Religion und keine Kirche, weil sie Mich, den Herrn, leugnet und Mich zu einem gewöhnlichen Menschen und Volkslehrer der Vorzeit macht. Diese „Kirche" verwirft sonach auch den Grundstein, auf dem sie ihr Gebäude aufführen will, und ihr Haus wird daher einen schlechten Bestand haben.

5 Wie aber Ronge seine Kirche baute, so baute auch unser Mann

---

[1] „Die Natürliche Sonne", kundgegeben durch Jakob Lorber, erschienen im Lorber-Verlag, Bietigheim/Württ. — [2] Dieser Planet ist der Uranus; siehe „Die Natürliche Sonne", Kap. 44, 20. — 3 Der in Jesu verkörperte Gott-Vater. — [4] Begründer des von Rom unabhängigen Deutsch-Katholizismus, 1813—1887.

seine Völkerwohlideen auf Sand. Ihm schien alles, was die Welt darbietet, nur klein und ohnmächtig. Nur in seiner Rednergabe sah er jene Machtgröße, der es gelingen müsse, in Kürze allen Machthabern den Stab zu brechen.

6 Seine Überzeugung war so stark, daß er darüber nahe keines Bedenkens fähig war. Mahnte Ich ihn auch innerlich bei zu gewagten Unternehmungen, vermochte ihn das dennoch nicht von dem abzuhalten, was er sich einmal vorgenommen hatte. Denn es war ihm eine Art Wahlspruch, daß ein rechter Deutscher eher alles opfern solle, als von einer einmal gefaßten Idee abzugehen.

7 Zur Festhaltung seiner einmal zur Ausführung bestimmten Ideen bestärkte ihn auch ein mehrmaliges glänzendes Gelingen derselben. Und so wagte er sich nun auch an ein Himalajagebirge, weil ihm die Abtragung einiger politischer Hügel gelungen war. Durch diese Arbeit hatte er sich auch allgemein bemerkbar gemacht und gewann dabei das Vertrauen eines ganzen Landes, was ihm aber dann den Weg zu seinem irdischen Untergang bahnte.

8 Er erprobte in der Deutschen Versammlung[1] öfters die Macht seiner Zunge und hatte große Freude über seine Siege, woran freilich sein starker Geist den größten Anteil hatte. Darauf gestützt, eilte er in eine große ostdeutsche Stadt[2], wo das Volk seine Ideen tatsächlich ans Tageslicht zu fördern begann. Da wollte er sozusagen mit einem Schlag etliche dreißig sogenannte Fürstenfliegen totschlagen, nicht bedenkend, daß hinter diesen Fliegen auch Ich ein paar Wörtchen zu reden hätte.

9 Unser Mann ging hauptsächlich von einer Idee aus, die er wohl aus Meinem Worte borgte: daß man „vollkommen" sein soll gleich dem Vater im Himmel, und daß da nur Einer der *Herr* ist, alle anderen aber „Brüder" ohne Unterschied des Standes. Aber er glaubte fürs erste an Den nicht, dem die Menschen in der Vollkommenheit gleichen sollen. Für den Herrn aber hielt er eigentlich sich — durch die Macht der Rede. Er vergaß dabei ganz, daß die Fürsten auch Menschen sind im Besitz der Macht aus Mir; und vergaß auch den Schrifttext: „Gebet dem Kaiser, was des Kaisers, und Gott, was Gottes ist!"

10 Dieser Mann wurde in der obenerwähnten Stadt, wo er seine

---

[1] Nationalversammlung in Frankfurt a. M. 1848. — [2] Wien.

völkerbeglückende Idee durch die Gewalt der Waffen wie durch seine Reden verwirklichen wollte, als ein dem Staate gefährliches Individuum gefangengenommen und nach einem kurzen Prozeß aus dieser in die andere Welt befördert[1]. Und somit ward auch sein diesweltlicher, Völker beglücken-sollender Wirkungskreis geschlossen.

2

Erste Eindrücke des Hingerichteten im Jenseits
Bewußtwerden des Lebensgefühls

1 Nun fragt es sich: Wie kam seine Seele und sein Geist in der ewigen *Geisterwelt* an?

2 Hier muß bemerkt werden, daß die meisten, ihr irdisches Leben durch ein Strafgericht gewaltsam Einbüßenden in der Geisterwelt mit dem größten Zorn- und Rachegefühl gegen ihre Richter ankommen und eine Zeitlang wie völlig Rasende umhertaumeln. Aus diesem Grund werden solche Ankömmlinge, so sie *wirkliche* Verbrecher wider Gottes Gebote, also im Grunde Böse sind, sogleich in ihr eigentliches Element, zur Hölle, getrieben, um dort Rache zu üben. Aus ihr kehren sie aber, so ihre Rache einigermaßen abgekühlt ist, wieder in die eigentliche Geisterwelt zurück und beginnen da von neuem, freilich auf sehr beschränkten Wegen, ihre Freiheitsprobe durchzumachen.

3 Geister aber wie der unseres Mannes, die bloß als politische Verbrecher gegen weltliche Gesetze gerichtet drüben ankommen, werden anfangs bloß in einen lichtlosen Zustand versetzt. In dem befinden sie sich wie Blinde und werden somit auch keines Wesens ansichtig, an dem sie ihre blinde Rache kühlen könnten. Großer Zorn und große Rache bewirken ja schon bei Menschen auf der diesirdischen Welt, daß sie förmlich blind werden vor Zorn und glühender Wut. Umso mehr bewirken diese argen Leidenschaften jenseits bei Seele und Geist den Zustand gänzlicher Blindheit. Darin werden solche Geister so lange

---

[1] Robert Blum wurde am 9. November 1848 auf Befehl des kaiserlichen Oberstkommandierenden, Fürst Windischgrätz, in Wien standrechtlich erschossen.

belassen, bis sich ihre Rache in das Gefühl der Ohnmacht umwandelt. Die tief gekränkte und beleidigte Seele beginnt im auftauchenden Gefühl ihrer Ohnmacht zu weinen, was zwar auch dem Zorne entstammt, ihn aber nach und nach ableitet und schwächt.

4 Diesseits konnte unser Mann nichts mehr tun als nur so viel als möglich seine männliche Ehre retten. Deshalb zeigte er sich auch bei seiner Hinrichtung entschlossen und den Tod verachtend — was aber in Wahrheit durchaus nicht der Fall war. Denn er fühlte in sich überaus stark die Schrecken des Todes, und das um so mehr, als er als fester Neukatholik an ein Leben der Seele nach dem Abfalle des Leibes durchaus nicht glaubte.

5 Aber ungefähr sieben Stunden nach seiner Hinrichtung, da seine Seele sich gewisserart wieder zusammenklaubte, überzeugte er sich schnell von der Grundlosigkeit seines irdischen Glaubens und gewahrte gar bald, daß er *fortlebe*. Aber da verwandelte sich seine Überzeugung von dem Fortbestehen nach dem Tod in einen andern Unglauben: Er meinte nun bei sich, daß er wohl auf den Richtplatz hinausgeführt, aber nur scheinbar erschossen worden sei, um die vollkommene Todesangst auszustehen. Da ihm der Offizier die Augen habe verbinden lassen, auf daß er nicht das leere In-die-Luft-schießen merken solle, sei er bloß vor Angst betäubt zusammengesunken. Von da sei er in bewußtlosem Zustand in einen finsteren Kerker gebracht worden, von wo ihn eine Beschwerde von Deutschlands Bürgern sicher bald in die erwünschte Freiheit setzen würde.

6 Ihn stört nun bloß die starke *Finsternis*. Sein Aufenthaltsort erscheint ihm als ein finsteres Loch, das ihm jedoch nicht feucht und übelriechend vorkommt. Er befühlt sich auch die Füße und die Hände und findet, daß ihm nirgends Fesseln angelegt sind. So versucht er die Weite seines Kerkers zu untersuchen, und wie etwa der Boden beschaffen ist. Ob sich in seiner Nähe nicht etwa so ein heimliches Gericht vorfindet?

7 Aber er staunt nicht wenig, als er gar keines Bodens gewahr wird und ebensowenig irgendeiner Kerkerwand; und fürs zweite auch nichts von einer Hängematte finden kann, in der er sich etwa in einem freien Katakombenraume hängend befände.

3

Robert wähnt sich in Narkose

[1] Diese Sache kommt ihm sonderbar und bedenklich vor. Er prüft auch sein Gefühl, ob dieses nicht etwa an den Gliedmaßen gewisserart noch halbtot sei. Aber er überzeugt sich durch ein tüchtiges Kneipen und Reiben an allen seinen Seelenleibesteilen, daß sein Gefühl durchaus nicht tot, sondern im Gegenteil nur gar zu lebendig ist.

[2] Nachdem er sich nun von allen Seiten überzeugt hat, daß er völlig *lebendig* sich von keiner Seite her irgendwie eingeschlossen befindet außer von Nacht und Finsternis, fragt er sich endlich ganz verzweifelt:

[3] „Wo in drei Teufels Namen bin ich denn? Was haben denn die Bluthunde aus mir gemacht? Erschossen haben sie mich nicht, sonst lebte ich nicht! Eingesperrt haben sie mich auch nicht; denn da finde ich weder Wand noch Boden und keine Fesseln an meinen Gliedern! Mein vollkommenes Gefühl habe ich auch; die Augen habe ich auch, sie sind mir nicht ausgestochen und doch sehe ich nichts! Wahrhaftig, das ist schaudervoll merkwürdig! — Dieser Menschenfeind, der mich pro forma hat erschießen lassen, muß mich vielleicht durch ein unbekanntes Narkotikum haben einschläfern lassen, weshalb ich mich nun in diesem Zustand befinde! — Aber warte, du Wüterich, du Völkerrechtmörder, wenn ich aus dieser Narkose komme, dann freue dich! Ich werde dir eine ganz verdammt heiße Suppe kochen!

[4] Dieser Zustand wird nicht ewig dauern. Man wird mich in Frankfurt und in ganz Sachsen suchen lassen. Ich muß dahin kommen! Und bin ich dort, dann sollst du kennenlernen, was für ein Frevel es ist, an einem ersten Reichstagsdeputierten sich so schonungslos zu vergreifen! Das wird auf eine Art gesühnt, von der die ganze Weltgeschichte noch kein Beispiel aufzuweisen hat!

[5] Wenn ich nur schon bald aus dieser sonderbaren Narkose geweckt würde! Ich brenne vor Rache, und dieser lästige Zustand dauert noch immer fort! Das ist doch eine echt teuflisch verfluchte Erfindung! Aber nur Geduld, es wird, es muß bald besser werden!“

4

Notschrei zu Gott — Berufung auf Jesus

1 Nach diesen Worten verhält er sich eine ziemlich lange Weile ganz ruhig und reibt sich bloß manchmal die Augen, um eine allfällige narkotische Trübung los zu werden. Aber da es trotz aller Geduld nicht heller werden will, beginnt er an der Wiedergewinnung des Augenlichts zu zweifeln und wird darum immer erboster. Als aber auch trotz seines stets größeren Zornes das Licht sich nicht einstellen will, ruft er stark aus:

2 „Was ist denn mit mir geschehen? Was ist das für ein verfluchter Zustand? Gibt es denn keinen *Gott* mehr, der mächtig wäre und gerechter als die Machthaber der Erde von Seiner Gnaden!

3 Gott! — so Du Einer bist, recke aus Deinen Arm! Sühne mich, der ich die gute Sache Deiner Kinder zu jenem Ziel führen wollte, das einst schon der erhabene, unverstandene Völkerlehrer *Jesus* erreichen wollte. Aber von gemeinen Häschern aufgegriffen wurde auch er aus Dank für seine großen Mühen und Opfer zum Besten der gesamten Menschheit, an den Pfahl zur größten Schmach der Menschheit gehängt!

4 Wie er, bin auch ich ein Sohn von und aus Dir, so Du Einer bist! Bist Du aber nicht und nirgends außer im Bewußtsein der Menschen selbst? Ist Deine Kraft nur jene, deren sich auch der Mensch bewußt ist, dann freilich rede ich nur fruchtlose Worte und bin um mein ganzes Wesen für ewig betrogen! Warum aber mußte ich ein lebendes, selbstbewußtes Wesen werden? Warum mußte irgendeine im endlosen Raum sich selbst ergreifende, plumpe Idee in mir zum klarsten Ausdruck des Seins werden? Verfluchter Zufall, der mich je in ein so elendes Dasein versetzte! Wenn es arge und böse Teufel gäbe, so sollen sie doch jene Kraft, die mich werden machte, für ewig zerstören!

5 O Menschen! Ihr betrogenen armen Menschen, hört auf, euch fortzupflanzen! Menschen, die ihr nun noch lebt, ermordet eure Kinder und euch, auf daß die verfluchte Erde leer werde! O erwürgt ihr Machthaber alle Menschen und teilt dann die verfluchte Erde unter euch auf, auf daß ihr an ihr allein zur Genüge haben sollt! — Aber umsonst ist mein Eifer; ein ewiger Sklave! Was kann ein Tropfen gegen

des wogenden Meeres Allgewalt? Darum verstumme, du eitle Sprache! Nur ihr Hände, versuchet diesem elendsten Dasein ein Ende zu machen!"

6 Nach diesen Worten machte er sich an Erdrosselungsversuche: einige tüchtige Eingriffe in seine Kehle, aber natürlich ohne alle Wirkung. Denn er greift sich gewisserart alle Male durch und durch, ohne auch nur eine leiseste Spur irgendeiner Erstickung zu verspüren. Das macht ihn stutzen, und er wird über diesen Zustand stets begriffsverwirrter. Da es mit dem Erdrosseln nicht geht, beschließt er, sich gerade vorwärts zu bewegen. „Denn", spricht er bei sich ganz erbost, „finsterer und grundloser als hier kann es wohl im ganzen endlosen Raum nirgendmehr sein. Daher habe ich auch keinen Abgrund und noch weniger irgendein geheimes Gericht mehr zu befürchten. Darum also nur vorwärts! Vielleicht komme ich doch irgendwo zu einem Lichtschimmer oder zum erwünschten Tod!

7 O wie glücklich muß der Zustand eines vollkommenen *Todes* sein! Wie glücklich muß ich gewesen sein, als ich kein Dasein fühlte und kein freies Bewußtsein! Wenn ich doch nur wieder völlig vernichtet werden könnte! Aber sei es nun, wie es will, — so mir der vollkommene Tod ein Labsal ist, gibt es auch nichts mehr, wovor ich mich fürchten sollte. Darum also nur vorwärts!"

5

Gehversuche im leeren Raum
Selbstgespräche vom Nichts und vom Fortleben
Fluch gegen Gott, den Leidensbereiter

1 Hier macht unser Mann mit den Füßen gewöhnliche Gehbewegungen. Aber da er unter seinen Füßen keinen Boden wahrnimmt, scheinen sie ihm bloß nutzlose Pendelbewegungen zu machen, die kein Weiterkommen bewirken. Er sinnt daher auf eine andere Art der Weiterbewegung und spricht:

2 „Ich muß mit Händen und Füßen durch diese lichtlose Luft auf eine eigene Art zu schwimmen anfangen! Um mit den Beinen weiter-

zukommen, muß man eine feste Unterlage haben. Aber wenn diese fehlt, da heißt es entweder schwimmen oder fliegen! Zum Fliegen aber gehören Flügel, diese haben wir nackten Zweibeinler nicht. Was läßt sich da anderes tun, als die noch innewohnenden Kräfte möglichst zweckmäßig zu gebrauchen. Also, es werde geschwommen!"

3 Hier fängt er an, Schwimmbewegungen mit Händen und Füßen zu machen, verspürt jedoch keinen Fortgang durch irgendeinen Luftzug. Aber das beirrt ihn nicht und er setzt seine Schwimmversuche fort. Je mehr er arbeitet, desto mehr verspürt er, daß all sein Mühen vergeblich ist. Er merkt, daß ihn diese schwarze Luft nicht den geringsten Widerstand verspüren läßt, und er stellt daher seine Bewegungen wieder ein. Er spricht:

4 „Ich Esel und Narr, was mühe ich mich denn vergeblich ab? Ich bin nun im barsten Nichts; was will ich das Nichts weiter verfolgen?! Auch ich will in die Ruhe des Nichts eingehen, um in ihr auch zu nichts zu werden! Ja, das ist der Weg zur völligen Vernichtung! Wenn ich nur wüßte, daß ich wirklich erschossen worden bin? Freilich müßte ich da vollkommen tot sein, was bei mir doch nicht der Fall ist? Auch verspüre ich nichts von irgendeiner Zerrüttung!

5 Oder sollte es nach dem Tode wirklich ein *Fortleben* der Seele geben? Ich aber bin ja noch mit Haut und Haaren und sogar mit meiner Kleidung da! Hat denn die Seele auch Beine, Haut, Haar und Kleidung? Wenn so, da muß also der Rock eine Seele haben? Nein! So etwas anzunehmen, müßte doch die ganze Unendlichkeit laut aufzulachen veranlassen! Hahaha! Die Unsterblichkeit eines Rockes wäre noch bei weitem ärger als die Wunderkraft des Leibrockes Christi zu Trier! Und doch, wenn ich Seele bin, ist der Rock mit mir hierher gewandert! — ?

6 Nein und tausendmal nein! Ich bin *keine* Seele, ich bin *Robert Blum,* der Reichstagsdeputierte in Frankfurt! Ich habe es hier in Wien kennengelernt, was Österreich will. Ich weiß es, daß alles Trachten dieses Staates dahin gerichtet ist, den alten Absolutismus wieder von neuem aufzurichten. Ich kämpfte wie ein Riese dagegen. Aber da die Kanonen des Gegners stärker waren als mein guter Wille, mußte ich samt meiner gerechten Sache dennoch abziehen und mich am Ende sogar totschießen lassen! Ein schöner Lohn für ein dem Vaterlande treu ergebenes Herz! O du verfluchtes Leben!

7 So es irgendeinen Gott gibt — welche Freude kann es Ihm denn wohl sein, wenn sich Menschen wegen eines Thrones und wegen Meinungsverschiedenheiten grausam totschlagen? Weil aber allezeit so Arges geschieht auf der Erde und solches doch von einem Gott nicht ausgehen kann, der logisch und physisch nichts als nur die reinste *Liebe* sein kann, — so gibt es gar keinen Gott. Oder, wenn es einen Gott gibt, so ist er nur ein fluchwürdiges Fatum, das die Wesen als ein Spielzeug seiner Launen betrachtet. Darum noch einmal *Fluch* jedem Wesen, das Menschen schafft fürs leidigste Verderben!

8 Aber jetzt nur Ruhe. Denn wenn ich in diesem Nichts die erwünschte gänzliche Vernichtung finden will, aber stets mit mir selbst rede, so erwecke ich mich dadurch aus der Vernichtung und werde wieder lebend durch die neu erregten Lebenskräfte. Daher also strenge Ruhe, damit die Vernichtung kommt!"

6

Äußere Ruhe, innere Unruhe. Was ist das Leben?
Sehnsucht nach Glaubensfrieden lenkt aufs Gebet
Der Gedanke an Weib und Kinder

1 Nach diesen Worten wird Robert ganz stumm und ruhig mit dem Munde, aber desto rühriger in seinem *Herzen*. Das ärgert ihn schon wieder, da er damit nur desto mehr Leben und umfassenderes Bewußtsein in sich wahrnimmt. Je ruhiger er wird, desto größer wird die innere Regsamkeit. Je mehr er diese unterdrücken will, desto kräftiger tritt sie auf.

2 Das treibt ihn wieder in eine neue Art von Verzweiflung und Zornwut. Denn es wird ihm immer einleuchtender, daß er auch auf diese Weise des ihm schon über alles lästigen Lebens nicht loswerden kann. Daher fängt er wieder zu reden an:

3 „Nun möchte ich aber in Teufels Namen doch wissen, was denn das schweinsdumme *Leben* ist, daß man seiner nicht loswerden kann! Ich habe ja doch Tausende sterben gesehen: sie wurden tot und es blieb nicht das leiseste Lebenszeichen mehr übrig! Verwesung war das voll-

kommene Ende ihres Seins. Diese können doch unmöglich irgendein Bewußtsein mehr haben. Oder sollten sie etwa außer dem Leibe auch noch ein Leben haben gleich meinem?

4 Ich kann nicht tot werden. *Wer* erhält mir denn dieses lästige Leben? — O du, der du mich hast erschießen wollen, du hast mich nicht tot-, sondern nur lebendig schießen lassen! Wenn deine Helfer an allen deinen Feinden solche Effekte wie an mir bewirken werden, dann erspare dir die Mühe. Denn du wolltest mir nehmen, was du mir ewig nicht wiedergeben kannst. Aber wie sehr lache ich dich nun aus! Denn ich, den du totmachen wolltest, lebe. Du aber, der du zu leben wähnst, bist nun um zehnmal toter als ich, dein Opfer!

5 Es wäre im Grunde alles recht, wenn ich nur ein kleinstes Schimmerchen von einem Lichte hätte! Aber diese totale Finsternis soll der Teufel holen!

6 Wenn ich in dieser Lage etwa ewig verharren soll? O verflucht! Wenn ich etwa doch schon ein Geist bin? Das wäre eine verteufelte Bescherung! Nein, das glaube ich nicht, ein ewiges Leben kann es ja nicht geben. Doch kommt es mir schon hübsch lange vor, seit ich in dieser Finsternis zubringe. Es müssen doch schon einige Jährchen verflossen sein? Nur Licht, Licht, dann ist alles recht!

7 Ich muß offen gestehen, daß es mir nun lieber wäre, so ein dummer Kerl zu sein, der an den Gottes-Sohn, an den Himmel, nebenbei freilich auch an den ewigen Tod, an den Teufel und an eine Hölle glaubt und in solchem Wahnglauben mit ruhigem Gewissen stirbt, — als daß ich hier mit meiner Vernunft mich in totalster Lichtlosigkeit befinde! Aber was kann ich dafür? Ich suchte stets die Wahrheit und glaubte, sie auch gefunden zu haben. Aber was nützt sie, wenn es in ihr kein Licht gibt?

8 Das Beste bei mir ist und bleibt meine Standhaftigkeit und gänzliche Furchtlosigkeit. Denn wäre ich ein ängstliches Wesen, müßte ich in diesem Zustand in die tiefste Verzweiflung geraten. Aber so ist mir nun schon alles eins!

9 Mein Weib und meine Kinder fangen in meinem Herzen freilich nun auch sich ein wenig zu rühren an. Die Armen werden wohl Traurigkeit und großen Kummer um mich haben. Aber was kann ich in dieser Lage für sie tun? Nichts, gar nichts! *Beten,* das könnte ich freilich, aber zu wem und zu welchem Nutzen? Der beste Wunsch für sie ist

ohnehin in meinem Herzen ein wahres Gebet, das ihnen sicher nicht schadet, so es ihnen auch nichts helfen kann. Ein anderes Gebet aber kenne ich nicht, — außer dem wohlbekannten römischen ‚Vaterunser', ‚Ave Maria' und wie noch eine Menge anderer Zungenwetzereien heißen!— Für diese aber würde sich meine gebildete Familie sicher erstaunt bedanken. Doch sie kann es ja unmöglich je erfahren, was ich hier tue!"

7

Ehrfurchtsvolles Gedenken an Jesus ruft starkes Blitzen hervor Schreck und freudige Verwunderung Roberts

1 Robert spricht weiter: „Das sogenannte *Vaterunser* ist unter allen Gebetsformeln wohl die beste! Denn also hat der *weise Lehrer Jesus* seine Schüler beten gelehrt. Leider ist dieses Gebet noch nie ganz verstanden worden, da man es meistens blind für alle Fälle und Bedürfnisse vorbrachte. Aber die Römischen legen in diese Gebetsformel statt der Wahrheit nur eine gewisse läppisch magische Kraft und gebrauchen sie als eine sympathische Universalmedizin gegen alle Übel, auch wider die Krankheiten der Tiere! Und das ist mir denn doch unmöglich! — Das Vaterunser an und für sich ist sicher ein sehr würdevolles Gebet; aber freilich nur im rechten Sinne und nur als das, was es ist. Aber in der Art, wie es Römlinge und Protestanten gebrauchen, der barste Unsinn!

2 O du guter Lehrer und Meister *Jesus!* Wenn dein Los etwa auch dem meinen gleicht, so wirst du in solch einem Zustand nach deiner Hinrichtung wohl auch schon oft bereut haben, den argen Menschen so viel Gutes getan zu haben? Beinahe 2000 Jahre in solcher Nacht! O Edelster, das muß sehr hart sein!"

3 Als unser Mann den *Namen Jesus* so teilnehmend und ehrend ausspricht, fährt ein starker Blitz vom Aufgang bis zum Niedergang. Darüber erschrickt unser Freiheitsapostel sehr, empfindet aber eine große Freude, da er dadurch die Überzeugung hat, daß er nicht blind ist.

4 Zugleich aber fängt er auch an, nachzudenken, was denn etwa doch die *Ursache* dieses hellen Blitzes war. Er geht alle ihm bekannten Grün-

de zur Erweckung der Elektrizität durch, findet aber nichts zur genügenden Erklärung dieser ersten Lichterscheinung in seinem ihm noch immer unbegreiflichen Zustand.

5 „Aber jetzt geht mir ein neues Gedankenlicht auf!“ ruft er. „Ja, ja, so ist es! — —O du herrliche Philosophie, du unversiegbarer Born der wahren Weisheit! Du bringst jedem das rechte Licht, der dich, wie ich, mit aller Glut und Liebe ergreift und dich in allen Lebenszuständen als einzigen und verläßlichsten Ratgeber und Wegweiser benützt! Schau, wie geschwind habe ich nun mit deiner Hilfe diesen gordischen Knoten gelöst!

6 Wo im Reich des Nichts ein individuelles Sein sich vorfindet, da können sich ja noch eine Menge anderer, entweder gleich- oder anders gearteter Sein vorfinden! Und so können außer diesem meinem Sein sich noch eine Menge allerartiger *Wesenheiten* hier befinden, die zur Erweckung der Elektrizität tauglich sind, ohne das uns alle umfassende Nichts im geringsten zu beeinträchtigen. So ist's gut! Ich weiß nun, daß es außer mir in dieser Nacht doch noch irgendwie geartete wesenhafte Nachbarn gibt. Ich bin somit durchaus nicht gar so allein hier, wie ich es mir geraume Zeit vorgestellt habe. Oh, das ist gut, das ist sehr gut!

7 Wenn ich mich nur schon früher ernstlich der deutschen Philosophie in die Arme geworfen hätte, da stünde ich sicher schon auf einem andern Boden. Aber ich Dummkopf verlor mich am Ende in eine kleinlich läppische Gebetskritik und in ein nutzloses Bedauern des großen, weisen und edelsten Völkerlehrers *Jesus* und ver— —!“

8 Hier blitzt es wieder und diesmal noch stärker als zuvor. Robert ist außer sich vor Schreck und Verwunderung und kann sich nicht fassen über dieses für ihn unbegreiflich intensive, freilich nur kurz dauernde Licht. — Es kam ihm dabei auch vor, als hätte er in einer weiten Entfernung bestimmte Umrisse von allerlei ihm bekannten Gegenständen gesehen. Aber ihre Beleuchtung dauerte zu kurz, als daß er sie näher hätte bestimmen können.

9 Nach einer langen Ruhe konnte er erst wieder seine Gedanken tiefer zu fassen anfangen. Sein erster wieder etwas geordnete Gedanke war folgender: „Aha, nun weiß ich erst, woran ich bin! Dieses Blitzen deutet auf ein starkes Gewitter, das sich nun in der Nacht über Wien hermachen wird! Ich erwache nun nach und nach aus meiner großen Betäubung und kehre wieder ganz ins Leben zurück. Wahrscheinlich

hilft diese vom elektrischen Fluidum schwangere Luft mir dazu, und ich werde unter Blitz, Donner und Hagel wieder ins Leben zurückkehren? Donnern höre ich zwar noch nicht, aber das Wetter kann auch noch sehr weit von hier stehen.

10 Aber kann es denn nicht sein, daß ich auch taub bin? Meine Gedanken vernehme ich freilich wie Worte; aber das ist noch kein Beweis, daß ich darum im Vollgebrauch meiner Gehörsorgane bin. Vielleicht komme ich bei dieser Gelegenheit auch wieder zu meinem Gehör. Freilich, das sonderbare Gefühl des mich umgebenden Nichts kann ich mir auf natürlichem Wege durchaus nicht erklären. Aber was liegt da daran? Ich bin einmal da und habe nun zweimal blitzen gesehen: Beweis, daß ich nicht blind bin! Wer weiß, ob das nicht alles die Wirkung des drohenden Gewitters ist? Daher lasse ich das Wetter einmal loskrachen und vorüberziehen; da wird es sich dann schon zeigen, ob ich noch so verbleiben werde wie jetzt.

11 Freilich dauert dieser Stand schon hübsch lange. Nach meinem Gefühl könnten es auch schon hundert Jahre sein; aber das wird eine bloße Gefühlstäuschung sein. Ja, ja, wenn man in einer gewissen Betäubung dahinschmachtet, muß ja aus einer Minute ein Jahr werden. Ja, so ist es auch! Wenn es nur bald wieder blitzte und nachher auch ein wenig donnerte! Aber die Blitze lassen sich Zeit?" — —

8

Erneute Liebe zum Leben. Rachedurst wandelt sich in Vergebungsgedanken. Neuer Blitz und bleibende Helle

1 Spricht Robert weiter: „Oder, oder? Sonderbarer Einfall! Sollten etwa diese zwei Blitze bloß in meiner Phantasie vorgekommen sein und zeigen vielleicht an, daß es mit mir nun bald völlig zu Ende gehen werde? Ja, es kann auch sowas sein. Denn da ich nun angefangen habe, dies armselige Leben ein wenig liebzugewinnen, wird es sicher bald zu Ende sein mit ihm! Man rufe nur den Tod, da kommt er sicher nicht. Fürchtet man ihn aber und wünscht von ganzem Herzen, daß er noch lange ausbleiben möchte, da kommt er sicher am ehesten! Daher muß

ich wieder meine baldigste volle Vernichtung mit all meinen noch vorhandenen Kräften begehren, dann darf ich völlig sicher sein, daß mich der wahre Tod noch nicht gar zu bald am Kragen haben wird!

2 Wahrlich, das ist ein guter, alter Spruch: «Wer das Leben liebt, der wird es verlieren; wer aber sein Leben verachtet, der wird es erhalten!» — Bei mir ist das nun schon einmal der Fall gewesen. Denn nur aus Lebensverachtung habe ich aus Liebe zu allen meinen deutschen Brüdern mich in die größten Gefahren begeben und wurde da höchstwahrscheinlich doch durch Pulver und Blei hierher befördert! Aber ich, Robert Blum, lebe!

3 Freilich bin ich jetzt noch ohnmächtig. Aber es sagt mir ein inneres Gefühl: Robert, du wirst bald stark und mächtig werden, dein Blut zu sühnen an diesen gemeinen Mördern und Henkern! Ja, ja, Robert, du wirst wieder stark werden! Als du auf der Erde lebtest, da warst du einfach in dir selbst zu Hause. Nun aber lebst du in Millionen Herzen deiner Brüder und lebst in dir selbst auch noch in der Wirklichkeit! Daher zage nicht, Robert! Du wirst noch sehr stark und mächtig werden!

4 Freilich wäre es besser, wenn ich jetzt schon stark wäre, wo sich noch mein Zorn und Rachedurst in vollster Glut befindet. Aber so sich etwa nach und nach in dieser Nacht meine Rache legen sollte und ich darauf erst erstarken soll, da bleibe ich schon lieber in meiner gegenwärtigen Schwäche und will an meiner Statt das Fatum walten lassen.

5 Es ist überhaupt merkwürdig, daß ich nun meinen doch gerechtesten Zorn und mein Rachegefühl nicht halten kann! Es wandelt sich manchmal ganz in eine Art großmütiger *Vergebung*, was mich sehr ärgert. Aber wenn ich die Sache recht fasse, ist das doch eigentlich wieder echt deutsch! Nur der Deutsche kann vergeben. Und das ist eine herrliche Tugend, die den edelsten Seelen nur eigen ist!

6 Wer kann zu seinem Mörder sagen: «Freund, du hast Übles an mir getan, aber ich vergebe es dir vom Grunde meines Lebens!» Das kann Robert! Ja, Robert kann es nicht nur, er tut es auch! — Bruder Alfred [1]), der du mich hast schändlich ermorden lassen, ich vergebe es dir und will an dir ewig keine Rache nehmen, und könnte ich es auch tausendfach tun! — Ja, höre es ganz Deutschland: Robert Blum hat seinem und also auch deinem Feinde die Untat vergeben!

---

1 Windischgrätz.

7 Ah, nun ist mir auf einmal leichter! Hm, ich bewundere selbst meine Größe, das ist ein großes Labsal für mich! Zwar sagt die Mythe das ebenso von dem großen Völkerlehrer, der auch am *Kreuz* seinen Feinden alle ihre Untaten vergab. Aber in ihm war sicher auch eine echt deutsche Seele zu Hause, sonst wäre er solcher Charaktergröße kaum fähig gewesen. Denn den Orientalen ist so eine Großmut wohl nie zu eigen gewesen. Ja, ja, der große Lehrer *Jesus* war auch ein Deutscher!"

8 Bei Nennung des Namens Jesus fährt wieder ein mächtiger Blitz vom Aufgang bis zum Niedergang und läßt nach dem Untergange einen leichten, *bleibenden* Schimmer eines eigentümlich grauen Leuchtens zurück, was unsern Robert sehr befremdet, da er nun schon wieder mit seiner früheren Gewittererwartung sozusagen ganz breitgeschlagen ist.

9

Alle Weltweisheit ist eitel
Jesus legt Seinen Jüngern den Glauben ans Herz

1 Aufmerksam betrachtet er den nachhaltigen Schimmer und weiß nicht, was er daraus machen soll. Nach einer Weile kommt er wieder zu sich, fängt wieder nüchterner über diese Erscheinung zu denken an und sagt sich:

2 „Es ist am Ende doch noch ein Wetter, dessen Gewölk sich nun nach dem dritten Blitz auf einer Seite ein wenig zu lichten anfängt. Nur eines geht mir dabei nicht so ganz ein, daß ich erst jetzt klar gewahr werde, wie ich mich gleich einem Vogel in freier Luft oder im freiesten Äther *ohne* alle Unterlage befinde. Solch ein Zustand hätte in der früheren Nacht wohl noch als Gefühlstrug angenommen werden können; aber nun ist es kein Trug mehr, sondern volle Wahrheit.

3 Jetzt wird mir wohl klar, daß ich dem Leibe nach wirklich *gestorben* bin, da man doch unmöglich annehmen kann, daß sich ein schwerer Leib so lange frei im Luft- oder Ätherraume halten könnte. Aber außer mir, weder unter mir noch über mir ist nirgends etwas Gegenständliches wahrzunehmen. Ich muß mich sonach sehr ferne von irgendeinem Weltkörper befinden. Hm, sonderbar!

4 O Hegel, o Strauß, o Ronge [1])! Eure Weisheit scheint hier stark Schiffbruch zu leiden. Wo ist eure allgemeine Weltseele, in die nach des Leibes Auflösung der Mensch übergehen soll? Wo ist der im Menschen auftauchende Gott und wo sein Sich-seiner-selbstbewußt-Werden im Menschen? Ich bin gestorben und bin nun hier ganz in der ohnmächtigsten Alleinheit, die sich nur irgendwie denken und vorstellen läßt. Da ist keine Spur von irgendeiner auftauchenden Gottheit und ebensowenig irgendein Übergang meines Wesens in das allgemeine Weltseelentum wahrzunehmen.

5 O ihr eingebildeten menschenfreundlichen Weltweisen! Von solch einem Befinden nach des Leibes Tod habt ihr wohl noch nie die leiseste Ahnung gehabt. Kurz und gut, ihr habt mich betrogen und werdet noch viele betrügen. Aber es sei euch alles vergeben, da ihr ja auch Deutsche seid! Wüßtet ihr etwas der Wahrheit Gemäßeres, so würdet ihr es euren Jüngern sicher nicht vorenthalten haben! Aber da ihr dessen nicht fähig seid, so gebet ihr, was ihr habt, und das ist wenigstens redlich gehandelt.

6 Freilich nützt dem Menschen hier eure Redlichkeit gar nichts. Aber das macht auch nichts, da es im Grunde genug ist, die Menschheit bloß irdisch-materiell in einer gewissen Ordnung zu erhalten. Was aber das oft bezweifelte Leben nach dem Tode betrifft, so braucht es da sicher keine Gesetze mehr. Denn welche Verpflichtungen könnten mir noch obliegen? Sicher keine anderen, als die eines Wölkchens in der Luft, das die Winde treiben. Hätte ich nun auch die Weisheit Salomos und die Stärke Goliaths, wozu wohl könnten sie mir dienen?

7 Darum wäre es wahrlich besser, in dem finstersten Aberglauben Roms zu sterben, da man wenigstens im blinden Glauben seinen Leib ablegte, nach dessen Abfall entweder gut oder schlecht der Seele nach fortzuleben. Besser, als daß man als Rongeanischer Puritaner mit dem Tod alles Leben für ewig zu verlieren wähnt und sich somit vor dem Tod auch gräßlich fürchten muß. O Himmel! Lieber ewig in dieser wesenlosen Leere schmachten, als noch einmal solch eine Todesangst auszustehen!

8 Darum, ihr Lehrer, lehret eure Jünger glauben! Und sie werden

---

[1] Drei Weltweise jener Zeit.

glücklicher sterben, als ich mit all meiner Vernunftstärke gestorben bin. Nun wird mir auch klar, warum der große Meisterlehrer seinen Jüngern stets nur den *Glauben* ans Herz legte!"

10

Gute Gedanken über Jesus
Der Glaube an die Unsterblichkeit und an einen Gott der Liebe wächst

1 Spricht *Robert* weiter: „Dieser weiseste Lehrer der Völker ward gleich mir aus dem Schoße dürftiger Eltern zur Welt geboren. Er muß sich höchstwahrscheinlich nur mühsam unter allen möglichen Entbehrungen auf den Standpunkt der höchsten moralischen Weisheit gehoben haben, wobei er sich seitens der verschrobenen jüdischen Priesterherrschaft sein ganzes Leben hindurch auch noch manche Verfolgungen hat gefallen lassen müssen. Es mußte für ihn enorm schwer gewesen sein, sich unter den hartnäckigsten Mosaisten und Aaroniten, in deren Köpfen und Herzen eine finstere Nacht zu Hause war, zu solcher Weisheit emporzuschwingen.

2 Wahrscheinlich ist er einmal als armer Teufel entweder mit seinen ebenso armen Eltern oder mit einer andern Karawane nach *Ägypten* gekommen und hat dort durch seine angeborenen Talente die Aufmerksamkeit irgendeines großen Weisen auf sich gezogen. Der nahm ihn dann in seine Schule und weihte ihn in alle Geheimnisse der tiefsten Weisheit ein, mittels deren weiser Anwendung er dann bei seinen dümmsten Landsleuten die größte Sensation erregen mußte. Oder er kam in die Schule der *Essäer,* die damals die Quintessenz aller Weisheit besaßen. Wodurch er dann natürlich auch vor den blinden Juden nahe als ein Gott dastehen mußte, der armen Menschheit zum größten Troste, wennschon der überreichen und hochmütigen Priesterschaft zum größten Ärger!

3 Es lacht mir noch jetzt das Herz, wenn ich daran denke, wie er bei den verschiedensten Anlässen die gesamte hohe Priesterschaft manchmal auf eine Art zurechtgewiesen hat, daß sie darob nicht selten vor Ärger hätte zerbersten mögen. Leider ward er am Ende ein Opfer sei-

nes zu großen Mutes und der allzu tückischen Niederträchtigkeit der mit Gold und Edelsteinen verbrämten Tempelbestien.

4 Aber — erging es mir etwa besser? O nein! Auch ich bin ein Märtyrer für meine edelsten Bestrebungen geworden. Ich wollte die Menschheit von den alten Sklavenketten befreien, und mein Lohn dafür war der schnödeste Tod. Es ist wahrlich rein des Teufels um die gesamte Menschheit! Ihre größten Freunde tötet sie, und ihren abgefeimtesten Feinden bringt sie Triumphzüge unter Musik- und Fackelglanz!

5 Aber nun bin ich von allem erlöst, und zwar mit dem überzeugenden Bewußtsein, daß es allen großen Völkerwohltätern nicht um ein Haar besser ergangen ist als mir, der ich trotz meines guten Willens doch noch lange kein *Jesus* bin!"

6 Bei der Nennung dieses Namens fährt schon wieder ein mächtiger Blitz, und zwar diesmal sehr nahe an Robert vorüber. Er hinterläßt nun schon eine Art Abenddämmerung wie auch gegen Abend hin etwas von einer dunstigen Gegend, so daß unser Mann nun seine ganze Form recht gut erkennen kann, ohne dabei seinen freiesten Zustand in der Luft zu verlassen.

7 Obschon ihn der Blitz auch diesmal sehr überrascht, so erschrickt er nicht mehr davor, sondern fängt sogleich mit Ruhe darüber nachzudenken an und spricht bei sich: „Wahrlich, im höchsten Grade merkwürdig! Nun fuhr der Blitz mir ja sozusagen durch den Leib, und ich empfand dabei nichts als zum ersten Mal ein ganz überaus wohltuendes Lüfterl und fühle mich nun darauf ganz außergewöhnlich *gestärkt!* Und sein noch stärkerer Lichtschimmer tut meinem Herzen und meinen Augen um so mehr wohl. Auch darf ich, wie mir vorkommt, gegen Abend eine Art sehr dunstiger Gegend erschauen, — was mich um so mehr überzeugt, daß ich ernstlich in der freien Luft schwebe. Auch kann ich nun meine Füße, Hände, und auch meine Kleidung, wie ich sie am Richtplatz anhatte, gut ausnehmen.

8 Oh, wer auf der Erde würde nicht über Hals und Kopf zu lachen anfangen, wenn man ihm sagte, daß nach dem Abfall des Leibes nicht nur die *Seele* unter der früheren irdischen Menschengestalt, sondern auch im vollsten Ernste des Leibes *Kleidung* unsterblich ist!?

9 Der große Shakespeare hatte wahrlich recht, da er sagte: »Zwischen Mond und Sonne geschehen Dinge, von denen sich die mensch-

liche Weisheit noch nie etwas hat träumen lassen.« Und zu diesen Dingen gehört die Unsterblichkeit irdischer Leibeskleidungen! Dabei scheint eine ganz sonderbare Fügung obzuwalten, gerade mein Siegeskleid, das Kleid der höchsten Schande in den Augen meiner Feinde, wurde mit mir erhöht zur höchsten Freiheit! Ja, das kann nur ein liebevollster und gerechtester Gott so fügen! — Nun glaube ich aber auch, daß es einen wahrhaftigen Gott gibt, der es ewig nicht nötig hat, erst bei Hegel und Strauß anzufragen, ob Er da sein darf und kann.

10 Sonderbar aber kommt es mir doch vor, daß es, sooft ich den Namen des großen Morgenländers nannte, ebensooft geblitzt hat! Sollte etwa auch an seiner mehr als menschlichen *Gottessohnschaft* doch im Ernst etwas Wahres sein?

11 Wenn Röcke sogar unsterblich sind, da kann es mit *Jesus* — aha, hat richtig wieder geblitzt, und das stärker nun als die früheren Male! — Sonderbar!!"

11

Weitere Ehrfurchts- und Sehnsuchtsgedanken für Jesus
Die Lichtgegend rückt näher

1 Spricht Robert weiter: „Sollte auch er etwa, gleich mir, sich irgendwo hier befinden und verkehrt nun mit mir, als einem Mann ungefähr seinesgleichen, auf diese ganz unschädliche elektrische Art und Weise? Ja, ja! Denn er soll besonders in der ägyptischen Magie, hauptsächlich durch die Kenntnis der innersten Naturkräfte, einer der erfahrensten Männer gewesen sein. Woraus auch seine sogenannten Wundertaten sehr wohl zu erklären sein dürften, — besonders wenn die dümmsten Osmanen die große Bibliothek zu Alexandria nicht verbrannt hätten.

2 Ja, ja, wie mir meine Hegelsche und Rongeanische Weisheit geblieben ist, so ist auch ihm sein großer Weisheitsschatz verblieben, mit dessen unschätzbarer Hilfe er mir nun durch Blitze kundtut, daß er sich in meiner Nähe befindet und vielleicht ebenso den Wunsch hat, in dieser Leere irgendein Wesen zu treffen. Es muß kein Spaß sein, mit dem gewecktesten Geiste der Welt 1800 und dazu noch etliche 40 Jahre

sich bloß mit seiner höchsteigenen Gesellschaft begnügen zu müssen. O edelster, bester und größter *Menschenfreund!* Wohl bin ich deiner Größe gegenüber nicht wert, dir die Schuhriemen zu lösen, aber was nützt hier alle irdische Größe? Da verschwindet wahrlich aller Glanz und alle irdische Berühmtheit!

3 Dein Name, und für die Folge auch der meinige werden wohl noch lange auf der Erde gerühmt und bewundert werden; aber was haben wir beide davon? Wir können hier in der endlosen Leere bloß durch eine Art elektrischer Blitztelegraphen andeuten, daß wir beide uns hier, vielleicht nicht gar zu ferne voneinander befinden.

4 Wäre es doch möglich, daß wir uns einander nahen könnten, wahrlich unsere Gesellschaft genügte uns für ewig! Zwei große, in allem höchst verwandte Seelen würden wohl für ewig nie des herrlichsten Gesprächsstoffes ermangeln und sich auf die anziehendste Weise die Zeit oder auch die Ewigkeit verkürzen und köstlich würzen! Aber was nützt da der beste Wunsch. Wer soll, wer kann ihn verwirklichen?

5 So wie wir beide schweben vielleicht noch zahllose andere Wesen. Die Weltkörper waren vielleicht ursprünglich auch das, was wir nun sind? Nach Trillionen von Erdjahren haben sich zahllose Atome um sie angesammelt. So sind aus ihnen am Ende ganze Weltkörper entstanden, in deren Mitte noch dieselben Geister oder Seelen wohnen, um die sich durch die Ansammlung ganze Welten gestaltet haben!

6 Vielleicht bist du, mein großer Freund, auch seit nahe 2000 Jahren schon so ein kleines Kometchen geworden und kannst aus deiner eigenen Dunstsphäre schon Blitze erwecken? Es wird bei mir noch sicher viel Geduld brauchen, bis ich einmal nur einige Meter Dunstatmosphäre um mich angesammelt haben werde. Vielleicht werde ich einmal, wenn du schon ein reifer Planet sein wirst, ein Trabant von dir sein? Oder so du etwa gar zu einer Sonne wirst nach vielen Dezillionen Erdjahren, kann ich vielleicht dein allernächster Planet wie Merkur werden!

7 Das sind wohl freilich sehr weit hinausgeschobene Hoffnungen; aber was kann man dagegen tun? Nichts, als alles in Geduld abwarten. Hier im Reich der Ewigkeit muß man sich auch mit ewigen Hoffnungen trösten, will man vor entsetzlicher Langeweile nicht in die barste Verzweiflung übergehen.

8 Aber da sieh! Jene dunstige, sonderbare Gegend tief unter mir wird nun etwas heller, und es scheint auch, als ob sie mir näher käme.

O das wäre sehr scharmant! Das ist schon so, wie ich es mir früher gedacht habe.

9 Mein großer Freund *Jesus* — aha, hat schon wieder geblitzt! Allein das macht nichts! — Was habe ich eigentlich sagen wollen? Mein großer Freund, der wahrscheinlich schon zu so einer kleinen Kometwelt angewachsen ist, hat meinen sehnlichsten Wunsch vernommen und bietet nun alles auf, um zu mir zu kommen. Da wird er mich sicher zu ihm in seine junge Weltmitte ziehen, wird auf diese Art die Anziehungskraft der äußern Ätheratome verstärken und somit desto eher und leichter zu einer Vollwelt anwachsen. Ja vielleicht hat er auch schon eine größere Menge ihm verwandter Wesen um sich? Das kann sehr leicht sein, denn Wesen wie ich hat es schon so manche gegeben.

10 Kann er *mich* nun anziehen, so hat er auch alle seine Nachfolger, die vor mir den wahren Kreuzweg durchgemacht haben, auf eine gleiche Weise angezogen! Und so könnte ich nun auch schon eine ganz große Gesellschaft um ihn antreffen? Wäre das der Fall, welch ein Vergnügen wäre das für mich!

11 Aus dieser Sache scheint einmal doch ernstlich etwas werden zu wollen. Die sonderbare Gegend kommt mir stets näher und wird dabei auch stets etwas heller und deutlicher. Ich nehme nun schon wirklich etwas aus, das ungefähr einem kleinen Berg gleichsieht, umgeben mit mehreren Hügelchen! Gott Lob, auf diese Art komme ich vielleicht doch mit der rechten Geduld endlich einmal auf irgendeinen festeren Grund!“

12

Ein Mensch erscheint in der Lichtgegend. Ist es Jesus?
Roberts Freude in Erwartung des Ersehnten

1 Spricht Robert weiter: „Mein Herz, freue dich! Denn die Gegend ist schon recht nahe an mich herangekommen. Und da sehe ich ja auch etwas wie einen Menschen auf dem kleinen Berg stehen, der mir zu winken scheint!

2 Am Ende ist das gar der gute *Jesus* selbst? Ja, ja, er ist es leibhaftig! Denn nun sah ich klar, wie bei der Nennung seines Namens ge-

rade von ihm ein starker Blitz in der Richtung gegen mich herfuhr. Oh, das wird endlos scharmant sein, mich in der Gesellschaft desjenigen Geistes zu befinden, dessen Größe und unübertreffliche Weisheitstiefe ich so oft über alles bewundert habe!

3 O ihr armen, dummen Menschen auf der Erde, die ihr euch wegen irdischer Güter und wegen einer sogenannten höheren Geburt für besser haltet, als da sind viele Tausende der armen Brüder und Schwestern, die ihr nur unter dem Namen Canaillen kennt! Ich rufe euch zu, daß ihr alle zusammen nicht wert seid, statt eures Gehirnes den Dreck eines der armen Brüder in eurem edlen Kopfe herumzutragen! Hättet ihr einen so schalen Gehirnkasten, da hättet ihr doch wenigstens eine Ahnung von dem, wie es hier ist!

4 Hierher kommt, ihr großen, mehr als zur Hälfte toten Esel. Hier werdet ihr es erst kennenlernen, was ihr seid, was eure Geburt, was eure Ahnen, was euer Gold! Wahrlich, kein Teufel wird euch aus eurer finsteren Verbannung befreien! Denn die, welche die Gottheit euch zu Rettern sandte, habt ihr, von Abel angefangen, allezeit gefangengenommen und grausamst ermordet. Aber nun rufe ich es laut über euch aus:

5 Eure arge Zeit ist am Rande! Bald werdet ihr alle hier sein und vielleicht nach euren stolzen Ahnen fragen. Aber der ewige, finstere Raum um euch wird auch ewig antwortleer verbleiben! Aus euch wird die Gottheit wohl schwerlich je ein Schneckenhaus, geschweige eine Welt bauen! Aber Gott tue, was Er will! Ich aber bin nun über die Maßen froh, daß mir mein allerliebster *Freund* samt der stets helleren Gegend schon so nahe ist, daß ich ihn beinahe schon anreden könnte! Gott Lob für diese Bescherung!“

13

Roberts Anruf. Jesu Kommen
Die abgeschiedene Seele findet wieder einen festen Grund

1 Spricht Robert weiter: „Stets näher kommt diese sonderbare Gegend heran! Der eine Berg, auf dem der Groß-Meister der herrlichsten Moral steht, ist ziemlich von Bedeutung. Er dürfte einige hundert Fuß

Höhe haben und ist auf der einen Seite recht felsig und schroff. Aber die anderen Hügelchen um ihn könnte man sehr leicht bloß nur für etwas bedeutendere Sandhaufen halten, von denen die größten wohl kaum dreißig Fuß Höhe haben dürften. Auch die Beleuchtung dieser Hügelgegend ist sonderbar. Man sieht die Hügel auf eine Art, als wären sie mit Phosphor überzogen. Aber ihre Füße und die dazwischen vorkommenden Täler und Ebenen ersieht man durchaus nicht. Man gewahrt nur einen Dunst, der ein sonderbares dunkelgraugrünes Aussehen hat und kann durchaus nicht ausnehmen, wie weit über diese kleine Hügelgegend er sich etwa hinaus erstreckt.

2 Ich meine, so werden wohl alle sich neugestaltenden Weltkörper aussehen, bevor sie als unscheinbare Kometen ihre Laufbahn um eine Sonne beginnen? Diese Hügel werden unten wohl irgendeine Verbindung haben. Aber wie? Das wird der einzige Bewohner, der einstige Groß-Meister der reinsten Moral wohl am allerbesten wissen! Er ist nun schon ganz nahe und würde mich vielleicht vernehmen, so ich an ihn einen recht kräftigen *Ruf* richtete. Gelingt es mir, so wird es natürlich sehr gut für mich und vielleicht auch für ihn sein. Habe ich aber vergeblich gerufen, nun, so wird das wohl sicher nicht mein letzter vergeblicher Ruf sein!“

3 Nach diesen Worten macht Robert sich mittels beider Hände ein Faustsprachrohr, holt tief Atem und schreit darauf mit allen Kräften:

4 „*Jesus,* du großer Meisterlehrer aller Völker der Erde! So du der bist und so du meine Stimme vernimmst, so komm zu mir her mit deiner jungen Erde! Fürwahr, an mir sollst du deinen größten Verehrer finden! Ich schätze dich wegen deiner schlichten und dennoch größten Weisheit, mit der du alle deine Vorgänger und Nachfolger himmelhoch überragst. Ferner schätze ich dich, weil unser beider irdisches Los nahe ein ganz gleiches war. Und endlich schätze ich dich überaus hoch, da du der erste warst und noch bist, der mir in diese meine unausstehliche Finsternis das erste Licht gebracht hat; weshalb ich dir auch ewig dankbar verbleiben werde.

5 Wenn du der mir so überteure Jesus bist, da komme! O komm zu mir und laß uns einander gegenseitig trösten! An mir soll es nicht fehlen, dich nach Möglichkeit zu trösten. Desgleichen bin ich auch von dir im voraus fest überzeugt, daß du mit deiner großen Weisheit mir sicher

den größten Trost geben wirst. O komme mein geliebter Freund und Leidensgefährte!

[6] Du Meister der Liebe, der du die *Liebe* zum einzigen allumfassenden Gesetz machtest! So dir deine große Liebe geblieben ist wie mir, so komme mir mit deiner Liebe entgegen, die du selbst gelehrt hast! Und mit dieser Liebe will ich auch dir für ewig entgegenkommen!"

[7] Nach diesem sehr kräftigen Anruf bewegt sich die kleine schimmernde Hügelwelt schnell unter die Füße unseres Mannes hin. So zwar, daß er — zum ersten Male nach seinem gewaltsamen Übertritt — gerade an Jesu rechter Seite auf dem höchsten Berge wieder *festen Grund* mit seinen Füßen faßt.

14

Anrede Roberts an den Herrn. Jesu Antwort
Eine wichtige Lebensfrage

[1] Als Robert nun da fest vor Mir steht, betrachtet er Mich vom Kopfe bis zu den Zehenspitzen und findet in Mir richtig und ganz unverkennbar den Jesus, den er da zu finden glaubte. Und zwar im selben dürftigen Anzug und auch mit den Wundenmalen, wie er sich seinen Jesus gar oft in seiner Phantasie ausgemalt hatte.

[2] Nachdem er Mich eine Weile ganz stumm betrachtet hat, beginnen ihm Tränen aus seinen Augen zu rollen. Und er spricht nach einiger Fassung voll des innigsten *Mitleids:*

[3] „O du lieber, du größter Menschenfreund, der du Herz genug hattest, sogar deinen grausamsten Henkern die schändlichste Unbill, die sie an dir begingen, von ganzem Herzen zu vergeben! Und das bloß darum, da du aus deiner Menschengröße ihre sicher totalste Blindheit als den gültigen Entschuldigungsgrund annahmst!

[4] Aber wie hart muß dabei die *Gottheit,* dein so oft über alles gelobter und angebeteter *Vater* sein, wenn Er irgendwo ist, — daß Er dich, den edelsten, vollkommensten und besten aller Menschen nun schon nahe 2000 Jahre in dieser finsteren Leere herumschweben läßt: in derselben dürftigsten Armseligkeit, in der du von Kindheit an zum reinsten und alleredelsten Menschenfreund heranwuchsest!

[5] O du, mein bester und aller Liebe würdigster *Meister Jesus!* — Wie sehr bedauere ich dich und liebe dich auch andererseits deiner bis jetzt noch gleichen Armseligkeit wegen! Denn wärest du mir in einem nur zum Teil seligen Zustand entgegengekommen, so hätte es mich wahrlich geärgert, daß ein Geist wie du nach dem Abfall des Leibes nicht sogleich zur *höchsten* Auszeichnung gelangen soll, wenn es eine gerechte, vergeltende Gottheit gibt!

[6] Aber da ich dich hier noch gerade so antreffe, wie du die Erde verließest, scheinen die Verhältnisse ganz andere zu sein, als wir sie uns vorstellen. Darum erscheint unser Zustand nach Ablegung des Leibes als eine in sich bedingte Notwendigkeit, durch die wir erst nach weiten Zeitläufen das verwirklichen können, was in unserem Erkenntnis- und Begehrungsvermögen als Grundlage unseres Seins gegeben ist.

[7] Von diesem Standpunkt aus erscheint dein und mein gegenwärtiges Sein freilich noch immer sehr bedauernswürdig, weil die Verwirklichung dessen, was wir als Erkenntnisse in uns zur klaren Vorstellung gebracht haben, weit hinter der Macht unseres Willens liegt. Allein, um die werdende Verwirklichung unserer Vorstellungen mit der Schwäche unseres Willens zum Ausgleich zu bringen, besitzen wir in unserem Gemüte zum größten Glück etwas, das wir im bürgerlichen Leben *Geduld* nennen. Diese wird freilich manchmal auf eine Probe gestellt, von der wir beide uns sicher manches werden zu erzählen wissen!

[8] Liebster Freund, ich habe dir nun so gut als möglich mein wahres Bekenntnis abgelegt. Nun gib auch du mir kund, was du nun von unserem noch sehr mißlichen Zustand hältst? Durch gegenseitige Mitteilung werden wir uns wohl eine lange Zeitenfolge erträglicher machen. Sei demnach so gut, edelster Menschenfreund, und öffne vor mir deinen für mich heiligsten Mund!“

[9] Rede *Ich* (Jesus), Robert die Hand reichend: „Sei Mir vielmals gegrüßt, Mein lieber, teurer Leidensgefährte! Ich sage dir, sei froh, daß du Mich gefunden hast und kümmere dich ums Weitere gar nicht. Es ist genug, daß du Mich *liebst* und nach deinen Erkenntnissen für den edelsten und weisesten Menschen hältst. Alles andere lasse von nun an ganz Mir über. Ich gebe dir die heiligste Versicherung, daß am Ende alles, mögen uns was immer für Begebnisse noch entgegenkommen, gewiß überaus gut ausgehen wird. Denn Ich habe hier in dieser Einsamkeit alles durchdacht und kann dir mit größter Bestimmtheit sagen, daß Ich

im Gebrauch der dir am schwächsten vorkommenden Willensmacht es so weit gebracht habe, daß Ich, so Ich es will, alles ins Werk setzen kann, was Ich nur immer Mir denke und vorstelle. Daß Ich aber dir hier so verlassen und einsam vorkomme, davon liegt der Grund bloß in deiner für diese Welt noch unvollkommenen Sehe. Wird diese mehr und mehr gestärkt durch deine Liebe zu Mir, so wirst du auch bald einsehen, wie weit Meine Willenskraft zu reichen imstande ist.

10 Aber abgesehen von all dem, was du zu Mir gesprochen hast und Ich nun zu dir geredet habe, richte Ich erst eine bedeutungsvolle Frage an dein Gemüt, die du Mir ohne Rückhalt getreu zu beantworten hast, und zwar gerade so, wie es dir ums Herz ist.

11 Diese Frage aber lautet: Siehe, liebster Freund und Bruder, du hast auf der Erde einen redlichen Sinn gehabt, nämlich deine Brüder von dem übermäßigen Druck ihrer harten und herzlosen Regenten zu befreien. Obschon du dazu eben nicht die tauglichsten Mittel erwählt hast, sehe Ich da allein auf den Zweck und weniger aufs Mittel. Wenn dieses nur kein grausames genannt werden kann, dann ist es vor Mir auch schon recht und billig. Aber so viel Mir bekannt, bist du auf halbem Wege zur Verwirklichung deines guten Zweckes von deinen Feinden ergriffen und bald darauf hingerichtet worden. Daß dich dieses traurige Begebnis bis in dein Innerstes zornsprühend muß ergriffen und mit einer billigen Rachegier dein Herz erfüllt haben, finde Ich so natürlich, daß sich darob gar nichts einwenden läßt! Wenn du aber nun jenen österreichischen Feldherrn, der dich selbst zum Tod verurteilte, unter deine nun schon mächtig gewordenen Hände bekämst und nebst ihm auch alle seine Helfershelfer: sage Mir ganz getreu, was wohl würdest du mit ihnen tun?“

15

Gute Antwort Roberts. Fromme Wünsche

1 Spricht Robert: „Edelster Freund! Daß ich im Augenblick, als dieser aller Menschenliebe ledige Wüterich mich dem abgefeimtesten Verbrecher gleich behandelte, in größte Zorn- und Rachewut geriet — das,

glaube ich, muß ein jeder billig denkende Geist gerecht finden. Aber nun ist bei mir Verzeihung schon lange eingetreten. Ich wünsche daher für diesen Blinden wahrlich nichts anderes, als daß er sehend würde und erkennen möchte, ob er an mir recht oder unrecht gehandelt hat.

2 Hätte er mich wahrhaft totmachen können, dann hätte ich wohl ohnehin nie auf Rache sinnen können. Da er mich aber eigentlich buchstäblich lebendiggeschossen hat und mir weiter wohl kein Leid mehr tun kann, und ich eigentlich nun schon um vieles glücklicher bin als er in all seinem herrschsüchtigen Wahne, — so kann ich ihm um so leichter alles vergeben. Auch hatte er eigentlich dem Äußeren nach bei weitem mehr Grund, mich als ein ihm gefährlichst vorkommendes Objekt aus dem Wege zu räumen, als einst zu deiner Zeit die überargen Hohenpriester Jerusalems Grund hatten, dich, meinen liebenswertesten Freund, schändlichst und über alle Maßen grausam aus der Welt zu schaffen!

3 Konntest du, mein edelster Freund, sogar mit voller Empfindung aller Marterschmerzen deinen Peinigern vergeben, um wieviel mehr ich, der ich doch im Grunde nichts empfunden habe, das ich als einen wirklichen Marterschmerz bezeichnen könnte.

4 Daher könnte mein irdischer Großfeind nun auch vor mir erscheinen, und ich würde zu ihm nichts sagen, als was du bei deiner Gefangennahme im Garten Gethsemane zu Petrus sagtest, als er dem Knechte Malchus ein Ohr abhieb.

5 Wenn es im ewig unermeßlichen Raume ein allgerechtes Gottwesen gibt, so wird dieses ihn schon ohnehin *den* Lohn finden lassen, den er um mich und noch um viele andere verdient hat. Sollte es aber, was ich nun kaum mehr glaube, kein solches Gottwesen geben, so wird ihn die spätere Geschichte richten, ohne daß ich es nur im geringsten zu wünschen brauche.

6 Wenn ich dir aber einen kleinen Wunsch meines Herzens vortragen darf und es in deiner Macht steht, ihn zu verwirklichen, so empfehle ich dir zuerst meine arme Familie, d. i. mein liebes Weib und meine vier Kinder! Dann aber *alle* guten Menschen, die eines redlichen Herzens und Sinnes sind! Die reinen Selbstsüchtler aber, die alles getan haben, um für sich und ihre Nachkommen auf Unkosten der gesamten andern Menschheit im vorhinein zu sorgen, lasse dahin gelangen, daß sie auch noch auf der Erde schmecken, wie es denen geht, die von solchen Rei-

chen abhängend von heute auf morgen leben müssen! Doch sei auch das durchaus als kein Begehren betrachtet, denn ich für mich finde an dir für alles auf Erden Erlittene und Verlorene die hinlänglichste Entschädigung!“

16

Der Herr verheißt Erfüllung gerechter Wünsche, macht aber kritische Vorbehalte. Roberts Feuerrede gegen die Tyrannen

1 Rede Ich: „Ganz gut hast du auf Meine überaus wichtige Lebensfrage geantwortet. Deine Antwort ist um so mehr zu schätzen, weil sie so gegeben ist, wie sie sich in dir lebendig und wahr finden läßt. Ich kann dir dagegen sagen, daß Ich ganz sicher jedem deiner ausgesprochenen Wünsche nachkommen werde, soviel es nur immer in Meiner Macht steht.

2 Aber nur etwas, lieber Freund und Bruder, kann Ich mit deiner sonst gerechten und menschenfreundlichen Denk- und Handlungsweise nicht vereinbaren. Und das besteht darin, daß du auf der Erde doch ein gewisses Wohlgefallen daran hattest, wenn irgendein recht bornierter Aristokrat von dem sogenannten Proletariat um einen Kopf kürzer gemacht wurde!

3 So weiß Ich Mich zu erinnern, daß du selbst in Wien in einer Versammlung unter vielem Beifall ausgerufen hast: daß es in Österreich wie auch noch in manch anderen Landen nicht eher besser wird, bevor nicht wenigstens einige hundert Große geköpft werden würden! Sage Mir ganz ernstlich, ob das wohl vollkommen aus deinem Willen hervorgegangen ist? Oder war das nur so hingeworfen, um deiner Rede einen größeren Nachdruck zu geben?“

4 Spricht Robert: „Freund, als ich mich noch auf der Erde befand, wollte ich mein Dasein bloß dem möglich besseren Fortkommen der armen, vielfach bedrückten Menschheit zum Opfer bringen. Dabei aber mußte ich durch vielfache Erfahrungen an mir und auch an andern sehen, wie die aristokratischen, reichen Menschenbestien sich mit dem Schweiß und Blut der Armen mästen! Wie die meisten Throne und Pa-

läste aus dem Blut der armen Menschheit erbaut sind! Und als ich in Österreich nur zu deutlich erkennen mußte, daß man von der hohen dynastischen Seite wieder alles aufzubieten begann, um den alten eisernen Absolutismus wieder einzuführen und die arme Menschheit mit dreifachen Sklavenketten zu belegen: — das war auf einmal zu viel für einen Menschenfreund, wie ich aus allen meinen Kräften einer zu sein glaube! Wahrlich, so ich hunderttausend Leben hätte, so gäbe ich sie alle her, wenn ich damit den Menschen helfen könnte. Diese Weltgroßen aber lassen sich auch nicht ein Härchen grau werden, wenn auch Hunderttausende hingeschlachtet werden, damit sie nur an Ansehen und Glanz gewinnen!

5 O sage, Freund, wenn ein von wahrer Nächsten- und Bruderliebe erfülltes Herz solche kalten Greuel an den armen Brüdern schauen und mitfühlen muß: ist es ihm da zu verargen, so es aus gerechtestem Ärger zu so manchem Ausruf getrieben wird, an den es bei gerechtem Sachgang wohl nie denken würde?

6 Wohl mag das alles im unerforschlichen Plane irgendeiner unbekannten Vorsehung liegen, und daher auch alles so kommen müssen, wie es geschieht. Aber was hat ein Erdenbürger davon für einen Begriff? Oder was gehen ihn irgendwelche allergeheimsten Gesetze an, die ein Gottwesen in der ewigen Halle der Unendlichkeit beschließt?

7 Wir Erdenbürger kennen nur *deine* erhabensten Gesetze der Liebe, die treu zu befolgen wir sogar um den Preis unseres eigenen Lebens verpflichtet sind! Was darunter und darüber ist, geht uns wahrlich wenig an. Es können wohl irgend in einer Sonnenwelt andere Gesetze gang und gäbe sein, die vielleicht weiser, aber leicht auch dümmer sind, als die du, liebster Menschenfreund, uns gegeben hast? Aber es wäre sicher für jeden Erdenbürger toll zu nennen, so er sein Leben nach irgendwo bestehenden fernen Sonnengesetzen einrichten wollte. Wir erkennen nur *ein* Gesetz für göttlich wahr und gültig an, unter dem nach dem Urteile der unbefangen reinen Vernunft jede menschliche Gesellschaft bestmöglich existierbar gedacht werden kann. Was aber irgendein Fatum dazwischenstreut, das ist nichts als schlechtes Unkraut zwischen dem herrlichen Weizen, den du, edelster Menschenfreund, auf die undankbare Erde gestreut hast. Und dieses Unkraut verdient nichts anderes, als verbrannt zu werden im Feuerofen eines vollkommen gerechten Gerichtes!

8 Ich sage ganz frei heraus: so lange der Mensch nach deinen Gesetzen *Mensch* ist, so ist er auch jeder Hochachtung wert. Erhebt er sich aber über dein Gesetz und will seine Brüder zu seinen eigenen Vorteilen unterjochen und beherrschen, so erklärt er dadurch dein Gesetz für null und nichtig. Dann ist er kein Bruder, sondern ein Herr den Brüdern, mit deren Leben er schalten und walten zu können glaubt. In diesem Punkt werde ich ewig Robert Blum verbleiben und werde den Völkerherrschern nie ein Loblied singen! Und das darum nicht, weil sie schon lange nicht mehr das sind, was sie eigentlich sein sollen, nämlich weise und liebevolle *Führer* ihrer armen Brüder.

9 Wohl weiß ich, daß es auch in der armen Klasse außerordentlich viele gibt, die mehr Vieh als Menschen sind und daher auch nur mittels eiserner Zuchtrute in der Ordnung erhalten werden können. Aber ich frage da: Wer trägt daran die Schuld? Eben die, welche solche Völker unterjochten und ihre ursprüngliche Lebensnacht noch vielfach vermehrten, um auf den Pfeilern gänzlicher Unintelligenz ihrer Völker ihre Herrschergewalt desto mehr zu festen! — Freund, wer solchen Herrschern ein Lebehoch bringt, der muß freilich kein Robert Blum und noch weniger ein Jesus von Nazareth sein!

10 Ah, es gibt schon noch Herrscher, die es mit ihrem Amte gerecht und ernstlich nehmen; diese sind ihren Untergebenen die wahrsten Engelfreunde. Solchen Herrschern ein tausendfaches Lebehoch! Aber Völkerbezwingern und Geistesmördern, für diese fehlt mir wahrlich der passende Ausdruck! So es Teufel gibt, da sind diese es leibhaftig!

11 Ich glaube, auf deine Frage nun ziemlich deutsch geantwortet zu haben. Nun bitte ich aber auch dich, mir über meine Meinung die deinige kundzugeben! Ich bin zwar ziemlich fest in allem, was ich einmal als Recht erkenne, aber dennoch nicht starr und unbeugsam, so besonders du mir etwas Besseres dafür geben kannst!“

17

Der Herr wendet ein: „Seid untertan der Obrigkeit!" Robert bezweifelt dieses Gebot. Er wünscht Aufschluß über die gottmenschliche Natur Jesu

1 Rede Ich: „Höre, Mein lieber Freund und Bruder, Ich kann deine Denk- und Handlungsweise durchaus nicht tadeln. Wo zwischen Herrschern und ihren beherrschten Völkern Verhältnisse obwalten, wie du sie Mir soeben vorgezählt hast, hast du freilich vollkommen recht, so zu reden und zu handeln. Aber so sich die Sachen anders verhielten, als du sie nach deinen Begriffen aufgefaßt hast, wie würdest du dann urteilen über die mannigfachen Verhältnisse der Herrscher zu ihren untergeordneten Völkern?

2 Wohl sagtest du Mir ganz offen, daß du alle Verhältnisse der Menschen nur nach Meinem Gesetze der Liebe beurteilst und dich überirdische Einflüsse nichts angehen. Aber siehe, in diesem Punkt kann Ich dir aus vielen Gründen nicht beipflichten.

3 Ein Grund wäre z. B. schon das eine Gebot von Mir Selbst, laut dessen Ich Mich jeder weltlichen Gewalt als unterwürfig bezeigte — während Ich doch Macht genug gehabt hätte, einer jeden den weidlichsten Trotz zu bieten. Ferner jener Fall, wo Ich im Tempel bei Vorweisung des Zinsgroschens eigens gebot, dem Kaiser zu geben, was sein ist, und Gott, was Dessen ist! Ebenso lehrte Ich auch durch Paulus, jeder Obrigkeit zu gehorchen, ob sie mild oder strenge ist; denn keine habe eine Gewalt außer die von oben! — Was sagst du wohl zu diesen ebenfalls Meinen Geboten?"

4 Spricht Robert: „Edelster Menschenfreund, weißt du, aus rein menschlich klugen Rücksichten scheint die damalige Notwendigkeit dir — zur größeren Sicherung deiner Lehre wie auch mitunter deiner Person selbst — diese Gebote abgerungen zu haben. Denn hättest du, wie im alten Judentestamente Jehova durch den Mund Samuels, wider die Könige geeifert, so hätte deine so erhabene Moral unter der stolzesten Weltherrschaft Roms wohl schwerlich die nahezu 2000 Jahre erlebt; außer auf rein übernatürlichem Wege, von dem wohl die finstern Römlinge eine große Menge zu erzählen wissen. Wieviel aber daran

Wahres ist, darüber wirst du hoffentlich besser zu urteilen verstehen als ich, der ich nicht gleich dir Zeuge von all den Greueln dieses neuen Babels habe sein können!

5 Sieh, ich beurteile die Sache so: Wenn es dir mit dem Gebot, allen weltlichen Obrigkeiten zu gehorchen, ob sie gut *oder* böse seien, völlig Ernst gewesen wäre, so hättest du ja schon im voraus auf deine ganz andere, im höchsten Grade liberale Lehre Verzicht leisten müssen. Du hättest zugeben müssen, daß man für alle Zeiten ein finsterer Heide bleiben würde, — sobald es einem Volke eine heidnische Obrigkeit geboten hätte, die alten Götter zu verehren und nicht deiner damals aufkeimenden Lehre Gehör zu geben!

6 Freilich sagtest du: »Gebet dem Kaiser, was sein ist, und Gott, was Gottes ist«. Aber du bestimmtest damals zu wenig die Grenzen, was eigentlich im Gesamtkomplex des Kaisers und was daneben Gottes ist. Daher war es dann dem Kaiser ein gewissenlos Leichtes, sich Vorrechte eines Gottes anzueignen und jene Pflichten unbeachtet zu lassen, in denen er sich eigentlich bewegen sollte.

7 Dessenungeachtet läßt dein damaliger Tempelausdruck sich noch eher begrenzen als jenes gar nach einer zu großen Weltfürstenfurcht riechende Paulische Gebot. Laut dessen muß man streng genommen sogar ein Christ zu sein aufhören, sobald es einem solchen Weltfürsten aus gewissen Rücksichten für nötig dünkt, deine reine Lehre als seinen herrscherischen Absichten gefährlich zu betrachten, — wie solches die entgottete Lehre Roms himmelschreiend durch viele Jahrhunderte gezeigt hat und noch gegenwärtig zeigt.

8 Es müßten nur andere, höhere Rücksichten den sonst überaus weisen Paulus dazu veranlaßt haben, ein solches Mandat ergehen zu lassen. Aber die Sache mit gesunden Sinnen betrachtet, erscheint streng genommen als Unsinn. Denn auf der einen Seite heißt es: »Ihr alle seid Brüder, und Einer ist euer Herr!« Auf der andern aber steht das Gebot, weltlichen Obrigkeiten, bei denen das Brüdertum ein reiner Hohn ist, in allem streng zu gehorchen.

9 Freund, das muß sich ja gegenseitig aufheben. Entweder das eine oder das andere! Ist man aber beides zu befolgen genötigt, so heißt das im Grunde zweien Herren dienen, was du selbst als unmöglich bezeichnet hast! Oder man müßte eine Doppelnatur bei sich bewerkstelligen, welcher heuchlerischen Eigenschaft zufolge man dann bloß äußerlich

täte, was die Fürsten wollen. Innerlich aber müßte man es verfluchen und im geheimen tun, was der liberale Teil deiner Hauptlehre verlangt. Und das wäre natürlich sehr schwer, manchmal sogar unmöglich oder wenigstens äußerst gefährlich.

10 Glaube mir, edler Freund, ich habe wie wenige jeden Punkt deiner Lehre genau erwogen. Ich glaube ziemlich darüber im klaren zu sein, was du frei gelehrt hast als deinen eigentlichen Hauptsinn, — und was dagegen du wie deine Jünger durch die damals drohenden Zeitumstände einzuflechten genötigt warst. Aber dennoch bin ich dein glühendster Verehrer und weiß, was ich von deiner reinsten Lehre zu halten habe! Freilich sagtest du ehedem, daß auch du trotz deiner bezwingenden Macht dennoch den weltlichen Obrigkeiten gehorsam warst. Das will ich dir schon darum nicht streitig machen, da du selbst dich durch das Gesetz der Welt mußtest ans Kreuz hängen lassen.

11 Ob du, wertester Freund, dich auch durch eine in dir verborgene übersinnliche Macht hättest widersetzen können, als dich diese Obrigkeit ernstlich gefangennahm, das zu beurteilen ist wohl zu hoch über meinem bisherigen Erkenntnishorizont! So deine Taten dir nicht als heidnische Halbgötterfabeln untergeschoben sind, ist es gewiß, daß dir — als einem Weisen, der mit den innersten Kräften der Natur sicher vertraut war — auch außerordentliche Kräfte zu Gebote standen. Aber deine Gefangennahme und Hinrichtung hat bei sehr vielen Helldenkenden dein wunderbares Kraftvermögen in ein sehr schiefes Licht gestellt und viele haben sich daran gewaltig gestoßen. Aber ich und eine Menge andere haben bloß deine reinste Lehre angenommen und alles daraus verbannt, was nur eine später eingeschobene heidnische Fabel zu sein schien.

12 Ob wir recht oder nicht recht gehandelt haben, hoffe ich nun von dir in der Fülle der Wahrheit zu erfahren. Wie auch, ob an deiner, ganz besonders durch einen gewissen Swedenborg im 18. Jahrhundert sogar mathematisch erwiesen sein sollenden Gottheit etwas daran sei, und wie? Was freilich ein reiner Denker schwerlich annehmen wird, weil diese Sache allem Anscheine nach denn doch etwas zu burlesk aussieht!

13 Denke dir nur selbst ein endloses, unbegrenztes Gottwesen, dessen Intelligenz, Weisheit und Macht notwendig die allerausgedehnteste sein muß! Es wäre daher sogar logisch unmöglich, daß dies Endlose und Allumfassende sich je verendlichen und auf die Person eines Menschen

einschränken könnte! Und frage dich, ob man es bei nur einigem Nachdenken annehmen kann, daß du und die endlose, allumfassende Gottheit wirklich identisch sein könnet? Ja, als »Sohn Gottes« — da habe ich nichts dawider; denn das kann ein jeder bessere Mensch von sich mit gleichem Recht behaupten. Aber Gott *und* Mensch zugleich — das geht denn doch offenbar etwas zu weit!

14 Übrigens habe ich auch da nichts dagegen, wenn mir die Sache klar bewiesen werden kann. Denn wenn es zwischen Sonne und Mond noch Dinge geben kann, von denen sich keine menschliche Weisheit noch je etwas träumen ließ — warum sollte zu solch außerordentlichen Dingen nicht auch gehören, daß du im Ernste das allerhöchste Gottwesen sein kannst? Vielleicht ist nach Hegel in dir die früher gewisserart schlafende Gottheit zum ersten Male erwacht und ins klare Bewußtsein ihrer selbst übergegangen?

15 Oder vielleicht hat sie die Notwendigkeit gefühlt, sich selbst ihren geschaffenen Wesen gegenüber als ein Mensch zu manifestieren, um von den Menschen begriffen und erschaut werden zu können, ohne dadurch von ihrer allumfassenden höchsten Willenskraft etwas zu vergeben? Wie gesagt, das ist alles möglich. Besonders hier, wo überhaupt das Sein einen so höchst rätselhaften Charakter annimmt.

16 Aber warum sich dann die in dir als Gottmensch manifestierte Gottheit von einem Häuflein wahnwitziger Juden zum schmählichsten Tod am Schandpfahl hat verurteilen lassen, und das noch dazu auf einem der unansehnlichsten Planeten — Freund, so etwas kommt zwischen Sonne und Mond wohl schwerlich vor! Solch ein Wunder müßte man schon zwischen Nebelsternen zu suchen anfangen.

17 Ich glaube aber auch, daß du solches von dir im Ernste wohl nicht einmal im Traume behauptet hast! Denn ich weiß nur zu gut, was du erwidertest, als man dich fragte, ob du im Ernst Gottes Sohn seist? Da war deine Antwort wie die eines Weisen, nämlich: »Nicht ich, sondern ihr selbst sagt es!« Wer aber im entscheidenden Moment so spricht, der weiß auch, was er spricht und warum. Ich glaube, diese Antwort, soweit es menschlichen Kräften gestattet ist, auch verstanden zu haben und habe daraus entnommen, daß du als reinster Mensch in allem ein wahrster Engelsgeist, aber durchaus kein heidnischer Halbgott seist.

18 Daß aber zu deiner Zeit, wo man noch an ein Orakel zu Delphi glaubte, wo der Thumim und Urim weissagten, und des Aarons nahe

über tausend Jahre alter Stab in der Lade noch grünte, wo man einem ersten Weisen, der wie du seit nahe 2000 Jahren noch von keinem andern übertroffen wurde, eine Vergöttlichung beilegte, das finde ich überaus begreiflich! — Denn so schon die sonst weisen Römer jeden großen Mann als vom Gottesgeiste angehaucht betrachteten, um wieviel mehr deine noch wundersüchtigeren Landsleute dich, der du vor ihren Augen mitunter Dinge wirktest, von deren sicher höchst natürlichem Grunde sie seit Abraham nicht die leiseste Ahnung hatten!

19 Freund, ich meine, deine Frage nun hinreichend beantwortet zu haben. Nun käme wieder die Reihe an dich. Ich werde mit der gespanntesten Aufmerksamkeit jedes deiner Worte anhören und würdigen!"

18

Rede Jesu über die Notwendigkeit irdischer Obrigkeit. — Keine menschliche Gesellschaft ohne Ordnung und Gehorsam

1 Rede Ich: „Mein geliebter Bruder! Siehe, wenn man wie du mit rein weltlichen Augen und ebenso weltlichem Verstande diese Sache betrachtet und sich dabei mit jeder noch so freien, oft alles gesunden Sinnes mangelnden Übersetzung der vier Evangelisten und der Briefe Pauli begnügt, zu alledem noch die Weltphilosophie mehrerer deutscher Atheisten mit großen Zügen in sich geschlürft hat, — da kann es wohl nicht anders sein als so, wie es mit dir ist und steht.

2 Ich sage dir, hättest du dir je selbst die Mühe gegeben, die Schriften des Alten und des Neuen Testaments genau durchzugehen, und zwar nach einer guten Übersetzung — wie die Martin Luthers oder auch die sogenannte Vulgata und die griechische Urbibel —, so wärest du zu ganz anderen Urteilen gekommen als auf deinem radikalen Wege. Deine Wurzeln sind so gut wie gar keine, da die Lehren deiner Weltweisen nur als Schmarotzerpflanzen auf dem Baume der Erkenntnis vorkommen. Du als ein irdischer Baumzüchter wirst wohl wissen, wie die Wurzeln der Schmarotzerpflanzen beschaffen sind?! Und so wirst du auch wissen, wieviel an deinen Vor-Leitsmännern gelegen ist in Meinen Augen!

3 Wenn man erstens die Bibel übersetzt, wie man sie für seine Grundsätze gerade haben will, und dann gerade nur jene Texte heraushebt, die bei einer beliebigen Übersetzung einen Doppelsinn zulassen, dann ist es auch keine Kunst, so zu argumentieren, wie du es vor Mir nun tatest.

4 Aber siehe, es ist dem nicht so. Denn fürs erste lauten die angeführten Texte: Mein bekannter Tempelspruch bezüglich des Zinsgroschens und besonders der des Paulus aus den Briefen an die Römer und an Titus nicht so, wie du sie Mir vorgeführt hast. Sodann kann weder bei Mir noch bei Paulus je von einer Fürstenfurcht die Rede gewesen sein, da Ich es mehr als handgreiflich vor Pilatus und Herodes, wie zuvor vor Kaiphas bewiesen habe, wie Ich Mich so gar nicht vor diesen Weltmachtträgern gefürchtet habe! Denn wer den Tod nicht fürchtet, da Er sein Herr ist und ewig bleibt, hat doch noch weniger Grund, die eitlen Geber des bloß leiblichen Todes zu fürchten.

5 Ebensowenig aber wie Ich nur den leisesten Grund hatte, Mich vor den Machthabern der Erde zu fürchten, hatte auch Paulus keinen Grund dazu. Nero war unter allen Machthabern Roms bekanntlich der grausamste; und siehe, Paulus suchte Schutz wider die ihn verfolgenden geistig bösen Juden bei ihm und fand ihn auch, solange er diesen irdisch vonnöten hatte. Hatte er aber etwa Furcht vor den Juden? O nein, denn obschon er gar wohl wußte, wie sehr sie ihn anfeinden, ging er dennoch trotz Widerratens seiner intimsten Freunde nach Jerusalem.

6 Daraus kannst du aber entnehmen, daß weder Ich noch Paulus aus irgendeiner Fürstenfurcht unsere gleichen obrigkeitlichen Gebote, eigentlich vielmehr ‚Räte‘, von uns gegeben haben, sondern bloß nur der notwendigsten Weltordnung der Menschen wegen. Denn das mußt du doch einsehen, daß keine menschliche Gesellschaft ohne Leiter bestehen kann. Daher es auch nötig ist, als Lehrer den Menschen die Notwendigkeit zu zeigen, diesen Leitern zu gehorchen!

7 Oder bist du der Meinung, daß da auf der Erde große menschliche Gesellschaften ohne alle Leitung bestehen könnten? Das wäre die größte Unmöglichkeit und wäre sogar wider die natürlichste Ordnung nicht allein des Menschen, sondern auch aller irdischen Dinge.

8 Damit du dies aber etwas tiefer einsiehst, will Ich dich ein wenig durch die verschiedenen Reiche der natürlichen Dinge führen, und so höre Mich weiter!“

19

Rede über den Gehorsam
Beispiele aus Reichen der Naturwelt

1 Rede Ich weiter: „Stelle dir vor, daß alle *Weltkörper* mit der für ihre Bestimmung nötigen Intelligenz und freien Einsicht ausgestattet sind. Siehe, diese großen Körper schweben alle im für deine Begriffe freiesten Ätherraume. Warum sind sie denn so eigensinnig und bewegen sich seit vielen Jahrtausenden stets in gleichen Kreisen um eine bestimmte Sonne, die sie gewisserart um keinen Preis verlassen wollen?

2 Gewiß ist manche ihrer Umlaufszeiten für sie schlimmer als andere, was schon die guten und schlechten Jahre eines Planeten ziemlich handgreiflich beweisen, besonders in solchen Perioden, wo es auf dem Sonnenkörper manchmal etwas stürmischer zugeht als sonst. Zwar kann sich ein Körper wie ein Planet schon einen kurzen Puff von seiten der Sonne gefallen lassen, aber es geschehen oft für einen Weltkörper mehrere solch qualvoller Umläufe ununterbrochen, freilich hie und da örtlich mehr oder minder.

3 Wenn dann so ein großer Wanderer durch den Ätherraum nach manchmal zehn und mehr, von seiner Sonne wie stiefmütterlich behandelten Umläufen am Ende doch der Sache überdrüssig würde und sich ernstlich vornähme, die ihn regierende Sonne zu verlassen, um dann zu einem absoluten Freischwärmer durch den endlosen Weltenraum zu werden, — was würde wohl von solch einer planetarischen, nach absolutester Freiheit schwindelnden Idee die unvermeidlichste Folge sein?

4 Siehe, zuerst ein völliges Erstarren ob des nur zu bald eingetretenen Licht- und Wärmemangels; darauf notwendig ein völliges inneres Entzünden ob des zu mächtigen Druckes von außen nach innen; und endlich eine völlige Auflösung aller Teile des Planeten und mit dieser auch dessen vollkommener Tod!

5 Die Planeten aber fühlen in ihrem Innersten. Ihr Dasein ist ihnen das höchste fühlbare Bedürfnis. Und so bleiben sie gleichfort unter dem Regiment ihrer Sonne, bleiben bei ihrer Bewegung stets in unverrückbarer Ordnung und machen sich nichts daraus, ob sie bei mancher Um-

laufszeit von ihrer sie beherrschenden Sonne karger gehalten werden als andere Male.

6 Allerdings könnte da mancher dir gleichgesinnte Planetenfreund unparteiisch sagen: «Ich lobe mir wohl solche willige Planeten. Aber eine so launenhafte Sonne als notwendigen Regenten der armen Planeten möchte ich denn doch, wenn ich der Schöpfer wäre, gehörig züchtigen für ihre Regentenlaunen!»

7 Doch da steht die Sonne auf und spricht: «Was faselst du kurzsichtiger Kosmopolit? Siehst du nicht, daß ich nicht nur einen, sondern gar viele größere und kleinere Planeten zugleich zu versorgen habe? Weißt du nicht, daß ihre Bahnen ungleich sind, daß mir manchmal die großen wie die kleinen Planeten näher, manchmal ferner zu stehen kommen? Daß sie sich manchmal in größerer Zahl gerade auf der einen Seite befinden und mich sehr in Anspruch nehmen, und daher irgendein einzelner Planet auf einem entgegengesetzten Standpunkt an meinen sonst reichen Gaben notwendig etwas karger zu Teile kommt! — Wird ein solcher Planet aber auf einer Umlaufszeit notwendig etwas karger beteilt, so bekommt er dennoch immer so viel, daß er bestehen kann. Ich kann es seit Trillionen von eigenen Wanderungen um eine andere noch größere Regentensonne bezeugen, daß darum noch nie ein Planet, so er sich meiner Ordnung angeschlossen hatte, verhungert und zugrunde gegangen ist. Wenn aber Kometen, denen ihre Freiwandlerschaft lieber ist als meine feste Ordnung, irgendwo im endlosen Raume, wohin sie ihre wahnwitzige Freiheitslust getrieben hat, zugrunde gehen, — dafür kann wohl ich nicht. Denn einem Wesen, das sich nur selbst bestimmen will, ohne von einer mächtigeren Leitung abhängen zu wollen, geschieht kein Unrecht; es hat sich selbst gerichtet! — So du, freisinnigster Kosmopolit, mich als Planetenregentin schon durchaus wegen meines notwendig veränderlichen Verhaltens gegen die mir untergeordneten Planeten gestraft haben willst, da nimm mir mein Licht und meinen Glanz, meine Größe und Macht! Sieh aber dann zu, wie die nach deiner Meinung von mir so sehr an den Sklavenketten gehaltenen Planeten ohne mich bestehen werden!»

8 Siehe, Freund, so spricht sich die *natürliche* Ordnung schon bei den ersten, stärksten und freien Weltkörpern aus, ohne welche kein Planet bestandfähig gedacht werden könnte! So aber diese freischwebenden großen Wesen eines Leiters bedürfen, um wieviel mehr jene klei-

nen und in ihrer Bewegung durch allerlei Verhältnisse mehr gebundenen Wesen, als da sind die Tiere und besonders die mit einem vollkommen freien Geist begabten Menschen!

9 Tiere ein und derselben Art haben in der Regel eines unter ihnen, das gewisserart ihr Leiter ist. Wenn dieser sich rührt, dann sind alle wie durch einen elektrischen Schlag zur gleichen Bewegung angefacht. Siehe eine Rinderherde an, sie hat einen Leiter unter sich! Der Hirte, der aus Erfahrung bald merkt, welchem Stück aus seiner Herde die anderen nachgehen, hängt solchem Tiere eine Schelle an den Hals. Und wenn er abends die Herde heimführen will, horcht er bloß, wo die Schelle läutet. Dorthin begibt er sich und findet seine ganze Herde daselbst versammelt. Will er sie heimführen, dann braucht er bloß den beschellten Leiter zu führen, so gehen alle anderen von selbst nach. Der gleiche Fall ist sogar mit den sehr dummen Schweinen, besonders wo sie ständig in freier Natur leben, ebenso bei den Ziegen, Schafen, Pferden, Eseln und hundert anderen Tiergattungen. Das gleiche kannst du sogar an den verschiedenartigsten Insekten entdecken, an den Vögeln und nicht minder an den stumpfsinnigsten Fischen und anderartigen Wassertieren.

10 Aber Ich will dir die Sache ganz zeigen und will dich sogar auf die noch viel stummer scheinende Natur leiten.

11 Betrachten wir das in sich selbst überaus lockere Wasser, das sich ohne fühlbaren Widerstand in zahllose Tröpfchen zerteilen läßt. Dieses höchst wichtige Naturelement, das in sich alle Urkeime des tierischen wie des pflanzlichen Lebens birgt und zugleich von dir nie berechenbaren Kräften geschwängert ist, es gehorcht im freien Zustand unbedingt dem ihm innewohnenden Gesetz der Schwere. Laut diesem Gesetz, dessen es durch ein eigenes Wahrnehmungsvermögen gewahr wird, empfindet es die leiseste Abdachung irgendeines Geländes. Es fängt sogleich an, nach einer größeren Niederung hin sich fortzubewegen und hat so lange keine Rast und Ruhe, bis es des Meeres größte Geländeniederung vollends erreicht hat. — Auch hat dieses Element noch die sonderbare Eigenschaft, daß es sich erst dann völlig klärt, wenn es des Meeres Niederung erreicht hat. Es deutet gewisserart dadurch an, daß auch der Mensch erst dann zum klaren Bewußtsein seiner wahren, ewigen Bestimmung kommt, so er irdisch nicht nach den höchsten Würden strebt,

sondern nur nach dem niedersten Standpunkt, das ist: die wahre, von Mir so oft anempfohlene Demut, die aber nie durchs Gebieten, sondern nur durchs Gehorchen erreicht werden kann!“

20

Weiteres Beispiel: Hochgebirge und ihre Notwendigkeit

1 Rede Ich weiter: „Also wäre dir durchs Wasser nun ein Beweis gegeben, daß auch dieses Element eine eigentümliche Intelligenz in sich enthält, durch die es dem ihm zugrunde liegenden rein göttlichen Ordnungsgesetz pünktlichsten Gehorsam leistet bis zum letzten Tropfen; trotzdem ein jeder Tropfen eine Menge von Trillionen Leben in sich birgt!

2 Aber wir wollen uns weiter an die Geburtsstätte des Wassers, also auf die Berge wenden und sehen, ob an ihnen nicht auch irgendeine ganz eigentümliche Intelligenz zu bemerken ist und zufolge dieser auch eine genaue Beobachtung der in sie gelegten Gesetze.

3 Siehe, Freund, auf der Erde findest du allerlei Berge. Darunter sind sehr hohe, oder Urgebirge; dann mittelhohe, oder sogenannte Gebirge der sekundären Formation; und endlich ganz niedere, mehr Hügel als Berge, die sämtlich nach der irdisch gelehrten Fachbezeichnung einer tertiären Formation angehören. — Du lächelst nun freudig, weil du an Mir auch einen Geologen entdeckst! Oh, da sei du ganz getröstet; denn in der Geologie wie in der höheren Kosmologie bin Ich so ziemlich bewandert.

4 Aber nun weiter! Wir haben also dreierlei Berge. Von diesen drei Arten wollen wir zuerst der höchsten unsere Betrachtung zukommen lassen.

5 Warum sind wohl auf der Erde die Berge da? Hier meine Ich ganz besonders die erste Art. Siehe, ihre Zwecke sind verschieden: Fürs erste sind sie die Regler der elektromagnetischen Strömungen, damit diese über den ganzen Erdboden gehörig verteilt werden. Fürs zweite verhindern sie, daß die Luft um die Erde bei der schnellen Drehung um ihre Achse stehenbleibt, während die Oberfläche der Erde sich fortbewegt. Dies brächte eine über alle Orkane heftigste Gegenströmung her-

vor, durch die wohl kein Wesen auf der Erde bestehen könnte. — Fürs dritte ziehen sie die zu mächtigen, durch Sauerstoff und Wasserstoff gebildeten Feuchtteilchen aus der Luft an sich, weshalb ihre höchsten Spitzen auch meist umdünstet und somit selten klar sichtbar erscheinen. Hier vereinen sie sich durch die stets mächtig vorhandene Elektrizität und fallen dann zumeist als Schnee und Eis auf die steilen Abhänge der Berge nieder. Von da stürzen sie nach größeren Anhäufungen als Lawinen in die Schluchten und Hochgebirgstäler und bilden dort durch starke Anhäufung die Gletscher. Diese haben wieder die besondere Eigenschaft, die Kälteteilchen aus der gesamten Luft anzuziehen und dadurch die niedriger gelegenen Fruchtgegenden vor den alles erstarrenden Frösten zu bewahren. Zugleich aber schwächen die Gletscher auch sehr die manchmal zu stark angesammelte Luftelektrizität und ordnen den Kreislauf des Wassers durch die Atmosphäre. Ohne diese Tätigkeit hätten die Ebenen der Erde nahezu unausgesetzt allerheftigste Wolkenbrüche auszustehen.

6 Du siehst nun aus diesem wenigen die große *Notwendigkeit* der Hochgebirge und sprichst auch bei dir: «Ja, das ist klar und unwiderruflich wahr! Denn wo immer die Menschen es zu rücksichtslos wagten, etwas an der Ureinrichtung der Berge zu ändern, da sind sie nur zu bald durch zuvor nie dagewesene Elementarschäden für ihren Frevel auf das empfindlichste gezüchtigt worden.» — Siehst du, Freund, so ist es auch! — Aber nun kommen wir eigentlich erst aufs Rechte, daher gib nun ganz besonders acht!

7 Siehe, damit die Hochgebirge die wichtige Bestimmung zur Erhaltung eines ganzen Weltkörpers und allem auf seiner weiten Oberfläche erfüllen können, ist es durchaus nicht gleichgültig, wo sie sich befinden. Ferner müssen sie — durch die in und über ihnen wohnenden Geister oder (nach deiner Art zu reden) Kräfte — notwendig jene *Intelligenz* besitzen, durch die sie instand gesetzt werden, das zu bewirken, wozu sie bestimmt sind.

8 Die ihrer unleugbaren Intelligenz anheimgestellte Wirkungssphäre ist für sie ein positives *Gesetz,* das sie durch ihre Intelligenz ganz genau wahrnehmen; was du Mir um so mehr glauben kannst, da du doch ehedem selbst behauptetest, Ich sei durch die Schule der Ägypter in die inneren Kräfte der Natur eingeweihter gewesen als alle Gelehrten der Jetztzeit.

[9] Darum sieh auch ein, daß nur durch die genaueste Befolgung der Gesetze, die der Intelligenz dieser großen Erdauswüchse anheimgestellt sind, die Erhaltung eines *ganzen* Weltkörpers bewerkstelligt werden kann. Würden aber die Hochgebirge sich einmal gegen diese Gesetze auflehnen und gewisserart sagen: «Wir wollen keine hohen Erdbeherrscher mehr sein, sondern auch wir wollen uns zu kleinen Fruchthügeln erniedrigen!» — sage, was würde aus solch einem Gebirgsungehorsam schließlich für die ganze Erde für ein namenloses Unheil erwachsen?

[10] Obschon diese Hochgebirge keine Früchte tragen, viele hundert Quadratmeilen unfruchtbares Land ausmachen und so dem gemeinen Menschenverstand als ‚unnütz' erscheinen — wäre es wohl wünschenswert, diese Bergfürsten zu entthronen und sie zu vermeintlichen Fruchtebenen umzugestalten? Du sagst: «Das wolle der Himmel verhüten!»

[11] Nun, so sage auch, daß es der Himmel verhüten wolle, daß die Hochgebirge in der *menschlichen* Gesellschaft nicht verwüstet werden! Sonst wird es auf der politischen Erde nur zu bald aussehen, wie es auf der natürlichen aussehen würde, wenn die natürlichen Hochgebirge zerstört würden!

[12] Siehe, so die Könige der Erde wahrhaft ihrer Bestimmung entsprechen sollen, müssen sie sein gleich den Hochgebirgen! Verstehst du das? Du sprichst: «Ja, ich verstehe es nun ganz und sehe auch ein, daß du ein wahrer Urweiser bist!» —

[13] Gut! Die Sache ist aber noch nicht zu Ende. Wir haben noch zwei Gebirgsarten vor uns. Diese müssen uns auch noch etwas erzählen. Höre daher weiter und sieh, wozu sie da sind!"

21

Mittel- und Kleingebirge — ihre Entstehung und Notwendigkeit im Erdganzen

[1] Rede Ich weiter: „Als die Erde noch ein wüster Weltkörper war und weder Pflanzen noch Tiere zu erhalten hatte außer jene Urtypen aller späteren Formen in den Gewässern, da freilich genügten die Ur-

gebirge allein, dem noch gewisserart ganz rohen, unausgebackenen Erdball die schon erwähnten Dienste zu leisten. Als aber nach einer Anzahl von Jahrtausenden der Erdkörper sich mehr und mehr gesetzt hatte, über den Meeresspiegel schon ganz bedeutende Inselgruppen sich zu erheben anfingen und auch die in das Wasser gelegten Urkeime sich darüber in allerlei Gras- und Pflanzenarten auszuprägen begannen, — da war es nötig, dafür zu sorgen, daß die in die Gewässer gelegten Urkeime ob ihrer Reife auch ehestens zu ihrer Entwicklung ein größeres Landgebiet bekämen. Durch unterirdische Feuerkräfte wurden neue Erhöhungen bewerkstelligt, durch die dann mit der Zeit die neuen Produkte mehr Raum, Nahrung und Schutz bekamen. Da fing es über den ganzen Erdkreis gewaltig zu toben und zu wüten an. Die unterwässerlichen Festlagen wurden zersprengt und durch die großen Kräfte zu vielen Millionen weit über den Wasserspiegel emporgehoben.

2 Es gehörten wohl viele Jahrtausende dazu, bis diese große Arbeit beendet werden konnte. Aber das macht bei Gott gerade keinen merklichen Unterschied; denn tausend oder eine Million Jahre dieser Erde sind vor Ihm gleich wie ein Tag! Kurz, *darum* also wurden die Berge der zweiten Art gebildet, wie Ich es dir soeben dargetan habe.

3 Diese Berge aber waren anfangs auch viel höher und schroffer als sie nun sind. Doch die Zeit und die natürlichen Stürme haben ihre Häupter sehr erniedrigt, haben damit die großen Vertiefungen mehr und mehr ausgefüllt und dadurch engere und breitere Täler gebildet. Da aber diese Täler hie und da höher und niederer ausfielen und daher dem Wasser keinen freien Durchzug gestatteten, so blieb dasselbe in den größeren Vertiefungen sitzen, wodurch sich dann ganz natürlich größere und kleinere Seen bilden mußten.

4 Da ferner diese Seen durch den beständigen Kreislauf des Gewässers, sowohl durch die Erdporen wie auch durch die Luft (auf dem Wege des Regens, Schnees, Hagels und Taues) einen beständigen Zuwachs erhielten, so mußten sie notwendig über ihre Ufer fließen und zu stürzen anfangen. Dadurch haben sie mit der Zeit durch ihr Strömen kleinere und größere Teile ihrer natürlichen Ufer oder Dämme abgelöst. Sie haben damit zum Teil die ungleichen Vertiefungen der Täler ausgefüllt und besonders zu Zeiten größerer Überflutungen auch förmliche Hügel und Hügelreihen gebildet — was sogar heute noch hie

und da auf der Erde zu geschehen pflegt, wie auch, daß hie und da Berge der zweiten Art durchs Feuer entstehen.

5 Diese nun zuletzt berührte Hügelbildung auf dem Wege der Anschwemmung ist die sogenannte tertiäre Formation [1]), die natürlich durch die sekundäre bedingt ist.

6 So hätten wir nun die Entstehung der beiden letzten Bergarten naturrichtig hergeleitet und die Ursache der zweiten auch schon angegeben. Warum aber die *dritte Art* entstand und hie und da noch entsteht, ist wohl leicht einzusehen, wenn man den Grundsatz nicht aus dem Auge verliert, daß zur ferneren Hervorbringung und Erhaltung neuer Wesen und zur Fortpflanzung der schon daseienden vor allem ein guter und geräumiger Boden nötig ist.

7 Der *Boden* der Erde ist nun so bestellt, daß auf ihm allerlei Wesen entstehen, wohnen, leben und sich fortpflanzen können. Und diese Einrichtung wurde und wird noch bewirkt durch die *drei* verschiedenen Bergarten.

8 Die zwei letzten Bergbildungen scheinen dem Anschein nach freilich mit der ersten Gebirgsgattung keine Ähnlichkeit in der Bestimmung zu haben. Denn wie ihre Entstehungsart, so ist auch ihre eigentliche Bestimmung eine ganz andere. Aber da sie einmal in die Reihe der Urgebirge, also der Bergfürsten getreten sind, so müssen sie sich ohne alles Sträuben auch jenen Gesetzen fügen, die ihnen die Urgebirge wie aus sich heraus vorzeichnen. Das heißt für sie: «Es ist nicht genug, daß ihr niederen und jüngeren Berge mit eurem Überfluß die Täler und Gräben ausfüllt, dort ein fruchtbares Land erzeugt und kleine Berglein mit schönen Lustwäldchen anleget. Sondern ihr müßt vom Anbeginn eures Seins an auch einen großen Teil unserer Lasten übernehmen und uns in allem unterstützen, sonst erfüllet ihr eure Bestimmung nicht. Ihr könntet sie auch nicht erfüllen, da durch euer Entstehen unsere Kraft zu sehr in Anspruch genommen würde, wenn wir nun so wie früher, da ihr noch nicht wart, alles ordnen und lenken sollen!» — Und siehe, diese neuen Berge tun zufolge der in ihnen ebenfalls zugrunde liegenden Intelligenz genau, was ihnen die Bergfürsten auferlegen.

9 Es gibt aber im Ernste auch welche unter ihnen, die den Höchsten gewisserart nicht gehorchen wollen. Solche Berge aber werden durch

---

[1] Die dritte Art der Bergbildung.

die gewaltigsten Stürme so lange gehetzt, bis sie sich die Ordnung der Hohen entweder gefallenlassen oder im Gegenfalle selber ganz zugrundegerichtet werden. Bei den alten Weisen hießen solche Berge ‚Widerspenstige', auch bisweilen ‚Verfluchte'. In der neueren Zeit heißt man solche Helden von Bergen: ‚Lockere', ‚Unbeständige', ‚Verwitterte'. — Beispiele von solchen bestraften (eingestürzten und gänzlich vernichteten) Bergen gibt es eine Menge sowohl in alter als auch in neuer Zeit."

22

Stufenmäßige Unterordnung auch unter den Menschen notwendig

1 Rede Ich weiter: „Lieber Freund und Bruder, du wirst aus dieser ganz der Natur entnommenen Darstellung sogar an den für dich leblosen und somit intelligenzlosen Dingen die Unterwürfigkeitsverhältnisse eingesehen haben, ebenso wie du sie ehedem bei den Tieren, Weltkörpern und Gewässern begriffen hast. Es dürfte daher kaum vonnöten sein, dir noch mehr Belege aus der für dich gewisserart toten Natur vorzuführen. Ich könnte das wohl noch, besonders, wenn Ich dich auf andere Planeten hinführte, wo die Ordnung in allem viel genauer und strenger abgemessen erscheint als auf dem geflissentlich nahezu in der größtmöglichen Unordnung belassenen Erdplaneten. Der Grund liegt darin, daß auf ihm eben die freiesten Geister, als wahrhafte ‚Gotteskinder', desto freier und für ihr Wesen ersprießlicher großgezogen werden können. Du siehst also das alles nun nach deiner innersten Bejahung ein. Und Ich sage dir, daß Ich damit völlig zufrieden bin!

2 Weil du aber nun sogar an der für dich stummen Natur einsiehst, daß in ihrem Gefüge eine gewisse stufenweise Unterwürfigkeits-Ordnung unerläßlich notwendig ist, damit die Natur dauernd erhalten werde — nun denn: so denke dir jetzt den *Menschen*, der da begabt ist mit einem absolut freiesten Geiste, der in seinem Denk-, Beschluß- und Begehrungsvermögen sich in höchster Unbeschränktheit befindet! Stelle dir so recht vor, was da am Ende herauskäme, wenn jeder Mensch zufolge seiner inneren absoluten Freiheit ohne alle Beschränkung tun

dürfte, was sein inneres Geistwesen in seiner unversiegbaren Lebenskammer aus seinem gottähnlichen, unendlichen Ideenreichtume nur immer unter zahllosen Formen schöpft!

3 Ich sage dir, da wäre kein Mensch vor dem andern sicher! Denn erstens gibt es da Geister, deren innere Phantasien oder Schöpfungen sich hauptsächlich damit beschäftigen und eine eigene Wollust darin finden, alles Bestehende zu *vernichten.* Einige möchten fort und fort Menschen auf die verschiedensten Arten töten, andere wieder möchten alle Berge zerstören. Wieder andere durch die Erde ein Loch graben, dieses mit Pulver so weit als möglich anfüllen, um dadurch möglicherweise die ganze Erde zu zersprengen; wieder andere möchten alles Wasser der Erde vertilgen; andere wieder die ganze Erde ersäufen; noch andere die ganze Erde verbrennen; andere den Mond mit einem Strick an die Erde anhängen und ihn herabziehen!

4 Zweitens gibt es wieder eine Menge ungeheuer *sinnlicher* Geister, deren Phantasie aus lauter Genußideen zusammengesetzt ist. Wenn diese Geister keine Beschränkung durch Gesetze hätten, würde vor ihrer großen Geilheit kein weibliches Wesen sicher sein, am Ende auch kein Knabe und sogar kein Vieh mehr! Denn Ich kenne nur zu viele solche Naturfreunde nach der Art von Sodom und Gomorra, die sich zu einem förmlichen Geschäfte machten, sich mit allen möglichen weiblichen Rassen zu begatten, und wenn dies Zeugungsspiel ihrer Phantasie nicht genügte, da machten sie fürs zweite Versuche auch an den verschiedensten Tieren.

5 Nun denke dir eine große Gesellschaft solch sinnlicher Genußmenschen in moralisch wie auch politisch völlig gesetzlosem Zustand! Von welch verschiedenartigsten Kreaturen und barsten Scheusalen wird es unter ihnen wimmeln? Nach wenigen Hunderten von Jahren würde es auf der Erde wimmeln von Wesen, vor denen am Ende kein menschliches Leben mehr sicher wäre! Moses hat darum auch ein äußerst scharfes Gebot ergehen lassen und sogar den Feuertod als Strafe gesetzt für solch einen Geiler, der sich unterfinge, so etwas zu tun.

6 So hat es auch solche sinnliche Geister gegeben, und gibt es leider noch hie und da, die ihre echt teuflische Genußsucht nur dann befriedigten, wenn sie die Maid während und auch vor dem Akt auf das grausamste quälten und marterten. Erst ihre letzten, schmerzvollsten Lebensäußerungen gewährten ihnen die größte Wollust! Ich brauche dir

nicht eine Menge spezieller Taten aufzuführen. Genug, daß du weißt, welche Früchte daraus zum Vorscheine kommen, so irgendeine Menschengesellschaft sich in einem gesetzlosen Zustand befindet.

7 Drittens gibt es wieder Geister, die von sich selbst die außerordentlichsten Ideen haben und alles endlos tief unter ihrer Würde finden. Diese Geister sind stolz und über die Maßen herrschsüchtig; vor ihnen soll sich alles bis in den Staub verkriechen und nur das tun, was sie wollen. Denke dir nun eine ganze Gesellschaft lauter solcher Menschen: wie würden sie miteinander leben? Ich sage dir, eine Welt voll Tigern, Löwen und Panthern würde miteinander in weit größerer Harmonie leben als solche Menschen, wenn sie nicht durch moralische wie auch durch weise politische Gesetze beschränkt wären!

8 Und so gibt es unter den Menschen noch eine Menge zahlloser Abarten verschiedenster Geister, deren Hauptneigungen in ihrer Art gegen alle positive Ordnung so höchst lasterhaft verkehrt sind, daß du dir davon nicht die allerleiseste Idee machen kannst!

9 Wenn aber alle diese Geister von ihrer absolutesten inneren Freiheit nur zum Teil einen unbeschränkten Gebrauch machen dürften, sage Mir, wie würde es dann nur zu bald auf einem Weltkörper aussehen? — Du sprichst: »Freund, das wäre entsetzlich, das wäre die Hölle aller Höllen auf der Erde!« — Richtig, sage Ich dir, du hast wohl gedacht und gesprochen!

10 Ich aber frage dich weiter: Was ist demnach höchst notwendig, damit die vollste Hölle soviel als möglich von der Erde hintangehalten werde? Siehe, nun kommen wir beide erst dorthin, wo ich dich eigentlich haben wollte.

11 Erkennst du nun, was Ich damit sagen wollte, wenn Ich wie auch Paulus allen Bekennern Meiner Lehre den Gehorsam gegen eine *rechtmäßige* weltliche Obrigkeit anempfahl? Siehst du nun, warum man dem *Kaiser,* was sein ist, und *Gott,* was Gottes ist, geben soll?

13 Sage Mir nun, wie du die Sachen jetzt einsiehst. Kommen sie dir noch so widersinnig vor als ehedem? Findest du den gerechten Gehorsam und die rechte Demut immer noch als des freien Menschengeistes unwürdig? Rede nun, die Reihe ist wieder an dir! Ich will dich hören.“

23

Roberts anerkennende Antwort
Seine Gegenfrage über den Machtmißbrauch der Fürsten

1 Spricht Robert: „Was, liebster Freund, soll ich im Grunde noch reden? Ich begreife und bekenne nun, daß du als einer, der mir an Wissenschaft und Weisheit himmelhoch überlegen ist, in allem recht hast, weil sich die Dinge wirklich so verhalten. Es läßt sich dem nichts entgegenstellen, da du, als ein in die geheimsten Kräfte der Natur eingeweihter Weiser dich am gründlichsten auskennen mußt! Alles, was du mir nun gütig erläutert hast, habe ich in allen Teilen als völlig wahr und unumgänglich nötig eingesehen. Aber nun kommt etwas anderes:

2 Bei deiner Darstellung des absolut freien menschlichen Geistes tritt die eiserne Notwendigkeit eines diese Freiheit beschränkenden Gesetzes und eines machthabenden Vollstreckers klar ins Licht. Aber es fragt sich dabei: Dürfen gewisserart von Gottes Gnaden ernannte oder erwählte Macht-Vollstrecker des Gesetzes wohl auch ‚von Gottes wegen' ausgenommen sein, das Gesetz zu beachten, das sie gewöhnlich selbst machen? Dürfen ganz willkürliche Despoten und Tyrannen wegen eines mißlichen Thrones die armen Menschen, die doch auch ihre Brüder sind, zu Tausenden hinschlachten lassen? War z. B. mein Vergehen wohl von der Art, daß mich darum ein Alfred W. [1]) im Namen seines Kaisers erschießen ließ, und desgleichen mehrere andere meiner Denk- und Handlungsweise!

3 Wenn solch ein Machthaber sich schon von seinem eigenen Gesetz enthebt, so fragt sich aber, wer ihn dann von deinem Liebesgesetz enthebt, das der ganzen Welt ohne Unterschiede des Standes und Charakters gleich gelten soll? Warum müssen Hunderttausende in der größten Armut dahinschmachten, so sie nur irgendeine kleinste, oft nur durch zu große Not gezwungene Veruntreuung sich zuschulden kommen lassen? Warum alle unnachsichtige Strenge des Gesetzes sich gefallen lassen, während die Großen in behaglichster Gewissenlosigkeit tun können

[1] Windischgrätz.

was sie wollen, und kein Richter sie zu einer Verantwortung fordern darf!

4 Ich bin für weise und gute Regenten gewiß im höchsten Grade eingenommen. Aber nicht für Regenten, die oft kaum wissen, was sie sind, und noch viel weniger, was sie eigentlich sein sollten. Regenten, die nur auf dem Throne sitzen und ihren Untergebenen gleich Vampiren das Blut aussaugen, anstatt sie durch weise Gesetze zu leiten! Sage mir, Freund, soll da ein armes, gedrücktes Volk nicht das Recht haben, solche glänzenden Taugenichtse und gefühllose Tagediebe davonzujagen, um an ihre Stelle weise und taugliche Männer zu setzen, die Kopf und Herz am rechten Fleck haben. Muß denn eines Regenten Wohnung ein prachtvoller Palast sein, und müssen sich seine Regentenbezüge auf viele Millionen belaufen? Was natürlich alles von den blutigen Schweißtropfen der Untertanen hergeschafft werden muß! — Der ‚arme Teufel' hat auf der Erde nichts Gutes. Von der Geburt bis zum Grabe bleibt er ein Spielball der Mächtigen und muß für sie Gut und Blut setzen. Dafür aber wird er zum Danke verachtet, und wenn er sich nicht alle Niederträchtigkeiten der Großen möchte gefallen lassen und käme zu einem Pfaffen in einen Beichtstuhl, um sich da sein Herz zu erleichtern, wird er noch obendrauf mit der ewigen Verdammnis vertröstet! Sage, ist das auch schon irgendwo in der Natur begründet? Freund! Ich, Robert, meine da und behaupte fest: Das ist die Hölle und ihr regsamstes Mühen, aus armen Engeln dieser Erde noch ärmere und elendere Teufel zu zeugen!

5 Es ist übrigens wohl wahr und gewiß, daß das irdische Leben ein pures Prüfungsleben ist zur Erreichung höchster reingeistiger Vollkommenheit. Und daß man daher mit Recht von ihm auch keine zu glänzende irdische Glückseligkeit erwarten kann. Denn ein Studierender bleibt stets mehr oder weniger ein Sklave derer, die ihm als Meister vorgesetzt sind. Aber wenn von seiten der völkerbeherrschenden, gar zu grausam prüfenden Tyrannen die Erziehungs-Saiten zu stark gespannt und auf diese Art aus den Völkern statt wahren Menschen nur barste Teufel gebildet werden, — was sagt dann eine urgöttliche Weltordnung dazu?

6 Ist da auch noch die Gottheit der alleinige Herr und Meister? Und sind da auch noch ihre gläubigen Bekenner und Anbeter pure Brüder?

Heißt das auch noch ‚Gott über alles, und seinen Nächsten wie sich selbst lieben?!‘

7 Oder ist es von einer allgerechten Gottheit wohl recht, Völker durch schlechte Regenten leiblich und moralisch unter den Hund hinabsinken zu lassen? Sind dann die Völker durch ihre schändlichst schlechten Regenten auf die unterste Stufe alles Elends gesunken, so kommen noch von oben, das heißt von der gerechtesten Gottheit, alle erdenklichen Strafen und Geißeln! Natürlich zumeist nur über die armen Völker, weil sie notgedrungen haben schlecht werden müssen, zumeist ‚von Gottes Gnaden‘! Denn auch die gewissenlosesten Regenten führen den Titel: ‚Von Gottes Gnaden!‘ So kommen dann gewöhnlich Armut, Hungersnot, allerlei unheilbare Krankheiten und eine Menge Seuchen und Kriege, — versteht sich von selbst: alles ‚von Gottes Gnaden‘!

8 Neben diesen schönsten Bescherungen aber kommt endlich auch noch die süße Verzweiflung und zuletzt die angenehme ewige Verdammnis im brennenden Pfuhle! Und siehe, das alles ‚von Gottes Gnaden‘! — Bravo! Nur zu! Oh, das Leben ist wohl schön! Wer es erfunden hat, wie es ist, muß selbst eine närrische Freude daran haben!

9 Ich will aber damit eben kein höchstes Gottwesen tadeln, weil das Leben der Erde so scheußlich sich gestaltet. Denn ein solches Gottwesen hat sicher Größeres zu tun, als sich mit den Dreckwürmern dieses Erdstaubes abzugeben. Aber das Elende bei der Sache ist mir, daß diese irdischen Menschenwürmer doch auch Gefühl und leider auch Verstand besitzen und am Ende doch nicht völlig vernichtet werden können.

10 Sollen denn von der liebevollsten Gottheit, von deinem gewissen ‚heiligen Vater‘, der dich ans Kreuz hängen ließ (wahrscheinlich auch aus Liebe?) — die Menschen dieser Erde als ‚Gotteskinder‘, etwa eine besondere Begünstigung, die Ehre und das Glück haben, die Allerverfluchtesten zu sein?

11 Wahrlich, je länger ich da nachdenke, desto bedenklicher kommt mir die Sache vor. Daher rede lieber wieder du! Vielleicht gelingt es dir, diese Sache mit einem besseren Lichte zu beleuchten?“

24

Trostvolle Antwort auf Roberts finstere Zweifel. Die Bosheit der freien Menschen straft sich selbst. Erfahrungslehren der Geschichte

1 Rede Ich: „Lieber Freund, diese deine Kritik nach dem Urteil deines kurzsichtigen Verstandes hat dem Außenschein nach viel für sich. Und wenn es sich wirklich so verhielte, wie du es nun vor Mir so scharf beurteilt hast, da sähe es wirklich äußerst schlecht mit der gesamten Menschheit aus. Aber zum größten Glück bist du da mit all deinen Begriffen und somit auch mit all deinen scharfen Urteilen auf dem dürrsten Holzwege!

2 Denn siehe: Erstens sorgt die Gottheit eben für die Menschen dieser Erde so außerordentlich, als hätte sie in der ganzen Unendlichkeit nahe keine Wesen mehr, die Ihrer Fürsorge bedürften. Und sie führt die Menschen unter allen Verhältnissen ihres Prüfungslebens so, daß fast alle trotz aller Schwierigkeiten jene hohe Bestimmung erreichen müssen, derentwegen sie von der Gottheit einzig und allein ins Dasein gerufen sind!

3 Freilich gibt es ziemlich viele, die ihren Willen trotz aller angewendeten Mittel dennoch nicht unter den besten Willen der Gottheit beugen wollen! — Daß die Gottheit für solche Geister dann auch ernstere und schärfere Mittel gebrauchen muß, um sie unbeschadet ihres freien Willens am Ende dennoch auf den rechten Weg zu bringen, ist begreiflich. Ich meine, daß man darob die Gottheit von deiner Seite denn doch ein wenig zu seicht beurteilt und ihr Ergebnisse unterschiebt, die ganz allein nur in dem verkehrten und hochmütigen Willen der Menschen zu suchen und leicht zu finden wären!

4 Du sprachst wohl viel von der gnädigen Zulassung schlechter Regenten. Aber davon sagtest du nichts, daß es auch schlechte Völker gibt, die nicht durch politische Verfügungen schlechter Regenten, sondern lediglich durch sich selbst schlechter als schlecht geworden sind, — was Ich dir durch zahllose Beispiele handgreiflich dartun könnte und später auch dartun werde.

5 Aber nun siehe zweitens — den Punkt deiner vermeinten ewigen *Verdammnis*, die nach dem Tod den durch schlechte Regenten verdor-

benen, also ohne eigenes Verschulden schlecht gewordenen Menschen zuteil werden solle! Da muß Ich dir, der Ich doch alle Verhältnisse der Geisterwelt genauest kenne, offen gestehen, daß Mir dergleichen Begebnisse noch nie vorgekommen sind. Die ganze Ewigkeit kann dir in Wahrheit auch nicht einen Fall vorweisen, wo nur ein Geist von Gott aus verdammt worden wäre! Aber zahllose Fälle kann Ich dir vorführen, wo Geister nur zufolge ihrer vollsten Freiheit die Gottheit verabscheuen und verfluchen und um keinen Preis von deren endloser Liebe abhängen wollen, da sie selbst Herren sogar über die Gottheit zu sein sich dünken!

6 Da aber die Gottheit nur jenen endloseste Liebefülle in vollsten Zügen zu genießen geben kann, die sie haben *wollen,* so wird es hoffentlich klar sein, daß jene, welche die Gottheit samt ihrer Liebe über alles hassen und verachten und ein Gespött aus ihr machen, dieser Liebe darum nicht teilhaftig werden können; eben weil sie auf das entschiedenste ihrer *nicht* teilhaftig werden *wollen*!

7 Solche Wesen lieben nur sich allein und hassen alles, was sie nicht für ihr selbstsüchtiges Ich vollkommen tauglich und demselben tiefst ergeben finden. Die Gottes- und Nächstenliebe ist ihnen ein Greuel der Verwüstung, ein Fluch in ihrem Herzen! Gott ist ihnen nur pure Faselei eines verbildeten Gemüts, Albernheit eines im höchsten Grade verdummten Verstandes und der Nächste ist eine Canaille, nicht wert, daß man ihn anspuckt.

8 Wenn aber freieste Geister tatsächlich bei dem hartnäckig verharren und durch gar kein gegebenes freies Mittel, also nicht durch sich selbst von ihrem verderblichen Wahne zu heilen sind und sich eher aller Bitterkeit, die sie sich selbst bereiten, für ewig unterziehen wollen, als sich auch nur ein sanftestes Gebot der Gottheit gefallen zu lassen — sage, kann da wohl die Gottheit an solch einer Selbstverdammnis die Schuldträgerin sein?

9 Wenn aber dann die Gottheit aus purster Liebe solche Abtrünnlinge von ihren seligsten Freunden absondert, ihnen aber auf den abgesonderten Zustandsorten dennoch die vollste *Freiheit* beläßt: kann sie dann als unsorgsam, hart und lieblos gescholten werden?

10 Du sagst: Dafür können Menschen und Völker ja nicht, wenn sie so arg werden — denn daran schulde die schlechte Erziehung und ein schlechter Unterricht; daß aber diese schlecht sind, daran schulden

schlechte, selbst- und herrschsüchtige Regenten; und endlich an den schlechten Regenten schulde die Gottheit Selbst! Oh, Ich will es gar nicht in Abrede stellen und sagen: Es gäbe keine schlechten Regenten und noch nie sei ein Volk dadurch verdorben worden!

11 Ebensowenig aber wirst du behaupten können, daß die gerechteste Gottheit noch nie irgendeinen schlechten Regenten gezüchtigt habe! Gehe die Weltgeschichte vom Anbeginn des Menschengeschlechts durch, und sie wird dir Tausende von Regenten vorführen, die wegen schlechter Leitung der ihnen anvertrauten Völker auf das empfindlichste gezüchtigt worden sind.

12 Nichtsdestoweniger hat sich in allen Zeiträumen der Erde die alte Erfahrung stets bewährt, daß gerade unter harten Tyrannen das Volk im allgemeinen stets besser und lenksamer war als unter guten und sanften Regenten. Weshalb denn die Gottheit schlechte Regenten zumeist darum über Völker aufstellen läßt, auf daß die Völker, so sie arg geworden, an ihnen eine Zuchtrute haben. Sie sollen dadurch genötigt werden, ein rechtes Bußkleid anzuziehen und sich zu bessern, wonach ihnen die Gottheit unfehlbar wieder bessere Regenten geben wird und auch allzeit gegeben hat!"

25

Sinn und Zweck der irdischen Lebensschule
Zeitliche oder ewige Glückseligkeit?

1 Rede Ich weiter: „Aber wenn ein Volk unter guten Regenten und unter friedvoll gesegneten Jahren zu lässig und völlig naturmäßig-sinnlich wird und nichts anderes mehr denkt, als wie es sich auf Erden für sein Fleisch einen Himmel schaffen könnte, — siehe, so etwas darf die für das reingeistige Wohl eines jeden Menschen über alles besorgte Gottheit nimmer dulden. Dies darum, weil ein irdischer Fleischhimmel nach der ewigen Urordnung Gottes stets den *Tod des Geistes* in sich führt. Gleich wie ein Knabe, der sich schon von der Wiege an im größten Wohlleben befindet, für jede geistige Entwicklung nur sehr wenig Sinn haben wird, also auch ein Volk, dem es irdisch zu gut ginge.

[2] Gehe in die Paläste der Reichen und erkundige dich da nach der rechten Bildung, und du wirst zumeist finden, daß da selten eine gottgewollte Herzensbildung zu Hause ist. Gehe aber dann in die Hütte eines armen Landmannes und du wirst ihn in der Mitte der Seinen, das wenige Brot segnend, antreffen. Dieser betet aus seinem Geiste, erzieht dadurch seine Kinder geistig und erhebt sie zu Gott. Des Reichen Gott aber ist nur sein Fleisch, das er durch alle erdenklichen Wohlgenüsse hochverehrt. Und so erzieht er seine Kinder auch nur des Fleisches wegen. Solch eine Erziehung aber kann Gott unmöglich gefallen, weil durch sie jener *heilige Zweck,* dessentwegen Gott die Menschen geschaffen hat, ewig nie erreicht werden kann.

[3] Und so ist es auch mit einem ganzen Volk. Wird es irdisch zu wohlhabend, so wird es stets mehr und mehr sinnlich. Weil es ihm zu wohl geht, vergißt es am Ende des wahren Gottes ganz und macht dafür sich selbst, oder was sonst seinen Sinnen am meisten zusagt, zu einem Gott. Und das ist allzeit der Ursprung des Götzentums gewesen!

[4] Du sprichst freilich bei dir: »Wozu ist denn die Gottheit dann höchst weise und allmächtig, wenn sie so etwas nicht verhüten kann?« — Ich aber sage dir: Wenn die Gottheit die absolut frei werden sollenden Geister mit Ihrer Allmacht richtete, da wäre es mit der Freiheit wohl auf ewig aus! Denn die Allmacht würde da anstatt der freiesten Geister nur gerichtete Spielpuppen darstellen, aber ewig nie von der Gottheit ganz frei und unabhängig sich selbst bestimmende Geister, die in ihrer Vollendung selbst Götter werden sollen.

[5] Was aber die Einwirkung der göttlichen Weisheit betrifft, so verfügt diese eben solche Zustände über entartete Menschen, durch die sie wieder auf den Weg zum rechten Ziel gebracht werden können. Es ist zwar das auch ein Gericht und gewisserart eine Nötigung, aber nur den Außenmenschen berührend, auf daß der innere desto eher und leichter erwache und seine wahre Bestimmung wieder ergreifen möge. Die Allmacht aber würde den ganzen Menschen richten und töten!

[6] Bedenke daher, ob du wohl noch ein Recht hast, die Gottheit zu beschuldigen, als täte sie nichts für die Menschen oder, wenn sie etwas täte, bloß nur Hartes, Liebloses und Schlechtes!

[7] Findest du nun immer noch das Erdenleben so verächtlich? Ist sein Erfinder in deiner Kritik noch gewisserart ein Wesen, das sich solch einer Erfindung durchaus nicht zu rühmen hätte?

8 Ich meine, so du nur irgendeinen Funken eigenen Lichtes und des ‚Hegelschen' besitzt, mußt du es doch einsehen. Und zwar aus vielen Erfahrungen, daß auf der vergänglichen Erde unmöglich je eine wahre Glückseligkeit zu finden ist. Das eben darum, weil sie nach der natürlichsten Ordnung aller Dinge der Außenwelt mit der Zeit veränderlich und am Ende ganz und gar vergänglich sein muß!

9 Wer sich aber nach Meiner Lehre Schätze sammelt, die Rost und die Motten nicht zerstören, der allein kann von einer wahren Glückseligkeit reden. Denn was für ewig bleibt, wird doch offenbar besser sein, als was dem scharfen Zahne der Zeit unterliegt?

10 Was wohl hast du selbst nun von all deinen rein irdischen Glückseligkeitsbestrebungen? Siehe, Pulver und Blei hat all deinen Mühen ein vollkommenes Ende gemacht. Ob du das verdient oder nicht verdient hast, lassen wir nun dahingestellt sein. Denn Ich habe das gleiche Los ertragen müssen, nur mit dem Unterschied: Ich — für Gott und Geist; du aber — für die Welt und ihre vermeintliche materielle Glückseligkeit; Ich fürs ewige, und du fürs zeitliche Wohl der Menschen.

11 Wie Ich, so kannst auch du nun sagen: ‚Herr, vergib ihnen! Denn was sie taten, das taten sie in ihrem blinden Glauben, etwas Rechtes zu tun!' Aber — was hast du nun für die sichere Ewigkeit mit herübergebracht? Siehe, Freund, das ist eine ganz andere Frage! Wird dir die für dich vergangene Welt wohl etwas zu geben imstande sein? — Denke nur einmal darüber nach und sage Mir, wie du es nun *hier* anfangen wirst?"

26

Roberts Antwort: Das Leben gebe ich dem zurück, von dem ich's erhielt. Gibt es einen Gott der Liebe, der seine Geschöpfe so hart behandelt?

1 Nach einigem Nachdenken spricht Robert wieder und sagt: „Mein allerliebster Freund und Bruder! Was da deine triftige Widerlegung meiner Anwürfe gegen die Gottheit und ihre aufgestellte Lebensordnung betrifft, so bin ich auch in diesem Punkte mit dir ganz einverstanden. Ich bekenne es laut, daß ich der lieben Gottheit sehr unrecht ge-

tan habe — vorausgesetzt, daß es wirklich eine Gottheit gibt als liebevollsten Vater, wie du ihn deine Jünger lehrtest.

2 Darum verlangten sie von dir auch einmal, daß du ihnen deinen „Vater" hättest zeigen sollen. Und da du solchem Begehren nicht anders genügen konntest, als dich ihnen selbst als Vater darzustellen, so wolltest du wohl nach meinem Dafürhalten damit nichts anderes sagen als: O ihr jüdischen Dummköpfe! Wißt ihr denn nicht, daß es außer dem Menschen nirgends einen Gott gibt? So ihr mich oder auch einen andern Menschen sehet, so sehet ihr ja, was ihr verlangt. Könnt ihr es denn unmöglich fassen, daß der Vater *in uns* ist und wir im Vater sind? Oder mit anderen Worten: daß es nirgends einen Gott gibt außer den im Menschen!

3 Obschon ich dieses kaum anders auffassen kann, so bin ich deswegen dennoch nicht hartnäckig darauf versessen und will gerne irgendeine Gottheit annehmen, so du sie mir erweisen und zeigen kannst. So ich aber einer nirgends als nur in uns seienden Gottheit solche Anwürfe machte, kann ich deine wirklich triftigste Widerlegung auch um so leichter als Wahrheit annehmen: Weil sie sich lediglich auf unsere eigenste innere Ordnung bezieht, die erst ganz verstanden sein will, bevor sie sich einer zu seichten kritischen Beurteilung preisgeben kann. Oder mit anderen Worten: ‚Mensch, erkenne dich zuvor ganz! Dann erst beurteile dein Sein und alle die notwendigen Verhältnisse, welche die Bestimmtheit deines Seins mit sich führt!'

4 Ich kann dir für diese wahrhaft große Belehrung nur danken aus allen meinen Kräften. Denn auf meinem überaus nichtigen Boden dürften solche Früchte wohl noch lange nicht zum Vorscheine kommen.

5 Aber trotzdem ich nun diese weisen Beschränkungen der absoluten Freiheit als überaus notwendig und nach der Natur der menschlichen Ordnung zum wahren Leben höchst angemessen finde, so muß ich aber noch immer leider eines offen bekennen: Ich kann die Lehre, daß Gott die purste Liebe ist und man diese Liebe über alles, den Nächsten aber gleich sich selbst lieben solle, durchaus nicht mit allem vereinigen, was du mir bis jetzt gesagt hast. Und eher schon gar nicht, bis du mich vom Dasein einer wirklichen Gottheit überzeugen wirst!

6 Gott muß zuerst definitiv da sein und seine Natur und sein Wille vollkommen erkannt werden, dann erst läßt sich von Notwendigkeiten reden. Ist aber Gott nur ein vom blinden Glauben angenommenes,

nie aber der reinen Vernunft erweisbares Wesen, muß notwendig jede Gotteslehre, möchte sie auch noch so metaphysisch oder theosophisch klingen, sich von selbst in ein Nichts auflösen.

7 Ich widerspreche hiermit deiner Belehrung gar nicht, denn ich sehe ihre Realität nur zu klar ein. Aber nur in dem Fall, so es eine Gottheit gibt, die solche Ordnung zur Heranbildung des Menschen zu einem höheren, freiesten Wesen für nötig gestellt hat. Gibt es aber keine Gottheit, dann brauche ich dir gar nicht zu widersprechen, denn da widerspricht sich die Sache von selbst.

8 In der Beantwortung meiner an dich gerichteten Frage: Mit welchem Recht mich ein Windischgrätz erschießen ließ, gingst du ganz kurz zu dem Entschuldigungsgrund über: daß es nun nicht an der Zeit sei, darüber viel zu reden, ob solches mit Recht oder Unrecht geschehen sei. Denn auch dir sei ein ähnliches Los zuteil geworden, nur mit dem Unterschied: Dir — für Gott und der Menschen ewiges und geistiges Wohl; mir aber — für die Welt und ihre vergängliche Glückseligkeit! — Und ich soll dir nun kundgeben, was ich aus der vergangenen Zeit für die Ewigkeit mit herübergenommen habe? Freund, ich meine, diese Frage zu beantworten, wird mir eben nicht zuviel Kopfzerbrechen machen!

9 So es doch irgendeine liebevollste Gottheit geben sollte, so lehrt uns die Tausende von Jahren alte Erfahrung, daß diese Gottheit den Menschen, wenn sie sie zur Welt in die sogenannte Freiheitsschule schickt, absolut nichts als nur das nackteste, begriffsloseste und somit auch allerdümmste Leben mitgibt. Also ein barstes Nichts bringt der Mensch auf diese elende Welt! Von all den Weltschätzen gehört nichts ihm, da er sie am Ende seines Lebens doch für ewig wieder verlassen muß.

10 Was wohl hätte ich da für die Ewigkeit mit herübernehmen sollen oder können, außer — ohne mein Verlangen und ohne meinen Willen — mich ganz allein! Nur mit dem geringen Unterschied, daß ich nun in diese Welt als ein denkendes, und somit etwas mehr geistig gebildetes Wesen eintrat, während mein Eintritt in die materielle Welt ein höchst unbehilflich elender war. Welchen Eintritt ich aber dennoch dem zweiten in diese unweltliche Welt sehr vorziehen möchte. Denn in der Materiewelt fühlte ich als Säugling nichts, außer etwa einen stummen Hunger oder einen stummen Schmerz. Aber diese beiden Martern wa-

ren für mich so gut wie gar nicht da, denn ich hatte damals ja kein Bewußtsein. Hätte meine arme irdische Mutter mir in dieser Zeit nicht die kärglichste Pflege gegeben, so hätten mich zufolge deiner göttlichen Liebsorge wohl alle Mäuse und Ratten fressen können; die Gottheit hätte es sicher nicht abgewehrt!

11 Ja die Gottheit in der Brust meiner *Mutter* sorgte wohl für mich. Aber die große, allmächtige, irgend über allen Sternen — die weiß vielleicht noch diesen Augenblick nichts von einem armen Teufel, von einem Robert Blum!

12 Wenn ich aber dennoch ein miserables Produkt dieser großen Gottheit sein soll, die aus purster Liebe mich so reichlichst ausgestattet in die Prüfungswelt sandte, — kann sie nun wohl mehr von mir zurückverlangen, als sie mir auf die Weltreise mitgegeben hat? Ich meine, wo nichts ist, da hört wohl von selbst jedes Recht auf. Oder gibt es hier in der Geisterwelt wohl irgendeine solche Rechtsverfassung, nach der man auch für ein barstes Nichts jemandem zum Schuldner werden kann?

13 Das nackte *Leben* ist nicht mein, da ich mir's nicht gegeben habe. Dieses Leben mit einiger Intelligenz sogar bereichert und mit einem schlechten Rock noch dazu, habe ich wieder hierhergebracht und stelle es mit dem größten Vergnügen dem wieder zurück, der es mir gegeben hat. Aber mit der Bitte, daß ich, als der elende Robert, für alle Ewigkeit völlig zu sein aufhöre! — Denn ich ersehe nun sogar aus deinen weisen Reden, daß dem Leben überhaupt keine glückliche Seite abzugewinnen sein dürfte. Und so ist es ja endlos besser, ewig nicht mehr zu sein, als so elend, wie ich es stets zu sein die große Ehre hatte!

14 Es ginge mir zur Vollendung meines Glücks nur noch ab, daß du, lieber Freund, zu mir sprächest: »Weiche von mir, du Verfluchter, in das ewige Zornfeuer Gottes und brenne dort ewig unter den gräßlichsten Qualen« — so wäre dadurch dem Leben und seiner Herrlichkeit wahrlich die Krone der urgöttlichen Liebe aufgesetzt! Freund, wenn solch ein unbegreiflich hartes und aller Liebe lediges Urteil auch dein liebevollster Vater dir eingegeben hat — wahrlich, da wäre von seiner endlosen Liebe nicht viel Gutes zu erwarten! Aber ich meine, solch eine grausame Sentenz dürfte kaum je über deine Lippen gekommen sein, sondern wurde höchst wahrscheinlich in späterer Zeit von den liebe-

vollsten Römlingen eingeschoben? Das Warum dürfte nicht schwer zu erraten sein! — Rede nun wieder du, denn ich bin mit meiner Antwort zu Ende.“

27

Aufklärung über die Erziehung des Menschen zur Selbständigkeit
Scheinbar harte Erziehungsschule — höchste göttliche Liebeweisheit

1 Rede Ich: Höre, du lieber Freund! Mit dir wird es noch einige Anstände haben, bis du zu klareren geistigen Begriffen gelangst. Du hängst noch viel zu sehr an der Materie und den daraus hervorgehenden *Erscheinlichkeiten.* Deshalb beurteilst du auch alles nach der Materie, die gerichtet und daher vergänglich ist, und magst das rein Göttlich-Geistige nicht erfassen.

2 Begreifst du als ein Hauptphilosoph denn noch immer nicht: So die Gottheit ein Leben aus sich freigibt, so muß sie dasselbe doch vollkommen freigeben, und nicht gerichtet. Außer was höchst notwendig gerichtet sein muß: das leibliche Leben, damit es Festigkeit habe zur Aufnahme des Lebensgeistes aus Gott. Hat dieser Geist einmal die rechte Festigkeit erreicht, oder will Gott einen noch sehr schwachen Geist auf eine andere Art zum ewigen Leben kräftigen, ohne daß dieser es nötig haben soll, die volle Fleischprobe durchzumachen, — so nimmt Gott Selbst das Gerichtete vom freiesten Geiste. Er ist dann ganz frei und es geschieht ihm dann nichts anderes, als was er absolut frei selbst aus sich heraus will.

3 Glaubst du denn, Gott wird dir gebieten, etwa entweder in die Hölle zu fahren oder in die Himmel einzugehen? Oh, mit solchen Ideen brauchst du dich nicht abzugeben. Da bist du vollkommen frei; was deine eigene Liebe will, das soll dir auch werden! Gott kann dir auch zum besseren Teil behilflich sein, aber nur, wenn d u es willst. Willst du aber solche Hilfe nicht, so wird sie dir Gott auch nicht nachwerfen. Und das darum nicht, weil du ein freies und von Gott ganz unabhängiges Leben hast, das sich frei bestimmen kann wie es will, und daher auch für seine Ernährung und Stärkung zu sorgen hat, ganz unabhängig von Gott, ansonst es wahrlich kein freies Leben wäre!

4 So aber Gott den Menschen nackt und in jeder Hinsicht völlig unbehilflich zur Welt geboren werden läßt, so geschieht das darum, um das Menschenleben schon da freizugeben, damit selbes sich an das Sichselbst-überlassen-sein schon von Geburt an gewöhnen soll. — Dieser Lebens-Trennungs-Prozeß muß darum auch mit der Geburt seinen Anfang nehmen, wo das Kind noch keiner Vorstellung, keines Begriffes und somit auch keines bewußten Schmerzes fähig ist. Denn bei einer solchen Lebenstrennung, wenn sie dem Menschen in einem begriffsfähigen Zustande geschähe, könnte er den Schmerz und die zu große Trauer gar nicht ertragen. Trauert doch ein Mensch, wenn durch des Leibes Tod einer seiner besten Freunde gewisserart von seinem Lebensband getrennt wird. Um wieviel mehr würde der Mensch erst trauern, so er mit vollstem Bewußtsein sich von Gott, seinem eigensten Lebensvater trennen sollte, — was aber dennoch geschehen muß, weil ohne diesen an und für sich schmerzlichen Akt kein Leben *neben* Gott freigestellt werden könnte.

5 Des Herrn höchste Weisheit und Liebe versetzt solch eine notwendige Trennung in einem beinahe empfindungslosen Zustand des Menschen. Er gibt ihm zum anfangs ganz gebundenen geistigen Leben ein äußeres Naturleben dazu, das das ehemalige mit Gott vereinte Leben auf unbestimmte Zeit verbirgt, auf daß der Geist sich solche Trennung leichter angewöhne und sich in sein künftiges, absolut freies Leben desto unbeirrter finden kann. Sage, kann ein Mensch dann darum die Gottheit schmähen oder gar leugnen, wenn sie tut, was ihre eigene höchste Liebe, Weisheit und Ordnung gebietet?

6 Wenn es einen anderen Weg zur Freigestaltung des Lebens aus sich gäbe, der noch weniger schmerzlich wäre, so hätte ihn die Gottheit sicher in ihre Ordnung aufgenommen. Aber bei den Verhältnissen der Lebensdinge, wie sie sind und notwendig sein müssen, ist eben kein besserer Weg möglich. Der Weg ist somit auch gut und zweckmäßig. Und weil so und nicht anders, da ist ja die Sache selbst schon der größte Beweis fürs sichtbare, greifliche Dasein Gottes, ohne den nichts entstehen, sein und bestehen kann.

7 Ist aber dadurch das Dasein Gottes offenkundig erwiesen, wie verdient es von so weisen Männern, wie du einer sein willst, geschmäht zu werden? — Sieh, lieber Freund, wie unrecht du dem großen, heiligen Vater tust!“

28

Auch der Leibestod ein Hilfsmittel der Liebe Gottes
Vom Todesleiden in alter und jetziger Zeit

1 Rede Ich weiter: „Siehe, das Sterben der Menschen ist auch für die äußeren Sinne eine traurige und zumeist mit verschiedenen Schmerzen verbundene Erscheinung. Der bloße Weltverstand findet dies für sehr hart und grausam von seiten einer allmächtigen Gottheit, die noch dazu voll der höchsten Liebe und Erbarmung sein soll. Wie oft ist die gute Gottheit schon darob von Menschen und Geistern geschmäht oder auch ganz geleugnet worden!

2 Aber auch da tritt wieder dieselbe Notwendigkeit wie bei der Geburt ein. Der freie Geist im Menschen kann unmöglich anders von jedem seine wahre Freiheit hemmenden Gericht ledig werden als durch die Hinwegnahme seiner gerichteten, zeitweiligen *Umhüllung.* Diese darf dem Geiste nur so lange belassen werden, bis er von dem Urleben Gottes nach allen Teilen völlig isoliert worden ist. Wobei freilich nur Gott als Gestalter des Lebens wissen kann, wann solch ein Geist zur völligen Selbständigkeit gediehen ist. Ist solch eine Reife eingetreten, dann ist es auch an der Zeit, dem Geiste die Last abzunehmen, die ihn an seiner Freiheit hindert.

3 Freilich sagst du wie viele: »Warum geschieht dann diese Abnahme nicht schmerzlos?« — Ich aber sage dir: Würde ein Mensch nach der Lehre Gottes leben, so würde seines Leibes Tod ihm auch nur eine Wollust sein, oder doch wenigstens wäre er völlig schmerzlos. Aber da die Menschen zufolge ihrer Freiheit sich zu sehr in die Widerordnung der Materie begeben, ihren Geist mit eisernen Ketten daran heften und ihn zur Weltliebe erziehen, da muß freilich solche Trennung mit um so mehr Schmerzen verbunden sein, je fester ein Geist sich an die gerichtete Welt angeklebt hat.

4 Aber auch dieser Schmerz ist dennoch keine Härte, sondern nur die purste *Liebe* Gottes. Denn würde die Gottheit da nicht eine kleine Gewalt anwenden, die freilich nie wohltun kann, dann ginge der Geist ins vollkommene Gericht über und somit in den qualvollsten ewigen Tod, der da die eigentliche Hölle ist. Aber um den Geist davor mög-

licherweise zu retten, muß die Gottheit ein solches notwendiges Gewaltstreichlein ausführen. Sage, verdient sie darum wieder, geschmäht oder gar geleugnet zu werden? Leider gibt es nun eine zu große Menge Geister, die von Gott nichts mehr hören wollen, sobald sie ihre Freiheit erlangt haben. Aber Gott unterläßt es dennoch nie, sie auf den besten Wegen zum wahren und vollkommensten Ziele zu leiten.

5 Siehe, in der Urzeit wurden die Menschen im allgemeinen dem Leibe nach viel älter und starben auch eines gelinden und schmerzlosen Todes. Das geschah aber darum, weil sie in ihrem Geiste von Gott nicht so leicht wie die Menschen dieser Zeit abgelöst werden konnten. Und das darum nicht, weil die Erde für sie viel zu wenig Reize aufzubringen hatte und sie dadurch mehr in sich gekehrt blieben und auch mit Gott in einem schwerer zu trennenden Verband standen.

6 Als aber mit der Zeit die Menschen der Erde stets mehr Reize abzugewinnen begannen, und sich die Trennung vom Gottesleben daher auch eher ergab, da wurde auch die irdische Lebensperiode stets kürzer und kürzer.

7 Als endlich die Menschen vor lauter Welttum und seinen Reizen ganz und gar ihres Schöpfers zu vergessen anfingen, da erreichten sie aber auch das Extrem wider alle Gottesordnung, in dem der ewige Tod ihnen zuteil werden müßte. Siehe, da war es dann göttlicherseits nötig, sich ihnen wieder mehr zu nähern und sich hie und da zu offenbaren, um die dem ewigen Untergang nahe Menschheit zu retten. Viele ließen sich retten, viele aber nicht — aus eigenem, freiestem Willen! Hätte sie die Gottheit da mit ihrer Allmacht ergreifen sollen, wenn sie ihrer Liebe kein Gehör schenken wollten? Das hieße doch alle solche Geister für ewig verderben!

8 Was kann da die ewige Liebe anderes tun, als zu sagen: »Weichet von Mir, die ihr euch gänzlich von Mir abgelöst habt, und gehet in eine andere Erhaltungsschule, die allen euresgleichen zu eurer möglichen Wiederlöse bereitet ist! Es ist ein Feuer des Gerichtes der Welt, das muß euch lostrennen von ihr, ansonst es um euch geschehen ist!«

9 Wenn die Gottheit, um solche Übel soviel als möglich zu verhüten, nun äußere Plagen über die Erde kommen läßt, sage, ist sie da nicht vorhanden? Oder ist sie da hart und lieblos, wenn sie tut, was zu tun sie für allernötigst findet? — Wie kannst du dir auch nur im Traum einfallen lassen, daß die Gottheit ihre Geschöpfe, die sie aus sich

heraus zeugte — verfluchen und verdammen soll für ewig! Was hätte sie wohl davon?

[10] Aber wenn sie die Geschöpfe freistellen will für ewig: Muß da nicht ihre größte Sorge sein, daß diese Geschöpfe ja nicht irgend wieder in die Arme ihrer Allmacht hineingeraten, wo es um die Freiheit in jedem Falle geschehen sein müßte. Gerade, als so du Kinder hättest und möchtest sie in ihrer Zartheit mit all deiner Manneskraft an deine Brust drücken, was ihnen natürlich das Leben kostete. Wenn du sie aber zu Tode erdrückt hättest und hättest noch andere Kinder, — sage, würdest du diese nicht warnen vor deiner unbändigen *Kraft*, oder würdest du diese Kraft noch an mehreren versuchen? Dich würde wohl die Erfahrung davor warnen.

[11] Die Gottheit aber bedarf freilich der Erfahrung nicht, da sie im Besitze der unendlichsten Weisheit ist. Sie ist der alleinige wahre *gute Hirte* aller ihrer Schäflein und kann sie am besten schützen vor ihrer Allmacht, die sie nur zur Gestaltung der gerichteten Dinge der Körperwelt gebraucht, nie aber zur Gestaltung freier Geister aus ihr! Diese müssen allein aus ihrer Liebe und Weisheit hervorgehen, ansonst an ihnen ewig keine Freiheit und somit auch kein Leben zu bewerkstelligen ist! Denn Gottes Allmacht zeugt nichts als Gericht über Gericht!"

29

Wahrer Sinn des Textes: „Weichet von Mir, ihr Verfluchten!"
Jeder böswillige Geist verflucht sich selbst
Sünde wider den Heiligen Geist

[1] Rede Ich weiter: „Wenn du jene dir so schauderhaft vorkommende Sentenz aus dem Evangelium einmal als kritischer Denker bloß grammatikalisch durchgegangen hättest, so müßtest du schon aus der alleinigen Wortfügung auf den ersten Blick erkannt haben, daß die Gottheit damit ein richterliches Verdammungsurteil über die sogenannten verstockten Todsünder nie habe für ewig wirkend (aus der Allmacht) aussprechen können und wollen!

[2] Denn sieh, es heißt da: »Weichet von Mir, ihr Verfluchten!« —

Also sind die schon verflucht, an die das Gebot ergeht. Denn sonst müßte es heißen: Da ihr vor Mir allzeit unverbesserlich gesündigt habt, verfluche Ich als Gott euch nun für ewig zur Hölle ins ewige Qualfeuer!

3 So aber die schon verflucht *sind*, an welche die Gottheit solche Sentenz ergehen läßt, so folgt daraus: fürs erste, daß die Gottheit hier durchaus nicht als Richter, sondern nur als ein ordnender Hirte auftritt und den von ihr aus eigener Willensmacht ganz abgetrennten Geistern einen andern Weg strenge anweisen muß. Weil sie sonst, alles Verbandes mit der Liebe der Gottheit ledig, unmittelbar in die Arme der Allmacht geraten müßten, wo es dann wahrlich um sie geschehen wäre!

4 Fürs zweite aber fragt es sich, *wer* sie dann verflucht hat? Die Gottheit unmöglich! Denn wenn die Gottheit jemanden verfluchte, wäre keine Liebe in ihr und auch keine Weisheit. Wenn die Gottheit gegen ihre Werke zu Felde zöge, zöge sie da nicht so ganz eigentlich gegen sich selbst, um sich zu verderben, — anstatt stets mehr von Ewigkeit zu Ewigkeit sich aufzurichten durch die wachsende Vollendung ihrer Werke, ihrer Kinder!

5 So aber die Gottheit danach unmöglich aus ihrer Allmacht heraus als Richter erscheinen kann, sondern allein aus Liebe und Weisheit heraus als ordnender *Hirte*, so ist es ja klar, daß solche Geister zuvor durch etwas anderes mußten gerichtet worden sein. Durch wen aber? — Diese Frage ist gar leicht zu beantworten, wenn man nur soviel Selbsterkenntnis besitzt, um dieses einzusehen: daß ein Wesen einerseits einen völlig freien Geist und Willen hat, der eigentlich allein der Liebe und Weisheit Gottes entstammt. Anderseits aber, auf daß es von der Allmacht isoliert werden könne, um ein wahrhaft vollkommen freies Wesen zu werden, auch eine Zeitlang einen von der Allmacht gerichteten Leib und eine äußere, gerichtete Welt mit eigenen, ebenfalls gerichteten Reizen haben muß. Es kann daher durch niemand anders als lediglich nur durch sich selbst gerichtet und bestimmt werden. Es kann sich ein solch freies Wesen nur selbst ‚verfluchen', d. h. gänzlich von aller Gottheit absondern.

6 Die Gottheit aber, die auch solch einem Wesen die Freiheit nicht nehmen will, kann da nichts anderes tun, als solche verirrte Wesen bei ihrer Beschaffenheit anrufen und mit Liebernst ihnen den Weg anzeigen, auf dem sie wieder in den Verband der Liebe und Weisheit Gottes

treten können. Außerhalb dieses Verbandes ist keine absolute Freiheit und somit auch kein geistiges, ewiges Leben denkbar. Denn außerhalb dieses Verbandes wirkt allein nur die Allmacht der Gottheit, — in der nur die Kraft der Liebe und Weisheit Gottes wesenseins mit der Allmacht als das Urleben bestehen kann. Jedes andere, von diesem Urleben abgelöste Leben muß in ihr zugrunde gehen und ewig erstarren, weil es für sich unmöglich der endlosesten Kraftschwere den leisesten Widerstand leisten kann!

7 Darum heißt es auch: Gott wohne im ewig unzugänglichen Lichte! Was so viel sagen will als: Gottes Allmacht, der eigentliche Machtgeist Gottes, der die Unendlichkeit erfüllt, ist für das Sein jedes geschaffenen Wesens, so es bestehen soll, für ewig unzugänglich. Denn jeder Konflikt mit der Allmacht Gottes ist der Tod des Wesens! Daher wird auch die Sünde gegen diesen Machtgeist als höchst verderblich bezeichnet. Weil ein Wesen, das, von der Gottes-Liebe sich zuvor völlig trennend, mit dieser Macht sich messen will, notwendig von solcher Allkraft gänzlich verschlungen werden muß und nur schwer oder auch wohl gar nicht mehr von ihr loszuwinden ist, — gleich als wenn eine Milbe unter dem Schutt des Himalaja begraben wäre! Wie würdest du sie daraus befreien?"

30

Vom reichen Prasser und armen Lazarus im Jenseits
Wer hat die Hölle gemacht? Nur die Bosheit der Geister

1 Rede Ich weiter: „Du sprichst nun bei dir: »Ja, das ist alles richtig, wenn die Gottheit zu jenen so spricht, die sich zufolge ihrer vollsten Freiheit von ihr ganz abgelöst haben nach der Art und Weise, wie sie durch sich selbst in sich beschaffen sind. Somit kann in diesem scheinbaren Schreckensurteil unmöglich das Schaudervolle vorhanden sein, wie man auf den ersten Augenblick vermutet. Aber was hat es dann mit der Erzählung vom armen Lazarus und dem reichen Prasser für eine Bewandtnis, der ohne alle Gnade im schrecklichsten Feuer der Hölle gesehen wird? Der da bittet und keine Erhörung seiner Bitten

findet und zwischen dem und der Gnade Gottes eine unübersteigliche Kluft angezeigt wird, über die für ewig keine Übergangsbrücke führt? Was sagt denn da die göttliche Liebe, Weisheit und Erbarmung dazu?«

2 Lieber Freund, Ich wußte wohl, daß du mit dieser Frage kommen wirst. Dagegen frage Ich dich, ob du Mir sagen kannst, wer denn diesen Prasser eigentlich in die Hölle geworfen hat? Etwa die Gottheit? Mir ist solches wahrlich nicht bekannt.

3 Oder hat dieser in seiner notwendigen Qual sich etwa an die göttliche Liebe und Gnade gewendet, um davon befreit zu werden? Ich weiß nur, daß er sich an den Geist Abrahams und nicht an die Gottheit gewendet hat! Der Geist Abrahams ist aber, obschon als geschaffener Geist überaus vollkommen, doch ewig die Gottheit nicht, die allein nur helfen kann. Und auch in solchen Fällen ist sie die unübersteigliche Kluft, über die sich die Geister verschiedenster Art nie die Hände reichen dürfen, denn da wirkt allein Gottes geheimste und tiefste Weisheit und Liebe!

4 Wenn dieser Prasser sich aber in großem Elend befindet, kann da die Gottheit dafür, wenn er sich gewaltig selbst hineingestürzt hat? Kann dem Selbstwollenden ein Unrecht geschehen, so ihm geschieht, was er will? Sage Mir nun wieder deine Meinung!“

5 Spricht Robert: „Ja, das ist wieder ganz richtig! Aber wenn die Gottheit voll der höchsten Liebe ist, was sie auch sein wird, wie ich's nun mehr und mehr einsehe, da fragt es sich von selbst: Wie konnte wohl diese Gottheit einen so qualvollen Ort oder Zustand einrichten, in dem ein Geist zuvor unbeschreibliche Schmerzen auszustehen hat, bis er sich möglicherweise einer Vollendung nähern und durch diese in einen gelinderen Zustand übergehen kann? — Muß denn eine *Hölle* bestehen? Und müssen solche Geister schmerzfähig sein? — Könnte denn das alles nicht auf eine weniger grausame Art eingerichtet sein?“

6 Rede Ich: „Höre, Mein lieber Freund, meinst du denn, daß die Gottheit die Hölle so eingerichtet habe? Oh, da bist du in einem großen Irrtum! Siehe, das haben von alten Urzeiten her die argen Geister selbst getan. Die Gottheit hat es ihnen nur zugelassen, um sie nicht im geringsten zu beirren in ihrer Freiheit. Aber daß sie eine Hölle je erschaffen hätte, das kann in allen Himmeln kein Wesen sich auch nur im entferntesten Sinne denken. Denn so die Gottheit eine Hölle er-

schaffen könnte, da müßte in ihr auch Sünde und somit Böses sein, was für die Gottheit eine Unmöglichkeit wäre. Denn es ist nicht möglich, daß die Gottheit wider ihre eigene ewige Ordnung handeln könnte. Und so ist es auch unmöglich zu denken, daß die Gottheit aus sich im eigentlichsten Sinn des Wortes eine Hölle *erschaffen* könnte. Aber zulassen kann und muß sie es den freiesten Geistern, wenn sie aus ihrer ganz verkehrten ursprünglichen Ordnung[1] heraus sich selbst Zustände bereiten, die allerdings sehr arg und schlimm sind!

7 In der ganzen Unendlichkeit aber wirst du nirgends einen Ort finden, der da schon von der Gottheit aus als eine Hölle gestaltet wäre. Denn es gibt nirgends eine Hölle außer im Menschen selbst. Wenn aber der Mensch ganz freiwillig in sich durch gänzliche Nichtbeachtung des Gotteswortes die Hölle ausbildet und sich nimmer an die leichte Beachtung der Gottesgebote kehrt: was kann da die Gottheit dafür, so ein Geist sie freiwillig flieht, verspottet und lästert?

8 Da aber die Gottheit allein das wahre Leben und auch das Licht allen Lichtes ist und sonach auch die alleinige vollste Seligkeit aller Wesen, — so ist es auch wohl erklärlich, daß ein gottloser Zustand durchaus nichts Angenehmes an sich haben kann, — da es ohne Gott kein Leben, kein Licht, kein Wahres und kein Gutes geben kann!

9 Ein Mensch aber, der die Gottheit verläßt, aus sich hinausschafft und keine mehr annehmen will, muß ja in sich eine wahre Hölle gestalten, die in allem böse und arg sein muß. Wenn es dann solch einem gottlosen Menschengeist notwendig sehr schlecht ergehen muß — und je länger er in dem gottlosen Zustand beharrt, desto schlechter —, da kann die Gottheit nichts dafür. Denn würde die Gottheit sich durch ihre Allmacht eines Wesens trotzdem bemächtigen, obschon das Wesen aus eigenem freiesten Willen ihr auf das hartnäckigste widerstrebt, so würde das solch ein Wesen augenblicklich gänzlich vernichten, was wider alle göttliche Ordnung wäre.

10 Denn wenn die Gottheit nur ein kleinstes Wesen vernichten möchte, das einmal aus ihr heraus freigestellt ward, so wäre das ein Anfang zur gänzlichen Vernichtung aller Wesen. Wenn aber die Gottheit ihre Ordnung für ewig unwandelbar dahin feststellt, daß kein Wesen, möge es in der Folge sich gestalten wie es wolle, je vernichtet werden

[1] der Welt.

kann, so ist dadurch allen Wesen die *ewige* Fortdauer gesichert. Und zugleich auch für jedes Wesen die freie Möglichkeit, ein überglückliches werden zu können, aber auch so lange ein unglückliches zu verbleiben, als es selbst will!

[11] So jemand einen Weinberg besitzt, in den lauter edle Reben gepflanzt sind, der Besitzer aber dann freiwillig die edlen Reben ausrottet und an ihre Stelle Dornen und Disteln setzt, weil ihn derlei Wildgewächse mehr freuen als der einfache Weinstock, — sage, ist auch da die Gottheit schuld, wenn dieser dumme Besitzer keine Weinernte macht und darob zu einem mittellosen, elenden Menschen wird?

[12] Siehe, so ist es auch mit allen Geistern der Fall, die sich die Ordnung Gottes nicht wollen gefallen lassen und den herrlichen Gottesweinberg in ihnen nicht pflegen wollen! Wenn sie dann Dornen und Disteln anstatt der herrlichen Trauben ernten, kann da wohl die Gottheit als Schöpferin solches Unheils beschuldigt werden? Sage Mir, was du darüber denkst?“

31

Roberts freudige Zustimmung. Weitere Hauptfrage: Wiegestaltet ist die wahre Gottheit?

[1] Spricht Robert: „Höchstgeehrter Freund! Was soll ich über diese Sache noch mehr denken, als du nun ausgesprochen hast. Alles ist klar, wohlverständlich und zugleich unwidersprechlich wahr. Es kann wahrlich die Gottheit nicht anders sein und handeln als so, wie du es mir dargestellt hast. Denn sonst müßte die Gottheit aufhören, Gottheit zu sein oder es wäre wenigstens mit allen ihren Schöpfungen ehestens völlig zu Ende.

[2] Ich sehe nun auch ein, daß ein jeder Geist, wenn er wahrhaft glückselig sein soll, für die höchste Wonne alle Reize der Empfänglichkeit, das zarteste Gefühl und eine feinste Empfindung und Wahrnehmung haben muß, so daß ihm auch die subtilsten Eindrücke unmöglich entgehen können. Und so muß er als ein lebendiger Geist mit der gleichen Empfänglichkeit auch die schlimmen Eindrücke mit gleicher Ge-

fühlsschärfe wahrzunehmen imstande sein. Sonst müßte er entweder halbtot oder geistig narkotisiert sein, was sich aber mit seiner freien Willenskraft unmöglich vertrüge!

3 Es kann sich daher die Gottheit nur so, wie du sie mir im besten Verhältnis zu ihren Geschöpfen dargestellt hast, als für ewig bestehend denken lassen. Darum kann ich auch nicht weiter darüber nachdenken, weil ich mich in der Notwendigkeit deiner Gedanken völlig zurechtgefunden habe.

4 Nun aber kommt eine andere Hauptfrage: Wo ist denn diese Gottheit? In welcher Region der Unendlichkeit hat sie denn für ewig ihre Wohnung aufgerichtet? Denn irgendwo muß sie doch in aller ihrer Fülle zu Hause sein? Hat sie eine Gestalt und welche wohl? Oder ist sie gestaltlos und ist ihr Sein ein Unendliches, — ohne Form, damit sie eben darum der Inbegriff aller Formen sein kann? — Sieh, Freund, da ich nun die Notwendigkeit eines obersten Gottseins klar einsehe, so ist nun das Wo und Wie für mich von der größten Wichtigkeit!

5 Vor allem aber muß ich bekennen, daß es mir viel lieber wäre, wenn die Gottheit doch unter einer Form vorhanden wäre, und zwar eben in der menschlichen. Denn eine ihrem Wesen nach unendliche Gottheit, oder eine Gottheit unter einer unserer menschlichen ganz fremden Form könnte weder ich und ebensowenig auch jemand anders aus allen seinen Kräften lieben.

6 Ein Wesen, das man nie erfassen und beschauen kann, kann nie geliebt werden! Mathematisch ist wohl die Gestalt einer vollkommenen Kugel die vollkommenste; aber moralisch? Es nehmen sich zwar die großen himmlischen Leuchtkugeln sehr schön aus, aber das macht das Licht. Ob man aber auch eine solche Leuchtkugel lieben könnte? Wahrlich, auf diese Frage würde mein Gefühl offenbar verstummen!

7 Daher, liebwertester Freund, da du in allem Ernste mit der Gottheit um vieles näher vertraut zu sein scheinst als ich, so rücke auch einmal mit der lieben Gottheit, und zwar mit dem Wo und Wie vollernstlich heraus!

8 Denn von nun an brauchst du mit mir nicht mehr gar so beweisgründlich zu reden wie bisher. Ich bin von deiner tiefsten Weisheit vollkommen überzeugt und will dir aufs Wort glauben, was immer du mir sagen wirst. Daher bitte ich dich, daß du mich darüber nicht im Zweifel belässest!“

32

Liebe Mich, Jesus, denn in Christus wohnt die Fülle der Gottheit körperlich! Robert bezweifelt Jesu Gottheit, will aber blind glauben

1 Rede Ich: „Mein liebster Freund und Bruder! Bevor die Traube am Stock nicht völlig reif wird, soll sie nicht von ihm gelöst werden! Denn ihr Lebenssaft würde dann einen noch saueren Wein geben, der sehr wenig Geist hätte; und hätte er schon einen, so doch einen sehr unedlen.

2 Siehe, du bist nun auch noch wie eine nicht vollreife Traube und bist für deine verlangte Enthüllung noch nicht reif. Warum aber, das wird dir die jüngste Folge zeigen! Wenn du aber reif wirst, dann wird es dir dein eigener Geist sagen, was du nun von Mir gerade heraus haben möchtest.

3 Wir haben nun zuvor noch ein sehr wichtiges Kapitel miteinander zu verhandeln. Wird dieses wohl vonstatten gehen, so wirst du eher reif als du dir's vorzustellen vermagst. Wird aber diese Verhandlung nicht nach der Ordnung Gottes ausfallen, dann wirst du noch eine geraume Weile bis zu deiner Vollreife vonnöten haben.

4 Das aber sollst du dennoch im voraus wissen: Wie die Traube nur durch die Wärme der Sonne, also kommt auch ein jeder Menschengeist durch die rechte Liebe zu Gott zur Reife. Kannst du aber schon Gott nicht lieben, da du noch fragst, wo und wie Er sei, so liebe doch Mich aus allen Kräften, da du doch über Mein Sein sicher in keinem Zweifel sein kannst. Damit wirst du der erwünschten Reife schon näher kommen. Denn die Liebe zum Nächsten ist gleich der Liebe zu Gott. Daß Ich aber hier dein Nächster bin, daran wirst du wohl keinen Zweifel haben?

5 Und so tue das, so wirst du dich der Gottheit sehr zu nahen anfangen. — Aber nun gehen wir zu unserem zu verhandelnden Kapitel über!

6 Lieber Freund, sage Mir, da dir die Briefe Pauli nicht unbekannt sind, was dieser Lehrer wohl meinte mit den Worten: »In Christo wohnt die Fülle der Gottheit körperlich.« Meinte er wohl, daß sich in Christo, also in Mir, die gesamte Gottheit befindet? Oder wollte er mit diesen vergötternden Worten nur die Vortrefflichkeit des Geistes

Meiner Lehre bezeichnen? Und zwar nach der damaligen Sitte, wo man nur zu bereit war, alles Außerordentliche zu vergöttern? Sage Mir darüber dein eigenes Urteil! Ich möchte es von dir vernehmen!“

7 Spricht Robert: „Ja, mein geliebter Freund, das ist eine ganz kitzlige Frage! Denn wie möglich ließe sich hier erraten, was der gute Paulus damit eigentlich gemeint hat! — Es wäre äußerst gewagt, festweg zu behaupten: Das und nichts anderes hat damit dieser höchst respektable Lehrer der Heiden gemeint. Ich finde es überhaupt für eine große Anmaßung so mancher Gelehrter, wenn sie festweg behaupten, den wahren Geist irgendeines genialen Autors vollauf erfaßt zu haben! Ich bin da um sehr vieles bescheidener und lasse in solchen Fällen sehr gerne andere urteilen. Gefällt mir ihr Urteil, so pflichte ich ihnen bei. Gefällt es mir nicht, so höre ich darüber noch andere urteilen und handle dadurch auch nach Paulus, der da spricht: »Prüfet alles, aber nur das Gute behaltet!« — Als gut aber kann ich nur das anerkennen, was meiner innersten Überzeugung am nächsten kommt. Hätte Paulus das erste gemeint, was auch möglich sein kann, so hat er unmöglich das zweite meinen können, und umgekehrt! Das ist mathematisch und logisch richtig!

8 Aus dieser meiner Definition aber wirst du hoffentlich einsehen, daß ich dir auf deine Frage eine genügende Antwort schuldig bleiben und von *dir* erwarten muß, was du von mir haben wolltest! Sei demnach gebeten, selbst über dieses Kapitel nach deiner Weisheit zu reden!“

9 Rede Ich: „Diese Antwort, Freund, habe Ich erwartet. Sie mußte so natürlich-klug ausfallen, weil du ein natürlich-kluger Mann bist. Aber von einer übernatürlichen Klugheit ist darin noch nichts zu entdecken. Nach der innersten, also rein geistigen Klugheit aber kann Paulus nur *ein* Bestimmtes gemeint haben. Das muß sich aus der Stellung seiner Worte genau definieren[1] lassen, sodaß man im Verfolge dieser wichtigsten Sache nimmer im Zweifel sein kann, ob er dies oder jenes gemeint habe; sondern daß er ganz bestimmt nur, nehmen wir an, das erste hatte meinen müssen. *Wie* aber das aus der innersten, übernatürlichen Klugheit zu entnehmen ist, kannst du freilich nicht wissen. Denn Hegel und Strauß, Rousseau und Voltaire haben solches selbst nie begriffen. Und du, als einer der eifrigsten Verehrer dieser Weltweisen,

[1] bestimmen.

kannst daher auch jene Wege unmöglich kennen, die deinen Lehrern und Führern noch unbekannter waren als den alten Römern Amerika, Australien und Neuseeland.

10 Hättest du als Deutscher an Stelle dieser genannten Führer lieber die deutsche Bibel, den Swedenborg und ähnliche Weise deutscher Abstammung recht fleißig studiert, da wüßtest du nun ganz perfekt, wie Paulus zu verstehen ist. Aber als Hegelianer bist du davon wohl noch weit entfernt, und es wird noch ziemlich vieles brauchen, bis du zu der innersten Klugheit gelangen wirst! Gib aber nun acht, Ich will dir etwas sagen! Wenn du es annimmst, da sollst du dem Ziele um ein bedeutendes nähergerückt werden.

11 Siehe, Paulus hielt Christum, also Mich, für das höchste Gottwesen selbst, obschon er zuvor Mein schroffster Gegner war. — Sage Mir nun, was du vom Glauben und der Weisheit des alten Paulus hältst?“

12 Spricht Robert: „Geliebtester Freund, auf diese Frage ist wieder äußerst schwer eine genügende Antwort zu geben. Denn fürs erste gehörte da wohl auch eine übernatürliche Klugheit dazu, die mir aber mangelt. Und sodann kann man ohne nähere kritische Beweise doch nicht so ganz annehmen, daß der sonst sehr weise Paulus im vollsten Ernste selbst geglaubt hat, was er den anderen Menschen wollte glauben machen. Denn alle ehrenhaft alten Weisen haben samt Paulus sicher selbst gar wohl eingesehen, auf welch lockerem Boden alle metaphysischen und theosophischen Theorien stehen. Sie berechneten nach ihrer genauen Menschenkenntnis, wie unglücklich in kurzer Zeit das Menschengeschlecht werden müßte, wenn es durch höhere Aufklärung über sein vergängliches Wesen ins klare gekommen wäre. Daher suchten sie durch Reden und Densprüche — manchmal nach Art des Orakels zu Delphi — die Völker zu einem gewissen mystischen Glauben zurückzuführen, durch den wenigstens eine Hoffnung auf ein künftiges Leben sich zuwegebringen ließe. Ob sie aber auch im Ernst selbst voll solcher Hoffnung lebten oder gar von alledem, was sie lehrten, eine völlig wahre Überzeugung hatten, das muß ich wohl sehr in Frage gestellt sein lassen, bis ich entweder auf innerstem Klugheitswege oder durch eine unmittelbare Gegenüberstellung mit den Geistern, die so etwas gelehrt haben, eines anderen belehrt werde.

13 Ich für meine Person nehme übrigens nicht den geringsten An-

stand, dich, meinen allerliebsten Freund, so lange für einen Gott zu halten, bis ich einen andern irgendwo finde! Sollte sich aber für ewig kein anderer Gott zeigen, so bleibst du mein einziger Gott und Herr auch für ewig! Denn wenn es unter uns einer ist, da bist es offenbar du! Denn an mir läßt sich trotz aller meiner Hegelschen Weisheit auch nicht eine leiseste Spur von einer Gottheit finden. Aber um einen Beweis, *warum* ich das gerne glaube und annehme, darfst du mich nicht fragen, denn da müßte ich dir die Antwort wieder schuldig bleiben.

14 Denn was man glaubt, das glaubt man ohne Beweis, da der Glaube an sich selbst nichts ist als entweder eine Trägheit oder manchmal wohl auch ein gewisser Gehorsam des Verstandes. Fordert aber ein tätigerer Verstand Beweise für das Glaubensobjekt, und können solche dem Verstande genügend geliefert werden, so hört der Glaube ohnehin auf, ein Glaube zu sein; denn dann wird er zur anschaulichen *Überzeugung!*

15 Diese aber kann ich mir hier von deiner Gottheit durchaus nicht verschaffen. Daher will ich unterdessen nur glauben, daß du vorderhand ein Gott seist. Sollte es in der Folge aber möglich werden, diesen Glauben bis zu einer bestimmten Offenkundigkeit beweislich zu steigern, dann wird mein Glaube zur beschaulichen Wahrheit werden. Ob aber mein Glaube leicht dahin wird umgestaltet werden können, das gehört freilich wieder in ein anderes Kapitel!

16 Denn sieh, ich bin ein sehr starker Thomas und verlange zuvor ganz genaue Beweise, bis ich etwas als bestimmte Wahrheit annehme.

17 Du hast mir wohl die Bibel und den Theosophen Swedenborg angeraten. Aber was nützt hier ein solcher Behelf, wo man ihn nicht haben kann. Daher bleiben wir nur beim einfachen Glauben. Und so es dir möglich ist, mache mich ein wenig dümmer, als ich von Natur aus bin, auf daß ich im bloßen Glauben desto stärker werde. Ich sehe schon zum voraus, daß ich dann um vieles glücklicher sein werde, als ich es so bin!

18 Denn ein recht blitzdummer Kerl hat in Hinsicht auf ein glücklicheres Sein viel vor einem aufgeklärten Geiste voraus. Während dieser im Schweiße seines Angesichtes forscht und forscht, um der großen und heiligen Wahrheit näherzukommen und dadurch sich und viele Tausende glücklich zu machen, — da betet der reine Glaubensmensch sein ‚Pater noster‘ und legt sich dann ganz behaglich auf seine Bärenhaut nieder und schläft wie ein Murmeltier sorglos, süß und ruhig!

Kommt dann die letzte Stunde, so macht er sich eben nicht gar zu viel daraus. Wenn ihm nur ein Priester ob einiger gutbezahlter Messen die Dispens von der Hölle und den Nachlaß der zeitlichen Strafen im Fegfeuer verschafft! Sein blinder Glaube nimmt das alles für bare Münze, und er stirbt in der zuversichtlichen Hoffnung, sogleich in den Himmel aufzufahren. Das heiße ich doch eine glückliche Dummheit! — Und ich sage noch hinzu:

19 Ein Narr und Esel ist der, der sich durch sein ganzes Leben mit Denken und Forschen abgibt. Denn das vermehrt weder auf der Körperwelt und noch viel weniger in dieser geistig dunstigen Welt sein Glück. Im Gegenteil macht es ihn nur um so unglücklicher, je mehr er nach Licht und Wahrheit dürstet, dabei aber stets mehr zur Einsicht gelangt, daß die irgendwo seiende Gottheit zur Stillung dieses Durstes nirgends eine erquickende Quelle erschaffen hat.

20 Also will ich nun diesen Weg ganz verlassen und mich dafür in die weichen Arme des stumpfen und trägen Glaubens werfen. Vielleicht komme ich da eher zu etwas, das man mit Recht ein wahres Glück des menschlichen Wesens nennen kann?

21 Wie glücklich ist z. B. so ein Stiftsprälat! Er denkt nichts, er erfindet nichts; sondern er lebt bloß seines echt römisch-katholischen Glaubens in der süßen Ordnung seines epikuräisch-stoischen Ordensstifters und läßt sich täglich seine ausgesuchten Mahlzeiten wohl schmecken. Wahrlich, siehe Freund, das ist ein glückliches Leben! Und solch ein Leben gibt der blindeste und stupideste Glaube?!

22 Daher will ich nun auch rein nur ganz ohne Gedanken mich dem Glauben in die Hände werfen. Vielleicht werde ich dadurch glücklicher werden!? — Ich glaube daher nun an deine Gottheit! Sage mir, tue ich recht und wohl damit? O rede du, mein geliebter Freund!“

33

Vom wahren und falschen Glauben
Gefahren und Folgen des stumpfen Wohllebens

1 Rede Ich: „Höre, mein liebster Freund! Zwischen dem, was du Glauben *nennst* und was der rechte Glaube *ist,* waltet ein endloser

Unterschied! Dein Glaube ist eine barste Trägheit des Verstandes, während der *wahre* Glaube alle Leibes-, Seelen- und Geisteskräfte in den vollsten Tätigkeitsanspruch nimmt. Dein Glaube ist ein Froschglaube. Denn wie ein Frosch sich mit jeder noch so schlechten Pfütze begnügt, so auch ein solcher Stumpfgläubiger mit allem Unflat. Er weiß am Ende nicht zu unterscheiden, was da Himmlisches oder Höllisches ist in der Lehre, der er stumpfgläubig blinde Folge leistet.

2 Wie kannst du einen Prälaten darum als glücklich bezeichnen, wenn er durch seinen Stumpfglauben unter dem Protektorate Roms in seinem Stift auf Kosten der Dummheit seiner Untertanen sich mästet und wohl geschehen läßt? Ist denn das irdisch glückliche Leben auch ein glückliches in dieser Welt der Geister? O mitnichten, sage Ich dir!

3 Je mehr jemand auf der Welt seinem Fleische als des Geistes Kerker gedient hat, je mehr er dasselbe pflegte und nährte, und je mehr er diesem Kerker willigst gewährte, darnach es ihn gelüstete, — desto mehr und fester hat er sich auch mit demselben verbunden!

4 Wenn es dann aber zur endlichen Ablösung von diesem Kerker kommen wird: wie hart, wie schwer und schmerzlich wird diese sein! Wird man nicht wie bei einer schlechten Geburt, wo die Leibesfrucht mit der Gebärmutter an mehreren Stellen förmlich verwachsen ist, die Seele und den Geist auch mit aller Gewalt förmlich stückweise dem zu sehr gemästeten Fleischkerker entreißen müssen, um diese ineinander verwachsenen Wesenheiten notwendig trennen zu können? Wird solch eine Operation dem Fleische, der Seele und dem Geist wohl ein angenehmes Gefühl verursachen? O siehe, das setzt schon zuerst eine Marter ab, die mit keiner rein irdischen zu vergleichen ist, die ich nur zu gut kenne! Da aber diese bittere Folge auf solch ein irdisch glückliches Leben fast allzeit bestimmt zu erwarten ist, sage — kann man solch ein Leben ein wahrhaft glückliches nennen?

5 Glaube es Mir, sorglose und egoistische Fettwänste, sowie alle die durch ihr eigenes Fleisch gerichteten Unzüchtler und Hurer werden sich vollauf zu verwundern haben, welch merkwürdige Schmerzen ihnen der Leibestod bereiten wird!

6 Mit diesen Schmerzen nimmt das eigentliche ‚Glück' eines Stumpfgläubigen erst so recht seinen Anfang! Kommt ein solch ‚glückliches' Wesen dann aber wie ganz zerrissen und zerstochen in dieser Geister-Welt an, wo die Empfindsamkeit für jeden Eindruck bis ins Unge-

messene gesteigert sein muß, weil die früher durch den groben Leib geschützte Seele hier ganz bloßgestellt ist, da fängt dann erst das eigentliche Schmerzglück an, das dein Stumpfglaube bereitet!

7 Wenn du aber ein solches ‚Glück' im Ernst willst, so tue, wodurch du glücklich zu werden wähnst. Ich stehe dir dafür, daß du nur zu bald ganz anders denken und urteilen wirst!

8 Ich Selbst aber habe gelehrt: »Werdet vollkommen, wie euer Vater im Himmel vollkommen ist!« Und *Paulus* verlangte, daß man alles genau prüfen solle und das Gute daraus behalten. Sage, wurde dadurch ein Stumpfglaube geboten, der kein Glaube ist? Oder ein wahrer, lebendiger Glaube, der über alles Wissen himmelhoch erhaben ist! Urteile nun selbst, ob das, was du Glauben nennst, wohl Glaube ist! Dann erst werde Ich dir genau erläutern, was eigentlich wahrhaft glauben heißt! Rede nun, es ist die Reihe wieder an dir!"

34

Roberts Begriffe vom Glauben und der rechten Gottesverehrung

1 Spricht Robert: „Freund, du machst mich wahrhaftig ganz dumm! Höre einmal, wenn das nicht Glauben heißt, was ich für Glauben halte, da kannst du mir gleich den Kopf vom Rumpfe reißen. Ich werde es dennoch nicht zu sagen imstande sein, was man denn eigentlich für Wahrglauben halten soll.

2 Das reine *Wissen* kann doch kein Glaube sein! Das Schauen und Vernehmen und gar das Betasten noch weniger? Außer dem Wissen und dem truglosen Wahrnehmen durch unsere Sinne kenne ich aber weiter nichts, das der Mensch in sein Erkenntnis- und Urteilsvermögen aufnehmen könnte. Und wenn das Wissen, wie das Schauen, Hören, Schmecken und Fühlen, Glauben heißt, was ist denn hernach das, was ich bisher Glauben nannte?

3 *Glauben* heißt bei mir etwas für wahr halten, das an sich auch wahr sein kann, sofern es nicht mit den Gesetzen der reinen Vernunft im Widerspruche steht, wenn die Lehrsätze auch nicht wie ein mathematischer Grundsatz bewiesen werden können. — Können sie aber

einmal das, so hat es dann notwendig mit dem Glauben ein Ende, — so wie die Hoffnung als Tochter des Glaubens eben da ihr Ende erreichen muß, wo man das Erhoffte endlich in Wirklichkeit erreicht hat!

4 Ich kann mir unter Glauben demnach nichts anderes vorstellen als eine willige Annahme von Lehrsätzen und geschichtlichen Daten so lange, bis sie für den Verstand erwiesen werden können. Soll das nicht Glauben heißen, da möchte ich doch wissen, was sonst noch Glauben sein soll.

5 Du hast wohl zu deinen Jüngern einige Male von der Wunderkraft des Glaubens gesprochen. Weißt du, wo du vom Bergeversetzen etwas sagtest, — das sie aber wahrscheinlich um kein Haar besser verstanden als ich! Du müßtest sonach nur diesen fabelhaften Glauben meinen? Da freilich wäre mein Glaube alles eher als ein solcher. Denn vor meinem Glauben wäre nicht einmal ein kleinstes Sandkörnchen, geschweige ein Berg gewichen!

6 Ja, hör' einmal, Freundchen! Wenn ich solch eines Glaubens auf der Erde hätte teilhaftig werden können, da wäre es dem guten Windischgrätz verzweifelt schlecht ergangen. Nun, den hätte ich ganz kurios versetzt! Ach, bloß mit dem Glauben Berge versetzen können, das ist ein großer und schöner Gedanke! Aber leider nur ein Gedanke!

7 Den Lehrsatz Pauli, alles zu prüfen und daraus das Beste anzunehmen, habe ich wohl allezeit mir zum Leitsatz gewählt. Und die große Idee, Gott ähnlich zu werden (wenn schon unmöglich je so vollkommen wie er selbst es ist), war die mächtigste Triebfeder zu all meinen Mühen. Aber was habe ich dadurch erreicht? Mein diesmaliger Zustand gibt dir von selbst die Antwort.

8 Und du scheinst auch noch keine Sonne unter deinen Füßen zu haben. Ich meine damit: dein Wunderglaube hat weder dir noch mir bisher goldene Berge getragen! Aber wer weiß es, was da noch nachkommen kann.

9 So ich es z. B. ganz willig annehme, daß du der Sohn des lebendigen Gottes bist, oder gar das höchste Wesen selbst (vorausgesetzt, daß du solch eine Annahme von mir verlangst) —, so *glaube* ich das nur. Denn ich kann mir keinen *Beweis* verschaffen, daß du das auch wirklich bist. Und so glaube ich es bloß darum, weil meine Vernunft darin wenigstens keine logische Unmöglichkeit findet. Und das hauptsächlich durch deine triftigsten Erläuterungen, daß die Gottheit ganz unbeirrt

in all ihrem allmächtigen Tun als wirkliche Gottheit verbleiben kann, wenn sie auch ihren Geschöpfen gegenüber eine beschauliche Form annimmt. Aber wenn ich etwa doch tastbare Beweise bekäme, daß du wirklich das bist, was ich nun bloß glaube, so hört ja doch der Glaube auf und an seine Stelle tritt dann ein helles Erfahrungswissen.

10 Freilich könntest du wohl nun sagen: »Siehe, alle wahrhaft Gläubigen beugen ihre Knie bei der Nennung meines Namens und beten mich an. Wenn du aber sagst, du glaubst, daß ich die Gottheit selbst bin: warum tust du denn nicht, was da alle wahrhaft Gläubigen tun?«

11 Dieser Einwurf ist allerdings sehr beachtenswert. Aber ich halte diese der Gottheit geziemenden Ehrfurchtsbezeugungen für eine Art Verstandesschwäche. Was dem Verstande mangelt, das ersetzt dann die gewisse fanatische Glaubensbegründung.

12 So du auch wirklich die Gottheit selbst wärest, müßtest du das doch auch ganz ähnlich ansehen, ansonst du eine ehrsüchtige und überaus schwache Gottheit wärst, die eher auszulachen als anzubeten wäre! Aber ich weiß, daß dich solche Schwächen nie geplagt haben, solltest du schon Gott oder auch nicht Gott sein. Daher liege ich auch noch nicht auf meinen Knien vor dir. Ich weiß nur zu gut, daß dich ein solcher Akt menschlicher Verstandesschwäche nur ärgern müßte.

13 Daher täte ich das sogar auch dann nicht, wenn ich die Überzeugung bekäme, daß du wirklich Gott bist. Denn ich kann durchaus nicht annehmen, daß eine weiseste Gottheit anbetungssüchtig sein könnte. Eine solche Frommkriecherei, wenn sie mir erwiesen würde, müßte sogar schon mir als einem nur ein wenig fortgeschrittenen Denker sinnlos und in hohem Grade dumm vorkommen.

14 Ich halte eine gewissenhafte Haltung der Gesetze Gottes für die rechte und der Gottheit allein wohlgefällige Anbetung. Denn das verlangt die ewige Ordnung der Gottheit selbst, ohne die kein Wesen denkbar wäre. Aber alles darüber hinaus gehört in das Reich des blindesten Heidentums!

15 Ich habe deine Lehre über die Schändlichkeit der langen jüdischen Lippengebete oft bewundert und hoch gepriesen. Wogegen ich das Paulinische ‚Betet ohne Rast‘ für die größte Eselei ansehen mußte, — vorausgesetzt, daß Paulus unter Gebet nur ein andächtiges Lippengemurmel verstanden hat, was man von einem sonst so weisen Mann doch wohl kaum annehmen kann.

16 Ich glaube demnach nun, daß du Gott seiest. Oder wenigstens ein wahrer Sohn Gottes: ein Prädikat, das du selbst allen Menschen zusagtest, die Gottes Gebote halten und Ihn dadurch über alles lieben. — Ich bin auch fest entschlossen, alles zu tun, was du von mir weise verlangst. Aber wenn du von mir Kniebeugung und ein rosenkranzartiges Gebet verlangen möchtest, da sei im voraus versichert, daß ich so etwas nie tun würde! Und das darum, weil ich darin nur eine Verletzung, nie aber eine Verehrung deines mir über alles teuren Namens finden müßte! — Sage mir nun wieder gütigst, ob du mit dieser Erklärung zufrieden bist oder nicht."

35

Doppeltes Erkenntnisvermögen des Menschen
Nur das Licht des Geistes verschafft wahren Glauben
Übung und Sittenreinheit

1 Rede Ich: „Mein Freund, solange der Mensch bloß aus seinem Verstande heraus Definitionen macht, kann er vom Glauben und vom Gebet auch keine andere Meinung haben, als du sie Mir sehr unumwunden kundgegeben hast. Denn des Menschen Kopfverstand hat keinen andern Weg, als den der materiellen Anschauung und sinnlichen Betastung. Ein geistig lebensvoller Glaube aber kann in einem sinnlichen Gemüt ebensowenig Wurzeln fassen, wie ein Weizenkorn auf einem Granitfelsen. Wohl hat es da eine feste Unterlage; aber weil der harte Fels keine Feuchtigkeit hat, die das Weizenkorn auflöst und den Keim frei macht, so bleibt das Korn auf dem harten Felsen eine Zeitlang was es war. Mit der Zeit jedoch stirbt es dann gänzlich ab, weil es keine Nahrung hat. Was nützt dir all dein Wissen und deines Verstandes Gehorsam, den du Glauben nennst, so dein Geist keinen Anteil daran nimmt?

2 Siehe, jeder Mensch hat ein *doppeltes* Erkenntnisvermögen: ein äußeres, das ist der Kopf- oder eigentliche äußere Seelenverstand. Mit diesem Erkenntnisvermögen läßt sich nie das göttliche Wesen erfassen und begreifen, weil es der Seele gerade nur darum gegeben ward, um

den Geist in ihr von der Gottheit vorderhand zu trennen und ihm diese auf eine Zeitlang verborgen zu machen. Will nun eine Seele mit diesem alleinigen negativen Vermögen Gott suchen und finden, entfernt sie sich stets desto weiter vom Ziele, je hartnäckiger sie auf diesem Wege dasselbe verfolgt.

3 Aber die Seele hat noch ein *anderes* Vermögen, das nicht in ihrem Kopfe, sondern in ihrem Herzen wohnt. Dieses Vermögen heißt inneres *Gemüt* und besteht aus einem ganz eigenen Willen, aus der Liebe und aus einer diesen beiden Gemütselementen entsprechenden Vorstellungskraft. Hat diese einmal den Begriff vom Dasein Gottes in sich aufgenommen, so wird er dann sogleich von der Liebe umfaßt und durch ihren Willen festgehalten, — welches Festhalten dann erst ‚glauben' heißt.

4 Durch diesen Glauben, der *lebendig* ist, wird der wahre Geist erweckt. Der beschaut dann seinen Erwecker, erkennt und ergreift ihn sogleich, richtet sich darnach auf wie ein mächtig Licht aus Gott und durchdringt dann die Seele und umwandelt in ihr alles ins Licht. Und dieses *Licht* ist dann der eigentliche *Glaube,* durch den jede Seele selig werden kann.

5 Hast du je von diesem allein wahren Glauben etwas vernommen? Du sprichst in dir: Nein, diese Art des Glaubens ist mir völlig fremd; denn ein *Denken im Herzen* kommt mir völlig unmöglich vor! — Ja, so ist es auch! Es muß dir diese Sache unmöglich vorkommen.

6 Um im Herzen denken zu können, muß man eine eigene Übung haben; diese besteht in der stets erneuerten Erweckung der *Liebe zu Gott.* Durch diese Erweckung wird das Herz gestärkt und erweitert, wodurch dann des Geistes Bande lockerer werden, so daß sein Licht (denn jeder Geist ist ein Licht aus Gott) sich stets mehr und freier entwickeln kann. Fängt dann des Geistes Licht an, die eigentliche Lebenskammer des Herzens zu erhellen, so werden auch die zahllosen *Urtypen* in rein-geistigen Formen an den ebenfalls zahllosen Wänden des Lebenskämmerleins stets deutlicher ausgeprägt und der Seele beschaulich gemacht. Und siehe, diese *Beschauung* der Seele in ihrem *Herzen* ist dann ein neues Denken. Die Seele gelangt da zu neuen Begriffen und zu großen und klaren Vorstellungen. Ihr Sehkreis erweitert sich mit jedem Pulsschlag. Die Steine des Anstoßes verschwinden nach dem Maße, wie der Kopfverstand verstummt. Da ist dann kein Fragen nach

Beweisen mehr. Denn das Licht des Geistes *erleuchtet* die inneren Formen also, daß sie nach keiner Seite hin einen Schatten werfen. Somit wird auch alles, was einem Zweifel nur wie im leisesten Hauche ähnlich wäre, für ewig verbannt.

7 Und so ist denn auch ein Glaube, der sogestaltig im *Herzen* und nicht im Kopfe seinen Sitz hat, ein wahrer und lebendiger Glaube zu nennen: wahr, weil er dem untrüglichen Licht des Geistes entstammt, und lebendig, weil im Menschen nur der Geist im wahrsten Sinne lebendig ist!

8 In diesem Glauben aber liegt dann auch jene außerordentliche Kraft, von der in den Evangelien zweimal die Rede ist.

9 Um aber zu diesem alleinseligmachenden Glauben zu gelangen, muß man bei vorerwähnter Übung aufs ernsteste bestrebt sein, darin sobald als möglich eine rechte Fertigkeit zu erlangen. Denn wenn der Mensch zu sehr und zu lange nur für die Ausbildung des Kopfverstandes und durch diesen nur für irdische Zwecke und Wohlfahrten gesorgt hat, da muß es einem solchen Menschen völlig unmöglich vorkommen, auch im Herzen denken zu können.

10 Ferner muß man sich auch der Sittenreinheit zu erfreuen vollen Grund haben. Man darf kein Schwelger und hauptsächlich kein fleischlicher Unzüchtler sein. Denn Unzucht und Hurerei tötet entweder beinahe ganz den Geist, oder, wenn sie schon den Geist nicht zu töten vermag, so verhindert sie doch für alle Zeiten die freie Entwicklung seines Lichtes. Woher es denn auch kommt, daß solche Unzüchtler, besonders in vorgerückten Jahren ganz stumpfsinnig werden und ihrem matten Leben nur dann noch ein heiteres Augenblickchen abgewinnen, so sie ein wenig geschwelgt und irgendeine Maid angegafft und betastet haben.

11 War solches bei dir etwa gar nicht der Fall in der späteren Zeit, da du doch das weibliche Geschlecht ohnehin als nur zum alleinigen Lustzweck bestimmt ansahst. Fandest du nicht auch in solchen unlautersten Genüssen die eigentliche irdische Glückseligkeit? Und wenn du nun zu einer rein geistigen Seligkeit übergehen sollst, da gibt es in dir nun beinahe keinen Grund, auf dem man etwas bauen könnte. Denn siehe, rings um dich herum ist alles leer, so leer wie in deinem Herzen und ebenso wesenlos wie in deines Herzens Lebenskammern.

[12] Sage, woher werden wir nun Stoff nehmen, um in dir einen ganz neuen Menschen aufzubauen? Rede nun wieder und schaffe Rat!“

36

Roberts Unmut über die Erinnerung an irdische Schwächen
Er wünscht andere Gespräche

[1] Spricht Robert: „Wertester Freund! Ich merke, du wirst ein wenig anzüglich und mitunter auch etwas beleidigend! Es ist das wohl so eine Eigenschaft, die nahe allen Lehrern anklebt, mögen sie groß oder klein sein. Denn alle durch die Bank sind bei gewisser Gelegenheit etwas grob und deuten ihren Zöglingen manchmal so ganz leise an, daß diese dem Geschlechte jener geduldigen Tiere angehören, die mit den großen Weltweisen hinsichtlich der Sanftmut und Geduld so manches Ähnliche haben sollen! Nach Blut lechzen diese Tiere niemals, wohl aber nach Heu und Stroh. Diese magere Kost soll freilich zur Bildung des Gehirnes nur einen geringen Beitrag leisten. Daher auch sollen diese Tiere durchwegs im Kopf verdammt wenig jenes breiartigen weißlichen Stoffes besitzen, an dem der Kopf des Sokrates einen überschwenglichen Reichtum gehabt haben soll.

[2] Du hast mir nicht gar zu schwer verständlich angedeutet, wie es da um mich her sowie in mir gewisserart so leer ist wie etwa im Haupte des Vierfüßlers, der seinen Lebensäther aus Heu und Stroh bezieht. Da kann ich wirklich nicht umhin, für die Folge zu bitten, daß du mir, wenn ich schon durchaus ein Esel bin, das ohne vorhergehende Umschreibung glattweg heraussagst! Denn so du in mir im Ernste nichts findest, das zu einem weiteren Ausbau meiner Erkenntnisse taugt, wenn in mir kein anderer Stoff vorhanden ist als wie etwa im Haupt eines Esels, — so sage es heraus, und ich werde mich darob gar nicht kränken. Denn wo nichts ist, da ist einmal nichts!

[3] Ich sehe es wohl ein, daß der von dir erläuterte innere Glaube in mir nie zu Hause war. Aber was kann denn ich dafür, so mir bis jetzt das Wesen des wahren Glaubens von niemandem erläutert wurde? Wäre da an Stelle Hegels jemand aufgetreten und hätte mir nach dei-

ner Art Belehrungen gegeben, da wäre auch ich sicher kein Hegelianer geworden, sondern stünde gleich einem Paulus vor dir.

4 Aber da dies nicht der Fall war und meines Wissens wohl niemandem je der Gedanke kam, daß der Mensch auch im *Herzen*, ja vielleicht gar auch in den Knien und Fersen soll denken können, — so mußte ich ja dort meine Gedanken fassen, wohin sie in mir die liebe Mutter Natur beschieden hatte. — Auf der Welt dachte ich im *Kopfe* so: Jedes Glied und jeder Bestandteil des menschlichen Wesens hat seine eigene Bestimmung und zweckdienliche Verrichtung. Die Füße können die Hände nicht ersetzen, der Hintere nicht den Kopf, der Inhalt des Magens nicht den des Kopfes, das Ohr nicht den Dienst des Auges und das Herz nicht den der Zunge. Daher *dachte* ich denn auch nur im Kopfe und ließ dabei ganz unbeirrt dem Herzen seine Verrichtung. So ich aber darum leer hierhergekommen bin, kann ich etwas dafür?

5 Wenn du nun aber von mir Dinge verlangst, deren ich auf der Welt niemals teilhaftig wurde, so bist du offenbar trotz aller deiner Weisheit um tausend Male blöder als ich und wirst mir für die Folge wenig oder nichts nützen können!

6 Es ist auch läppisch von dir, mir hier meine irdische, wahrlich nur seltene Schwelgerei und Venusdienerei vorzurupfen und sie zugleich als Grund anzuführen, warum ich mich hier so leer vor dir befinde. Wenn solche Genüsse, die in die Natur des Menschen gelegt sind wie der Keim in das Samenkorn, vor dir eine Sünde sind: warum sind sie dann in den Menschen gelegt worden?

7 Man sagt doch von einem Löwen, daß er kein Mückenfänger ist. So du aber nicht nur einer der größten Weisen bist, sondern sogar die allmächtige Gottheit selbst — wie du mir im Verlauf unseres Beisammenseins schon einige Male nicht undeutlich hast zu verstehen gegeben —, da ist es mir unbegreiflich, wie du solcher Kleinigkeiten gedenken magst. Dinge, die ich als Mensch, selbst so ich mich auf Augenblicke in ihrem leidigen Genusse befand, kaum eines näheren Denkens würdigte!

8 Der Mensch ist seinem Leibe nach ein Tier und hat daher leider auch tierische Bedürfnisse, deren Befriedigung ihm die leidige Natur mit eiserner Hand diktiert. Findet er in sich einen unwiderstehlichen Drang, gegen den alle geistigen Vorstellungen nichts ausrichten, so ist es ja des Geistes unerläßliche Pflicht, das Fleisch seinen Notdrang be-

friedigen zu lassen, um sich dann in der eigenen geistigen Sphäre wieder freier bewegen zu können.

9 Wenn der Geist also dem Muß in seinem Fleische, und zwar in dessen Drangperioden, nachkommt: wenn er den Kot und Harn durch die Kanäle von sich treibt, wenn er Speise und Trank zu sich nimmt, wie sie dem Fleische schmecken, wenn er ferner den lästigen Geschlechtstrieb, so dieser sein Opfer verlangt, auch nach Möglichkeit befriedigt, um darnach wieder einige Stunden Ruhe vor ihm zu haben, — sage, kann das wohl je als eine Sünde deklariert werden? Und ganz besonders hier, wo wir beide hoffentlich für ewig von solchen groben Naturtrieben verschont bleiben. Denn ohne Fleisch werden wir im Dienste des Fleisches wohl sicher ein verdammt schlechtes Geschäft machen?

10 Reden wir daher von etwas anderem und lassen all die vergangenen Naturfetzen sein, was sie sind! Reden wir z. B. einmal etwas vom gestirnten Himmel! Das wird mich mehr erbauen als die Aufwärmung meiner weiland Naturfetzerei!

11 Schau, du mein höchst wertester Freund und Gott und alles, was du mir gegenüber nur immer sein willst: Ich kann mich zwar über mein gegenwärtiges Befinden gar nicht beklagen. Ich bin weder durstig noch hungrig; mein ganzes Wesen plagt kein Schmerz und an deiner Gesellschaft habe ich für die Ewigkeit genug. Aber, wenn wir zu unseren gegenseitigen Debatten nur ein etwas besseres Plätzchen ausfindig machen könnten, so wäre das wirklich nicht übel! Denn hier sieht es wohl etwas zu luftig, ja man könnte sogar sagen, nach gar nichts aus! Außer diesen Berglein, auf denen wir nun schon eine geraume Zeit beisammenstehen, ist nirgends etwas von irgendeiner Wesenheit zu entdecken. Könnten wir nur irgendwo ein Rasenplätzchen mit etwa einem schlichten Landhüttchen entdecken und in Besitz nehmen, so könnten wir unsere äußerst interessanten Debatten mit viel mehr Stimmung durchführen!

12 Besonders interessant wären da Worte von großer Bedeutung über die Sonnen und verschiedenen anderen Weltkörper! Aber nur nichts mehr von den gottlob weiland irdischen Lebensverhältnissen! Denn diese könnten mich mit größtem Widerwillen erfüllen, so, daß ich am Ende sogar mit dir über gar nichts mehr zu reden imstande wäre! Wäre es dir sonach möglich, für uns beide ein solches Plätzchen ausfindig zu

machen, da sei von mir über alle Maßen gebeten, dafür deine Sorge und Weisheit in gehörige Tätigkeit zu setzen!"

37

Die Seelengefahr des Lobes
Selbst Engelsfürsten brauchen Demut zum Geistesfortschritt
Bekenne demütig deine Schuld — zu deinem Heil!

1 Rede Ich: „Mein lieber Freund und Bruder! Das wird sich nun nicht tun lassen. Hier in der Welt der Geister kann nur das in die wesenhafte Erscheinlichkeit treten, was eine Menschenseele in ihrem Herzen mit herüberbringt. Ist das Herz aber geistig ganz leer wie leider bei dir, — trotzdem du dagegen protestierst —, so kann daraus auch nicht das kleinste Rasenplätzchen zum Vorschein kommen.

2 Du sprachst auch, daß Ich dir lieber etwas vom gestirnten Himmel kundtun soll, als dir deine irdischen Fehler vorzurupfen. Das glaube ich dir gerne. Einer jeden Seele ist es schon vom Urbeginne ihres Seins lieber, so sie gelobt, als so sie, wenn auch begründet, getadelt wird.

3 Aber glaube Mir, jedes auch verdiente Lob ist Gift für die Seele und daher auch schädlich für den Geist. Wäre Ich dir feind, dann würde Ich dich loben, um dich dadurch zu verderben. Da Ich dir aber sicher ein größter Freund bin, so muß Ich schon darum offen mit dir reden. Denn ein schändlicher Schmeichler ist jedem ein gefährlicher Feind, weil er unter der Maske der Freundschaft gewöhnlich nur einen reißenden Wolf birgt. Ich sage dir, du kannst dir nichts Ärgeres antun, als so du dich selbst lobst und Freude an deiner eigenen Vortrefflichkeit hast. Denn dadurch versetzt du dir selbst einen Todesstoß in dein eigenes Herz.

4 Ich habe darum auch allen Meinen Jüngern streng aufgetragen, sich sogar dann nicht loben zu lassen, wenn sie auch alles getan haben, was immer Gott von ihnen haben will. Auch da sollen sie stets ganz ernstlich behaupten, daß sie nichts als unnütze Knechte waren.

5 Warum aber forderte Ich solches von den Jüngern? Weil Ich allein es nur zu klar sehe, was die Seele tun muß, um sich selbst durch die Frei-

machung ihres Geistes wahrhaft frei zu machen. Es gibt in der ganzen Unendlichkeit nur ein einziges wirksames Mittel zur Erreichung dieses Zweckes und dieses heißt die *Demut des Herzens* — im ganzen Umfang ihrer Bedeutung!

6 Die rechte, vollkommene Demut aber, allein der Seele wahrhaft nützlich, schließt selbst das schwächste und bescheidenste Selbstlob aus — weil dadurch die Selbstliebe, die eine Abwendung von der Gottheit ist, eine Nahrung bekommt, — eine Nahrung zum Verderben des Geistes, welches ist ein rechter Tod der Seele.

7 Wenn Ich dich nun auch noch loben möchte, obschon alle deine irdischen Handlungen im Grunde nur Meinen gerechten Tadel verdienen; und fürs zweite in dir noch dazu eine große Gier nach Lob vorhanden ist, aus der heraus du Mich wenigstens dahin bringen möchtest, daß Ich deine Weisheit anerkenne und vor der Schärfe deines Verstandes einen massiven Respekt bekomme — was würde da aus dir werden?

8 Aber gesetzt den Fall, daß es möglich wäre, solches an Mir zu bewirken: was käme dann für dich heraus? Nichts anderes, als daß Ich von dir als Besiegter weichen müßte, weil Mich deine größere Stärke unterjochte. Was aber in der Geisterwelt so viel sagen will, als seinen Gegner verschlingen und so aus der Erscheinlichkeit treten machen. Die Folge davon wäre, daß du wieder ganz allein dastehen würdest und es dann wohl äußerst schwer sein würde, daß du je wieder zu einer Gesellschaft kämst. Denn wenn Ich jemanden verlassen würde, der wäre dann auch für ewig verlassen, und der wahre Tod müßte der ewige Anteil seiner Seele sein.

9 Aber es ist so etwas wohl rein unmöglich. Selbst der größte Weise aus allen Sternen muß sich vor Meiner Weisheit beugen bis zur innersten Faser seines Lebens. Und das ist heilsam sogar für den tiefsinnigsten Engelsgeist. Denn auch die größten Engel müssen demütig sein, so sie ganz selig sein wollen, obschon ihr Weisheitsglanz jede Sonne zum finsteren Klumpen umstalten müßte, so diese in seines Lichtes Sphäre käme.

10 Um wieviel notwendiger ist *dir* sonach eine rechte Demütigung, der du noch ganz leer bist von allem, was dich wenigstens mit dem Schimmer eines reellen Seins erfüllen möchte. — Beurteile daher künftig alles, was Ich dir vorhalte, genauer und werde darob nicht erbost,

sondern — bekenne deine Schuld vor Mir und demütige dich, so wirst du in Augenblicken weiter kommen als sonst in Jahrtausenden!

11 Bedenke das wohl und sage Mir genau, was du tun wirst. Ich werde Mich von nun an darnach richten."

38

Roberts Rückschau auf seine Erdenschicksale
„Züchtige mich — aber verlasse mich nicht!"

1 Spricht Robert: „Freund, deine Worte sind wohl voll Ernstes. Du scheinst es mit mir ganz ernstlich nehmen zu wollen, wofür ich dir nur aus allen Lebenskräften dankbar sein muß. Aber wie du mich als noch viel zu wenig gedemütigt ansehen kannst, ist mir völlig unbegreiflich! Bin ich denn, schon von meiner elenden Geburt an, nicht durch alle möglichen widrigsten Erfahrungen ohnehin bis aufs letzte gedemütigt worden?

2 Als ich mich trotz aller Hemmnisse mit der Zeit aus meinem angeborenen Staub ein wenig zusammenraffte, da brachen Unruhen in meinem Staat aus. Sieh, ich dämpfte sie durch meinen redlichen Willen und Verstand, ohne mich dann dafür vom Staat erhöhen zu lassen. Als darauf ganz Europa rebellisch ward, da wurde ich als ein Deputierter meines Staates nach Frankfurt gesandt und vertrat dort meinen Staat nach meiner möglichst besten Kenntnis, geleitet von einem mir bewußten guten Willen. Wahrlich, es war nie im entferntesten Sinne meine Absicht, jemandem zu schaden, sondern allein nur zu nützen, freilich nur in der Art, wie ich es für die Völker nach meiner damaligen Überzeugung für nützlich erachtete. Ob es ihnen wirklich zum Nutzen geworden wäre, wenn meine Projekte sich verwirklicht hätten — das ist eine andere Frage. Aber damals konnte ich unmöglich anders handeln, als ich es mit meinem Wissen und Gewissen für gut und recht fand. Und ich meine, daß eine jede Rede und Handlung aus redlichem Gemüt vor Gott und aller Welt als recht anerkannt wird. Denn ich glaube, daß auch Gott nur auf den Willen und nicht auf den Erfolg sieht, der ohnehin allzeit in der Hand der göttlichen Macht liegt.

3 Als in Österreich die wütendsten Unruhen ausbrachen, da dachte ich daran, wie es mir in meinem Staate gelungen war, einen Volksaufstand gegenüber dem König zu dämpfen. Und dachte darnach, daß mir so etwas auch in Österreich gelingen dürfte! So faßte ich den Entschluß dahin zu eilen.

4 Dort aber fand ich die Sachen bei weitem anders stehen. Das Volk war bedrückt und klagte laut über die Wortbrüchigkeit seines Regenten. Die schwärzeste und geldsüchtigste Reaktion war allen Dynasten und Aristokraten, Kaufleuten und Gold- und Silberjuden von der Nase abzulesen. Das arme Volk wurde nur Luder und Canaille gescholten. Und jeder, der dem armen, geistig und körperlich bedrückten Volk mit Gut und Blut, Rat und Tat helfen wollte, wurde als ein Volksaufwiegler und Meuterer aufgegriffen und ohne Pardon ums irdische Leben gebracht, — welche ‚Ehre' auch mir allerschnödest widerfuhr. Wenn man als ein sonst achtbarer und angesehener Mann wie ein gemeinster Verbrecher auf den Richtplatz hinausgeschleppt und dort wie eine gemeine Bestie erschossen wird, so glaube ich doch, damit für jede Ehre, die einem je irgendwo zuteil wurde, zur Genüge gedemütigt worden zu sein?

5 Oder ist dir das auch noch zu wenig Demut? Soll ich wohl noch mehr gedemütigt werden? Ich finde besonders in dieser meiner Lage, daß so etwas völlig unmöglich ist. Denn elender zu sein, als ich es nun bin, wird wohl kaum irgendwo einem Wesen beschieden sein!

6 Nichts habe ich als dich, meinen allergeliebtesten Freund, ganz allein. Du bist mir alles: mein Trost, mein größter Reichtum, meine einzige Entschädigung für alle meine irdischen Leiden und Demütigungen! Aber du, statt mich zu trösten, erweckst durch deine weisheitsvollen Reden in mir auch noch eine Menge neuer, qualvoller Bedenklichkeiten, die mein großes Elend nur vermehren, nie aber verringern können. O sieh, geliebter Freund, das ist etwas hart von dir!

7 Es mag wohl sein, daß du mit mir die besten Absichten hast. Und so es mir möglich ist, das zu tun, was du mir rätst, so kann das auch leicht mein größtes Glück sein. Aber nur das einzige bedenke dabei: daß ich ein elendestes und über alles unglückliches Wesen bin, das von allem, was das Gemüt aufrichten könnte, völlig blank und leer ist — so wirst du deine sonst weisesten Lehren wenigstens so stellen, daß sie mich nicht zu sehr beängstigen vermögen!

8 Ich will mich fürderhin nicht mehr auch nur mit dem schwächsten Gedanken loben. Alle meine Handlungen sollen für ewig mit dem Stempel der Schlechtheit und Verächtlichkeit gebrandmarkt bleiben. Gerne will ich vor dir, so du es verlangst, das letzte und wertloseste Wesen der ganzen Unendlichkeit sein.

9 Aber nur verlasse *du* mich nicht! Und mache mich dadurch nicht gar zu elend. Drohe mir nicht mehr mit deiner Entfernung, sondern stärke mich mit der Versicherung, daß du mich ewig nie verlassen werdest, dann gebe ich dir die getreueste Versicherung, daß ich alles tun werde, was du nur immer von mir verlangst!

10 Habe ich auf der Welt wie immer gesündigt, so züchtige mich dafür und demütige mich, so tief es nur immer möglich ist. Ich werde trotzdem nie aufhören, dich zu lieben. Aber nur vom Verlassen rede nichts mehr! Denn das wäre das Schrecklichste, was du mir nur immer antun könntest!“

39

Gute Wendung bei Robert
Texterklärung über den Täufer Johannes
In Robert bricht der Tag des ewigen Erkenntnislichtes an

1 Rede Ich: „Nun, Mein liebster Freund und Bruder, das werde Ich auch nicht tun! Wir bleiben schon beisammen. Aber freilich in der Art wie nun könnte sich's für künftige Dauer wohl nicht leicht verwirklichen lassen, denn damit würde dir wenig geholfen sein.

2 Aber Ich entdecke nun im Ernst eine gute Wendung in dir und kann dir daher versichern, daß es mit dir ehestens besser gehen wird. Nur mußt du das, was Ich dir nun eröffnen werde, genau nach Meiner Vorschrift erfassen und darnach handeln mit deinem Herzen, so wirst du sogleich heller zu sehen anfangen. Und es werden dir Dinge, über deren Wesenheit du noch sehr im dunkeln bist, ganz klar und hell werden.

3 Siehe, in den Evangelien, da von Johannes dem Täufer die Rede ist, heißt es unter anderem: Ich bin nur die Stimme eines Rufers in der Wüste und bereite den Weg des Herrn. Nicht würdig bin ich, Dem die

Schuhriemen aufzulösen, der nach mir kommt. Ich taufe nur mit Wasser, Er aber wird taufen mit dem Geist der Wahrheit, mit dem Geist Gottes zum ewigen Leben! Dieser mein erhabenster Nachfolger wird wachsen unter euch und in euch; ich, Johannes, aber werde abnehmen! —Was meinst du wohl, was dieser größte aller Propheten damit hat sagen wollen?"

4 Spricht Robert: „Ja, du mein bester Freund! Wenn ich das verstünde, wäre ich wahrlich nie auf diesen traurigen Punkt zu stehen gekommen, auf dem ich nun weile.

5 Diese von mir nie verstandenen Texte waren ja am meisten Schuld, daß ich an deiner Gottheit zu zweifeln begann — was denn auch ein Hauptgrund war, daß ich ein Neukatholik wurde.

6 Daher erkläre mir doch diese höchst mystisch klingenden Texte! Denn von selbst würde ich die eigentliche Bedeutung dieser wie manch anderer Texte nimmer herausbringen."

7 Rede Ich: „Nun, so höre denn! Johannes der Täufer ist im Leibe der Kirche das, was da bei jeglichem Menschen der äußere *Weltverstand* ist. Und eines jeden Menschen Verstand sollte so beschaffen sein wie der des Johannes. So wie Johannes vor Mir den Weg bereitet hat, ebenso soll auch ein rechter äußerer Verstand den Weg zum Verstand des Herzens anbahnen — welcher Herzensverstand gleich ist Mir Selbst. Denn Ich Selbst nehme diesen Herzens-Verstand aus Meinem Geiste und lege ihn wie ein guter Sämann in das Erdreich des Herzens ein, das da ist die rechte Liebe, die durch die Demut und Sanftmut bestens gedüngt wird.

8 Johannes ist eine Rufer-Stimme in der Wüste, und das muß auch ein rechter äußerer Verstand sein. Denn die Welt, aus welcher der Verstand seine ersten Begriffe schöpft, ist eine Wüste. Das darum, weil sonst kein Mensch von der Gottheit völlig abgelöst und freigestellt werden könnte. Und so ist der äußere Verstand, der zum Teil aus dieser Wüste, zum Teil aber durch mittel- oder unmittelbare Offenbarungen aus den Himmeln seine Begriffe, Ideen und Urteile schöpft, eben durch die Aufnahme der geoffenbarten Wahrheiten auch die ‚Stimme eines Rufers in der Wüste' und bereitet durch den Glauben die Wege zum Verständnis des Herzens.

9 Dieser rechte äußere Verstand tauft sonach die Seele mit dem Wasser der Demut und des willigen Gehorsams. Der Verstand des Her-

zens aber, in dem der ewige Geist aus Gott wohnt, muß durch die Erweckung dieses Geistes notwendig mit eben diesem Geiste taufen, weil Geist aus Gott das wahre Licht, die vollste Wahrheit, die Liebe und somit das ewige Leben selbst ist.

10 Es versteht sich demnach von selbst, daß der äußere Verstand notwendig abnehmen, ja endlich sogar gefangengenommen und enthauptet werden muß, so der wahre *Herzensverstand*, der Mich Selbst darstellt, in einem jeden Menschen zunimmt und zum herrlichsten Baum des ewigen Lebens wächst, in dem vollkommenste Erkenntnis ist. Daß demnach der äußere Verstand wahrlich nicht wert ist, dem Verstande des Herzens die Schuhriemen zu lösen — das wird doch ebenso klar sein, wie daß das Licht einer Nachtlampe bei weitem unbedeutender ist als das Licht der Sonne am hellsten Mittag.

11 Ich will nun nichts mehr von deinen irdischen Taten erwähnen, ob sie recht waren oder nicht recht waren. Denn sie flossen alle aus deinem äußersten Verstand, in dem die Stimme des Rufers gar nicht durchdringen konnte, weil das zu große Geräusch der Wüste — die ‚johanneslose' Welt — den eigentlichen Johannes, das ist Meine geoffenbarte Lehre übertäuben mußte. Denn so durch eine Wüste große Orkane toben und Donner rollen, da geht des Rufers Stimme wohl nur zu leicht unter. Das Gericht und der Tod hält dann ungestört sein Erntefest.

12 Aber Ich komme dann auch dorthin, um zu retten, was noch zu retten ist. Nur freilich nicht so wie auf einem vom Johannes *bereiteten* Wege, sondern wie ein Blitz, der vom Aufgang bis zum Niedergang leuchtet, wie es eben bei dir nun der Fall ist. Wer da das Licht dieses Blitzes annimmt, der wird gerettet. Wer aber dieses Licht nicht annimmt, der geht zugrunde; d. h. er begibt sich auf einen Weg, auf dem es sehr schwer wird, das ihm von Gott gestellte Ziel zu erlangen.

13 Du aber hast das Licht des Blitzes wohl ergriffen. Daher kam auch der Retter Selbst zu dir und führt dich nun des rechten Weges. Aber du mußt nun dem Retter willig folgen und Ihm durch deinen äußeren Verstand keine Hemmnisse in den Weg legen, sonst verzögerst du selbst die Erreichung des Zieles.

14 Was wirst du nun tun auf Meine Erläuterung jener Texte, die dir nach deinem Geständnis Den verbargen, den du am klarsten hättest erkennen sollen?"

15 Spricht Robert nachdenklich: „O Freund! Ja endlos mehr als nur ein Freund! Nun erst fängt es in mir auf einmal an gewaltig zu tagen!! — O Herr, Herr! Wie kannst Du bei mir verweilen? Denn ich bin ja ein Sünder!

16 Was hielt wohl meine Augen gebunden, daß ich Dich nicht erkannte? Wohl sagte mir meine starke *Liebe* zu Dir, daß Du mehr sein mußt, als wofür Dich mein elender Verstand hielt. Aber ein Teufel oder sonst wer schob mir stets eine Decke vor die Augen. Aber nun erkenne ich die endlose Kluft zwischen mir und Dir! Nun kann ich nichts anderes sagen als: O Du mein großer Herr und Gott! Sei gnädig und barmherzig mir ärmstem, törichtstem Sünder vor Dir!!"

40

Neues Leben aus dem göttlichen Geiste beginnt
Ankündigung einer neuen Freiheitsprobe auf höherer Erkenntnisstufe

1 Rede Ich: „Liebster Bruder und Freund! Ich sage dir: Deine Sünden sind dir vergeben, weil du dich so gedemütigt hast, daß du den Wert deines Außenverstandes gänzlich hintangabst und dafür den Verstand des Herzens annahmst. Daher soll auch von nun an von allen deinen irdischen Gebrechen ewig keine Rede mehr sein!

2 Du hast nun angefangen, eine ganz neue Lebensepoche zu beginnen, in der du eine nochmalige Freiheitsprobe durchmachen mußt. Darin wird dir die Gelegenheit geboten, deinen alten irdischen Menschen ganz auszuziehen und dafür den inneren aus Mir vollends auftauchen zu machen.

3 Bis jetzt warst du ganz gesellschaftslos und hattest auch keinen Grund und Boden, auf den du deine Füße hättest stellen mögen. Der magere Boden hier entspricht genau jenen von dir angenommenen Lehrsätzen, die du als Neukatholik Meinem Evangelium entnommen hast. Und Ich Selbst kam dir gerade so entgegen, wie du Mich auf der Erde mit Hilfe deines Verstandes in deinem Gemüt ausgebildet hast: nämlich als ein bloß nur sehr weiser Lehrer der Vorzeit. So aber konnte Ich wohl nicht verbleiben, sondern mußte dich durch allerlei Lehre da-

hin leiten, daß du Mich endlich aus dir selbst als das erkennen mußtest, was Ich von Ewigkeit her bin und auch ewig sein werde!

4 Aber diese Erkenntnis allein genügt noch bei weitem nicht. Sondern du mußt, um das wahre Himmelreich zu erlangen, diese Erkenntnis auch mit der wahren *Liebe zum Nächsten* und daraus mit aller *Liebe zu Mir* beleben!

5 Daher werde Ich dich nun an einen Ort bringen, wo es dir an Gesellschaft verschiedener Art durchaus nicht fehlen wird. Du sollst einen ansehnlichen Grund mit einem großen und wohleingerichteten Wohnhaus bekommen, und das an einer Hauptstraße in einer sehr anmutigen Gegend. Auch für eine zahlreiche Dienerschaft wird gesorgt sein, die dir auf den leisesten Wink gehorchen wird.

6 Viele Reisende von der Erde in diese geistige Welt werden an deiner Wohnung vorüberziehen und bei dir vorsprechen. Darunter werden sein Freunde und Feinde. Aber da sieh darauf, daß du sie alle mit der rechten Liebe empfängst und ihnen reichst, dessen sie bedürfen, weil sie alle Meine Kinder und somit auch deine Brüder sind. So wirst du alles das vielfach wieder gutmachen, was du auf der Erde — freilich nicht mit deinem Willen, sondern nur mit deinem geistigen Unverstande — verdorben hast. Ich Selbst werde dann wieder zu dir kommen und werde dir sagen: Weil du bei dieser kleinen Haushaltung gut gewirtschaftet hast, sollst du nun über Großes gesetzt werden!

7 Vor allem aber nimm dich in acht vor Zorn, Rache, wie auch vor unreiner Liebe, wozu es dir an Gelegenheiten nicht fehlen wird. Dann wird deine neue Lebensaufgabe ehestens gelöset sein und dein wahres, ewiges Lebensglück wird von da an erst seinen hellsten Anfang nehmen!

8 Hüte dich auch vor der Neugierde! Denn diese macht keinen Geist besser und heller, sondern gar zu leicht nur schlechter und finsterer. Wo deine Kräfte nicht auslangen sollten, da opfere solches allemal Mir auf, und es soll dir dann bald eine rechte Hilfe werden.

9 Nun weißt du alles. Daher sage Mir nun, wie du mit Meinem Antrag zufrieden bist? Worauf wir uns dann auch sogleich an dem bestimmten Ort befinden werden!“

41

Robert: „Dein Wille sei mein Leben!" Der Herr: „Liebe um Liebe!"

1 Spricht Robert: „O Herr, Du meine nun ewig ganz alleinige Liebe! Alles ist mir ja unaussprechlich recht, was immer Du mit mir armem Sünder verfügen willst. Ich kann alles nur als Deine unermeßliche Gnade und Erbarmung ansehen! Was wohl bin ich vor Dir? Was ist der Staub gegen Den, der den endlosen Raum mit alleiniger Macht ausgespannt und mit den zahllosen Wunderwerken Seiner ewigen Liebe und Weisheit erfüllt hat! Dein heiliger Wille ist mein Leben! Wie sollte mir da etwas unrecht sein, das Du mit mir bestimmst? O Herr! Dein Name werde geheiligt und Dein Wille sei mein Leben!

2 Was ich nur immer vermag, werde ich mit freudigstem Herzen tun! Denn Du, mein Gott und meine alleinige Liebe, hast es mir ja selbst geboten. Und wie sollte mir das nicht über alles heilig und in meiner Liebe zu Dir angenehm sein?

3 Nur, daß Du mich wieder sichtbar verlassen willst, das wird mich freilich schmerzlich berühren. Aber es ist ja auch Dein heiliger Wille. Und dieser wird Dich mir wiedergeben, wenn mein Herz Deiner einmal würdiger sein wird als jetzt, wo es vor Deiner Heiligkeit nahe vergehen könnte aus gerechter Schande! Wie konnte es so lange gar so unbegreiflich blind und stumpf sein, Dich nicht auf den ersten Blick zu erkennen und Dir sogar widerspenstig zu begegnen!

4 O Herr! Mein großer Unsinn lähmt mir nun die allzeit dumme Zunge, daß ich nahezu unvermögend bin, noch länger Dir gegenüber, o Du Heiligster, Rede zu stehen. Daher geschehe sobald als möglich Dein Wille!"

5 Rede Ich: „Nun, nun, Mein geliebter Bruder —!"

6 Bittet Robert dazwischen: „O Herr! Nenne mich ‚Staub' und ‚Nichts' vor Dir, aber nicht ‚Bruder'! Denn wie sollte das Nichts Dir ein Bruder sein?"

7 Rede Ich: „Ich weiß wohl am besten, ob und wie du Mir auch ein rechter Bruder bist. Daher mache dir nun nicht so viel daraus! Ich ersehe soeben etwas in deinem Herzen, das sich nun plötzlich gestaltet hat! Und so werden wir Beide bei deiner nächsten Lebensfreiheitsprobe

nicht so ferne voneinander abstehen, als du es dir vorstellst. Denn so jemand mit solcher Liebe aufzublühen anfängt, wie da nun die deinige sich plötzlich zu gestalten beginnt, dessen Weg wird fürderhin mit sehr wenig Steinen zum Anstoße belegt sein.

8 Schau, du Mein lieber Robert, deine Sünden sind alle hinweg. Und Ich liebe dich ja ganz unbeschreiblich, weil auch du Mich nun gar so zu lieben anfängst! Wie sollte Ich dich demnach verlassen können? — O nein! Fürchte dich nicht!

9 Da du Mich so sehr liebst, so werde Ich dich nicht verlassen, sondern werde mit dir in dein Wohnhaus einziehen und mit dir arbeiten! Und so will Ich dir auch vieles erlassen, was du sonst noch notwendig zu bestehen hättest. Denn wer viel Liebe hat, dem wird auch viel vergeben werden!

10 Du wirst zwar alles durchmachen, was Ich dir ehedem zugesagt habe — aber an Meiner Seite! Sage Mir nun, Mein geliebter Bruder, ob Dir dieser Antrag lieber ist als der frühere?“

42

Ein wahrer Bruder. Gleichnis vom Scheibenschießen
Die Liebe zum Herrn bestimmt alles

1 „O Herr“, spricht Robert nach einer Weile, „wenn Du mich Sünder vor Dir nur doch nicht ‚Bruder‘ nennen möchtest! Denn solch einer ungeheueren Gnade bin ich ja doch ewig nicht wert!“

2 Sage Ich: „Laß das nur gut sein! Es lebt ja nun Mein Ebenmaß in dir. Durch deine *Liebe* zu Mir bist du ja *in* Mir, wie Ich *in* dir, und so sind wir *eins* in der Liebe. Und siehe, diese Einheit ist ein rechter Bruder. Sind wir auch ein jeder vollkommen für sich, so beirrt das dennoch die engste Verbrüderung nicht, die da ist eine rechte Einung durch die Liebe. Denn es gibt nur *eine* wahre Liebe und *ein* wahres Gute; und diese sind gleich und somit eins in allen Engeln und anderen seligen Geistern und vollkommen gleich Meiner Liebe und dem Guten aus ihr. Und siehe, diese völlige Gleichheit heißt wahrhaft ‚ein Bruder‘!

3 Und so bist du Mir — zufolge deiner nun wahren Liebe zu Mir

— auch ein wahrer Bruder. So, wie Ich einst auf der Erde alle, die Mir werktätig nachfolgten, Brüder nannte; nicht etwa aus einer Art freundlicher Höflichkeit, sondern aus vollster Wahrheit heraus. Also mache dir nun künftig nichts mehr daraus, so Ich dich Bruder nenne; denn nun weißt du auch warum!

4 Nun aber sage Mir, ob dir dieser zweite Antrag lieber ist als der erste?"

5 Spricht Robert: „O Herr! Du überguter, heiliger Vater aller Menschen und Engel, da ist ja gar nichts mehr zu sagen, jeder Vergleich fällt da von selbst hinweg. Denn was Du bestimmst, ist immer das Allerbeste, weil Du als die endloseste Güte es so bestimmt hast. Daß mir aber der zweite Antrag offenbar lieber sein muß als der erste, das versteht sich ganz von selbst. Denn Dich, liebevollster Vater, wenn auch nur der Erscheinlichkeit nach zu missen, wird doch sicher keinem Wesen, das Dich so unbeschreiblich liebt wie ich, ebenso angenehm sein, als so es Dich als sein Alles auch persönlich sichtbar an seiner Seite hat!

6 Aber da Du so endlos barmherzig bist, bitte ich Dich aus der Tiefe meines Herzens auch, Du möchtest mir gnädigst anzeigen, was ich wohl tun soll, damit ich Deiner Liebe wenigstens um ein Haar würdiger wäre als leider bis jetzt!

7 Rede Ich: „Geliebter Bruder! Du hast auf der Erde wohl zu öfteren Malen ein Spiel gesehen unter dem Namen ‚Scheiben- oder Bestschießen'? Du sprichst in dir: »O ja, hab' öfter selbst mitgeschossen und sogar manchmal ein Bestes gewonnen!« — Gut, da sage Mir: wie und durch welches Verdienst hast du dir wohl das Beste erworben? Es mußten ja doch alle, die sich durch die Schüsse ums Beste bewarben, ein gleiches Leggeld geben und dennoch gewannst *du* das Beste!

8 Du sprichst nun in dir: »Weil ich das Zentrum der Scheibe glücklicherweise getroffen habe! Es hatte der Bestgeber dadurch freilich wohl im Grunde keinen Nutzen, aber er hatte dennoch eine große Freude mit mir, da ich einen Zentralschuß gemacht habe.«

9 Rede Ich weiter zu Robert: „Siehe, so geht es auch bei Mir! Ich bin ein ewiger Bestgeber allen Meinen Geschöpfen und besonders den aus ihnen hervorgehenden Kindern. Die Schießscheibe ist Mein Vaterherz, die Schützen sind Meine Kinder. Ihre Schießgewehre sind ihre eigenen Herzen, und das Beste bin wieder Ich Selbst und das vollkommenste ewige Leben mit und aus Mir!

10 Welches Verdienst haben demnach die Kinder sich zu erwerben, um das von Mir für sie bestimmte Beste zu gewinnen? Siehe, nichts anderes, als recht scharf ihre Herzen zu laden und damit auf das Zentrum Meines Herzens zu schießen. Und so sie es treffen, haben sie auch schon das Beste in der Tasche ihres Lebens. Und bei Mir geht es umso leichter, weil Ich gar keine Einsätze brauche, da Ich jedem ein vollkommenes Freischießen gewähre.

11 Wie du aber auf der Erde manchmal ein Hauptschütze warst, so ist es dir auch hier gelungen, das Zentrum Meines Herzens mit dem deinen zu treffen. Und so hast du auch schon alles, was Ich von dir verlange, nämlich die wahre Liebe. Diese allein macht dich Meiner Gegenliebe würdig, da sie vor Mir allein als ein wahres Verdienst anerkannt wird. — Was sollen da noch irgend andere Verdienste um Meine Gnade vonnöten sein? Denn so Ich mit dir zufrieden bin, so möchte Ich denn doch wissen, wie *du* da noch etwas Weiteres und Meiner Würdigeres tun solltest?

12 Wie du aber Meine Liebe in dir auch anderen deiner verschiedenartigen Mitbrüder wirst mitzuteilen haben, das wirst du durch deine künftige Stellung dir erst zu eigen machen müssen, was dir aber auch zu keinem höheren Verdienst angerechnet wird. Denn die größere Vervollkommnung deines Wesens wird dir nur zuteil, damit du selbst wirst desto seliger werden können — also lediglich nur ein Vorteil für dich! — Aber von einem Meiner Gnade würdiger werden kann keine Rede mehr sein, da du unmöglich mehr tun kannst, als Mich über alles lieben, — was Ich von dir wie von jedem andern allein verlange.

13 Sei also ganz unbesorgt wegen der größeren Verdienste, deren Ich ewig nicht benötige. Und habe nun acht, was jetzt vor deinen Augen vor sich gehen wird!

14 Siehe, wir sind nun noch auf unserer dürftigsten kleinen Welt beisammen und du erschaust noch nichts außer dieser Welt, die uns einen kärglichen Standpunkt bietet. Du hast gemeint, diese Welt sei so ein kleiner, angehender Komet, aus dem sich etwa nach Trillionen von Erdenjahren allenfalls ein Planet bilden könnte. Er entstehe etwa zufolge der Anziehungskraft Meines Wesens, durch die sich Atome aus dem endlosen Äther um Mich her ansammeln. — Allein, dem ist nicht also:

15 Diese kleine, sehr nackte und dürftige Welt ist *aus dir* und ent-

spricht völlig deinem bisherigen inneren Zustand, in und auf dem freilich Ich das Allerbeste bin. So wie diese Welt, und wie du Mich auf ihr zuerst erschautest — war dein Inneres beschaffen: der Grund klein und schwach, und Ich auf diesem Grunde nur als ein purer Mensch!

16 Nun aber, als dein Herz Mich erkannte und in aller Liebe zu Mir entbrannte, wird aus dieser kleinen und sehr dürftigen Welt sogleich eine größere, festere und reichere hervorgehen.

17 Ich halte nur noch die innere Blende in dir, daß sich das starke Licht deines Geistes noch nicht in die Seele ergießen kann. Aber so Ich nun in dir diese Blende zerreißen werde wie einst den Vorhang des Tempels, wodurch das Allerheiligste freigegeben wurde — so wirst du sogleich eine ganz andere Welt erschauen und dich über alles verwundern! Und so gib nun recht acht!“

43

Roberts neue, herrliche Welt. Worte staunenden Dankes und innigster Liebe. — „Diese Welt ist aus dir!“ Gleichnis der Kinderzeugung

1 Robert schaut nun voll größter Aufmerksamkeit um sich, um irgendwo eine bessere und größere Welt zu erblicken. Dennoch will sich keine so schnell zeigen, als er sie auf Meine Worte hin erwartet. Er strengt seine Augen an und schaut nach aufwärts, ob nicht aus den Himmeln nach seiner Idee die verheißene neue, bessere Welt niedersteigen möchte? Aber es kommt auch von da nichts.

2 Nach einer Weile vergeblicher Erwartung wendet Robert sich wieder an Mich: „Erhabenster, ewiger Meister und Schöpfer der Unendlichkeit, Du liebevollster Vater! — Siehe, ich schaue mir fast die Augen aus und es kommt doch noch keine andere Welt zum Vorschein. Es wird höchst wahrscheinlich bei mir wohl noch irgendeinen Haken haben. Aber wo, das bringe ich nicht heraus. Daher möchte ich Dich bitten, mir diesen Grund zu zeigen!

3 O Herr, so es Dir wohlgefällig wäre, ziehe mir endlich einmal die Decke von den Augen!“

4 Rede Ich: „Nun, Bruder, Ich sage dir: *Tue dich auf!* — Was sagst du nun? Woher kam diese Gegend? Und wie gefällt sie dir?“

5 Robert, vor Freuden sich kaum fassend, blickt nach allen Seiten über alle Maßen erstaunt um sich. Denn er ersieht nun in größter Klarheit herrlichste *Fluren* um sich herum. Auch die schönsten und kühnsten *Gebirgsgruppen* begrenzen den weitgedehnten Gesichtskreis. Mitten aus den herrlichen Fluren ragen auch kleine, hellgrüne *Hügel* empor, an deren Füßen niedliche *Wohnhäuser* sich Roberts staunendem Auge darbieten. In der Nähe steht ein großes *Gebäude*, um das ein üppiger, frucht- und blütenreicher *Garten* sich breitet. Über diese herrliche Gegend wölbt sich ein reinster hellblauer *Himmel*, an dem zwar noch keine Sonne zu erschauen ist, dafür aber desto mehr der schönsten Sterngruppen, von deren Sternen der kleinste heller glänzt als auf der Erde die Venus in ihrem stärksten Lichte. Daher wird auch diese Gegend durch das *Licht* dieser vielen tausend Sterne beinahe heller erleuchtet als die Erde von der Mittagssonne.

6 Robert kann sich kaum satt sehen an dieser zauberhaft schönen Gegend. Nach einer Weile des Schauens und Staunens fällt er vor Mir auf seine Knie nieder, starrt Mich eine Weile liebetrunken an und preßt dann förmlich aus seiner Brust folgende Worte:

7 „O Gott, o Vater! Du allmächtigster Schöpfer nie geahnter Wunderwerke! Wie soll denn ich reinstes Nichts Dich zu preisen anfangen und wo enden mit dem ewigen Lob? Ach, wie groß muß Deine Weisheit und Macht sein, daß Du mit dem leisesten Wink solch eine Schöpfung zuwege bringen kannst?

8 Und doch stehst Du bei mir da wie ein gewöhnlicher Mensch! Ja, das macht Dich noch endlos größer, liebens- und anbetungswürdiger, daß Du äußerlich nicht mehr zu sein scheinst als wie ein ganz gewöhnlicher Mensch. Aber so Du sprichst und gebietest, entströmen Deinem Munde zahllose Welten, Sonnen, Engel und Myriaden anderer Wesen von nie geahnter Wunderpracht und Herrlichkeit!

9 O Herr! Wer kann Dich je fassen und wer begreifen Deine Liebe, Weisheit und Allmacht? — O mein Gott, ich bin wohl nur ein ärmster Sünder und kann nichts als Dich lieben und wieder lieben! Du herrlichster Jesus, wer auf der Erde begreift es, daß gerade Du und sonst ewig kein anderes Wesen das allerhöchste, urewige Gottwesen Selbst bist!

[10] Und Du bist hier bei mir, als einem, den die Welt gerichtet hat! O Du Liebe der Liebe! O Herr, o Vater, o Gott! Und Du nennst mich, den von der Welt Verfluchten — einen Bruder! Nein! Du bist zu groß und Deine Liebe ist zu furchtbar groß! O schaffe in mir Kräfte, daß ich Dich für Deine Güte und Herablassung lieben kann mit der Glut aller Sonnen, die der endlose Raum faßt!"

[11] Rede Ich: „Mein liebster Bruder! Es erfreut Mein Herz gar sehr, daß du Mich in deinem Herzen so preisest, weil Ich dir nun die Decke von deinen Augen nahm und du wieder eine Gegend schaust, die herrlicher ist als die schönste auf Erden und heller als ein reinster Mittag des gelobten Landes!

[12] Mit Recht lobst du Meine Liebe, Weisheit, Macht und Tatengröße. Denn wahrlich, ob du Mich auch lobtest mit der Zunge aller Engel, so würdest du dennoch ewig nicht den kleinsten Teil Meiner göttlichen Größe und Vollkommenheit geziemend zu preisen imstande sein!

[13] Daß du Mich aber aus allen deinen Kräften *liebst,* ist Mir das angenehmste Lob! Denn nur durch die alleinige Liebe bin Ich als *Vater* für jene Geschöpfe, die Meine Kinder sind, erreichbar; durch die *Weisheit* aber ewig nicht. Denn die Weisheit aller Meiner ohne Zahl und Ende vorhandenen Engel und Geister ist gegen Meine ewige Weisheit kaum das, was da ist ein Tautröpfchen gegen das ewige Äthermeer, das den unendlichen Raum erfüllt.

[14] Da du aber aus deiner Liebe heraus Mich lobst, so ist auch dein Lob gerecht, obschon hier gerade nicht nötig. Denn alles das, was du nun siehst, ist eigentlich *dein* Werk. Es ist freilich auch Mein Werk, da du selbst Mein Werk bist. Aber sonderheitlich ist das alles dein Werk, wie auf der Erde dein Werk war, was du gemacht hast.

[15] Wohl fragst du nun in dir: »Herr, wie ist das möglich? Wenn das mein Werk wäre, da müßte ich selbst denn doch in mir irgendein Bewußtsein haben, wie ich es angefangen habe, solche Herrlichkeiten und Größen zu erschaffen? Aber ich habe auch nicht die leiseste Ahnung davon!«

[16] Das ist wohl vorderhand wahr, aber es tut das nichts. Zeugtest du doch auf der Erde auch Kinder, von denen jedes ein endlos größeres Wunderwerk ist als alles, was du hier siehst. Wußtest du wohl darum, daß du durch die ganz einfache und stumme Zeugung solche dir noch

völlig unbegreiflichen Wunderdinge bewerkstelligtest, und wie und nach welchem vorgefaßten Plan?

17 Und doch warst du es und nicht Ich, der du mit deinem Weibe solche Wunder zeugtest. Freilich bin Ich auch da wieder der Grund-Urheber und der alleinige Plan- und Ordnungsteller und habe die Sache so eingerichtet, daß durch den Akt der Zeugung ein Mensch werden muß. Aber trotzdem muß auch der willkürliche Akt der Zeugung von seiten der Menschen hinzukommen, so ein neuer Mensch gestaltet werden soll.

18 Darum staune nicht zu sehr, wenn Ich zu dir sage: Siehe, das alles ist dein eigenes Werk, daher ist auch alles dein, was du hier anschaust! Es wird schon noch eine geistige Zeit kommen, in der du das einsehen wirst. — Nun aber zu etwas anderem!"

44

Roberts Aufgabe im neuen Heim
Erste Gesellschaft — die im Kampfe gefallenen politischen Freunde
Roberts Belehrung an die Gäste

1 Rede Ich weiter: „Du siehst hier in nächster Nähe ein großes und herrliches Wohngebäude. Siehe, das wirst du nun bewohnen. Und Ich werde allemale bei dir sein und dir helfen, so oft du Mich nur immer in deinem Herzen rufen wirst; was aber so viel sagen will als: Ich bleibe *stets* bei dir!

2 Du wirst auch keineswegs allein sein, wenn Ich Mich auch auf Augenblicke sichtlich von dir entfernen werde. Denn du wirst in diesem Hause eine weit größere Gesellschaft finden, als du sie je irgendwo finden möchtest. Auch ist diese ganze Gegend vollauf bewohnt, so weit nur immer deine Augen reichen. Daher braucht es dir von nun an um Gesellschaft auch nimmer bange zu sein.

3 Aber Ich sage dir, daß diese Gesellschaften zumeist sehr radikaler Art sind. Es wird daher eine Hauptaufgabe von dir sein, alle diese Radikalen auf den gleichen Weg zu bringen, auf den nun Ich dich gebracht habe. Wird dir dieses Werk gelingen, so wirst du noch ganz an-

dere Wunderdinge zu entdecken anfangen, als du sie nun bis jetzt an Meiner Seite gefunden hast. Denn eben dadurch wirst du erst recht in deine eigene Schatz- und Wunderkammer eingehen, in der sich dir Dinge offenbaren werden, von denen dir bisher noch nie etwas geträumt hat!

4 Vor allem aber mußt du beachten, daß du Mich an gar keinen aller derer, die dir hier bald entgegenkommen werden, verrätst! Denn sie alle kennen Mich nicht, da es mit ihrem Glauben noch mangelhafter aussieht, als es mit dem deinen der Fall war. So du Mich ihnen vor der Zeit verrietest, so würdest du ihnen dadurch viel mehr schaden als nützen, daher sei da vorsichtig!

5 Nun aber folge Mir durch den Garten! An der Flur des Hauses wird uns eine große Gesellschaft empfangen."

6 Ich gehe nun voran und Robert folgt Mir in der größten Liebe, Ehrfurcht und Demut nach.

7 Als wir durch den Garten vor eine herrlich geformte Hausflur gelangen, da strömen aus derselben Massen von Menschen beiderlei Geschlechts und schreien laut: „Vivat hoch! Hoch lebe unser verehrtester Robert Blum, der größte Völkerfreund Europas! Ein Hoch dir, du erster und größter Deutscher des 19. Jahrhunderts! Tausend Male willkommen, du unser größter Freund und mutvollster Anführer gegen die Feinde der Freiheit der Menschen! Komm in deiner Brüder Mitte! Wie lange harrten wir hier schon deiner, aber du wolltest nicht vorkommen, obschon wir gar wohl wissen, daß du vielen von uns vorangegangen bist. Wie sehr drängt uns die höchste Begierde, dein und unser Blut an jenen hochmütigen Barbaren zu rächen, die aus der pursten Herrschsucht uns haben gemeinen Hunden gleich erschießen lassen! Aber es fehlte uns an einem Anführer. Nun aber bist du hier als derjenige Mann, der mit allen Gesetzen der Natur- und Geisterwelt wohl vertraut ist. Daher ordne uns zuvor nach unseren Fähigkeiten und führe uns dorthin, wo wir die glühendste Rache nehmen können! Diese irdisch großglänzenden Raubtiere in menschlicher Gestalt sollen Wunder der Rache erleben, die wir an ihnen verüben werden!"

8 Spricht Robert: „Freunde! Kommt Zeit, kommt Rat! Vor allem meinen Dank für euren herzlichen Gruß, und Gott dem Herrn alles Lob, daß Er mich euch alle hier beisammen hat treffen lassen! Vorderhand sage ich euch bloß nur das: Wie auf der Erde, so hat auch hier alles

seine Zeit! Bevor der Apfel nicht reif ist, fällt er nicht vom Baume. Was sollen wir uns hier nun vor der Zeit eine extra Mühe machen, um uns an jenen Wüterichen zu rächen, die sich auf der Erde nun die Herren über alle Menschen zu sein dünken? Lassen wir ihnen nur diese elende Freude noch einige Wochen oder Monate; sie werden uns dann schon von selbst kommen. Und haben wir sie einmal hier, dann, Freunde, werden wir mit ihnen ein paar Wörtlein diskurrieren! Ihr versteht hoffentlich, was ich damit sagen will?"

9 Schreien alle: „Ja, ja, wir verstehen dich! Du bist stets ein grundgescheiter Mann gewesen und bist es sicher auch noch hier in dieser Welt, in der wir uns noch gar nicht auskennen und auch nicht wissen, wie wir hierhergekommen und wo wir nun eigentlich sind.

10 Wohl ist diese Gegend sehr schön, ja so schön wie ein wahrhaftiges Paradies. Aber wir wissen nur, was uns bei unserer Ankunft hier von ein paar freundlich aussehenden Männern gesagt worden ist: »Dieses Haus gehört dem Robert Blum samt allem, was hier euere Augen ersehen.« — »Also sogar die Sterne am Firmament?« fragten wir. — »Ja, auch die Sterne«, antworteten die zwei Männer. — Darauf geboten sie uns, sich so lange hier ganz ruhig zu verhalten, bis du als der Besitzer dieser Herrlichkeit selbst kommen wirst mit noch einem großen und guten Freund. Du würdest dann schon selbst mit deinem Freunde uns Bescheid geben, was wir in dieser Gegend anzufangen haben.

11 So verhielten wir uns denn bisher in deinem Hause und dessen Gemächern ganz still und ruhig. Nur als wir dich nun mit deinem Freunde ankommen sahen, eilten wir dir entgegen und teilten dir sogleich unser Hauptanliegen mit.

12 Nun aber sei so gut und zeige uns allen gütigst an, *was* wir denn unternehmen sollen? — Denn durch ein ganz müßiges Herumbrüten wird uns auch die schönste Zeit und Gegend langweilig. Kurz, wir hoffen von deiner weisen Einsicht und deinem redlichen Brudersinn alles Beste. Denn einem Robert Blum soll künftighin nichts mehr mißglücken! — Vivat! Hoch!"

13 Spricht Robert: „Ganz wohl und gut! Es wird euch alles werden, was ihr wünscht. Und es freut mich außerordentlich, daß ihr euch alle hier nicht minder folgsam zeigt, als ihr es auf der Erde wart, — was euch hier aber auch sicher bessere Früchte tragen wird. Aber nun laßt

mich vor allem in mein Haus ziehen, damit ich es als Eigentümer auch einmal in Augenschein nehmen kann.

14 Vor allem aber muß ich euch darauf aufmerksam machen, mir von nun an kein ‚Vivat hoch' mehr darzubringen! Das wäre eine reine Dummheit, wo wir hier ein ewiges, unverwüstliches Leben zu leben anfangen, dem ewig kein Tod mehr folgen wird. Warum sollen wir sonach einander ein Lebehoch zurufen, wo wir ohnehin durch Gottes Güte und Gnade das eigentliche höchste Leben erhalten haben?

15 Euer künftiger Ruf sei daher ein anderer und laute: Hochgelobt und geliebt und gepriesen sei Gott der Herr in Christo Jesu, — den wir für einen puren Menschen hielten, der aber dennoch in Ewigkeit ist der alleinige Gott und somit Schöpfer der Unendlichkeit und alles dessen, was in ihr ist!" — Wenn ihr so rufet, werdet ihr ehestens den vollsten Grund haben, euch eines vollkommenen Lebens zu erfreuen — während euch Ehrenbezeugungen, die ihr mir erweist, nicht um ein Haar weiterbringen!

16 Merket euch auch, daß der Blum kein Narr ist und seinen guten Grund hat, euch allen gleich anfangs solches hier kundzugeben, was er auf der Erde leider selbst in hohem Grade bezweifelt hatte! Und das tut Blum hier wie auf der Erde als euer aller bester und aufrichtigster Freund. Wenn ihr das wohl erwägt, wird es euch hoffentlich leicht fallen, das Wort eures Freundes anzunehmen. Freunde, was ich euch sage, das sollt ihr auch glauben, da ihr wohl wißt, daß *ich* nichts leichten Kaufes annehme, besonders in Sachen des Glaubens und der Religion!"

17 Schreien alle: „Ja, ja, was *du* uns lehrst, das nehmen wir alle unbedingt an! Denn wir wissen, daß unser Robert eine weiße Kuh auch bei der finstersten Nacht niemals für eine schwarze angeschaut hat. Was du uns sagst, das ist auch sicher wahr. Denn du hast uns auch auf der Erde in Wien die Wahrheit gesagt und rietest uns, vom Gefecht abzustehen, da der Feind zu stark sei, und der Zusammenhalt der Verteidiger Wiens zu locker. Aber wir glaubten dir's nicht und sprachen: »Ist denn nun auch Blum ein Feigling geworden?« Da riefst du mit männlicher Stimme: »Blum fürchtet auch hunderttausend Teufel nicht, geschweige diese frechen Söldlinge! Daher zu den Waffen von neuem, wer Mut hat, an meiner Seite zu sterben!« Da griffen wir zu den Waffen und sahen leider zu spät, daß du die Wahrheit geredet hattest!

18 Nun aber wollen wir dir alles aufs Wort glauben und nimmer

Widerrede tun. Bleibe nur stets unser Führer und Lehrer, denn du bist in einem Finger weiser als wir alle zusammen! Nun aber geh ungestört in dein Haus und besichtige es. Uns aber gib bald irgendeine unseren Kräften angemessene Beschäftigung!"

45

Roberts machtvolles Bekenntnis zu Christus
Die Wiener Gesellschaft

1 Spricht Robert: „Das freut mich sehr, meine lieben Freunde und wackeren Kampfgenossen, daß ihr nun alles so willig annehmt, was ich euch anrate! Ich gebe euch aber auch die Versicherung, daß ich — so wahr mir dieser mein und auch euer größter Freund allzeit beistehen werde — euch nun auch die durchdachteste Weisung geben werde, durch die ihr unfehlbar zur wahrsten Wohlfahrt des ewig unzerstörbaren Lebens gelangen müßt, in dem ihr euch nun nach Ablegung der schweren Leiber befindet.

2 Freilich wird noch manches erforderlich sein, und ihr werdet noch manche Proben zu bestehen haben, bevor ihr für jene großen Zwecke vollends reif werdet, die der heilige, ewige Urheber alles Seins uns Erdenmenschen gestellt hat, die Er sich zu Kindern erkor.

3 Aber nur Mut und Ausharrung bewahren, und eine wahre, vollkommene *Liebe* zu Ihm, unserem ewigen, heiligen Vater! Dadurch werden wir alle uns beirrenden Vorkommnisse leicht besiegen und ehestens die Reife erreichen, durch die wir uns Ihm im Geiste und in der Wahrheit werden nahen können!

4 O Brüder! Ich, euer getreuester Freund Robert, sage euch: Was ich selbst auf der Erde nicht einmal zu ahnen vermochte, entfaltet sich hier vor meinen Augen nun so wundersam, daß keine Zunge darzustellen vermöchte, was Gott denen bereitet, die Ihn lieben! Aber alles, was ihr nun seht, ist nicht einmal ein Tautröpfchen gegenüber dem Meer. Denn Unaussprechliches erwartet uns!

5 Höret, ein Weiser auf Erden sprach einst in großer Entzückung: »Welch ein Reichtum, welch unversiegbarer Born von zahllosen Him-

meln ist in das kleine Herz dessen gelegt, der auf der Erde, unter allen Tieren aufrecht gehend, sich *Mensch* nennt! Könnte dieser Mensch alle seine Ideen durch ein göttliches ‚Werde' verwirklichen — was wäre es da Großes, ein Mensch zu sein! Und doch ist aller dieser Ideen- und Phantasiereichtum eines Menschen kaum nur ein leisester Schimmer jener endlosen Fülle, Tiefe und Klarheit, die jedes tiefdenkenden Menschen Erkenntnis in Gott annehmen muß!«

6 So aber dieser Weise eine so erhabene Idee vom Menschen und eine noch erhabenere von der Gottheit faßte — um wieviel mehr haben *wir* nun das Recht, uns ganz diesen großen Ideen hinzugeben, da wir durch des großen Gottes Gnade uns über dem Staube der Verwesung befinden, und uns Christen nennen, die berufen sind, in des großen Gottes Reich einzugehen!

7 Leider sind wir nur kaum dem Namen nach Christen. Viele aus uns haben sich sogar geschämt, Christen zu heißen, woran aber freilich Rom und unsere eigene Dummheit die Hauptschuld trägt. Aber von nun an soll es nimmer so sein. Die größte Ehre unseres Herzens wird es nun sein, Christus völlig anzugehören!

8 Ich sage euch: Christus ist alles in allem! Er ist das ewige Alpha und Omega, der Erste und der Letzte, der Anfang und das Ende! Er allein ist das Leben, die Wahrheit und der Weg — allen Wesen, Menschen, Geistern und Engeln! In Seinen Händen ruhen alle Himmel, alle Welten und alles, was auf und in ihnen lebt. Durch Ihn und durch Sein ewiges Wort können wir Kinder Seines Vaterherzens werden und in Ihm alles in allem sein. Ohne Ihn aber gibt es ewig kein Sein, kein Leben, keine Seligkeit! — Glaubt ihr mir das, meine lieben Freunde?"

9 Schreien alle: „Ja, ja, wir glauben es! Sehen wir es auch noch nicht völlig ein, was du uns nun verkündet hast, so glauben wir es dennoch unerschütterlich. Denn wir wissen ja, daß du uns nichts verkünden willst, was du zuvor nicht selbst klar mit allem Grunde einsiehst. Ehre sei Gott in der Höhe, der dich mit so viel Verständnis und Einsicht begabt hat!

10 Das, was du uns nun von Christus so schön gesagt hast, hat uns alle besonders erfreut. Weißt du, wir hielten heimlich auf Ihn stets große Stücke. Freilich, wie die römischen Pfaffen nur zu oft Ihn nichts anderes tun ließen, als alle Menschen, die nicht nach ihrer Pfeife tanzen, schnurgerade zur Hölle zu verdammen: da mußte man sich ja dieses

sonst erhabensten Namens förmlich zu schämen anfangen! Denn einen Gott von so zorniger und eigensinniger Art, wie ihn gewisse Mönche aus dem so guten Christus Jesus gemacht haben, konnte doch kein nur mit einiger Vernunft begabter Mensch annehmen. Rosenkranzbeten, Litanei, Heiligen-Gebete, Exerzitien, Verehrung der Reliquien, Beichten ohne Maß und Ziel, Messenzahlen und ähnliche Dummheiten mehr fordere Christus für die Gewinnung des Himmels! — Bruder, das konnte man im 19. Jahrhundert doch nicht mehr annehmen, besonders wenn man als ein armer Tagwerker nur zu oft sah, wie diese Gottesdiener sich beim Altar, wo sie ihre Messen herunterleierten, vor lauter Speck kaum umdrehen konnten.

11 Aber den Christus, von dem *du* nun gesprochen hast, nehmen wir mit größter Bereitwilligkeit an und haben große Freude an Ihm! Der kann auch wohl Gott Selbst sein! Denn Er ist nach unserem Verstand gut, weise und mächtig genug dazu. Der rechte Christus muß gewiß ein ganz anderer gewesen sein, als wie Ihn die Pfaffen Roms ums Geld den armen Sündern verkündeten!

12 Was meinst du, Bruder, und etwa dein uns gar liebevoll vorkommender Freund, der bis jetzt noch nichts geredet hat — werden wir wohl auch einmal die Gnade haben, diesen wahren Christus irgendeinmal nur so von ferne zu sehen zu bekommen? Denn das könnten wir wohl nimmer verlangen, daß ein Christus, wie du Ihn verkündet hast, sich so hundsgemeinen Menschen wie uns öfter zeigen sollte. Wenn so etwas möglich wäre, leisteten wir auf jede andere Seligkeit Verzicht!" —

13 Spricht Robert: „Liebe Freunde, ich versichere euch: Der wahre Christus, obschon das allerhöchste und heiligste Gottwesen, ist noch immer Derselbe, wie Er als Mensch auf Erden war! Er sieht nur das an, was auf der Welt niedrig und verachtet war, und die von der Welt Verfolgten sind Seine Freunde und Brüder! Alles aber, was die Welt groß und herrlich nennt und bevorzugt, ist vor Ihm ein Greuel!

14 Daher freuet euch, meine lieben Brüder, ihr werdet den wahren Christus nicht nur einmal, sondern für immer sehen und lieben — ohne Maß und Ende! Denn glaubt Mir aufs Wort: Christus ist euch jetzt schon näher, als ihr es je glauben möchtet! So ich dürfte, so könnte ich schon eure Köpfe dorthin drehen, wo Er sich befindet, und ihr würdet Ihn da ohne weiteres ersehen. Aber ich darf es eures Heiles willen noch

nicht tun. Daher geduldet euch noch eine Weile, bis ihr etwas reifer werdet, dann wird auch das geschehen. Seid ihr damit zufrieden?!“

15 Schreien alle: „Ja, ja, wir sind alle vollkommen zufrieden! Wir wissen nur zu gut, daß wir Seines Anblickes noch lange nicht wert sind, wollen aber darum alles tun, uns Seiner einigermaßen würdiger zu machen!

16 Weißt du, wir waren in Wien doch schöne Lumpen! Und so können wir's wohl unmöglich etwa bald verlangen. Wenn die römischen Pfaffen nur ein hundertstel Wahrheit in ihren Höllenpredigten den Zuhörern auftischten, da wären wir gerade reif fürs Zentrum der Hölle. Wenn aber Gottes, Christi Gnade größer ist, als die Prediger es verkündeten, dürfen wir wohl auch noch hoffen! Aber da gehört noch viel Zeit und Geduld dazu, und so sind wir dennoch sehr zufrieden und danken dir und deinem Freund für diese Zusage!“

46

Frage Roberts nach drei irdischen Kampfgenossen
Ein Seelenbild dieser „Volksfreunde“
Roberts Mahnung zu friedlichem Vergeben

1 Spricht Robert: „Ich wußte ja, daß es mit euch leicht zu handeln ist. Bleibet stets so, wie ihr nun seid und habet ein weiches und beugsames Herz, so wird euch die Erreichung des von Gott gestellten Zieles leichte Mühe machen!

2 Aber nun noch etwas, liebe Freunde: Sagt mir doch, wo sind denn die drei irdischen Kampfgenossen Messenhauser, Jellinek und Dr. Becher hingekommen? — Ich habe euch nun schon einige Male Mann für Mann durchgemustert, aber von den Dreien kann ich leider keinen entdecken! Sind sie etwa in dieser Welt von euch irgendwo zurückgelassen worden? Sagt mir darüber etwas, so ihr's könnt! Danach will ich sogleich in dies Haus einziehen mit meinem liebsten Freunde.“

3 Sprechen einige aus der Menge: „O Freund, wie fragst du um diese drei Erzlumpen? Die sind nicht unter uns. Wir wollten es ihnen auch

gar nicht raten, sich unter uns blicken zu lassen! Denen wollten wir es kurios beschreiben, wie es hier in der Geisterwelt aussieht!

4 Glaubst du denn, diese haben es auch so redlich mit uns gemeint wie du? Siehe, diese drei, die sich nicht selten so gebärdeten, als könnten sie mit dem kleinen Finger die ganze Erde bezwingen, taten das nur des irdischen Gewinnes halber. So sie mit ihren vollgestopften Säckeln ganz unbemerkt in die Schweiz oder sonstwohin hätten entwischen können — so hätten uns dann in Wien alle Hunde und Schweine auffressen können, sie hätten sich sicher wenig daraus gemacht! Aber es ist ihnen ihr sauberer Plan nicht gelungen, und so hieß es denn am Ende: ‚Mit gestohlen, mit gehängt!'

5 Wir wollen von den letzten zweien das nicht gerade bestimmt behaupten. Aber der Messenhauser, der verstand es, viel blinden Lärm zu machen und sich dafür seine Säckel zu füllen! Hat er uns nicht die Munition vorenthalten und die tapferen Verteidiger Wiens gerade dorthin beordert, wo die Gefahr am geringsten war? Wo aber die Feinde herkamen, da ließ er ihnen das Türl offen! O das war ein feiner Lump! Wahrscheinlich dachte er sich dabei heimlich: Die dummen Wiener halten mich für ihren Retter und lassen darum die Haare! Nun aber liefere ich sie alle in die Hände des Windischgrätz, so wird mir dieser wohl auch ein hohes Denunziantensümmchen zukommen lassen? Aber fehlgeschossen, Herr Messenhauser! Der Feldmarschall verstand keinen Spaß, machte mit Messenhauser nicht viel Umstände und sandte ihn mit einer Extraschnellpost in diese Welt. Nun ist er sicher auch irgendwo hier, aber wo? Das werden die Engel Gottes sicher besser wissen als wir! Gott Lob, unter uns ist er nicht.

6 Und ebenso sind auch Jellinek und Dr. Becher nicht unter uns, wir sind sehr froh darüber! Wir wissen von ihnen zwar nichts besonderes, außer daß sie mit den Gänsekielen noch ärger herumfuchtelten als der Feldmarschall mit seinen Kanonen. Und daß beide Zungenkünstler waren, wodurch sie viele dahin brachten, sich mit ihnen am Ende auf die Entdeckungsreise in diese Geisterwelt begeben zu müssen. Einige, die durch den Eifer des Jellinek und Becher diese Reise unternehmen mußten, sind wohl unter uns hier, aber sie wissen von ihnen ebensowenig wie wir.

7 Nun macht es uns zwar wenig mehr, da wir doch im Ernst nach dem Tod fortleben. Aber so wir mit dem lumpigen Kleeblatt irgendwo

zusammenkämen, würden wir ihnen schon einige Leviten auf echt wienerisch vorlesen! Jetzt freilich sind wir nun froh, das irdische Hurenleben für alle Ewigkeiten überstanden zu haben, um welches Leben wirklich keinem ehrlichen Kerl leid sein darf. Aber weißt du, kitzeln macht es uns dennoch manchmal, so wir der Gewissenlosigkeit jener Lumpen gedenken, die unser gutes Vertrauen so schmählich mißbraucht haben!

8 Aber jetzt ist uns schon alles völlig eins. Gott wird es ihnen schon geben, was sie verdient haben. Wie sie auf der Erde waren, wirst du ohnehin besser wissen als wir, weil du besonders mit Messenhauser öfters Worte zu tauschen hattest als wir armen Teufel. Und so haben wir dir nun alles gesagt, was wir wissen."

9 Spricht Robert: „Meine lieben Freunde, zwar tut es mir leid, daß jene drei sich nicht unter euch befinden. Aber ich sage euch: Enthaltet euch hier im Reiche des ewigen Friedens und der Liebe alles Urteils, gelte dasselbe, wem immer es wolle! Denn wir haben nie jemanden etwas geben können, das wir zuvor nicht selbst empfangen hätten. Und so können wir auch nicht die Nehmer so beurteilen, als wenn sie uns unseres baren Eigentums beraubt hätten, sondern nur so, als ob sie von uns entliehen hätten, was wir selbst nur als zeitweiliges Darlehen empfingen. Der große Eigentümer, welcher der alleinige wahre Richter über alles ist, das allein Ihm gehört, wird schon das richtigste Urteil fällen.

10 Wir aber wollen von nun an also handeln, wie es Christus, der Herr, gelehrt hat! Nämlich — unseren Feinden wollen wir Gutes tun, die uns fluchen, wollen wir segnen, und denen, die uns hassen, wollen wir mit Liebe entgegenkommen — so werden wir vor Gott dem Herrn als Ihm wohlgefällige Kinder erscheinen und Seine Gnade wird mit uns sein ewiglich!

11 Wir beten doch oft: »Vergib uns unsere Schulden, *so* wie wir unseren Schuldigern vergeben!« *Tun* wir das, so wird uns auch der Herr alles vergeben, wie oft und wiegestaltig wir auch immer gesündigt haben. Wenn wir allen alles werden vergeben haben, dann wird auch uns alles vergeben sein. — Seid ihr mit meinem Antrag zufrieden?"

12 Schreien alle: „Ja, ja, wir sind mit dir ganz einverstanden!"

13 Spricht Robert: „Nun, so lasset uns ins Haus einziehen!"

47

Eintritt in Roberts Haus. Geistige Entsprechung der Stockwerke
Mahnung zur Vorsicht mit der Wiener Gästeschar
Herzensverkehr mit dem Herrn

1 Darauf begibt sich Robert mit Mir ins Haus, das drei hohe Stockwerke nebst dem majestätisch schönen Erdgeschoß hat. Jedes Stockwerk aber hat eine andere *Farbe,* und zwar in folgender Art: Das Erdgeschoß ist hell *saftgrün,* und mit *weiß* und *rot* mannigfach verziert. Das erste Stockwerk ist völlig *weiß* und mit *lichtgelb* und *blau* verziert. Das zweite Stockwerk ist *hellblau* und mit *violett* und *rosenrot* verziert. Und das dritte Stockwerk ist rot, gleich dem *Morgenrot,* und hat durchaus keine Verzierungen.

2 Robert fallen diese verschiedenen Färbungen des gesamten Hauses auf, und er fragt Mich heimlich: „O Herr, müssen diese Färbungen und Verzierungen so sein, oder ist das eine bloße Geschmacksache der hiesigen Bauleute? Denn auf der Erde, etwa an vielen Orten Europas würde man so einen Baustil, der sich hier zwar herrlich ausnimmt, entweder für chinesisch oder wohl gar für närrisch halten! Ich möchte daher wohl von Dir darüber eine Aufklärung erbitten. So es Dein Wille, könntest Du mir ein paar Wörtchen aus Deinem heiligsten Munde gnädigst zukommen lassen!"

3 Rede Ich: „Fürs erste, liebster Bruder, mußt du, so du mit Mir in Gegenwart deiner vielen Gäste sprichst, nur in deinem Herzen sprechen, auf daß du Mich ihnen nicht vor der Zeit verrätst! Denn so Mich diese nun dir gleich erkennten, müßte ich dann weichen, weil sie noch viel zu wenig Festigkeit haben, um Meine Gegenwart voll ertragen zu können. — So du aber etwas mit Mir vernehmlich reden willst, um sie dadurch auf eine höhere Erkenntnisstufe zu setzen, so nenne Mich nur Freund und Bruder, aber nicht Herr! Dann wirst du mit deinen Freunden in kurzer Zeit sehr weit kommen, was eben Mein sehnlichster Wunsch ist!

4 Was aber deine Frage betrifft, bist du ja ohnehin in der Farben- und Blumensprache bewandert und weißt genau, was die verschiedenen Färbungen dieses Hauses besagen. Siehe, da ist dein Fragen eitel,

besonders hier in der Gegenwart dieser vielen, die noch lange nicht wissen dürfen, wer Ich bin.

5 Nimm dich also in Zukunft recht in acht, besonders wo es sich um Reden über Mich handelt, sonst könntest du bei deinem besten Willen dennoch mehr Schaden als Nutzen stiften! Denn du darfst dich nicht auf die Bejahungen dieser Freunde stützen und glauben, so ihnen alles recht ist, daß sie dadurch der Vollendung schon sehr nahe sind. Ich sage es dir, da ist oft gerade das Gegenteil von dem vorhanden, was du meinst!

6 Siehe, Ich weiß Menschen hier und auf der Erde, die Mich bei weitem besser kennen als nun du. Ich sage dir, daß Ich ihnen so gleichgültig bin wie ein abgetragener Rock! Ihre Liebe zu Mir ist so stark, daß ein Mädchen mit nur einigen sinnlichen Reizen sie bis auf den letzten Tropfen aufzehren kann! Und Ich habe dann zu tun, um bei solchen Bekennern nicht ganz in Vergessenheit überzugehen!

7 Siehe, gerade das könnte auch bei diesen deinen Freunden der Fall sein. Sie sind sämtlich Genußmenschen und Spektakelhelden. So wir ihnen stets Wunder vormachten, sie dabei gut bewirteten und ihnen auch eine Menge recht üppiger Jungfern zuführten, mit denen sie sich nach ihrer starken Sinnlichkeit ungeniert vergnügen könnten, — da würden sie auch stets unsere besten Freunde bleiben, und wir möchten ihnen sogar unentbehrlich werden. Aber so wir nötigerweise etwas ernster zu reden anfingen, da würdest du dich hoch wundern, wie sie uns einer nach dem andern möchten den Rücken zuwenden. Wir werden mit ihnen noch eine recht schwere Not bekommen. Aber durch eine recht weise Leitung können sie dennoch gewonnen werden! — Ja, Ich sage dir insgeheim: Einige werden sogar den ersten Grad der Hölle verkosten müssen, um ihre zu große Weibergier los zu werden! Wir werden zwar wohl eher noch alles versuchen, was immer sich mit ihrer Freiheit verträgt. Aber so alles das dennoch nichts fruchten möchte, wird freilich zu dem äußersten Mittel geschritten werden! Sei daher recht vorsichtig und verrate Mich durch keine Miene! Suche sie vor allem auf ihre Sinnlichkeit und deren Folgen aufmerksam zu machen, so werden wir mit ihnen noch am leichtesten zurecht kommen. Ich werde sie auch bearbeiten; aber sie dürfen, wie gesagt, noch lange nicht erfahren, wer Ich bin.

8 Nun höre aber auch noch kurz, was die verschieden gefärbten Stockwerke deines Hauses bedeuten: Das saftgrüne *Erdgeschoß* stellt den geistig-naturmäßigen Zustand dar, dessen Hauptlebenszug sich im Hoffen ausspricht, welches Hoffen mit Glaube und Liebe umkleidet ist. — Der *erste Stock* stellt den reinen und wahren Glauben dar, der mit sanfter Ruhe und Beständigkeit umkleidet ist. — Der *zweite Stock* stellt die Liebtätigkeit dar, die aus dem reinen Glauben entspringt: entsprechend der irdischen Himmelsfarbe, durch die ebenfalls die beständige Liebetätigkeit des Lichtes wohlerkenntlich verkündet wird allen, die eines verständigen Herzens sind. Dieser Stock ist darum auch geziert mit tiefer himmlischer Weisheit (violett) und reinster Nächstenliebe (rosenrot). — Das *dritte Stockwerk* endlich bezeichnet durch sein jungfräulich hehres Morgenrot den höchsten Unschulds- und pursten Liebehimmel, den eigentlich völlig wahren Himmel, in dem Ich mit jenen zu wohnen pflege, die Mich über alles lieben. Dieser Himmel ist daher auch *ohne* Verzierung, weil er in dem Wesen seiner Färbung schon alle erdenklichen Vollkommenheiten in sich faßt und ganz allein Mich zu seiner Zierde hat.

9 Nun hast du ganz kurz die richtige Bedeutung der sonderfarbigen Gestaltung deines Hauses. Frage aber nicht weiter; denn in dem Maße, wie du in deinem Hause selbst von Stock zu Stock höher kommen wirst, wird dir ohnehin alles klar werden, was du jetzt noch nicht begreifen könntest.

10 Wir werden nun aber ins Erdgeschoß einziehen, wo wir uns fürs erste Stockwerk vorbereiten werden. Und so gehen wir voran und lassen dann alle anderen nach uns hineingehen, so sie es wollen. Die aber nicht wollen, die sollen dann auch tun, was sie wollen! Hast du wohl alles verstanden?“

11 Spricht Robert: „Ja, Bruder, und ich werde es auch getreu beachten! Aber sonderbar ist es doch, daß es unter diesen gutmütigen Menschen so verstockte und leichtfertige Wesen geben soll; wahrlich, das ist mir ein Rätsel der Rätsel!“

12 Rede Ich: „Ja, Mein geliebter Bruder, du wirst dich noch absonderlich zu wundern anfangen, wenn du wirst mit mehreren Charakteren der Geisterwelt zu tun bekommen! Du wirst die Schönsten finden können mit schneeweißer Wolle äußerlich angetan, und innerlich wer-

den sie lauter reißende Wölfe, Löwen, Hyänen, Bären und Tiger sein!

13 Aber siehe da, nun sind wir schon in deinem Hause, und zwar in des Erdgeschosses ersten Eintrittsgemächern. Wie gefallen sie dir?“

48

Wundervolles Innere des Hauses. Roberts Ärger beim Ausblick in den Garten. Skandalszenen der Wiener Gesellschaft
Der Herr unternimmt die Seelenkur der Argen

1 Spricht Robert: „O Freund und Bruder! Wunderherrlich! Man sieht es von außen diesem Hause wahrlich nicht an, daß es innen so herrliche und geräumige Gemächer enthält. Und wie schön ist die Aussicht durch die hohen Fenster! Ach wie herrlich nimmt sich der Garten aus und die Gebirgsgruppen in der Ferne! Und wie lieb die vielen netten Häuschen auf den umliegenden kleinen Hügeln! — Ach, das ist ja mehr als himmlisch!

2 Aber da sieh doch beim ersten Fenster hinaus! Was ist denn das für ein wahrstes Lumpenpack? Nein, so etwas von Gesindel ist mir noch nie vorgekommen! — Da, da! o die frechste Unverschämtheit! Sieh, eine Gruppe lustiger Dirnen ziehen die lumpigsten Mannsbilder —! Ah, das ist zu arg! Die müssen wir denn doch aus dem Garten schaffen!“

3 Rede Ich: „Siehe, das sind schon so einige ‚Wiener Früchtel‘! Es sind dieselben, die dir draußen alles bejahten. Da wir nun aber ins Haus gegangen sind, sind sie lieber draußen geblieben und unterhalten sich nun nach ihrer Lieblingsweise. Sieh dich nur um und zähle sie, die uns ins Haus gefolgt sind, und du wirst auch nicht einen finden! Denn die etlichen Buhldirnen sind ihnen mehr als wir und alle deine Lehren und werden ihnen noch lange mehr sein!

4 Gehst du aber jetzt hinaus und machst ihnen eine Predigt, da werden sie zum Schein wieder ganz Ohr sein. Ich sage dir, es gibt kaum eine Gattung Sünder, die schwerer zu bekehren wären als die fleischlichen Sündenböcke; und das darum, weil sie äußerlich geschmeidig alles annehmen, wenn sie sich nur in ihrer inneren Lustgier nicht be-

einträchtigt fühlen. Versuche aber, ihnen solche Lust ernstlich zu untersagen, so wirst du Wunder von Widerspenstigkeiten und Grobheiten erleben. Lassen wir sie aber nur austoben und ihre Lust befriedigen. Dann wollen wir wieder hinaustreten und sie fragen, warum sie nicht ins Haus gefolgt sind. Du wirst dich nicht genug verwundern können, mit welcherlei Entschuldigungen sie uns entgegenkommen werden!

5 Zuvor aber werde Ich es zulassen, daß da einige recht üppige Dirnen zu ihnen stoßen sollen. Da erst wirst du Dinge der Unzucht zu schauen bekommen! Und so gib denn acht!"

6 In diesem Augenblick kommen durch den Garten zwölf recht saubere Dirnen zu der Gesellschaft. Sogleich ertönt ein feldgeschreiartiger Jubelruf, und alles, was nur Mann heißt, stürzt sich wie Tiger auf die Dirnen los.

7 Robert springt über diese Ungezogenheit beinahe vor Ärger auseinander und will mit Donner und Blitz hinauseilen. Aber Ich halte ihn weislich davon ab, und er wirft nur voll gerechten Ingrimms manchmal einen Blick zum Fenster hinaus.

8 Nach einer Weile, als Robert sich über die verschiedenen Unzuchtsskandale seiner Wiener Freunde satt geärgert hat, spricht er zu Mir: „O Herr, nun hätte ich mich wahrlich zur Übergenüge geärgert. Aber, bei aller Deiner Heiligkeit, was wahr ist, ist wahr — diese echten Lumpen werden darum um kein Haar besser. Und so sehe ich nun ein, daß es von mir selbst eine tüchtige Dummheit war, mich darüber geärgert zu haben!

9 Du könntest diese Sache freilich sogleich ändern, so Du es wolltest und es Deine Weisheit für gut und recht fände. Aber Du, der Du die ungeheuerste Geduld, Liebe und Sanftmut bist, siehst diesem Luderspektakel mit einer Ruhe zu, als könnte Dich so etwas ewig nie auch nur in scheinbaren Ärger versetzen. Oh, da werde ich mich für die Zukunft auch nicht ärgern, und sollen es diese Lumpen noch tausendmal ärger treiben als bisher!

10 Nur das begreife ich nicht, wie einem sonst gebildeten Menschen solch eine Schweinerei zur Leidenschaft werden kann? Ich war doch auch ein Mensch von sehr heißem Blut und habe wohl auch dann und wann dem Fleische gedient. Aber bis zur Leidenschaft ist bei mir dieser Akt nie gediehen. Denn ich habe mich dabei stets geschämt und sagte mir oft: »Robert! Was bist du nun? Du sollst in allem ein rechter Mann

sein, und bist — ein Tier! Schäme dich, Robert, du bist blöde wie ein Esel! Du bist kein Mann, ein Weiber-Knecht bist du! Wie kannst du darob schwach werden! Tausendmal Pfui dir! So bist du kein Mann. Ein Tier kann nicht bewußt handeln, sondern bloß wie ein Schwein aller Gedanken ledig genießen!«

11 Solche und oft noch ärgere Lektionen habe ich mir selbst gegeben, wenn ich dann und wann schwach geworden bin, besonders wenn ich manchmal bei festlichen Gelegenheiten zu tief ins Gläschen geguckt habe. Aber bis zur Leidenschaft ist es bei mir nie gekommen!

12 Diese hundsgemeinen Kerle jedoch betreiben diese Sachen mit leidenschaftlichster Gier! Was mich am meisten wundert ist, daß hier gerade die alten Schöpse und Esel es am ärgsten treiben! Da sieh einmal hinaus, dort unter einem Feigenbaum haben drei recht alte Kerle eine Dirne und machen Spektakel mit ihr! Das ist ja doch zum Donnerwetterdreinschlagen! Wird denn diese Schweinerei kein Ende nehmen?"

13 Rede Ich: „Gedulde dich nur noch ein wenig! Ich will ihnen noch mehr Dirnen herbeiziehen. Diese sollen noch üppiger sein als die früheren, dafür aber etwas spröder und züchtiger. Wir werden sehen, was deine Freunde mit diesen machen werden."

14 Spricht Robert: „O Herr, ich meine, um das im voraus zu bestimmen, braucht man gar nicht allwissend zu sein! Da werden diese Kerle es noch tausendmal ärger treiben! Ich mag gar nicht einmal hinausschauen, wenn diese dumme Hetze angehen wird! — Aber sag' mir doch einmal, Du einziger Herr über alle Himmel und Welten, was wird denn da am Ende heraus kommen? Werden diese Lumpen die Sache nicht einmal satt bekommen? Werden sie, statt Geister zu werden, sich nun zu echten Tieren umwandeln?"

15 Rede Ich: „Sei nur ruhig, du wirst darüber bald ein rechtes Licht bekommen. Nur mußt du gleich Mir einen ganz ruhigen Zuschauer machen! Wenn Ich dir die Augen mehr öffnen werde, wirst du erst vollends einsehen lernen, wie man hier zu Werke gehen muß, um womöglich solche Schweine noch zu Menschen umzugestalten. Was aber hier die *Liebe* nicht vermag, das wird der *Hölle*, dem eigenen, in jeder Seele wohnenden Strafgericht anheimgestellt. — Aber nun ruhig! Denn siehe, die Dirnen kommen schon!"

16 Robert blickt zum Fenster hinaus, sieht nach den neu ankommen-

den Dirnen und spricht nach einer Weile: „Bei meinem armen Leben — wahrhaftig wahr, diese Dirnen, etliche zwanzig an der Zahl, sehen nach rein irdischem Maßstab gar nicht übel aus! Potz Tausend und alle Elemente, die vorderen drei sind ja wie die ersten Pariser Ballettänzerinnen gekleidet! Die werden sicher diesen Wiener Tiermenschen einen Tanz zum besten geben, um sie desto lüsterner zu machen?

17 Es wäre nach meiner menschlichen Meinung wahrlich besser, so an der Stelle dieser schmucken Tänzerinnen ein paar Dutzend Bären aufmarschiert wären. Vielleicht würden diese sehr kräftigen und keinen Spaß verstehenden Wald- und Alpentänzer auf meine tierischen Freunde eine heilsamere Wirkung ausüben als diese rundfüßigen und vollbrüstigen Ballettdamen!

18 Mich wundert es aber, daß die Wiener Geister sich nun beim Anblick dieser Schönheiten noch so viel zurückhalten, daß sie diese neuen Tanzkünstlerinnen der Geisterwelt nicht wie die früheren sofort beim ersten Erscheinen gleich wütenden Hunden angefallen haben! Wahrscheinlich imponieren ihnen diese Schönheitssterne doch etwas zu stark, und sie trauen sich nicht an sie."

49

Eine Schar einstiger Kunsttänzerinnen tritt ins Haus
Sie erfuhren viel Not in der Geisterwelt
Demütige Bitte um Brot und Unterkunft

1 Kaum hat Robert solches ausgeredet, kommen diese zwei Dutzend weiblicher Schönheiten eine nach der anderen in das Zimmer zu uns beiden und machen vor uns eine tanzmeisterliche Referenz. Sie fragen uns, ob in diesem Prachtpalast nicht etwa auch ein Theater sei, auf dem sie etliche Vorstellungen in der hohen Choreographie geben könnten.

2 Spricht Robert: „Da, neben mir steht der eigentliche Herr, den fraget! Ich bin erst seit einigen Augenblicken der Inwohner dieses Hauses und kenne in ihm außer diesem Gemache noch kein anderes. Es kommt mir überhaupt sonderbar vor, wie ihr hier in der Geisterwelt, wo man — um ein vollendeter Geist zu werden — allein nur Gott den

Herrn suchen und sich in Liebe zu Ihm üben soll, euch mit solchen irdisch-materiellen Skandalkünsten noch abgeben könnt? Aber, so es dem Herrn dieses Hauses angenehm und zweckdienlich ist, dann macht, was ihr wollt! — Da neben mir aber, wie ich's euch schon angezeigt habe, ist eben der Herr Selbst!"

3 Sagen die drei ersten: „Wie ist nun das? Draußen sagte uns einer, du wärest der Eigentümer dieses Palastes! Und du sagst nun, dieser dein Freund ist es!"

4 Spricht Robert: „Ja, und noch tausendmal ja — Dieser ist der eigentliche Herr dieses Hauses! Und wer euch gesagt hat, daß ich es sei, der war ein dummer und blinder Mensch! Fragt also Diesen oder schaut, daß ihr bald zum Tempel hinauskommt!"

5 Darauf wenden sich die drei an Mich und fragen Mich, ob Ich sonach wohl der Herr dieses Palastes wäre?

6 Rede Ich: „In der Welt der Geister ist ein jeder Herr, das ist ein Besitzer dessen, was sein ist. Und so dieser da Mein Freund und Bruder ist, so besitze Ich ihn auch als das, was er Mir ist. Ich bin sonach auch sein Herr und auch der Herr dessen, was sein ist; wogegen er vor euch aber auch von Mir das gleiche aussagen kann.

7 Daß Ich aber dieses Haus, wie es beschaffen ist, besser kenne als er, hat seine gewissen Gründe, weil Ich schon um sehr viele Jahre länger Mich hier in der Welt der Geister befinde als der Freund da.

8 Mit Gewißheit kann Ich euch daher sagen, daß sich in diesem ganzen Hause durchaus kein Theater und ebensowenig irgendein Tanzsaal befindet. Außer an der äußersten Nordseite dieses Hauses eine Art Rednerkammer mit einer Versenkung, durch welche unlautere Geister, die sich Gottes Ordnung durchaus nimmer wollen gefallen lassen, ganz wohlerhalten zur Hölle hinab versenkt werden können! So ihr dort eure Produktionen diesen Gästen da draußen wollt zum besten geben, so kann euch diese Redner- oder besser Haderkammer zur Verfügung gestellt werden! Aber ihr müsset da sehr acht geben, daß ihr bei eurer Choreographie nicht in eine solche Versenkung stürzt. Denn wenn ihr da hineinkommt, dürftet ihr schwer wieder den Weg zurück finden! Habt ihr das verstanden?"

9 Sprechen die drei ersten Koryphäen: „Höre, lieber Freund, das ist etwas fatal! So ein Lokal können wir durchaus nicht brauchen! Kannst

du aber nicht gestatten, daß wir draußen im Garten unsere hohe Kunst produzieren dürften?"

10 Rede Ich: „Ja, *draußen* könnt ihr tanzen und springen, wie ihr nur immer wollt, da haben wir vorderhand nichts dagegen. — Geht sonach wieder hinaus und macht draußen, was ihr wollt! Hier im Hause tut es sich mit eurer Sache durchaus nicht!"

11 Spricht die eine aus den dreien: „Lieber Freund, als wir noch auf der Erde waren, ging es uns sehr gut. Denn wir waren die Abgöttinnen der großen Städte. Alles, was uns zu bewundern Gelegenheit hatte, war entzückt. Wir erwarben uns neben der Gunst der größten Kronenträger auch viel Geld und sonstige Schätze. Aber dann kam plötzlich eine fatale Krankheit über unseren Leib; wir zehrten ab und starben!

12 Nun sind wir schon bei dreißig Jahre lang hier in dieser armseligsten Geisterwelt, und es geht uns entsetzlich schlecht! Nirgends gibt es für uns einen Verdienst. Wo immer wir anklopfen, werden wir wie hier beschieden. Und der Hunger tut entsetzlich weh! Auf eine zu gemeine Weise wollen wir uns das Brot doch nicht verdienen, da wir dazu denn doch zu gut sind. Besonders möchten wir mit einem so lumpigen Gesindel wie das draußen schon gar nichts zu tun haben, da wir auf der Erde nicht selten Prinzen das nicht gewährten, was sie oft bei uns suchten. Und sonst gibt uns hier aber kein Mensch oder Geist auch nur einen Tropfen Wasser. Du siehst daraus, daß wir hier sehr elend und entsetzlich arm sind!

13 Wolltest du uns denn nicht gegen was immer für einen Dienst in diesem Hause Unterkunft und nur so viel Brot zukommen lassen, daß wir uns nur einmal den brennendsten Hunger etwas stillen könnten? Oh, sei von uns allen durch mich inbrünstigst darum gebeten!"

14 Rede Ich: „Ja, Meine lieben Tanzkünstlerinnen, das hängt hier nicht von Mir ab. Denn der eigentliche Eigentümer dieses Hauses, wie auch all dieser weitgedehnten Gegend ist dennoch dieser Mein Freund und Bruder. Wenn er euch das geben will, was ihr möchtet, da werde Ich nichts dagegen haben, es wird Mir im Gegenteile nur eine große Freude sein. Aber dazu bereden werde Ich ihn nicht. Wendet euch daher an ihn!"

15 Die Sprecherin will sich nun in dieser Sache an Robert wenden.

16 Aber Robert kommt ihr zuvor und spricht: „Meine liebe Tanzkünstlerin und ihr alle zwei Dutzend desselben Gewerbes! Ich habe

von euch bisher nur gewußt, daß eure Füße viel elastischer seien als die Füße anderer Menschen. Daß ihr aber auch fuchsfeine Nasen hättet, wußte ich bisher nicht! So ich es allein mit euch zu tun hätte, würde ich euch sogleich zur Türe hinausweisen. Aber da es diesem meinem Freund eine Freude macht, so ich eure Bitte erhöre, will ich euch denn in Gottes Namen auch aufnehmen! Und so bleibet denn! Dort in einer Ecke dieses Gemaches befindet sich ein kleiner Tisch mit etwas Brot und Wein. Geht hin und stärket euch! Sodann kommt wieder, und wir werden euch dann schon ein Geschäft anweisen, dem ihr emsig zu obliegen haben werdet. — Nun geht, wohin ich euch beschieden habe!" Die Tänzerinnen folgen sogleich diesem Befehl.

50

Die Wiener Gesellschaft verlangt nach den Tänzerinnen
Roberts Donnerpredigt. Seelenrettung am Abgrund

1 Die vierundzwanzig schönen Tänzerinnen aber bleiben für die lüsternen Wiener Freunde nun schon zu lange im Hause. Daher kommen sie vor Roberts Zimmertür und schreien: „Nun, wie lange belieben denn diese Schnellfüßlerinnen bei euch zu verweilen? Wir glauben gar, daß du sie für dich und deinen Freund da zurückbehalten möchtest! Wäre nicht übel, du behieltest das Beste für dich, und wir als deine Freunde könnten uns draußen mit den mageren und häßlichen Fetzen begnügen! Wir bedanken uns ganz gehorsamst für solch saubere Freundschaft! Höre, wir wollen billig sein, weil du der Blum bist: ein Dutzend kannst du für dich behalten. Aber das andere Dutzend von diesen schönen Engländerinnen oder Französinnen mußt du uns sogleich ausliefern, sonst fangen wir ein Spektakel ums andere an! Und wenn dich dies auch noch nicht für die Erfüllung unserer Wünsche stimmen sollte, so schlagen wir hier alles kleinweis zusammen!"

2 Spricht Robert: „Aber oha! Ich sage euch: So wahr ein ewiger Gott lebt, und so wahr ich bis jetzt noch den Erdnamen Robert Blum führe, so wahr auch kommt keine von diesen Tänzerinnen zu eurem schänd-

lichen Vergnügen aus dieser Burg, in der Gott der Wahrhaftige wohnt und jedem gibt, wie er es verdient hat!

3 Ich habe sie als hungrige und elende Wesen in mein Haus aufgenommen. Sie sind nun meine Gäste und genießen als solche auch allen Respekt, den mein Haus von jedem ehrlichgesinnten Geiste zu fordern das Recht hat! Seid ihr aber etwa ernstlich gesonnen, dieses heilige Recht jedes Hauses hier zu schänden, so versucht es! Wir wollen dann sehen, wer da den kürzeren ziehen wird!

4 Nach dem, was ich von euch durch diese Fenster gesehen habe, bin ich der Meinung, daß ihr euch draußen im Garten doch zur Vollgenüge müßtet ausgebuhlt haben? Wahrlich, ich kenne kein Tier auf der Erde, das einen solch schändlichen Instinkttrieb je irgendwo verriete, wie ihr als vernünftige Menschen hier im Gottesreiche tätigst an den Tag gelegt habt! Aber nicht genug, daß ihr euch schon bis ins Zentrum der untersten Hölle hineingesündigt habt und Teufeln gleich geworden seid; nicht genug, daß eure Gier jene ärmsten weiblichen Wesen, statt ihnen zu helfen, noch tausendmal elender gemacht hat, als sie ehedem waren; nicht genug, daß ihr diese reine, geistige Gotteserde mit dem schändlichen Geifer echt höllischer Unzucht und Hurerei auf das schmählichste befleckt habt! Nein, das alles ist eurer unersättlichen Lustgier noch viel zu wenig!

5 Diese armen Wesen, die nun lange Jahre Hunger, Durst und anderes Elend nach dem Ratschluß des Allerhöchsten zu erdulden hatten, hat Gott Selbst nun aufgenommen! Die dort in jener Ecke seit dreißig langen Jahren das erste Stückchen nährenden Brotes genießen und dafür Gott, den sie leider noch kaum kennen, mit Tränen danken — diese wollt ihr auch noch mit euch zur Hölle hinabziehen! Welche grenzenlose Verruchtheit!

6 Die armen Wesen da draußen, die ihr soeben auf das gewissenloseste geschändet habt, die nun voll Schmerzen wehklagen und daliegen wie Halbtote — wißt ihr, wer sie sind? Seht, das sind eure eigenen Töchter auf Erden gewesen! Sie kamen zum Teil durch natürliche Krankheiten und zum Teil durch die Beschießung Wiens um ihr irdisches Leben. Aller geistigen Bildung bar kamen sie in dieser Welt an und wußten nicht wo aus noch ein. Da erfuhren sie durch eine gütige Fügung Gottes, daß ihr als ihre irdischen Väter euch in dieser Gegend befindet. Voll Freuden und in der Hoffnung, ihr trauriges Los zu ver-

bessern, eilten sie hierher. Als sie hier anlangten und euch erblickten und erkannten, und euch mit dem kindlichen Rufe »Vater!« an ihr Herz ziehen wollten, da sprangt ihr gleich wütenden Hyänen über sie und fingt sogleich an — als Väter mit den eigenen Töchtern —, die schmählichste Unzucht und Hurerei zu treiben. Umsonst schrien die Armen: »Um Gotteswillen, wir sind ja eure Töchter! Was tut ihr mit uns!? Jesus, Jesus! Was tut ihr!« Aber das hörtet ihr gar nicht! Denn eure verfluchte teuflische Brunst hat euch blinder gemacht, als da ist ein Auerhahn in seiner Balzzeit! Ihr zerrisset förmlich die Armen in eurer Geilwut! O ihr verruchten Täter des Übels! Da sehet hinaus, euer schönes Werk — mit welchem Namen soll man es bezeichnen? Wahrlich, meine Zunge findet keinen Ausdruck dafür!

7 Als ich mit meinem großen Freunde hier ankam und euch alle hier in meinem Hause antraf, hatte ich eine rechte Freude an euch. Besonders freute es mich, als ich nach meinen Worten von euch das Verlangen vernahm, demnach es nun eure größte Freude wäre, Christus, den Herrn, nur einmal von ferne zu Gesicht zu bekommen. Ich gab euch darauf die Versicherung, daß ihr, so ihr Ihn innig liebend in euer Herz aufnehmt und durch solche Liebe reiner werdet, Ihn, den Herrn der Ewigkeit, immer und ewig sehen werdet! Worauf ihr froh ergriffen wart und demütig bekanntet, daß ihr solcher Gnade noch lange nicht wert seid! Das gefiel mir so gut, daß ich vor Freude hätte weinen mögen.

8 Als ich aber in mein Haus mit meinem Freunde eintrat und Ihm darob meine Freude äußerte, da sprach Sein weisester Mund: »Trau ihnen nicht zu viel; das sind lauter grobsinnliche Genußmenschen! Ich sage dir, es werden etliche von ihnen zur Hölle hinab müssen und ihre Besserung wird ein hartes Werk sein!« O der großen Wahrheit! Ich sage euch, ihr braucht nun nicht mehr zur Hölle hinabzukommen — ihr seid schon völlig in ihr! Denn diese böse, unersättliche Lustgier eurer unratvollen Herzen kann Gott in euch nicht mehr bessern außer durchs Gericht der Hölle!

9 Nun habe ich euch gesagt, was mir Gott ins Herz gelegt hat. Ihr wißt nun, was ihr getan habt und noch tun wollt, und was davon die unvermeidlichste Folge sein wird. Tut nun, was ihr wollt! Noch seid ihr frei; aber nur zu bald wird das Gericht Gottes euch ergreifen und euch euren Lohn geben! Aber nicht nur euch, sondern allen, die auf

Erden in dieser Zeit noch im Leibe wandeln und sich die Mahnungen Gottes, deren diese Zeit so voll ist, nicht wollen gefallen lassen!

10 Hätte ich selbst auf der Erde lieber so manchen unverkennbaren Gottesmahnungen Ohr und Herz geöffnet, so wäre ich auch in gar kein Gericht gekommen. Aber weil ich nur dem folgte, was mein verstiegener und ruhmsüchtiger Verstand mir eingab, mußte ich mir denn auch ein übles Gericht gefallen lassen. Ich wollte nach meinem Urteil immerhin Gutes und habe mich dennoch eines Gerichtes schuldig gemacht. Was wird aber mit euch, da ihr nur Arges wollt, obwohl ihr einseht, daß es ein Arges ist?"

11 Auf diese eindringliche Rede Roberts fangen die äußerst betroffenen Zuhörer gewaltig zu stutzen an und einer um den andern zieht sich zurück. Keiner hat den Mut, Robert auch nur ein Wörtlein zu erwidern. Nur untereinander murmeln sie, daß sie die Veränderung Roberts nicht begreifen, und sein Ernst sei wie ein großer Donner und seine Rede wie eine verheerende Sturmflut!

12 Einige unter ihnen aber fangen an, sehr in sich zu gehen. Eine mächtige Furcht ergreift ihr ganzes Wesen, und sie bereuen sehr, was sie getan haben.

13 Darauf wendet sich Robert im Herzen zu Mir und spricht: „O Du mein heiligster, wahrster und bester Vater! Vergib mir, so ich an diese Wiener Freunde eine vielleicht doch etwas zu harte und scharfe Mahnrede gerichtet habe! Du siehst ja in meinem Innersten, daß ich ihnen allen nur das Beste wünsche und durch die Schärfe meiner Rede nichts anderes bewerkstelligen wollte, als ihnen, wenn möglich, das höchst traurige Gericht der Hölle zu ersparen. Denn ich meine, ein noch so scharfes Mahnwort ist noch unberechenbar milder als das kleinste Fünklein höllischen Gerichtes! Und so donnerte ich denn in diese aller höheren Bildung ledigen Brüder mit aller Kraft meines Wesens hinein und habe, wie es scheint, bei einigen einen wohl sichtbaren Effekt zuwege gebracht!

14 O Vater, segne Du meine Worte in ihnen! Vielleicht werden sie doch das bewirken, was ich damit so ganz eigentlich habe tun wollen!"

15 Rede Ich: „Mein lieber Freund, Bruder und nun auch Sohn! Ich sage dir: Nicht ein Wort mehr oder weniger hast du geredet, als Ich Selbst in dein Herz gelegt habe! Denn was du gesagt hast, das habe Ich in deinem Herzen gedacht und gewollt. Darum darfst du dir durchaus

keine Vorwürfe machen, als wärest etwa du aus dir selbst gegen diese aller geistigen Lebensbildung ledigen Menschen zu hart gewesen. Deshalb sei du nun ganz ruhig!

16 Denn siehe: solche Geister, die sich am Rande des Abgrundes schon vorneigen, um im nächsten Augenblick hineinzustürzen, müssen mit aller Kraft ergriffen und so vom Abgrund zurückgerissen werden. Nur so ist es möglich, sie *ohne* Hölle auf einen bessern Weg zu bringen.

17 Du wirst dich nun bald überzeugen, welch gute Wirkung die Donnerrede deines Mundes bei ihnen hervorgebracht hat! Alle werden freilich noch Ausflüchte suchen und werden sich schöner machen wollen als sie sind. Aber wenn nur der größere Teil in sich geht, so ist das schon gut. Der mindere Teil wird dann als der schwächere mit der Weile dennoch bemüßigt sein, sich am Ende willig zu fügen, da er sonst keinen Ausweg finden wird.

18 Doch lassen wir sie nun ein wenig ruhen und dabei ein wenig durchgären! So sie nach rechtem Maße werden durchsäuert sein, wie da auf Erden die Maische, bevor sie zur Gewinnung des Weingeistes in den Destillierkessel getan wird — da werden wir sie dann auch in den Kessel tun, unter dem ein mächtiges Feuer unserer Liebe brennt. Und es wird dann ein leichtes sein, ihr wahres Geistiges von den groben irdischen Trebern zu scheiden. — Nun aber unterdessen zu etwas anderem!“

51

Drei Kampfgenossen Roberts vor dem Herrn
Auch sie sollen gebessert werden
Die dankbaren Tänzerinnen als Werkzeuge

1 Rede Ich weiter: „Es war schon ehedem die Rede von deinen drei Freunden, von Messenhauser, Jellinek und Becher. Deine Freunde gaben ihnen ein nicht zu glänzendes Zeugnis. So plump und grob zwar dieses Zeugnis an und für sich war, so war dennoch etwas Wahres daran. Denn alle drei waren heimlich von einem ganz anderen Geiste getrieben als du. Du hattest nach deinem Verstand und deiner Erkenntnis einen, irdisch genommen guten Zweck vor dir, den du zu erreichen

strebtest. Aber nach solch einem irdisch achtbaren Ziele trachteten deine drei Freunde nicht. Während du als ein echter Menschenfreund wirktest, handelten die drei, mit geringen Gesinnungsunterschieden, nur für die Erreichung eines losesten Volksabsolutismus. Oder, so dies fehlschlüge, doch wenigstens einer reich bespickten Börse, mit der sie sich dann bei günstiger Gelegenheit in nächtlicher Dunkelheit hätten empfehlen können.

2 Aber das schlüpfrige Glück war ihnen nicht günstig. — Dein erster Freund merkte es nicht, daß sich unter dem Füllhorn Fortunas[1] jene fatale Rollkugel befand, die an das Unbeständige alles irdischen Glückes so trefflich mahnt! Und so geschah es denn auch, daß das irdische Glück des Messenhauser nur zu bald umschlug.

3 Den andern zweien war diese Fortuna freilich nicht so günstig, obschon sie alles aufboten, um sich diese Göttin geneigt zu machen. Sie fochten mit den Waffen der Gänsekiele und schlugen damit eine Zeitlang wacker und ohne Schonung auf den Köpfen der sogenannten reaktionären Philister herum. Aber es wollte an diesen Wunden niemand sterben, die sie ihren Feinden mit den Gänseschwertern beibrachten. Und auch Fortuna war eigensinnig und wollte ihnen kein freundliches Gesicht zeigen. Das ärgerte sie mächtig, so daß sie darob die erste Waffengattung von sich warfen und sich dafür andere beim *Mars* ausborgten. Aber da stand es bald noch ärger um die beiden. Fortuna wurde erbost und warf ihnen am Ende so viele Kugeln unter die Füße, daß es für sie unmöglich ward, sich noch weiter aufrecht zu erhalten. Und ihr Liedchen an Fortuna kam damit auch völlig zum Ende.

4 Mit ihrem Fall traten diese drei Helden von dem Schau- und Prüfungsplatz der Außenwelt ab. Nun sind sie dir gleich in diese ewigdauernde neue Welt herübergewandert, natürlich unter zahllosen Verwünschungen jener Weltmächtigen, die sie mit einer Extraschnellpost hierher befördert haben. Sie sind sonach ohne allen Zweifel hier in der Geisterwelt, und das sicher nicht gar zu weit von hier.

5 Du sprichst in dir: »Das ist sicher wahr. Aber schweben sie etwa auch noch irgendwo zwischen Himmel und Erde im Äther? Oder sind sie etwa gar hier in der Nähe dieses Hauses irgendwo verborgen?«

6 Ich sage dir: Nicht im Äther und nicht in einem Versteck etwa in

[1] Glücksgöttin.

der Nähe deines Hauses, das da gleich ist dem Inneren deines Herzens. Sondern wie sie in deinem Herzen durch dein liebvolles Gedenken an sie gegenwärtig sind, so sind sie auch in Wirklichkeit in diesem Hause *gegenwärtig!* Eine einzige Tür scheidet sie noch von dir und Mir. So wir diese Tür öffnen, da wirst du sie noch ganz so antreffen, wie sie die Erde verlassen hatten.

7 Aber wenn Ich die Tür öffnen werde, darfst du sie nicht sogleich anreden, sondern sie eine Zeitlang an Meiner Seite belauschen, was alles sie untereinander beschließen werden. Erst so sie einen Vollbeschluß werden gefaßt haben, wird es an der rechten Zeit sein, sie anzureden und sich ihnen zu zeigen. Dies zu deiner Darnachrichtung!

8 Vorderhand aber wollen wir noch mit unseren Tänzerinnen ein paar Wörtlein wechseln und sie für unsere kommenden Maßnahmen ein wenig vorbereiten. Denn diese Tänzerinnen werden wir in der Folge so gut brauchen können, wie du dir es noch gar nicht vorzustellen vermagst!“

9 Nach dieser kurzen Unterweisung begeben wir uns auch sogleich zu diesen Tänzerinnen, die uns beide freundlichst empfangen und herzlich danken: zuerst für die so überaus gute Bewirtung und dann auch für den energischen Schutz gegen jene, die so üble Absichten auf ihre ohnehin sehr unglückliche Person hatten. Auch bitten sie den Robert tausendmal um Vergebung, daß sie ihn zuerst für ein hartes Wesen hielten, während er nun in der Tat bewiesen habe, was für ein liebevoller und rechtlicher Mann er sei.

10 Robert, solches Lob zwar nicht ungern anhörend, ermannt sich aber doch gleich und spricht in seinem gewöhnlichen, etwas rauhernsten Ton: „Meine lieben, armen Schwestern, seid nicht zu voreilig mit eurem Lob und Dank! Denn ihr wißt ja noch lange nicht, *wer* hier der eigentliche Geber aller guten Gaben ist!

11 Ihr könnt es mir aufs Wort glauben, daß durchaus nicht ich der Geber bin, sondern jemand ganz anderer. Ich aber bin hier sozusagen nur ein derber Hausknecht, aber gottlob kreuzehrlich. Aber das ist nun alles eins, ob ihr mir oder dem eigentlichen Herrn dieses Hauses dankt. Denn was mir nicht gebührt, nehme ich auch nicht an, sondern gebe es getreu meinem einzigen Herrn wieder.

12 Doch nun von etwas anderem: Sagt uns beiden, ob ihr nun noch darauf besteht, eine Tanzproduktion in diesem Hause zu veranstalten?

Oder seid ihr etwa gar von dieser tollen Idee im Ernst abgekommen?“

13 Sprechen die Tänzerinnen: „O ihr allerbesten Freunde der armen Menschheit! So ein Verlangen wäre nun wahrlich die größte Tollheit von unserer Seite! Denn wir wollten ja nur darum hier unsere armseligste Kunst zur Ausübung bringen, um uns durch sie so viel zu verdienen, daß wir damit den brennendsten Hunger hätten stillen können. Da wir aber nun dank euch beiden auch ohne unsere Vorführung die herzlichste Aufnahme fanden, wäre es doch eine der größten Torheiten, so wir noch an so etwas denken möchten. Umsomehr, als wir nun sehr überzeugt sind, daß unsere elende irdische Kunst in euren himmlisch reinen Augen ein Greuel ist! So ihr beide uns nur stets so gnädig seid wie bis jetzt, wollen wir von unserer Kunst ewig nichts mehr hören und wissen! Dessen könnt ihr völlig versichert sein.“

14 Spricht Robert: „Das freut uns, das ist schön und gut von euch! Aber so wir beide später eines gewissen *guten* Zweckes wegen von euch verlangen möchten, daß ihr bei einer kommenden Gelegenheit denn doch ein Tänzchen produziert, würdet ihr auch dann eurem löblichen Entschluß getreu verbleiben?“

15 Sprechen die Tänzerinnen: „O Freunde, was immer ihr wollt, werden wir auch tun, da wir nur zu gut wissen, daß ihr nur etwas Gutes wollen könnt. Und so wollen wir auch tanzen, so ihr es verlangt. Denn euer Wille soll fortan auch der unsrige sein!“

16 Spricht Robert: „Nun gut, so haltet euch bereit! Denn es wird sich in kurzer Frist Gelegenheit ergeben.“

52

Das gute Werk des Geistes in Robert. Die Herablassung des Herrn erschüttert sein Herz. Sein Mitleid kommt den Tänzerinnen zugute

1 Rede Ich zu Robert: „Mein liebster Freund, Bruder und Sohn! Du hast wahrlich ein geschmeidiges Herz, und das ist für Mich eine große Freude. Du redest wie aus dir selbst, und dennoch redest nicht du aus dir, sondern Ich! Das ist eine rechte Sache hier im Reiche der Geister, daß des Freundes Mund das laut kündet, was da Rechtes und Wahres

vorgeht im Herzen seines Nächsten. Dein Herz vernimmt genau Meine Gedanken, und Mein Wille bleibt ihm nicht fremd! Und siehe, das alles ist das Werk Meines schon stark wach gewordenen Geistes in dir.

2 Dieser reine Geist aus Mir kann daher auch in Meine Tiefen dringen und allda erschauen und erforschen Meine Gedanken und Meinen Willen. Das ist nun bei dir schon sehr der Fall; daher du nun schon so genau in deinem Herzen wahrnimmst, was Ich denke und will, als wärest du schon tausend Jahre hier in die heiligen Geschäfte eingeweiht! Fahre nur so fort, dann wirst du Mir in Kürze ein tüchtiges Rüstzeug werden.

3 Und nun, da unsere Tänzerinnen schon wissen, was sie zu tun haben, wollen wir uns sogleich an das Öffnen der Tür machen, hinter der wir sogleich das Wiener Heldenkleeblatt debattierend antreffen werden.

4 Nur muß Ich dich vorher fragen, ob die Tänzerinnen so schön genug sind, wie du sie nun siehst. Oder sollen wir sie etwa noch schöner machen?"

5 Spricht Robert lächelnd: „Herr, wie über alle Begriffe gut, mild und herablassend bist Du! Du sprichst mit mir wahrlich nicht als ewiger Herr der Unendlichkeit, sondern gerade wie ein irdischer Freund zum anderen, und als ob Du im Ernst meines Rates bedürftest! Ja, das, das macht Dich noch unendlich größer in meinem Gemüt, als so Du ganze Heere neuer Welten und Himmel vor meinen Augen erschaffen möchtest. — Daß Du als Gott und Herr, unendlich mächtig in Dir Selbst, auch Unendliches gestalten kannst, findet mein Herz ganz natürlich. Aber daß Du mit mir, Deinem Geschöpf, so vertraulich redest und handelst wie ein rechter Bruder mit dem andern — das macht mein Herz völlig erstarren vor Deiner Größe!

6 Was aber die noch größere Verschönerung dieser Tänzerinnen betrifft, so stelle ich es natürlich ganz Dir anheim! Die ersteren sehen nach meiner Beurteilung ohnehin gar nicht übel aus, denn sie sind recht fest und nett beisammen. Aber die anderen sehen wohl sehr spitzig aus, und ihr Kleid erinnert mich lebhaft an den Anzug fliegender Komödianten-Trupps. So du diese in ein ein bißchen besseres Licht stellen möchtest, könnte gerade das nicht schaden — vorausgesetzt, daß sie dadurch nicht eitler werden. Jetzt scheint sie die Eitelkeit nicht gar zu sehr zu

plagen, weshalb sie sich wahrscheinlich mehr im Hintergrunde befinden!“

7 Rede Ich: „Ganz gut, Mein allerliebster Robert! Wie du es gewünscht hast, soll es auch geschehen. Siehe, dort an der Wand befindet sich ein Schrank. Öffne ihn und zeige es dann jenen Tänzerinnen, die du einer Verschönerung für nötig erachtest. In diesem Schrank werden sich eine Menge Kleider vorfinden, die ihnen ganz gut stehen werden, die sollen sie anziehen!“

8 Robert tut sogleich, wie ihm geraten, und die Tänzerinnen haben eine große Freude daran und kleiden sich hurtig an.

9 Als sie in wenigen Augenblicken herrlich bekleidet dastehen, kann sich Robert nicht genug verwundern über die Gestalten. Er kommt schnell wieder zu Mir und spricht: „Aber das ist kaum zu denken. Nicht nur, daß ihnen diese himmlisch schönen Kleider wie angegossen stehen, sondern die Kleider wirken auch auf ihre Gestalt ein! Was das nun für allerliebste Gesichter sind! Und wie schön weiß und rund sind nun ihre früher sehr spitzeckigen Arme geworden! Wie wallend ihr Busen! Und erst ihre Füße! Nein, so was bekommt ein armer Sünder auf der Erde nie zu Gesicht! Ist aber auch gut, denn so einem Fuß wäre ich auf der Erde gewiß nachgerannt. Hier an Deiner Seite aber ist mir das völlig gleich.

10 Aber nun stechen sie denn doch etwas zu stark ab von den ehedem schöneren Tanzmeisterinnen. — Du wirst diese auch ein wenig besser ausstaffieren müssen!“

11 Rede Ich: „Ganz recht! Geh nur wieder hin und öffne den bewußten Schrank, und es werden sich auch für diese noch Kleider in rechter Menge vorfinden!“

12 Robert zeigt das den ersten Tänzerinnen gleich an, und diese hüpfen vor Freude und ziehen sich auch in wenigen Augenblicken außerordentlich himmlisch brillant an.

13 Sie gefallen nun Robert noch besser als die früheren, sodaß er sich daran gar nicht satt genug sehen kann. Er kommt wieder zu Mir zurück und spricht: „O Herr, was Dir doch alles so leicht möglich ist, ermißt wohl ewig kein noch so vollkommener Geist! Nein, wie schön diese Engelchen nun dastehen! Welch himmlische Anmut, Frische und Heiterkeit nun aus ihren schönsten Augen strahlt, das ist gar nicht zu beschreiben! Bei meiner Seligkeit, die könnten mich sogar zu einem Kuß

—! Nein, nein, doch nicht! Auch das muß für einen Blum eine und dieselbe Tinte sein. Aber schön sind sie, das ist wahr! Na, meine lieben Wiener draußen: wenn ihr diese sehen werdet, dann wird der Teufel bei euch doch wieder ein bißchen los werden! — Nun aber könnten wir doch schon zu den drei Helden gehen?"

14 Rede Ich: „Ja, komm nur mit Mir!"

53

Die Volksführer Messenhauser, Jellinek und Becher im Jenseits
Ihre Ansichten über Gott, Hölle und Fatum

1 Wir beide kommen bei der Tür an und diese geht sogleich wie von selbst auf.

2 Durch die geöffnete Tür sieht man die drei, ganz vertieft um einen runden Tisch sitzend. Sie wühlen in verschiedenen Schriften und Akten herum, als suchten sie irgendein wichtiges Dokument.

3 Nach einer Weile vergeblichen Suchens spricht Messenhauser ziemlich aufgeregt: „Aber ich sage ja immer: dies wichtigste Dokument für unsere Unschuld ist bei den letzten unglücklichen Affären verloren oder wohl ganz vernichtet worden! Was nützt uns nun all unser Suchen? Rettet uns nicht ein guter Genius aus diesem Gefängnis, so sind wir ohne weiteres verloren. Denn bei diesen Rechtlern Gnade erwarten, wäre doch größter Wahnwitz. Wir sind nun schon einmal in den Händen von rechten Teufeln, da gibt es weder Gnade noch Erbarmen! Ihr werdet sehen, es wird nicht lange dauern, so wird ein Kriegsrichter mit einem Profosen hereinkommen und unser Todesurteil vorlesen. Und das mit einer solchen Gleichgültigkeit, als hätte er statt Menschen bloß nur ein paar Regenwürmer vor sich, die zertreten werden sollen! Ich sage euch, wir werden erschossen werden!"

4 Spricht darauf Jellinek: „Freund Messenhauser, was du noch immer befürchtest, ist an uns schon lange buchstäblich vollzogen worden! Es sieht die Sache wohl aus wie ein Fiebertraum, aber es ist dennoch kein Traum! Denn es schwebt mir nur zu klar noch meinen Augen vor, wie ich in den entsetzlichen Graben hinausgeführt und dort in aller

Form erschossen wurde. Ebenso, daß ich mich gleich in diesem zweiten, dem irdischen nicht unähnlichen Kerker befand und dich, Messenhauser, hier schon antraf, worauf auch Freund Becher hier eintraf. Wir leben also nun ganz bestimmt nach dem Tod unseres Leibes hier ein gewisserart geistiges Seelenleben fort, und unsere Furcht vor einem nochmaligen Erschossenwerden ist völlig eitel!

5 Aber mich drückt hier in diesem sonderbaren Zustand etwas ganz anderes: die große Ungewißheit darüber, w o wir nun sind und zweitens, *was* wir zu erwarten haben! — Wenn in Dreiteufelsnamen am Ende an den vielen Höllenpredigten der Pfaffen doch etwas daran wäre — da wären wir wahrlich nicht zu beneiden! So ein ewiges Verdammungsurteil irgendeines allmächtigen Wesens ginge zur Vervollständigung unseres Glückes gerade noch ab! Aber ich tröste mich noch immer damit, daß das Gottwesen, so es irgendwo ist, sicher endlos besser sein muß als alle besten Menschen der Erde zusammengenommen. Sicher ist es besser als der Feldmarschall Windischgrätz, der uns mit so unbeschreiblicher Gemütsruhe hat hinrichten lassen. Oh, wenn es nur irgendein Mittel gäbe, sich an diesem Tiger rächen zu können, und das so grausam als nur möglich, so wäre das für mich wenigstens die größte Seligkeit! Wäret ihr da nicht einverstanden?"

6 Spricht Becher: „Ja, ja, Bruder, du scheinst in allem recht zu haben. Freund Messenhauser fühlt sich noch in gewisser Hinsicht irdisch gefangen und meint, daß er noch immer in Wien in einem Kerker schmachtend das Todesurteil zu erwarten habe. Allein in diesem Punkt stimme ich ganz Freund Jellinek bei. Es ist leider die nackteste Wahrheit, daß wir alle drei vollkommen erschossen worden sind. Ich könnte aber nicht mit Gewißheit bestimmen, an welchem Tag. Denn ich bin hier, wo es weder ganz Tag noch ganz Nacht ist, ganz aus aller Zeitrechnung heraus. Es liegt hier aber auch nichts daran: Wir sind irdisch genommen ein für alle Male tot, und da nützt kein Denken und kein Reden.

7 Aber an eine Hölle glaube ich durchaus nicht. Denn so es einen Gott gibt, kann es keine Hölle geben. Gibt es aber keinen Gott, da kann es noch weniger eine Hölle geben! Denn der Begriff Gott ist zu rein, zu erhaben groß und zu weise gut, als daß man sich aus Ihm eine Hölle als den Begriff der totalsten Unvollkommenheit denken könnte. Gäbe es aber keinen Gott, sondern nur rein mechanische, bewußtlose Kräfte, so

fragt sich's, wie hätten diese eine systematische Hölle zuwege bringen können?

8 Spricht Jellinek: „Oh, das kann ich mir leicht vorstellen! Gibt es einen Gott, was nicht zu bezweifeln ist, so fragt sich's: wie hat dies vollkommenste, beste Wesen auch z. B. einen Windischgrätz erschaffen können? Dieser Tiger-Mensch stellt die Hölle so ziemlich getreu auf der Erde vor, und ist doch wie eine jede Klapperschlange ein Werk der vollkommensten Gottheit? Sollte es aber *keine* Gottheit geben, wie konnten die stummen Naturkräfte in eine so miserable Laune geraten und einen Windischgrätz ganz zufällig herausmodeln? Ihr seht nun, daß unter einem Gott *wie auch* unter gar keinem Gott das Böse sich ebensogut vorfindet wie das Gute. Zumeist noch reichlicher und stärker, woraus sich aber dann unter beiden Bedingungen die Hölle ganz gut schlußfolgern läßt. Daher ist es auch sehr leicht möglich, in diese ebenso unschuldig zu geraten, als wie wir irdisch in die Hände des Windischgrätz gerieten. Was meint ihr in dieser Beziehung?"

9 Spricht Messenhauser: „Ja, du scheinst ganz recht zu haben! Mir kommt es nun auch schon ganz klar vor, daß ich wirklich erschossen wurde und das bald nach dem armen, gutherzigen Blum. Ich habe nun schon so manche Beobachtungen gemacht, die ich euch wohl mitteilen kann.

10 Seht auf den Tisch, auf dem wir unsere wichtigen Papiere liegen hatten. Sie sind auf einmal unsichtbar geworden. Das ist schon ein verblüffend sonderbarer Umstand! Ferner bemerke ich dort gegen Morgen zu auf einmal eine Tür offen, wo wir noch kurz vorher keine Spur hatten, an welcher Wand sich möglicherweise etwa doch die Tür vorfinden ließe! Endlich bemerke ich mit nicht geringem Staunen, daß sich unser Kerker in ein nett aussehendes Zimmer umzugestalten beginnt. Auch fange ich nun wirklich an, Fenster in diesem Zimmer zu entdekken und nehme genau wahr, daß es immer lichter und lichter wird. Zwar war auch schon ein sonderbares Dämmerlicht in unserem Kerker; aber wir konnten dabei nichts so recht bestimmt unterscheiden. Nun aber nehme ich schon alles recht genau wahr und sehe allerlei zierliche Gegenstände!

11 Alle diese Erscheinungen bestärken mich mehr und mehr, daß wir uns nun in einer Traum- oder Geisterwelt befinden müssen. —

Aber was da in dieser Welt aus uns in der Folge wird, das ist freilich eine andere Frage!

12 Du, Bruder Jellinek, hast ehedem angedeutet, wie dir die Rache an dem Windischgrätz zur größten Seligkeit gereichen würde. In diesem Punkte stimme ich dir wieder nicht bei; denn sieh, ich bin durchaus ein Fatalist. Das Schicksal hat auf die Erde Gift und Balsam in gleichem Maß ausgestreut. Was kann ein Tiger dafür, daß er ein Tiger ist? Was kann die Tollkirsche dafür, daß ihre Frucht dem Menschen gefährlich ist! Und ebensogut läßt sich auch von Windischgrätz sagen: Er ist ein blindes Werkzeug des Fatums, das ihn so gestaltet hat, wie er ist. In seiner Art ist er ebenso zu bedauern wie wir, die wir seine blutigen Opfer geworden sind.

13 Wir haben es gottlob überstanden. Er aber hat es noch zu überstehen. Und wer weiß, ob er es einmal besser haben wird, als wir es hatten! Heute mir, morgen dir! Und am Ende ist es eins, ob man hundert oder zehn Jahre den Staub der Erde flachgetreten hat, oder ob man am Galgen oder im weichen Bett den Leib den Würmern zur Speise übergibt. Mir ist das nun ganz einerlei!

14 Ein Leben habe ich wieder und der Messenhauser bin ich auch noch! Ich habe keinen Schmerz, keinen Hunger und keinen Durst. Ihr, meine lieben Freunde, seid mir auch geblieben, und unser Zimmer wird stets heller und schöner! Was wollen wir da noch mehr? Wenn es so fortgeht, so können wir uns nur gratulieren. Denn besser und sorgloser ist es uns auf der lieben Erde ja auch nie gegangen! Wer weiß es, wie es sich hier noch gestalten wird? Ich glaube, stets besser und besser! Und sollte es mit der Weile wieder einmal schlechter werden: Wie oft hat uns das Fatum auf Erden zwischen gut und schlecht hin- und hergeschoben!

15 Ändern kann ich die Sache nicht. Und so ist es am klügsten, alle Dinge zu nehmen, wie sie kommen und dabei alle seine Wünsche an den Nagel zu hängen. Denn diese haben uns noch nie Interessen getragen und werden uns auch wahrscheinlich hier nie einigen Nutzen bringen! Seid ihr darin mit mir nicht vollkommen eins?“

54

*Jellinek beweist aus dem Buch der Natur das Dasein Gottes
Näheres über die Gottheit könne der Mensch aber niemals fassen*

1 Spricht Jellinek: „Bis auf dein Fatum ganz einverstanden mit allem! Aber mit deinem Fatum scheint es einen bedeutenden Haken zu haben!"

2 Fragt Messenhauser: „Wieso? Erkläre dich darüber deutlicher!"

3 Spricht Jellinek: „Nur Geduld, lieber Messenhauser. So etwas läßt sich nicht gleich aus dem Ärmel herausbeuteln! Aber ich will dennoch versuchen, dir dein leidiges Fatum ein wenig aus dem Kopf zu treiben.

4 Sieh, du warst dein ganzes Leben lang ein Mensch, der sich nie viel mit der höheren Sphäre der Wissenschaften abgegeben hat. Du warst sozusagen schon mit dem Einmaleins zufrieden und kümmertest dich nie um die ‚höhere Mathematik'! Immer warst du ein Schalen- oder Hülsengelehrter und hast dich wenig um den Kern der Wissenschaften bekümmert. Daher kam es denn auch, daß dir das innere Wesen der Dinge verschlossen bleiben mußte. So konntest du auch nie zu jener wohlbegründeten Einsicht gelangen, in der sich dir eine wunderbar wohlberechnete Ordnung in allen Dingen und ihren Wirkungen beschaulich dargestellt hätte. Du bliebst nur an der äußeren Rinde kleben, die freilich dem ersten Anschein nach oft das Aussehen hat, als wäre sie bloß nur des Zufalls Werk. Aber es ist dennoch ganz anders!

5 Hast du schon einmal erlebt, daß ein Haus mit allen Einrichtungen aus bloßem Zufall entstanden ist? Du sprichst: »Nein, so etwas ist noch nie geschehen!« — Gut, sage ich! Wenn der Zufall nicht einmal ein Haus zuwege bringen kann, wie soll er eine ganze Erde erschaffen können? Auf der wir doch Wunderdinge in einer Unzahl antreffen, von denen das einfachste schon eine viel zu weiseste Konstruktion aufweist, als daß man auf die Mutmaßung kommen könnte, zu behaupten: Das ist ein Werk des stummen und blinden Fatums! — Bruder, du gibst mir recht und das freut mich! Aber höre mich noch ein wenig weiter an!

6 Betrachte einmal die wunderbaren Einrichtungen der Pflanzen! Wie strenge und genau sie in ihrer einmal gestellten Form durch Jahrtausende stets gleich vorkommen und ihre Gattung auch nicht um ein

Atom ändern! Wie unberechenbar kunstvoll muß schon die Gestaltung eines Samenkorns sein, daß es aus der Erde nur die ihm zusagenden Teile an sich zieht und sich allzeit vervielfältigt fortpflanzt! Von dem übersinnlichen Wesen eines Samenkorns will ich gar nicht reden. Denn wer begreift jene göttliche Berechnung, derzufolge ein einziges Samenkörnchen zahllose Myriaden seinesgleichen in sich faßt.

7 Oder nimm eine Eichelnuß an! Setze sie ins Erdreich, so wird in Kürze ein ganzer Eichbaum zum Vorschein kommen, und dieser wird dir dann viele Jahre hindurch eine unzählbare Menge Eicheln abgeben. Legst du all diese Nüsse wieder in die Erde, so wirst du schon einen Wald von Millionen Eichen haben, die alle die gleichen Früchte in einer nimmer berechenbaren Vielheit erzeugen. Und das alles liegt wunderbar in einer jeden Eichel vor unseren Blicken verborgen und ist doch unleugbar da! Sage mir, ob ein Fatum eine Eichelnuß wohl so einzurichten vermag?"

8 Spricht Messenhauser: „Bruder Jellinek, wahrlich, ich muß dir sagen, daß du ein ganzer Theosoph bist! Dein schlichter Beweis mit der Eichelnuß hat mir mehr gesagt als alle gelehrten Redensarten. Von der Nichtigkeit eines Fatums bin ich nun gänzlich überzeugt und brauche weiter keine Beweise mehr. Aber nun kommt etwas anderes:

9 Einen Gott voll der höchsten Urmacht und Weisheit muß es zwar geben — das kann mein Gemüt und mein Verstand nimmer in Abrede stellen! Aber wo und wer ist dieses Gottwesen? Kann es von einem Geschöpfe je erschaut und begriffen werden? Ich kann mich noch wohl entsinnen, wie ich als Studierender die biblische Geschichte habe zu lernen gehabt und da in einem der fünf Bücher Mosis einen Text gefunden habe. Dieser lautete: *Gott kann niemand sehen und leben zugleich!* — Dieser bedeutsame Text soll dem Moses aus einer Feuerwolke zugerufen worden sein, als er an die mit ihm redende Gottheit das heiße Verlangen stellte, sie nicht nur zu hören, sondern auch zu schauen. Ich muß bekennen, daß ich wohl noch immer so einen gewissen halben Glauben an die Gottheit behielt. Aber was dann den Glauben betrifft, daß der gewisse *Jesus* die Fülle der Gottheit in sich fassen soll — da muß ich euch, liebste Freunde, ganz offen bekennen, daß ich darin ein reinster Ungläubiger war und noch bin.

10 Zwar hat die reine *Lehre Jesu* wahrhaftig die edelsten und richtigsten, mit der Natur der Menschen vollkommen übereinstimmenden

Grundsätze, gegen die sich gar nichts einwenden läßt. Aber daß der Erfinder solcher Grundsätze darum auch ein Gott sein solle, weil er moralische Grundsätze, die sich mit der allgemeinen Natur der Menschheit am besten vertragen, zusammengestellt und gelehrt hat — das geht über den Horizont meines Wissens und Glaubens!

11 Die Lehre für sich kann also ganz gut nur menschlichen Ursprungs sein und benötigt keines Gottwesens. Denn so jeder Urheber richtiger Lehren ein Gott sein müßte, da müßte es schon beinahe wimmeln vor lauter Göttern auf der Erde. Euklid, der Erfinder der geometrischen Figuren, wäre ein Gott! Der Erfinder der Ackergerätschaften, die von unberechenbarer Wichtigkeit sind, wäre schon eine Art Gott-Vater! Der Erfinder der Zahlen, der Erfinder der Schiffe ebenfalls Götter, und so noch zehntausend mehr andere Erfinder der verschiedensten nützlichsten Dinge! — Wie aber das ganze Heer von Erfindern wichtiger Dinge noch nie auf eine Vergötterung Anspruch machte, so glaube ich auch, daß der Erfinder der besten und einfachsten Moral wohl darauf hat Verzicht leisten können. Meines Wissens hat er auf die lächerliche Vergöttlichung nie einen Anspruch erhoben. Sicher machten in jener Zeit kurzsichtige und abergläubische Menschen aus ihm einen Gott, weil er tausendmal gescheiter war als sie. Das aber soll uns nun nicht mehr beirren, Jesus *nicht* mehr lächerlicherweise für einen Gott zu halten, sondern nur für das, was er wirklich war. Ich glaube, daß die gegenwärtige Menschheit es endlich einmal einsehen sollte, daß das Unendliche niemals endlich werden kann; daß Gott ewig Gott bleibt, und der beschränkte Mensch nur ein Mensch.

12 Doch es lohnt sich hier wahrlich nicht der Mühe, viele Worte darüber zu machen, was gegenwärtig bei allen Grundgelehrten als eine ausgemachte Sache betrachtet wird. — Aber, was ich früher bemerkt habe, nämlich: Wo und wer so ganz eigentlich die Gottheit ist, deren Dasein ich durchaus nimmer bezweifeln kann — darüber sagt mir eure Meinung, meine beiden Freunde!“

13 Spricht Jellinek: „Ja, liebster Bruder Messenhauser, das ist eine ganz kitzlige Sache. Das Wo und das Wer werden wir wahrscheinlich niemals herausbringen! Denn so wir endliche Wesen das unendliche Wesen der Gottheit begreifen wollten, da müßten wir es zuvor endlich machen können — was natürlich vollkommen unmöglich ist. Ebenso scheint es mir auch unmöglich zu sein, von dem unendlichen Gottwesen

mehr zu wissen, als was ich dir früher durch das Beispiel der Eichelnuß gezeigt habe! — Ich bin der Meinung, wir sollten uns nun mit etwas anderem abgeben, denn im Punkt der Gottheit werden wir alle drei verzweifelt wenig herausbringen."

14 Spricht Becher: „Du hast ganz vollkommen recht! Denn die Gottheit ergründen wollen, heißt wahrlich das Meer in eine hohle Nuß einfassen wollen! Lassen wir daher dieses Gespräch, das kein Ende und Absehen hat, und fangen wir von etwas anderem zu parlieren an. Zum Beispiel, was etwa unser Freund Robert Blum in dieser Welt, oder was etwa unser Erzfeind Windischgrätz auf der Erde nun macht, und ob er nicht etwa auch bald zu uns herüberkommen wird, wo wir ihn gebührend empfangen würden!"

15 Spricht Jellinek: „Brüder, was unseren armen Freund Blum betrifft, da bin ich gleich dabei! Aber mit dem Windischgrätz verschont mich, denn diesen Tiger wünsche ich ewig nimmer zu Gesicht zu bekommen! — Aber horcht, mir kommt vor, als vernehme ich noch mehrere Menschenstimmen außerhalb der Tür. Erheben wir uns einmal vom Tisch, um zu sehen, was es da draußen gibt."

55

Aufbruch zu Entdeckungsfahrten. Furchtsame Helden Der Herr und Robert treten auf

1 Die drei erheben sich von ihrem Tisch und begeben sich behutsamen Schrittes zur offenstehenden Tür. Hier entdecken sie, wie aus einem Schlaf erwachend, daß es außer ihrem Wohnzimmer noch ein größeres und viel herrlicheres Zimmer gibt. Sie gucken einige Schritte vor der Tür hin und her, um irgend etwas Denkwürdiges zu entdecken. Denn ganz an die Tür getrauen sie sich noch nicht, weil sie nicht wissen, wer und was ihnen da etwa begegnen könnte.

2 Nachdem sie eine Weile das Zimmer, in dem Ich Mich mit Robert, etwas von der Tür zurückgezogen, befinde, sowie auch die vierundzwanzig Tänzerinnen im Hintergrund beisammenstehen — gehörig

durchspioniert haben und darin nichts Bedenkliches wahrnehmen, spricht Jellinek mit leiserer Stimme:

3 „Freunde, ich entdecke durchaus nichts Gefährliches in diesem Vorzimmer. Im Gegenteil ersehe ich in der Ecke dort einen Tisch, auf dem sich in einer Kristallflasche ein sehr gut aussehender Wein und einige einladende Stücke Brotes befinden. Wenn uns sonst keine Gefahr droht, glaube ich, wir sollten da nicht so zaghaft hingehen. Offenbar scheint dies dafür bestimmt zu sein, um uns von unserem geistigen Sein bessere Begriffe und Ideen beizubringen als die, auf denen wir bis jetzt herumgeritten sind. Es dürfte uns meines Erachtens ein bißchen mehr Mut gar nicht schaden! Was meint ihr?"

4 Spricht Messenhauser: „Bruder Jellinek, da stimme ich dir vollkommen bei! Nur das muß ich zu meiner Schande bekennen, daß ich bei solchen Forschungsgelegenheiten allzeit am liebsten der letzte bin! Denn könnte es da möglicherweise zu einem Rückzug kommen, so wäre ich dann natürlich der erste!"

5 Spricht Jellinek: „Aber lieber Bruder, wie es mir vorkommt, bist du ja ein Haupthasenfuß! Wie aber hast du mit solch einem Mut einen Armeekommandanten vorstellen können? Nun wird mir so manches klar! Schau, so du nicht hättest deine Heeresmacht statt von deinem wohlbewachten Kommandantenbüro aus lieber im offenen Feld vor dem Feind befehligt — wer weiß, ob Wien nicht gesiegt hätte? Aber nun all das beiseite. Ich bitte dich um deiner eigenen Ehre willen, sei nur jetzt kein Hasenfuß!"

6 Spricht Messenhauser: „Aber, liebster Freund und Bruder, weil *du* schon so ein förmlicher Napoleon von einem Helden bist, wie wäre es denn, so du mir und Becher einen mutigen Vortrupp machtest? Da du unter uns den meisten Mut hast, sei so gut und mache uns den Anführer! Denn ein wahrer Heldenmut hat mein Gemüt nie belebt. Aber was wahr ist, das ist wahr: ich hatte trotz meinem geringen Heldenmut dennoch nie eine große Furcht vor dem Tod. Und so ist es auch jetzt. Aber es klebt mir eine ganz eigene Scheu vor diesem Vorzimmer an, so wie sie gespensterscheue Kinder vor manchen Gemächern haben. Es ist wirklich etwas ganz Eigenes, wie eine unverscheuchbare Ahnung von großen Ereignissen, die bald und sicher eintreffen werden! Ihr werdet ja sehen, ob mich mein Gefühl getäuscht hat, wenn wir unsere Füße über die Türschwelle setzen. Es kommt mir gerade so vor, daß

wir da sogleich auf unerwartete, große Dinge und Begebnisse stoßen werden. Und ich hoffe, das wird meine sonderbare Mutlosigkeit bei dir doch ein wenig entschuldigen?“

7 Spricht Jellinek: „Ja, mein Freund, das ist aber auch etwas ganz anderes! Denn auch mich foltert ein ähnliches Vorgefühl. Aber weißt du, das darf nie einen großen Geist genieren! — Wenn ich mir jene Flasche Wein und das schöne Weizenbrot daneben besehe, und mein appetitvoller Magen eine bedeutende Sehnsucht kundzugeben anfängt — oh, da möchte ich mich schon lieber draußen am Tische befinden als hier in eurer zitternden Gesellschaft! Was soll mich eigentlich hier noch länger zurückhalten? Frisch gewagt, ist halb gewonnen! Daher also vorwärts, hurra!“

8 Hier geht Jellinek mutig auf die Tür zu und will zu dem gutbesetzten Tisch hinwandeln. Aber im Augenblick, als er den Fuß über die Türschwelle setzt, vertreten Robert und Ich ihm den Weg. Robert spricht in seinem gewöhnlich etwas barschen Ton: „Halt! Wer da? Keinen Schritt weiter, bevor du nicht nebst deinen zwei Begleitern dich legitimieren wirst, wer ihr seid und was ihr hier wollt!“

9 Jellinek fährt bei dieser unerwarteten Begegnung etwas zurück, ermannt sich aber bald, da er in dem Examinator sogleich Blum erkennt, und spricht erstaunt: „Oh, oh, Blum! Robert! Ja wo, wo — bist denn du nun gewesen? Ah, das ist denn doch etwas zu stark! Laß dich tausendmal umarmen und küssen! Kennst du uns etwa im Ernst nicht? — den Messenhauser, den Becher und mich, deinen Jellinek?“

10 Spricht Robert: „Ja, richtig, richtig! Ihr meine Leidens- und Schicksalsgenossen seid es ja — leibhaftig ganz dieselben, wie ihr es auf der Erde wart! Ich wußte ja lange schon, daß ihr hier meine Gäste seid. Ihr aber wußtet nicht, daß ihr euch in meinem Hause befindet. Ihr habt euch aber von einer läppischen Furcht beschleichen lassen! Kommt nun alle ganz wohlgemut heraus und laßt uns dort bei jenem Tisch guter und fröhlicher Dinge sein! — Bruder Messenhauser und du, Bruder Becher, traut ihr euch noch nicht über die Türschwelle?“

11 Sprechen Messenhauser und Becher zugleich: „Sei uns tausendmal gegrüßt, schätzbarster Bruder und Freund! Mit dir gehen wir, wohin du uns immer führen willst — besonders aber zu jenem Tische hin, der für unsere leeren Magen eine reichliche Segnung trägt!“

12 Mit diesen Worten stürzen sie voll Freude zu Robert heraus, umarmen und küssen ihn und begeben sich dann zum Tische hin.

56

Jellineks Herz entbrennt in Liebe zu Roberts Freund. Ein Himmelswein Jellineks Trinkspruch und des Herrn Erwiderung

1 Jellinek aber schaut Mich freundlich fest an und fragt Mich: „Lieber, holdester Freund unseres Bruders Blum, dürfte ich dich bitten, daß du dich auch uns näher zu erkennen gibst? Du mußt sicher ein äußerst guter Mensch sein, sonst möchtest du dich nicht in der Gesellschaft unseres edlen Freundes Blum befinden!"

2 Rede Ich: „Die Folge wird dir alles enthüllen, was dir noch dunkel ist. Gehe aber nun mit Mir auch zum Tische des Herrn hin und stärke dich zuvor! Dann wirst du viel geeigneter sein, so manches zu begreifen, was dir bis jetzt noch ein Rätsel sein mußte. Komm also, mein lieber Freund und Bruder Jellinek!"

3 Spricht Jellinek: „O Freund, deine Stimme klingt wunderbar freundlich! Jedes deiner Worte schwellt mir das Herz auf eine nie empfundene Weise. So du nicht ein Engel aus den Himmeln bist, so leiste ich auf mein Menschentum ewig Verzicht. Ja, ja, du mußt ein Engel sein! Weißt du, ich werde bei dir bleiben und mich ganz besonders an dich halten! Denn so lieb ich auch den guten Freund Blum habe, so habe ich dich nun, seit du mit mir geredet hast, ganz unbegreiflich um sehr vieles lieber! Jetzt also zu Tisch und ein Gläschen miteinander zur ewigen Freundschaft! Denn ich glaube, hier wird es doch etwa keine Windischgrätz oder ähnliche geben, die über dies Haus ein Standrecht verhängen könnten?"

4 Rede Ich: „O nein! Diese Furcht laß du für ewig beiseite! Nun aber zum Tische hin, denn die anderen trinken uns schon eine rechte Gesundheit entgegen."

5 Messenhauser geht Jellinek sogleich mit einem Kristallpokal voll des besten Weines entgegen und spricht: „O Bruder Jellinek, das ist eine wahre Tausendessenz aller besten Weine, die wir irgendwann auf der

Erde verkostet haben! Da, trink den Pokal aus auf das Wohl aller unserer Freunde und Feinde! Auch der Windischgrätz soll leben! Dies blinde Werkzeug irdischer Völkerbeherrscher wird vielleicht auch einmal zu einer besseren Einsicht gelangen."

6 Jellinek nimmt erfreut den Pokal und spricht: „Liebe Freunde! So gefallt ihr mir besser als ehedem bei unseren nichtssagenden Debatten in jenem Haftkämmerchen, wo du, Bruder Messenhauser, noch immer aufs Todesurteil in Verzweiflung harrtest!

7 Aber hört, ich habe mir hier den Freund unseres Blum zu meinem Herzensfreund erwählt. Und so müßt ihr mir schon vergeben, wenn ich von diesem göttlich duftenden Saft eher keinen Tropfen nehmen will, als bis nicht *er* zuvor aus diesem Pokal getrunken hat!"

8 Alle stimmen fröhlichen Mutes in den Wunsch Jellineks ein. Dieser aber reicht Mir mit innigster Freundschaftsliebe den Pokal und spricht: „Lieber, göttlich erhabener Freund! Verschmähe es nicht, aus der Hand eines armen Sünders, eines irdischen Staatsverräters diesen Becher anzunehmen! Wahrlich, hätte ich hier etwas Besseres, wie gerne würde ich dir's als ein Zeichen meiner Verehrung und Hochachtung reichen! Aber siehe, Gold und Silber besitze ich nicht! Was ich jedoch habe, nämlich diesen Becher und dann ein warmes, dich als einen wertesten Freund begrüßendes Herz, das gebe ich Dir. O nimm es so an, wie ich es dir darreiche! Es ist wohl sicher eine Keckheit von mir, daß ich es wage, dir, der du sicher ein Engel bist, diesen Becher und mein Herz als Freundschaftspfand anzubieten. Aber ich liebe dich einmal auch mit meinem schlechten Herzen, weil ich ehedem in deinen wenigen Worten gar so viel Freundliches, Liebes und Weises fand. — Bin ich auch ein ganz unreiner Geist, so drücke ein wenig deine himmlisch milden Augen zu und denke dir: Der Kerl versteht's nicht besser! — Weißt du, ich kenne die Manieren noch lange nicht, wie man mit Geistern deiner Art umzugehen hat. Aber dessen kannst du versichert sein, daß bei mir Herz und Zunge fest aneinandergewachsen sind! Gelt ja, Freundchen, du nimmst mir diese kecke Freiheit nicht übel?"

9 Ich nehme sehr freundlich den Becher aus Jellineks Hand, trinke daraus und sage dann zu Robert: „Bruder, in dem Speiseschrank steht noch eine Flasche voll Meines eigentlichen Leibweines. Diese trage her, damit Ich Meinem neuen Herzensfreund zeige, wie gar teuer Mir seine Freundschaft ist!"

[10] Robert springt geschwind hin und bringt eine förmlich diamantene Flasche voll des köstlichsten Weines und reicht sie Mir unter sichtlicher Rührung dar.

[11] Ich aber nehme die Flasche und schenke denselben Becher voll ein. Darauf sage Ich: „Hier, lieber Freund und Bruder, nimm den Becher und trinke dir daraus die vollste Überzeugung, wie überaus lieb und teuer Mir deine Freundschaft ist! Was sprichst du von deinen Sünden? Welcher Mensch wohl könnte ein Herz, das so voll der uneigennützigsten Liebe ist, als mit Sünden behaftet ansehen? Ich sage dir, vor Mir bist du rein. Denn deine Liebe zu Mir bedeckt die Menge deiner irdischen Sünden! Was du aber noch irgend der Welt schuldig warst, — Ich müßte ein schlechter Freund sein, so Ich dir diese Schuld nicht abnähme und sie an deiner Statt nicht berichtigte! Also trinke nun, Bruder Jellinek — auf unsere ewige Freundschaft!“

[12] Jellinek spricht zu Tränen gerührt: „O du göttlicher Freund, du! Wie gar so lieb und gut bist du! Oh, wenn ich mir nur jetzt das Herz aus dem Leib reißen und in deine Brust hineinschieben könnte! — Aber gib nun den Becher her!“

[13] Jellinek nimmt den Kristall, trinkt daraus und spricht: „Nein, o du himmlischer Engelbruder! So deine Freundschaft diesem Saft gleicht, dann bist du kein Engel, sondern — ein reinster Gott selbst!! — Denn etwas Göttlicheres von einem Geschmack und Geist kann die ganze Unendlichkeit unmöglich mehr aufzuweisen haben! Brüder, kostet auch ihr davon und sagt, ob ich nicht vollkommen richtig geurteilt habe!“

57

Wirkung des Himmelsweines. Frage nach Christus und Seiner Gottheit Bedeutsame Antwort Roberts. Jellineks Liebeswahlspruch

[1] Robert, Messenhauser und Becher trinken alle daraus und verwundern sich über alle Maßen über die unaussprechliche Güte dieses wahrhaft himmlischen Weines.

[2] Messenhauser spricht: „Wahrhaftig, Herr, ist das aber ein Wein! Bruder Blum, in diesem Hause ist gut sein, wir sollten uns hier ein-

quartieren! Bleiben wir hier nun gleich für ewig beisammen, wenn es sein kann! Sollte sich dann und wann so ein armer Sünder einfinden, wie wir es waren und noch sind — so wollen wir ihn aufnehmen und ihm hier einen guten Tag angedeihen lassen, und wenn es auch einer unserer ärgsten irdischen Feinde wäre!"

3 Spricht Robert: „Freund Messenhauser, das war von dir sehr schön und würdig gesprochen, weil diese Worte wirklich aus dem Herzen und nicht aus dem Verstande kamen. Ich sage selbst: so jetzt der Windischgrätz herkäme als ein notleidender Geist, wahrlich, er soll bei uns sicher eine bessere Aufnahme empfangen, als wir sie auf der Erde bei ihm fanden!"

4 Alle drei schreien: „Bravo, so ist es recht! Um ein rechter Christ zu sein, muß man aus seinem tiefsten Lebensgrund Böses mit Gutem vergelten können. Wer noch Rache in sich verspürt, der ist noch lange nicht ein vollkommener Geist. Aber wer, wie einst der größte und weiseste Lehrer der Juden, am Galgen noch sagen kann: ‚Herr! Vergib es ihnen, denn sie wissen nicht, was sie tun!' — der hat in sich gewiß die höchste Lebensfreiheit! Ja, wir möchten sogar behaupten: Der ist ein Gott! Und das spricht auch am meisten für die Annahme der sonst sehr ins Dunkel gestellten Gottheit Christi.

5 Wo doch dieser einstige Jesus, an dessen irdischer Existenz gar nicht zu zweifeln ist, sich nun in dieser Geisterwelt befindet? Wahrlich, das war wohl ein allergrößter Freund der Menschen! Freund Blum, hattest du bisher noch nie Gelegenheit, hier über diesen merkwürdigen Mann etwas Näheres in Erfahrung zu bringen?"

6 Spricht Robert: „Liebste Freunde, ich kann euch auf mein Wort versichern, daß gerade Er meine erste wesenhafte Bekanntschaft in dieser Welt war!"

7 Fragen alle freudig überrascht: „Wieso? Wie ging das zu? In welcher Gegend ereignete sich das? Was hat Er zu dir geredet?! Geh Bruder, gib uns davon etwas zum besten!"

8 Spricht Robert: „Liebe Freunde, da wir jetzt noch ganz anderes zu tun haben, wollen wir das auf eine günstigere Gelegenheit verschieben. — Aber das kann ich euch schon zum voraus versichern, daß Er mich bald wieder besuchen wird, bei welcher Gelegenheit dann auch ihr Ihn werdet näher kennenlernen."

9 Spricht Jellinek: „Aber du kannst uns doch noch sagen, ob du mit

ihm nicht auf seine von vielen Schwachgläubigen angenommene Gottheit zu reden gekommen bist? Und hat er solchen Glauben gebilligt oder nicht?"

10 Spricht Robert: „Ja, liebe Freunde, gewiß haben wir darüber sehr viel gesprochen. Und ich muß der euch freilich noch kaum begreiflichen Wahrheit gemäß hinzufügen: Christus ist der alleinig wahre Gott von Ewigkeit! Er ist der Schöpfer aller Himmel und aller Welten! Mehr kann ich euch nun nicht sagen. Wenn Er aber kommen wird, so werdet ihr alles Nähere schon von Ihm Selbst erfahren!"

11 Spricht Jellinek: „Freund Blum, das ist wegen des Beweises wahrlich nicht nötig, wohl aber meines Herzens wegen. Denn ich muß offen bekennen, daß ich, so er jetzt daherkäme und mir winkte, ihm zu folgen, euch allen augenblicklich untreu würde! Denn ich liebe ihn schon als den vollkommensten, besten Menschen mehr als alle Menschen der Erde zusammengenommen. Um wie vieles mehr aber werde ich ihn erst lieben, so er auch wirklich *Gott* ist! — Um das Wie will ich mich gar nicht kümmern. Denn ich habe einmal einen Wahlspruch gelesen, der lautet: »Gott ist die Liebe! Wenn dein Herz je von einer mächtigen Liebe ergriffen wird, so denke: Gott ist in dieser Liebe!« Seht, dieser Spruch ist mein Barometer für das Dasein Gottes auch in jedem Menschen. — Wenn ich aber nun zu Christus eine mächtigste Liebe in meinem Herzen verspüre, da sagt mir diese Liebe eben: Christus ist und muß ein Gott sein; denn wie könnte ich ihn sonst gar so mächtig lieben? Darum liebe ich auch diesen himmlischen Bruder so sehr, weil er sicher viel Gottesliebe in sich birgt! Habe ich recht oder nicht?"

12 Spricht Robert: „Vollkommen! Nur das Herz kann Gott begreifen, der Verstand ewig nie! — Aber nun, liebe Freunde, zu etwas anderem! Da wir schon gerade bei dem Kapitel Liebe sind, so können wir dies leicht damit verbinden.

13 Hört! Wohl ist die Liebe der einzige Beweis für die Gottheit und ihr unbestreitbares Dasein. Aber wir wissen auch, daß es ein zartes weibliches Geschlecht gibt, das nur zu oft unsere Herzen derart in Anspruch nahm, daß wir darob einer höheren und reineren Liebe für Gott gar nimmer fähig waren! Nun, meint ihr wohl, daß auch in dieser zumeist doch nur rein sinnlichen Liebe Gott wohnt?"

14 Spricht Jellinek: „Allerdings! Wäre nicht Gottes Zartheit in dem

Weib, wer könnte es lieben? Aber daß dessenungeachtet diese Liebe auch ausarten kann, daran ist nicht zu zweifeln."

15 Spricht Robert: „Wenn zur Probe hier mehrere ganz ausgezeichnete weibliche Schönheiten im schönsten Ballettkostüm aufträten, und zwar mit der größten Freundlichkeit gegen uns — daneben aber auch der strenge, wenn sonst auch übergute Gottmensch Jesus — sage mir, besonders du, Jellinek, was würde dein Herz dazu für eine Miene machen? Denn ich weiß, daß dir die sogenannten Tanzkünstlerinnen stets am meisten gefährlich waren!"

16 Spricht Jellinek: „Bruder, du hast zwar hier eine meiner schwächsten Seiten berührt. Aber so viel kann ich dagegen doch gewisserart rühmlich erwidern, daß ich trotz all meinen Schwächen dennoch für ein echtes Haar Christi 10 000 Tanzkünstlerinnen auf der Stelle kann sitzen oder tanzen lassen! — Denn die Liebe zu Gott wird doch etwa ein bißchen mächtiger sein als die Liebe zu einer schmucken Tänzerin. Die Liebe zu den Weibern kann nur dann die Liebe zu Gott schwächen, wenn man entweder an keinen Gott glaubt, oder an einen Gott zu glauben bemüßigt ist, der irgend in einer Hostie stecken soll! Aber so die Gottheit wirklich, und zwar in der Person Christi da ist, daß man sie sieht, als solche erkennt und mit Ihr sogar reden kann — Bruder, da fahre du ab mit deinen tanzenden Schönheiten! — Aber natürlich ohne Christus könnten mir einige sehr üppig gestellte Fannys in der Brust etwas mehr Wärme erzeugen, als wenn keine da sind."

17 Spricht Robert: „Bruder, möchtest du einige sehen?"

18 Spricht Jellinek: „Wenn du auch derlei Geister hier hast, so laß sie sehen, auf daß wir an uns erfahren, inwieweit sie uns gefährlich werden könnten!"

58

Probe der Weiberliebe für Roberts Freunde
Gute Erwiderungen Jellineks und Messenhausers

1 Auf diese Rede Jellineks begibt sich Robert sogleich in den bekannten hinteren Teil des Zimmers, wo sich die vierundzwanzig Tänzerinnen nun hinter einem Vorhang befinden. Als er da anlangt, zieht er

den Vorhang auseinander und spricht zu den ruhig versammelten Tänzerinnen: „Nun, meine Lieben, ist es an der Zeit. Tretet sonach hervor und macht vor jenen drei Gästen einige recht artige Bewegungen. Aber macht eure Sache gut und bereitet diesem Hause keine Schande!"

2 Die Tänzerinnen tun sogleich, was Robert von ihnen verlangt. Aber bevor sie noch einen Tanzschritt machen, spricht die erste zu Robert: „Nur das bitten wir dich, daß du es uns nicht zu einem Fehler anrechnest, so wir durch unsere hier merkwürdig üppige Gestalt etwa gefährlich würden! Solltest du aber so etwas im voraus vermuten, wäre es uns allen lieber, du ließest uns nicht vor jene neuen Gäste treten! Denn es wäre uns allen wahrlich leid, so wir Böses anrichteten, da wir nun ganz ernstlich Gutes wirken möchten!"

3 Spricht Robert: „Meine lieben Schwestern, diese Äußerung erfreut mein Herz, denn ich entnehme daraus, daß ihr guten und reinen Sinnes seid. Aber es sei euch allen nicht im geringsten bange! Denn dafür wird schon mein liebster Freund dort und auch ich Sorge tragen, daß ihr jenen Gästen und die Gäste euch nicht den geringsten Schaden zufügen werden! Tretet sonach nur mutig und unerschrocken auf; denn nichts Böses oder Gefährliches, sondern nur Gutes und Ersprießliches sollt ihr durch euren Tanz an jenen drei Gästen bewirken!"

4 Als die Tänzerinnen diese Versicherung vernehmen, treten sie rasch in den hellen Vordergrund des Zimmers und beginnen sogleich mit den freundlichsten Mienen ihre Künste durch allerlei artige Bewegungen zu entfalten. Robert, schon wieder bei den drei Freunden, fragt sogleich den Jellinek: „Nun Bruder, wie gefallen dir unsere Haustänzerinnen? Hast du auf der Erde je etwas Vollendeteres in dieser Art gesehen?"

5 Jellinek betrachtet die Tänzerinnen mit großer Aufmerksamkeit und spricht darnach wie mit einem tiefen Seufzer: „Ach, lieber Bruder, ich kann mir nicht helfen, aber mein Gefühl beim Anblick solcher Produktionen bleibt sich stets gleich! Ich muß es dir ganz offen sagen, daß ich daran nie ein wahres Vergnügen gehabt habe. Im Gegenteil, ich bin dabei stets nur mit einer gewissen Art von Wehmut erfüllt worden und verließ ganz sonderbar gestimmt das Komödienhaus. Ich dachte auf der Erde oft über den sonderbaren Vorgang in meinem Gemüt nach. Ich war aber stets unfähig, mir darüber eine begründete Rechenschaft zu geben. Nun aber geht mir darüber ein recht tüchtiges Lichtlein auf, und

das freut mich mehr als all diese Tanzkunstproduktionen. Der Grund liegt in der totalen Zwecklosigkeit dieser Gliederverrenkung. Sage mir, welchen Nutzen kann diese Kunst wohl je bezwecken? Nach meinem Dafürhalten nicht den allergeringsten! Alle anderen Künste, die Tonkunst, die Dichtkunst und die Maler- und Bildhauerkunst können in ihrer wahren und würdigen Haltung dem menschlichen Gemüt wohl von sehr wesentlichem Nutzen sein. Dies, indem sie das Herz sänftigen und veredeln und so nicht selten einen rauhen Menschen zu einem sanften und gemütvollen erziehen und eine rechte Liebe in der Brust erwecken. Nun aber lassen wir diese Tanzkunst eine noch so reine und würdige Richtung nehmen, so werden durch sie zumeist nur die unlautersten Gefühle in der Seele wach. Die Natur fast eines jeden Mannes wird nach einer solchen Vorführung stets ums vielfache sinnlicher und begehrender.

6 Ich meine, daß dieser angeführte Grund meines Mißbehagens allerdings beachtenswert ist, obschon er nicht eigentlich die Quelle meiner Wehmut war, die stets meine Gefährtin nach solchen Darbietungen war. Die eigentliche Quelle meiner Wehmut nach solchen Kunstleistungen war wohl hauptsächlich der Gedanke, durch den ich so eine wohlgestaltete Tänzerin wie durch ein magisches Theaterglas als einen gefallenen Engel ansah!

7 Wie oft sprach ich da bei mir selbst: Was könntest du meinem Herzen sein! Aber als ein gefallener Engel erkennst du nimmer den Wert eines Herzens, das dich so gerne aus dem Schlamm deiner Gesunkenheit wieder zu einem wirklichen Engel erheben möchte. Der Welt Mammon ist nun dein Gott. Und dein eigenes Herz trittst du Blinde mit den Füßen, mit denen du nur die frechste Unzucht stachelst. Was kümmern dich die Herzen, in die deine zauberischen Füße mit jedem Schritt giftige Pfeile geschleudert haben?“

8 Solche Gedanken waren stets meine Begleiter und stimmten meine Seele ganz sonderbar trüb. — Hatte ich aber nicht recht, wenn ich so dachte?Weil ich aber nun auch hier ebenso denke — so frage dich nun selbst, ob mir nach deinem Dafürhalten diese Tänzerinnen, die nun glücklicherweise ihre Vorführung beendet haben, je gefährlich werden könnten? Mir sind sie in dieser Situation wohl am wenigsten gefährlich, sowie auch diesem meinem wohl allerliebsten Freund, der meine Rede mit sichtlicher Rührung angehört hat. — Also kann ich dir,

Freund Blum, die volle Versicherung geben, daß alle diese vierundzwanzig Künstlerinnen samt ihren achtundvierzig schönsten Füßen meiner Jesusliebe nicht den leisesten Eintrag gemacht haben! Im Gegenteil — nur erhöht haben sie meine nun heiligste Liebe! Denn sieh, ich habe nun ein rechtes Mitleid mit diesen armen gefallenen Engeln! Und so es mir möglich wäre, sie aus ihrer Niedrigkeit zu wahren Menschen zu erheben, gäbe ich mein halbes Leben darum! — Aber lassen wir das! — Nun saget auch ihr beide, Messenhauser und Becher, wie euch dieses Spektakel gefallen hat?"

9 Sprechen die beiden: „Nun, nun, so — gar nicht übel! Aber etwas komisch kommt uns die Sache doch vor! Auf der Erde sind einem solche Exzentritäten menschlicher Dummheit ganz erträglich. Aber hier im Geisterreiche wirken solche Verirrungen des menschlichen Strebens wohl ein bißchen zu sonderbar! — Denke dir, so wir nun wieder zur Erde zurückkehren und dort unseren Freunden erzählen könnten, daß wir soeben einem himmlischen Ballett beigewohnt hätten! Na, das Gelächter möchten wir hören! Aber sage nun, wie du so eigentlich zu diesem tollen Gedanken gekommen bist, dir hier im Reich der Geister ein förmliches Serail, gleich von ein paar Dutzend der saubersten Balletttänzerinnen zu halten? Hast du sie denn förmlich in deinen Sold genommen? Oder ist das etwa der Himmel der Neukatholiken? Geh, fahr ab mit deinen neukatholischen Engelchen! Bringe uns lieber noch so ein Flascherl von dem letzten Wein. Von dem ist ein Tropfen mehr wert als alle die achtundvierzig Füßlein!" Robert lächelt dazu und holt die zweite Bouteille.

59

Der Herr über den oft mißbrauchten Satz: „Der Zweck heiligt das Mittel"

1 Jellinek wendet sich nun auch an Mich und fragt, wie etwa Mir diese sonderbare Kunstleistung gefallen hätte?

2 Ich aber sage zu ihm: „Lieber Freund, Ich muß dir offen bekennen, daß ich bei solchen Gelegenheiten viel weniger auf das Mittel als

nur allein auf den Zweck Mein Augenmerk richte. Denn es kann an und für sich das Mittel oft noch so sonderbar aussehen, so macht das nichts, wenn damit nur ein in allen Beziehungen edler und guter Zweck erreicht worden ist. Denn hier im Geisterreiche heiligt allzeit der erreichte beste Zweck jedes Mittel, durch das er einzig allein hat erreicht werden können. Hier liegt wahrlich nichts an dieser Tanzvorführung; aber in Verbindung mit der durch sie allein möglichen Erreichung eines edelsten Zweckes liegt dann wieder unendlich viel daran.

3 Ich will dir diesen zwar jesuitisch klingenden Grundsatz zuvor irdisch beleuchten, daß dir sein geistiger Gehalt desto einleuchtender werde. Und so höre Mich! Siehe, der Grundsatz lautet kurz so: Der gute Zweck heiligt jedes Mittel, durch das er möglich erreicht werden kann. — Ob dieser Grundsatz aber auch richtig ist, werden wir nun aus mehreren Beispielen ersehen:

4 Siehe, ein Sohn auf der Erde hat einen Vater, der bei einer Arbeit das Unglück hatte, sich ein Bein dergestalt zu brechen, daß es nur durch eine geschickte Operation wieder geheilt werden kann. Was würde der gute, seinen Vater über alles liebende Sohn wohl mit einem Menschen tun, der seinem Vater nur aus Zorn oder bösem Mutwillen einen Fuß mit einem scharfen Beil abhiebe? Dieser Sohn würde den Übeltäter ergreifen und ihn züchtigen sein Leben lang. Und doch hätte sein Vater bei dieser Schnelloperation bei weitem weniger gelitten — da sie an einem gesunden Fuß wäre pfeilschnell bewerkstelligt worden — als da sie nun an einem im höchsten Grade leidenden Fuß vom Arzt muß vollzogen werden. — Siehe, das Mittel an und für sich, ohne Verbindung mit dem dadurch erreichbaren Zweck, wäre allein genommen ein Greuel. Aber in Verbindung mit dem guten Zweck ist es ein Heil. Und der Sohn wird sich gewiß dem geschickten Operateur, der seinem geliebten Vater das Leben rettete, im höchsten Grade dankbar erweisen. Denn ohne diesen wäre der Vater am Brand gestorben. — Gehen wir aber weiter!

5 Was wohl würdest du jemandem tun, der dir mit der Faust einen Zahn einschlüge? Siehe, du würdest diesen Wüterich vors Gericht fordern und von ihm kein kleines Schmerzensgeld verlangen. So du aber einen leidenden Zahn hast, der viel Schmerzen verursacht, da gehst du selbst zu einem Zahnarzt und zahlst ihn gerne dafür, so er dir den schlechten Zahn herausreißt. Wer könnte einen Zahnreißer loben, der

bloß zu seinem Vergnügen den Menschen die Zähne einschlüge oder ausrisse? Ganz anders verhält sich die Sache in den Händen eines wirklichen Zahnarztes, weil er mit seiner oft noch so schmerzlichen Operation einen guten Zweck erreicht. Du kannst unmöglich in Abrede stellen, daß hier das an und für sich grausame Mittel durch den erreichten guten Zweck geheiligt wird. — Aber darum nur weiter!

6 Siehe, der Totschlag ist eine der größten Sünden, die ein Mensch an seinem Nebenmenschen begehen kann. Es wandelt ein Vater mit seinem Sohn durch einen Wald. Ein böser Mensch, der bei dem Vater viel Geld wittert, springt auf einmal aus dem Dickicht hervor, packt den Vater an der Kehle und will ihn erdrosseln. Der Sohn sieht die große Gefahr seines Vaters, greift sogleich nach seinem Gewehr und tötet den Raubmörder! — Siehe, der Totschlag ist also, wie gesagt, eine der größten Sünden. Ist aber der Totschlag, den der Sohn an dem Mörder beging, der seinen Vater erdrosseln wollte, auch eine Sünde? O nein! Schon der pure Verstand sagt dir: Der Totschlag ist nur an und für sich, sowie als Mittel zur Erreichung eines schlechten Zweckes eine der größten Sünden. Aber, wie hier in Verbindung mit dem besten Zweck ist er ebenso heilig wie der Zweck selbst. Ganz besonders dann, wenn er sich als ein einzig wirksames Mittel herausstellt.

7 Wie mit diesen drei Beispielen, so verhält es sich auch mit *jeder* Handlung, deren nur immer ein Mensch oder Geist fähig ist. Wenn sie nach *weiser* Überlegung als das einzig wirksame Mittel zur Erreichung eines *guten* Zweckes erscheint, so ist sie auch gut, gerecht und durch den erreichten Zweck geheiligt!

8 Und so wirst du, lieber Freund, bei diesen armen Tänzerinnen schon ein Auge zudrücken müssen. Denn sie tanzten zur Erreichung eines mehrfach guten Zweckes. Und dieser ist auch wirklich erreicht worden, wie du gar bald einsehen wirst. Sage, sollen wir diesen Tanzkünstlerinnen dafür grollen, oder sollen wir ihnen dafür etwa auch von der zweiten Bouteille ein Gläschen zu verkosten geben?“

9 Spricht Jellinek: „Oh, wenn so — dann allerdings! Kommt nur her, ihr lieben Herzerln, ihr sollt auch einen guten Tag haben!“

60

Die Tänzerinnen wünschen Aufschluß über Gott
Robert belehrt sie: „Nur in dir suche Licht!“ — Gefahr rein äußerlicher Forschung

1 Die Tänzerinnen verneigen sich auf diesen Ruf gar ehrerbietig und die drei ersten sagen: „O ihr lieben, herrlichen Freunde, ihr seid gar zu gut und nachsichtig gegen uns! Denn unsere schlechte und elende Kunst ist wohl die allerunterste aller Künste, als daß sie von Geistern wie euch nur die geringste Achtung verdienen könnte. Und so können wir es gar nicht begreifen, warum ihr uns armen Sünderinnen gar so gut sein könnt? Wahrlich, so wir auf der Erde uns noch im Fleisch befänden, da könnten so herzlich gute Menschen eine große Macht über uns bekommen. Aber wir sind hier ganz vollkommen Arme im Geist, und haben nichts, als was eure große Güte uns beschert. Daher können wir auch für eure große Güte euch nichts anderes entgegentun als euch achten und lieben, so mächtig es unseren Herzen möglich ist! Dürfen wir uns euch damit nahen, so wollen wir übergerne mit euch fröhlich sein. Ist aber unsere vielleicht zu wenig reine Liebe euerem Wesen nicht genehm, dann laßt uns wieder fortziehen und unsere irdischen Sünden beweinen!“

2 Spricht Jellinek: „Ich bitte euch, liebste Herzchen, seid nur nicht gar so römisch-katholisch! Wo ist denn der Gott, der die Liebe für ein Verbrechen hielte? Wie sollten dann wir euch wohl verachten, weil ihr uns liebet? Kommt also nur alle her und trinkt von diesem wahren Lebenswein! Scheuet euch nicht vor uns; wir alle fünf verlangen von euch nichts als bloß eure Liebe, die ihr uns gerne werdet zukommen lassen. — Und so hoffe ich, daß ihr nun im klaren seid, was wir von euch zu erlangen wünschen — nämlich nichts als eure reine Liebe und Freundschaft!“

3 Als die Tänzerinnen solches von Jellinek vernehmen, begeben sie sich darauf freundlichsten Angesichtes zu uns hin und sagen: „Wir sind eure Mägde! Euer guter und edelster Wille sei unser heiligstes Gesetz! Eine Bitte aber wagen wir euch dennoch vorzutragen: Wir hatten auf der dummen Welt wenig Gelegenheit gesucht, das höchste Gottwesen

wahrhaft kennenzulernen und sind sonach in diesem allerersten Punkte menschlichen Wissens und Glaubens hier als reine Blinde angekommen.

4 Wohl waren wir sogenannte römische Christinnen und machten äußerlich alles mit, was diese Kirche zu beachten vorschrieb. Aber alle unsere Fasten, Beichten und Kommunionen haben uns der wahren Erkenntnis Gottes nicht um ein Haar nähergebracht. Wir starben etwa im Verlauf von zehn bis fünfzehn Jahren alle, wie wir hier sind, und fanden uns hier wie zufällig wieder. Aber in demselben Zustand, in dem wir diese ernste Welt betraten, befinden wir uns noch jetzt. Wir kannten Gott nie und kennen Ihn noch immer nicht. Und doch kann nur ein überaus guter, höchst weiser und allmächtiger Gott uns dieses Dasein gegeben haben!

5 Wenn ihr, liebe Freunde, es nicht unter eurer Würde fändet, auch uns armen Kreaturen bei Gelegenheit von Gott eine etwas bessere Vorstellung zu geben, würdet ihr uns eine überaus große Freude machen.

6 Man hat uns auf der Welt die Gottheit stets auf eine solche Weise geschildert, daß eben diese Vorstellung von Gott uns jeden wahren Begriff von Gott nahm. Ein Gott bestehe aus drei Personen, deren jede für sich vollkommen Gott sei, was doch offenbar *drei* Götter ergeben müßte! Aber diese drei Götter seien dennoch nicht drei Götter, sondern einzig nur *ein* Gott! Jeder der drei Götter hat zwar seine eigene Verrichtung. So hängt z. B. der Gott-Sohn sehr vom Gott-Vater ab und darf nur das tun und lehren, was der Vater will. Und doch heißt es wieder: Sohn und Vater sind völlig eins! — Mit dem Heiligen Geist weiß man eigentlich gar nichts anzufangen. Ist er mehr oder weniger als der Vater oder der Sohn? Er gehe aus beiden hervor und ist über beiden als eine *Taube* dargestellt! — Nun kommen aber noch die Milliarden *Hostien,* von denen jede auch vollkommen Gott sein soll! — Kann daraus ein Mensch über das Gottwesen je ins klare kommen? Daher laßt euch unsere Bitte nicht zuwider sein, denn ihre Erhörung tut uns not — mehr als dieser Wein!“

7 Spricht Robert, einen Pokal des besten Weins darreichend: „Liebe Schwestern, im Namen Gottes, des Herrn und Schöpfers der Unendlichkeit, nehmet nur getrost hin diesen Wein und trinket ihn! Denn dieses Weines Geist ist nicht wie der Geist der irdischen Weine, in denen nach Paulus die Geister der Unzucht und Hurerei wohnen. Sondern der Geist in diesem Wein heißt der Geist der ewigen, reinsten Liebe in

Gott; welcher Geist daher auch eine heilige Flamme voll Licht, Helle und Klarheit ist. In diesem Lichte werdet ihr gar bald von selbst in euch finden, was ihr von uns haben möchtet.

8 Erhaben ist zwar euer Wunsch, und kein Engel kann an ihm einen Makel entdecken. Aber sucht seine Erfüllung nicht außer euch, sondern in euch, so wird sie euch nützen für ewig! Geben *wir* sie aber euch, da habt ihr ein fremdes Eigentum in euch. Das kann euch wohl äußerlich einen zeitweiligen Vorteil gewähren, müßte euch aber innerlich mit der Zeit einen nicht leicht zu verbessernden Schaden bringen.

9 Denn seht, eine bloß *äußere* Lehre kann sich vorerst auch nur den äußeren Geistern mitteilen, deren Sinn ein materieller ist. Er macht dann in diesen Geistern wohl eine Revolution und nötigt sie hie und da, solche Lehre anzunehmen. Der *innere* Geist merkt solches bald. Er tritt hinaus unter die Naturgeister oder die eigentliche *Naturseele* jedes Menschen, gewahrt da die gute Saat und hat eine große Freude daran. Aber da geschieht dann meist ein Unglück. Während der eigentliche Lebensgeist des Menschen die äußere Saat betrachtet und sich außerhalb seines Gemaches unter seinen Naturgeistern auf eine reiche Ernte freut, raffen sich die bösesten und unlautersten Naturgeister, die noch in der Seele vorhanden waren, zusammen, um in das Gemach des wahren Geistes einzudringen und diesem dann den Rückzug zu verwehren, ja gar oft unmöglich zu machen. So der wahre Geist aber dann seinen Sitz des Lebens verliert, sucht er anfangs sich einen neuen Sitz unter den besten seiner seelischen Naturgeister aufzurichten; er wohnt da unter ihnen wie eine Wohnpartei im Hause eines anderen Besitzers. Aber da er, all seines Eigentums beraubt, am Ende den Mietzins nicht entrichten kann, so nimmt ihm der eigentliche Hausherr alles, was er noch hatte und macht ihn obendrauf zu einem Gefangenen oder gar zum Sklaven seiner Herrschsucht! In diesem Zustand muß sich dann der wahre innere Lebensgeist mit den unlautersten Naturgeistern verbinden und im selben Joch am Schandseile des Lasters ziehen. Und das ist dann auch so viel wie der *geistige Tod* des Menschen. Denn in solch einem Menschen hat dann *Satan* seinen Thron aufgerichtet und hat den eigentlichen Herrn des Lebens im Menschen zum Sklaven höllischer Gelüste und Triebe gemacht!

10 Daher laßt euch allzeit raten, daß ihr nicht zu gierig nach äußerer Belehrung trachtet. Denn diese taugt für nichts, wenn sie der Geist

nicht in der größten Demut aufnimmt und sogleich sein ganzes Leben vollkommen darnach einrichtet, was wohl für jeden Geist eine sehr schwere Aufgabe ist. — Seht, *Salomo,* Israels weisester König, fiel trotz seiner Weisheit. Denn sein innerer Geist, sich stark genug fühlend, wagte es einmal, seinen innersten Wohnsitz zu verlassen, dann hinauszutreten unter seine Naturgeister, um sie zu ordnen nach seiner Weisheit. Aber da er das tat *vor* der Zeit seiner Vollreife — die allzeit von *innen* heraus und nie von außen nach innen erfolgen muß —, so ward er von seinen unlauteren Naturgeistern gefangen und nicht mehr in sein Haus gelassen, das nur zu bald zu einer Wohnung alles Lasters, der Unzucht und Abgötterei umgestaltet wurde! — So verriet auch *Judas* seinen Meister, Herrn und Gott, weil er die Lehre des Heils nur in seine äußeren Geister aufnahm, die im Verstand und daraus in allerlei Begierlichkeiten ihren Sitz haben. Dadurch lockte er den eigentlichen Lebensgeist aus seiner innersten Wohnung und öffnete sie dem Satan zum freien Einzug. Die Folge davon ist zu bekannt, als daß ich sie euch wiedergeben müßte.

11 Daher trinket nun diesen Wein! Dieser wird in euch die rechte Liebe zu Gott erwecken. Und diese wird euren Geist stärken und wachsen machen. Wenn der Geist dann durch sein Wachstum alle seine äußeren Naturgeister durchdringen wird, *ohne* seinen ursprünglichen Sitz zu verlassen, dann wird er schon in sich alles finden, was er jetzt von außen her erhalten möchte. — Habt ihr mich wohl verstanden?“

61

Der Tänzerinnen Verständnis. Kampf gegen unreine Naturgeister im Menschen. Stufenleiter der Vervollkommnung. Der Allerhöchste

1 Sprechen die Tänzerinnen: „O du weisester, wahrhaft in das innerste Wesen des Menschenlebens eingeweihter Freund! Gar wohl haben wir dich verstanden! Du hast das, was wir oft dunkel geahnt haben, uns zur klaren Anschauung gestellt. Wie sollen wir dir dafür je genug danken können?

2 Wie oft sahen wir auf der Welt Menschen, deren Geist alle erdenk-

lich beste Bildung hatte. Menschen, die namentlich im Fach der Religion im Ruf der Heiligkeit standen und die jedermann ehrte und pries. Ja noch mehr: Menschen, die unverkennbare Spuren höherer Erleuchtung durch Wort und Tat bekundeten. Solche Menschen kamen zuweilen zu uns und machten uns Anträge zu abscheulichsten Vergnügungen. Nein, dachten wir uns, wenn das die Folgen einer so ausgezeichneten christlichen Tugend sind, so wollen wir von ihr nichts Weiteres mehr! Damals waren uns solche Erscheinungen ein unerforschliches Rätsel, jetzt aber ist uns alles klar. Denn nun wissen wir erst, woher die vielen Übel rühren. — Gib nun den Wein des Lebens her, und wir alle wollen diesen Becher der Demut bis auf den letzten Tropfen in uns aufnehmen!"

3 Robert reicht ihnen nun den Becher und sie trinken daraus und werden dabei voll Freude.

4 Jellinek aber verwundert sich samt Messenhauser und Becher gewaltig über Roberts Weisheit und spricht nach einer kleinen Weile: „Bruder, das ist zu viel auf einmal! Du weißt, daß ich dich allzeit für einen sehr weisen Geist hielt. Aber daß du ein gar so grundweiser Mann bist, davon hatte ich nie die leiseste Ahnung! Nur kommt es mir unwillkürlich so vor, als wenn das, was du nun geredet hast, nicht auf deinem eigenen Grund gewachsen wäre? Aber das macht nichts. Denn auch mir hast du damit ein Lichtlein angezündet, daß ich nun die Dinge und Erscheinungen ganz anders zu beurteilen anfange als früher.

5 Es leuchtet mir nun auch ein wenig ein, warum diese Tänzerinnen vor uns getanzt haben? — Haben sie nicht etwa dadurch unsere unreinen Geister aus der besetzten Wohnung unseres wahren Ichs gelockt, und dieses hat dann schnell wieder seine rechte Wohnung eingenommen?"

6 Spricht Robert: „Ja, ja, beinahe hättest du die Sache der Wahrheit gemäß dargetan. Aber trotzdem hast du noch ein wenig zu seicht in dich hineingeschaut. Denn, lieber Bruder, wie hast du so von dir und uns allen denken können?

7 Ich sage dir, bei uns ist gerade der umgekehrte Fall vorhanden. Unsere und besonders eure Geister befinden sich glücklicherweise in ihrer rechten Lebenswohnung, ansonst ihr euch nicht hier in diesem Hause befinden würdet, sondern in einem solchen, wohin ewig kein Licht und keine Wärme des Lebens kommt.

8 Eure Geister wurden nur zu sehr von den Naturgeistern umlagert, sodaß sie sich kaum rühren und durch diese Geister der Naturmäßigkeit hindurchschauen konnten. Daher konntet ihr auch ehedem in jenem Gemach euch kaum rühren und noch weniger irgendwohin sehen. Nur durch eine außerordentliche Hilfe *von oben* sind die Umlagerer eures Geistes nach außen gerückt worden. Und seht, euer Geist konnte auch sogleich aus sich mehr Licht entwickeln und dadurch seinen ehedem äußerst beschränkten Gesichtskreis erweitern. Ihr entdecktet dann auch sogleich eine offenstehende Tür und diesen Tisch mit dem Lebenswein.

9 Aber dennoch sind eine solche Menge Naturgeister als Umlagerer um die rechte Wohnung eures Geistes geblieben, daß durch ihre noch große Anzahl euer Geist nicht in voller Klarheit, sondern wie durch einen leichten Nebel schauen mußte. Da aber diese Geister, die stets am hartnäckigsten den wahren Geist umlagern und ihn in ihre Sphäre herauslocken wollen, zumeist der sinnlichen Fleischliebe entstammen, so haben sie auch in einer Hinsicht die bedeutendste Ähnlichkeit mit dem wahren Geiste der reinen Liebe Gottes in unseren Herzen. Sie sind am schwersten von dieser Wohnung des Lebens wegzubringen, weil sie, wie keine andere Art der Naturgeister, nur zu sehr am Leben hängen. Ihre größte Furcht ist es, das Leben zu verlieren, das ihnen so viele süße Genüsse darreicht.

10 Diese hartnäckigen Naturgeister können nur durch eine außerordentliche äußere Lockung etwas mehr der Wohnung des eigentlichen Geistes entrückt werden, bei welcher Gelegenheit dann der wahre Geist sein Territorium wieder ein wenig erweitern und dadurch freier und heller werden kann. Und sieh, eine solche *äußere* Lockung ward auch hier durch diese Tänzerinnen veranstaltet. Und euer wahres Ich ist dadurch um vieles freier und heller geworden. Daher hat auch ehedem mein erhabener Freund zu dir, Bruder Jellinek — als du die Tanzerei hier ein wenig sonderbar fandest — gesagt, daß du hier nicht so sehr auf das Mittel als vielmehr auf den guten Zweck sehen sollst! Nun hast du den klar beleuchteten besten Zweck vor dir. Und so meine wenigstens ich, daß du gegen das Mittel nun auch nichts mehr einwenden wirst?

11 Daß aber diese Tänzerinnen darum auch noch keine reinen Engel sind, weil durch sie für euch ein guter Zweck erreicht worden ist, brau-

che ich euch kaum näher zu beleuchten. Aber wir wollen alles tun, daß sie das werden, was sie — und auch wir — noch nicht sind!

12 Ich habe nur eine einzige Stufe euch voraus und das ist auch mein ganzer Vorteil. Aber die Leiter unserer ewigen Bestimmung ist eine unendliche. Und da wird es wohl leicht geschehen können, daß sich unsere gegenwärtigen Unterschiede so ausgleichen werden, daß von uns niemand vor dem anderen etwas voraushaben wird. Mit Ausnahme jenes Freundes und Bruders neben dir, Bruder Jellinek, der uns allen so ungeheuer weit voran ist, daß wir Ihn niemals einzuholen vermöchten! Warum? Das wird euch in der Folge eine nähere Bekanntschaft mit Ihm sehr zur Übergenüge beantworten.

13 Nun aber haben wir noch eine andere, sehr bedeutende Arbeit vor uns, die ehestens in die Ordnung kommen muß, ansonsten wir uns in diesem Hause nicht nach unserer freien Willkür bewegen könnten."

62

Bei der losen Wiener Gesellschaft. Heilsame Kur dieser Fleischeshelden. Robert ermuntert sie zum Eintritt ins Haus

1 Spricht Robert weiter: „Seht einmal zu diesem Fenster hinaus in den herrlichen Garten, der weit und breit dieses Haus umgibt und sagt mir, was ihr da seht?"

2 Die drei gehen sogleich ans Fenster und schauen hinaus. Kaum aber haben sie einen Blick durch dasselbe gemacht, schaudern sie förmlich zurück. Jellinek nimmt das Wort und spricht: „Aber Brüder! Um Gottes willen, was ist denn das? Sind das Menschen, Tiere oder Teufel? Nein, so etwas hätte ich in der Nähe dieses Hauses nicht vermutet. Da sieht man ja auf einmal alle Scheußlichkeiten der schmutzigsten Heidenmythologie auf einem Haufen beisammen, plastisch und tatsächlich! Ich bitte dich, lieber Bruder, verschließe doch die Pforte des Hauses, sonst laufen wir Gefahr, daß diese Bestien zu uns hereindringen und uns alle bei Butz und Stengel auffressen!"

3 Spricht Robert: „O fürchtet das nicht! Sie sehen im Grunde nicht so aus, wie sie euch auf den ersten Blick vorkommen. Daß sie euch

aber also abschreckend erscheinen, rührt daher, weil sie noch von Wien aus meinen, ihr hättet sie an den Windischgrätz verraten! Werden sie vom Gegenteil überwiesen sein, so werden sie euch dann sogleich etwas menschlicher vorkommen. Denn wisset, das sind allerlei Wiener Individuen, die in den verhängnisvollen Oktobertagen als Kämpfer für die irdische Freiheit durch die Waffen der kaiserlichen Soldaten gefallen sind. Sie glauben nun, daß dieses nie möglich gewesen wäre, so besonders Messenhauser an ihnen nicht einen heimlichen Verräter gemacht hätte. Werden sie aber vom Gegenteil überzeugt, dann wird auch mit Hilfe Gottes etwas anderes mit ihnen zu machen sein. Sollten unter ihnen auch einige sein, die sich nimmer wollen belehren lassen, so wird der Herr schon wissen, mit Seiner Macht solche Böcke von den besseren Schafen abzuscheiden!

4 Daher werden wir sie denn auch herein lassen und nach dem Willen des Herrn in Arbeit nehmen! Da wir doch auch viel schuld daran waren, daß sie durch unsere Reden und Gesetze dahin gekommen sind, ist es nun auch vor allem unsere Pflicht, sie auf einen besseren Weg zu bringen. Und so folgt mir nun hinaus zu ihnen im Namen des Herrn!"

5 Robert begibt sich nun mit Messenhauser und Becher hinaus in den Garten, wo sich noch die bekannten Wiener nebst ihren matt gewordenen Dirnen und vergewaltigten Töchtern befinden. Ich aber folge mit Jellinek an Meiner Seite sobald in den Garten nach, wo wir die Menge in einem ersichtlich unbehaglichen Zustand antreffen.

6 Als Robert sie fragt, wie es ihnen nun ergehe, schreien sie beinahe alle zugleich: „Miserabel, elend und schlecht! — Helft uns oder bringt uns um dieses elende Schweineleben, das wird uns einerlei sein! — Ist das nicht rein zum Teufels werden!? Stelle dir vor, was wir hier in diesem dreckigen, faul riechenden Geisterreich alles für schöne Erfahrungen gemacht haben! Es ist wahr, wir haben es mit der Menscherei ein wenig zu arg getrieben. Aber wir sind Viecher und waren nie was anderes, weil wir nie zu etwas Besserem erzogen worden sind — woran unsere weisen und milden Regenten die alleinige Schuld tragen. Und so unterhielten wir uns denn auch hier auf die beliebte Art gleich Vater Adam mit der Eva. Aber nun höre, was an der Sache hier im Geisterreich ganz niederträchtig ist: Kaum glaublich, wir sind hier fast durch die Bank angesteckt worden! Das ist ja doch verflucht, hier im Geisterreich angesteckt! Wenn's hier nur irgendeine Hilfe gäbe! Aber da ist

überall nichts, wo man nur hinschaut. Du siehst nun, wie es uns geht! Daher sei doch so gut und verschaffe uns irgendeine Hilfe oder bringe uns alle um. Denn es ist doch tausendmal besser, gar nicht zu sein als unter so scheußlich bitteren Umständen!

7 Noch etwas! Sage uns, wer deine Begleiter sind? Den einen kennen wir schon; das ist der sogenannte eigentliche Hausherr dieses Hauses, ein recht rarer Mann Gottes! Aber die anderen drei kennen wir nicht! Geh und sag' uns, wer sie sind!"

8 Spricht Robert: „Meine armen, kranken Freunde, seid ihr denn gar so blind, daß ihr den Messenhauser, Becher und Jellinek nicht mehr erkennen mögt?"

9 Schreien mehrere: „Potz tausend und fix Laudon! Was!? Die drei Hauptlumpen sind das? Na, da hätten wir uns auch eher den Tod eingebildet, als daß wir besonders den Hauptspitzbuben Messenhauser nochmals zu Gesicht kriegen werden! Aber sein Glück, daß wir nun alle so miserabel sind! Sonst hätten wir ihm hier wohl einen kuriosen Dank für sein Oberkommando in Wien zukommen lassen! Aber weil wir für eine handfeste Dankbezeugung zu schwach sind, so kann er sich unterdessen bloß mit dem vertrösten, daß wir diesem ausgepichten Lumpen und Spitzbuben wünschen, was er sich selber sicher nicht wünscht! — Also Messenhauser, Becher und Jellinek! Na, so kommt da aber alles Gesindel zusammen! Wirklich ein schönes Paradieserl das!"

10 Spricht Robert: „Sagt mir, ist euch nun leichter, da ihr meine Freunde beschimpft habt?" — Sagen die Wiener: „Na, das nicht. Aber wir haben es ihnen ja sagen müssen, weil sie es wirklich verdient haben! Du weißt es selbst, wie und warum!"

11 Spricht Robert: „Höret, lassen wir das nun gut sein, was vorüber ist, das ist vorüber! Keiner von uns allen, mit Ausnahme meines hohen Freundes, kann von sich behaupten, daß er nie gefehlt habe! Ich glaube vielmehr, daß wohl ein jeder von uns die Skala aller Todsünden nicht nur einmal durchgemacht hat. Es wäre zwar sehr dumm von mir, so ich nun diese drei Beschuldigten als unschuldig vor euch hinstellen wollte. Sie haben ihre gehörige Portion Sünden begangen; aber wir haben damit unsererseits auch durchaus nicht gespart. Wer von uns vor Gottes Richterstuhl eigentlich für die Hölle reifer wäre, das dürfte dem ewigen Meister des Lebens wohl nicht viel Kopfzerbrechen kosten! Aber ich meine, da wir schon alle durch die Bank vor Gott nichts wert sind,

so sollten wir uns gegenseitig hier wohl gar nicht mehr anklagen. Es ist besser, uns die Hände unter allgemeiner gegenseitiger Amnestie zu reichen, uns gegenseitig alles vergeben und hier in diesem neuen Reich des Lebens auch eine neue Kolonie aus lauter Freunden und Brüdern gründen! Das wird uns in der Folge bessere Früchte tragen, als so wir uns hier noch richten wollten, wo ohnehin ein jeder von uns ein ganz gehöriges Maß des Gerichts auf seinen Schultern zu tragen hat! — Was meint ihr, wie gefällt euch mein bestgemeinter Antrag?"

12 Schreien alle: „Ja, ja, du hast vollkommen recht! Aber nur die Gesundheit tut uns vor allem not! Denn du weißt, daß ein leidender Mensch oder Geist nicht leicht zu einem gesunden Beschluß kommen kann. Denn ein kranker Wiener ist für die Sau zu schlecht!"

13 Spricht Robert: „Nun, laßt das nur gut sein! Erhebt euch und kommt alle zu mir ins Haus, dort werden sich schon Mittel finden, euch wieder gesund zu machen! Denn hier im Geisterreich ist fürs Äußerliche mit keinem Arzt etwas zu machen, weil hier alle Übel von *innen* aus geheilt werden müssen. Und dazu ist es nötig, daß ihr hier in mein Haus eintretet, das mit allem Möglichen bestens versehen ist! Daher folgt mir!"

14 Auf diese Worte Roberts erheben sich alle, auch die weiblichen Wesen, und humpeln so gut es geht uns nach ins Haus, und zwar in das schon bekannte Zimmer, das groß genug ist, um viele tausend Gäste aufzunehmen.

63

Die Gäste beim Anblick der Tänzerinnen. Volksgespräche
Die Barrikadenheldin. Der Pathetikus

1 Als sie alle im Zimmer beisammen sind, bemerkt einer die Tänzerinnen: „Na, die können uns nun auch alle gestohlen werden! Unser Zustand und die da, das taugte so hübsch füreinander!" — Spricht ein anderer neben ihm: „Aber fix Element! Sauber wärn's! Und die schönen Füß', die sie habn! Saprament, wenn i nur g'sund wär — meiner Seel, der Mittlern dort saget i was!"

2 Ermahnt ihn sein Nachbar: „Aber ich bitt dich Franz, sei nur jetzt g'scheit! Weißt du denn nit, daß wir nimmer auf der Welt san?" Spricht der erste: „Das weiß i wohl! Aber Welt hin, Welt her — schön san's halt doch! Und ma müßt gar kein G'fühl habn, wann ma dabei gleichgülti bleibn kunnt!"

3 Spricht ein dritter: „Aber wann halt der Franz nachher mit seiner Ungleichgültigkeit in d' Höll kimmen tät, wie wär's n' Franz nachher zu Mut?" — Spricht der Franz: „Eh, hol's der Teufel! Bist und bleibst a dummes Luder! Sein mir denn jetzt vielleicht im Himmel? Oder hast schon amol die Höll g'sehn, um sag'n zu können, daß du jetzt noch nit in der Höll wärst?" — Spricht der Angeredete: „Dos woaß i schon, aber da müss'n wir erst verdammt werdn und nachher s' höllische Feuer sehn. Und dos moan i, is jetzt mit uns no nit der Fall. Es brennt mi wohl ganz sakrisch — du woaßt schon warum! Aber dos is denno ka Höll! Weil mer no nit san verdammt wordn, und a ka Feuer sehn! Aber dos moan i holt, wan wir jetzt a no nit von de verdammten Menscher ablassen, wo wir schon in der Geisterwelt san, da kunnt ma viel leichter in d' Höll kummen als auf der Welt! — Hab i etwa unrecht?"

4 Spricht der erste: „Jo, jo, hast wohl recht! Aber denken kann i ja doch, wie mir der Kopf g'wachsen is?! — Deswegen werd i denno nix tun!" — Spricht der andere: „Jo,jo, nix tan, nix tan! Z'erst kummen allzeit die Gedanken; nach die Gedanken kummen die Begierden und nach die Begierden die Taten. Und danach kummt die Höll, und nachher is gar! Verstehst mi? I moan holt so: Gstorbn wärn wir und san jetzt in der Geisterwelt. Do hoaßt's schön ruhig und g'hursam sein und nix anders denken, redn und tan, als wos uns der Blum sagen wird — do kanns mit uns no besser werdn!" — Spricht der Franz: „No ja, is a recht so; bist nit gar so dumm als wie's du ausschaust."

5 Spricht neben den Beiden eine Barrikadenheldin: „Do schauts die zwa Schnipfer an! Die wolln anonder die Höll aus- oder einreden! Hahaha! War do aner an größrer Schnipfer als der andre — und warten no, bis sie verdammt werdn — als wenn's etwa nit längst schon verdammt wärn! — Hahaha! Das is do g'spaßi!" — Spricht der Franz: „Haltst nit dein galgenstinketn Brotlad'n? Du Hauptmärzenflaxen von alle Weaner Studenten. Na wart, dir meß i vor'n Himmelreich Christi schon no a Paarl über, daß dabei die allerseligste Jungfrau selber auweh schrein soll! Da schau aner dös Mistbratl an! Die möcht uns

schon alli mitanander in der Höll hobn! Schau, daß du mit deine Fledermausflügel von Händ nit z'erst hineinfliegen wirst!"

6 Kommt ein anderer hinzu und spricht in einem *pathetischen* Ton: „Freunde, bedenkt, wo ihr seid! Das ist nicht etwa der Prater, in dem die Wiener Menschheit sich noch zehnmal roher gebärdet als sonst! Bedenkt, hier ist das ernste Geisterreich, wo man ordentlich und ernst sein muß, um nicht augenblicklich auf ewig verdammt zu werden. Denn bei Gott ist keine Gnade und kein Pardon mehr in dieser Welt!" — Spricht die Heldin: „Oho, ereifern's Ihna nit gar so, Sö bratschulteriger Tapschädl! Daß unser Herrgott mit an solchenen Eimerbier-Sauflümmel, wie Sö aner san, ka Erbarmnis hobn kann, das wird doch ganz natürli san?" — Spricht der *Pathetiker*, seine Augen weit auftuend: „Wa—a—s sagt diese Blocksberghexe? Oh, für diese Hacke wird sich wohl auch hier in der Geisterwelt ein Stiel finden lassen! Ist denn kein Kerl hier, dem es um seine Hände nicht leid sein dürfte, dieser unflätigen Dirne den Hals umzudrehen?" — Spricht die Heldin: „Oh, deswegen machen's Ihnen ka Müh! Denn wenn's auf die gemeinste Kerlschaft hier ankäm, um mir den Hals umz'drahn, da war zu dem G'schäft ja so kaner tauglicher wie Sö! Aber da moan i, daß so an Arbeit für Sö wohl no viel z'gut war! Was moanen's denn, wer Sö san, Sö lebendigs Eimer-Bierfaßl!? Gelten's 's Bierl und Ihnere kropfete Mierl — die gehn Ihnen halt ab hier in der Geisterwelt? Aber trösten's Ihnen nur, vielleicht kummt Ihre Mierl a bald noch. Da wird dann der liebe Herrgott glei barmherziger sein als er jetzt ist!"

7 Spricht der Pathetikus: „Freunde! Lassen wir ab von diesem stinkenden Aas, denn eine Kuh mit einem bedreckten Schweif macht alles unrein, was sie umgibt!" — Spricht die Heldin: „No, wär doch a Schand, wann Sö nit reiner warn als i — hobens Ihnen doch durch Ihr ganzes Leben mit anige tausend Eimer Bier ausgwoschen gnua! Und das wird doch ganz wos anderes sein als hundert Generalbeichten bei olle Jesuiter! Wann i so a Stückl vom lieben Herrgott war, i wißt schon, wie Sö selig z'machen warn! Schaun's, i mochet die Donau zu lauter Doppelbier und setzet Ihnen dann grad durt hin, wo die Donau ins Schwarze Meer rinnt, und die kropfete Mierl daneben. Da wärn Sö dann der seligste Mensch!"

64

Der Pathetikus wird von Robert zurechtgewiesen
Die gutherzige Heldin redet ihm vergebens zu

1 Der Pathetikus verläßt nun die Heldin und begibt sich zu Robert hin, um ihm ehrerbietig anzuzeigen, was für zotige Wesen hier in der Geisterwelt sein erhabenstes Haus verunreinigen. Er möchte solche Wesen doch irgendwo anders hin bescheiden!

2 Spricht Robert: „Mein schätzbarer Freund, das geht hier durchaus nicht an! Sehen Sie, wir wollten auf der Erde ja nichts anderes erreichen unter den Menschen, als ihre vollste Gleichberechtigung in jeder Beziehung! Was jedoch auf der Erde nicht zu erreichen war, bietet sich nun hier uns allen in vollstem Maße dar. Und das ist ein wahres Geschenk von seiten des allerhöchsten Beherrschers aller Himmel und Welten. Wollen Sie nun unter der freiesten Verfassung, die uns hier Gott Selbst gibt, wahrhaft glücklich sein, so überschätzen Sie nie Ihren Menschenwert! Bedenken Sie gewissenhaft, daß alle Menschen, die Sie hier sehen, den gleichen Gott zu ihrem Schöpfer und Vater haben. So werden Sie diese Menschen dann wahrhaft lieben und werden rechte Gegenliebe finden, die hier allein das Glück aller bewirkt. So werden Sie auch nimmer zu Ehrenrichtern Zuflucht nehmen müssen, sondern Ihr eigenes Herz wird Ihnen die allerbeste Rechtfertigung in den Herzen Ihrer Brüder und Schwestern verschaffen! — Übrigens haben Sie sich darum gar nicht zu sorgen, ob mein Haus durch diese armen Wesen verunreinigt wird oder nicht; denn dafür ist schon gesorgt! — Auch muß ich Ihnen offen bekennen, daß mir jene mundgeläufige Heldin lieber ist als Sie! Sie ist, wie sie ist, eine Wienerin, und hat dabei ein gutes Herz. Sie aber sind ein pensionierter Hof-Philosoph, der sich nur per Sie titulieren läßt, ohne zu bedenken, daß wir hier alle Brüder und Schwestern sind! Sagen Sie selbst, wer mir hier teurer sein soll — Sie, oder jene Wienerin in ihrer vollen Echtheit?"

3 Der Pathetikus verneigt sich vor Robert und spricht: „Wenn man hier eine solche Sprache gegen Ehrenmänner führt, da bitte ich, mir erlauben zu wollen, daß ich mich wieder hinaus ins Freie begeben darf; denn hier stinkt es vor Gemeinheit und Gesindel!"

[4] Spricht Robert: „Mein Freund, in diesem Hause befindet sich nirgends ein Kerker noch irgendeine Fessel — außer die der Liebe! Wollen Sie sich diese nicht gefallen lassen, so können Sie ebenso frei wieder hinausgehen, wie Sie hereingekommen sind! Nur das muß ich leider hinzu bemerken, daß es Ihnen dann ein wenig schwer werden dürfte, in dies Haus der Liebe wieder hereingehen zu wollen. Denn es könnte sehr leicht sein, daß Sie dies Haus aus dem Gesicht verlören, sobald Sie den ersten Schritt hinaus täten! — Sie wissen nun, woran Sie sind. Aber Sie sind frei und können tun, was Sie wollen!"

[5] Der Pathetikus stutzt nun und weiß nicht, was er tun soll. — Aber unsere Heldin kommt schnell herzu und spricht: „Gängen's, bleiben's do! Und san's nit gar so eingebüldet! Schaun's, i bin scho lang wieder guat! Mi hat's halt a bißl verdrossen, daß Sö dem lieben Herrgott alle Gnad und Barmherzigkeit hobn absprechen wolln. Und da hob i Ihnen halt so mei Meinung gsogt, war aber ganz gutherzi dabei. Aber Sö hätten mi glei gfressen vor Zorn, wann's Ihnen war mögli gwest! — Nachher san's mi a no verklagen gangen und hätten mi gern gstraft gsehn. Aber der Herr Blum is halt a bißerl gscheiter als wir zwa, und so habn's holt nix ausg'richt und das verdrießt Ihnen jetzt! — Aber lassen's das und san's wieder guat und bleiben's do! Nachher wird scho alls wieder guat werdn! Wir san ja lauter fehlerhaftige Menschen und müss'n deswegn mitanand a bißl a Geduld hobn! Wos war denn dös, wann wir als Geister hier a noch beleidigt warn? — Gängen's nur wieder zu uns her! Der alte Franz, der lang Euer Stiefelputzer war, wird Ihnen schon wieder den Kopf z'rechtbringen! — No, sans no harb auf mi?"

[6] Spricht der Pathetikus: „Nein, böse gerade bin ich nicht auf dich! Denn das würde mir zu keiner Ehre gereichen, weil du gegen mich doch sozusagen nichts bist! Aber in eure Mitte, wo die größte Gemeinheit herrscht, kann ich mich auch nicht mehr begeben, sondern ich werde mich hier im Kreise der Honoratioren aufhalten. Und so gehe sie zurück!" — Spricht die Heldin: „Aber gebn's acht, daß es den Honoratioren neben Ihnen nit übel wird, Sö eingebildeter Tapschädl! Was glaubn's denn, was Sö etwa da san? I bin wohl a recht lustigs Weaner Madl; aber schlecht bin i grod nit. Wann i aber für Sö z'schlecht bin, da suchen's Ihna holt a bess're aus! Dort steheten glei a paar Dutzend!

Gehn 's hin und probirn's halt Euer Glück! Die werdn Ihne schon sag'n, wieviel's etwa wert san!"

7 Die Heldin begibt sich wieder in die Mitte der ihrigen. Der Pathetikus aber rümpft die Nase und macht, als ob er auf die mundgeläufige Heldin gar nicht geachtet hätte.

65

Die Wiener und der ungemütliche Böhme
Die Heldin wendet sich an Jellinek
Dieser weist sie an den Herrn

1 Als unsere Heldin wieder in der Mitte derer sich befindet, mit denen sie früher ein etwas beißendes Zwiegespräch gehalten hatte, sagt der schon bekannte Franz zu ihr: „No, du odrahte Luxemburger Achazibaum-Mierl, wie is dir denn gang'n mit dem bratschultrigen Kolofonifeuerhelden? No, hast's ihm so recht einigsogt af ächt weanerisch?" — Spricht die Heldin: „Na, verstandn wird er's wohl hobn! Jetzt moant der Tolkentipl, daß er da a no a gnädiger Herr is! Na, dem werdn's da glei an ondre Wurst broten! Ober gsagt hob i 's ihm! Hätt ihr's nur ghört, wie ihm's der Herr Blum einigsogt hot, weil er mi verklogen is gangen, ös hätts a narrische Freud ghobt! — Ich wünsch kan Menschen was Schlechts, a diesem Tapschädl nit; aber weil er holt gar a so a hochmietiger Dinger is überanand, da hob i a rechte Freud, wann ihm die guaten Herrn dort a wengerl die Flügel stutzen tan. O dös gschiecht ihm schon recht!" — Spricht der Franz: „Na, Mierl, jetzt g'fallst mi scho wieder, und i bin scho wieder guat af di! Ober dos sog i di a, wanns mi wieder amol so angreifst, wie's ehnter tan host, da mogst schaun, wie's weiter kummen mogst! Ober jetzt is olles wieder guat, versteast mi?"

2 Spricht die Heldin: „No, no, mir san ja keine Böhm', doß wir auf anond sieben Johr solln harbig san! Die Weaner, wann's no so tan, als wollten's anonder fressen, wann sie sich aber dann amol umdrahn, san's nachher glei wieder die besten Freund! — Aber mit d'n Böhmen is do a Kreuz! I hob amol so an Dolken harbig gmocht. I glaub, der

hätt mi vor lauter Lieb nach drei Jahrln no z'rissen, wo er mi wo kriegen hätt kinnen!" — Spricht der Franz: „Mierl, red nit so laut! Denn ma kann nit wissen, wer do olles zuhört. Woaßt denn nit, daß d' Böhmen die längsten Finger und d' längsten Ohrwaschl hobn, deshalb se a immer die besten Spitzl und Polizeidiener warn?"

3 Auf diese Worte des Franz erhebt sich sogleich eine kräftige, dickbackige Gestalt [ein Böhme], holt tief Atem und spricht dann hauptsächlich zum Franz: „Hörte mi Kerl fluckte! Wer hot de Urwaschl lunge, un wer hot de Finger lunge? A, sog du mi nu amul a su, noche wart mi! Wan bin a Geist; aber werd di noche schun sogn, wer hot de Urwaschl lunge! A, host di mi verstondn, Kerl fluckte!" — Spricht die Heldin: „O jegerl, Franz! Jetzt schaun ma, daß ma weiterkummen! Wann ma in Wulf nennt, kummt er grennt. Da war scho grad aner, wie ma sich sein Lebtag kan bessern wünschen kunnt. No, wann der zurni wurd, i glaub, der bringet an glei um! — Spricht der Böhme: „Holt die Kusche, deine fladerwaschete! Oder i schlag de ani eine, do wirst de g'nug hobn! Oder manst de, de Böhme sein Teibl? Du bis de ani Hur satrazena, aber de Böhmen sein gute Leut! Verstehs mi, du Großkuschete?" — Spricht die Heldin: „Hörts meine lieben Weaner, dos is aner! Wann mer nit in so an ehrsamen Haus warn, der müßt mir hinausgwutzelt werdn und wann's das Lebn meiner Muater kosten tät. Aber do is nix z'machen! Gehn ma do nur glei weg, sunst gibts an Spektakl!"

4 Auf diese Worte begibt sich die Heldin mit mehreren Wienern schnell zu Jellinek und Mir hin und fängt sogleich mit Jellinek folgendes Gespräch an: „No, no, Herr Dokter, Hietz hätt i Ihna bold nit kennt! Grüß Ihna Gott! Wia geht's Ihna und wos mochn denn Sö da?"

5 Spricht Jellinek: „Schau, mir geht es sehr gut, viel besser als je auf der Welt! Mein sehnlichster Wunsch aber ist, daß es euch allen bald ebenso gut gehen möchte, dann werdet ihr miteinander nicht mehr so hadern wie bis jetzt. Ihr müßt das hier ganz ablegen, sonst kann's mit euch allen schwerlich besser werden! Lernt es von uns, wie man mit den Schwächen seiner Brüder Geduld haben muß, so werdet ihr euch gleich leichter verstehen, und das wird euch goldne Früchte tragen! Aber wenn ihr euch untereinander stets beschimpft und mit Schlägen bedroht, da wird sich noch lange nicht jene christlich-himmlische Liebe unter euch aufhalten, die allein die wahre Seligkeit aller Geister bedingt.

6 Daher laßt ab von eurem dummen Hader und werdet sanft in euren Herzen, so wird euch leicht und bald zu helfen sein! Aber so ihr stets untereinander forthadert, werdet ihr noch lange leiden müssen. Und so euch auch geholfen wird, wird aber die Hilfe ebenso karg bemessen sein, wie da karg ist eure gegenseitige Liebe und Freundschaft! Denkt doch, daß wir vor Gott alle gleich sind! Niemand hat einen andern Vorzug, außer allein, wie er am meisten demütig ist und die stärkste Liebe zu Gott und allen seinen Brüdern in seinem Herzen birgt! Hast du mich wohl verstanden?“

7 Spricht die Heldin: „O ja, verstanden hätt ich's wohl. Aber unsre Weanergoscherln, de können holt nit still sein, wann's wo a Lüftl kriegen! Da war holt a so a Wunderkur guat! Wär das nit mögli hier im Geisterreich? Wissen's unsre Herzen warn grod so schlecht nit; aber holt's Goscherl, das hot'n Teixel gsehn!“

8 Spricht Jellinek: „Nun, wir werden schon sehen, was sich da wird tun lassen. Aber ein bißchen müßt ihr euch auch selbst bestreben, eure Zungen im Zaum zu halten! Bitte diesen Herrn da neben mir, der vermag sehr viel! Wenn der euch hilft, so wird euch wahrhaft geholfen sein!“

9 Spricht die Heldin: „Herr Jellinek, sogen's mir, versteht der Herr do a unser weanerisch? A guats Gsichtl hot er wohl, und gar so gmütli sahet er aus! Den trauet i mi schon anz'redn; aber wann er nur weanerisch versteht!“

10 Spricht Jellinek: „Oh, und wie! Der versteht und spricht alle erdenklichen Sprachen. Ja, ich sage dir, daß er sogar die Sprache des Herzens genau versteht und sozusagen von der Nase herabliest, was sich nur immer jemand noch so geheim denken möchte. Versuch's nur einmal, und du wirst dich sogleich überzeugen, daß ich recht habe!“

11 Spricht die Heldin: „Ei der Tausend, was sog'n Sö mir da? Wann der dos kann, da muß er fast mit unserm lieb'n Herrgott a bißl verwandt sein? 'S wird aber a a spaßigs Redn werdn, wann der schon ehenter alles waß, wos ma ihm sog'n möcht! Aber angehn tu i ihn amol, und möcht er sog'n, wos er glei immer wollt! Aber nur dos sogen's mir no, wie er haßt — nachher brauch i nix mehr.“

12 Spricht Jellinek: „Ja, liebe Freundin, da klopfst du gerade auf dem Fleck an, unter dem es auch bei mir ziemlich hohl ist! Ich ahne und vermute es, daß er ein großer und mächtiger Engelsgeist ist und ist zu

uns ausgesandt, um uns zu belehren und den rechten Weg zu Gott zu zeigen. Das ist aber auch alles, was ich dir sagen kann. Wie er aber so ganz eigentlich heißt und welche hohe Stellung er vor Gott bekleidet, das weiß ich ebensowenig wie du! — Aber das ist gewiß, daß er hier ganz allein wahrhaft helfen kann, weil er dazu die Macht besitzt."

[13] Spricht die Heldin: „Aha, aha, hietzt geht mir schon so a Lichtl auf! Wissen's, Herr Jellinek, i moan, das wird leicht wohl goar so an Apostl san? Vielleicht goar der Petrus oder der Paulus? He, was moanen denn Sö do — hob i recht oder nit?"

[14] Spricht Jellinek: „Meine Liebe, das kann alles leicht sein. Wende dich daher nur schnurgerade zu ihm hin und du wirst bald wissen, wie du mit ihm dran bist. Nur ein wenig zu selbständig spricht er mir für einen Petrus oder Paulus! Ich vermute daher, daß er noch etwas Bedeutenderes sein müsse. Vielleicht so eine Art Erzengel? Aber rede du nur selbst mit ihm, da wirst du am ersten ins klare kommen!"

66

Die Heldin wendet sich um Hilfe an den Herrn
Des Heilands Rat: Bekenne offen, was dir fehlt!
Geschichte einer Gefallenen

[1] Auf diese Belehrung hin schaut Mich die Heldin eine Weile an, geht darauf näher zu Mir hin und spricht zu Mir: „Verzeihn's mir, mein allerbester Herr, wann i Ihne hietzt mit aner Bitt lästig fall'n tu! Schaun's, der Herr Jellinek hat mi an Sö g'wiesen und hot mir gsogt, daß Sö goar so allmächti warn und kunnten an holt überoll helfen, wo's an glei immer fahlen möcht. Schaun Sö, bester, liebenswürdigster Herr! Mir fahlet's halt so hübsch tüchti, und do gab's denn holt a hübsch viel z'helfen! San's so guat und helfen's mir und uns Weanern ollen, wann's Ihne mögli ist! Schaun's, wir san auf der Welt aufg'wachsen wie's liebe Vieh und san so a als Viecher doherkummen und san krank hietzt do überall, wo's nur glei hinschaun mög'n; und dumm san w'r a no dazu wie a dreißigjähriger Religionskrieag. San's so guat

und mach's uns a bißl gsund und gscheiter, wie mir jetzt san — und wir olli werden uns dann schon besser aufführen!"

2 Rede Ich: „Ja, ja, helfen kann Ich euch wohl, und dir am ersten! Aber du mußt Mir zuvor offen bekennen und gestehen, was dir nun so ganz besonders fehlt? Bist du krank, da mußt du Mir sagen, wo, wie und wodurch du dir die Krankheit zugezogen hast. Und so du dumm zu sein glaubst, mußt du Mir auch getreu angeben, was dir an dir selbst eigentlich dumm vorkommt? Ich werde dann schon sehen, wie dir und auch deinen Landsleuten zu helfen ist. Denke nun recht gewissenhaft über alle deine Zustände nach und sage Mir dann, wie du dich gefunden hast! Das andere werde dann schon Ich machen!"

3 Spricht die Heldin: „O jegrl! Da wird's bei mir an g'waltigen Faden hobn! — Sö wärn ja noch über an Liguorianer, wann i Ihne dos olles sogen soll! Schaun's, i war amol bei an solchenen beichten; na hören's, um was mi der a olles ausg'frogt hot — da hobn Sö gar kan Begriff! — Na, ane ärgste Stabscanaille müßt da bis af die Zehn schandrot werdn. Und schaun's, wann i Ihne hietzt olles sogn müßt, wos i mei Lebtag olles schon tan hob — o jegrl, na! Da möchten's Augen mochen! Wann nit so viel Leut da wärn, ganget's no, aber vor so viel Leut müßt i mir jo grod die Augen ausschamen! Hören's, dos war so a Spaß! — Können denn Sö nit *so* erkennen, wos mir fehlt? San's so guat und probiern's mit mir holt Ihner Glück, vielleicht geht's doch ohne Schand ab?"

4 Rede Ich: „Aber hör du, Meine Liebe, wie kam es denn, daß du dich damals nicht geschämt hast, als du sündigtest? Du warst ja bei diesen Gelegenheiten auch zumeist in Gesellschaft und schämtest dich wenig, so dich in nächtlichen Stunden ein Dutzend Jünglinge, vor denen du dich ganz entkleidet aufstelltest und allerlei wollüstige Gesten machtest, angafften, betasteten und dann gewöhnlich noch was taten! Wie solltest du denn gerade jetzt gar so schamhaftig sein? Ich weiß, daß du einmal, als du etwas tief ins Gläschen geschaut, dich so ungeheuer schweinisch benommen hast, daß es dabei sogar den ausgelassenst sinnlichen Hurenhelden vor dir zu ekeln anfing! Und so weiß ich eine Menge noch ärgerer Schaustückchen von dir, die du wie eine wahre Heldin ohne die allergeringste Schamhaftigkeit vollbracht hast. Und so wird es auch hier, meine Ich, nicht gar zu sehr deine Keuschheitsehre

angreifen, so du Mir offenherzig sagst, *wo* es dir fehlt, und *wie* du mit deinem Fehltum in Not und Elend gekommen bist!“

5 Spricht die Heldin verdutzt: „No, Sö warn mir a der Rechte! Sö wissen, wie man die andern fangt! Sö kunnten an ins G’schrei bringen, daß ma sein Lebtag gnua dran hätt! Schaun’s, wann’s nit gar so guatmüti aussaheten, i künnt meiner Seel harb auf Ihne werdn! Ober weil i aus Ihnern guaten Gsichtl erkennen tu, daß Sö mir’s net schlecht moanen, so will i mir nix draus mochen! Aufrichti gsogt, schiniern tu i mi eigentli nur vor Ihne. Wos do dieses Weaner Gfraßt betrifft, do machet i mir grod nit z’viel draus! Wenn’s mir aber erlauben, a wengerl leiser z’reden, da kunnt i Ihne schon so manche Stückl zum besten gebn.“

6 Sage Ich: „Das kannst du schon tun. Aber nur nichts verheimlichen, verstehst du!“

7 Spricht die Heldin, sich zuvor ein wenig räuspernd: „No, in Gottes Nam’, wann’s denn schon san muß, so hören’s mi holt guatmüti an! Schaun’s, mit vierzehn Jahrln hob i grod am Pfingstmontag mei Jungfernschaft einbüßt, und wann i mi nit irr, so war’s a g’wisser Pratenhuber-Toni. Dos woar schon o ganz sakrisch saubrer Bua! Und weil er mir holt goar so zugsetzt hot, do hob i holt gmant: Na, ewi kannst so ka Jungfer bleibn, und amol muaßt doch probiern, wie dös is. — Und so hob i ihn holt feschweg drübr lassn! — Und weil’s mir holt goar so guat gschmeckt hat und ihm a, so hamer’s nochher holt öfter probiert. Und i wär nit goar so schlecht worden, wann i nur amol hät kinnen schwanger werdn! Aber do hob i schun tan kinnen, wos i nur g’wollt hob, so is denno nix draus wordn! Und schaun’s, do hot nochher der Toni mi heiroten solln. Weil er aber gmant hot, daß i unfruchtbar wär, hot mi der Hauptschnipfer nochher sitzen lossen und hot sich ane andre g’numma! Und i war do ganz deschperadig und hob mir denkt: Hietzt is schon olls ans, um a paar Dutzend Liebhaber auf oder ab! Die Höll is dir so g’wiß, wann’s ani gibt! Und do hob i holt recht fidel z’leben ang’fangen, was nur’s Zeig gholten hat! — Vadern hob i ehenter nie an gsehn, und mei Muader, Gott tröst sie, woar holt selber nix besser wie i! Und schaun’s, bei so an Lebenswandel bin i holt öfter ang’steckt worden, und andre nochher a von mir. Und do hot mir nochher wohl so a homipathischer Doktor gholfen; aber dafür hab i nochher müssn

zu ihm in Dienst gehn; no, daß er dann mit mir a kan Rosenkranz bet't hot, dos werden's Ihne wohl denken kinnen!

8 Wie nochher aber die Gschichten in Wean ausbrochen san, do wor holt mei Herr Doktor a dabei und hot überoll fleißi g'holfen Revolution machen. Und weil i holt goar a so a kuraschierts Madl wor, so hob i mi holt a zum Revolutionmachen brauchen lassen und hob dabei mein Tod gfunden. Und hietzt bin i holt do als an oarmi Seel und muaß holt dfür leidn, weil i auf der Welt z'lusti war! — Und hietzt hob i's Ihne a olles gsogt, wos i gwußt hob. Und Sö wiss'n hietzt a, wie's mit mir dran san, und wissen a, wo's mir fehlt und wie i dazu kummen bin. Und so bitt i Ihne holt um Himmels Jesu willen, wann's mir helfen kinnen, so helfen's mir!"

9 Rede Ich: „Nun, Ich bin zufrieden mit deiner Offenherzigkeit und werde auch schauen, ob und wie dir zu helfen sein dürfte. Zugleich aber muß Ich dir ebenso offen bekennen, wie du Mir deine Hauptsünden offen bekannt hast, daß dich nur dein gutes *Herz* und deine dir unmöglich zu Schulden fallende schlechte Erziehung von der Hölle retten! Hättest du ein etwas schlechteres Herz, oder wärest du in deiner Erziehung weniger vernachlässigt worden, so würdest du dich schon in der Hölle befinden und dort die entsetzlichste Qual leiden! Denn es steht geschrieben: »Hurer und Ehebrecher werden in das Himmelreich nicht eingehen!« — Aber, Ich will aus den obigen Gründen mit dir die Sache nicht so genau nehmen und werde sehen, wie dir zu helfen ist! Sage Mir aber zuvor, was du von Jesus, dem Heiland hältst?"

10 Spricht die Heldin: „Oh, den hob i z' Tod gern! Denn der hot jo die Ehbrecherin grettet und hot die Magdalena a nit verstoßen, wann sie a no so a große Sünderin woar. Und vor der Samariterin hot er grad a kan Grausen kriegt! Un do moan i holt, wann er mi sähet und i ihn recht schön bitten tat, daß er mi grod a it glei umbringen tät?"

11 Sage Ich: „Nun gut, Meine Liebe, Ich werde heimlich mit Ihm reden! Denn Er ist nicht weit von hier. Vielleicht macht Er's mit dir auch wie mit der Magdalena? Warte nur ein wenig hier — aber ganz ruhig!"

67

Sonderbemerkung des Herrn über den Zweck dieser zum Teil ärgerlich scheinenden Kundgabe

1 Wohlzumerken! — Daß diese Szene hier ganz so wörtlich wiedergegeben wird, wie sie in der Geisterwelt in der Wirklichkeit vor sich geht — und auch unmöglich anders vor sich gehen kann, als wie da Sitte, Sprache, Leidenschaften und die verschiedenen Grade der Bildung bei einem Volk es notwendig mit sich bringen — geschieht deshalb, um dem gläubigen Leser und Bekenner dieser Offenbarung einen anschaulichen Beweis zu geben, daß der Mensch nach Ablegung des Leibes ganz so Mensch ist mit Haut und Haaren, mit seiner Sprache, mit seinen Ansichten, Gewohnheiten, Sitten, Gebräuchen, Neigungen, Leidenschaften und daraus hervorgehenden Handlungen, wie er es auf der Welt bei seinem Leibesleben war — d. h. solange er nicht die völlige Wiedergeburt des Geistes erlangt hat.

2 Deshalb heißt auch ein solcher erster Zustand sogleich nach dem Übertritt »die naturmäßige Geistigkeit«, während ein vollends wiedergeborener Geist sich im Zustand der »reinen Geistigkeit« befindet.

3 Den Unterschied zwischen dem Leben dieser Welt und jenem in der Geisterwelt macht bei naturmäßigen Geistern, so sie mehr einfacher Art sind, bloß die zweckmäßige *Erscheinung* der Örtlichkeit aus. Sie ist stets mehr oder weniger ein Aushängeschild von dem, wie die Geister zum größten Teil *innerlich* beschaffen sind. — Diese, die vernachlässigte Wiedergeburt des Geistes hier in der Geisterwelt sehr begünstigende Erscheinlichkeit kommt zumeist nur jenen *armen* Geistern zugute, die auf der Welt in einer natürlichen und geistigen Armut ihr Leben zugebracht haben. — Aber Geister von *reichen* Besitzern allerlei irdischer Güter, an denen ihr Herz wie ein Polyp am Meeresgrund klebt, finden alles wieder, was sie hier verlassen haben. Sie können dort mehrere hundert Jahre nach irdischer Rechnung in solch einem grob naturmäßigen Zustand verharren und werden daraus nicht eher gehoben, bis sie selbst Bedürfnis nach etwas Höherem und Vollkommenerem in sich zu verspüren anfangen.

4 Nun wißt ihr, *warum* diese wichtige Szene wörtlich und umständ-

lich offenbart wird. Und so wollen wir denn wieder zu der Szene selbst übergehen! — Denn unsere Heldin wird schon unruhig und erwartet mit der größten Sehnsucht den Bescheid, den Ich ihr von Jesus Christus zu geben verheißen habe! — Ihr müßt aber dabei noch den wichtigen Umstand berücksichtigen, daß sich diese bedeutungsvolle Szene gerade *jetzt* in der Geisterwelt zuträgt und sonach einen großen Einfluß auf die Begebnisse dieser irdischen Zeit ausübt! Aus allen diesen noch so trivial klingenden Gesprächen könnt ihr bei einiger Verstandesschärfe die ganze Lage und Bewegung der Dinge, wie sie nun auf der Erde statthaben, gar leicht erkennen. Ebenso auch die Folgen dieser Bewegungen, die besonders aus dem späteren Verlauf dieser Szene hell und klar hervorgehen werden. Aber stoßen dürft ihr euch an nichts! Denn es muß hier alles so kommen, wie es kommt. — Und nun wieder zur Szene!

68

Die harrende Heldin und der hochmütige Pathetikus
Letzterer vom Herrn zurechtgewiesen
Liebeswunder an der Heldin Helena

1 Die Heldin, nun schon ganz ungeduldig, geht etwas schüchtern näher zu Mir hin und fragt Mich, ob Ich etwa schon ganz geheim durch gewisse Zeichen mit Jesu, dem Herrn, ihretwegen gesprochen habe?

2 Der *Pathetikus,* der nun aus der Gesellschaft mehrere seines Gelichters gefunden hat, ist schon sehr ärgerlich darüber, daß diese seiner Meinung nach elende Lerchenfelderin so frech ist und Mich als einen Honoratior dieses Hauses so belästige! Er geht daher mit noch einigen auf sie zu und spricht: „No, Sie Lerchenfelder Bagage, wie lange wird es Ihr denn noch belieben, dem respektabelsten Herrn dieses Hauses mit Ihrem Hundegebell zur Last zu fallen! Hat Sie denn gar keine Lebensart?"

3 Spricht die *Heldin:* „Sö bratschultriger Tapschädl Sö! Geht Ihne das eper wos an? Schaun's daß weiter kummen, Sö naturwidrigs Fleischfuttral von all'n adeligen Weaner Drecksäu! Sonst sag i's Ihne, wia's auf echt deutsch hoaßen tan! Do schau der Mensch so an zopfign

Gallpitzlfabrikanten an! Hietzt is ihm gar nit recht, daß unserans mit an solchenen Herrn redt! Was glauben's, wer Sö san? Glauben's, weil's amol auf der Welt als pansionierter Fourierschütz an kaiserlichen Sabl trogen hobn, daß Sö deshalb a do in dieser Welt besser san als unserans? — O Sö damischer Tapschädl, do wird ma Ihne glei an Exrawurst broten! Is wohl guat, daß Christus der Herr nit do bei uns is; denn der müßt jo a narrische Freud hobn, wann er so an grobn Limmel vor ihm sahet, wie do Sö aner san! Hietzt schaun's aber nur, daß Sei mit Ihnre Krokodilaugen und Bockfüß weiterkummen tan, sonst gschieht Ihne wos anders."

4 Darauf wendet sich der Pathetikus zu Mir und spricht: „Aber lieber, bester Freund, ich bitte Sie um Gottes willen, dieser Kreatur zu untersagen, fürderhin so ein loses Maul gegen Männer von Ehre und Reputation zu haben; denn sie stellt einen ja her, wie wenn man der allergemeinste Schuhflicker wäre! Es ist wohl wahr, daß wir hier in der Geisterwelt sind, wo der Standesunterschied für ewig aufzuhören hat. Aber der Unterschied der Intelligenz und feineren Bildung kann solange nicht aufhören, bis diese auf Erden verwahrlosten menschlichen Potenzen jenen Grad von Bildung und Humanität werden erreicht haben, durch den sie einer besseren Gesellschaft angenehm und interessant werden können! Ich bitte Sie, lieber Freund, bedeuten Sie das doch dieser weiblichen echten Lerchenfelder-Kreatur!"

5 Rede Ich: „Mein lieber Freund, es tut Mir leid, hier Ihrem Verlangen auf gar keinen Fall Gewähr leisten zu können. Und zwar aus dem alten Grunde, weil vor Gott alles ein Greuel ist, was die sogenannte bessere Welt groß, glänzend, erhaben und schön nennt und preist! Denn Gott bleibt sich stets gleich und hat nie ein Wohlgefallen an solchen Ehrenmännern, die den Menschenwert nur nach der Anzahl der Adelsahnen oder nach der Amtswürde oder nach der Vielheit des Geldes bestimmen, alles andere aber als Canaille bezeichnen. Aber alles, was vor der Welt klein, gering und oft sehr verachtet ist, das steht wieder bei Gott in großen Ehren! Und so muß Ich Ihnen hier offen bekennen, daß Mir, als einem allerintimsten Freunde Gottes, diese von euch verachtete Lerchenfelderin um eine Million mal lieber ist als Ihr, Meine hochadeligen Freunde, d. h. wenn Ich so frei sein darf, euch als Meine Freunde zu titulieren! — Ihr habt aber dieser Armen nun sehr genützt; denn von nun an will Ich sie erst recht an Mich

ziehen und ihr eine Bildung hinzugeben, vor der selbst die Engel einen Respekt bekommen sollen. Sie wird bald sehr hoch oben stehen und eine Zierde dieses Hauses sein! Wo ihr Ehrenmänner aber euch in Kürze befinden dürftet, das wird die leidige Folge zeigen! Ich ersuche euch aber eures eigenen Heiles willen, diese Arme ja nicht mehr zu belästigen, denn sie gehört nun ganz Mir an! — (Mich zur Heldin wendend): Und du, Meine liebe »Magdalena«, bist du damit zufrieden?"

6 Spricht die Heldin: „O Jesus ja, und ob! Sö san mir a um zehnmillionenmol lieber als diese hochmütigen Dinger do, die an armen Menschen grod als a Vieh betrachten! I bin nit harbig af sö; aber giften kann mi das wohl, wann's an goar so bagatellmäßi behandeln tan. Unser Herrgott verzeih's ihnen, denn sie wissn wohl a nit, was sei tan!"

7 Spricht der Pathetikus: „No, schon gut, schon gut! — Hört ihr, meine Kameraden, wenn's in der Welt der Geister überall so fad zugeht als dahier, da ist diese Welt eine saubere Bescherung für die saueren Vorbereitungen auf der Erde zu dem vielgerühmten Leben der Seele nach dem Tod! Auf der Erde hat der gebildete Ehrenmann sich doch durch seine Stellung, durch sein Staatsamt und durch seine Wohlhabenheit vor den Angriffen solch gemeinsten Geschmeißes verwahren können. Hier aber wächst einem dieses Lumpengepack keck übers Haupt, und man wird sich am Ende etwa gar noch müssen eine Gnade daraus machen, daß unsereinen so eine pausbackige Dirne anschaut! Zum Überfluß aller sozialen Fadheiten muß dieser sonst recht ehrenwert aussehende Mann sich auch noch für diese faule Pomeranze interessieren und sie uns zum Trotz gerade bis zum Himmel erheben. Das ginge uns hier gerade noch ab zur vollen Verzweiflung! — Der sagte, daß er ein allerintimster Freund Gottes sei! Nach seiner Neigung zu der pausbackigen, vollbrüstigen und dicksteißigen Lerchenfelderin zu urteilen, muß die ihm so sehr befreundete Gottheit ein wahrer Superlativ aller Gemeinheit sein! Diese feile Dirne stinkt vor Unzucht, und er will sie bilden und sie zur Zierde des Hauses erheben! Hört, das wird eine schöne Zierde werden! Hahaha, oder was!"

8 Spricht die Heldin zu Mir: „Aber hörn's, wie der schimpfen tut! Na, dem solltn's doch was sogn — so aber, daß er's verstanget!"

9 Sage Ich: „Mache dir nichts daraus! Sie sollen nur schimpfen, wie es ihnen gefällt. Es wird sich dann schon zeigen, wie viele Interessen ihnen ihr hochmütiges Schimpfen tragen wird! Auf daß aber ihr Hoch-

mut noch mehr Steine zum Anstoß an uns zweien finden soll, mußt du von nun an als Meine Geliebte Mich mit »du« anreden und mußt zugleich auch versuchen, recht fein deutsch zu reden. Wenn diese das hören werden, da wirst du erst sehen, wie ihnen der Hochmutspitzel steigen wird! Versuch's einmal, ob du nicht ganz rein deutsch zu reden imstande sein solltest!"

[10] Die Heldin merkt in sich eine Veränderung. Ein großes Wohlgefühl durchströmt ihr ganzes Wesen, was auch auf ihre Gestalt einen sehr günstigen Eindruck macht. Ganz selig erstaunt über solch plötzliche Veränderung ihres Wesens, an dem sich auch nicht ein leisester Schmerz irgend mehr verspüren läßt, blickt sie Mich voll Freuden an und spricht: „O du hoher Freund aus den Himmeln, wie wohl wird mir nun an deiner Seite! Alles Rohe fiel wie ein Schuppenpanzer von mir! Mein Denken und meine grobe Sprache haben sich verwandelt wie eine ehemals eklige Raupe in einen herrlichen Falter! Und alle meine Schmerzen schwanden wie der Schnee vor der Glut der Sonne! O wie wohl ist mir nun! Und wem danke ich das? Dir, dir! Du großer, heiliger Freund des Allerhöchsten!

[11] Aber da du mir ärmsten Sünderin eine so unendlich große Gnade erwiesen hast, deren ich wohl ewig nie nur im allergeringsten Maße wert kann werden — o so sage mir nun aber auch, was ich tun soll und wie mich benehmen, um dir nur einigermaßen meine gebührende Dankbarkeit an den Tag legen zu können!"

[12] Rede Ich: „Du Meine geliebte Helena (d. i. ihr himmlischer Name!), wir sind schon quitt miteinander. Du gefällst Mir nun ganz ausgezeichnet und hast ein *Herz,* das Mich gar sehr liebt, so wie das Meinige dich! — Was braucht es da noch mehr? Reiche Mir nun auch deine *Hand* zum Pfand deiner Liebe zu Mir und gib Mir einen recht brennheißen Kuß auf Meine Stirne! — Für alles übrige werde schon Ich sorgen."

[13] Helena wird nahe ganz glühend vor Liebe, reicht Mir sogleich die Hand und gibt Mir auch den verlangten Kuß auf die Stirne mit einer kaum zu beschreibenden Liebe-Innigkeit.

[14] Diese Szene lockt Robert, Messenhauser, Becher und vorzüglich dem Jellinek Tränen aus den Augen. Helena sieht bald nach dem Kuß auf Meine Stirne wie eine Verklärte aus und wird in ihrer Gestalt so edel und schön wie ein schon himmlisches Wesen — bis auf ihre Klei-

dung, die aber dennoch nun sehr gereinigt und nett aussieht. — Robert aber kommt sogleich herzu und fragt Mich, ob er für diese schöne Blume auch neue Kleider holen soll! Ich sage ihm: „Nach einer kurzen Weile, so Ich es verlangen werde!“

69

Pathetikus über diese wunderbare Veränderung Helenas
Unterschied zwischen Traum und wirklichem Leben
Olafs Gleichnis von der Brautwerbung

1 Diese Verwandlung bemerkt auch unser Pathetikus und seine Gesellschaft. Und einer aus der Gesellschaft sagt zu ihm: „Du, Freund, merkst du nichts? Jene Lerchenfelderin, ein ehemaliger Schmerkübel voll Unzucht, Ruß und Dreck wird nun ganz verklärt! Es ist nun eine Passion, das neckische Dingerl anzuschaun! Sollte etwa doch jener unbekannte Freund Blums eine Art von echt ägyptischem Magier sein?“

2 Spricht der Pathetikus: „Ja, ich merke auch so etwas Ähnliches. Aber weißt du, wenn so ein Menscherl recht verliebt ist, und ihr die Liebe die Wangen zu röten anfängt und den Busen anschwellen macht, so ist dann so ein Figürl gleich ganz nett aussehend beisammen! Oh, da hab' ich auf der Erde nicht selten Menscherln gesehen, die in ihrer gewöhnlichen, schmutzigen Hausverfassung direkt grauslich ausgesehen haben, wenn sie aber sonntags mit ihren Liebhabern zum Sperl hinausgewandelt sind, da waren sie gar nicht mehr zu erkennen! Das ist bloß die Liebe, die hier wie auf der Erde nicht selten solche wunderähnliche Verschönerungen des weiblichen Geschlechts hervorbringt. Nimm du ihr die Liebe, und sie wird gleich wieder mit einem anderen Gesicht dastehen!“

3 Spricht der andere: „Weißt, du hast wohl in einer Hinsicht recht; hier aber scheint sich die Sache ganz anders zu verhalten! Denn fürs erste ist dies Wesen wirklich *auf einmal* zu schön geworden, und dann spricht es nun auch ein reinstes und edles Deutsch, es ist keine Spur von einem Wiener Dialekt mehr zu entdecken. Das bewirkt so eine gewöhnliche Liebe nicht! Da muß etwas Höheres, für uns Unbegreifliches mit

im Spiel sein. Betrachte nur einmal recht den unendlich zarten Teint, die Weichheit ihrer Arme und ihres Nackens, das schönste Blond ihres Haares, die höchst interessante Form ihres Gesichts und die echt himmlische Rötung ihrer Wangen. Was wahr ist, ist wahr! Du wirst mir in jedem Falle recht geben müssen!"

4 Der Pathetikus fängt hier ernstlich zu stutzen an, da er die Bemerkung seines Freundes wohl begründet findet. — Aber ein dritter in der Gesellschaft erhebt sich und spricht: „Werte Freunde. Ihr beide faßt die Sache ganz irrig auf! — Seht, diese Verwandlung hat in meinen Augen einen ganz natürlichen Grund. Wir sind nun in der reinsten Geisterwelt. Unser Leben ist nichts als ein vollkommener Traum, und was wir nun sehen ist ein Spiel unserer Phantasie, an der nichts echt und wahr ist als sie selbst. Dieser Phantasie beliebt es nun, uns allerlei Spektakel vorzumachen, die sich unseren seelischen Traumsinnen wie objektive Wirklichkeiten darstellen. An denen aber ist natürlich ebensowenig gelegen wie an den Bildern, die wir auf Erden mittels einer sogenannten Zauberlaterne zuwege brachten. Seht, so verhält sich die Sache hier! Begreift ihr das?!"

5 Spricht der erstere: „Freund, mit dieser deiner Erklärung hat es hier einen offenbaren Haken. Denn wenn das alles nur eine Art Traum wäre, müßte ja deine Erklärung auch ein Traum sein, auf den man dann auch ebensowenig halten könnte wie auf alle übrigen Erscheinungen. Oder könntest du wohl behaupten, daß deine Belehrung an uns von deiner Ansicht eine Ausnahme macht? Ich habe auf Erden sehr oft und lebhaft geträumt; aber welch ein Unterschied zwischen einem Traum und dieser einleuchtend hellsten Wirklichkeit!

6 In meinen Träumen verhielt ich mich vollkommen passiv, hier aber bin ich meinem klarsten Bewußtsein nach vollkommen *aktiv. Im* Traum hatte ich nie eine Rückerinnerung. Und wenn mir schon so etwas vorkam, als wäre es eine Art Rückerinnerung, so war sie stets dumpf und unvollständig. Hier aber ist die Rückerinnerung von einer solchen Klarheit, daß mir sogar die unbedeutendsten Erscheinungen meines irdischen Lebenswandels wie vollendete Bilder einer Camera von A bis Z vorschweben! Sage Freund, kann man das einen Traum nennen?

7 Im Traum empfand ich nie vollkommen Schmerzen oder Hunger und Durst. Und die Gestalten der mir im Traume erscheinenden Wesen waren stets sehr flüchtig und wandelbar und verdrängten sich in

schneller Reihenfolge sogestaltig, daß von den Vorgängern gewöhnlich nichts mehr vorhanden war, wenn die Nachfolger in Erscheinung traten. Von irgendeiner logischen Ordnung zwischen dem Vorhergehenden und Nachfolgenden war nie eine leiseste Spur zu entdecken. Hier hingegen aber geht alles — wennschon das Gepräge des Wunderbaren unleugbar an sich tragend — in einer solch logischen Konsequenz vor sich, daß man sich als stiller Beobachter darüber nicht genug verwundern kann.

8 Welche weise Logik durchweht jede Rede, die entweder Blum oder seine Freunde an jemanden richten! Wie formbeständig und architektonisch richtig ist dieser Saal erbaut! Und wie sieht hier alles so bedeutungsreich aus!

9 Und das alles soll ein Traum sein? Nein, Freunde, das ist kein Traum, das ist eine große, heilige Wirklichkeit! — Und wir tun sehr wohl, wenn wir alle diese Erscheinungen mehr zu würdigen anfangen als bisher. Und so kommt mir die merkwürdige Verschönerung unserer Lerchenfelderin nun auch viel bedeutungsvoller als ehedem vor! Was meint ihr nun von meiner Beurteilung dieser Sache?"

10 Spricht der Pathetikus: „Freund, du hast recht, ich pflichte dir vollkommen bei. Aber das kann ich nicht begreifen, wie man auch hier leidenschaftlich für oder wider etwas eingenommen sein kann! Sieh, mich ärgert es noch, wie mich ehedem diese nun unbegreiflich schön gewordene Lerchenfelderin gar so lausbubenmäßig hergestellt hat. Und als ich dann bei ihrem Freund und Geliebten Rechtfertigung suchte, erhielt ich auch von ihm, was ich sicher nicht suchte. Kurz, ich ward bis in die innerste Fiber meines Lebens gekränkt, was man als Mann von unbescholtener Ehre doch nicht so gleichgültig hinnehmen kann. Und sieh: eben, daß man auch hier im Reich der Geister, im Reiche der höchsten Ordnung und Konsequenz, gekränkt und beleidigt, ja sogar ordentlich erzürnt werden kann, ist mir ein Rätsel! Erkläre mir, wie das möglich ist, und ich will mich dann vollkommen deiner Ansicht anschließen!"

11 Spricht der angeredete Max Olaf: „Mein Freund, diese Sache ist ja ganz einfach und klar! Was ist denn eine Kränkung und Beleidigung? Nichts anderes als eine Zurückweisung unseres natürlichen Hochmuts. Der Hochmut an und für sich aber scheint mir das Gefühl in der Seele zu sein, wonach sie ihre hohe, göttliche Abkunft bloß wie für

sich ansieht und so betrachtet, als wäre nur sie allein die Bevorzugte; alles andere sei entweder viel minder oder gar eine Null! Tritt nun dieser Lieblingsidee etwas schroff in die Quere und will neben ihr wenigstens den gleichen Rang auch behaupten, so empfindet die Seele diese Opposition wie schmerzlich, sie beengend und dadurch kränkend. Weil sie daraus ersieht, daß andere von ihr das nicht halten wollen, was sie von sich selbst hält. Ein solcher Zustand der Seele aber scheint mir jedoch sehr unlogisch und unkonsequent zu sein; und er muß eine gerade entgegengesetzte Richtung einschlagen, so aus ihm für die Seele ein wahres Glück erwachsen soll!

12 Auf der Erde haben jene, die sich für besser dünken als andere, allerlei Mittel, diesem Dünkel Geltung zu verschaffen. Aber hier, wo es weder Geld, noch Adel, Heere, Bajonette und Kanonen gibt, sieht's mit solch unlogischem Seelendünkel notwendig etwas fatal aus! Denn es ist ja im Grunde doch unrecht, so ein Geschöpf sich vor einem anderen ganz gleichen Geschöpf erheben will. Und fürs zweite ist ein solches Bestreben sogar eine barste Narrheit!

13 Denn Logik und Erfahrung sagen, daß im Grunde derjenige Mensch stets der glücklichste ist, der die wenigsten Anforderungen für sich an seine Nebenmenschen stellt. Daher ist es wirklich eine Tollheit, mit etwas das Glück erreichen zu wollen, womit es ewig unerreichbar ist! — Sage mir, was hältst du wohl für besser und zweckmäßiger: das Bestreben nach Erfüllung zahlloser Bedürfnisse, die in der Seele gleich dem Unkraut wuchern, oder eine weise Beschränkung der Bedürfnisse auf ein mögliches Minimum?"

14 Spricht der Pathetikus: „Offenbar das zweite. Denn je weniger man braucht, um glücklich zu sein, desto leichter und auch wahrer wird man glücklich!"

15 Spricht Max Olaf: „Richtig! So ist es und wird es ewig bleiben!

16 Handeln wir nun auch danach und es wird uns keine Lerchenfelderin mehr genieren! Habe ich wohl recht oder nicht?!"

70

Ehegeschichte des Pathetikus
Der hilfreiche General

1 Spricht der Pathetikus: „Bruder Max, du hast nun gut, wahr und aus dem Leben gegriffen gesprochen! — Auch ich war von Geburt aus nur ein Landjunker, wie du weißt. Meine Eltern haben nie zur Klasse der Wohlhabenden gehört und konnten mir somit auch keine andere Erziehung geben, als sie selbst hatten. Der Zufall wollte es, daß ich zum Militär kam. Ich war ein sauberer Bursche und hatte das Glück, meinen Oberst für mich eingenommen zu machen. Er gab mich in die Regimentsschule, in der ich binnen kurzem gut lesen, schreiben und rechnen lernte. In den sonstigen Dienstsachen war ich bald einer der Gewandtesten im ganzen Regiment. Die natürliche Folge davon war, daß ich Gefreiter, Korporal, Feldwebel und schließlich nach sieben Jahren schon Offizier wurde. Jung, sauber, lustig und geschickt, und Offizier! Denke, daß ich auch im Punkt des schönen Geschlechts bei solchen Eigenschaften nicht zurückblieb.

2 Zum Unglück lernte ich bei einem Erzaristokraten eine seiner Töchter kennen, und das bei Gelegenheit eines Balls, den er dem Offizierkorps gab. Sie war von Geburt eine Baronesse und ihr Vater obendrauf ein ungeheuer reicher Mann. Das Mädchen gefiel mir, und ich ihr wahrscheinlich noch mehr. Kurz, sie fing Feuer und gab es mir unzweideutig zu verstehen, was sie für mich fühle! Ich, von Geburt ein Landwirt und gegenüber dem Baron arm wie eine Kirchenmaus, nur durch meine Leibesvorzüge und nicht durch Verdienst Offizier, das reimte sich wohl schlecht zusammen. Aber was fragt rechte Liebe nach Geburt und Reichtum!

3 Wir beide waren also ineinander über Hals und Kopf verliebt, und unser Wunsch war natürlich kein anderer, als einander ehestmöglich zu heiraten. Aber wie? Wie des erzaristokratischen, reichen Vaters Einwilligung erhalten und ihn zur Legung der vorgeschriebenen Kaution bewegen? Ich steckte mich hinter alles, was mich beim Vater nur immer protegieren konnte. Der Erfolg war, daß mir das Haus auf höfliche Art verboten wurde. Was nun?

4 Mein Oberst, der mich wie einen Sohn liebte, riet mir, den Dienst zu quittieren, dann nach England zu reisen und mir dort eine bedeutende Militärstellung zu kaufen. Zu diesem Behufe wolle er mir, selbst ein sehr reicher Kavalier, das nötige Geld ohne allen Rückhalt vorschießen. Ich befolgte seinen väterlichen Rat auf das pünktlichste. Kurz, im Verlauf eines halben Jahres war ich, da ich mich zur Marine wandte, erster Kapitän eines Kriegsschiffes, das nach kurzer Zeit die Bestimmung erhielt, nach Ostindien zu segeln. An Tapferkeit fehlte es mir nicht, und die Nautik hatte ich mir bald zu eigen gemacht.

5 Nur zu bald boten sich mir tausend Gelegenheiten, mich als Feldherr auszuzeichnen. Alle Operationen, die mir anvertraut wurden, habe ich glänzend durchgeführt, und so fehlte es auch nicht an gebührenden Auszeichnungen. Nach etwa vier Jahren kehrte ich nach England zurück, geadelt und auch sehr reich. Dort bekam ich einen halbjährigen Urlaub, den ich natürlich benützte, um meine Heiratsgeschichte in Ordnung zu bringen.

6 Als ich in meinem Vaterland ankam und gottlob meine Eltern und Geschwister am Leben fand, war darauf mein erster Gang in die Stadt, wo sich mein guter Vater Oberst nun schon als Generalmajor befand. Die Freude über unser Wiedersehen war groß. Meine erste Sorge war, ihm die große Schuld abzutragen. Aber er nahm nichts an und sagte, als ich ihm blankes Gold auf den Tisch legte: »Mein liebster Freund, Sie wissen, daß ich nie verheiratet war und keine Kinder habe. Sie sind mein einziger Sohn, an dem ich mein Wohlgefallen habe, und somit auch der Erbe meines sämtlichen Vermögens. Diese Kleinigkeit aber betrachten Sie als ein väterliches Vorgeschenk und machen davon auch keine Erwähnung mehr!«

7 Daß mich eine solche Erklärung bis zu Tränen rühren mußte, das versteht sich von selbst. Wer wohl könnte einem solchen Edel- und Ehrenmann gegenüber ungerührt bleiben? Als wir uns so recht wacker ausgesprochen hatten, so fragte er mich, ob die bewußte Baronesse nie an mich, oder ich an sie geschrieben hätte. Ich erwiderte, daß ich ihr dreimal geschrieben habe, aber leider auf keines dieser Schreiben eine Antwort erhielt. Daß ich aber nun mit diesem Besuch, den ich ganz besonders ihm, meinem größten Freund, schuldig war, auch noch eine Anfrage an den Baron um die Hand seiner Tochter verbinden möchte.

8 Der Generalmajor war damit sehr zufrieden, obschon er mir nicht

verhehlte, daß der Baron mit seiner Tochter jetzt noch ein anspruchsvolleres Wesen treibe als ehedem. Reichtum sei kein Köder für ihn, ebensowenig auch das Verdienst eines unadelig Geborenen, sondern bei diesem bornierten Aristokraten zähle bloß die Geburt und der hohe Adel. Er habe auch deshalb den ihm vom Kaiser verliehenen Grafentitel zurückgelegt, weil er dadurch zu einem jüngsten Grafen würde, während er sonst doch der älteste Baron sei!

[9] Daß diese Erklärung auf mein Gemüt keinen sehr günstigen Eindruck machte, läßt sich leicht begreifen. Ich war wohl auch nun ein Edelmann. Aber wo wären bei mir die erforderlichen wenigstens sechzehn Ahnen zu suchen gewesen? Aber der Generalmajor meinte, ich solle dennoch dem Alten meine Aufwartung machen und ihm dabei recht viel Abenteuerliches erzählen von Meeresstürmen, Seeschlangen und Seeschlachten, wovon der Baron ein großer Freund sei; vielleicht gelänge es mir, das Herz des alten Kauzes zu gewinnen!

[10] Ich befolgte den Rat meines Freundes und wurde vom Alten mit großer Auszeichnung empfangen, was ich für ein gutes Vorzeichen hielt.

[11] Das Beste an der Sache war das, daß mich meine Emma noch mit derselben Glut liebte wie ehedem. Sie hatte meine Briefe richtig erhalten, mußte dieselben jedoch nur stumm und unter vielen Tränen in ihrem Herzen beantworten. Ich bot natürlich alles auf, um den Alten in Punkto seiner Tochter mir geneigt zu machen. Aber da war alles vergebliche Mühe! Kurz, ich stand nach einem Vierteljahr auf demselben Punkt mit ihm wie am ersten Tag meines Besuches.

[12] Was ist da zu machen? fragte ich meinen Freund. Nach einer Weile sagte er: »Ich will Ihnen durchaus keinen bösen Rat erteilen; aber so Sie hier zum Ziel gelangen wollen, so müssen Sie sich schon auf einen Gewaltstreich verlegen. Das Mädchen ist nun nahe an sechsundzwanzig Jahre alt, also vollkommen majorenn und kann über Herz und Hand disponieren, wie es will. Hat es den Mut, sich auch ohne die Einwilligung ihres Vaters zu verheiraten, da nehmen Sie Ihre Emma nur vom Fleck weg! Ich denke, weil das Mädchen selbst Ihnen unlängst den Vorschlag zu einer Entführung machte, so dürfte es auf meinen Vorschlag doch noch eher eingehen, weil er sich auf dem Boden der Gesetzlichkeit befindet. Wenn aber dieser Plan scheitern sollte und Sie hier zu keiner Trauung kämen, dann freilich müßten Sie den Gewaltstreich der

Entführung schnell und wohlberechnet wagen und sich dann in England trauen lassen. So es kein anderes Mittel zur Erreichung des Zieles gibt, wird Ihnen am Ende nichts anderes übrig bleiben. Sie werden zwar sicher verfolgt werden! Aber das lassen Sie nur mir über; ich werde die Verfolgung schon so leiten, daß Sie sicher nicht eingeholt werden. Das Weitere werden Sie dann schon selbst zu veranstalten wissen.«

13 Dieser Rat gefiel mir natürlich, und ich führte schon bald den Gewaltstreich aus, weil sich der Ausführung der Heirat unüberwindliche Schwierigkeiten in den Weg stellten. Wie mir hernach von seiten meines Freundes bekanntgemacht, wurde ich auch verfolgt. Aber da mein Freund die Verfolgung zu lenken wußte und fürs zweite das Meer keine Balken hat, so kam ich gut davon. Meine Fregatte betretend, ließ ich mich sogleich von unserem katholischen Schiffskaplan trauen und die Trauung gehörig dokumentieren. Damit war soweit alles in Ordnung, was sozusagen die bloße Heirat betrifft."

71

Des Pathetikus Ehehimmel umdüstert sich
Das wahre Gesicht der Gattin

1 Spricht Pathetikus weiter: „Ich sah nun nichts als ein Paradies vor mir, da ich nun das Ziel erreicht hatte. Aber leider stiegen um mein Paradies nur zu bald die düstersten Wolken auf!

2 Meine Emma wurde stets mehr von Gewissensbissen gepeinigt, daß sie ihren Vater verlassen hatte, sie wurde daher von Tag zu Tag mißmutiger, bereute den Schritt und verwünschte die Stunde, in der sie mit mir die erste Bekanntschaft gemacht hatte. Ferner wuchs bei ihr auch das Heimweh, so daß ich ernstlich um sie zu sorgen anfing. Ich bot alles auf, um ihr vom Leben andere Begriffe beizubringen, aber alle meine Mühe war vergeblich! Und so blieb mir schon nach Verlauf von einem Jahre nichts übrig, als meinen Dienst in England zu quittieren und mich dann mit meiner Ehehälfte als wohlhabender Privatmann nach Wien zurückzuziehen.

3 Dort angelangt, wollten wir zu Emmas Vater, um womöglich seine Vergebung zu erlangen. Aber er — wahrscheinlich mehr aus Gram als an einem Nervenfieber — war leider dahin!

4 Jetzt war es bei meiner Emma völlig aus. Ihre hochmütigen Geschwister machten ihr die bittersten Vorwürfe und machten sie gleichsam zur Mörderin ihres Vaters, der noch sterbend die Hände nach seiner einzigen Emma ausgestreckt hätte! Solche Nachrichten brachten sie aufs Krankenlager und mich um mehrere Tausende. Sie wurde jedoch wieder gesund und verlangte von mir nicht selten Opfer, die ich kaum erschwingen konnte, die ich ihr aber dennoch mit aller Zartheit darbrachte. Der Zufall wollte nun, daß ihre Geschwister nach ein paar Jahren starben, wodurch mein Weib, Mutter von zwei Töchtern, die alleinige Erbin eines großen Vermögens wurde. Da sollte man denken, dies werde meine Emma wieder fröhlicher und mir geneigter machen.

5 Aber nach der Erbschaft erfuhr ich erst, wer sie und wer ich war! — Ihre frühere Gemütskrankheit hatte sich zwar bald nach dem Empfang ihrer Erbschaft gelegt. Aber an ihre Stelle trat eine andere, nämlich die unersättliche Begierde nach Glanz, Pracht und Vergnügungen aller Art.

6 Einmal eröffnete ich ihr mit der größten Zartheit, daß so ein Leben nicht in der Ordnung sei und im Grunde sie mich viel unglücklicher gemacht habe als ich sie. Und daß ich in England schon ein Admiral sein könnte, so ich nicht ihr zuliebe dort meine Offiziersstellung verkauft hätte und nach Wien gezogen wäre! Als ich ihr solches unter Tränen sagte, da war der Teufel vollkommen los! Ohne mir ein Wort zu erwidern, lief sie hastig in ihr Gemach, brachte mir Papiere im Werte von zweimalhunderttausend Gulden und sprach: »Da, mein Herr Gemahl, von Geburt ein Schweinehalter, empfangen Sie, was ich Sie allenfalls gekostet habe! Verlassen Sie meine Wohnung und sehen Sie sich um eine andere um! Auch steht es Ihnen frei, die paar Bälge von Kindern mitzunehmen; denn mit derlei Geschöpfen kann ich mich nicht abgeben, die mir leider in meiner großen Verblendung ein Bauernjunge gezeugt hat! Adieu, wir sind quitt!«

7 Mit diesen Worten warf sie die Tür hinter sich zu, und ich stand mit den zwei weinenden lieben Töchterchen wie versteinert da. Ich ging nach ein paar Stunden selbst zu ihr hin, wurde aber nicht vorgelassen. Der Kammerdiener sagte mir, daß die gnädige Frau Baronin es wünsche, daß ich sogleich aus dem Hause ziehen solle. Ich bedeutete dem

Kammerdiener, er möge der Gnädigen vermelden, daß ich weder ihres Geldes noch ihres Hauses bedarf. Ich werde mit meinem eigenen, redlich erworbenen Vermögen mich samt den zwei Kinderchen schon durchbringen!

8 Darauf eilte ich sogleich in mein Zimmer und berief meine Dienerschaft. Ich gebot ihnen: »Packt schnell alle meine Sachen zusammen, denn wir müssen heute noch aus dem Hause. Hole einer von euch noch andere Taglöhner, damit die Sache hurtiger vom Fleck geht!« Meine Dienerschaft machte große Augen und lange Gesichter, fügte sich aber emsig meinen Befehlen.

9 Als ich gerade mit dem Einpacken beschäftigt war, pochte jemand an meine Tür. Wer war's? Mein guter Generalmajor, der gerade an diesem Tag in Geschäften nach Wien kam! »Was sehe ich, was tun Sie? Ziehen Sie denn aus?«, waren seine Worte. Ich erzählte ihm natürlich alles, was vorgefallen war, und das alles ohne meine allergeringste Schuld!

10 Der General wußte anfangs nicht, ob er lachen oder sich ärgern solle. Nach einer Weile erst faßte er sich und sprach: »Mein armer, geliebter Freund, beruhigen Sie sich! Wenn Ihre Gemahlin so ist, da seien Sie von Herzen froh, daß Sie auf eine so honette Art diese adelige Dame los geworden sind! Aber diese wertvollen Papiere behalten Sie für Ihre Kinder, denn da wären Sie wohl nicht recht gescheit, ihr diese namhafte Summe für nichts und wieder nichts zurückzulassen!«

11 Als der General mich so tröstete und belehrte, trat der Kammerdiener der Gnädigen barsch ins Zimmer und sagte: »Die Gnädigste läßt Euch sagen, daß sie das, was sie Euch als Entschädigung gab, unter gar keiner Bedingung mehr zurücknehmen wolle. Sollte aber dies etwa zu wenig sein, so ist sie erbötig, Euch noch mehr zu geben!« — Ich biß mir in die Lippen vor Ärger und konnte wahrlich nicht reden. Dafür aber nahm der General für mich das Wort und sprach: »Sagen Sie der Gnädigen, diese 200 000 Gulden sind für die Opfer, die dieser Mann für sie brachte, nichts anderes als ein lausiger Bettel! Die Ehre eines Offiziers, wie dieser einer war, bezahlt man nicht mit solch einem Bettel! Darum soll die Gnädigste nur in die große Kasse greifen und diesem Ehrenmanne, der seinesgleichen sucht, seine von ihr mit Füßen getretene Ehre vergüten! Sagen Sie der Gnädigen, ich, der Fürst N. N., Vater dieses meines liebsten Sohnes, fordere das von ihr! Und sagen Sie ihr auch,

daß sie sich nimmer unterstehen solle, seinen Namen zu führen! Hat Er das alles verstanden?« — Spricht der Kammerdiener: »Ja, Euer Durchlaucht!« »So packe Er sich!« donnerte der General. Der Kammerdiener verbeugte sich bis zum Boden und ging.

12 Nach einer Weile öffnete sich die Tür und die Baronin stürzte vor den General hin und bat ihn und mich händeringend um Vergebung. Sie sprach viel von einer kränklichen Laune und von der durch sie bewirkten Übereilung, und Gott weiß, was sie noch alles zusammengeschnattert hat.

13 Der General ließ sie ausreden und sprach dann in seiner leidenschaftslosen Ruhe: »Madame, ich kannte Ihren bornierten Vater und kenne Sie! Der Apfel fällt nie weit vom Baum, und so werden auch Sie, meine Holde, nicht viel besser sein. Dieser Ihr gewesener Mann ist zwar nicht mein leiblicher Sohn. Aber da ich keine Kinder habe, so habe ich es bei meinem guten Kaiser dahin gebracht, daß er ihn einstweilen als meinen rechtmäßig adoptierten Sohn unter dem Titel Graf anerkannt hat. Sterbe ich aber heute oder morgen, so ist er Fürst! Verstehen Sie mich? Und sollten es andere Hochadelige beim Kaiser dahin bringen, daß ihm der Fürstentitel auch im Geheimen nicht zugelassen würde, so bleibt er aber dennoch mein Sohn und alleiniger Erbe aller meiner Güter! Dieser mein Sohn benötigt weder Ihres Hauses noch Ihres Vermögens. Aber Sie haben als Baronin seine Ehre geschändet, und dafür verlange ich als sein Vater eine Genugtuung von einer halben Million! Verstehen Sie mich, Madame?« — Spricht die Baronin: »Durchlauchtigster Herr Schwiegerpapa! Nicht nur eine halbe Million, sondern mein ganzes Vermögen gebe ich her, wenn Sie mir nur verzeihen und mir meinen geliebten Gemahl nicht wegnehmen!«

14 Darauf der General: »Ja, ja, meine holde Tochter, jetzt, da Sie zum ersten Mal erfahren haben, daß dieser ‚Schweinehalter‘, wie Sie ihn zu titulieren pflegten, mein Sohn ist, fühlen Sie wieder Liebe zu ihm! Aber auf diese Art wird es sich wohl schwerlich mehr tun. Gehen Sie daher in Ihr Gemach zurück, denn ich habe meinem Sohn wichtige Dinge zu eröffnen. Emma bittet nun noch inständiger um Vergebung und gelobt bei allem, was ihr heilig ist, mit mir durch ihr ganzes Leben lieber eine Schweinehirtin zu sein, als mich nur eine Minute mehr zu verlassen! — »Gut«, sprach darauf der General, »das werden wir sehen! Ich werde mir die Freiheit nehmen, Ihnen sogleich auf den ade-

ligen Zahn zu fühlen und werde sehen, wie Sie die Probe bestehen!« — Spricht Emma: »Tun Sie mit mir, was Sie wollen; nur als eine Leiche werde ich mich von meinem Gemahl trennen lassen!« — Spricht der General: »Nun, das wird sich sogleich zeigen, liebste Baronin! Warten Sie auf keine neue Probe von mir; denn ich habe mit Ihnen die Probe schon gestellt und Sie haben diese zur Hälfte schlecht bestanden. Sie lieben meinen Sohn, weil Sie nach meinem Geständnis ihn nun ungezweifelt dafür halten. Aber dem ist nicht so! Ich sagte das nur, um Sie zu prüfen und Sie dadurch von der Schmählichkeit ihres Aristokratenhochmuts schlagend zu überzeugen. Als ihre Leichtgläubigkeit in Ihrem Gemahl nicht mehr den stinkenden Schweinehalter, sondern einen Fürsten gewahrte, da fingen Sie an, zu Kreuz zu kriechen! Aber was werden Sie nun tun, so ich das nur zu Ihrer Probe Gesagte fest widerrufe und sage: Ihr mir über alles schätzbarer Herr ist doch nur der Sohn eines Bauern?«

15 Als Emma solches vernahm, sprang sie jählings auf und rief: »Was!! So verfährt man mit der Tochter des reichen Barons N. N.? — Also mein Gemahl kein Fürst, sondern nur ein Bauernsohn und ein in England neugebackener Gentleman! Oh, das ist schändlich, das ist unaussprechlich niederträchtig! Mich, eine Baronin ersten Ranges, so zu einer barsten Gans zu stempeln! — Kammerdiener!« — Spricht der Kammerdiener: »Was wünschen gnädige Frau Baronin?« — Spricht Emma: »Gehe Er eilends in mein Gemach und hole die Papiere auf meinem Tisch, damit ich diesem Bauern da seine gekränkte Ehre vergüte!« — Sprach der General: »Hat nicht vonnöten, meine Gnädige! Ich wußte es ja, daß die zweite Probe schlechter als die erste ausfallen werde. Sie sind und bleiben, was Sie sind; Sie verstehen mich hoffentlich? Und dieser mein wirklicher Sohn bleibt aber trotz seines Bauerntums das, wie ich's Ihnen früher kundgab! Und nun gehen Sie weiter!«

16 Bei diesen Worten kehrt sich Emma noch einmal um und sagt: »Euer Durchlaucht! Sie hatten die Güte, mir soeben zu bemerken, daß ich diese Probe schlecht bestanden habe. Aber Dieselben bedenken dabei nicht, daß vielleicht dieser ganze von mir wohlberechnete Auftritt nichts anderes war als eine energische Frage an meinen Herrn Gemahl, ob er mich wohl noch liebe? Denn ich muß nun offen gestehen, daß mein Herr Gemahl seit nahe anderthalb Jahren sich gegen mich mit einer mir kaum begreiflichen Kälte benommen hat, die mich ganz un-

glücklich machte. Ich gab ihm oft zu verstehen, wie ich ihm nun das nicht mehr sei, was ich ihm einstens war! Aber da wußte sich der fürstliche Herr Gemahl allzeit mit tausenderlei zu entschuldigen. Da mußte es doch irgendeinen Haken haben!

17 Ich bin nun sehr reich und kann so manches tun, um das Herz meines Gemahls zu erforschen. Ich gab Gesellschaften und Bälle und ließ mir von Kavalieren den Hof machen, um zu sehen, ob er doch etwa einmal mit etwas Eifersucht zum Vorschein kommen werde. Aber da war alle meine Mühe vergeblich! Es schien ihm sogar recht zu sein, daß ich mich mit andern besser unterhielt als mit ihm! Lange ertrug ich diese Schmach für mein Herz. Da aber seine Kälte gegen mich nur zunahm, und er auch mein Schlafgemach gar nicht mehr zu kennen schien, so faßte ich eben diesen Entschluß, den ich heute ausführte, um eine letzte ernste Frage an sein Herz zu tun!

18 Aber es blieb auch diese ohne den geringsten Erfolg. Weil ich aber ohne mein Verschulden seine Liebe so ganz verloren habe, so sei sie denn in Gottes Namen verloren!

19 Wahrlich, Euer Durchlaucht, ich rede nun die volle Wahrheit: Solange ich als eine Arme an seiner Seite stand, liebte er mich mit einer Kraft, die ich kaum begreifen konnte. Als ich aber alleinige Erbin eines großen Vermögens wurde, da war es gerade aus bei ihm! Er äußerte mir nicht nur keine Freude darüber, sondern er ärgerte sich allzeit darüber und sagte mir oft ins Gesicht: ‚Dein Geld wird diesem Hause Fluch, nie aber einen Segen bringen!' — Überlegen Euer Durchlaucht nun ganz nüchtern meine Lage und urteilen dann über mich, ob ich wohl eine so infame Sünderin bin, als wie Sie und Ihr Herr Adoptivsohn nun meinen!«"

72

Forderungen der Gattin Emma
Des Generals Vermittlungsmühe. Ehesturm

1 „Der General sagte darauf zur Emma: »Meine liebe Frau Schwiegertochter! Wenn sich die Sache so verhält, bekommt unser Prozeß freilich ein ganz anderes Gesicht. Ich werde dadurch genötigt, Sie vor

allem um Vergebung zu bitten und hernach meinem Herrn Sohn einige Leviten zu lesen!« — Spricht Emma: »Euer Durchlaucht, ich verlange nichts als unsere erste Liebe! Ist diese da, dann will ich ihm alles vergeben und alles tun, was immer sein Herz verlangt!« Der General wandte sich nun zu mir und sagte: »Ja, höre du, mein Sohn, wenn es an dir liegt, daß dein Weib dir nur notgedrungen solche bedauerliche Exzesse machte, so mußt du nun vor allem deinen Fehler wieder gutmachen! Emma wünscht deine erste Liebe. Also enthalte sie ihr nicht vor!«

2 Darauf erwiderte ich: Mein geliebter Vater! Meine Liebe zu Emma ist noch nie schwächer geworden als bei unserer ersten Bekanntschaft. Aber so die allerliebste Emma dort Gespenster sah, wo sie nicht waren, da kann ich wahrhaftig wenig dafür! Daß ich ihr nicht eifersüchtige Vorwürfe machte, ist allein meinem zartfühlenden Herzen zuzuschreiben. Daß ich bei mir dennoch so manches Bittere empfand, weiß freilich nur ich allein! Was aber ihr großes Vermögen betrifft, muß ich leider zugeben, daß ich darauf nie einen Wert gelegt habe. Ja, ich muß offen gestehen, daß mich der Anblick des großen Vermögens meiner Emma höchst unangenehm berührt hat. Denn je reicher irgendein Haus ist, desto mehr Gelegenheit bietet es auch zu allerlei sündigen Ausschweifungen! — (Mich zur Emma wendend): Siehe, hättest du die Tausende, die dich deine Gesellschaften kosteten, den Armen zukommen lassen, wie glücklich wären diese und ich gewesen! Aber du wolltest mich dadurch nur strafen, und das war nicht löblich von dir! Denn einen noch nachsichtig geduldigeren Gatten kann es wohl kaum geben, als ich es allezeit war!

3 Emma wußte darauf nichts Rechtes zu erwidern, schien aber mit Ungeduld auf den Kammerdiener zu warten. Endlich kam dieser ihr mit einem schweren Paket entgegen. Sie herrschte ihn sogleich an, dieses auf den Tisch zu legen. Dann blickte sie mich etwas höhnisch lächelnd an und sagte: »Ich muß doch zuvor die dir angetane Beleidigung wiedergutmachen, bevor du mir wieder gutwerden kannst!« — Worauf ich erwiderte: Liebe, teuerste Emma! Ich liebe dich zu sehr, als daß ich nur den geringsten Groll auf dich haben könnte! Auch habe nicht ich, sondern mein geliebter Vater in einer verzeihlichen Aufwallung eine solche Forderung an dich getan. Nimm daher deine Papiere nur wieder in Verwahrung und werde mir wieder ganz dieselbe Emma, die

mir vor einigen Jahren nach England gefolgt ist, und für die ich mein Leben tausend Gefahren preisgab!

4 Die Emma stutzte hier und sagte nach einer Weile mit wahrhaft stoischem Gleichmut: »So du mich schon liebst, so tue mir doch den Gefallen und nimm diese Papiere in *deine* Verwahrung, denn du weißt ja, daß ein Weib mit dem Geld nicht umzugehen versteht!« — Worauf ich sagte: Das ist etwas anderes! Mit dem größten Vergnügen will ich deinem Verlangen nachkommen! Aber nun mußt du mir auch deine Hand reichen zum Zeichen, daß du mir wieder gut bist, und auch um einen schon lang vermißten Kuß nicht verlegen sein! Komm, Emmchen, mache mich wieder glücklich! — Sie spricht: »Dazu hat es schon noch Zeit, mein Herr Gemahl! Eine Frau muß mit dem Besten nicht gar zu freigebig sein, so sie den Kurs der Liebe aufrechterhalten will! Dann muß ich dir noch etwas Besonderes bemerken: Ich habe dir schon einige Male gesagt, daß ich nicht Emma, sondern nach meinem ersten Taufnamen Kunigunde heiße! Warum nennst du mich denn immer Emma und nicht Kunigunde, einen echt altadeligen Namen, auf den schon meine Mutter und Großmutter getauft waren? So du mich wahrhaft liebst, nenne mich in Zukunft auch bei meinem würdigen, rechten Namen!«

5 Ob dieser Liebebedingung kommt mir und natürlich auch dem Herrn General das Lachen an. Ich sage daher auch zur Emma: Aber meine liebe Gemahlin, das tat ich ja nur aus purer Achtung vor dir! Du kennst ja doch das gewisse Lied, in dem von »Eduard und Kunigunde« auf eine lächerliche Art zur Belustigung des Publikums herabgesungen wird! So oft ich dich rief, so fiel mir auch allzeit jenes dumme Lied ein. Auch klingt der Name Emma doch ästhetischer als Kunigunde. Willst du von nun an aber durchaus Kunigunde heißen, nun, in Gottes Namen, so will ich dich ja auch recht gerne so nennen! — Spricht sie darauf bissig: »Ja, ja, was man nicht mag, das sucht man eben lächerlich zu machen!« — Sage ich: Was fällt dir denn ein! Ich werde dich doch nicht lächerlich machen wollen, die du mir so unendlich lieb und teuer bist! Ich hoffe nun, daß du dies für beendet ansehen und mir nun die Hand zur gänzlichen Aussöhnung reichen wirst! Oder hast du etwa noch etwas im Hintergrund?

6 Sprach Sie: »Oh, nur genug!« Erwiderte ich: Was denn alles noch, wenn ich fragen darf, meine geliebteste Em — hätte ich bald gesagt —,

bitte tausendmal um Vergebung! — Kunigunde wollte ich sagen! Nur heraus, Kundl, was dich noch drückt!

7 Auf diese etwas lakonisch-zärtliche Frage hob sie den Fuß und stieß damit vor Zorn so gewaltig auf den Boden, daß darob die Gläser in meinem Kasten klirrten. Und dann folgte ein schneidendes »Nein!« — mit Begleitung von einigen Tränen. Diesem bedeutungsvollen Nein folgte eine stumme Zornpause, sodann eine ganze Legion von Namen an meine Person, die wahrlich der derbsten Öbstlerin keine Schande gemacht hätten! Zum Schluß herrschte sie mich noch an: »Wir sind quitt! Ich will von dir nichts mehr hören und sehen! Bezahlt bist du, und so sind wir quitt für ewig! Mich hänseln auch noch! Das ginge mir noch ab von so einem Lümmel, der von irgendeiner bäurischen Kuh geworfen wurde! Du magst tausend Male vom Kaiser selbst zum Fürsten erhoben sein, so bist du aber für mich, eine Baronin von uraltem Geschlecht, doch nichts, verstehst du? Gar nichts bist du gegen mich! Sieh, daß du mir ehestens aus den Augen kommst!«

8 »Mit der richten wir nichts«, sprach der General, »denn die ist eine komplette Närrin! Laß sie gehen, mein Sohn, und kümmere dich nicht mehr um sie! Vielleicht bessert sie die Zeit eher als wir beide. Aber die Papiere nimm nur mit, denn es kann eine Zeit kommen, wo sie sogar ihr gute Dienste leisten werden, wenn sie etwa nur zu bald ihre Reichtümer vergeudet haben wird.«

9 In diesem Augenblick tritt auch *mein* Kammerdiener ein und meldet mir, daß er eine sehr schöne, sogleich beziehbare Wohnung gefunden habe. — »Gut«, sprach der General, »also jetzt nur geschwind auf- und eingepackt!« Spricht der Kammerdiener: »Herr, bis auf dieses Zimmer ist schon alles in der Ordnung! Nun kommen die Träger hier herein!«"

73

Fortsetzung der Ehegeschichte. Emmas Nervenkrisis und Umkehr

1 Pathetikus: „Nun gut. Sehr gut hast du es gemacht! Spricht der Kammerdiener: »Euer Gnaden werden eine rechte Freude haben mit der Wohnung! Sie ist zwar nicht in der Stadt, sondern in einer der Vor-

städte. Aber eine wahre Prachtwohnung, versehen mit allen möglichen Bequemlichkeiten und kostet wirklich eine Bagatelle!«

2 Spricht der General: »In welcher Vorstadt ist es und im wievielten Stock?« — Spricht der Kammerdiener: »Die Vorstadt nenne ich aus guten Gründen (dabei auf mein Weib hindeutend) nicht. Stock aber ist es der zweite! — Denn wenn man sich vor dem Feind zurückzieht, darf man ihm nicht auf die Nase binden, wohin!« Sagt der General: »Ihr müßt einmal auch schon vor dem Feind gedient haben, weil Ihr das so gut wißt?« — Spricht der Kammerdiener: »Zweifach, Euer Exzellenz! Einmal als Wachtmeister vor dem wirklichen, wo es Bomben, Granaten und Kartätschen geregnet hat; und bald darauf vor dem unwirklichen, nämlich vor meinem Weib! Da hat es zwar keine Bomben, Granaten und Kartätschen geregnet, aber dafür ganze Heuschreckenzüge von Lästerzungen! Fünf Jahre habe ich's ausgehalten mit aller Geduld und Zartheit. Aber es war mit ihr um keinen Preis mehr auszukommen. Ich zog mich daher vor diesem zweiten Feind zurück, suchte mir einen Dienst und fand auch bald einen, nämlich hier! Wenn vielleicht Euer Gnaden Frau Gemahlin wünschte, bei meiner liebenswürdigen Gattin in diesen Dingen einen gründlichen Unterricht zu nehmen, so könnte ich ihr kein tauglicheres Individuum anempfehlen!«

3 Meine Emma, aus Ingrimm an einem entfernten Fenster des Zimmers stehend, läuft darauf auf meinen Kammerdiener verbissen zu und zieht ihre zarte Hand für eine energische Ohrfeige gewisserart vom Leder. Aber der Kammerdiener pariert und spricht: »Oha! Solches Gfraßt kann ich mir drunten bei einer Öbstlerin schon selber holen! Mein Gesicht ist nicht so nobel, daß es sich zum Rasieren von einer hochadeligen Hand sollte einseifen lassen! Drei Schritte von meinem ehrlichen Feldwebelleib, sonst könnte ich auf den Gedanken kommen, mit der gnädigen Frau Baronin einen ganz kuriosen Tanz anzugehen, verstanden?!« — Emma zerbarst nahe vor Zorn und schrie: »Mir aus den Augen, Canaillenvolk; mir aus den Augen, Bestien!! Er niederträchtiger Kujon! Wie kann Er sich unterstehen, miiir solche Sottisen ins Angesicht zu sagen, mir, einer Baronin vom ältesten Adel! Packe Er sich augenblicklich aus meinen Augen, sonst lasse ich ihn durch die Polizei holen!«

4 Spricht der Kammerdiener: »Hat's nicht nötig, Euer Gnaden, Frau Baronin! In einer halben Stunde werden wir gottlob aus dem Be-

reich Ihrer Augen kommen. Zürnen Sie nicht, denn das könnte auf Ihre zartesten Nerven von sehr üblem Einfluß sein!« »Schweige Er, impertinenter Lümmel, sonst soll Er es sogleich empfinden, was es heißt, eine Baronin so zu beleidigen! Ich bin imstande und werfe ihm, was mir in die Hände kommt, in sein scheußliches Affengesicht!« Spricht ein anderer Bedienter zum Kammerdiener: »No, du, jetzt hast bald Zeit 's Maul z'haltn, sonst erleb'mer noch so a klans Vorspiel zum Jüngsten Tag! Schau, daß mer weiterkommen!« Sage ich: Ja, ja, tummelt euch; denn jetzt möchte ich schon selbst lieber fliegen als gehen!

5 Als ich kaum ausgeredet hatte, springt Emma zu mir hin und schreit: »Nein, nein! Habe ich das um dich verdient, daß du mich nun im Ernste verläßt und mich obendrauf dem Gespött deiner frechen Dienerschaft preisgibst? Sieh, ich war in eine üble Laune geraten, wie und warum, das wird nur Gott wissen; kurz, ich wurde wieder krank und bin dir gewiß in meinem Leiden roh und bitter entgegengekommen. Aber nun fällt es mir wieder wie Schuppen von den Augen. Ich gewahre dumpf, daß ich dich, wie den Herrn General muß ganz tüchtig beleidigt haben! Und du hast nicht erkannt, daß dies nur deine arme, kranke Emma getan hat, die ihrer gesunden Sinne nicht mächtig war! O du mein teuerster Gemahl! Tue mit mir, was du willst; strafe mich, wenn ich Strafe verdient habe! Aber nur verlasse mich nicht!«

6 Mit diesen Worten fällt sie mir schluchzend an die Brust und umfaßt mich krampfhaft. Die Dienerschaft macht große Augen und fragt mich, was nun zu machen wäre — ob weiter fortzuziehen oder wieder zurückzuwandern sei? — Spricht Emma: »Augenblicklich ist auf meine Rechnung wieder zurückzuziehen und die Miete der Wohnung auf ein halbes Jahr zu bezahlen!«

7 Spricht darauf der General: »Ja, wenn die Sache so steht, da bedauere ich dich *und* auch deine Gattin, die mir im Ernst krank zu sein vorkommt. Natürlich kannst du als Kavalier, Mensch und Gatte unter solchen Umständen deine Emma in keinem Fall verlassen! Ich aber werde nun einen notwendigen Gang machen und in ein paar Stunden wieder bei euch sein. Richtet mir ein Zimmer ein, denn ich werde einige Tage bei euch zubringen.« — Der General empfiehlt sich nun. Die Diener gehen an ihre Rückwanderungsarbeit, was ihnen etwas fatal vorkommt. Und meine Emma ist wie ausgewechselt und weiß sich kaum

an etwas zu erinnern, was früher zwischen uns vorgefallen ist! Ich staunte heimlich; die Emma kurz vorher noch ein Teufel — ward jetzt zu einem Engel!"

74

Überraschungen für den Pathetikus
Er findet alte Bekannte. Olafs guter Rat

1 Spricht endlich wieder der Max *Olaf:* „Mein geehrtester Freund, deine eheliche Lebensgeschichte fängt an, sich stark zu dehnen! Daher lassen wir die weitere Fortsetzung derselben, umso mehr, als sie mir ebensogut bekannt ist wie dir selbst. Denn wisse, ich, hier unter dem Namen Max Olaf, der ich dir hier als ein rechter Freund zur Seite stehe, bin ja ebenderselbe *Oberst und General,* der dich auf der Welt aus nichts zu etwas gemacht hat. Und dieser Freund da, der alle diese Erscheinungen samt der Wandlung der Lerchenfelderin für einen puren Traum ansieht, ist jener *Baron,* dessen Tochter ohne sein Wollen dein Weib wurde. Willst du aber auch *dein Weib* hier kennenlernen, mit der du nahezu zwanzig Jahre auf der Erde gezankt hast? So sieh das armseligst ausschauende Wesen, das halbnackt und entsetzlich mager hinter dem Baron auf dich herüberlugt — und du hast dann das wirkliche Schlußstück deiner ganzen Lebensgeschichte beisammen! — Bist du zufrieden mit der Lösung deiner uns so gedehnt erzählten Lebensgeschichte?"

2 Spricht der Pathetikus: „O du verzweifeltes Wetter! Na, die Sache wird sich machen! Ich glaube, die mißliche Fortsetzung meiner Lebensgeschichte wird hier wieder wie der zweite Akt eines Dramas ihren Anfang nehmen! Was meinst du, mein aufrichtiger Freund?!"

3 Spricht Max Olaf: „Lieber Freund, mir kommt es stark so vor, daß wir uns fast ausschließlich an *jenen Mann* werden halten müssen, so wir eine bessere Fortsetzung unseres Lebensdramas gewärtigen wollen! Denn sieh, mir als einem stummen Beobachter ist nichts entgangen, was sich hier in diesem Gemach während deiner Erzählung für mein Gemüt Wichtiges ereignet hat. Die Lerchenfelderin wurde neu bekleidet und

sieht nun wie ein purster Engel aus. Und je mehr sie jenem sonderbaren Mann mit Liebe zugetan ist, desto schöner und weiser wird sie auch! Aber nicht sie allein ist so glücklich. Ich sehe schon eine Menge, die früher gleich uns sehr elend dastanden. Wie sie sich aber jenem Manne mehr haben zu nähern angefangen, bekamen sie sogleich ein besseres Ansehen und ihre Kleider verwandelten sich nahezu wie ihre Gemüter!

4 Freund, das sind ja doch im buchstäblichen Sinne des Wortes Wunder über Wunder!

5 Dort auf einer geräumigen Tribüne ersiehst du etwa vierundzwanzig weibliche Wesen im Ballettkostüm, die sehen doch schon rein himmlisch aus! Und dort am mit Brot und Wein besetzten Tisch stehen der Demokrat Blum, der uns bekannte Messenhauser, Doktor Becher und Redakteur Jellinek! Welch eine heilige Würde strahlt aus ihren Angesichtern und von welcher Weisheitstiefe ist jede ihrer Reden erfüllt! Wie freundlich und dabei doch so erhaben ernst ist ihr Benehmen!

6 Und dennoch scheint ihnen jener schlichte Mann, der nun der schönen Lerchenfelderin förmlich den Hof macht und mit ihr von nichts als Liebe spricht, alles in allem zu sein. Denn sie fragen ihn um alles. Er ordnet alles an und es ist da und dort, was er will und was er gebietet! Dabei aber ist sein ganzes Benehmen ein anspruchsloses und himmlisch freundliches, daß ich ihn bloß durchs Zusehen und Beobachten schon so liebgewonnen habe, wie man nur immer einen besten Freund lieben kann!

7 Ich möchte selbst zu ihm hineilen und ihn so zu liebkosen anfangen, wie ein sehr bedrängter Feldherr eine eroberte feindliche Hauptfahne liebkost, von deren Eroberung der vollkommene Sieg abhängt! — Sage mir, Freund, fühlst du nicht auch ein ähnliches Bedürfnis in dir? — und du, Traumdeuter von einem Baron samt deiner Tochter Kunigunde-Emma?

8 Spricht der Pathetikus: „Ich für meine Person fange nun auch das gleiche zu fühlen an. Aber ob es mein Herr Schwiegerpapa und meine Emma auch so fühlen, das ist freilich eine ganz andere Frage. Vielleicht die Emma, bei der ich in der letzten Zeit einige Spuren von Religiosität entdeckt habe. Aber was den Herrn Baron betrifft, so kenne ich viel zu wenig, wie er denkt und fühlt! Das wenigstens dürfte gewiß sein, daß er mit seinen irdischen Ahnen-Hoheitsbegriffen hier keine zu weiten Sprünge wird machen können!“

9 Spricht der Baron: „Mein lieber Tochterentführer, kehren Sie nur schön fleißig vor Ihrer eigenen Flur! Denn so ich mit Ihnen hier rechten wollte, da würde es einen tüchtigen Prozeß absetzen! Aber ich habe Ihnen auf der Welt alles vergeben, und so sind wir in unserem fraglichen Streitfall quitt. Haben Sie aber hier in dieser mir wie ein Traum vorkommenden Welt etwas Ersprießliches vor mir voraus, so entgelten Sie mir hier durch Ihre Freundschaft, was Sie mir auf der Erde feindlich genug entwendet haben, nämlich mein Leben! Denn meine Emma war dort mein Leben, das Sie mir geraubt haben! Aber ich habe Ihnen diesen Raub vergeben. Fragen Sie daher nicht, wie ich hier gesinnt sei, sondern helfen Sie mir und der armen Emma, so Sie uns irgend helfen können!"

10 Spricht Max Olaf: „Vollkommen richtig, sozusagen mir aus dem Herzen gesprochen, lieber Freund! Der Schwiegersohn wird das auch sicher tun, denn an gutem Willen hat es bei ihm nie gemangelt. Nur geht uns allen hier noch das Können ab. Aber ich hoffe zu Gott, daß wenigstens einem von uns bald geholfen wird, und dieser wird dann auch seine lieben Freunde nicht in der Not sitzen lassen!"

11 Spricht der Baron: „Ich danke Ihnen recht herzlich dafür! Irgendeine Hilfe täte mir und Emma überaus not. Denn etliche zwanzig Jahre, die hier zu zweitausend geworden sind, schmachte ich schon in der größten Verlassenheit! Keine Hilfe, kein Trost, kein Licht kam bis nun zu mir. Sie sind der erste, der angefangen hat, mir aus meinem langen Traum zu helfen. O Freund, vollenden Sie aber auch, was Sie begonnen haben, so soll mein Herz und Leben Ihnen zum Lohn geweiht sein!"

12 Spricht Max Olaf: „Liebe Freunde, und Sie auch, meine arme Emma! Folget mir getrost dorthin zu jenem herrlichen Mann, der sich nun mit Doktor Jellinek bespricht. Ich will dort vor ihm einen Kniefall machen zu eurem und vielleicht auch meinem Besten! Wenn der uns seine wunderbar hilfreiche Hand bietet, wird uns auch geholfen sein! Aber es heißt sich vor ihm ungeheuer zusammennehmen, das habe ich schon beobachtet. Denn so unaussprechlich gut er auch sein mag, besitzt er aber daneben auch eine enorme Weisheit, vor der jeder unserer allertiefsten Gedanken wie Butter an der Sonne zerschmilzt. Wie wir denken und fühlen, so müssen wir vor ihm auch reden, denn vor

seinem Scharfblick läßt sich kein Hinterhalt machen! Kommt daher mit mir, vielleicht finden wir Gnade bei ihm!"

13 Spricht der Pathetikus: „Bruder, wie wäre es denn, so du ohne uns allein zu ihm hingingest und machtest für uns einen Fürsprecher? Denn wahrlich, ich habe heimlich vor ihm eine ganz eigene Art von Furcht!"

14 Auch der Baron und Emma bitten den General Max Olaf darum. Und dieser spricht: „Liebste Freunde, was ich für euch tun kann, das werde ich auch tun. Aber sammelt euch unterdessen, denn ich ahne, daß ich mit einer guten Antwort bald zurückkehren werde!"

75

Olafs Bitte für das Wohl seiner Freunde. Des Herrn Verheißung an ihn Menschenseelen-Fischfang. Der blindstörrische Pathetikus

1 Nach diesen Worten begibt sich Max Olaf sogleich zu Mir hin, verbeugt sich tief und spricht: „Erhaben weisester und sicher auch liebevollster Freund! Von allem, was nun während meines Hierseins sich wunderbar ereignet hat, ist meinen Augen nichts entgangen. Aber bei all dem habe ich auch bemerkt, daß sich alles ganz allein auf dich stützt! Du scheinst wenigstens hier in diesem Hause der Grund von allem zu sein. So scheint es auch, daß es hier eigentlich bloß auf dich ankommt, ob da jemand glücklich oder unglücklich werden soll. Wer dich gewonnen hat, der hat, wie mir vorkommt, alles gewonnen! — Auf deine ersichtliche Güte vertrauend, habe ich, vielleicht der Unwürdigste von allen, mir die Freiheit genommen, dich aus dem Innersten meines Herzens zu bitten: daß du jenen dreien dort, nämlich zwei Männern und einem gar armseligen Weibe deine Gnade, Liebe und Freundschaft zukommen lassen wollest! Es klebt an ihnen wie an mir wohl noch manch irdischer Klumpen, der für diese Geisterwelt kaum zu brauchen sein dürfte. Aber wir alle sind, bei Gott dem Lebendigen, sicher vom besten Willen beseelt und werden nach all unseren Kräften zu ergänzen trachten, was uns noch abgeht, um uns dadurch deiner Gnade würdiger zu erweisen."

2 Rede Ich: „Mein geliebter Freund und Bruder, Ich sage dir, gehe hin und bringe sie zu Mir! Denn wo ist wohl ein Vater, der dem Ohr und Herz verschlösse, der ihn um Gnade für seine Kinder anfleht? Siehe, das würde selbst der härteste Vater auf Erden nicht tun; um wieviel weniger Ich, wo in Mir doch alle Liebefülle des himmlischen Vaters körperlich wohnt! Daher eile nur und bringe sie alle her, die nach Mir verlangen!“

3 Spricht Max Olaf voll tiefster Freude: „O Freund, ich wußte es ja, daß ich zu dir keine vergeblichen Schritte machen werde! Ich danke dir schon im voraus für alle; denn nun sehe ich sie schon im Glück weinen vor Freude! Oh, ich danke dir, ich danke dir!“

4 Rede Ich: „Aber liebster Freund und Bruder! Ich habe nun immer gewartet, daß du für dich selbst auch etwas bitten möchtest; aber es kam nichts dergleichen zum Vorschein. Willst denn du nicht auch ein bißchen glücklicher sein, als du nun bist?“

5 Spricht Olaf: „O du himmlisch lieber, guter Freund! Sieh, ich bin so beschaffen, wenn ich nur andere glücklich sehe, da bin ich auch schon glücklich im Anschauen des Glückes derer, die mir am Herzen liegen! Ich war ja auf der Welt auch nicht anders. Ich vergaß darum stets für mich zu sorgen, weil mir nur das Wohl anderer am Herzen lag! Daher mußt du, bester Freund, es mir nicht für übel nehmen, so ich zu dir nur für andere um deine Gnade bitte. Ich vergaß dabei meiner fast so, als bedürfte ich ihrer weniger als jene, für die ich dich gebeten habe! Oh, ich bedarf ihrer gar sehr, warte aber gerne darauf, so ich zuerst die andern glücklich sehen kann!“

6 Rede Ich: „Höre, liebster Freund und Bruder! Ich wußte es wohl, wie dein Herz beschaffen ist und wie es mit dem Meinen in der größten Harmonie steht. Ich fragte dich aber nicht, als wüßte Ich's nicht — sondern um dein Herz für etwas vorzubereiten, was zu fassen du nun noch nicht imstande bist. Aber Ich Selbst werde dich bald fähig machen! — Gehe nun hin und bringe sie her, die dir am Herzen liegen! Lasse aber noch von mehreren dein Herz belasten, denn ich sage dir: Alle, die du Mir herbringen wirst, sollen angenommen werden! — Verstehst du das? Ja, du verstehst es!“

7 Max Olaf verneigt sich nun wieder tief vor Mir und kehrt zu den Seinen zurück. Als er dort sehnlich erwartet zurückkommt, fragt

ihn der Baron gleich, wie er und seine Bitte bei Mir aufgenommen worden sei.

8 Spricht Max Olaf: „Meine Lieben alle, ich sage euch: Allerbestens! Nicht nur ihr allein, sondern so viel sich ihrer uns anschließen wollen, werden bei ihm Aufnahme finden! Daher lasset uns ein wenig unter dieser Menge umsehen, ob sich nicht noch jemand findet, der sich uns anschlösse!“

9 Spricht der Baron: „O lieber Freund, sehen Sie da gleich hinter Emma noch ein paar weibliche Wesen, es sind meine älteren zwei Töchter! Und hinter ihnen ihre Gatten, und daneben noch ein paar treue Domestiken — vielleicht würden sie auch angenommen, wenn sie mit uns hingingen?“ — Spricht Max Olaf: „Nur her mit ihnen! Was mit uns geht, wird angenommen, denn ich habe dafür sein göttliches Wort! Aber wir müssen uns nun um noch mehrere umsehen.“

10 Spricht der Pathetikus: „Hören Sie, mein Freund! Da weiß ich ein Mittel: wir gehen unter die uns bekanntere Menge und machen unter ihr einen allgemeinen Aufruf. Wer sich dem fügen will, der wird uns auch folgen. Wer aber nicht, der bleibe eben zurück. Nötigen, glaube ich, sollten wir gerade niemanden.“

11 Spricht Max Olaf: „Vom Nötigen ist da ohnehin keine Rede! Aber erklären müssen wir es ihnen doch, warum wir von ihnen zu ihrem höchst eigenen Wohl so etwas wünschen! Eine solche Erklärung wird hoffentlich doch keine Nötigung sein?“ — Spricht der Pathetikus: „Je nachdem man die Sache nimmt. Eine zu magere Erklärung wird wenig Effekt machen. Eine wohlbegründete aber ist ebensogut eine Nötigung wie sonst eine andere Macht. Der Wille des so Beredeten ist dann kein freier mehr!“

12 Spricht Max Olaf: „Freund, Sie greifen da sehr weit aus! Wenn man das alles Nötigung nennen würde, wodurch Menschen auf andere Ideen, Begriffe und Entschließungen gebracht werden, müßte ja auch aller Unterricht verbannt werden! Denn durch den Unterricht kommen die Schüler, die doch auch mit einem freien Geist begabte Menschen sind, ja auch zu ganz anderen Begriffen, durch die ihr ursprünglich rein sinnliches Wollen eine ganz entgegengesetzte Richtung bekommt. Ich meine, daß das etwas sehr Gutes ist. So aber durch die Unterrichtsnötigung der menschliche Geist erst zur wahren Freiheit gelangen kann, da sehe ich gar nicht ein, wie da im eigentlichen Reich des Geistes eine

belehrende Erklärung die Willensfreiheit eines Menschen gefährden könnte! Seien Sie, mein lieber Freund, deshalb nur ganz unbesorgt! Wenn daran etwas gefehlt sein sollte, so werde ich es schon dort vor Dem verantworten, der mir dazu sein göttliches Wort gegeben hat! Ich werde mich selbst sogleich ans Werk machen und werde mein treues Wortnetz unter diese Fische hineinsenken. Fange ich etwas, so wird es gut sein. Fange ich aber nichts, nun, so wird es auch so gut sein müssen."

13 Mit diesen Worten begibt sich unser Max Olaf unter die Menge und richtet an diese eine wohlgesetzte Ansprache. Und bei zwanzig an der Zahl schließen sich ihm an, während die andern murrend sagen: „No, wann mer hin wolln, werdn mer wohl selbst 'n Weg findn! Wir brauchen kan extra Patzigmacher dobei!"

14 Max Olaf kehrt mit seinem Fang sogleich zu den Seinen zurück und sagt voll Freude: „Nun seht, liebe Freunde, mein Fischfang ist recht gut ausgefallen! Nun ziehen wir aber sogleich zu Ihm hin, der uns allen allein helfen kann und wird! Denn dafür habe ich sein göttliches Wort!"

15 Spricht der Pathetikus: „Aber ich begreife nicht, was Sie, teuerster Freund, immer von seinem »göttlichen Wort« reden! Wie kann denn ein wenn schon auch ganz vollendeter Menschengeist ein göttliches Wort haben und geben? Oder halten Sie ihn denn im Ernst etwa für so eine Art Apollo?"

16 Spricht Max Olaf: „Ja, ich sage es Ihnen ohne Scheu: Entweder Er oder sonst keiner! — Seine an mich gerichteten großen Worte fielen bei mir nicht auf Sand, sondern in alle Tiefe meines Lebens! Und dieses sagt mir nun stets: Er und sonst ewig keiner! — Verstehst du diese Kraft? So fragt mich mein Herz. Und mein Geist antwortet: Ja, Herz! Den du liebst, der ist es, und außer Ihm ist keiner mehr! — Aber nun nichts weiter davon, sondern auf und zu Ihm! Heil dem, der mir folgt!"

17 Spricht der Pathetikus schnell: „Muß wahrlich um Vergebung bitten, mein sonst schätzbarer Freund! Unter solcher Annahme kann ich Ihnen nicht folgen! Einen Menschen als alleinigen Gott ansehen!? Fürwahr, das ist mehr als zu stark! — Ich habe gegen seine Weisheit und innere Willenskraft nichts einzuwenden, wie auch gegen seine Güte nichts. Denn die Lerchenfelderin macht sich unter seiner Güte famos! Aber gegen seine von Ihnen uns angezeigte Gottheit muß ich

protestieren! — Im Moses heißt es: »Du sollst allein an einen Gott glauben!« Und ferner: »Gott kann niemand sehen und leben, denn Gott ist ein verzehrendes Feuer!« — Und hören Sie weiter, was der weise Jude Jesus, den Sie auch für einen Gott halten, selbst an einer Stelle, glaube im Johannes, spricht. Er sagt: Es habe die Gottheit wohl nie jemand gesehen. Aber wer sein Wort hörte, es annehmen und darnach handeln möchte, der würde dadurch den Geist Gottes in sich aufnehmen und dieser in ihm wohnen!— Sehen Sie, auch ich bin mit der Bibel so ziemlich vertraut. Aber das steht nirgends darinnen, daß ein Menschengeist, wenn er auch aus Gott ist, darum auch schon das allerhöchste, im ewig unzugänglichen Licht wohnende Gottwesen selbst wäre! Und da Sie, mein sonst schätzbarster Freund, eben von jenem Lerchenfelderin-Verschönerer das zu behaupten scheinen, kann ich wirklich nicht mit Ihnen gehen!"

18 Spricht Max Olaf: „Lieber Freund, tun Sie nun, was Sie wollen! Sie haben schon früher selbst gegen Nötigung protestiert, und so werde ich Sie auch fürderhin nicht mehr zu was immer bereden."

76

Der aufrichtige Stiefelputzer. Die unwillkommene Mierl
Des Pathetikus große Seelenwäsche
Der gekränkte Hochmutsgeist verläßt die himmlische Gesellschaft

1 Tritt darauf zum Pathetikus der schon bekannte Franz, der weiland auf der Welt sein treuer Stiefelputzer war, und sagt: „Mir san hier wohl alle gleich, aber i sog zu Ihne dennoch Euer Gnaden: Hörn's, Sö san da akrad no so, wia's af der Welt woarn. Und das kummt mir holt a so vor, als wann's nit recht war, verstängen's mi? Af der Welt woarn's freili a recht a großer Herr und woarn dazu no sakrisch reich, zu dem Ihne freilich ihre Gnädige z'meist verholfen hot. Aber mit oll dem ist's hietzt goar. Denn wir san do in der Geisterwelt, verstängen's mi? Und do muaß a jeder schön demütig sein, sonst gibt's spanische Mucken und an Luxemburger Spargl! Der guate Herr do mant's guat mit uns und hot uns a bißl a Licht gmocht. Und do moan i holt, das

soll'n wir nit so leicht abischlucken. Gängen's nur mit uns, es wird Ihner Schaden nit sein! Und do schaun's her, Ihnre liebe Mierl is a do! Wißn's, die Sö halt so neben Ihrer Gnädigen ghobt hobn, verstängen's mi!? Und wo Ihre Mierl is, do sollten Sö a nit fehlen! Woas moanen's dazu?"

2 Spricht der Pathetikus ganz indigniert: „O du verfluchte Hauptwäsche! Das Fegefeuer scheint schon da zu sein, und so dürfte die Hölle auch nicht weit weg sein. Das ist aber ja doch rein zum Teufels werden! Jetzt ist das Luder von einer Mierl auch hier und mein gottseliges Weib dazu! No, die Sache wird sich machen! Ist mein Weib doch ein paar Jahrln vor mir in die Ewigkeit gegangen. Und ich glaubte, weil sie in ihrer letzten Zeit gar so fromm geseufzt hat und so selig in dem Herrn entschlief, daß sie schon längst auf einer Himmelswolke herumschwebt! Aber nein, sie ist hier, und das noch hundertmal elender als auf der Welt knapp vor ihrem Tode! Und jetzt kommt zum Überfluß auch noch mein Ludersmensch hinzu, die ein Maul wie ein Schwert hat. Na, das ginge einem noch ab, mit so einer Gesellschaft zu jenem Mann hinzugehen, der mir schon ehedem unzweideutig zu verstehen gab, daß ich noch sehr gedemütigt werden soll! Aber ich rieche den Braten und werde mich hüten, hinzuwallen vor den Magier und seine verklärte Lerchenfelderin! Muß man aber in dieser Sauwelt mit allen Verdrießlichkeiten zusammenkommen! O Kruzifix Donnerwetter! wenn das nicht Fatalitäten sind, so weiß ich nicht mehr, was man noch so nennen sollte! Vielleicht kommen noch meine anderen zeitweiligen Amoretteln und allerlei Gruppierungen, die ich mit ihnen per Jux manchmal machte, zum Vorschein?"

3 Solches redete der Pathetikus in sich hinein, aber es vernahmen die Umstehenden auch seine Worte. Und sein Weib trat hervor und sagte sanft zu ihm: „Johann, ich wußte es ja auf der Welt, wie dein Leben beschaffen war. Das war auch der Grund der Disharmonie, die zwischen uns beiden in der letzten Zeit obwaltete. Aber ich habe dir dennoch alles vergeben! Mache daher auch du hier vor Gott alles gut an mir, deinem irdischen Weib, das dir aus purer Liebe alles, sogar die Liebe ihres Vaters geopfert hat! Fürchte mich nicht, denn ich werde dir keine Vorwürfe mehr machen. Folge aber nun auch Dem, dem allein zu folgen du auf der Welt stets vorgabst! Wie oft hast du mich des altaristokratischen Hochmutes beschuldigt, aber hier im Reiche der De-

mütigung bist du hundertmal hochmütiger als ich und meine Angehörigen! Wie kommt denn das?"

4 Der Pathetikus *Johann* stutzt, murrt in sich hinein und sagt nichts auf diese Anrede seines Weibes.

5 Da tritt aber die *Mierl* hervor und sagt zu Emma: „I bitt Euer Gnodn tausendmol um Verzeihung, doß i Ihnern Mann ghobt hon! I bin sonst alleweil a guats und bravs Diandl gwest. Aber beim Sperl draußt hob i amol Ihnern Herrn kennengelernt, wo er mir goar so zugsetzt hot und hot mir af Tod und Leben 's Heiraten versprochen; und do han i holt gmoant, 's kinnt vielleicht do mögli sein! Aber der Sausakra hot mi von an Johr zum andern bei der Nosen herumzogen und vom Heiraten woar ka Red mehr. Aber do hob i nix gwußt, daß er verheirat woar! Schaun's, dos hob i erst hietzt ghört! Aber hietzt gfreuen's Ihne a, wia i dem Sausakra mei Manung sogn werd; na, der sull af seine betrogne Annamierl denken!"

6 Darauf wendet sich die Mierl zum Pathetikus und spricht: „No, Sö Sakra von an Wosserfiaker und pensionierter Fourierschütz oder wos Sö woarn! Was moanen's denn, wer Sö san? Ihnern Gnädigen kunnten's schon Antwort gebn, de Sö af der Welt so damisch angschmiert hobn? Redn's hietzt, wann's a Kuraschi hobn, Sö damischer Sausakra Sö! Wissen's, wos Sö mir olles gsogt hobn, daß Sö a lediger Herr san, und wos für a Menge Geld Sö hättn! Wann Sö schon so a großer Herr warn, wie Sö mi anglogn hobn, mit so a großer Ehr in Ihnern Leib, do wärn Sö doch unmögli so a damischer Saukerl gwest! Wissen's, wann i mi nit hellicht schamen miaßt, i soget Ihnerer gnädigen Frau olles, wos Sö mit mir triebn hobn! Na warten's no a bißl, i werd Ihnerer gnädigen Frau schon mehr sogn! Denn hietzt kriag i erst a rechte Gift af Sö, weil i woaß, doß Sö so an ehrsams, guats Weiberl ghobt hobn!"

7 Max Olaf, solches vernehmend, tritt zum Pathetikus hin, unterbricht die Mierl und spricht: „Na, lieber Freund, da kommen ja recht löbliche Histörchen über Ihren irdischen Lebenswandel zum Vorschein! Wahrlich, davon habe ich von Ihnen nie etwas vernommen. Ja, jetzt verstehe ich so manches, was ich sonst nie verstanden hätte. Also solche Treue und Liebe erwiesen Sie Ihrem guten Weib? O Sie Schweinepelz von einem Ehrenmann! Ja, nun weiß ich, warum Sie jene Lerchenfelderin so scheuen. Sie wird vielleicht wohl auch einige Male teil an

Ihren sauberen Seitensprüngen genommen haben? Und es wird Ihnen daher hier gar nicht angenehm sein, sich mit mir dorthin zu begeben, wo man Sie etwas besser zu kennen scheint, als ich Sie je gekannt habe! Freund, wenn ihre ehemännischen Aktien also stehen und Sie dabei doch noch als ein Mann von Ehre dastehen wollen, so muß ich Sie nun wirklich bitten, sich *nicht* mit mir zu jenem reinsten und heiligsten Menschenfreunde hinzubegeben! Ich müßte eine verdammt geringe Achtung vor jenem Heiligen haben, so ich Ihm so einen Ausbund von einem Schweinepelz vorführte. Tun Sie nun, was Sie wollen; ich aber werde mich weislich hüten, mit Ihnen noch fernerhin Umgang zu pflegen!

8 Arme Emma! Hätte ich das auf der Welt gewußt, welch einen Mann du hattest, da hätte ich dir sicher keine Ehrenbeleidigungsstrafe diktiert. Geht aber nun alle mit mir hin zu jenem großen und heiligen Menschenfreund! Dort soll euch alles vergolten werden, was ihr je von mir irgend an Unrecht erlitten habt! Aber dieser Schweinepelz soll gehen, wohin er will!"

9 Spricht der Baron: „Nein, das hätte ich von diesem Menschen auch nie geglaubt! So bleibt es allzeit wahr: Was gemein ist, das bleibt gemein! Aber geschehen ist geschehen! Wir wollen ihn zwar nicht richten, aber für unsere Gesellschaft taugt er auch hier in dieser Welt nicht mehr! — (Sich zum Pathetikus wendend): Gehen Sie von uns und meiden Sie unsere Gesellschaft! Dort unter dem Proletariat ist für Sie der tauglichste Platz! Vielleicht finden Sie dort noch einige Göttinnen, die Ihnen bei Ihren sauberen Paschafesten den Nektar kredenzt haben!"

10 Spricht der Pathetikus erbost: „Man wird sich derlei Anherrschungen wohl auch hier zu verbieten das Recht haben! Hat etwa nicht auch mein sauberes Weib alle Samstage Gesellschaften gegeben? Ob sie dabei Betrachtungen à la Ignatius von Loyola gemacht hat, weiß ich wahrlich nicht! Im übrigen hat mir hier niemand etwas zu gebieten, denn ich glaube, daß ich keines Vormunds mehr bedarf! Ich verbitte mir aber für die Folge alle undelikaten Bemerkungen, denn ich werde schon selbst wissen, was ich zu tun habe! Übrigens brauchen Sie mir gar nicht zu bedeuten, als wäre ich nun für Ihre hochadelige Gesellschaft zu gemein. Denn ich selbst danke nun Gott, solch eines Gesindels auf gute Art ledig geworden zu sein. Zum Glück sehe ich dort im Hinter-

grund mehrere gute Bekannte; mit denen werde ich sicher ehrenhafter daran sein, als mit euch, ihr eingebildetes, hochadeliges Lumpenpack!"

11 Mit diesen Worten verläßt der Pathetikus diese Gesellschaft und begibt sich zu seinen Bekannten hin. Die Emma will ihn aufhalten, aber er stößt sie zurück und eilt davon.

12 Max Olaf aber sagt: „Laßt ihn ziehen! Vielleicht zieht er zu seiner Erstehung — oder zu seinem Fall! Wir aber wollen den Herrn dort bitten, daß Er ihm Gnade für Recht möge angedeihen lassen! Und so begeben wir uns denn hin zu Ihm, dem Retter der Menschen!"

77

Olafs Fürbitte vor dem Herrn. Gutes Bekenntnis von der Gottheit Jesu und völlige Hingabe in des Herrn Willen
Der armen Seelen Sättigung

1 Etliche zwanzig an der Zahl bewegen sich an der Seite Max Olafs hin zu Mir. Und der Anführer spricht, sich tief verneigend: „Mein Herr und allerhöchster Freund! Nach Deiner gnädigsten Beheißung habe ich, wie Du hier ersiehst, eine kleine Werbung, die mein Herz ausgeführt hat, vor Dich hergebracht!

2 Einer zwar wollte nicht mitkommen, weil ihn einige Personen wegen zu großer Bekanntschaft mit seinen irdischen Lebensverhältnissen zu sehr genierten. Aber ich meine, daß er darum doch noch nicht völlig verloren sein muß? Denn Du bist ja der eigentliche Herr dieses Hauses, und wer es einmal betreten darf, der kann doch unmöglich verlorengehen! Er war auf der Welt im Grunde nie ein böser Mensch. Seine Hauptschwäche war sein Fleisch. Und da er leider irdische Mittel in großer Menge besaß, verfiel er dabei in einen Wust von allerlei Begierlichkeiten, die er auch leicht ins Werk setzte. Ich muß offen gestehen, daß sie seinem Geist wahrlich keine Ehre machen. Aber was kann man nun tun? Verübt sind sie einmal! Und so glaube ich, daß er wohl in Zustände kommen dürfte, die ihm zur Besserung und zur rechten Demut verhelfen. Aber ihn darum zu richten und zu strafen, käme mir doch etwas zu hart vor!

3 Übrigens sind das nur meine Ideen, mit denen ich Dir, o Herr, nicht im geringsten vorgreifen möchte! Denn Dir gegenüber sage ich bloß: O Herr, o Freund, was Du willst, das geschehe!"

4 Rede Ich: „Ich sage dir aber, daß deine Meinungen sehr gut und daher auch sehr zu brauchen sind. Aber mit jenem Geiste wird noch so manches geschehen müssen, bis er zur wahren Einsicht und Besserung gelangt. Ich will auch von seinem irdischen, höchst unkeuschen Lebenswandel gerade nichts sagen, obschon er sehr geeignet wäre, ihn um das ewige Leben zu bringen. Aber dieser Geist ist zugleich voll stinkenden Hochmutes und voll des verderblichen Übermutes! Und siehe, da sieht es bei weitem schlimmer aus, als du meinen möchtest. Der Sinnlichkeit kann bald ein taugliches Mittel das Ziel setzen. Aber dem Hoch- und Übermut ist auf dem Wege der ungebundenen Freiheit wohl nur sehr schwer oder auch gar nicht beizukommen! Doch wir werden sehen, was da zu machen sein wird.

5 Was soll Ich aber nun deinen Mitgebrachten tun? Sage es Mir ganz unverhohlen!

6 Spricht Max Olaf: „Herr! Was Du in Deiner unbegrenzten Güte nur immer willst! Denn Deine Weisheit geht über alles, Deine Güte kennt keine Grenzen, und vor Deinem Willen werden Welten zu Staub!"

7 Rede Ich: „Aber lieber Freund, wie Ich aus deinen Worten merke, hältst du Mich ja für das allerhöchste Gottwesen! Sage Mir doch, woher kommst du zu solch einem Glauben? Weißt du denn nicht, daß Gott niemand sehen und leben kann?"

8 Spricht Max Olaf: „Herr! Zu dieser wohlbegründeten Anschauung gelangte ich eben durch Dein heiliges göttliches Wort! Denn Worte, wie die Deinen, so voll Wahrheit, so voll der höchsten Kraft, Weisheit und Liebe, spricht keines geschaffenen Geistes Zunge! Daß die Gottheit Selbst in Ihrem innersten Urwesen niemand schauen kann und leben zugleich, weiß ich recht wohl! Aber die Gottheit, die durch Moses redete, lehrte nach etlichen Jahrhunderten in aller Ihrer Fülle aus dem Menschensohn *Jesus*. Und Dieser sagte: »Ich und der Vater sind eins, wer Mich sieht, der sieht auch den Vater!« — So aber Jesus das lehrte und Seine Jünger Ihn gar wohl schauen und hören durften, ohne daß sie ihr Leben einbüßten, so sehe ich wahrlich nicht ein, warum man sich Gott in einem ewig unzugänglichen Lichte vorstellen sollte! Dazu

kommt noch, wie es mir ganz untrüglich vorkommt, daß Du derselbe Herr Jesus bist, der uns diese erhabenste Lehre gegeben hat! Und so bin ich mit meinem Herzen und mit meinem untrüglichsten Glauben schon am rechten Ort! Und ich meine, ich werde, je mehr ich Dich mit Herzen und Augen anschauen werde, nicht nur nie das Leben verlieren, sondern dieses nur stets mehr und mehr gewinnen!? — Habe ich recht oder nicht?"

9 Rede Ich: „Ich sehe schon, daß du in deinen Behauptungen fest und unerschütterlich bleibst. Und so muß Ich vorderhand schon gelten lassen, was du von Mir Höchstes hältst. Die Folge aber wird es dir erst ganz klar machen, worin du noch in einem Zweifel sein könntest. Im übrigen aber sei du Meiner Liebe und Freundschaft für ewig versichert!

10 Saget Mir, habt ihr keinen Hunger und Durst?"

11 Sprechen alle: „O bester, himmlischer Freund! Mehr als wir brauchten, um auf der Welt vor Hunger und Durst zu vergehen! Wenn wir so eine kleine Stärkung haben könnten, wie würde das unsere Gemüter aufrichten! Darum sei so gut und lasse uns nach Deinem besten Willen etwas zukommen!"

12 Ich winke dem Robert, Jellinek, Messenhauser und Becher, daß sie diesen Armen Brot und Wein reichen sollen, was auch sogleich geschieht.

13 Mit tausend Dank und Lob essen und trinken diese Herbeigebrachten. Und als sie bald gesättigt und gestärkt dastehen, spricht Max Olaf: „O Herr! Nun stehe ich vor Dir hier ohne allen Zweifel: Du bist es und sonst ewig keiner mehr! Dir allein sei unser aller Verehrung, Anbetung und Liebe!"

14 Diese Worte wiederholen alle, die er mitgebracht hat. Robert lächelt vor Freuden über solch eine schnelle Zurechtbringung sonst von der Welt sehr verwirrter Gemüter. Doktor Becher und Messenhauser verwundern sich ganz gewaltig, daß ihnen Max Olaf mit seiner Gesellschaft in der klaren Erkenntnis der Gottheit Jesu zuvorgekommen ist. Auch unsere Helena (die Lerchenfelderin) fällt vor Mir nieder.

78

Mahnung zur Vorsicht mit Halbblinden
Ankündigung eines himmlischen Großrates
Des Herrn Größe, Einfachheit und Güte

1 Ich aber ermahne sie aus guten Gründen, daß sie nun nichts von dem merken lassen, was sich ihnen aus besonderer Gnade eröffnet hatte! Und sie verstehen Mich und schweigen, während ihre Herzen stets mehr und mehr zu erbrennen anfangen.

2 Helena geschieht es am schwersten, daß sie schweige. Aber Jellinek sagt zu ihr: „Geliebte Schwester, brenne innerlich, wie du willst und kannst; aber dem Äußeren nach mäßige dich — um derjenigen willen, die hier noch blinden Herzens sind, auf daß über sie kein Gericht ergehe! Wir werden aber nun einen großen Rat halten, wie es mir der Herr insgeheim anvertraut hat. Und dabei müssen wir uns so ruhig wie möglich verhalten, daß diejenigen nichts merken, die noch nicht erkennen, daß der Herr alles Lebens ihnen so überaus nahe ist! Daher sei also ruhig!"

3 Spricht Helena: „Was sagtest du von einem geheimen Rat halten? Was wird denn da beraten werden? O Gott, o Gott! Dahinter muß gewiß sicher etwas Großwichtiges stecken!"

4 Spricht Jellinek: „Ja, ja, etwas sehr Großwichtiges! Ich sage dir: Wehe allen Hochmütigen, Herrschsüchtigen, allen Mördern und Menschenschlächtern, und wehe denen, die auf den Thronen sitzen! Ich sah ehedem eine ungeheure Menge zorniger Engel mit flammenden Schwertern sich auf die Erde hinabstürzen. Und eine Stimme hallte ihnen donnernd nach: »Meine Geduld ist zu Ende! Darum keine Schonung mehr! Denn die Großen suchen Hilfe nicht bei Gott, sondern in ihren vielen Waffen. Und die Kleinen heulen und knirschen mit den Zähnen und kehren auch nicht um zu Gott, von dem alle Hilfe kommt! Daher keine Schonung mehr!« — Und siehe, darüber wird nun Rat gehalten werden, weil nun alle Himmelsmächte in Bewegung gesetzt werden. Daher mußt du also doppelt ruhig sein!"

5 Spricht Helena: „Ja, ja, ich bin schon ruhig. Aber was wird da herauskommen? O schrecklich, schrecklich!"

6 Spricht Jellinek: „Ja, meine schätzbarste Schwester Helena, da geht es nun ganz kurios anders zu als in Wien, wo wir beide seligen Andenkens uns noch im Fleisch unter den Freiheitskämpfern befanden! Denn hier gilt im vollkommensten Sinn der Wahrheit: entweder Leben oder Tod — Himmel oder Hölle! Der Herr der Unendlichkeit, der allmächtige Schöpfer ist hier unter uns! Und seine Myriaden von mächtigsten Dienern werden, wenn auch uns noch nicht sichtbar, sicher nicht ferne von hier Seiner heiligen Winke harren. So kannst du dir schon im voraus einen kleinen Begriff machen, wie unaussprechlich großwichtig nun dieses große Zimmer ist, wo der Herr Himmels und aller Welten Beschlüsse unter uns, Seinen jüngsten Freunden fassen wird, von denen alle künftigen Zeiten und Ewigkeiten abhängen sollen! Nun, was denkst du dir, wenn du diese Sache so recht im wahren Licht betrachtest?"

7 Spricht Helena: „Sieh, lieber Freund, ich kann die erschreckliche und unendliche Wichtigkeit dieses Platzes gar nicht fassen! Es ist mir unbegreiflich, wie in Ihm — da Er nichts von irgendeiner göttlich-allmächtigen Auszeichnung zur Schau trägt — eine so unbegreiflich höchste Kraft und Macht vorhanden sein kann! Und wie Er mit einem Blick die ganze ewige Unendlichkeit vom größten bis zum allerkleinsten so scharf übersehen kann? Er steht da unter uns, als wären wir die einzigen, mit denen Er Sich nun abgibt! Gar so anspruchslos, so gut, zuvorkommend und unbeschreiblich lieb ist Sein Benehmen! O Freund, welch eine unendliche Herablassung ist das!

8 Und höre — welch ein Unterschied zwischen Ihm, dem allmächtigen, ewigen Herrn der Unendlichkeit, und den Machthabern unserer stinkenden Erde! — Er, alles in allem, ist voll Demut und erhöht sich nie vor seinen Geschöpfen! Aber die Mächtigen der Erde, du kennst sie, wollen von Herablassung und Demütigung nichts hören. Sie allein wollen alles sein und alles haben; alle anderen aber kann der Teufel holen! Wahrlich, bei solchen Regierungen muß die sonst so schöne Erde doch notwendig in aller Kürze zur barsten Hölle werden, aus der am Ende kein sterblicher Mensch mehr fürs ewige Leben wird gewonnen werden können!"

9 Spricht Jellinek: „Ja, ja, da urteilst du gut und scharf! Aber denke dir auch, daß bei Gott gar viele Dinge möglich sind, die sich auch ein weisester Geist nimmer als möglich vorstellen kann — so wirst du all

das Kommende mit viel ruhigerem Gemüt anzusehen imstande sein. Denn siehe, alle unendliche Machtgröße liegt ja eben in der unermeßlichen Größe Seiner Liebe. So aber des Allerhöchsten Höhe, Macht und Größe in Seiner Liebe steckt, so darf es uns bei Seinen noch so großen Beschlüssen ja nicht bangen. Denn was die mächtigste Liebe tut, kann doch unmöglich anders als nur höchst gut sein, und sollte es äußerlich noch so ein erschreckliches Gesicht haben."

10 Spricht Helena: „Ich danke dir, lieber Freund, für deine Belehrung! Wahrlich, du hast mir nun einen schweren Stein vom Herzen hinweggewälzt! Aber sage mir noch: Wann wird denn diese vorerwähnte allerhöchste Beratung anfangen?"

11 Spricht Jellinek: „Sogleich, geliebte Schwester! Sieh, die große Gesellschaft der Wiener Proletarier, die noch kein Licht zu haben scheint, wird dort soeben von Blum in ein Seitengemach zu treten beschieden. Nur die vierundzwanzig Tänzerinnen, Blum, Messenhauser, Becher, ich und du und Max Olaf mit seiner Zwanziger-Gesellschaft, wie auch jener Halbengländer mit ebenfalls einem paar Dutzend echter Aristokraten dort im Hintergrund des Saales werden bei der Beratung zugegen sein.

12 Dort aus einem anderen Gemach kommen soeben zwölf sehr weise aussehende Männer zum Vorschein und hinter ihnen noch sieben andere. Diese werden höchstwahrscheinlich auch an der großen Beratung teilnehmen. Und ein großer Tisch befindet sich auch schon in der Mitte dieses stets wie größer werdenden Saales. Es ist somit schon alles in Bereitschaft. Freue dich, die Beratung wird nun unverzüglich ihren heiligen Anfang nehmen!"

13 Auf diese Belehrung Jellineks wendet sich Helena ganz zerknirscht und bis zum Boden gebeugt zu Mir und kann vor lauter Furcht beinahe kein Wort herausbringen. Ich aber fasse sie am Arm und sage zu ihr: „Aber Meine allerliebste Tochter Helena, was machst denn du für ein Gesicht? Vor wem fürchtest du dich denn gar so gewaltig? Schau, Ich bin ja bei dir! Wie kannst du dich denn an Meiner Seite fürchten?"

14 Spricht Helena: „O Du mein Gott und mein Herr! Ja freilich, wenn Du mir gut bleiben magst, kann man sich nicht fürchten! Aber wenn einem darauf Deine alleinige, heiligste Gottheit einfällt, zu der sich denn doch kein Sünder nahen darf, so kommt's mir doch vor, daß

Du unsereins geschwinde verdammen könntest, besonders wenn Du etwa ein bißchen in Zorn kämst! Früher habe ich mich freilich nicht so gefürchtet, weil ich da noch nicht wußte, wer Du eigentlich bist! Ich hielt Dich nur für irgendeinen älteren Heiligen und dadurch auch für einen intimen Freund Gottes, der für mich bei Gott eine wirksame Vorbitte tun könnte. Aber jetzt, welch eine schreckliche Enttäuschung — bist Du Gott der Allmächtige! — O weh, o weh, wer sollte sich da nicht fürchten? Und jetzt wirst Du auch noch einen Rat halten, wahrscheinlich zum Jüngsten Gerichtstag! Und da soll ich mich nicht fürchten als eine so große Sünderin vor Dir?"

15 Rede Ich im gutmütigsten Tone der Welt: „Also das drückt dich gar so sehr! Nun, wenn du jetzt schon eine so ungeheure Furcht vor Mir hast, so wirst du Mich wohl auch nicht mehr lieben mögen? Was werde Ich denn anfangen, wenn du Mir die Liebe etwa darum aufsagtest, weil Ich der schreckliche Allmächtige bin? Helenerl, sage Mir, ob du Mich jetzt wohl auch noch so gerne hast wie früher, wo du Mich nur bloß für einen heiligen Joseph oder Petrus hieltest?"

16 Spricht Helena etwas beruhigter: „O Du mein Gott und mein Herr! Na, ist das aber eine Frage! Wenn's auf meine Liebe zu Dir ankommt, so kannst Du ja ohnehin in mein Herz hineinsehen, und da muß sich's ja gleich zeigen, ob neben Dir noch wer Platz in meinem Herzen hätte! Dich liebe ich ja nur ganz allein, um meine Liebe zu Dir darf Dir darum wohl nie bange sein. Aber mir darf wohl bangen um Deine Liebe zu mir, wo ich eine so große Sünderin bin!"

17 Rede Ich: „Nun, Mein liebes Helenerl, jetzt werden wir zwei schon bald wieder in Ordnung sein! — Wie wäre es denn, so du nun probieren tätest, Mich wieder zu umarmen und gar zu küssen?"

18 Helena reibt sich ganz verblüfft die Augen und spricht endlich mit liebebebender Stimme: „Hm, wäre freilich unendlich süß, so etwas! Unendlich gerne hätte ich Dich freilich, aber wenn Du doch nicht gar so heilig und allmächtig wärst!"

19 Rede Ich: „Ah, das macht nichts! Tue nur, was dein Herz will, und du wirst dich gleich überzeugen, daß dir Meine Heiligkeit und Allmacht nicht dein Nasenspitzchen wegbeißen wird!"

20 Als Helena Mich so herablassend vor sich sieht, vergeht ihr endlich alle Furcht. Sie fällt an Meine Brust und küßt sie und spricht nach einer Weile: „ Gott, o Gott! Da wär's freilich gut! Wenn ich nur so die

ganze liebe Ewigkeit verbleiben könnte!" Endlich erhebt sie sich wieder und sagt: „Aber ist es denn möglich, daß Du, mein Gott und Herr, so unbegreiflich herablassend sein kannst? Nein, das hätte ich auf der Welt mir nicht einmal zu denken getraut. So gut, demütig und lieb bist Du! Wer da vor lauter Liebe zu Dir nicht ordentlich vergeht, der ist gar kein Mensch!"

21 Rede Ich: „Nun, siehst du, jetzt sind wir zwei schon wieder in der schönsten Ordnung, und das freut Mich! Nun aber komme auch du mit Mir an den Ratstisch! Dort wirst du gleich neben Mir sitzen und uns mitunter auch einen Rat erteilen, was etwa mit der gar schlechten Welt der Erde nun geschehen soll?"

22 Spricht Helena: „Nein, nein, das geht nicht! Ich — und Rat erteilen!? Nein — das möchte ein schöner Rat werden!"

23 Rede Ich: „Nun, Mein liebes Helenerl, wir werden die Sache von dir ja gar nicht so streng fordern. Wenn dir manchmal etwas Gescheites einfällt, dann sage es Mir. Ich werde es dann, so du dir's nicht getraust, schon der Ratsgesellschaft vortragen."

24 Spricht Helena: „O Du mein Gott und Herr! Wenn man Dich anschaut und so einfach reden hört, so kommt's unsereinem gar nicht vor, als wenn Du unser allerliebster Herr und Gott wärst. Aber dennoch bist Du es, und das sehe ich jetzt klar! Aber ich werde darum jetzt auch so verliebt in Dich, daß ich vor lauter Liebe schon gerade zerplatzen könnte! Aber für ungut wirst Du mir's ja doch nicht aufnehmen, ich kann ja nichts dafür! Warum bist Du auch gar so lieb, herzlich gut und gar so bescheiden und herablassend?"

25 Rede Ich: „Sei du nur verliebt, so viel du magst, das ist Mir schon recht! Aber wärst du auch noch so verliebt in Mich, so ist Meine Liebe zu dir dennoch viel stärker! Aber das macht auch wieder nichts. Denn Ich muß als Gott ja stärker lieben können als du — und das aus dem Grunde, weil Ich ja sonst auch stärker bin als du, meine liebste Helena!"

26 Spricht die Helena: „Ich bitte Dich, sei doch nicht gar so gut mit mir! Ich muß ja vor lauter Liebe zu Dir noch ganz zugrunde gehen!"

27 Rede Ich: „Oh, sorge dich nur darum nicht! Wenn du auch mitunter ein wenig schwach wirst, so habe Ich ja eine Menge von allerlei Stärkungen bei Mir, die werden dich schon wieder aufrichten. Oh, darum sei dir nur gar nicht bange! — Aber jetzt heißt es, sich an den Rats-

tisch begeben. Komm also mit und setze dich hier gleich neben Mich!“

28 Helena folgt Mir nun bescheiden und wird am Tisch, zu dem sich nun auch die anderen setzen, ganz rot vor lauter Sichgenieren. Aber nach einer kleinen Weile fängt sie an, sich mehr in dieser Gesellschaft zu finden und erwartet aufmerksam den ersten Vortrag.

79

Die ehrwürdige Ratsversammlung
Des Herrn Frage: Was soll mit der Erde werden?
Adam, Noah, Abraham, Isaak und Jakob reden

1 Nach einer Weile allgemeinen Schweigens fragt Helena Mich leise: „Herr, wer wird denn nun zu reden anfangen? Und wer ist denn der so ehrwürdig neben mir sitzende Mann?“

2 Ich antworte ihr auch leise: „Meine Liebste, zu reden werde Ich Selbst anfangen, sobald aller hier Anwesenden Gemüter ganz zur erforderlichen Ruhe gelangt sein werden. Der neben dir sitzende Mann ist Vater Adam, wie er vor ungefähr sechstausend Jahren auf der Erde als erster geschaffener Mensch gelebt hat. Neben ihm siehst du Noah und nachher den Vater Abraham, dann Isaak und Jakob. Dann siehst du noch zwei: Der erste ist Moses und der andere David. — Die auf diese sieben nun folgenden zwölf ernst aussehenden Männer sind die dir wohlbekannten zwölf Apostel[1]. — Hinter ihnen stehen auch noch zwei Apostel: der vordere ist Paulus und der etwas hinter ihm stehende ist Judas, der Mich verraten hat. Die andern kennst du ohnehin. Und so weißt du nun, in welch einer gewiß sehr merkwürdigen Gesellschaft du dich befindest.

3 Was aber alle hier bei diesem Rat werden zu tun haben, das wird dir am Ende der Beratung vollends klar werden. Nun paß aber auf! Die Gemüter der Gesellschaft sind nun zur Ruhe gelangt, und so werde Ich nun auch sogleich zu reden anfangen. Aber du mußt dich nicht erschrecken, wenn Ich manchmal ein wenig scharf reden werde und hier

[1] Einschließlich des laut Apostelgeschichte 1, 26 hinzugewählten Matthias.

vor uns so manche Erscheinungen vorüberziehen, die freilich keinen angenehmen Anblick gewähren werden. Aber da halte dich nur fest an Mich und du wirst gleich wieder gestärkt sein!"

4 Darauf wende Ich Mich zur Gesellschaft mit der Frage: „Meine Kindlein! Meine Freunde! Ich, euer aller wahrer Vater, Gott und Herr und Schöpfer der Unendlichkeit frage euch: Wie gefällt euch allen nun die Erde? Was wollt ihr, daß Ich ihr tun soll?"

5 Spricht Adam: „Herr, Du ewige Liebe! Die Erde war nie ärger als jetzt, aber auch Deine Liebe war nie größer als jetzt! Tue ihr nach Deiner Liebe! Denn siehe, das Meer, der Erde weitsehendes Auge, ist blind geworden. Lege ein mächtiges Feuer hinein und lasse durch seine gewaltige Flamme Licht werden in den Abgründen, auf daß vor ihm sich alle Ungeheuer erschrecken und vergehen vor Schmach, die ihr endlicher Lohn für ihre schwarzen Taten sein soll! So sah und sehe ich es als der Erde erster Mensch."

6 Darauf spricht Noah: „Herr, zu dem ich allezeit gebetet und treu bewahrt habe den Glauben und die Liebe! Als es sich vor etlichen viertausend Jahren mein Bruder Mahal gelüsten ließ, von den heiligen Höhen seine Blicke in die Tiefe hinabzusenken und eine Reise nach Hanoch zu machen, in der Drohuit und Funghar Hellan ihr Unwesen trieben, und als eine Tochter Mahals Königin ward in der Tiefe — siehe, da beriefst Du mich und zeigtest mir einen mächtigen Kasten zu bauen zur Rettung meiner kleinen Familie und vieler Tiere, die Deine Macht aus allen Gegenden der Erde in den weiten Kasten trieb.

7 Ich tat, wie Du, o Herr, es gewollt hast. Und die Folge lehrte mich und mein Haus, wie gut es war, daß ich Dir unbedingt gehorcht habe. Damals war die Menschheit schlecht und arg und förderte Böses um Böses auf dem Boden der Erde und entweihte gräßlich das Werk Deiner Hände. Aber dennoch geschah damals alles, was da geschah, in irgendeiner bestimmten, scharf abgegrenzten Ordnung. Und die Lüge, der Hochmut und die satanische Herrschsucht schwellte nicht so nahezu jedes Sterblichen Brust, wie es nun in dieser Zeit der Erde der Fall ist.

8 Es waren damals die Menschen wohl auch grausam, und einzelne Taten finden kaum ihresgleichen wieder. Aber nun sind die Menschen zu Hyänen und Tigern geworden und begehen Grausamkeiten, vor denen die ganze Unendlichkeit erschauert. Damals sandtest Du ein schreckliches Gewässer über die Sterblichen und ersäuftest alle Täter

des Übels. Was wirst Du wohl nun tun, o Herr? — Ich kenne aber die Größe Deiner Liebe. Ich weiß auch, daß es Dich gereute, damals die Menschheit ersäuft zu haben; denn es waren darunter ja auch viele Kinder, die noch der Mütter Brüste sogen! Wird es Dich nun auch gereuen, die tausendmal schmutzigere Erde durch ein mächtiges Feuer zu reinigen, daß sie wieder würdig würde, Tritte Deiner Füße aufzunehmen?"

9 Noah schweigt darauf. Und der alte Vater Abraham erhebt sich und bittet um die Erlaubnis zu reden. Ich aber sage zu ihm: „Rede, denn du hast die Verheißung überkommen, und diese muß erfüllt werden!"

10 Spricht Abraham: „Herr, tausend oder zehntausend Jahre sind vor Dir wie ein einziger Tag! Denn aus Dir ging hervor Zeit und Raum, aber Du setzest Dich über beide. Und die fernste Vergangenheit wie die fernste Zukunft sind Dir gleich wie die Geschichte eines Tages! Liebe ist Dein Wesen, und die höchste Güte ist Deine Weisheit! Weich wie Wolle ist Dein Gemüt und sanft wie des Lenzes Abendhauch ist Dein Herz. Alle Deine Wege heißen Erbarmung, und Deine Führungen sind die Gerechtigkeit Deines Herzens!

11 Als ich im Lande Kanaan mit meinem Bruder stritt um des Bodens Teil, da sahst Du mein Herz an und fandest es bereit zur Nachgiebigkeit. Und siehe, Du rührtest meine Seele an, und sie sprach zu Loth: »Bruder, frei sollst du wählen! Siehe, groß ist der weiten Erde Boden. Warum sollen wir also streiten um dessen vergänglichen Besitz? Ziehe du weg oder bleibe! Ziehst du gen Abend, so ziehe ich gen Morgen, auf daß Friede und Einigkeit zwischen uns herrsche und zwischen all denen, die uns folgen werden. So du aber bleiben willst, da schwinge den Stab nach der Gegend, dahin du willst, daß ich ziehen soll, und ich werde tun nach deinem Willen. Aber hier beisammen können wir nimmer wohnen, indem du nicht auf den Wegen des Friedens wandeln magst!«

12 Und Loth faßte meine Worte und nahm sie zu Herzen und sprach: »Bruder, ich habe mir den Abend erwählt; dahin will ich ziehen. Dir aber steht es frei, ob du bleiben oder ziehen willst, entweder nach Mitternacht oder Mittag oder Morgen! Wohin du aber ziehst, da vergiß dennoch des Loth nicht!« Und wir segneten uns und zogen — er nach dem Abend und ich nach dem Morgen.

[13] Aber Loths Volk erhob sich bald mächtig in seinen reichen Gauen und baute Sodom und Gomorra und fing an toller und toller zu werden. Ich sandte Boten an Loth, aber sie richteten nichts aus. Mehrere wurden getötet, und die wenigen Zurückkehrenden brachten stets die übelste Kunde. Und siehe, in der Zeit hast Du wieder mein Herz geprüft und fandest es gerecht vor Dir. Und Du sandtest Boten aus der Höhe an mich, und diese taten mir kund, was Du vorhättest mit Sodom und Gomorra. Ich aber erschrak darob und bat Dich um Schonung und stellte Dir die möglichen Gerechten vor. Aber Dein Auge fand sie nicht, außer allein den Loth. Und siehe, diesen rettetest Du, o Herr! Aber Sodom und Gomorra ließest Du verheeren durch Feuer von oben!

[14] Als aber die beiden Städte samt Menschen und Vieh im Pfuhl begraben waren, da sah Dein Herz nach der Stätte hin. Und es gereute Dich wiederum des harten Gerichtes über Sodom und Gomorra, und Du machtest einen Bund mit mir und gabst mir die Verheißung zur Erfüllung Deiner großen Erbarmungen.

[15] Und wie Du es mir verheißen hast, so hast Du auch alles erfüllt bis zu diesem Zeitpunkt. Aber Deine Verheißungen dehnen sich noch gar endlos weit über diesen Zeitpunkt hinaus. O Herr! So gedenke nun, da alle Völker der Erde wieder in eine größte Gärung geraten sind, Deines mit mir gemachten Bundes! Du kennst die Feinde Deiner Kinder und Du kennst ihre Habsucht, ihren unbeugsamen Willen! Siehst Du nicht die vielen Wölfe, Hyänen und Tiger, wie sie gewissen- und schamlos in den Eingeweiden Deiner Lämmer wühlen und sie zerfleischen mit feurigen Drachenzähnen? O Herr! Konntest Du Sodom und Gomorra züchtigen, so ergreife nun auch die Wölfe, Hyänen und Tiger und schlachte sie als ein Sühnopfer für all die Unbilden, die sie begingen an Deinen Kindern! Aber schone das Blut der Gerechten und das Blut Deiner Kinder!“

[16] Darauf erhebt sich Isaak und spricht: „O Herr! Ich bin das erste Blatt, das am großen Lebensbaume Deiner Verheißung, die Du meinem Vater Abraham gemacht hast, sich zu zeigen anfing. Wohl sehr alt und nahe gänzlich verdorrt stand zur selben Zeit der Lebensbaum Deiner Kinder im Garten der Liebe, während die Schlange fruchtbar mit ihrem Gezüchte alle Gaue der Erde anfüllte! Aber Du, o Herr, besahest die gänzliche Dürre des Lebensbaumes Deiner Kinder und be-

lebtest ihn von der Wurzel bis zum obersten Scheitel und gabst ihm eine neue heilige Triebkraft! Und siehe, ich war das erste lebendige Blatt an dieses heiligen Baumes Zweigen.

17 Abraham hatte eine große Freude beim Anblick dieses ersten hoffnungsgrünen Blattes. Aber Dir, o Herr, gefiel es, seine Freude zu trüben und seinen Glauben zu prüfen. Du befahlst ihm, mich zu schlachten und am brennenden Scheiterhaufen zu opfern. Das tatest Du, um der Schlange zu zeigen, wie stark der Glaube Deines Sohnes Abraham war! Als aber Abraham durch den Gehorsam die Macht seines Glaubens bewährt hatte, da führtest Du einen Bock durch des Berges Gestrüpp, ein lebendes Bild Satans und seiner Herrschsucht! Das Gestrüpp umflocht nahe an seinem Rand des Bockes Geweih, das ein Zeichen war seiner Widerspenstigkeit, seines Ungehorsams, seines Hochmuts und seiner gierigen Herrschsucht. Diesen Bock mußte dann mein Vater ergreifen, ihn schlachten und ihn statt meiner auf den brennenden Opferaltar legen.

18 O Herr, konntest Du damals den Weltbock ins Gestrüpp treiben und zum Zeichen gerechter Sühne auf den Brandaltar legen, so tue nun auch desgleichen in der Wirklichkeit! Denn war damals der Bock nur ein Sinnbild — wie ich selbst ein Vorzeichen Deiner Ankunft in die Welt und der zweiten Schöpfung durch Dein großes Erlösungswerk — so ist aber dieser Bock nun in der vollsten Wirklichkeit in der Welt so groß geworden, daß seine Geweihe nun schon in Deine Himmel reichen. So errichte nun auch den großen Brandaltar über die ganze Erde! Ergreife dies schändliche Tier, das sich mit seinen mächtigen Geweihen gewaltigst im dicksten Weltgestrüpp durch und durch verflochten hat, schlachte es und wirf es dann ins mächtige Feuer des großen Brandaltars!

19 O Herr, zögere nun nicht mehr, lasse die vielen grünen Blätter am Baume des Lebens nicht abfressen von des Tieres sündigster Freßgier, sondern tue nach Deiner Verheißung! Denn siehe, die Zeit ist zur Vollreife gediehen, und Deine Kinder schreien nun überlaut: »Vater, tue Dich auf! Erhebe Deine Rechte! Ergreife das Beil Deiner Gerechtigkeit und schlachte das Tier, das mit seinen Geweihen sogar schon an die Feste der Himmel zu stoßen beginnt!« Amen!"

20 Spricht darauf Jakob: „O Herr, Du rangst mit mir und ließest mich nicht weiterziehen. Und als ich Dich ergriff, da gabst Du mir einen

Stoß in die Hüfte, daß ich darnach hinkte mein Leben lang! Aber der Stoß tat mir nicht wehe, denn ich rang ja aus Liebe mit Dir. Aber dennoch blieb dieser Stoß allen nachfolgenden Kindern, und diese fühlten wohl auch den Schmerz. Und siehe, dieses hat nun den höchsten Grad erreicht. Oh, so befreie nun endlich einmal die Kinder vom Stoß und von seinem Schmerz!

21 Vierzehn Jahre diente ich um die himmlische Rahel, aber Du gabst mir die welthäßliche Lea. Ich nahm sie und murrte nicht. Und nocheinmal vierzehn Jahre mußte ich dienen und Verfolgung leiden um die himmlische Rahel. Da gabst Du sie mir dann wohl, aber sie mußte unfruchtbar sein, so daß ich einen anderen Schoß in ihren Schoß legen mußte, um meinem Samen Leben zu geben. O Herr, das war hart von Dir vorgesehen!

22 Nimm aber nun endlich einmal zurück Deine Härte! Nimm der Lea die Fruchtbarkeit und gib sie der Rahel im Vollmaße, auf daß die Erde einmal ledig werde vom argen Gezüchte der Schlange und ihren Boden allein betreten möchten die Kinder der himmlischen Rahel! O lasse einmal Joseph und Benjamin zu wirklichen Kindern aus dem Schoß der himmlischen Rahel werden und mache versiegen die Quelle der Lea!“

80

Helenas Ungeduld wird beruhigt. Moses und David reden
Helenas Zwischenrede und Davids Nachrede

1 Hier fragt Mich Helena heimlich: „Aber Herr, Du mein süßester Jesus, Du hast ja zu mir gesagt, daß Du zuerst reden werdest. Und nun reden immer die andern, und Du sagst eigentlich gar nichts dazu, und Erscheinungen kommen auch keine zum Vorschein. Wie ist denn das zu verstehen? Ich bitte Dich, erkläre mir diese Sache doch ein wenig näher!“

2 Rede Ich: „Meine liebste Helena, gedulde dich nur ein wenig, es wird dir nachher schon alles klar werden. Zuerst geredet aber habe Ich ja ohnehin, indem Ich an diese alle hier beim großen Ratstische eine

überaus wichtigste Frage gerichtet habe. Nun aber müssen sie ja auf diese Meine an sie gestellte Frage sich äußern. Und so sie sich bald alle entäußert haben werden, dann werde Ich zu reden anfangen.

3 Und siehe, Ich kann zu reden anfangen, wann Ich nur immer will, so bin Ich dennoch stets der Erste und Meine Rede ist ebenso allzeit die erste, weil Ich Selbst der Erste bin! Verstehst du das? So sei nur wieder ruhig und horche recht genau, was nun Moses reden wird! Die Erscheinungen werden nachher, wann Ich reden werde, schon zum Vorschein kommen. Nun sieh, Moses erhebt sich schon, und so wollen wir ihn denn hören!"

4 Helena ist nun wieder ganz ruhig. Und Moses spricht mit großem Ernst: „Herr, als Dein Volk unter der ägyptischen Tyrannei schmachtete, da erwecktest Du mich und machtest mich zum Retter Deines Volkes. Ich lebte am Hofe Pharaos und ward eingeweiht in alle Schändlichkeiten und argen Pläne, die dieser Wüterich mit Deinem Volke vorhatte. Denn seine Frevellust war mit der Ersäufung aller Erstlinge Deines Volkes noch lange nicht gesättigt. Ich betete im geheimen oft zu Dir, daß Du Dein Volk doch endlich einmal erlösen möchtest von solch schrecklichem Joch. Aber Du hörtest damals viel schwerer denn jetzt!

5 Als ich sah, daß des Königs Wut von Stunde zu Stunde stieg, und dazukam, wie ein elender Höfling einen Israeliten erbärmlich schlug, da ergriff ich entrüstet den Elenden, erschlug ihn und verscharrte ihn dann im Sande. Pharao, solches bald erfahrend, ließ mich suchen, daß er mich erwürge. Aber ich entfloh noch zur rechten Zeit nach Midian. Dort beim Priester Reguel ankommend, der sieben Töchter hatte, erhielt ich bald deren eine, die Zippora hieß, zum Weibe und ward darauf Hirte der Schafe des Priesters Bruder Jethro!

6 Und erst als ich Jethros Schafe am Fuße des Berges Horeb weidete, kam ein Engel von Dir zu mir, hieß mich mit ihm gehen, da ein Dornbusch gar heftig brannte. Hier hieß Deine Stimme mich meine Schuhe ausziehen, da die Stätte heilig war, an der ich stand. Dann gabst Du mir die heilige Weisung, nach Ägypten zu ziehen und Dein Volk zu befreien, und gabst mir einen Stab, um damit siebenfach zu schlagen den Pharao, dessen Herz Du verhärtet hattest, da er Dich nicht erkennen wollte.

7 Siehe, o Herr, nun ist mehr denn die Härte Pharaos in die Herzen der vielen großen und kleinen Machthaber gekommen. Sie opfern nun

nicht mehr allein nur die Erstlinge ihrer Völker wegen der Ehre ihrer Throne, sondern entsenden viele Tausende auf die Schlachtfelder und lassen sie kämpfen und würgen untereinander, ärger als es einst der Fall war unter den finstersten Heiden. Diese alle sind getauft auf Dein Wort und Deinen Namen und haben Dein Gesetz: Du sollst nicht töten! Aber dennoch morden sie fort und fort und sind taub und stumm und blind geworden. Sie hören nicht die Stimme ihrer armen Brüder und sehen nicht das große Elend der Elenden!

8 O Herr, wie lange wirst Du noch solchen Greueln der Verwüstung zusehen? O Herr, erhebe Dich einmal, wie Du es verheißen hast! Gib mir den Stab wieder, mit dem Du in meiner Hand den harten Pharao schlugst und Dein Volk errettet hast! Ich, Dein alter, getreuer Moses, bin nun wieder bereit, auf Deinen Wink hinabzuziehen zur Erde, dort zu schlagen alle die Harten und Starren und zu erretten Deine Kinder von ihren zu großen Bedrängnissen! O Herr, erhöre Deinen alten Knecht Moses, und erhöre auch die Bitten Deiner blutenden Kinder! — Dein Name werde geheiligt und Dein allein heiliger Wille geschehe nun wie allzeit und ewig auf Erden wie in den Himmeln!“

9 Nach dem Moses erhebt sich sogleich David und sagt: „Herr, also sprach einst Dein Geist zu mir, Deinem Knecht: »Setze dich zu Meiner Rechten, bis Ich alle deine Feinde zu deinen Füßen lege!« — Herr, alles was Dein Geist mir offenbarte, ist getreu in die Erfüllung gegangen. Nur die volle Bekämpfung Deiner Feinde, die endliche Zerstörung des Hochmuts und alles dessen, was er gebärt — das mir Dein Geist auch geoffenbart hat — will nicht in Erfüllung gehen. Die Menschen sind noch, wie sie waren: neun Zehntel schlecht und kaum ein Zehntel halbwegs gut!

10 In Deinem Zorn, Herr, gabst Du Deinem Volk einen König — als es Sünden auf Sünden häufte und dazu auch noch einen König verlangte. Und dieser Dein Zorn währt nun fort und will kein Ende nehmen. Denn alle Völker haben nun Könige und sogar nach heidnischer Art Kaiser, die den Völkern stets als Vorbild höchsten Stolzes und unersättlichen Hochmutes dienen!

11 O Herr, wann wirst Du endlich einmal die größte Plage Deiner Menschen von der Erde nehmen und wieder Deine alte, heilige, patriarchalische Verfassung einführen? Du siehst ja, daß nun feige und gewissenlose Speichellecker sich um die Könige machen und ihnen lob-

hudelnden Weihrauch streuen des eigennützigsten Gewinnes wegen; und daß sie jeden ehrlichen Menschen sogleich zum Tod verdammen, so er es wagte, einem König die Wahrheit zu sagen, die ihm doch um vieles nötiger wäre als das Licht seiner Augen. Jede gegen den König gerichtete bestgemeinte Wahrheit wird als Hochverrat erklärt und ihr Verkünder schnöde aus der Welt geschafft.

12 O Herr! Unter meiner Regierung standen die Sachen wohl auch arg, aber so arg ewig nicht! Denn ich lobte jeden Weisen, der mir die Wahrheit sagte. Nun aber ist alles verkehrt! Der Weise wird verfolgt wie ein reißendes Tier, aber der Lügner und der Schmeichler wird mit allen Ehrenzeichen geziert!

13 Herr, so kann die Sache nicht mehr bleiben! Die Hölle soll Hölle sein, wo sie ist in ihrer Urtümlichkeit. Aber auf der Erde so vollkommen ihr Regiment aufzurichten, sollte ihr nimmer gestattet sein! Herr, darum bitten wir Dich alle, daß Du der Herrschaft der Hölle auf Erden endlich einmal ein Ende machst! Lasse immerhin Könige sein, aber lasse sie so sein, wie ich es war, daß die Menschen nicht zu Teufeln werden und Dein Name nicht gar so entheiligt werde! Denn wer wird Dich preisen in der Hölle, und welcher Teufel wird Dich loben? Daher tue Dich auf, o Herr, und mache zuschanden alle unsere Widersacher! Dein Wille geschehe! Amen."

14 Ganz beifällig durchdrungen von der Rede Davids, kann sich unsere Helena nicht mehr halten, sondern richtet sich vergnügt auf und sagt zum Redner: „Bravo, bravo, Herr David! Sie waren wohl ein rechter König für die Erde. Wenn es solche Könige gäbe, da wäre es wohl eine wahre Seligkeit, ihnen untertan zu sein! Aber unsere Könige in dieser Zeit, die gar nicht mehr wissen, was ein Mensch ist und welchen Wert er hat — sind entweder ‚Götter', die von allen ihren Untertanen nebst einer oft unerschwinglich großen Steuer auch eine wahrhaftige Anbetung verlangen. Oder sie sind in ihrem Handeln jenen reißenden Tieren gleich, die sie gewöhnlich als Aushängeschilder in ihren Wappen führen. Wie es den Untertanen unter solchen Herrschern geht, das können sich der Herr David wohl gar leicht vorstellen! Ich wäre von ganzem Herzen dafür, daß solchen Herrschern, die nur sich selbst für alles, ihre Völker aber für gar nichts halten, unser liebster, bester und allmächtigster Herr und Vater Jesus auf recht eindringliche

Weise zeigte, wieviel es nun etwa an der Zeit ist, und was sie und ihre Völker wert sind! Habe ich recht oder nicht?“

15 Spricht David sehr freundlich: „Liebe Helena, als eine junge Nachkömmlingin meines Volkes, du hast ganz recht, ich muß deine Weisheit loben; denn du wünschest nur Billiges und Gerechtes.

16 Es sollen ja Könige bleiben, aber sie sollen von ihren zu hoch gestellten Thronen nun zu ihren Völkern herabsteigen und mit ihnen Menschen sein und ihnen gewähren, was recht und billig ist! Aber ebenso sollen auch die Völker an ihre Könige nur solche Forderungen stellen, die gerecht und ausführbar sind. Aber nun werden von beiden Teilen die Saiten zu hoch gespannt, und da wird es wohl leichtlich nicht eher besser, als bis die Saiten vollends reißen! Die Könige werden ihre Völker, und darauf die Völker ihre Könige, schlagen!

17 Aber dessenungeachtet steht zwischen König und Volk noch immer unser alleiniger Jehova-Zebaoth, der alles auf eine uns unbekannte Weise in die beste Ordnung bringen kann. Das große Werk ist des Herrn allein! — So, meine Liebe, verhält es sich mit dieser Sache.“

18 Spricht Helena: „Ja, ja, Sie sind wohl ein weiser König, Sie haben recht!“

81

Petrus' scharfe Gerichtsrede über Rom
Paulus' lichtvolle Gegenrede von der Gnade

1 Darauf erhebt sich Petrus und spricht im Namen aller Apostel: „O Herr, Du meine Liebe, Du mein Leben! Zu Rom, der alten Hauptstadt der Heiden, herrscht schon bei eintausend Jahre lang ein aus dem Heidentum, Judentum, wie auch aus Deiner sehr beschnittenen Lehre zusammengesetzter Hierarch. Er nennt sich Papst und Stellvertreter Gottes auf Erden! Seinen Thron nennt er meinen Stuhl und sich selbst meinen Nachfolger! Er gibt vor, im Besitze aller Macht Deines allerheiligsten Geistes zu sein, sucht aber, so er in seinem weltlichen oder geistlichen Regiment durch Aufstände bedrängt wird, nie Hilfe in seiner angeblichen Kraft des Heiligen Geistes, sondern nur bei den größeren Machthabern der Welt. Dieser Papst ist nun in großer Klemme

und ruft öffentlich Maria — als seine vermeintliche alleinige Helferin — um Schutz und baldige Wiederherstellung seines Reiches an. Da er aber bei sich an solche Hilfe gar nicht glaubt, läßt er nun auch noch andere Hilfe kommen, gegen die er wohl flüchtige Scheinproteste erhebt, um der Welt gewisserart zu zeigen, daß er Schutz aus den Himmeln zur Genüge habe und somit keiner anderen Hilfe bedürfe. Aber so sich's die weltlichen Machthaber trotz aller seiner Proteste nicht nehmen ließen, ihm zu helfen, sei es dann aber auch klar, daß diese Helfer heimlicherweise von der mächtigsten Himmelskönigin angetrieben werden, der Kirche Gottes auf Erden zu helfen, so die Pforten der Hölle sie zu überwältigen drohen! — Was sagst denn Du, o Herr, zu dieser Gemeinde?

2 Der Bruder Paulus stiftete sie wahr und rein; und sie erhielt sich durch mehrere hundert Jahre mehr oder weniger rein. Aber nun ist diese Gemeinde seit nahe eintausend Jahren in ein allerschmutzigstes, oft sogar böses Heidentum übergegangen, gierend nach nichts als Gold, Silber, Herrschergröße und nach der absolutesten Herrschaft über alle Völker der Erde. Und für die Erreichung dieses Zweckes sendet sie in alle Gegenden die verschmitztesten Missionare aus! — Sage, o Herr, wirst Du solch einem über alle Maßen argen Treiben wohl nimmer irgendein Ziel setzen?

3 Siehe, dic Völker, die sich lange von dieser vorgeblichen Himmelstochter am Narrenseil ganz geduldig herumzerren ließen, haben sich endlich einmal erkühnt, ihr nunmehr die glänzende Larve herabzureißen. Nun bietet sie alles mögliche auf, die starken Risse ihrer alten Larve auszuflicken und soviel als möglich unkenntlich zu machen. Herr, es geschehe Dein Wille! Aber das meine ich denn doch, daß Du dieser elenden Kreatur lange genug durch die Finger gesehen hast! Es wäre daher endlich einmal an der Zeit, sie gänzlich aus dem Buche der Lebendigen zu streichen und ihren Namen in das Buch der Toten zu übertragen!

4 Denn läßt Du sie wieder zu Kräften kommen, so wird sie sich nicht nur nicht bessern, sondern wird ihr Hurengetriebe nur noch glänzender aufrichten, so daß auch jene, die nun an Dich hielten, von ihrem üppigen Schoß angelockt, mit ihr im sinnlichsten Vollmaße werden zu buhlen anfangen. Und Dir wird dann in Kürze dennoch nichts übriglei-

ben, als mit ihr zu machen, was Du dereinst mit Sodom und Gomorra zu tun genötigt warst.

5 Es ist wohl wahr, daß uns diese Erzhure eine Menge der allerschönsten Kinder geboren hat und darum auch Deine große Geduld und Nachsicht bei tausend Jahre mehr oder weniger ungetrübt genoß. Und ich habe darob selbst eine rechte Freude gehabt samt allen meinen Brüdern.

6 Nun aber ist sie ob ihrer zu großen Verworfenheit unfruchtbar geworden und wird uns wenig schöne Kinder mehr zutage fördern. Daher meine ich, daß es endlich doch an der Zeit wäre, ihr den verdienten Lohn zu geben. Übrigens geschehe dennoch ewig nur allein Dein heiliger Wille!“

7 Rede Ich zu Paulus: „Bruder Paulus, sage nun auch du, als ein Lehrer der Heiden, ob du mit all diesen Vor- und Anträgen einverstanden bist? Denn in bezug auf die Heiden hast du eine Hauptstimme. An euch ist es, wie Ich Selbst es euch verheißen habe, zu richten die Geschlechter auf der Erde!“

8 Paulus verneigt sich und spricht: „O Herr, ich habe die Heiden vielfach beobachtet und habe ihnen gepredigt Dein Wort, das sie mit großer Begierde und Freude annahmen, wodurch sie sich teilhaftig gemacht haben Deiner Gnade. Und doch waren sie Kinder des Vaters der Lüge und des Hochmuts! Die Kinder Abrahams aber kreuzigten den hohen Gesandten von Gott und erkannten ihn nicht! Ich frage: Was ist da wohl rühmlicher, ein Heide oder ein Nachkomme Abrahams? Was haben denn da die Juden für einen Vorzug vor den Heiden? Daß Gott nur mit diesem Volke geredet hat, ist denn das ein Verdienst des Volkes oder ist es nicht vielmehr eine Gnade Gottes? Oder glaubt wohl ein jeder Jude, daß Gott mit seinen Vätern geredet hat? Ich finde unter allen Juden und Heiden nichts, das ich Gerechtigkeit und Verdienst nennen könnte. Gott, unser Herr und Vater ist allein wahrhaft und gerecht! Alle Menschen aber, ob Juden oder Heiden und nunmalige Christen sind falsch und vor Gott nichts nütze!

9 So aber der Heiden Ungerechtigkeit Gottes Gerechtigkeit dennoch preiset, was wollen wir denn dann noch richten?! Kannst Du, o Herr, Dich darüber erzürnen? O nein, das ist ferne von Dir! — Denn so Du Dich darüber erzürnen möchtest, da müßtest Du ja ungerecht sein, und

das ist ewig ferne von Dir! Denn wer wohl würde die Welt erhalten, wenn Gott so dächte, als wäre Er gleich wie ein Mensch!

10 Welchen Vorteil haben wir dabei, so wir schreien: »Herr, siehe doch endlich an die Ungerechtigkeit Deiner Völker!« — Ich sage euch: Gar keinen Vorteil! Denn wir wissen nur zu genau, daß alle Menschen vor Gott Sünder sind — wie denn auch geschrieben steht: »Da ist auch nicht einer, der da gerecht wäre vor Gott!« So wir aber das wissen, wie können wir denn Gott zum Gericht auffordern, als wären wir ohne Sünde?

11 Sagt mir doch, welches Ruhmes kann sich jenes schöne Weib dort an der Seite Gottes rühmen? Welch ein Verdienst hat sie denn gerechtfertigt vor Ihm? Und dennoch sitzt sie neben Ihm pur aus Seiner Gnade! Und welches Verdienst hatte denn ich vor Ihm, der ich die verfolgte, die an Ihn glaubten! Sehet, ich war ein Täter des Übels und war die Ungerechtigkeit selbst. Aber Gott kehrte sich nicht an meine Sünden, sondern berief mich, als wäre ich ein Gerechter. Und ich folgte dem Ruf Seiner Stimme und ward sobald gerechtfertigt durch Seine Gnade! — Wollet ihr nun Gott darum der Ungerechtigkeit zeihen, weil Er mir gnädig war?

12 Wer von euch kann denn wohl vor Gott sagen, daß er verständig sei und weise? Ich sage es euch: da ist nicht einer! Und dennoch wollen wir Ihn zu einem Gericht nötigen? Wer aus uns kann sagen: Ich bin nie von Gott abgewichen und bin vor Ihm nie untüchtig geworden? Ich sage euch, da ist von uns allen auch nicht einer um ein Haar besser als ein anderer, und dennoch schreien wir: »O Herr, siehe doch endlich einmal die große Bosheit der Menschen auf der Erde an und züchtige sie!«

13 Was gilt es denn, so der Herr am Ende aufsteht und spricht wie dereinst dort im Tempel zu Jerusalem zu den Juden, die Ihm eine Ehebrecherin vorgeführt haben — ob wir uns dann nicht auch aus dem Staub machen werden?! — Ich sage es euch: Nicht einer unter uns ist es, der da sagen könnte: »Herr, ich habe nur Gutes getan und bin mir keiner Sünde bewußt!« — Ja, wer von uns ein Narr ist, der kann es sagen, gleich dem Pharisäer im Tempel, der auch Gott pries, daß Er ihn so überaus gerecht werden ließ! Aber, wie wir alle es wohl wissen, der Herr hat seine Rechtfertigung verworfen und die des sündigen Zöllners angenommen!

14 Da wir aber alle wissen, was vor dem Herrn gilt, warum bitten wir Ihn denn, zu handeln nach unserem Ermessen, als wären wir weiser denn Er? Was haben wir denn, das wir nicht empfangen hätten von Ihm? Was rühmen wir uns denn, als hätten wir es nicht empfangen und schreien Ihm die Ohren voll und sagen: »Siehe, siehe, o Herr!« als wäre er taub und blind und von schwachem Verstand und ebenso schwachem Willen! O sagt mir, Freunde, welche Wege haben denn wir selbst angelegt, ohne daß Er uns mit Seinem Finger den unwandelbaren Plan ehedem vorgezeichnet hätte?

15 Da wir aber schon alles von Ihm haben und alles, was wir waren und was wir nun sind, nur durch Ihn und in Ihm sind — wie können wir dann sagen: »Herr, erfülle endlich, was Du verheißen, und vertilge die Täter des Übels auf der Erde!« Ich meine, daß wir da sehr vorlaut wären!

16 Seht, der Menschen Mund war allzeit ein offenes Grab! Ihre Zungen redeten allezeit Lügen, ihre Füße eilten allezeit, Blut zu vergießen! Und alle ihre Wege waren stets voll Unfall, Trübsal, Herzeleid und Bedrängnis aller Art. Den wahren Weg des Friedens aber hat noch kein Sterblicher erkannt in seiner Tiefe; denn die Furcht Gottes war ihnen stets noch wie ein Traum!

17 Wir wissen aber: Was das Gesetz sagt, das sagt es denen, die unter dem Gesetz sind, nicht aber auch denen, die entweder über dem Gesetz wohnen, oder vom Gesetz nie etwas gehört haben, auf daß aller Welt endlich einmal der Mund verstopft werde und sie endlich einsehe, daß wir und alle Welt ewige Schuldner zu Gott sind und verbleiben! Fasset doch einmal das: Kein Fleisch kann je durch das Gesetz vor Gott gerechtfertigt werden, wenn es auch erfüllt würde bis zum letzten Jota! Denn durch das Gesetz kommt ja die Erkenntnis der Sünde! Wer aber die Sünde erkennt, der ist aus der Sünde, und die Sünde ist in ihm!

18 Wir aber haben eine neue Offenbarung erhalten, in der uns wie schon ehedem durch die Propheten und ihre Gesetze gezeigt wird, daß die Menschen auch ohne das Hinzutun des Gesetzes zu jener wahren Gerechtigkeit gelangen können, die allein vor Gott gilt. Warum schreien wir denn trotzdem. »Herr, richte sie und gib ihnen den verdienten Lohn und vertilge ihren Namen im Buch des Lebens!« Wohl sagt ihr allezeit am Ende: »Aber nur Dein Wille!« Aber das entschuldigt eure Herzen nicht! — Wahrlich, eher möchte ich in den Tod gehen,

als zum Herrn sagen: »Herr, tue dies und jenes!« — Haben denn wir dem Herrn einen Sinn gegeben, oder haben nicht wir vielmehr alle Sinne von Ihm? Und dennoch reden wir, als bedürfe Er unseres Rates!? Wenn Kinder lallen, solange sie noch unmündig sind, da mag so etwas wohl angehen; aber alte Bürger des Himmels — meine ich, Paulus — sollten doch schon wissen, was sie sind und wer der Herr ist!

19 Wer die Sünde richten will, der muß selbst ohne Sünde sein, denn es ist unmöglich, daß ein Sünder den andern richten soll. Wenn aber vor Gott alle Menschen Sünder sind und die Ungerechtigkeit ihr Anteil ist — mit welchem Rechte wollen sie denn da richten?

20 Ja, wir haben wohl eine Gerechtigkeit, die da gilt vor Gott. Aber diese kommt nicht aus unserer Erkenntnis über die Sünde und Nichtsünde und auch nicht aus dem Gesetz und aus den Werken nach dem Gesetz — sondern aus dem Glauben an Ihn und aus der reinen Liebe zu Ihm! — Und diese Gerechtigkeit heißt »Gnade« und »göttliche Erbarmung«!

21 Es gibt vor Gott keinen Unterschied zwischen Menschen und Menschen, denn sie sind allzumal Sünder, so oder so, und mangeln des gerechten Ruhmes, den sie vor Gott haben sollen! Wenn sie aber nach ihrem Glauben von Gott angenommen werden, so werden sie doch ohne Verdienst gerecht, pur durch Seine Gnade, welche hervorgeht aus Seinem höchsteigenen Werke der Erlösung. So wenig wir Gott geholfen haben, die Welt und alle Himmel zu erschaffen, ebensowenig konnten wir Ihm bei dem noch größeren Werke der Erlösung behilflich sein! So wir aber an dieser zweiten, größten Schöpfung und Neugestaltung aller Dinge unmöglich einen verdienstlichen Teil haben können, da eben wir selbst die Erlösten sind, wie sollen wir uns nun an dem allein Gott zukommenden Richteramt beteiligen wollen, indem wir doch selbst als Begnadigte die Erlösten sind?

22 Kennt ihr aber den wahren Richterstuhl Gottes? — Seht, dieser ist Christus, in dem da wohnt ewig die Fülle der Gottheit körperlich! Dieser Richterstuhl Gottes aber ist durch Seine eigenen Werke zu einem Gnadenstuhle geworden und kann gnädig sein, wem Er will, und barmherzig, wem Er barmherzig sein will!

23 Wo aber bleibt sonach unser Ruhm? Durch welches Gesetzes Werke solle er unser sein? Gibt es denn ein Gesetz ohne Sünde oder eine Sünde ohne Gesetz?

24 Wir aber haben dennoch einen Ruhm und eine Gerechtigkeit! Aber nicht aus dem Gesetz noch aus den Werken darnach, sondern pur aus Seiner Gnade, deren wir teilhaftig wurden durch den Glauben an Ihn und an die Werke der Erlösung! Aber diese Gerechtigkeit gibt uns vor Gott dennoch kein Recht, mit Ihm zu Gericht zu sitzen, indem wir vor Ihm, wenn auch hier als schon Hochbegnadigte, dennoch dieselben Sünder sind, die wir allezeit waren.

25 Da wir aber nur aus dem Glauben heraus vor Gott sind gerecht worden und nicht nach der Erfüllung des Gesetzes — da sollte ja der Glaube das Gesetz aufheben? Oh, das sei ferne! Denn der Glaube richtet das Gesetz erst auf und macht es lebendig. Aber das Gesetz richtet den Glauben nicht auf, sondern tötet ihn, so es nicht zuvor durch ihn lebendig geworden ist!

26 Das Leben des Glaubens aber ist die Liebe! Und das lebendige Gesetz ist die Ordnung der Liebe! Wenn dann der Glaube gerecht ist, so ist alles gerecht. Ist aber der Glaube falsch, so ist auch die Liebe falsch und ihre Ordnung so gut wie keine!

27 Wer aber kann dafür, so jemand einen falschen Glauben überkommt aus einer falschen Lehre? Ich aber sage: Wer da glaubt, wie er gelehrt wurde, dessen Glaube ist dann auch ohne Falsch bei dem, der da glaubt; und er wird die Gnade finden! Aber wehe dem Lehrer falscher Lehre! Denn er ist ein Täter des Übels und ein Störer der göttlichen Ordnung! Aber nicht wir, sondern allein der Herr kann ihn richten!

28 Als aller geschaffenen Geister größter und reinster mit Satan auf Sinai um den Leib Mosis rang, was dir, Bruder Moses, bekannt ist — da richtete der mächtige Geist den Satan dennoch nicht, sondern sprach zu ihm: »Der Herr wird dich richten!« So aber sich ein Michael kein Gericht über Satan anmaßte, wie sollen wir da über unsere Brüder richten oder den Herrn zu einem Gericht vermögen wollen? Oh, das sei ferne von uns!

29 Ich aber sage: der Herr handelt und richtet lange schon und hat nicht gewartet auf unseren Rat! Daher betrachtet auch diesen nunmaligen Rat für eitel! Aber so der Herr zu euch sagen wird, tuet dies und jenes, da sei euer ganzes Wesen pur Tat nach dem Wort des Herrn! Denn des Herrn Wort ist schon die vollste Tat in euren Herzen.

30 Dir, o Herr, aber danke ich, daß Du dieses Wort in meinen Mund

gelegt hast! Möchte es doch auf Erden wie in allen Himmeln die besten Früchte tragen! Dir allein aller Ruhm und aller Preis ewig! Amen!“

31 Rede Ich: „Paulus! Du bist wie Mein rechter Arm und Mein rechtes Auge. Dich habe Ich zu Meinem Rüstzeug erkoren, und das wirst du auch verbleiben ewig. Du hast recht geredet in allem, und es verhält sich also!

32 Aber dessenungeachtet werden wir auch noch diese Neuangekommenen fragen, was da nun ihre Meinung ist? Und wir werden darauf einen rechten Beschluß fassen.

33 Und so rede denn nun du, Robert Blum! Sage, was sollen wir nun der Erde tun, darum sie so viel ungerechten Blutes eingesogen hat? Welche Sühne verlangst du von ihr und ihren Mächtigen, die dich gerichtet haben!?“

82

Blum und Jellinek äußern sich. Des Herrn Entgegnung

1 Spricht Robert: „O Herr, was da mich betrifft, so habe ich nun keine Rechnung mehr mit der Erde als der Trägerin mehr blinder als im Grunde böser Menschen. Und so ich Dir schon mit einer Bitte käme, so soll sie lauten: Herr, vergib ihnen, denn sie wissen alle nicht, was sie tun! Aber in ihre Herzen senke Frieden, Demut und Liebe! So wird die sonst schöne Erde wieder als eine liebliche Mutter ihre Kinder liebend küssen und allen vollauf zu leben geben durch Deine Gnade und Erbarmung! Siehe, o Herr, das ist aber auch schon alles, was ich von Dir erbitten möchte für die Erde.

2 Aber ich setze in diesen meinen Wunsch auch kein bestimmtes Verlangen, indem ich doch füglich annehmen muß, daß vor Dir, o Herr, meine Bitten und Wünsche sicher im gleichen Maß unreif sein werden, als wie ich selbst als Bittsteller und Wünschender noch sicher vor Dir, o Herr, sehr unreif bin? Aber das denke ich mir im Herzen: ein schlechter Lump ist, der mehr tun will als er kann; aber auch zum Hinauswerfen schlecht ist derjenige, der sein Pfund vergräbt! Wenn aber jemand das, was er mit seines Herzens besten Sinnen als gut und wünschenswert

findet, auch allen seinen Brüdern wünscht und auch zu bewerkstelligen sucht, so halte ich solch ein Handeln für gut und recht. Denn der gute Wunsch wie nach ihm die Handlung können unmöglich von wo anders herrühren als von der wahrsten Nächstenliebe, die Du, o Herr, den Menschen zu einem ersten Gesetz gegeben hast!

3 Es kann allerdings das, was ich für gut halte, für meinen Nebenmenschen gerade das Gegenteil sein. Zum Beispiel, so ich einen Kranken sehe und habe auch eine gute Arznei für ihn, die schon bei manchen mit gleichen Übeln Behafteten stets die beste Wirkung hervorgebracht hat — was werde ich tun, so der Leidende um Hilfe fleht? Die Liebe zum leidenden Bruder gebietet es mir, ihm zu helfen. Ich gebe ihm die Arznei, und siehe, er wird darauf noch schlechter. Hätte ich ihm darum die Arznei vorenthalten sollen, weil sie nachher eine schlimme statt einer guten Wirkung hervorgebracht hat? O mitnichten! Das darf mich nie abschrecken, meinen Brüdern alles das zu tun, was ich nach bester Erkenntnis und mit bestem Gewissen als gut erkenne? Der Erfolg aber liegt nicht mehr in meiner, sondern in Deiner Macht, o Herr! Darum ich denn für ihn auch keine Rechnung legen kann. — So wollte ich in Wien nach meinem damaligen besten Wissen und Gewissen den bedrängten Wienern auch nur Gutes tun. Aber der Erfolg meiner Bemühung fiel leider anders aus. Ich meine aber dennoch, daß ich dadurch nicht gefehlt habe; denn ich wollte ja nur das, was ich als gut erkannte!

4 Und so glaube ich, gibt es nun eine Menge, die nach ihren Erkenntnissen sicher allen nur jenes wünschen, was sie als gut erkennen. Sollen sie darob gerichtet werden? Aber Du, o Herr, gib ihnen ein rechtes Licht und besänftige ihre Herzen, und sie werden erlöst sein von allem Übel!

5 Es gibt wohl auch eine Menge starrer Menschen, die sich von gewissen Grundsätzen, die sie allein als Recht erkennen, so sehr verhärten ließen, daß sie eher die Welt könnten zugrunde gehen sehen, als nur ein Jota von ihren starren Grundsätzen fallen zu lassen. Aber Du, o Herr, hast ja noch eine Menge Feuers, das da mit großer Leichtigkeit die starrsten Felsen wie Wachs schmelzen macht! Ein Fünklein davon in die Herzen der Starren gesenkt, wird sie bald sanfter und nachgiebiger machen!

6 Das ist meine harmlose Meinung und auch mein bester Wunsch!

Inwieweit er aber auch in Deinen Augen, o Herr, gut ist, davon habe ich bis jetzt in meinem Herzen noch keinen verläßlichen Maßstab. Daher sei alles weitere auch allein nur Dir anheimgestellt!"

7 Rede Ich: „Mein lieber Freund und Bruder, auch du hast den Nagel auf den Kopf getroffen! Die vollste Wahrheit floß aus deinem Munde. Daher sollst auch du Mir für die Folge zu einem tüchtigen Rüstzeug werden! Gut, wahr und edel war dein Antrag, und Ich muß dir schon im voraus die Versicherung geben, daß Ich nach ihm sehr mächtig handeln werde und auch allezeit schon gehandelt habe. Aber nichtsdestoweniger soll nun auch Jellinek einige Wörtlein von sich geben, und wir werden sehen, wie weit er mit dir einverstanden ist. Und so öffne denn nun auch du, lieber Bruder Jellinek, deinen Mund!"

8 Spricht Jellinek: „O Herr! Bruder Robert Blum hat wirklich ganz aus meiner Seele geredet, wie auch vor ihm der große Paulus, dessen Rede durchaus ein Meer voll Wahrheit und Feuers war. Was soll ich da noch mehr reden können? Ich sage daher bloß: Herr! Dein allein heiliger Wille geschehe — und die herrlichste Ordnung wird die arme Erde küssen! Was aber ehedem die großen Väter der Erde geredet haben, war in gewisser Beziehung zu hoch über meinem Erkenntnishorizont! Sie meinen es vielleicht auch gut, und das sicher auf eine ganz andere Art, als ich und Robert Blum. Aber es kommt mir doch etwas sonderbar vor, daß sie von Dir stets die Erfüllung irgendeiner Verheißung verlangen und Dich eines gewissen Zauderns beschuldigen? Aber wie gesagt, ich verstehe die Sache nicht. — Übrigens habe ich eine große Freude daran, daß ich nun als ein später Nachkomme endlich einmal diejenigen persönlich kennenlerne, deren Existenz ich so oft bezweifelt habe! Es liegt wirklich etwas heilig Ernstes in ihren Angesichtern. — Mein Antrag ist damit schon zu Ende!"

9 Rede Ich: „Höre du, Mein lieber Bruder Jellinek: Ihr alle hier im Reiche der ewigen Wonne könnt nun freilich leicht sagen: »Herr! Dein Wille geschehe!« Aber auf der Erde sieht es nun ganz anders aus als hier im Reiche des freiesten Lebens! In den Leibern der Menschen wohnen dieselben freien Geister und unsterblichen Seelen, wie ihr es hier in der Wirklichkeit seid. Diese möchten sich doch endlich einmal freier entwickeln können und wollen daher eine rechte Freiheit, aber keine Knechtung unter einem eisernen Zepter der Könige. Sie erheben sich daher allerorten und bemühen sich, die Macht der Könige zu brechen.

Aber die Könige sammeln ebenfalls alles, was ihnen sklavisch untertan ist, zu einer großen Streitmacht zusammen. Sie haben jedem Widersacher den Tod geschworen und schlachten auch die Menschen ohne Gnade und Erbarmung zu vielen Tausenden hin. Es schreien nun die Freiwerdenwollenden zu Mir um Rache wider ihre unbarmherzigen Könige. Und die Könige rufen Mich um Beistand wider ihre empörten Völker an!

10 Was soll Ich nun tun? Beider Parteien Recht ist wahrlich nicht weit her nach der gegenwärtigen Gestaltung der Sache. Denn die Könige wollen einmal um jeden Preis herrschen, und das freiwerdende Volk will nun auch herrschen. Aber gehorchen und untertan sein will niemand mehr!

11 Nun entsteht eine sehr große Frage, was Ich nun eigentlich tun soll? Helfe Ich den Königen, so werden sie wieder die alte Finsternis über ihre Völker ausbreiten, in der es keinem Geiste leicht möglich wird, sich freier zu entwickeln. Und der Haß gegen die Geist-Erdrükker wird wachsen. Helfe Ich aber dem Volk, so wird dieses starke Rache nehmen an allen ehemaligen Machthabern und wird häufig Meine durch Rom sehr verdächtig gemachte Lehre, aus der so viele Übel hervorgegangen seien, am Ende ganz verbannen und den Völkern dafür eine rein weltliche Lehre geben!

12 Ihr sehet, liebe Freunde, daß die Dinge auf der Erde nun so stehen, daß Ich vorderhand weder der einen noch der andern Partei vollkommen helfen kann. Was ist da zu tun? Lasse Ich die Sache fortgehen, so werden die zwei zu Tod erbitterten Feinde miteinander nimmer fertig, denn die gegenseitige Wut ist zu groß. Helfe Ich aber, so fragt es sich hier ganz ernstlich: Wem? — Tue Ich etwas oder tue Ich nichts, so ist es gefehlt, so oder so! Was also machen?

13 Ja, liebster Bruder Jellinek, es ist leicht sagen: »Herr, Dein Wille geschehe!« Aber wie bei solchen Verhältnissen, das ist eine ganz andere Frage! — Robert meint freilich, Ich könnte Fünkchen der himmlischen Sanftmut in die Herzen der Fürsten legen und sie würden dann sanfter, besser und weiser werden. Das ist wohl wahr und richtig. Aber werden ihnen die über alle Maßen erbitterten Völker wohl trauen? Nein, das werden sie nicht; denn ein gebranntes Kind traut dem Feuer nimmer. Und alles läßt sich leichter wiederfinden als ein verlorenes Vertrauen!

14 Du meinst freilich, daß man da auch in die Herzen der Völker solche Fünkchen legen solle, so würde dann alles gewonnen sein. Das wäre freilich ein sehr leichtes Mittel. Aber so Ich das täte, da hörten die Könige wie die Völker ja auf, freie Menschen zu sein! Sie würden dadurch gerichtet und würden zu edlen, menschenähnlichen Tieren werden, bei denen von keiner freien geistigen Bewegung mehr die Rede sein könnte. Wir dürfen, solange wir Menschen als Menschen erhalten wollen, durchaus keine uns zu Gebote stehende Gewalt ausüben. Denn täten wir das, so wäre es im selben Augenblick um die eigentliche Menschheit geschehen; sie würde zum Tiere und zu gerichteten Sklaven unserer ewig unbesiegbaren Macht! Du siehst also, daß es sich auf diese Art nicht tun wird.

15 Wir werden demnach schon auf ganz andere Mittel sinnen müssen! Sage du, Mein lieber Becher, was du da für rätlich erachten möchtest, das da den bedrängten Völkern der Erde eine rechte Hilfe brächte?"

83

Bechers radikale Vorschläge
Belehrung durch den Herrn
Die Natur des Menschengeschlechts ist bedingt durch die der Erde im Schöpfungsganzen

1 Spricht Becher, mit den Achseln zuckend: „O Herr, wenn bei diesen Wirren auf der Erde schon Dir, der Du doch allmächtig und allweise bist, gewisserart der Faden ausgeht — was soll da unsereiner noch auffinden können, womit den Völkern der Erde zu helfen wäre? Wenn es sich mit inneren Gewaltmitteln nicht tut, so wende man denn äußere Gewaltmittel an, z. B. Hunger, Pest und dergleichen, dazu einige frappante Erscheinungen am Firmament, und die Menschen werden dann schon zu Kreuz kriechen! Und darf etwa wegen der Freiheit des menschlichen Geistes auch das nicht angewendet werden — nun, so lassen wir sie sich untereinander so lange balgen und würgen, bis sie daran genug haben! Ich glaube nun, daß wir uns überhaupt zu viel um das arge Menschengesindel auf der Erde kümmern. Am besten wäre es nach

meiner Meinung, das ganze Lumpenvolk von der Erde zu vertilgen und dafür ein besseres und edleres Volk hinzustellen. Das Volk, das nun die Erde bewohnt, wird sich nimmer bessern; es müßte nur, wie schon eben bemerkt, dem größten natürlichen Elend preisgegeben werden! Denn es sind nun alle Könige samt ihren Völkern schon rein des Teufels. Womit aber könnte man die große Bosheit des Teufels erfolgreich bändigen? Ich meine, da wird es so oder so eine vergebliche Mühe sein! Also weg mit dem Lumpenpack und ein anderes Geschlecht hingesetzt! Das ist meine unmaßgebliche Meinung! Aber bloß nur, wie gesagt, meine Meinung!"

2 Rede Ich: „Mein lieber Freund Becher! — Siehe, wenn den Völkern der Erde auf diese Art zu helfen wäre, wäre das freilich etwas ganz Bequemes! Aber das tut sich wohl auf keinen Fall und fürs Allgemeine schon gar nicht. Das kann wohl örtlich, aber auch da nie zu heftig stattfinden. Aber allgemein und gänzlich, wie du es meinst, das wäre das größte Unheil nicht nur für die Erde, sondern auch für das ganze Universum!

3 Das Menschengeschlecht der Erde ist nicht aus sich selbst so, wie es ist, sondern es ist aus der Erde und hat in allem ihre Natur und Eigenschaft! Demnach wäre mit der gänzlichen Vertilgung aller nun auf der Erde lebenden Menschen der einmal eingerissenen Unordnung wenig abgeholfen! Denn dann müßten wir doch wieder andere Menschen aus der Materie der Erde hervorgehen lassen, die den gegenwärtigen nach einer kurzen Weile doch wieder so gleichen würden, wie etwa die Früchte eines Baumes aus einem vergangenen Jahr den Früchten, die derselbe Baum im folgenden Jahr oder noch später tragen würde.

4 Man müßte sonach auch die ganze Erde aus dem Dasein schaffen und an ihre Stelle eine andere setzen, was aber ein noch größerer Streich wider meine Ordnung wäre! Man kann einem Baum, so er schlechte Früchte trägt, wohl die Rinde und manche Äste und Zweige nehmen, worauf er dann wieder recht gute Früchte tragen wird — aber das Mark und die Wurzeln darf man nicht zerstören. Denn so man das täte, würde der ganze Baum bald verdorren und würde ewig weder gute noch schlechte Früchte mehr zum Vorschein bringen. Die Erde aber ist eben der Kern des Lebens für den gesamten Lebensbaum und ist wie eine Hauptwurzel der ganzen Schöpfung! Würden wir an ihr ein Zerstörungswerk ausüben, so würden wir dadurch nicht nur die

Erde, sondern die ganze sichtbare Schöpfung der endlichen Auflösung preisgeben, was noch um einige Dezillionen von Erdjahren zu früh wäre.

5 Deinen Rat, Mein lieber Freund Becher, kann Ich sonach schon gar nicht brauchen! Wir wollen aber sehen, vielleicht hat sich unterdessen Messenhauser etwas Brauchbares ausgedacht. Nun, Freund Messenhauser, gib es von dir, wenn du etwas in dir gefunden hast!"

6 Spricht Messenhauser: „O Herr, Du setzt mich in große Verlegenheit! Was soll ich da raten können, wo nun schon die ersten Geister der Erde ihre Stimme erhoben haben und damit mehr oder weniger durchgefallen sind? Da käme sicher eine noch größere Dummheit heraus!

7 Siehe, o Herr, geradezu dumm wäre es von mir, Deiner endlosen Weisheit einen Rat erteilen zu wollen, was Du nun tun sollst, um die großen Wirren auf der Erde wieder auszugleichen! Ich weiß nur zu gut, daß Dir mehr der besten und wirksamsten Mittel allerklarst bekannt sind, als es der Sterne im unermeßlichen All gibt. Wolle Du nur gnädigst das kleinste anwenden, und es wird über Nacht alles wieder in der schönsten Ordnung sein! Gib, o Herr, den Herrschern ein wahres Licht und den Untergebenen Sanftmut und Geduld im Tragen des Kreuzes, und so ein bißchen ein kleines Kalifornien hinzu, und alles wird wieder in der schönsten Ordnung dastehen. Und so etwa dem Herrn von Satanas die Geweihe zu hoch gewachsen sind, so laß sie ihm durch ein paar Blitze um einige Ellen kürzer machen! Da wird meines Erachtens der Hochmut der Großen auf der Erde auch einige Erleichterung bekommen, etwa wie Windischgrätz — was ihm sehr heilsam sein wird!

8 Es gibt ja noch recht viele Menschen auf der Erde, die es gut und redlich meinen. Warum sollen diese mit gezüchtigt werden, so Du den Hochmütigen die Geweihe etwas kürzer machen wirst? Ich sage: Glück und Segen allen auf der Erde, die eines guten Herzens und Willens sind! Aber dafür eine wohlgenährte Demütigung allen, bei denen der Mensch erst beim Baron anfängt. Ich wünsche ihnen nicht irgend etwas Böses, o nein, das sei ferne von mir, nur die Erkenntnis, daß die Großen endlich einmal möchten einsehen, daß diejenigen auch Menschen sind, die sie bloß für ein lumpiges Kanonenfutter ansehen!

9 Es müssen ja wohl Regenten sein; denn ohne Regenten und weise Gesetze könnte schwerlich eine menschliche Gesellschaft bestehen. Aber

diese Regenten sollten einsehen, daß sie der Völker wegen, und nicht die Völker ihretwegen da seien. Auch sollen sie das Schwert der Gerechtigkeit haben und tragen. Aber sie sollen es nur dann gebrauchen, so ihre Völker bedroht sind von äußeren Gefahren. Doch gegen ihre eigenen Völker sollen sie es nimmer gebrauchen dürfen, denn bei denen werden sie mit der Waffe der Liebe bei weitem mehr ausrichten als mit dem Schwert der Majestät.

10 Aber das sind nur fromme Wünsche von mir! Du aber bist der Herr, dessen geheime Ratschlüsse unerforschlich und dessen Wege unergründlich sind. Du wirst schon die rechte Verfügung treffen, des bin ich mehr als gewiß! Es muß einmal ordentlich alles durcheinandergehen und die Saiten müssen noch ein wenig mehr gespannt werden, damit sie dann desto sicherer reißen! Ein Riß aber muß geschehen, weil Du es so willst. Denn ohne einen Riß wird's noch lange nicht gut gehen auf der Erde, wie ich es einsehe. Aber dennoch alles nur so, wie Du es willst! Amen."

11 Rede Ich: „Höre, gar so wertlos sind deine Wünsche nicht. Es ließe sich daraus schon etwas machen. Aber nur mit dem rechten Lichtgeben an die Regenten und ebenso mit dem Geduld und Sanftmut geben an die Völker, das wird sich wohl nicht so recht tun lassen. Denn zu dem Behufe ist bereits allen Völkern der Erde das Evangelium gepredigt, der alte Brunnen Jakobs voll lebendigen Wassers ist ihnen gegeben! Wollen sie Licht und Erkenntnis und vollste Wahrheit, so können sie das alles aus dem Brunnen schöpfen. Wollen sie das aber nicht, so können wir ihnen das in keinem Falle durch was immer für eine Macht aufdrängen. Täten wir es auch, so würde ihnen das wenig nützen, sondern sehr mächtig schaden.

12 Etwas ganz anderes wäre es, so die Könige samt ihren Völkern das von Mir erbitten würden. Da könnte ihnen alles gegeben werden, worum sie bitten in Meinem Namen! Aber siehe, von dem vernehmen Meine Ohren wenig oder nichts! Ich höre wohl hie und da ein Geschrei: »Herr, beschütze unsere Throne, Zepter und Kronen, und lasse uns weidlich siegen über alle, die sich wider uns erheben!« Andererseits wird aus dem Mund der Völker im allgemeinen von einer Bitte beinahe gar nichts mehr vernommen, und die einzelnen gelten nicht für ganze Völker.

13 Jedem einzelnen wird gegeben, worum er bittet. Aber den Völ-

kern kann's nicht gegeben werden, worum die wenigen Einzelnen bitten!

14 Daher also, lieber Freund Messenhauser, werden wir hier denn doch ganz andere Saiten aufziehen müssen, um eine bessere Harmonie unter den Völkern der Erde zuwege zu bringen! Die Saiten sind zwar schon aufgespannt; aber wie du selbst bemerkt hast, noch zu wenig. Nun aber sind neue Stimmer erweckt worden, die werden schon das ihrige tun! Wahrlich, da wird ein starkes Fegen vor sich gehen müssen, bis alle Spreu vom Weizen ausgeschieden wird! —

15 Aber wir haben ja unsere Helena noch nicht vernommen; die muß ja auch ihre Meinung von sich geben! Also, Meine liebste Helena, was meinst denn du, was da zu geschehen habe, damit es auf der Erde wieder zu bestehen sein möchte? Wer weiß, ob du uns nicht etwa den besten Rat erteilst? Daher sprich ganz ungeniert deine Meinung aus!"

84

Helenas Ansicht über den Weg zum Heile der Erdenmenschheit

1 Spricht die Helena: „O Herr, Du schönste Lebensblume meines Herzens, Du mein Leben, Du mein alles! Schau in mein Dich über alles liebendes Herz, und Dein allsehendes Auge wird darin alles finden, was ich habe und wie ich es meine! O Du mein süßester, bester, weisester, mächtigster und auch — ach! — mein allerliebenswürdigster und schönster Herr Jesus! Schau, ich bin gar zu verliebt in Dich und kann vor lauter Liebe nichts reden! Aber da hinter uns sitzen und stehen ja noch eine Menge. Vielleicht könnten diese auch etwas zum besten geben? Mit mir aber tut es sich nun schon auf gar keinen Fall. Denn schau, Du mein liebster Herr Jesus, ich bin nun wirklich schwach vor lauter Liebe zu Dir! Denke Dir's nur — ich, ein armes Wiener Menschl — und sitze hier bei Dir, der Du der alleinig ewige Herr Himmels und der Erde bist! Und gleich neben mir Adam und die andern Väter der Erde! Das wird etwa für eine arme Seele wie mich doch kein Spaß sein? Daher bitte ich Dich, lasse doch die andern eher reden, vielleicht fällt mir nachher etwas Gescheites ein!"

2 Rede Ich: „Ja, du Meine allerliebste Helena, das weiß Ich schon, daß du Mich überaus mächtig liebst, was Meine größte Freude ist! Aber wegen dieser anderen Gäste sage Ich dir bloß: Wer früher kommt, der mahlt auch eher! Diese werden nachher schon auch reden, sie sollen nicht umgangen werden. Aber zuerst mußt du reden, weil du eher bei Mir warst und Mich gar so sehr liebst! Zudem hast du an dem Kampf in Wien teilgenommen und bist dabei um dein irdisches Leben gekommen, was dir damals sehr unlieb war. Und so mußt du nun auch reden in der Sache, die dich selbst so hart mitgenommen hat. Fasse daher nur einen rechten Mut und rede, wie dir die Zunge gewachsen ist! Ich werde daraus schon das Beste zu finden wissen."

3 Spricht die Helena: „Auweh, auweh! O Du mein Herr Jesus! So Du einmal etwas haben willst, so muß es geschehen, und wenn da auch Himmel und Erde dabei vergehen sollten. Aber jetzt werde ich Dich doch noch erwischen! Mir fällt gerade ein, wie einst der Apostel Paulus, dem Du die Worte in den Mund legtest, gelehrt hat, daß da kein Weib im Rat einer Gemeinde etwas reden dürfe, sondern allein die Männer. Wie sollte ich also hier in dieser erhabensten Gesellschaft von lauter Männern es wagen können, auch etwas zu reden? Du hast mich nur prüfen wollen, weil Du meine Liebe zur Plauderhaftigkeit kennst. Aber die Helena, die Dich gar so über alles liebt, ist nun schon ein bißchen gescheiter geworden und sitzt nicht auf! — Oh, sei Du mein Göscherl nur schön still und rede nicht viel, sonst kriegst heute hier vom Paulus Wichs!"

4 Paulus lächelt über diese etwas humoristische Entschuldigung der Helena.

5 Ich aber sage: „Meine liebste Helena, du meinst freilich, daß Ich dich nun nicht erwischen könnte! Aber Ich habe dich eigentlich schon erwischt, und du kannst Mir nicht mehr auskommen und wirst sogar nach des Paulus ausdrücklichem Gebot reden müssen; und nach Meinem Gebot, das noch übers Paulinische geht, schon ganz unausweichlich! — Siehe, in einem Briefe an die Römer empfahl Paulus die Phöbe, die der Gemeinde zu Kenchreä in Meinem Dienst vorgestanden ist. Ebenda empfiehlt er aus gleichen Gründen die Priscilla, grüßt eine gewisse Maria, die ebenfalls viel Arbeit in Meinem Namen hatte, und ebenso die Tryphäna, die Tryphosa und seine liebe Persida, die viel mit Wort und Tat in Meinem Namen gearbeitet hatte.

[6] Siehe nun, Meine liebe Helena, solchen Weibern hat Paulus keine Mundsperre in der Gemeinde angelegt; sondern nur solchen, die aus einer Art Hochmut in der Gemeinde auch Sitz und Stimme haben wollten und — ohne Meinen Geist zu haben und zu begreifen — dennoch reden wollten, als wüßten sie auch, was die aus Meinem Geiste Wiedergeborenen wissen! So aber auch ein Weib voll Meines Geistes ward, der im Mann wie im Weib stets der gleiche ist, da kann und muß sie sogar reden, was und wie es der Geist von ihr verlangt!

[7] Meine Apostel waren die erste und somit vorzüglichste christliche Gemeinde in der Welt, weil sie unmittelbar von Mir gestiftet war! Als Ich am dritten Tag wieder aus dem Grab erstand, wen wohl sandte Ich zuerst zu den Brüdern hin, ihnen Meine Auferstehung zu verkünden? Siehe, ein Weib, ungefähr von deiner irdisch moralischen Beschaffenheit! — Nun, wenn das nachträgliche Gebot Pauli für noch ganz weltliche Weiber überall, d. h. auch bei Gott wohlgefälligen Weibern, soll in die Anwendung kommen — wie hätte sich dann eine Magdalena je unterstehen können, an Meine ersten Apostel selbst einen Boten zu machen?!

[8] Zudem habe Ich auch einmal den Sadduzäern gezeigt, daß im Himmelreich alle irdischen Unterschiede aufhören, d. h. die irdischen Geschlechtsrechte. Alle sind den Engeln Gottes gleich und genießen das eine Recht, nämlich Gottes Kinder zu sein.

[9] Und so steht es nun auch mit dir, Meine allerliebste Helena! Obschon Mir deine Bescheidenheit sehr große Freude macht, wirst du dennoch reden müssen. Und das darum, weil du mit Adam, der neben dir sitzt, vor Mir das ganz vollkommen gleiche Recht zu reden hast. Und so mache dich nur daran!"

[10] Spricht die Helena: „Ei, ei, ei! Das sehe ich nun schon klar ein, daß Du gar nicht zu erwischen bist! Hm, merkwürdig, ja — Deine Weisheit und die unsereins sind wohl ganz kurios zweierlei Weisheiten! O je, das ist ein Unterschied! Nein, mit dem Entschuldigen kommt man bei Dir ewig nicht auf! Aber mit einer recht herzlichen Bitte — könnte denn die Dich nicht von Deinem einmal ausgesprochenen Verlangen ein wenig nachlässig machen?"

[11] Rede Ich: „Ja, Meine allerliebste Helena, mit einer rechten Bitte kann man bei Mir wohl sehr viel ausrichten, aber nicht alles! Siehe, so jemanden auf Erden das Leben sehr schmeckte, so daß er dort ewig le-

ben möchte, und er bäte Mich darum aus allen seinen Kräften, so könnte Ich solch einer Bitte doch kein Gehör geben, weil das wider Meine Ordnung wäre! Und ebenso könnte Ich auch hier deine Bitte um Nachlaß der Rede nicht erhören. Daher öffne nur deinen schönen Mund und rede, wie es dir in den Sinn kommen wird!“

12 Spricht die Helena: „Nun, in Deinem Namen, weil Du, mein himmlischer Herzensliebling, es schon durchaus willst, so will ich gleichwohl reden! Aber weißt Du, wenn mir manches gar zu Dumme herausrutschen sollte, da zupfe mich ein wenig, damit ich vor Dir und diesen erhabensten Großmenschen der Erde doch nicht gar zu sehr zuschanden werde! Und so will ich denn sogleich meine Meinung aufzutischen anfangen:

13 Auf der Erde sind ein kleiner Teil Menschen zu hoch oben und besitzen zuviel. Der größte Teil aber ist dafür zu tief drunten und hat entweder gar nichts oder doch viel zu wenig gegen diejenigen, die da viel zuviel haben! Die Folge davon aber ist notwendig diese: Die Hohen, welche die bei weitem geringste Zahl ausmachen, sehen mit Verachtung auf die unteren Klassen, weil sie stets die Möglichkeit wie ein Gespenst vor sich sehen, wonach die vielen geringen, armen Menschenbestien sich einmal vereinen und einen Griff nach dem starken Überfluß der Großen und Reichen machen könnten. Um aber das nach Möglichkeit zu verhüten, scheuen die ersteren kein Mittel. Der Geist muß unterdrückt werden, wie und wo es nur immer möglich ist — durch Pfaffentrug, durch gänzliche Beschränkung der Druckpresse, durch Verbot besserer Bücher, sogar der Bibel. Zuwiderhandelnde werden bestraft, und das nicht selten auf eine Art, daß ihnen dabei Hören und Sehen vergeht. Wer soll bei solchen Umständen da noch zu einer Erweckung des Geistes gelangen!?

14 Auf der andern Seite wird alles gestattet, was nur immer zur Tötung des Geistes beitragen kann. Dergleichen ist: Geduldete Hurerei in allen Gestalten, wenn auch manchmal zum Schein öffentlich dagegen polizeiliche Schritte getan werden. Weiter wird gestattet, zu lumpen und zu schwelgen, was die arme, erziehungslose Menschheit nur mag — weil die Schwelgerei auch sehr nachteilig auf den Geist einwirkt. Ebenso werden gestattet zotige Komödien; da kann es hergehen, so stark es nur immer tunlich, wenn darin nur keine politischen Anspielungen vorkommen oder andere Weckfünklein, so kann die Komödie ohne allen

Anstand vom Stapel gelassen werden, weil sie auf die Erdrückung des Geistes einen entschiedenen Einfluß hat!

15 Sollte sich aber etwa ein Geist trotz all dieser sanfteren Verdummungsmittel dennoch erheben wollen und etwa hie und da zeigen, daß er göttlicher Abkunft sei, so werden dann auch schärfere Mittel angewendet, durch die jedem Geist seine göttliche Abkunft irdisch sicher teuer zu stehen kommen wird. Becher und seine Freunde sind hier lebendige Zeugen, wie die Großen der Erde jede offene Erhebung eines Geistes zu würdigen verstehen. Sie sagen: »Oh, das ist ja schon wieder ein himmlischer Menschenfreund! Also, nur geschwind mit ihm ins Himmelreich mittels Strick oder Pulver!« Wer es wagt, ihnen die Wahrheit zu sagen, dem erteilen sie sogleich den Titel »Auswurf der Menschheit« und setzen auf seinen Kopf einen Preis von vielen Goldstücken. Und bekommen sie ihn, da wäre es für ihn und seinen freien Geist besser, so er nie wäre geboren worden!

16 Siehe, Herr, so stehen die Aktien um die arme Menschheit nun auf Erden! Was Wunder, so sie sich denn doch einmal erhebt und Rache nimmt an denen, die schon so viele Jahrhunderte ihre Peiniger und Vampire waren. Ich bekenne hier offen, da ich schon reden muß, daß die arme Menschheit nun zu solch einer Erhebung ein vollkommenes Recht hat und es auch allerhöchste Zeit ist, den Großen, die keinen Funken Liebe zu den Menschen haben, ihr arges Handwerk aus den Händen zu reißen und es für immer vom Boden der Erde zu verbannen! Die Großen sollen herabsteigen und, was sie zuviel haben, mit den armen Brüdern teilen! Und aus ihren viel zu weitläufigen Burgen sollen Armenhäuser werden und sie selbst Menschen! Die Armen aber sollen Schulen bekommen und wahrhaft gebildete Lehrer nach Deinem Geist, o Herr, sonst wird's nimmer besser auf der Erde, sondern nur schlechter von Tag zu Tag. Denn die Großen werden stets härter und tyrannischer, und der Haß der Kleinen wird wachsen wie eine rollende Lawine. Und so Du, o Herr, auf der Erde nicht bald etwas Entschiedenes ausführst, so ist es wenigstens irdisch in den mir bekannten Landen um alle Menschheit vollkommen geschehen, was doch sicher nicht dein Wille sein kann!

17 Oder kannst Du, o Herr, wohl eine Freude haben, so sich nun die Menschen als die wildesten und reißendsten Bestien zu Tausenden zerreißen und zerfleischen? Und das nur darum, weil die Großen auch

nicht um den Preis von Millionen Menschenleben von ihrem Reichtums- und Herrscherglanz auch nur ein Haar vergeben wollen. Meinen sie doch, da würde man nachher auch ihren ganzen Kopf haben wollen, was aber eine grundfalsche Meinung ist. Denn ich bin überzeugt, daß, so sie den armen Völkern freundlich entgegenkämen, diese sie dafür auf den Händen herumtrügen! Aber wenn sie den Völkern erst dann maskierte Zugeständnisse machen, wenn diese sich aus Verzweiflung gegen sie in großen Massen wildbewegt erheben und gröblichst bedräuen, und diese abgedrungenen Zugeständnisse auch nur so lange zum Schein halten, bis sie durch ihre gesammelten Militärmächte wieder in ihrer alteigentümlichen Weise diese Zugeständnisse über den Haufen werfen können — da ist es dann ja sehr leicht begreiflich, wie sie nun alles Vertrauens bar werden mußten. Da aber nun ein rechtes Vertrauen zwischen Völkern und Regenten nimmer herzustellen ist, so bleibt meines Erachtens nichts anderes übrig, als die Völker von ihren alten Regenten zu befreien und an ihre Stelle wahrhaft gotterleuchtete Führer zu stellen, die als selbst vollkommene Menschen den Menschenwert ihrer Brüder achten werden und alles aufbieten, um den Geist in eines jeden Menschen Brust wahrhaft zu beleben. Das muß geschehen! Und geschieht das nicht, so wirst Du, o Herr, mit den Menschen der Erde ewig die gleiche Mühe haben wie nun mit uns, die wir trotz aller Deiner großen Gnade noch so dumm dastehen wie junge Ochsen vor einem neuen Tor! Es muß Dir ja doch auch am Ende zum Überdruß werden, wenn zu jeder Minute Tausende von blitzdümmsten Wesen hier angelangen, die von Dir gerade so viel wissen wie das nächste beste Vieh auf der Welt!

18 Daher sei doch einmal auch für die arme Erde so gut wie hier für uns und lasse Deine Bekenner nicht mehr kreuzigen von denen, die Dich heute wie einst ohne alles Bedenken kreuzigen würden, so Du als ein Mensch wieder zur Erde kämst und gegen sie eifern möchtest wie einst wider die schnöden Pharisäer! — Tue Dich einmal auf, o Herr, und bearbeite die Erde und dünge sie mit Deiner vollen Gnade ernstlich, sonst wird sie ehestens zum fürchterlichsten Greuel aller Verwüstung werden! Siehe, Herr, Du mein süßester Jesus, Du selbst sagst ja, daß ich nun Deine geliebte Helena bin! So ich aber schon dieses allerhöchsten Namens als würdig erkannt bin, so tue aber auch als alleinigster Geliebter meines Herzens mir das zuliebe!

[19] Ich will Dir aber dadurch freilich gleich allen anderen Vorrednern ja ewig nie eine Vorschrift erteilen, sondern bloß nur meine Meinung, nach der nun doch etwas Entschiedenes geschehen sollte. Du bist allein endlos weise und siehst am besten, was da nun zu geschehen hat! Diese Weisheit habe ich ewig nicht und kann Dir daher auch keinen wirklichen Rat geben. Aber nach menschlicher Weise stehen die Sachen nun einmal so, und meine menschliche Einsicht erkennt nur den hier ausgesprochenen Rettungsweg. Dir aber werden zahllose bekannt sein; tue daher nun, was da das Rechte ist!

[20] Habe ich aber durchaus unsinnig geredet, so ist das nicht meine Schuld; denn da hättest Du mich ja zupfen sollen! Weil Du mich aber dafür öfter angelächelt hast, so meine ich, daß ich denn doch nicht gar so unsinnig geredet habe? Übrigens wäre das für mich wahrlich kein Wunder, denn bei solch einer Geistesbildung, wie sie mir auf der Erde zuteil ward, kann man wahrlich keine Katharina von Siena werden! Mein Hiersein aber reicht ja noch kaum hin, daß ich Dich, aber freilich höchst seicht nur, erkannt habe!

[21] Ich habe nun Deinen Willen getan und bin mit meiner Antragsrede fertig. Dir, o Herr, sei alles aufgeopfert! Was ich dumm machte, wirst Du schon korrigieren. Nur das bitte ich Dich, daß Du mich nach dieser meiner Plauderei nicht weniger liebhaben mögest als ehedem! Dir allein sei alle meine Liebe, mein Leben und all mein Sein für ewig zu Füßen gelegt! — Amen.“

85

Des Herrn Kritik über Helenas Vorschläge
Die Erde unmöglich Paradies, solange sie Prüfungsboden ist

[1] Rede Ich: „Meine liebste Helena, du hast nach deinen Erfahrungen und Erkenntnissen die Sache wahrlich gut und folgerichtig vorgetragen. Dein Wunsch kann an und für sich als ein sehr lobenswerter bezeichnet werden, und es wird so manches hie und da geschehen, wie du es wünschest; aber im ganzen gingst du denn doch ein wenig zu weit. Ich sehe leider nur zu genau, wie so manche Regenten, von denen einige schon

gegangen sind, zu allem eher taugten als zu Regenten der Völker. Aber was läßt sich tun?

2 Ich will dir ein Gleichnis geben; nach diesem wirst du selbst urteilen, ob Ich das alles zum Vollzug bringen kann, wie du es wünschest. Und so höre!

3 Einige Kolonisten haben nach langem Wandern sich endlich irgendwo auf der Erde ein Plätzchen ausgesucht — eine schöne und fruchtbare Gegend in der Mitte einer großen Wüste. Ihr erstes ist, sich eine zweckmäßige Wohnung zu errichten. Es ist Holz da in Menge, wie auch eine gute Art Bausteine. Schnell wird ein Plan gemacht und die Hand sogleich ans Werk gelegt. Und in kurzer Zeit steht hier eine Hütte, ganz geeignet, unsere neuen Ansiedler vor Hitze und Kälte wie auch vor den vielen wilden Bestien zu schützen.

4 Einer aus der Gesellschaft aber sagt: »Liebe Freunde, die Hütte ist wohl gut und zweckmäßig erbaut. Vor Hitze, Kälte und wilden Tieren wird sie uns wohl eine Zeitlang schützen; aber so hier in dieser Gegend sich etwa noch ein mächtigerer Feind vorfände, wird unsere Hütte auch ihm Trotz bieten können? Wenn z. B. hier irgendwo ein wilder Volksstamm in der Nacht über unsere Hütte käme, sie zerstörte und uns dann ergriffe und tötete? Ob uns die Hütte dann für alle Fälle Schutz geben könnte?« — Dies bedenken nun alle Ansiedler und sagen: »Du hast recht, für derlei Fälle möchte diese Hütte wohl zu schwach sein. Daher wollen wir um die Hütte einen recht tiefen Graben und außerdem noch einen wenigstens zwei Klafter hohen Wall ziehen. Die wenigen Fenster wollen wir mit Eisenstäben vergittern, und so dürften wir von allen äußeren Feinden wohl bei weitem weniger zu fürchten haben. Auch soll die Eingangstür so fest und stark wie möglich hergestellt sein, damit sie jedem Feind weidlichsten Trotz bieten kann!« Dieser Vorschlag wird angenommen und auch sogleich ins Werk gesetzt.

5 Als alles fertig dasteht, da haben alle eine rechte Freude daran. Aber einer, so ein Skrupelheld, macht die Bemerkung und sagt: »Aber liebe Freunde, das Leben auf der Erde ist denn doch wohl allenthalben nahezu gleich. Dort in den kultivierten Ländern Europas, wo stolze Könige herrschen und starke Armeen halten, braucht man eigentlich hauptsächlich die Zunge in den Zaum zu legen und hat dann weiter keinen Feind mehr zu fürchten. Und hat man sich einmal willig in die Gesetze gefunden und sie zum eigenen Willen gemacht, so kann man

allenthalben unter dem Schutz der Machthaber frei herumwandeln. Wir aber sind hier aller Machthaber und aller Gesetze ledig und können gottlob reden, wie uns die Zunge gewachsen ist. Aber was nützt uns das alles nun? Wir haben wohl keine Steuern mehr zu entrichten, aber dafür müssen wir den ganzen Tag hindurch fleißig arbeiten und die Früchte, die diese Gegend trägt, fleißig einsammeln und uns an ihre Natur erst angewöhnen. Auch müssen wir uns hier im Land der vollsten Freiheit selbst förmlich einkasteln, um vor den möglich vorkommenden Feinden gesichert zu sein. Ja, zur Nachtzeit müssen wir uns stärker verbarrikadieren als die ärgsten Staatsaufwiegler von Paris! Saget selbst, ob wir nun bei unserer sicher absolutesten Freiheit auch nur um ein Haar besser daran sind als der geringste Tagwerker unter der absolutesten Regierung in Europa? Wir sind hier vollkommene Kommunisten; aber die heulenden wilden Bestien draußen scheinen auch von einem höchst kommunistischen Geist beseelt zu sein! Wir haben kein Staatsgesetz mehr außer das Gesetz unserer gegenseitigen Freundschaft. Dafür aber müssen wir unausgesetzt arbeiten, um das Begehren unseres Magens zu befriedigen. Und unsere Hände sehen nun schon aus, als wären sie mit einer Eichenrinde überzogen. Wir haben hier auch keine lästigen Beamten zu erhalten, aber dafür brauchen wir selbst desto mehr. Auch ist hier kein Pfaffe, der uns die Hölle heiß machte; aber dafür befinden wir uns hier in einem Zustand, vor dem die Hölle eben nicht gar zu viel voraus haben dürfte! Was wollen wir sonach tun, um unser irdisches Plageleben ein wenig zu würzen und für die Folge erträglicher zu machen?«

6 Da zucken alle mit den Achseln und sagen: »Wer hätte sich das eher gedacht? Aber ein Übel gibt es überall; ist man das eine los, kommt man in ein anderes! Nun aber sind wir einmal hier und können die Sache nicht mehr ändern. Daher heißt es hier tätig sein über alle Maßen, und so kann es mit der Zeit doch vielleicht besser werden!« —

7 Siehe nun, Meine liebe Helena: aus diesem Bild kannst du leicht urteilen, was man auf der Erde, die ein dorniger Prüfungsweg für den Geist des Menschen bleiben muß, unternehmen soll, um ihren Boden zu einem Paradiese umzugestalten!

8 Entsetze Ich alle Regenten sogleich aller ihrer Ämter und lege ihre bisherige Macht in die Hände der Völker, so werden diese dann in Kürze selbst herrschen — aber über wen? Da wird dann ein jeder herr-

schen wollen, aber niemand gehorchen. So aber das Volk herrschen möchte und gäbe sich selbst Gesetze — wer wird es denn im Falle der Not und Gefahr nötigen können, seine eigenen Gesetze zu befolgen? Ja, Ich sage dir:

9 Es wird am Ende wohl eine Demokratie errichtet werden, aber von einer ganz anderen Art, als es sich nun die Völker der Erde vorstellen. Und es wird sich dann fragen, ob sie nicht nur zu bald schreien werden, wie einst die Israeliten in der Wüste, wo sie keine Fleischtöpfe mehr ans Feuer stellen konnten!

10 Denke sich aber ein jeder von euch allen das: daß die Erde unmöglich ein Paradies sein kann, da sie ein Prüfungsboden für jeden in das schwere Schandfleisch des Menschen gelegten Geist für alle Zeiten verbleiben muß, ohne dem kein Geist ein vollkommenes ewiges Leben erreichen könnte — so werdet ihr gleich um vieles richtiger zu urteilen anfangen.

11 Daß aber die Könige nun schwach und die Völker blind geworden, daran ist ganz etwas anderes schuld, als ihr es meint. Diesen alleinigen Schuldigen werden wir aber bald kennenlernen und werden ihn binden und dadurch die Menschen auf der Erde von seinen Fesseln frei machen. Und es wird dann schon wieder besser werden auch ohne unsere Rache!

12 Ja, Meine liebste Helena, Ich sage dir: Du wirst mit Mir schon noch vollkommen zufrieden sein können, denn es wird am Ende alles seinen rühmlichen Ausgang finden. Aber nun müssen wir zuvor auf der Erde alle Geister erst sich finden und zur Einsicht kommen lassen, was ihnen hauptsächlich vor allem fehlt!

13 Sodann aber wird es einen Augenblick währen und alles wird sich auf der Erde in einer neuen Ordnung befinden!

14 Nun aber trete du, Mein lieber Max Olaf, näher her zu Mir und künde uns allen deine Meinung und deine Wünsche!“

86

Olafs Weisheit. Ein himmlischer Trinkspruch
Die neue Licht- und Liebesbrücke der göttlichen Gnade

1 Max Olaf tritt näher und spricht: „O Herr, da ist es schwer, irgendeinen besonderen Wunsch auszusprechen, wo Du, o Herr, als die allertiefste und allmächtige Weisheit sprichst und schon lange alles das, was nun geschieht, vorgesehen hast, und von Dir auch alle Vorkehrungen getroffen sind, nach denen die gegenwärtigen Wirren auf der Erde ohnehin die ehest mögliche Lösung bekommen müssen! Das ist aber auch ein Hauptwunsch von mir; denn ich wünsche nicht einmal dem Teufel etwas Schlechtes, geschweige den Menschen, die da meine Brüder sind!

2 Ich brauche Dir, o Herr, auch gar nicht zu beschreiben, wie es auf der Erde nun zugeht. Denn Du überschaust nicht nur alle Greueltaten, sondern auch alle Herzen mit ihren guten oder schlechten Wünschen, aus denen diese Taten ausgeboren werden. Du siehst es auch, wodurch solche argen Gedanken und Wünsche in den Herzen der Menschen entstehen. Daher Du es auch ewig nie vonnöten haben wirst, von einem Geiste zu vernehmen, was da nun zu tun wäre. Wohl aber kannst Du zu uns sagen: Höret, dies und jenes werde Ich nun tun! Und es wird Dich schwerlich jemand fragen »Warum?« Denn Du allein bist der Herr und kannst tun, was Du willst!

3 So läßt Du nun auch auf der Erde Dinge geschehen, von denen sich niemand eine wahre Rechnung geben kann, wozu sie geschehen. Aber nur die Menschen, die blind sind, sagen: »Herr, bist Du blind und taub geworden, da Du uns nun verschmachten lässest unter allerlei Trübsalen!« Ich aber denke: Du läßt wohl niemand verschmachten, sondern richtest jeden auf, der Dich anruft und auf Dich vertraut. Jene aber, die sich selbst genügen wollen und nur auf ihre Waffen all ihr Vertrauen setzen — denen geschieht es vollkommen recht, so sie mit ihrer Macht in aller Kürze vor Dir, o Herr, und vor aller Welt zuschanden werden. Die Kleinen und Demütigen aber können jubeln und frohlocken. Denn Du bist ihr Schutz und Hort und wirst es nimmer zulassen, daß sie sich vor den Großen der Welt ihres Vertrauens schä-

men müßten! Wohl aber werden in aller Kürze die Großen vor den Kleinen zu großen Schanden stehen, wenn Du, o Herr, ihnen die Larve abnehmen wirst! Denn sie treiben nun ein schmähliches Spiel mit den armen Völkern.

4 Aber ich weiß es nur zu bestimmt, daß alles, was Du tust, wohlgetan ist! Und ich weiß es auch, daß Dir keine Ruchlosigkeit entgeht! Denn die da einen Hauptschlag führen wie heute über ihre Brüder, die sie Feinde nennen — die schlägst Du morgen. Und da verschwinden sie, als ob sie nie dagewesen wären, und mit ihnen ihr Amt! Darum werde allzeit geheiligt Dein allerheiligster Name!

5 Aber nun bekomme ich ein sonderbares Gefühl! Ich sehe zwar nichts und vernehme auch nichts, aber mir ist es, als ob soeben jetzt auf der Erde ein mächtiger Schlag geschehen wäre! O Herr, was mag das sein?"

6 Rede Ich: „Mein liebster Max Olaf! Ja, ja, Ich sage es dir: Heute, heute und heute! — Nacht wollen sie, und sie soll ihnen werden und alle verschlingen, die sie wollen! Den Tod wollen sie; auch der soll ihnen werden, die ihn erwählt haben zu ihrem Helfershelfer! Glanz, Ruhm und Ehre wollen sie; denn für diese müssen Tausende sich schlachten lassen! Ja, es sei! Sie werden erschrecklich glänzen, ihr Ruhm wird furchtbar sein und entsetzlich ihre Ehre! Herrschen wollen sie! Ja, sie sollen herrschen, aber wie die Pest und wie der Drache in seiner Höhle und wie der Leviathan in seiner Schlammtiefe unter dem Grunde des Meeres! Lüge wollen sie; denn die Wahrheit ist ihnen ein Greuel der Verwüstung. Daher sollen sie auch nimmer an das helle Licht der Wahrheit kommen! Einen Gott wollen sie auch; aber nur, wie sie ihn brauchen können! Daher sollen sie nimmer Mein Angesicht zu sehen bekommen! Auch wollen sie allein nur leben; alle anderen sollen nur leben, wenn sie fürs Leben der Großen taugen! Daher wird es aber sein, daß sie ewig *allein* leben werden! Was sie wollen, das soll ihnen werden, *wie* sie es wollen! — Aber bald wird eine große und schreckliche Reue in ihre Seele fallen wie ein Mühlstein aus den Wolken, und sie werden suchen, dieser Reue ledig zu werden. Aber ihr Suchen wird vergeblich sein; denn diesen Stein wird niemand vom Grab ihrer Seele heben! Oh, Ich kenne sie und ihre Gelüste und ihre Taten! Ich habe die Könige der Erde gezählt und habe wenige gefunden, die da gerecht wären vor Mir! Daher soll Nebukadnezars Los ihr Anteil werden!

Aber den wenigen Gerechten will Ich auch helfen wunderbar, daß sie fürder glänzen sollen unter allen Königen und Völkern wie die hellsten Sterne unter dem Kleingeflimmer des Firmamentes.

7 Und heute, heute und heute soll das Gericht beginnen! Heute sollen viele geschlagen werden! Viele Teufel sollen heute zugrunde gehen, und Satan wird der ihm gelegten Falle nicht entgehen.

8 Und nun, Mein Robert, gehe hin und bringe Wein her, und zwar den besten, den Wein des Lebens, der Liebe und der Wahrheit, auf daß wir auf das Wohl der armen Brüder der Erde trinken und sie segnen! — Also geschehe es!“

9 Schnell erhebt sich Robert und holt den bedungenen köstlichsten Wein.

10 Als er ihn auf den großen Ratstisch stellt, segne Ich den Wein und sage zu Robert: „Mein liebster Robert, so Ich einen Wein begehre, da versteht sich auch das Brot mit hinzu. Da du aber nur Wein hergeschafft hast, so gehe hin und schaffe uns auch ein gutes Brot; denn dies Haus ist ja mit allem reichlichst versehen!

11 Gib aber dort auch unseren vierundzwanzig Ballettistinnen Brot und Wein und sage ihnen, daß sie ihre Füße wieder in Bereitschaft halten sollen; denn sie werden bald wieder etwas zu tanzen bekommen! Wollen sie etwa auch edle und gute Früchte genießen, so öffne ihnen den Schrank neben der Tür, die in ein zweites Nebengemach führt. Was sie darin finden werden, das sollen sie genießen!

12 Bringe auch sogleich eine rechte Menge Trinkgefäße, auf daß wir in diese den Wein verteilen können, und zwar für jeden Mann ein rechtes, volles Maß. — Gehe und erfülle Meinen Wunsch!“

13 Robert vollzieht sogleich mit der größten Freundlichkeit, was Ich verlangte.

14 Als da alles in der gewünschten Ordnung sich befindet, da teile Ich Selbst das Brot und den Wein aus und sage: „Kinder! Nehmet hin und esset und trinket alle! Trinket auf das Wohl unserer Kinder und Brüder auf der Erde, die viele Verfolgung auszustehen haben und nun schon sehr matt und schwach geworden sind! Wahrlich, es soll ihnen geholfen werden! Aus jedem Tropfen tausendfaches Heil allen, die eines guten Herzens und Willens sind! — Ich sage euch, heute noch soll es sich vielfach bei den Guten bewähren, daß wir hier ihrer sehr gedenken; ihre Herzen und die Taten der Welt werden es ihnen kundtun! Und

einigen sehr wenigen auf der Erde wird das alles Wort für Wort mitgeteilt, was hier geschieht und wie hier für die arme Erde gesorgt wird!

15 Wir wollen aber auch der Blinden und Tauben gedenken! Aber nur die Harten werden in das Feuer gehen, das da ist ein Meister und Zerstörer des Karfunkels und des Diamanten. Denn die durch die Wahrheit des Wortes nimmer sich wollen erweichen lassen, die soll das mächtige Feuer weich machen! Und unter den gewaltigen Schlägen des großen Hammers Meiner Weisheit sollen sie wie ein glühendes Erz zu einem nützlichen Gerät unseres Hauses (himmlische Kirche) umgearbeitet werden! Wohl werden sie noch viel Lärmens und Tobens machen und werden raten hin und her und werden noch manche Pläne entwerfen. Aber dies alles soll ein eitles Bestreben sein und wird stets den entgegengesetzten Erfolg haben von alledem, was sie dadurch erstreben möchten! Denn Ich allein bin der Herr und habe die Macht, Kronen und Zepter zu brechen, und die zerbrochenen wieder aufzurichten, so sie sich an Mich wenden! Aber wehe ihnen, wenn sie nicht bei Mir die wahre Hilfe suchen!

16 Könige, die sich an Mich halten, will Ich aufrichten und ihnen eine rechte Weisheit geben und große Macht daraus! Und es werden dann ihre Völker laut schreien: »Heil dir, du unser großer, von Gott uns geschenkter König und Herr! Was unser ist, das ist auch dein! Deine große Weisheit und Güte sei unsere wahre und lebendige Verfassung! Dein Wort sei unser Wille, und dein Wille unser Gesetz! Wehe jedem Frevler an deinem gesalbten Haupt!«

17 Dreimal Wehe hingegen jenen Königen, Herzögen und Fürsten, die allzeit wort- und treubrüchig sind gegen ihre Nachbarn und ihre Herzen erfüllt haben mit Lug und Trug! Ich sage euch, sie werden vergehen wie die Milben eines Blattes! Denn Ich will nun die Erde fegen von allem Unkraut!

18 Dann aber wird eine Brücke gestellt werden zwischen hier und dort, auf daß die Bewohner der Erde leichter zu uns herüberkommen sollen als bis jetzt auf der schon sehr morsch gewordenen Leiter Meines Jakob, auf der nur Engel auf und ab steigen konnten.

19 Die Brücke aber soll sein sehr breit und so eben wie der Spiegel eines ruhigen Sees. Und es sollen weder am Anfang noch in der Mitte noch am Ende der Brücke Wächter aufgestellt sein, zu untersuchen die Elenden, Schwachen und Bresthaften. Da soll ein jeder ein vollkom-

mener Freizügler sein und soll sich jederzeit Rat und vollkommene Hilfe von hier als von seiner wahren Heimat holen können!

[20] Auf dieser Brücke aber werden auch wir die lange verlassene Erde wieder betreten und dort unsere Kinder selbst erziehen, lehren, leiten und regieren und so das verlorene Paradies wieder aufrichten!

[21] Nun wisset ihr alle vollkommen Meinen Willen und Meinen Entschluß. Prüfet ihn! Und jeder aus euch vergleiche damit seinen Mir gemachten Vortrag, seine Meinung und seinen Wunsch — und ihr werdet es getreu finden, daß sie in ihm alle enthalten sind. Und niemand von euch allen wird sagen können, daß er umsonst geredet habe.

[22] Also esset und trinket nun alle auf das Wohl unserer Kinder und Brüder auf der Erde! Denn nun wisset ihr es alle, daß und wie wir den Kindern der Erde helfen wollen und bestimmt, und zwar soeben schon, helfen werden!“

87

Das Himmelsmahl zum Wohle der Erdenmenschen
Helenas Brautgewand und Krone als Entsprechung

[1] Alle Gäste erheben sich auf Meine Rede ehrerbietig und sprechen: „O heilig, heilig, heilig bist Du, unser alleiniger Gott, Herr und Vater! Allerhöchst gepriesen sei ewig Dein heiligster Name!“

[2] Helena fängt vor lauter Rührung zu schluchzen an und sagt: „O Du mein Jesus! Wie bin ich denn wert, hier neben Dir zu sitzen? Du bist der lebendige, ewige, allmächtige Gott und Schöpfer Himmels und der Erde, und ich bin ein allernichtigstes schmutziges Küchenmensch voll Unflat und Sünden! Nein, nein! Das kann ja doch nicht gehen! — O Herr! Nun erkenne ich es erst recht in der Tiefe meines Lebens, daß ich eine abscheuliche Sünderin und gar unwürdig bin, so nahe bei Dir zu sitzen. Daher laß mich zu jenen Tänzerinnen hingehen, mit denen ich doch etwas mehr Ähnlichkeit habe als hier mit Deiner unendlichen Heiligkeit!“

[3] Rede Ich: „Schau, schau, was du nicht alles möchtest! Wenn du Mir zuwider wärst, hätte Ich schon lange irgendwo ein passendes Plätz-

chen für dich gefunden. Aber da du Mir überaus lieb bist, so habe Ich dich auch viel lieber recht nahe bei Mir als irgendwo anders. Meinst du denn, Ich bilde Mir auf Meine Herrgottschaft etwas ein? Da wärest du in einer großen Irre! Denn da hätte Ich Mich doch sicher nicht kreuzigen lassen und wäre auch nie Mensch geworden. Aber weil Ich von ganzem Herzen sanftmütig und demütig und nun mit euch allen gleichweg ein Mensch bin, so kannst du es schon wagen, bei Mir zu verbleiben. Und so bleibe du nur schön da und iß und trink nach Herzenslust! Ich sage dir, wir werden uns recht gut vertragen."

4 Nach diesen Worten ist es bei der Helena völlig aus. Sie wird durch ihre große Liebe zu Mir schon ganz unbeschreiblich schön, so daß sogar Adam neben ihr sagt: „Wahrlich, eine wahre Eva vor dem Fall! Nach dem Falle aber lebten auf meiner Höhe nur zwei, eine Gemelah und eine Priesterin Purista, und den beiden sieht unsere jüngste Tochter wahrlich sehr ähnlich. O die hat einen herrlichen Geist! — Helena, du mußt dich schon mit mir auch ein wenig abgeben! Denn siehe, der Gestalt und der Seele nach bin ich gewisserart ja auch dein Vater, und ich liebe alle meine Kinder gar sehr und somit auch dich. Daß ich der Urmensch Adam und ein Vater aller sterblichen Menschen bin, darum hast du dich gar nicht zu scheuen vor mir! Dem Geiste nach aber sind wir vor dem Herrn beide gleich und haben uns voreinander noch weniger zu scheuen. Denn Mensch bleibt Mensch, ob er nun zehntausend Jahre früher oder später seine Wanderung durchs Fleisch gemacht hat! Siehst du, so ist es!"

5 Spricht die Helena: „Ah, das freut mich aber ganz besonders, daß mir Vater Adam auch einmal die Ehre angetan hat, mit mir ein paar Wörtlein zu sprechen! Für so gut und sanftmütig habe ich den Herrn Vater Adam nicht gehalten. Aber wenn Herr Vater Adam einmal Zeit haben, da erzählen's mir etwas von den alten Zeiten, denn von solchen Geschichten bin ich eine große Liebhaberin!"

6 Spricht Adam: „O mein Kind, nicht nur erzählen, sondern auch zeigen werde ich dir tausend Dinge!"

7 Rede Ich: „Helena! Du vergißt ja ganz das Essen und Trinken! Siehe, alle essen und trinken auf ein rechtes Wohl ihrer leidenden Brüder auf der Erde, und du hast noch nicht einmal weder das Brot noch den Wein berührt. Liegt dir denn das Wohl unserer Freunde und Brüder nicht ebenso am Herzen wie den anderen hier?"

8 Spricht Helena: „O Du mein liebevollster Gott und Heiland Jesus! Wer wie ich Dich über alles liebt, der hat weder Hunger noch Durst. Denn Du Selbst bist ihm das nährendste Brot des Lebens und der stärkendste Trank zur Erquickung der Seele und des Geistes! O sieh, so ich auch dies Brot äße und diesen Wein tränke in Ewigkeit, hätte aber dabei dennoch Deine Liebe nicht vollkommen, in der allein alle Kraft des Lebens verborgen ist, so würde ich dadurch weder mir noch jemand anderem helfen können. Denn weder dies Brot, noch dieser Wein, wenn in sich auch noch so geistig, kann helfen — sondern allein Du, mein liebster Herr Jesus! Und so meine ich, daß Du mir das nicht als Fehler anrechnen wirst, weil ich bis jetzt noch nicht gegessen noch getrunken habe? Aber ich will sogleich das Versäumte nachholen und will, aber nur aus der pursten Liebe zu Dir, essen und trinken. Aber sei Du mir darob nur nicht gram!"

9 Rede Ich: „O du Meine liebste Helena! Ich werde dir gram sein? Was fällt dir ein? Siehe, Ich wußte es wohl, daß du aus purster Liebe zu Mir weder essen noch trinken konntest. Daher stellte Ich die vorige Frage an dich bloß darum, damit du vor dieser Gesellschaft reden sollst, wie du nun geredet hast. Da du aber nun also vollkommen nach Meinem Sinn gesprochen hast, sollst du dafür auch mit einem hellpurpurnen Kleid und mit einer Krone angetan werden. Denn nun bist du Mir eine liebliche Braut geworden, die mit dem Kleid der reinen und wahren Liebe bekleidet sein soll für ewig. Bruder Robert, gehe nun nur wieder hin und öffne den goldnen Schrank. Dort wirst du schon das rechte Kleid für diese Meine Herzensbraut finden! Bringe es her, auf daß Ich Selbst es ihr antun werde!"

10 Robert eilt voll Freuden schnell zum besagten Schrank und nimmt ein so über alle Maßen herrlich strahlendes Kleid heraus, daß es ihn selbst stutzen macht. Denn so etwas überhimmlisch Herrliches haben seine Augen noch nie gesehen. Als die Tänzerinnen dies Kleid ersehen, machen sie einen Schrei der höchsten Verwunderung und können sich kaum satt sehen an dem wie die schönste Morgenröte strahlenden Kleid.

11 Ja sogar den Pathetikus, der sich mit seiner Gesellschaft in einem entfernten Winkel dieses Gemaches befindet, lockt der wunderschöne Glanz des Kleides herbei und nötigt ihn, den Robert zu fragen, für wen denn dies Kaiserkleid bestimmt sei. Robert erwidert ihm gelassen:

„Für jene Lerchenfelderin dort!" Worauf der Pathetikus ärgerlich verwundert die Bemerkung macht: „Na, die versteht es aus der Kunst, auch den weisesten Helden des Himmels die Köpfe zu verdrehen! Nun, es ist recht, wenn sie das kann; das wird ihr sicher bestens zustatten kommen. Aber sage mir, Freund Blum, wie kann sich denn jener Weiseste der Weisen mit der maulschwertschneidigen Lerchenfelderin gar so abgeben und sie sogar zu einer wahren Himmelskönigin machen?"

12 Spricht Robert: „Freund, darüber befrage Ihn, Er wird es dir schon sagen! Ich bin in die Geheimnisse aller Himmel noch zu wenig eingeweiht. Er ist allein der Herr und kann tun, was Er will. Er will es nun so und es muß auch also geschehen. Nun weißt du genug. Ich aber muß gehen, denn Er ruft mich schon mit den Augen!"

13 Robert eilt nun mit dem Strahlenkleide schnell zum großen Ratstische hin und übergibt es Mir. Ich aber gebe es Helena, die es vor lauter Dank, Liebe und Ehrfurcht kaum anzurühren getraut und sich auch weigert, es anzuziehen, weil sie sich solch einer zu himmlisch schönen Bekleidung viel zu unwert fühle.

14 Ich aber sage ihr: „Meine liebste Helena, du weißt ja schon, daß bei Mir kein Weigern etwas nützt. Denn was Ich einmal will, das muß ja geschehen, und wenn darob die ganze Schöpfung zugrunde ginge. Und dann ist Mir als Schöpfer der endlosesten Herrlichkeit aller Himmel und Welten eine schöne und wohlgeschmückte Braut ja auch lieber als eine häßliche. Denn siehe, bei Mir muß alles in ein übereinstimmendes Verhältnis gebracht werden. Bei wem das Inwendige völlig geläutert ist, bei dem muß auch das Äußere so gestaltet sein, daß es mit dem Inwendigen in der schönsten Übereinstimmung steht. Dieses Kleid entspricht nun vollkommen deinem Inwendigen, daher mußt du es nun unverzüglich anziehen!"

15 Als die Helena solches vernimmt, spricht sie: „O du mein liebster Herr und Gott Jesus! Du siehst es, daß mein Herz nur an Dir, nie aber an einem Kleid hängt. Denn so ich nur Dich habe, frage ich nicht um alle Himmel und ihre Pracht, die mir ohne Dich nur zum Ekel würden! Aber weil Du es so willst und es Dir eine Freude macht, so will ich dies Kleid gleichwohl anziehen, und mein Herz soll Dir mit der allerheißesten Liebe dafür ewig danken. Dein heiliger Wille geschehe! — O Du mein heiligster, liebster Jesus! Du allein bist ganz mein Herz, mein Leben, meine Seligkeit und mein alles!"

16 Nach solchen Worten aus ihrem Herzen ergreift sie das Kleid. Und wie sie es nur anrührt, ist sie damit auch schon angetan, worüber sie schon wieder zu staunen anfängt und dabei sagt: „Aber wie ist denn das zugegangen? Ich habe ja das Kleid kaum angerührt und es liegt schon an meinem Leibe, als ob es mir genau angemessen worden wäre! Wie herrlich steht es doch! O du mein süßester Jesus, Du könntest einen geradezu närrisch machen vor lauter Seligkeit! Wie ich aber jetzt wirklich schön aussehe. Wohl war das frühere Faltenkleid auch sehr schön, aber gegen dieses war es doch fast wie nichts!

17 Aber was werde ich nun tun müssen, um Dir, mein süßester, liebster, bester und schönster Herr Jesus, mich mehr als bis jetzt dankbar zu erweisen? Oh, ich bitte Dich, gib mir doch eine Aufgabe!"

18 Rede Ich: „Meine liebste Helena. Du hast deine Aufgabe schon gelöst! Denn Größeres, als Mich über alle Maßen zu lieben, kann Mir gegenüber wohl selbst der höchste Erzengel nicht tun. Daher bleibe nur stets bei diesem Mir allein liebsten Geschäft und frage nach keinem anderen. Das aber sage Ich dir, du Mein wahres Herzenliebchen: Wer Mich liebt wie du, der trägt Größeres in sich, als was da alle Himmel fassen! Denn da bin Ich ganz in seinem Herzen. In Mir aber glühen und keimen schon zahllose neue Himmel, die einst auch hinaustreten werden in eine neue Unendlichkeit!

19 Aber nun nichts mehr weiter davon! Du Meine liebste Helena, gib Mir nun einen rechten Kuß, und wir werden dann bei verschiedenen Erscheinungen unsere Beratungen fortsetzen."

88

Der höchste Preis reinster Gottesliebe — die Gottesbrautschaft

1 Spricht die Helena fragend: „O Herr, Du sagtest mir, daß ich Dir einen rechten Kuß geben solle! Und siehe, das Wort rechten macht mir Skrupel! Denn ich kenne keinen anderen Kuß, als den die Liebe beut, und ich habe noch nie jemandem einen anderen gegeben. Wenn aber ein Kuß der reinsten Liebe kein rechter sein soll, da weiß ich wirklich nicht, von welcher Beschaffenheit der von Dir bezeichnete Kuß sein soll?"

2 Rede Ich: „Aber, aber! Meine allerliebste Helena, welch einen anderen rechten Kuß soll es wohl noch irgend geben, als eben nur den, welchen die reine und wahre Liebe bietet! Aber es gibt eine zweifache Art von rechten Küssen: Die erste, die mehr aus Achtung als aus eigentlicher Liebe erteilt wird; und die zweite, die rein aus Liebe erteilt wird. Und siehe, diese zweite Art, die den Kuß vom Mund wieder an den Mund gibt und nicht an die Stirn allein, wird von Mir als ein rechter Kuß bezeichnet. Einen der innersten Achtung aber hast du Mir schon auf Meine Stirne gegeben. Ich merkte schon damals, daß er mehr Liebe als pure Achtung enthielt. Da aber seitdem deine Achtung ganz in Liebe übergegangen ist, kannst du Mir nun auch nicht mehr einen Stirnkuß, sondern einzig allein nur einen ganz brennheißen Mundkuß geben, und das wird dann ein rechter Kuß sein! — Verstehst du das, Mein allerliebstes Helenchen?"

3 Spricht Helena ganz rosigen Angesichts: „O ja, das verstehe ich jetzt schon; aber es wird doch vielleicht ein bißchen gar zu stark aussehen! Aber was macht's denn auch! Willst es ja Du, mein Gott, mein einziger Herr! Was Du aber willst, das kann nicht gefehlt sein, und die Liebe kann auch nicht fehlen! Freilich, wenn ich bedenke, daß Du der ewige Schöpfer aller Dinge und Wesen bist und ich nur ein schwaches Geschöpf, so ist das wohl etwas sehr Sonderbares, so ich Unheiligste Dich Allerheiligen auf den Mund küsse, durch Dessen allmächtiges »Werde!« Himmel und Erde geworden ist! Aber Du Selbst willst meines Herzens heißestem Drang die ersehnte höchste Seligkeit gewähren. Und so geschehe denn, wonach sich mein Herz heimlich schon oft und lebendig gesehnt hat!"

4 Nach diesen Worten gibt sie Mir einen Kuß von echtem Schrot und Korn. Und Ich sage darauf zu ihr: „Nun erst bist du vollkommen und hast für die ganze Erde an Mir ein großes Versöhnungswerk vollbracht! — Du selbst aber wirst von nun an stets an Meiner Seite, d. h. durch alle Meine Liebe fortan ewig die höchste Seligkeit aller Seligkeiten genießen; nämlich die Seligkeit Meines höchsten und reinsten Liebehimmels, in dem lauter solche Engel wohnen, die Mich gleich dir lieben! Aber das sage Ich dir auch, daß es deren eben nicht gar zu viele gibt. Wohl lieben Mich sehr viele, aber nur als das, was Ich natürlich bin, nämlich als ihren Gott, Herrn und Vater. Du aber bist mit deiner Liebe nach dem Beispiel der Magdalena wahrlich noch tiefer in Mich hinein-

gedrungen und hast Mein Herz erfaßt und hingezogen an das deinige, wodurch zwischen uns eine vollkommene Ehe aller Himmel vor sich gegangen ist. Durch diese Ehe bist du nun zu einem förmlichen Gottesweibe geworden, und somit eins mit Mir. Daher aber sollst du an jeder allerhöchsten Seligkeit den gleichen Teil haben, der Mir zukommt! Bist du damit zufrieden?!"

5 Spricht die Helena bebend vor höchster Wonne: „Oh, oh, oh! Du mein heiligster Jesus! Ich arme Sünderin wäre nun — o Gott, o Gott — Dein Weib!? — O Himmel, was ist aus mir geworden? Ich, ein Gottesweib?! Nein, das kann doch unmöglich sein! — Aber Du, ewigste Wahrheit, hast es nun Selbst ausgesprochen, und so wird es auch so sein! Was werde ich beginnen in der Seligkeiten tiefsten Tiefen und höchsten Höhen? Wie werde ich sie ertragen können? Wird es mir nicht zu schwindeln anfangen wie einer armen Sünderin, die vom höchsten Stern auf die tief unten rastende Erde hinabblickt? Werde ich mich wohl ewig je zurechtfinden können in solcher Höhe? O Du mein süßester Jesus, was hast Du nun aus mir gemacht! Ach, ich komme mir nun vor wie eine glücklichste Unglückliche und wie eine seligste Unselige! Ja, wie eine, die ist und nicht ist!"

6 Sage Ich: „Meine Geliebteste, sei nur ruhig und heiter! Ich sage es dir, du wirst dich bald und überaus leicht in alles finden; denn siehe, in Meiner allerhöchsten Höhe geht es am allereinfachsten und niedrigsten zu! Da gibt's keine übertriebene Pracht und durchaus keinen Luxus, sondern die schönste und reinste Bescheidenheit und einen fortwährend gleichen und ungetrübten Frohsinn! Und siehe, das sind eben deine Sachen. So wirst du dich damit schon zurechtfinden. — Nun aber sieh zum Fenster gegen Morgen hinaus und sage Mir, was du durch dieses alles gesehen und entdeckt hast!"

89

Die Erde und ihre Greuel
Der Geist des Antichrist
Eine sinnbildliche Erscheinung

1 Helena eilt sogleich ans bezeichnete Fenster, sieht ins Freie hinaus und schlägt nach einigem Betrachten die Hände zusammen. Nicht lange hält sie es aus, weil der Anblick sie zu sehr ergreift. Sie begibt sich eiligst zu Mir hin und spricht: „Aber, aber, Du mein Herr, Du mein Gott, Du mein Jesus! Ah, das ist aber doch entsetzlich!“

2 Sage Ich: „Nun, Meine überaus liebe Helena, was hast du denn gesehen, das da gar so entsetzlich ist? Hast du vielleicht gar einen Teufel gesehen oder noch Schrecklicheres? Fasse dich und erzähle uns, was du denn alles gesehen hast!“

3 Die Helena sammelt sich und spricht dann: „O Du mein süßester Herr Jesus! Ich glaube, gegen diese Entsetzlichkeit ist der ganze Teufel ein reiner Lump. Zum erstenmal nach meinem Austritt von der Erde habe ich nun die abscheuliche und übergreuliche Erde wiedergesehen, aber so, wie etwa von einer über sie hinschwebenden Wolke herab. Und merkwürdig, ganz Österreich und Ungarn samt seinen Nebenländern lag unter mir wie eine riesenhaft große Landkarte ausgebreitet, auf der vom größten bis zum kleinsten Gegenstand alles zu ersehen war. Aber, o Jammer, welch ein Anblick des Entsetzens! — Die Städte sind voll Feuers und voll Unflats und gräßlich aussehenden Gewürmes. Flüsse und Seen und das Meer sind voll Blut! Fürchterliche Heere stehen einander gegenüber, und man ersieht da nichts als Mord, Verrat und wieder Mord! Die Menschen zerfleischen sich ärger als die reißendsten Bestien! An der Kaiserlichen Seite sah ich auch Russen in starker Anzahl. Aber selbst zwischen den Kaiserlichen und Russen sah ich Verrat und Mord hier und da. Und unter dem ungarischen Heer, das furchtbar stark ist, sah ich auch Russen und Polen in größter Anzahl, dazu auch Menschen aus ganz Europa. Alle aber schreien: ›Tod und Verderben allen Despoten! Keine Gnade und Schonung mehr! Verflucht sei, wer da dächte an einen friedlichen Ausgleich!‹ — Die armen Kaiserlichen können trotz großer Anstrengungen nichts ausrichten. Denn sie haben

immer zehn gegen hundert zu kämpfen und können daher zu keinem Vorteil kommen. — O Herr, mache doch diesem entsetzlichen Würgen ein Ende und lasse nicht die Schwachen zugrunde gehen! Hauche in die Herzen der Ungarn einen versöhnenden Geist, und den Österreichern, wo es nottut, nicht minder; denn wahrlich, mich dauern meine bedrängten Landsleute!“

4 Rede Ich: „Meine geliebte Helena, was du gesehen, ist richtig und wahr! Ein gar arger Geist hat Besitz von den Herzen der Menschen genommen: Es ist der Geist des Antichrist! Und dieser ist es, der die Menschen so entzweit, daß sie gegeneinander toben und wüten, als wären sie alle zu Tigern, Hyänen und Drachen geworden. Aber es soll ihrem Treiben ein baldiges Ende gemacht werden, ein Ende, wie die Erde noch keines gerochen hat!

5 Hier auf dem Tische vor uns wirst du sogleich ein Gefäß ersehen, das wie eine Pflanze aus dem Tische hervorwachsen wird. In diesem Gefäß wirst du das Maß menschlicher Greuel auf der Erde erschauen und daraus entnehmen können, um welche Zeit es nun ist auf der Welt. Sieh nun, hier kommt es schon zum Vorschein. Betrachte es und beschreibe Mir, wie es aussieht und was du in ihm erschauest!“

6 Helena betrachtet erstaunt das wunderbar auf dem Tisch vor ihr auftauchende und sich stets mehr entfaltende fabelhaft gestaltete Gefäß. — Als nach einigen Augenblicken das Gefäß vollkommen entfaltet dasteht, ruft Helena: „Aber Herr, ich bitte Dich um Deines heiligsten Namens willen! Was ist denn das für eine sonderbare Gestaltung? Anfangs hat die Geschichte ausgesehen wie eine ganz natürliche Pflanze, etwa wie auf der Erde die Wasserlilie. Dann trieb es aus der Mitte seiner bandartigen Blätter einen runden, starken Stengel, auf dessen Ende eine Knospe ersichtlich war. Die Blätter verdorrten aber bald, und die Knospe brach auf und trieb statt einer erwarteten Blume die unverkennbare päpstliche Dreikrone (Tiara); aber verkehrt, das heißt mit dem Dreikreuz, das auf einem goldenen Apfel sitzt, nach unten, und mit dem eigentlichen untersten Kopfreife nach oben. Diese Tiara steht nun wie ein förmliches Trinkgefäß vor mir, und zwar merkwürdigermaßen auf einem Dreifuß, der sich wie von selbst aus dem Stengel geformt hat. Dies sonderbare Gefäß ist nun inwendig schwarz wie eine starke Nacht. Und da, wo außen die köstlichsten Edelsteine sitzen, fließt inwendig Blut und Blut, durchwühlt von allerlei gräßlichem Ge-

würm! Die Köpfe der Würmer sehen aus wie glühendes Erz und ihr Leib wie der eines Drachen. Und diese Bestien trinken gierig das Blut, so daß das Gefäß trotz des reichen Zuflusses nimmer voll werden und übergehen kann — auf daß da alle sehen, welch schauerlichen Inhalts dieses Gefäß voll ist. Oh, wie diese Bestien doch gar so gierig das Blut einsaugen! — Und sieh, unter den Würmern ersehe ich nun ein Tier, das viel größer ist als alle anderen. Diese Bestie hat sieben Köpfe und auf jedem Kopf zehn Spitzen wie die eines Schwertes, und auf jeder Spitze steckt eine glühende Krone. Wenn es untertaucht, da gischtet das Blut und es dampft auf der Oberfläche. Der Zufluß wird nun stärker und stärker, aber noch will das Gefäß nicht voll werden. Denn die Bestien zehren mächtig daran, und was sie nicht verzehren können, löst sich in Dampf und Rauch auf! — O Herr, binde den Bestien doch ihren Rachen, und von den Spitzen des einen Tieres nimm die glühenden Kronen, damit das Gefäß doch einmal voll werde! Oh, wie abscheulich das anzusehen ist!"

7 Rede Ich: „Nun, Meine allerliebste Helena, kennst du dich schon so ein wenig aus, wenn du die Erscheinung vor dem Fenster und diese vor dir auf dem Tisch vergleichst?"

8 Spricht die Helena: „O Herr, da bringe ich wohl schwer einen rechten Sinn heraus. Daher bitte ich Dich, offenbare Du uns das rechte Verständnis dieser beiden Erscheinungen, so es Dein heiliger, weisester Wille ist!"

9 Rede Ich: „Meine geliebte Helena, von ganzem Herzen gerne! Gib auf alles genau acht! — Siehe, draußen vor dem Fenster hast du das große Übel gesehen, und hier siehst du den Grund desselben! Vor dem Fenster draußen stellte sich dir die nackte Wirkung dar, die von A bis Z hier ihre Grundursache hat.

10 Und so ersiehst du hier auf dem Tische das arge Symbol: eine umgestürzte Tiara, deren Reiche nach innen bluten und sich bald verbluten werden. Wohl sucht die Hierarchie es zu verhüten, daß ihr äußeres Ansehen nicht möchte befleckt werden von ihren inneren Greueln; aber es wird ihr alle diese ihre Mühe nun nichts mehr nützen. Denn siehe, darum habe Ich ihren inneren Gehalt durch die Umkehrung der Tiara nun aller Welt gezeigt. Sie kann nun tun, was sie will, so wird sie ihre Krone nicht mehr aufrecht stellen können und wird sich in sich

selbst zerstören und aufzehren! Verstehst du nun die Sache schon etwas besser?“

[11] Spricht die Helena: „O Du mein Herr und mein Gott! Ich verstehe nun wohl ein wenig, aber vom vollkommenen Verstehen ist noch gar keine Rede. Denn was eigentlich das Blut und die abscheulichen Würmer im Blute bedeuten, das wird wohl außer Dir niemand je völlig begreifen können. Sei darum so gnädig und sage mir ein paar Wörtlein darüber!“

[12] Rede Ich: „Nun ja, so höre denn! Das Blut, das da nach innen gerade aus jenen Stellen fließt, wo außen die Edelsteine angebracht sind — die da alle Reiche und Regierungen der Erde vorstellen sollen — bedeutet die tyrannische Herrschgier. Diese täuscht nach außen hin vollste Freiheit und gleiche Berechtigung aller Stände vor, in sich selbst aber ist sie Rache und Blutgier, derzufolge jeder über die Klinge springen soll, der nicht den Vorteil des alleinigen Tyrannen in vollste Berücksichtigung zöge. Denke zurück an die Inquisition und von da weiter bis auf die gegenwärtige Zeit, und du wirst leicht ersehen, wie in den Eingeweiden der Hierarchie nichts als Haß, Zorn, Gericht, Verfolgung aller Art und Mord und Blut gehaust hat und noch einer starken Pest gleich grassiert; wenn schon nicht so ersichtlich in der Tat, weil dazu die Kräfte erlahmt sind, dafür aber desto ärger im geheimen Wollen und sehnlichsten Wunsche!

[13] Das Gewürm aber, welches das Blut fleißig verzehrt und dadurch soviel als nur möglich den Augen der blinden Völker entzieht, sind die ekelhaften, selbstsüchtigen Kriecher und Augendiener unter jeder menschlichen Amts- und Beschäftigungsform. Diese Wesen sind in jeder Menschengesellschaft die allerverwerflichsten. Sie sind die barsten Feinde aller Menschen und lieben niemanden als allein sich selbst. Daher geschieht es denn auch, daß sie diejenigen, für die sie alles zu tun vorheucheln, am ersten und schmählichsten verraten, wenn sich nur irgendein Vorteil herauskalkulieren läßt. Denn wer einmal ein Verräter ist, der ist und bleibt einer, wenn es ihm nur einen Gewinn abwirft. Und siehe, so steht es nun auch mit der Römerin. Sie liebt die Gleisner, die Heuchler, die Angeber, die Ohrenbläser, die Augendiener, die Denunzianten, die Spione und alle, die geschickt lügen können und dabei herz- und gewissenlos allerlei frömmliche Betrügereien erfinden.

Nun aber werden das gerade ihre ärgsten Richter werden und werden ihre treulosesten Verräter sein.

[14] Nun, Meine Allerliebste, verstehst du jetzt das Blut und das Gewürm schon etwas besser? Ja, du verstehst es; aber du hast noch das eine siebenköpfige Tier vor dir und das soll dir auch durch eine neue Erscheinung klar gemacht werden.

[15] Siehe nun dahin, wo das sonderbare Gefäß steht, gib aber genau auf alles acht, was sich dir zeigen wird, und beschreibe es vor dieser ganzen Versammlung! Aber sehr genau mußt du auf alles achten."

90

Weiterentwicklung des Zeitbildes
Warum läßt Gott die Weltgreuel zu?

[1] Helena betrachtet nun das Gefäß und sieht bald, wie aus dessen Mitte ein Thron emportaucht, auf dem ein Herrscher in Gold und Purpur gekleidet sitzt. Als sie dieser Erscheinung ansichtig wird, da erschrickt sie förmlich und spricht dann etwas ängstlich: „O Du liebevollster Heiland aller Menschen! Da sieh einmal her! Auf einem Thron sitzt da ein Herrscherchen mit einer so entsetzlich hochmütigen Miene, daß man bei seinem Anblick ein förmliches Fieber bekommen muß!

[2] Nun tauchen aus dem Gefäß eine Menge feingekleideter menschlicher Wesen auf und verneigen sich bis auf den Boden vor dem Herrscherchen. Dieses aber mißt sie übermächtig stolz mit echten Basiliskenaugen, daß sie alle beben vor seinem Angesicht. Und sieh, die sich am meisten bücken, werden nun von dem Herrscherchen an den Thron berufen und mit Orden beteilt. Denen aber, die weniger beben, wird ins Angesicht gespuckt und ihnen bedeutet, sich alsogleich vom Thron zu entfernen. Aber nun gibt das Herrscherchen auch den mit Orden Beteilten einen Wink, sich zu entfernen. Und als sie sich unter tausend Verneigungen zurückziehen und dem Herrscherchen den Rücken zuwenden, da flucht er ihnen nach und bespuckt ihren Gang. Nein, ist aber das ein hochmütiger Kerl von einem Fliegenkönig!

[3] Aber was sehe ich, der Raum um des Königs Thron wird nun im-

mer größer und weiter. Und ich erblicke eine Menge Miniaturmenschen, die sehr armselig aussehen. Zugleich aber bemerke ich auch alle die früheren Bücklingshelden unter ihnen, aber nun mit ganz andern, herrschend aussehenden Gesichtern. Die Armen müssen sich vor ihnen ganz beugen; einige müssen sich geduldig auf den Boden hinlegen, auf daß die Bücklingshelden desto bequemer auf deren Köpfen herumsteigen können. Und einige, die dabei wehgeschrien haben, werden sogleich von Häschern gebunden und in ein finsteres Loch hineingeschoben. Und siehe, siehe, einige werden darum sogar aufgehängt! Ah, das geht ja gar nicht übel zu!

4 Da bemerke ich soeben ein Häuflein Menschen, die nahe ganz zertreten sind und aus vielen Wunden bluten. Diese bewegen sich zum Thron hin und wollen den König um Einsichtnahme ihrer Gesuche und um Abhilfe von solchen Bedrückungen bitten. Es wird dem König gemeldet, und dieser spricht zu seinen Dienern: »Bei eurem Leben, daß mir keine solche gemeinste Person vor den Thron kommt!« — Und die Diener sagen zu den Hilfesuchenden: »Der König ist beschäftigt, weshalb niemand vorgelassen werden kann. Ihr sollt zu seinen Beamten gehen und ihnen euer Anliegen kundtun und diese werden darnach ihres Amtes walten!« — Da sprechen die Hilfesuchenden: »Aber über diese wollen wir ja eben beim König Klage führen! Denn sie sind es ja, die uns so schmählich zertreten!« — Da spricht ein Königsdiener: »So! Ja, das ist freilich etwas anderes! Geht jetzt nur ruhig nach Hause und lasset das Weitere uns über; wir werden die Sache schon machen! Aber eure Namen und euren Aufenthaltsort müsset ihr mir getreu angeben, sonst wüßten wir ja nicht, wem und wo wir helfen sollen!« — Die Armen geben dem Diener ihre Schriften, und dieser empfängt sie wie mit einem rechten Wohlwollen. Als aber die Armen sich wieder entfernen in der besten Meinung, daß ihnen geholfen werde, wird sogleich ein Eilbote an die Beamten abgesendet mit der Weisung, benannte Untertanen, die noch Kraft genug besäßen, um zum Throne klagen zu gehen, noch mehr zu zertreten. Und siehe, es wird daheim nun getreulich befolgt, was des Königs erster Diener befahl! — Ah, das ist aber doch zu elend und niederträchtig! — Der Diener berichtet nun solches dem König, und dieser belobt ihn sehr und erteilt ihm einen Orden.

5 O Herr! So können doch wahre Könige nicht sein, sondern das

müssen Tyrannen sein, deren Herz und Gehirn Satan ganz in Beschlag genommen hat!"

6 Rede Ich: „Ja, du hast recht, das sind anfangs Volksbeglücker, aber gleich darauf echte Teufel. Schau nur noch weiter! Wenn du alles wirst gesehen haben, dann erst werde Ich dir den rechten Sinn kundtun!"

7 Helena spricht weiter: „Ah, was zeigt sich denn da schon wieder Neues?! Ich ersehe nun eine Menge der sonderbarsten Wölfe! Äußerlich sehen sie aus, als wären sie Menschen mit langen, schwarzen Kleidern. Aber innerhalb der Kleider steckt statt eines Menschen ein reißender Wolf, der, obschon er ohnehin schwarz bekleidet ist und übers Gesicht eine Menschenlarve trägt, noch zum Überfluß zwecks Verbergung seiner bestialischen Natur in einem Schafspelze steckt. Wie zart und sanft diese anscheinenden Menschen umgehen mit allen anderen! Aber hinterher ziehen sie die Larve von ihrem Wolfsrachen und fletschen mit ihrem mörderischen Gebiß nach den Nacken der vor ihnen wandelnden Menschen! Ah, das sind doch ganz fürchterliche Wesen! — Und da sieh! Hinter und auch vor dem Throne des Königs stehen dicht aneinandergereiht solche Wesen. Die vorderen tragen auf purpurnen Polstern die schönsten Kronen und Zepter und machen die tiefsten Verbeugungen vor dem Thron. Und der geistig blinde König hat eine große Freude an diesen Thronumlagerern, unter denen ihm einige auch ganz neuerfundene Kriegswaffen präsentieren.

8 Aber hinter dem Thron fletschen dieselben Wesen greulich mit ihren Zähnen. Und an Stelle der Kronen, Zepter und Waffen tragen sie auf ihren Händen schwere Fesseln und Ketten und Geißeln aus glühenden Schlangen! — O König, stehe auf vom Throne, diesem Sitz des Neides und Hasses, und besieh deine verkappten Feinde, die dir frech mit Wort und Tat ins Angesicht lügen, hinter deinem Rücken aber deine ärgsten Feinde sind!

9 O Herr, warum hat denn Deine unendliche Güte und Weisheit auch solch arge Wesen werden lassen? Wäre es denn nicht besser, so es außer Dir gar kein Wesen gäbe, als daß es unter den vielen guten Wesen, die aus Dir sind, auch solche gibt, die doch unmöglich aus Dir sein können?"

91

Grund der Nachtseite des Lebens
Gegensätze notwendig für geistige Freiheit

1 Rede Ich: „Ja, du Meine allerliebste Helena, das kannst du nun freilich noch nicht einsehen, warum es auch solche Wesen geben muß. Damit du aber dennoch etwas ruhiger wirst, so will Ich dir einige natürliche Beispiele zur Erläuterung vorlegen, und so höre!

2 Siehe das Feuer! Welche zerstörende Kraft liegt in diesem fürchterlichen Zornelement, wenn es nicht sorglich gehütet wird, wo man sich seiner bedient! Welche Zerstörungen richtet es an! Und doch gibt es keinen größeren Wohltäter der Menschheit als eben das Feuer, so es weise gebraucht wird.

3 Siehe an das Wasser, wie schrecklich tobt es, wenn es entfesselt sich über Täler und Fluren erhebt! Sollte Ich es aber darum nun vernichten, weil es in seinem entfesselten Zustand so verheerend wirkt und den irdischen Menschen Tod und Verderben bringt? Sage, könnte wohl die Erde selbst und alles, was sie trägt, ohne Wasser bestehen?

4 Betrachte ferner die natürliche Schwere der naturmäßigen Körper. Welche Verheerungen richtet eine von hohen Bergen herabstürzende Lawine an! Und wo ein Fels niederstürzt, da zermalmt er durch seinen Fall alles, was er berührt. Wäre es denn nicht besser, so Ich die ganze Erde so leicht wie einen Federflaum geschaffen hätte? Der Mensch könnte dann mit der Erde spielen wie Kinder mit einem Ball. Aber wer würde dann die Erde fest zusammenhalten? Und wie könnten sich Menschen und Tiere und Pflanzen ohne Schwere auf der Erde Boden erhalten? Du ersiehst hieraus wieder, wie nötig diese schlimme Eigenschaft allen Körpern ist, so sie ein Dasein haben sollen!

5 Wie aber alles das Angeführte in der Natur nötig ist, damit sie das ist, was sie sein muß — ebenso müssen im Geiste Gegensätze zum Guten und Wahren dasein, damit eben der Geist durch diese feindlichen Gegensätze das wird, wozu er von Mir aus bestimmt ist, nämlich zur vollkommensten, ewigen Lebensfreiheit! Denn ohne Zwang gibt es keine Freiheit, und ohne Freiheit keinen Zwang. Alle Freiheit muß da-

her aus dem Zwang, der da ist eine gerichtete ewige Ordnung, hervorgehen — so wie der Zwang selbst aus Meiner urewigen Freiheit!

6 Und so ersiehst du hier auch solche Erscheinungen, die an und für sich wahrlich sehr arg sind, aber eine gewisse Zeit hindurch zur Gewinnung und Erhaltung der geistigen Freiheit ebenso notwendig sind, wie auf der Erde etwa ein starker Blitz und Hagelsturm zur Erzeugung und Erhaltung der Lebensluft und zur Zerstörung aller schädlichen und tödlichen Dünste, die durch die manchmal große Erwärmung des Erdbodens aus ihren Eingeweiden getrieben werden. Ich sage dir, dies alles ist nötig und eins bedingt das andere.

7 An uns aber liegt es, die verschiedenen Elemente, so sie sich zu sehr in ihrer besonderen Eigentümlichkeit herauszustellen anfangen, weise in ihre nötige Ordnung wieder zurückzuführen. Haben wir das unter der nötigsten Vorsicht getan, dann wird alles wieder seinen geregelten Gang gehen und die besten Früchte tragen.

8 Ein brennendes Haus löschen, ist ein gutes Werk. Ebenso muß man dem Wasser Dämme und der Schwere gehörig starke Stützen stellen und nach einem großen Sturm die Erde frisch bebauen, so kommt dann alles wieder ins rechte Geleise. Aber alles mit einem Streich lösen wollen, hieße alles vernichten!

9 Danach kannst du nun dem, was noch kommen wird, schon etwas ruhiger zusehen. Und so betrachte die Erscheinungen nur wieder ruhig weiter!“

92

Kampf der sechs Tiere
Wirkung auf die Wolfsmenschen und den König

1 Spricht Helena nach kurzer Pause weiter: „Hm, es ist aber doch sonderbar! Diese eigenartigen Wesen mehren sich wie der Sand des Meeres um den Thron. Kaum können sich des Königs erste Diener durch die starken Massen hindurcharbeiten. Ich sehe, daß sie von den Wolfsmenschen zuvor sogar bestochen werden, um ihnen nur den König gehörig bearbeiten zu helfen. Es wird nun auch sehr finster um den Thron, so daß man nur noch mit Mühe etwas ausnehmen kann.

Diese Dunkelheit scheint allein von diesen Wolfsmenschen auszugehen; aber ihre Augen leuchten dennoch stark, und wohin sie ihre Blicke wenden, da werden die Gegenstände erleuchtet.

2 Nun sehe ich im Hintergrund ein gar sonderbares Wesen, es sieht einem Ochsen gleich. Und ein anderes, einem Löwen ähnlich, taucht soeben hinter dem Ochsen auf und will ihn verschlingen. Aber hinter dem Löwen taucht soeben wieder ein anderes Wesen auf, das einem Rhinozeros ähnlich sieht, und da es gewaltig gepanzert ist, bemüht es sich nun, den Löwen samt dem starken Ochsen zu erdrücken. Der Löwe, der früher den Ochsen zu verschlingen drohte, macht nun freundliche Gemeinschaft mit diesem und ist bemüht, sich des Nashorns zu entledigen. Und siehe, nun kommt noch ein viertes Wesen hinzu. Und, o weh, das ist ja eine ungeheure Riesenschlange! Diese umschlingt nun die drei kämpfenden Wesen und fängt an, sie ganz erbärmlich zusammenzudrücken. Ochse, Löwe und Rhinozeros strengen alle ihre Kräfte an, um sich der mächtigen Schlange zu entledigen, aber ihre Mühe scheint vergeblich zu sein. Trotz ihrer großen Anstrengung zieht die Schlange ihre Ringe immer enger zusammen; und aus dem Gebrüll entnehme ich, wie eng es nun den dreien gehen mag. Aber merkwürdig ist, daß die Wolfsmenschen an diesem Kampf ein großes Wohlgefallen zu haben scheinen!

3 Aber nun kommt schon wieder ein neues Tier hinzu. Es ist ein ungeheurer Riesenaar. Dieser stürzt sich nun auf diesen Vier-Tiereknäuel herab, packt ihn mit seinen übermächtigen Krallen, breitet nun seine großen Flügel aus und hebt den ganzen Knäuel in die Höhe. Die Schlange, deren geringelter Leib zum größten Teil von den Machtkrallen des Riesenaars durchstochen ist, will sich nun losmachen. Aber die Ringe sind durch des Aars Krallen so fest aneinandergeheftet, daß all ihr Mühen fruchtlos erscheint. Die drei früheren Tiere unterstützen nun nach Möglichkeit die Schlange, aber des Aars Krallen sind zu mächtig und geben nicht um Haarbreite nach. Und höher und höher erhebt sich der mächtige Aar mit seiner Beute. — Mehr im Hintergrund ersehe ich nun eine Art Wüste an einem Strom und auf diese steuert der Aar mit seiner Beute zu. Nun setzt er sich auf die Wüste nieder und macht Miene, seine Mahlzeit zu beginnen.

4 Aber da sehe ich nun einen Alligator rasch dem Strom entsteigen und dem fetten Knäuel zueilen. Die Schlange streckt ihm ihren weitge-

öffneten Rachen entgegen, und der Alligator verbeißt sich in ihren Unterkiefer. Der Aar will mit seiner Beute weiterfliegen, doch der Alligator hindert ihn. Nun läßt der Aar alle seine Beute los, setzt sich auf den Rücken des Alligators und haut mit seinem Schnabel in dessen Augen, denen er aber dennoch keinen Schaden zufügen kann. Dabei aber werden die drei ersten Tiere ihrer engen Haft los und rennen nun auseinander und weit von dannen.

5 Aber nun sehe ich ein Ichneumon hastig dem großen Alligator zutrippeln, der noch immer die Schlange festhält. Der Alligator ersieht seinen ärgsten Feind, läßt sogleich die Schlange los, die vor Schmerz sich windend sich endlich in die Erde verkriecht — worauf der Alligator selbst sich in das Wasser stürzt. An der Kampfstelle bleibt bloß der Aar, wie es scheint mit einem sehr hungrigen Magen. Das Ichneumon aber verfolgt den Alligator bis zum Wasser und starrt in die Wogen hinein.

6 Der Aar ersieht nun das Ichneumon und will es als eine kleine Freßbeute fangen; dieses aber entwischt in eine Bodenöffnung, und der mächtige Aar fliegt nun ohne alle Beute davon, gleich wie früher die anderen Tiere ganz unverrichteter Dinge bloß mit einigen Quetschungen entflohen sind. Nur die Schlange scheint am meisten gelitten zu haben, ob sie der Sand wieder heilen wird, ist eine große Frage. Ob aber das Ichneumon irgend seine Rechnung finden wird dafür, daß es diese feindliche Gruppe auseinander brachte, das wirst Du, o Herr, sicher am allerbesten wissen!

7 Nun sehe ich aber auch, daß die sehr zahlreichen Wolfsmenschen anfangen, lange und verlegene Gesichter zu bekommen. Man kann es aus ihren Bewegungen leicht entnehmen, daß sie mit solcher Lösung des bestialischen Kampfknotens durchaus nicht zufrieden sind! Das ist schon recht und gut; denn diese überbestialischen Menschen sind mir zuwiderer als die früheren reinen Tiere in ihrem Naturkampfe, denn dieser ist begreiflich; aber diese Bestialmenschen sind mir vollkommen unerträglich.

8 Der König auf seinem Thron bekommt nun auch Zuckungen, als ob er an einer Nervenschwäche litte. Die Sache scheint ihm auch nicht zusammenzugehen. Aber was kann er machen? Hat er noch irgendeine Macht, so wird er mit ihr sicher das äußerste wagen, um sich auf seinem Thron zu erhalten. Hat er aber keine, so wird er sicher eher gehen, als

sich mit seinem Volk durch Sanftmut, Liebe und Geduld zu einen! Der sich aber behaupten wird, dem wird es wahrscheinlich so gehen wie dem Aar, daß er nämlich eine bedeutende Erleichterung in seinem Magen wahrzunehmen wird anfangen! Denn das Geld werden seine Soldaten verbrauchen, und seine Untertanen werden am Ende ihre Steuern nur mit ihrem Leben entrichten können.

9 O Herr, siehe, die ganze Erscheinung fängt nun zu schwinden an. Und ich muß offenherzig bekennen, daß mir jenes rätselhafte Tier mit sieben Köpfen noch nicht klar werden will. So es Dein heiligster Wille wäre, könntest Du mir davon wohl eine kleine Enthüllung machen!"

10 Rede Ich: „Höre, du Meine Geliebteste, nicht Ich, sondern — da alle unsere Tisch- und Ratgäste die Erscheinung mit angesehen haben — werden wir darob den Robert ansprechen und ihn vernehmen. Warum sollen denn gerade wir beide allein alles besprechen. Die anderen haben ja auch einen Mund!

11 Und so denn erläutere du, Robert, der lieben Helena das, was sie noch nicht begriffen zu haben vorgibt!"

93

Robert erklärt das Geschaute
Eigenliebe und Hochmut Grundwurzel alles Übels
Der unwandelbare Gotteswille

1 Auf diese Meine Aufforderung erhebt sich Robert und spricht: „O Herr, Du Liebe der Liebe, Du Freund der Elenden, Du Weisester unter den Weisen aus Dir! Es ist die ganze Sache in ihrer Erscheinlichkeit zwar ohnehin schon klar dargestellt. Aber da Helena im Fache der Entsprechungen sich noch nicht jenen notwendigen Grad hat aneignen können, durch den ihr solche Erscheinungen verständlich sein möchten, so ist es freilich nötig, ihr die Sache etwas klarer zu machen.

2 Und so sieh denn, allerliebste Schwester Helena — alles, was du nun gesehen hast, stellt im allgemeinen den Hochmut dar, der ein Geist der Verworfenheit ist. Vor dem Fenster dort sahst du kämpfen, und den harten Kampf durchwehte gegenseitiger Verrat! Siehe, das ist alles

ein Werk des Hochmuts, dessen Geburtsstätte die Selbstliebe ist. Wie aber die reine Gottes- und Nächstenliebe der Grund alles Heils, aller Glückseligkeit und aller Eintracht und Einigkeit ist — ebenso ist die Eigenliebe ein Haß alles dessen, was ihr naht, und somit der Grund aller Verachtung und Verfolgung dessen, was sich dieser bösen Eigenschaft entgegenstellen will.

3 Die reine Liebe gibt alles, was sie hat. Und dennoch kann sie ewig nicht ärmer werden, sondern nur reicher und mächtiger. Denn wenn sie gibt, empfängt sie tausendfach wieder, was sie gegeben hat. — Die Eigenliebe aber verliert stets im tausendfachen Maße, was sie nimmt und raubt. Denn da sie in sich keine Kraft und Macht hat, so muß sie andere Kräfte durch allerlei sie selbst verarmende Mittel zu Hilfe nehmen. Durch diese erhält sie sich auf der Welt wohl eine Zeitlang in einem Scheinglanze und in einer gewissen Scheingröße. Weil aber solches mit der Zeit stets mehr kostet, so verarmt sie endlich ganz und gar, wobei sie sich dann wie ein hungriger Wurm krümmt, bäumt und windet. Aber das nützt ihr wenig, sondern dient nur zur Beförderung ihres vollen Unterganges.

4 Wer führt sonach Krieg? Siehe, die Eigenliebe als die Mutter des Hochmuts und der Herrschsucht! Und wer setzt sich ihr entgegen und besiegt sie? Es ist die Macht der reinen Liebe, die da ist Gerechtigkeit und ein rechtes Gericht aus Gott! Wohl bietet die Eigenliebe des Feindes alle erdenklichen Mittel auf, um sich zu erhalten und Rache zu nehmen an der Gerechtigkeit Gottes. Aber das nützt ihr nichts, weil sie sich dadurch gewaltig schwächt an allen Enden und Punkten, während in gleichem Kampf die reine Liebe nur mächtiger wird nach jedem Schlage.

5 Die Erscheinung mit der umgestürzten Tiara, die aus einer Sumpfpflanze entsteht, zeigte klar, wessen Grundes alle irdische Herrlichkeit ist. Und daß du sie verkehrt am Ende auf einem Dreifuß ruhen sahest, stellte das klare Verhältnis dar, in dem sich alle irdische Macht und Pracht, Glanz- und Herrschgröße gegen das rein Himmlische befindet. Der Dreifuß aber stellt die schwachen Stützen dar, auf denen alles das beruht. Die Eigenliebe ist der Reif des Dreifußes, die Füße aber sind Falschheit, List und Trug. — In der Tiara sahest du Blut und schändliches Gewürm; das dir erklärt worden ist. Nur das siebenköpfige Tier ist dir noch etwas dunkel geblieben. Du darfst aber nur nach dem Maße

der Entsprechungen vorgehen, so wirst du leicht zur wahrsten, beschaulichen Erkenntnis dessen gelangen, was dies Bild besagt. Versuche es nur, wir alle werden dir darin helfen!

6 Hast du das entziffert, so wird auch der Herr das Seinige tun! Ja, ich sage dir: Es hängt nun von dem ab, wie du in deiner großen Liebe die Sache erfassen wirst. Wie du und wie wir, mit dir übereinstimmend, die Sache erkennen werden, so will und wird der Herr handeln! — Daher mache nun deine Sache recht gut; denn es hängt das Heil der Welt nun an deiner Erkenntnis!"

7 Helena erstaunt sehr darüber, als ihr Robert kundgibt, daß nun das Heil der Welt von ihrer Erkenntnis des siebenköpfigen Tieres abhänge. Sie wendet sich daher sogleich wieder an Mich und fragt: „O Herr, Du meine himmlisch süßeste Liebe! Sollte das wohl wahr sein, was der weise Robert mir soeben eröffnet hat?"

8 Sage Ich: „Allerdings! In einer Prophezeiung, die sich in den Händen der Indier als einem der ältesten Völker der Erde befindet, heißt es: »Siehe, du sündiges Menschengeschlecht! Ein Weib war es, das die Welt ins Verderben stürzte. Und wieder wird es dereinst geben ein Weib, aus dem der Welt eine große Gnade wird gegeben werden. Und am Ende wird es wieder geben ein Weib, durch das die Welt soll gerichtet werden. Aber es wird bei dem Weibe stehen und abhängen von seiner Erkenntnis — ob zum Leben oder ob zum Tode!« Und siehe, du bist gerade dasjenige Weib, von dem diese urälteste Offenbarung spricht! Daher mache deine Sachen nun gut, sonst wird es der Erde schlecht ergehen!"

9 Spricht Helena: „Ach nein, ach nein, das kann ja doch unmöglich sein! Das wäre für mich auch keine Seligkeit, wohl aber eine große Pein. Daher erlasse mir, o Herr, diese Erkenntnis, für die ich wahrlich nicht bürgen könnte, ob sie gut oder schlecht ausfiele!"

10 Rede Ich: „Meine allerliebste Helena! Meine große Liebe zu dir kennst du bereits. Aber auch das weißt du, daß bei Mir — namentlich hier im Reiche des Lebens, des Lichtes und der ewigen unverrückbaren Wahrheit — durchaus nichts von dem herabgehandelt werden kann, was Ich einmal ausgesprochen habe. Und daher wirst du schon das tun müssen, was Ich nun von dir verlangt habe. Denn siehe, so Ich in meinen Aussprüchen und Bestimmungen nachlässig wäre, welch eine Ordnung und welch ein Gesicht würde ehestens die ganze Schöpfung be-

kommen?! So Ich nur einen Augenblick nachließe, alles Geschaffene in Meiner Idee unverrückt festzuhalten, ginge alles aus den Fugen, und alle Gestaltungen und Formen würden zu wolkenähnlichen, höchst veränderlichen und bald vergänglichen Zerrbildern werden. — Aber weil Ich eben über alle deine Begriffe unwandelbar bin, so bleiben alle geschaffenen Dinge und Wesen durch die ganze Unendlichkeit auch stets das, für was und wie sie einmal geformt worden sind.

11 Ich habe es aber nun für diese Zeit bestimmt und habe dich auserwählt. Daher mußt du aus purster Liebe zu Mir denn auch das tun, was Ich von dir verlange. Dadurch wirst du dann erst vollends selbständig frei in deiner Lebenssphäre dich gestalten und in der Folge, wie aus dir selbst hervorgehend, von aller fremden Einwirkung unabhängig dastehen können.

12 Denn das alles, was Ich hier von euch verlange, geschieht nicht so sehr der materiellen Welt wegen, die ohnehin im Gerichte steht, als vielmehr euretwegen, damit ihr alle wahrhaft frei werdet und fähig zum Genuß der höchsten Wonne und Seligkeit! — Wohl hängt auch in allem alles Weltgetriebe von hier ab, indem sich hier Kern und Wurzel alles Werdens und Seins befindet. Aber darum arbeiten wir hier dennoch nicht für die Welt, sondern für die Himmel.

13 Und so fange nun, Meine liebste Helena, mit dem an, was dir Bruder Robert gesagt hat!“

94

Helena über das siebenköpfige Ungeheuer, den Tierkampf, die Wolfsmenschen und den König

1 Spricht Helena: „Ja, wenn die Sachen hier wie in der ganzen Unendlichkeit sich so verhalten, da freilich muß ich zu einer Erkenntnis schreiten. Aber ich meine, gar so überaus wird etwa das Sein und Nichtsein der Erde von meiner Dummheit nicht abhängen? Gelt, Du mein alleinigster Liebling, ein paar Sekunden lang könntest Du etwa doch ohne meine Erkenntnis des abscheulichen Siebenköpflers die ganze Unendlichkeit erhalten?“

[2] Sage Ich: „Ja, Meine geliebte Helena, bei Mir ist alles mit der genauesten Waage abgewogen; da leidet es in manchem wohl keinen Aufschub oder Stillstand. Freilich, wohl kann Ich die ganze Schöpfung ohne deine Erkenntnis erhalten, aber wie Ich schon bemerkt habe — es handelt sich hier nicht so sehr um eine unerschütterliche Erhaltung des Alls, als vielmehr um die himmlisch vollendete Freistellung aller derer, die hier in jüngster Zeit von der Welt angekommen sind. Das mußt du dabei in Berücksichtigung ziehen, und es wird dir dann ein leichtes sein, dem nachzukommen, was Ich von dir verlange. Hast du das nun verstanden?"

[3] Spricht Helena: „Ja Herr, nun bin ich im klaren! Und so will ich's mit Deiner Hilfe denn versuchen, wie ich mit dem abscheulichen Siebenköpfler werde zurechtkommen.

[4] Wie ich es nun einsehe, stellt dieses siebenköpfige Unwesen den eigentlichen Geist des Antichrist dar und beurkundet dessen Walten in seinem eigenen Unflate. Der Wurm stellt für sich die große Schändlichkeit vor, die aus der Herrsch-, Hab-, Lug- und Trugsucht hervorgeht. Die sieben Köpfe sind gleich den sieben Hauptleidenschaften, aus denen die sieben Hauptsünden ihren Ursprung nehmen: Hochmut, Herrschgier, eifersüchtigster Neid, ein tödlicher Geiz, unversöhnlicher Haß, Verrat und endlich Mord! Aus diesen gehen hervor: Genußsucht, Fraß, Völlerei, Unzucht, Hurerei, Nichtachtung des Nächsten, Verfolgung dessen, was frei zu atmen sich getrauen sollte, Scham- und Ehrlosigkeit, gänzliche Gewissenlosigkeit und endlich die vollste Mißachtung und gänzliches Vergessen Gottes! — Diese notwendigen Folgen aus den ersten sieben Hauptleidenschaften sind dann aber auch über jedem Kopf ganz dieselben, wie solches aus den zehn gleichen Spitzen zu ersehen ist, die über jedem Kopfe stets gleich zu ersehen waren. — Auf den Spitzen waren auch noch glühende Kronen, mit denen das Tier das Blut verdampfen machte, so es zu gewaltig das Gefäß zu füllen anfing. Diese glühenden Kronen scheinen mir die vollkommene Herrschgier anzuzeigen, die vor Dir, o Herr, ein Greuel ist und sich nun sogar in die Herzen der Völker eingenistet hat. Aber noch klarer scheinen mir diese Kronen die Politik anzudeuten, die da als ein vielverheißender Deckmantel erscheint, daß ja niemand merke, wie sich innerhalb desselben eine scharfe und todbringende Spitze verbirgt. Will aber jemand den Deckmantel anrühren, so ist dieser glühend durch

die Esse des Zornes im Herzen der Beherrscher der blinden Völker, so daß sich leicht ein jeder verbrennen muß, der es wagt, sich daran zu vergreifen.

5 Daher meine ich, man solle die Kronen, dann die Spieße, die sieben Köpfe, das ganze Tier, seine Helfer und die Tiara weg tun — und die Erdenmenschheit wird dann nicht mehr durchs Blut waten müssen, um zu dem wahren Frieden zu gelangen. Auch die Menschentiergefechte dürften dann zu den nicht mehr vorkommenden Dingen gehören!

6 Ich bin von der Erkenntnis durchdrungen, daß da auf der Erde zwei Dinge geschehen müssen, so es auf ihrem Boden je friedlich aussehen soll. Entweder mußt Du, o Herr, neun Zehntel der Menschen nahe plötzlich durch Deine Würgengel von der Erde nehmen und den Überbliebenen bessere Leiter geben. Oder Du mußt die Erde ums wenigstens Neunfache vergrößern und in einem jeden Lande einen großen Berg von gediegenem Gold erstehen lassen. Denn nur durch eine ungeheure, überall gleich verteilte Menge dieses Metalls aus der Hölle wird sein Wert zu dem gemeinsten Kalksteine herabsinken, dafür aber der Wert der Menschheit steigen. Also entweder Verminderung der Menschen oder eine ungeheure Vermehrung des Goldes und Silbers — sonst wird es ewig nicht besser auf der Erde. Die Besitz- und Habsucht der Menschen muß zu einer gewaltigen Übersättigung kommen in aller Allgemeinheit, sonst wird sie ihre Eigenliebe, die Quelle des Hochmuts und der Herrschgier, nimmer fahren lassen!

7 Was nützt der Ochse (Volkskraft) mit seiner Stärke? Was des Löwen (Dynastie) gewaltige Tatze? Wozu dient des Panzertiers (tyrannisch-despotischer Fürstendruck) unbeugsame Schwere? Welche Effekte zum Wohle der Menschheit werden aus der Gewalt der Schlange (geheime, alles umschlingende Inquisitionspolitik)? Was vermag der mächtige, freie Aar (soziales Freistaatentum)? Was vermag die im Hinterhalte lauernde Rache der krokodilartigen Reaktion? Am Ende treibt das armselige und schwache Ichneumon (die hinzukommende Armut der Allgemeinheit) dennoch alles auseinander, und zwar mit völlig leerem Magen. Wozu war dann ein solcher Kampf gut? Ist das Ichneumon am Ende gut, so sei es auch im Anfang! Muß denn die Erde durchs Blut arm werden?

8 O Herr! Du allerweisester und liebevollster Schöpfer! Wir geschaffene Wesen bitten wohl und raten hier vor Dir; aber wie ich es

nun stets inne werde, in einer gewissen Hinsicht vergeblich! Denn wie immer wir wollen, so tust Du dennoch, was Du willst und wie es Deine höchste Weisheit für gut und recht ersieht. Das aber ist eigentlich das Beste bei der ganzen Sache; denn ließest Du unsere Urteile in den äußeren Naturangelegenheiten wirksam werden, da wäre wohl die gesamte Schöpfung im nächsten Augenblick ihres Daseins ledig! — Aber Du, o Herr, bist überall des Grundes Grund, und Deine gesamte heilige Ordnung ist bei Dir ein leichter, wenn schon für uns Geschöpfe ein gehaltschwerster Gedanke. Daher meine ich nun, daß es nahe überflüssig sein dürfte, Dir noch mehr vorzuplaudern.

9 Die in der letzten Erscheinung vorkommenden Wolfsmenschen stellten jenen höchst gleisnerischen Orden dar, den alle Welt bereits einhellig gerichtet hat. Und daß eben dieser, wie auch seine ihm verwandten Orden auf der Erde beinahe stets die alleinigen Stifter alles Übels waren und nach nichts anderem so emsig trachteten, als nach der vollen Alleinherrschaft über die ganze Erde, — das ist ja wohl so klar, daß darüber jede weitere Beleuchtung überflüssig wäre.

10 Der König, vom höchsten Gefühle des Herrschrechtes durchdrungen mit höchst gebieterischer Miene auf dem Throne sitzend, scheint ein sprechendes Symbol der Herrschmanie dieser gegenwärtigen schlimmsten Zeit auf der Erde zu sein, wo nun ein jeder herrschen, aber niemand mehr gehorchen will, außer der Gehorsam trägt ihm große Interessen. Ist dies nicht der Fall, wird aus dem sonst untertänigsten Diener sogleich ein alle Regierungen hassender Demokrat; ein sogenannter roter Republikaner, der die Menschheit allein durch die Vernichtung der Regenten glücklich machen will, dabei aber hauptsächlich seinen eigenen, leeren Sack recht weit auftut. Diese Herrschmanie scheint jetzt nahezu der alleinige Grund zu sein, der nun wie ein zweischneidiges Schwert alle Menschen bis zum glühendsten Haß entzweit!

11 Ich sehe nun durchaus keine wahre Liebe mehr unter den Menschen. Keiner liebt den andern als Mensch und Bruder in Dir, o Herr, sondern pur nur als ein leidiger Interessent. Kann der A vom B irgendeinen Nutzen ziehen, so wird A ihm auch mit aller Freundlichkeit begegnen. War aber der B das nicht imstande, so wird er für den A nur zu bald ein Mensch von der größten, oft sogar verächtlichen Gleichgültigkeit werden und ich möchte es dem B ja nicht raten, in einem möglichen Notfalle beim A Hilfe zu suchen, so dieser mittlerweile ver-

mögend geworden wäre, dem verunglückten B zu helfen. Denn der B ist sein Freund nicht, weil er ihn nicht unterstützt hat, auch dann nicht, so es erweislich wäre, daß der B ihn damals unmöglich hätte unterstützen können! Hätte aber auch der B den A im Ernste unterstützt, so daß A nachher zu großen Vorteilen gelangt wäre, käme aber dann B in eine Verlegenheit und suchte beim A eine Hilfe, so wird der vorteilsüchtige A sicher unter höflichen Entschuldigungen sich nach Möglichkeit zurückziehen und sorglichst trachten, den lästigen B loszuwerden. Siehe, Herr, so kenne ich die Menschen, und so sind sie wirklich zum größten Teil.

12 Wie aber sind sie besser zu machen? Das ist eine Frage, die nur Du allein und sonst ewig kein geschaffener Engel beantworten kann. Da könnten wir raten, bis alle Sonnen möchten ausgebrannt haben — und der Erde und ihren blinden Menschen wäre dabei doch nichts geholfen. So aber Du nach Deiner geheimen, mächtigen und liebevollsten Weisheit nur ein Wörtlein sprichst, so wird die ganze Erde gesund, wie einst des römischen Hauptmannes Knecht, für den sein Gebieter bei Dir um die Heilung bat! O Du mein süßester, gütigster, allerliebenswürdigster Herr und Gott Jesus, sei doch so barmherzig und reinige die arme Erde von allem was Teufel heißt und teuflisch ist für ewig! Dein Wille geschehe!“

95

Erklärung des Herrn über die Entwicklung selbständiger Wesen
Schlüssel zum Verständnis des Erdenlebens

1 Rede Ich: „Nun, Meine allerliebste Helena, du hast Mir nun ja einen besten Rat gegeben, und es läßt sich alles recht gut bewerkstelligen. Wahrlich, dein Geschlecht kann sich mit dir große Stücke zugute halten!

2 Nur zwei Stücke waren etwas zu bunt: daß du auf der Erde entweder neun Zehntel der Menschen weggenommen oder die Erde vergrößert sehen willst, und daß du alles Herrschtum auf der Erde weg haben möchtest. Siehe, das ist etwas hart und auf einem naturmäßigen Wege gar nicht auszuführen, sondern allein auf dem Wege des Gerich-

tes. Das Gericht aber ist der eigentliche Tod eines jeden Wesens, das es ergreift!

3 Siehe, Ich bin allmächtig, und alles, was Ich Mir nur immer denke, daß muß auch sogleich geschehen, so Ich es will. Wenn Ich nun hier vor Mir eine Million Menschen haben wollte, so wären sie auch da. Sie würden sogar weise reden und handeln und wie die schönsten Seraphim aussehen. Sie würden dich sogar mit aller Liebe umfassen und dir nach Herzenslust dienen — und dennoch wären sie in sich selbst vollkommen tot. Denn alles, was sie täten und redeten, das täte bloß Ich Selbst. Denn in ihnen wäre da kein anderes Leben, als welches Ich für ihre nach Meinem Wollen gerichtete Dauer haben wollte. Wollte Ich aber dann diese scheinlebigen Menschen nicht mehr, so würden sie aber auch in einem Nu nicht mehr da sein!

4 Wollte Ich aber solche Menschen erhalten und sie in ein wirkliches, freitätiges und von Meiner Allmacht unabhängiges Leben versetzen, da müßte Ich Meinen in diesen scheinlebigen Menschen wirkenden Geist durch ein geeignetes Trennungsmittel von Mir ablösen. Und müßte ihn dann in diesen Menschen binden und durch eine äußere, materielle Umfassung gefangennehmen, ihn so Mir gegenüber zu einem förmlichen Objekte[1] machen und als solchem Verhaltungsgesetze geben. Ich müßte ihm dann Gelegenheiten und Anreizungen zukommen lassen, durch die er in die Notwendigkeit gesetzt würde, aus seiner freien, von Mir gänzlich abgelösten Erkenntnis- und Willenskraft entweder nach dem gegebenen Gesetz oder auch wider dasselbe zu handeln. Das Gesetz müßte natürlich zweckmäßig, weise und allgütig sein. Zufolge der Sanktion müßte ein solcher Mensch dann, im Falle er das Gesetz nicht beachtet, noch härter und länger gefangengehalten werden — bis er notgedrungen das Gesetz tätig annähme und darnach handelte. Erst dann wäre es rätlich, solch einem Menschen die äußeren Bande wieder abzunehmen und ihn, gleich dir, als ein wohlgebildetes Wesen in die vollste Freiheit übergehen zu lassen, wo er dann aus sich selbst heraus ein vollkommenes, nicht mehr gerichtetes Leben hätte.

5 Daraus aber kannst du schon leicht entnehmen, daß Ich Selbst die freie Handlungsweise der in materieller Freiheitsgewinnungsprobe auf Erden stehenden Menschen voll beachten muß — ob sie gesetzlich gut

---

1 Sonderwesen.

oder auch ungesetzlich böse ist. Denn ergreife Ich sie da mit Meiner Allmacht, so sind sie im Augenblick des Ergreifens schon tot, indem sie dann aus sich heraus durchaus nichts mehr zu tun imstande sind. Will Ich sie wieder frei machen, so muß Ich Mich dann wieder von ihnen völlig trennen und sie in der Materie gefangen setzen, wo sie dann eine neue Freiheitsprobe durchmachen müssen.

6 Fällt diese nach der gestellten Ordnung aus, so können sie dann, dir gleich, hierher in diese Welt der Geister in ein vollkommen freiestes Leben übergehen. Fällt sie aber wider die Ordnung aus, so muß die Gefangenschaft auch in der Geisterwelt so lange fortbestehen, bis solche Menschen zu jener praktischen Erkenntnis gelangen, durch die sie sich dann Mir, ihrem Schöpfer, unbeschadet nahen können. Können sie Mich einmal lieben als Herrn und Bruder, so sind sie durch solche Liebe dann erst wahrhaft frei gleich Mir, indem Ich in ihnen als ein vollkommenes zweites Ich lebendig denke, fühle, urteile und handle!

7 In solch einem für ewig bleibenden Zustand aber können sie von Mir aus, unbeschadet ihrer individuellen Freiheit, stets mehr und mehr freie Erkenntnisse und Kräfte aufnehmen, ja sogar in allem wie Ich Selbst vollkommen werden, welcher Zustand dann erst die vollendetste Seligkeit bei ihnen ausmacht.

8 Siehe, es ist leicht gesagt: „Herr, tue dies und jenes! Richte die bösen Völker, richte die Könige und richte den herrschsüchtigen Papst! Vertilge alle, die eines hochmütigen und herrschgierigen Herzens sind! Tue Wunder! Lasse durch eine allgemeine Pest das ganze arge Menschengesindel zugrunde richten, denn sie sind alle zusammen böse! — Aber da muß man doch mit größerer Einsicht bedenken, daß Ich rein umsonst gearbeitet haben würde, so Ich wegen der nicht gesetzmäßigen Handlungsweise die auf die Erde gesetzten Menschen sogleich richten und töten wollte.

9 Obschon wir hauptsächlich darauf zu sehen haben, daß die werdenden Menschen auf der Erde so viel nur immer möglich nach den Gesetzen der ewigen Ordnung handeln, durch die natürlich am ehesten und leichtesten das freie Leben zu erreichen ist — so müssen wir uns aber doch auch der größten Geduld hingeben und selbst die verkehrtesten Handlungen mit derselben Ruhe betrachten, als wären sie gut und gerecht. Denn die erste Hauptbedingung zur Gestaltung freier Menschen ist, daß sie in der vollen Trennung von Mir einmal ihrer

selbst bewußt werden und aus sich selbst heraus zu handeln anfangen! Ob gut oder schlecht, gesetzlich oder ungesetzlich, das muß für den Anfang eines jeden neuwerdenden Menschen völlig eins sein. Wir müssen ihre selbstgemachten Einrichtungen und Erfindungen respektieren und unseren sie erhaltenden Einfluß so verborgen wie möglich halten. Denn würden wir da offen auftreten, so würden wir die junge und zarte Pflanzschule der Menschen mit einem Tritt zerstören und hätten dann viel länger zu tun, das Zertretene wieder aufzurichten und der großen Bestimmung zuzuführen, als so wir geduldig dieser ersten Entwicklung der Menschen auf der Erde nur ganz leise wirkend und helfend zusehen. Denn nach dieser ersten Entwicklungsperiode haben wir dann ja noch immer zahllose Wege, um die noch unentwickelten Menschen ihrer rechten Bestimmung zuzuführen.

10 Nur wenn unter den werdenden Menschen derartig schroffe Ordnungswidrigkeiten zu entstehen anfangen, daß dadurch die bezweckte absolute Lebensfreiheit in bedeutende Gefahr geraten könnte, dann freilich müssen wir hie und da kleine, aber bloß nur äußere Schreckgerichte auftauchen lassen, als da sind Kriege, Teuerung, Hunger und Pest. Aber jedes solche Strafgericht darf nie mehr als höchstens ein Zehntel der Menschen ergreifen, weil es bei einer größeren Verschärfung nur zu leicht die Wirkung eines wirklichen, tödlichen Gerichtes annähme!

11 Siehe, da habe Ich dir nun Meine Einsicht und Meinung gesagt! Wie gefällt sie dir? Sage Mir daher nun auch wieder, ob du sie für gut, echt und völlig gerecht findest? Oder könnte es vielleicht auch noch anders sein?“

12 Spricht Helena: „O Liebe der Liebe, o Güte der Güte, o Weisheit aller Weisheit! O Gott, o Vater, o Jesus! Wie könnte man da noch etwas einzuwenden haben! Denn so endlos weise, wie Du nun das Entstehen der Menschheit und deren Entwicklung bis zur höchsten, freiesten Lebensstufe hinauf der hellsten Wahrheit gemäß dargestellt hast, ist das wohl noch nie vor menschlichen Augen und Ohren geschehen!

13 Nun sehe ich erst klar ein, was ein Mensch ist, wie er beschaffen sein und wie er handeln muß und wie er geleitet und geführt werden muß, damit er zu seiner ewigen Bestimmung gelangen möge! Und da soll ich etwa noch eine Gegenmeinung aufstellen? Nein, das wäre denn doch zu unsinnig von mir! — Nein, Du mein allerliebster, weisester,

sanftester, geduldigster und überhimmlisch schöner und erhabener Herr Jesus! Nun bringst Du mich sogar mit aller Allmacht zu keiner weiteren Meinungsäußerung mehr! Ein elender Schuft sei der, welcher es wagte, darüber noch irgendeine dummste Bemerkung zu machen! Wenn es selbst Petrus oder Paulus wäre, so müßte ich in mein allergröbstes Temperament zurücksinken und ihm zum wohlverdienten Lohne die Augen auskratzen! Aber sie sind nun alle stumm und sehen die große Wahrheit Deiner Worte sicher noch heller ein als ich!

14 Du mein Herr und mein Gott, ich bin von der Heiligkeit Deiner Wahrheit so mächtig durchdrungen, daß ich nahe behaupten möchte: Nicht einmal Du Selbst könntest Dir hier auch nur zum Scheine eine Gegenmeinung aufstellen! Und das ist meine klarste und unwiderrufbare Meinung, in der ich ewig leben und verharren werde — Dich über alles aus all meinen Kräften liebend!“

96

Der Herr über Gottes- und Weltkinder
Gleichnis vom Obstgarten und vom unfruchtbaren Baume

1 Rede Ich: „Meine allerliebste Helena, Ich bin mit allen deinen Worten überaus zufrieden. Und dein Lob läßt sogar in Meinem Herzen keinen ferneren Wunsch mehr übrig. Denn der Wahrheit dient nur die Wahrheit zum alleinigen Lobe, so wie auch Mich als Gott niemand erkennen und lieben kann, der nicht aus Mir ist!

2 Denn es gibt Menschen, die *unmittelbar* aus Mir hervorgegangen sind, daneben aber auch andere Menschen, die *mittelbar* von Mir geschaffen worden sind. Die unmittelbar aus Mir Hervorgegangenen sind die eigentlichen Gotteskinder, in deren Herzen denn auch die reine Gottesliebe wohnt und aus ihr heraus die wahre Erkenntnis Gottes. Die mittelbar Geschaffenen aber sind Kinder der Welt, gezeugt vom Satan aus der Hölle. Diese letzteren sind von Mir aber auch berufen zur wahren Erkenntnis und zur wahren reinen Liebe. Ihretwegen habe Ich hauptsächlich das Werk der großen Erlösung vollbracht. Eben dieser Menschen willen aber geschieht nun auch solches in der Welt und wird

hier in Meinen Himmeln beraten. Und da meine Ich, daß in deinem Lobe noch etwas hätte angeführt werden können, das gewisserart einen Ausnahmezustand darstellt, bei dem Meine allgemeine Erschaffungs- und Führungsweise der Menschen einige nicht unbedeutende Veränderungen notwendig macht.

3 Ich werde dir davon einige Fälle vorstellen, und du wirst dann darüber urteilen. Und so höre:

4 Der Besitzer eines Gartens hat eine Menge große und kleine, edle und unedle Fruchtbäume gesetzt. Alle bekamen ein gleich gutes Erdreich, und womöglich die unedlen beinahe noch ein besseres als die edlen. Alle wurden mit großem Fleiße gepflegt, und es zeigte sich, daß manche unedlen viel üppiger wuchsen als die edlen. Ein solcher Wildling fiel wegen seiner Üppigkeit besonders auf, so daß der Gärtner ihm eine volle Hauptaufmerksamkeit zu schenken anfing; er pflegte ihn und erwies ihm alle Liebe. Aber es verstrich ein Jahr ums andere; während alle anderen Bäume Früchte brachten nach ihrer Art, blieb dieser stumm und brachte nichts als Blätter zum Vorschein. Da ward der Gärtner als Herr des Gartens endlich unwillig und sprach zu seinen Knechten: »Ihr wisset, wie sehr ich diesen Wildling viele Jahre hindurch gepflegt habe, aber er hat mir noch keine Früchte gebracht; daher grabt ihn mit der Wurzel aus, zerhaut ihn in Stücke und werft ihn ins Feuer! Denn mich ärgert nun gewaltig dieser schale Baum! An seine Stelle aber setzet mir eine Weide zum Zeugnis, daß hier ein unfruchtbarer Baum jahrelang meine Liebe und Geduld mißbraucht hat!« — Da sagen die Knechte: »Herr, lasse ihn noch ein Jahr; wir werden ihm einen Hauptast nehmen und werden ihm eine andere Erde geben. Wird er aber auch dann keine Früchte bringen, so soll ihm geschehen nach deinen Worten!« Der Herr des Gartens belobt die Geduld der Gärtnerknechte und läßt sie tun nach ihrer guten Meinung. Aber nach einem, nach zwei und endlich sogar nach drei Jahren bringt der Baum noch immer keine Früchte. Er setzt wohl Blüten an, daß man meinen sollte, der Baum werde endlich denn doch einmal mit seiner Frucht des Gärtners Mühe lohnen. Aber siehe, es kommt dennoch keine Frucht zum Vorschein.

5 Was meinst du, geliebte Helena, soll nun mit diesem schalen Baume geschehen? Soll Meine Androhung an ihm vollzogen werden

oder nicht? Denn ernstlich gesagt, der Baum ist dem Gärtner schon längst über die Maßen zuwider geworden.

6 Unter dem »Baum« aber verstehe jene Menschen, die da sind der Welt Kinder und von Mir alle Pflege und Wartung bekommen, aber dennoch außer Blättern und trügerischen Blüten keine Früchte der Liebe, der Demut und des Gehorsams bringen, indem ihr Herz und Sinn in aller Welt und im Wohlleben des Leibes begraben ist. Also sage Mir, was soll mit solchen Menschenbäumen geschehen, die da weder gute noch irgend arge Früchte zum Vorschein bringen, sondern zwischen den guten und schlechten Fruchtbäumen eine Art Schmarotzerbäume bilden, die bloß genießen, aber nie etwas Ersprießliches tun wollen? Wenn sie es auch scheinen, so ist aber doch alles ein Trug, denn ihr Sinn ist, wie ihre Liebe, geile Genußsucht."

7 Spricht Helena: „O Du mein Herr und mein Gott Jesus! Das ist schon wieder eine äußerst kitzlige Frage! Es hängt auch da wohl alles von dem ab, was Du mir über die Erschaffung, Führung, Bildung und geistige Gestaltung, Ordnung und endliche Bestimmung der Menschen geoffenbart hast. Aber einen Unterschied bilden solche Menschen dennoch vor anderen, die nicht wegen eines ungehorsamen Eigenwillens Deine Gesetze übertreten, sondern nur aus Unkenntnis und Mangel an Bildung. Wenn also undankbare und in ihrem Herzen höchst eigenwillige Menschen Deinen Mahnungen nimmer ein williges und tätiges Gehör schenken wollen und mit ihren Handlungen Deinen heiligsten Worten nur den barsten Hohn sprechen; denen das Fleisch der Weiber mehr schmeckt als Dein heiliges Vaterwort; ja, die einer jungen Dirne, so sie ihnen zu ihrem buhlerisch sinnlichsten Gesichte steht, eher hundert Herzen als Dir eines zukommen lassen würden (so sie hundert Herzen besäßen). Wenn sie sich auch aus so manchen Züchtigungen und Mahnungen nichts machen, die Du doch jedermann in Hülle und Fülle zukommen läßt — so meine ich, daß solche dümmsten Fleischesel wahrlich nicht mehr wert sind als eine geschliffene Hacke an die Wurzeln ihres Schweinelebens!

8 Oh, solche Kerle, sehr ähnlich jenem Pathetikus dort, habe ich auf der Erde in Wien in Menge nur zu gut kennengelernt! O Herr, solche Menschen sind zur Bringung auch der schlechtesten Frucht nicht mehr fähig. Es ist auch nichts zu bessern an ihnen, denn was einmal Dreck ist, aus dem wird kein Gold. Daher sollen sie abgehauen und ins Feuer

geworfen werden. Vielleicht macht das Feuer noch etwas Brauchbares aus ihnen!“

9 Rede Ich: „Du hast vollkommen recht und so sei es auch! Denn so Ich Selbst jemandem alle mögliche Bildung habe zukommen lassen und habe ihm alle Geduld, Nachsicht und Milde erwiesen und trug ihn beinahe auf den Händen — und er dann doch noch alle seine Sinne trotz aller Mahnungen in den schmutzigsten Sumpf versenkt — so ist er wahrlich keines besseren Loses wert. — Aber siehe, wir haben eben hier mehrere Beispiele solcher Menschen: Dort, jener Pathetikus ist einer, und im gegenüberstehenden Gemach stehen noch einige Dutzend — darunter sogar einige Blutschänder, und einer, der zwei zehnjährige eigene Zwillingstöchter in einem Jahre bei hundert Male genotzüchtigt hat, was den beiden sehr lieben Kindern endlich das Leben und mit diesem ihre auf der Erde bestimmte Geistesbildung kostete. Und siehe, diese argen Böcke sind dennoch hier in einem freien, ungerichteten Zustand! Ich frage dich nun, was denn für die Folge mit diesen und anderen solchen geschehen soll?“

10 Spricht die Helena: „Wenn sie schon einmal hier sind, so könnten wir doch einen Versuch machen, ob an ihnen durchaus nichts mehr zu verbessern sein sollte! Ist bei ihnen noch irgendeine Besserung möglich, so sollte nichts gespart werden, sie zu bekehren. Sollte aber jeder Versuch an ihrem hochmütigen Stumpfsinn scheitern, da verfahre Du mit ihnen wie mit jenem Feigenbaum, der keine Frucht hatte, daß sie Dich sättige, als Du eines Abends müde und hungrig unter seine Äste tratest!“

97

Über Fleischeslust und Hochmut
Roberts Auftrag betreffs des Pathetikus
Des Weltlustmenschen Philosophie

1 Rede Ich: „Sehr gut, Meine geliebte Helena, hast du Mich beraten! Das werden wir auch tun. Gelingt es uns, so sollen sie leben, gelingt es aber nicht, seien sie verflucht! Wir wollen uns sogleich ans Werk machen; denn solange diese scheußliche Art nicht umgestaltet oder ver-

nichtet ist, werden wir von der Erde nie völlig reife und gute Früchte zu erwarten haben.

2 Den Hochmut kann man um vieles leichter bekämpfen als diese Seuche! Sind die Menschen stolz, hochmütig und herrschsüchtig geworden, so gebe man ihnen Krieg, Not, Armut und Krankheiten, und sie werden bald zu Kreuz kriechen und sich die demütigenden Lektionen sicher auf lange Zeit hinter die Ohren schreiben. Aber einen rechten Geilbock kümmert nichts! Wenn er auch alle argen Venuskrankheiten ausgestanden hat und am Ende vor Schwäche kaum mehr gehen und stehen kann und der Tod von allen Seiten her ihn angrinst, so macht er sich aber dennoch wenig daraus, wenn er nur noch einer üppigen Dirne den Leib befühlen kann! Wenn er schlafen geht, so ist sein letzter Gedanke — Fleisch. Und so er erwacht, sein erster Gedanke wieder Fleisch, und sodann den ganzen trägen und schläfrigen Tag über wieder nichts als Fleisch! Und so ist sein Sinn Fleisch, seine Liebe und Freundschaft Fleisch, und alles in allem Fleisch!

3 Und wie groß ist der dem Fleische stets fest anklebende Hochmut, der sich nur zu bald kundgibt, so jemand solch einem Fleischesel störend in die sein Leben allein beseligende Welt tritt und ihm etwa gar irgendeine freundliche Ermahnung zukommen läßt. Dann sind sie dem Unzüchtigen ein Dorn im Auge! Siehe, so sind sie beschaffen auf der Welt, und so kommen sie auch hierher!

4 Da du nun das weißt, so wollen wir sogleich einen Versuch an dem Pathetikus ernstlich vornehmen. Der Erfolg soll dich lehren, ob unsere Mühe an ihm den erwünschten Lohn finden wird oder nicht."

5 Darauf heiße Ich Robert zum Pathetikus hinzugehen und ihn ganz artigst zu Mir her zu bescheiden.

6 Robert verneigt sich voll freundlichster Achtung und sagt: „O Herr, wo Du Selbst Deine Hände an ein Werk legst, da muß es gelingen! Wenn er nur herzubringen sein wird? Aber wie es mir vorkommt, wird das ein hübsches Stück Arbeit geben. Wie wäre es denn, Herr, so wir zuvor die vierundzwanzig Tänzerinnen aus seiner Nähe mehr auf die entgegengesetzte Seite bescheiden würden — so mehr gegen Morgen hin, wo sich ohnehin ihre Tanztribüne befindet? Denn soviel ich bemerkt habe, fängt unser Pathetikus miserabilis samt seiner Gesellschaft sich den reizenden Tänzerinnen sehr zu nahen an! Es wässert ihm schon der Mund zu einer erwünschten Ansprache, aber wie mir

scheint, ist er um den Anredestoff verlegen. — Daher meine ich, daß es allenfalls nicht schlecht wäre, die Tänzerinnen zuvor auf den bestimmten Ort hin zu bescheiden?"

7 Sage Ich: „Lieber Bruder, was dir als gut deucht, ist auch gut vor Mir. Und so jemand etwas als gut erkennt und unterläßt es zu tun, begeht er eine Sünde gegen sein eigenes Herz. Daher tue alles, was du als gut und zweckdienlich erkennst!"

8 Robert geht nun schnell zu den Tänzerinnen hin und bescheidet sie, an den vorbestimmten Ort zu gehen. Sie erfüllen sogleich freundlichst Roberts Willen.

9 Dafür aber wird der Pathetikus samt seiner Gesellschaft fuchsteufelswild, geht Robert entgegen und spricht: „Nooo — Musje! Diese Holden sind nun lange genug in meiner Nähe gestanden, und ist ihrer bei eurem dummen Geplapper nicht gedacht worden. Gerade jetzt, wo ich mit ihnen gerne in nähere Bekanntschaft getreten wäre, hat dich müssen der Teufel hierher reiten, um sie mir vor der Nase wegzuschnappen! Ich glaube, du hättest ja wohl an denen genug, die dort an eurem Adams-, Abrahams-, Moses- und Gott weiß was noch für Tische wie die schönsten Schafe versammelt stehen! Meine Emma-Gundl ist auch dabei und meine Mariandl und die schönste Aurora von einer Lerchenfelderin. Freilich blüht bei der, wie's mir vorkommt, für dich verdammt wenig Weizen, weil der Pseudo-Heiland Jesus bei ihr weit mehr zu gelten scheint als du. Aber anschauen darfst sie doch und dabei als ein über deine langen Ohren in sie Verliebter ein wenig zu verzweifeln anfangen!

10 O du blitzdummer Kerl von einem Robert Blum! Auf der Welt warst ein Esel, und hier bist ein Ochse. Also in einer Person die viehische Gesellschaft, die bei der Geburt Christi anwesend war! Na, schön so! Wahrlich, du wirst es in deinem Himmel noch weit bringen. Glaubst denn du königlich sächsischer Bücherjude, daß ich nicht jedes Wort vernommen habe, wie ihr dort über die ganze Unendlichkeit Gottes Rat gehalten habt? Und Ehre, wem Ehre gebührt, oder was! Die schöne Lerchenfelder Aurora hatte ein sehr bedeutendes Vorrecht zu urteilen. Und ihr weisen Gottes-Ochsen und -Esel habt das Vergnügen gehabt, euch an ihrer Weisheit zu sonnen, gleich wie die Blattmilben an den herrlichen Strahlen aus dem Steiße eines Johanniskäfers! Ah, das war

wirklich himmlisch schön, erhaben und des großen Gottes würdig — oder was?

11 Und nun möchtest du mich auch an jenen saubern Ratstisch hinziehen, an dem so Erhabenes von einer mit einer ätherischen Phosphoreszenz übertünchten Lerchenfelder Trudl beschlossen wird — sogar ein Gericht über uns Männer, darum wir auf der Welt oft tierisch dumm genug waren, uns so weit zu vergessen, daß wir uns mit solchen Kloakenkreaturen abgeben mochten. Freund, da kannst du hübsch lange warten! Brüderl, kehre halbrechts nur wieder um und sage deiner phosphorstrahlenden Gesellschaft: Nur die Gimpel fängt man so; andere Vögel sitzen nicht so leicht auf, besonders wenn eine Lerchenfelder Glorifizens mit Einverständnis ihres Pseudo-Jesus Esel auf den Vogelfang aussendet! Wenn du zurückkommst, so richte ihr von mir einen schönen Gruß aus!"

12 Robert, ganz erstaunt über solch einen Empfang, schaut den Pathetikus eine Weile ganz erregt an und ist ganz geladen, ihm noch zehnmal gröber zu begegnen. Er ermannt sich aber dennoch und sagt in gemäßigtem Ton: „Freund, du hast mich noch gar nicht angehört und also gar nicht entnehmen können, was ich dir zu hinterbringen habe, und verdammst mich, ohne einen Grund dazu zu haben! Laß mich erst reden mit dir, alsdann richte, so ich etwas Ungebührliches von dir verlangen sollte!"

13 Fällt ihm der Pathetikus in die Rede: „Freund, ohne gerade gleich dir ein Esel zu sein, reichen meine Ohren aber dennoch bis an euren sauberen Ratstisch hin und haben das unliebsame Vergnügen, alles zu vernehmen, was dort beschlossen wird. Und so haben meine Ohren denn auch die Keckheit gehabt, das zu vernehmen, was in eurem hohen Rat über jene Menschen beschlossen wurde, die leider auf der Welt das zu genießen sich erlaubten, wozu sie durch das Gesetz der Natur bei den Haaren hingezogen worden sind.

14 O ihr dummen Kerle von himmlischen Weisen! Wer hat denn die Natur geschaffen und wer mit allmächtiger Hand eherne Gesetze in sie gelegt? Siehe, die echte, allein ewig wahre Gottheit! Wie kann aber ein Wurm sündigen, so er das tut, wozu ihn die Gesetze der Natur instinktmäßig antreiben? Nur der ist bei mir weise, der die Gesetze in der großen Natur ihm zu Gunsten benützt und darnach lebt! Ein Esel aber ist derjenige, der über die Gesetze der Natur sich hinaussetzt und

nur nach einer übersinnlichen Wonne strebt, die sonst nirgends als in seinem dümmsten Gehirn zu Hause ist. So ich aber solchen Gesetzen gemäß gelebt habe, sage, wo ist der Gott, der mich deshalb richten könnte?"

15 Spricht Robert noch immer in sehr gemäßigtem Ton: „Höre Freund, du bist aufgeregt wegen der nötigen Entfernung der vierundzwanzig Tänzerinnen, die deine noch unreinen Sinne sehr in Anspruch nahmen. Aber mäßige dich nun und nimm einen rechten Verstand an, auf daß du einsehen mögest, ob meine Sendung an dich einen guten, schlechten oder dummen Grund habe!

16 Du pochst mächtig auf die Gesetze der Natur und willst mir begreiflich machen, daß man borniert sein müsse, so man sich dieselben nicht allzeit zu einem wollüstigen Zwecke dienstbar zu machen verstehe. Ich aber frage dich: Freund, wie räsonierst denn du darüber, wenn sehr viele der so Beflissenen nach kurzer Wollust in allerlei körperlich und geistig unheilbares Elend versinken, aus dem sie sozusagen kein Gott mehr herausziehen kann? Ihre ganze Natur wird verstümmelt, ihr Geist nach und nach getötet und die Seele verfinstert.

17 Sage mir, wäre es physisch und geistig für solche Menschen nicht besser gewesen, wenn sie dem ersten Wollustgesetze nicht gar so treulich nachgekommen wären — da sie dadurch ein zweites aus der Hölle über sich heraufbeschworen? Das zweite ist ebenso wie das erste auch Naturgesetz. Bist du für die Erfüllung des ersten gar so sehr eingenommen, warum darauf nicht auch für das Walten des zweiten?

18 Du sagtest: »Wo ist der Gott, der mich für die Erfüllung der in die Natur gelegten Gesetze richten könnte?« — Ich aber frage und sage: Welcher Gott hat denn dann das zweite, scheußliche Gesetz als eine Folge des ersten gesetzt, so dieses zu gewissenhaft eifrig befolgt wird?

19 Wohl hat Gott *alle* Gesetze in die Natur gelegt; aber dem freien Menschen gab Er Verstand und Vernunft, daß er die ersten Gesetze seines Fleisches nur sehr mäßig, und das nur im Zustande einer Ehe ordentlich erfüllen solle; für Tritte über die moralische Grenze hinaus hat Er aber auch Hinkboten gestellt, die solche Überschreitungen stets empfindlich durch ein zweites Gegengesetz zu ahnden pflegen.

20 Wenn wir aber aus Erfahrung wissen, daß wir nur in der gesetzlichen Mittelstraße wahrhaft glücklich sein können, wie kannst du dem-

nach jene Menschen Esel nennen, die nach der rechten Ordnung Gottes leben?

[21] Was hast du wohl durch dein ganzes irdisches und nun geistiges Leben Gutes im eigentlichsten Sinne genossen? Auf der Welt lebtest du im steten Zank und Hader mit deinem rechtmäßigen Weibe. Deine Huren beutelten dich oft bis auf den letzten Heller aus, so daß du lästige Schulden machen mußtest. Ein paar Jahre vor deinem Austritt aus der Naturwelt in diese geistige hat dich noch eine fesche Italienerin dergestalt angesteckt, daß dir darauf Hören und Sehen verging. Fünf Ärzte patzten, stachen und schnitten zwei Jahre an deinem durch und durch venerischen Leibe! Sie halfen dir aber nicht, sondern machten dich noch elender, als du ohnehin warst. Denn wenn's dich so recht juckte, da bewarfst du sie mit Gold, damit sie dir eine Linderung gäben. Ja, sie hätten dich noch jahrelang herumgezogen, wenn die Wiener Geschichte dir nicht den elenden Lebensfaden abgeschnitten hätte! Sage mir nun, wie warst denn du mit diesem zweiten Naturgesetze zufrieden und welche Seligkeit genießest du nun hier?"

98

Der Pathetikus fängt an nach Jesus zu fragen
Selbsterkenntnis dämmert in ihm auf

[1] Der Pathetikus macht ein verlegenes Gesicht und spricht dann auch mit sehr verlegener Stimme: „Ja, — hm — ja — tausend Teufel auf einmal! Das ist eigentlich eine verfluchte Geschichte! Ja, ja, da liegt der Hund begraben! Naturgesetz Nummer eins wäre freilich nicht übel; aber Nummer zwei — ganz gehorsamster Diener! Da hast du freilich ganz verdammt recht! — Und mit der Seligkeit hier? Na, Gott steh uns bei! Hunger, Durst, Ärger von allen Seiten, Schande, vollkommene Aufdeckung aller auf der Welt begangenen Sünden, und das gerade angesichts derer, vor denen man so manche Schwachheiten für ewig verdeckt haben möchte! Und man kommt hier auch mit all dem Gesindel zusammen, das einen gerade am meisten geniert! Das ist denn ja doch rein zum teufelswerden! Ich bin sonst doch äußerlich auf der

Welt stets ein geachteter Mann gewesen, denn von meinen geheimen Vergnügungen wußte außer nur wenigen sehr vertrauten Personen keine Seele etwas. Hier müssen aber gerade alle auf einen Haufen zusammenkommen — jene, bei denen ich in der größten Achtung stand, wie z. B. Max Olaf, jener Baron, meine Gottselige und dergleichen mehr. Daneben aber auch jene männlichen und besonders weiblichen Individuen, mit denen ich leider so manchen lustigen Spaß hatte! Und gerade dieses gemeinste Gesindel wird hier so enorm frech, daß es unsere Schwachheiten gerade dort ausposaunt, wo man es wahrlich am wenigsten haben wollte — worauf dann die Gesichter der mich stets in größter Achtung haltenden Freunde stets länger und länger werden. Oh, das ist dann schon ein Vergnügen, das zu missen man recht gerne Berge anrufen möchte, daß sie über unsereinen herfallen sollen! Ja, ja, das ist eine ganz verdammte Geschichte!

2 Da ich mich aber mit dir nun schon in ein so miserables Gespräch eingelassen habe, so sage mir auch gefälligst, was es denn im Grunde mit jenem angeblichen Heiland Jesus für eine Bewandtnis hat? Was ist er für ein Wesen? Ist mit ihm wohl ein vernünftiges Wörtlein zu reden? Könnte er unsereinen ohne weitere Beschämungen ein bißchen auf ein etwas besseres Gras setzen? Und steht er wohl in einem besondern übermenschlichen Verbande mit der großen Gottheit? Denn weißt du, das kann ich denn doch nicht annehmen, daß er etwa gar —? Nein, ich kann's eigentlich nicht aussprechen! Du verstehst mich schon, was ich eigentlich meine. — Es hat wohl ehedem Max Olaf etwas geschwärmt von einer Gottheitsfülle in eben diesem Jesus, aber welcher vernünftige Geist kann das annehmen! Sei so gut, lieber Freund, und gib mir hierin einige besondere Winke!"

3 Spricht Robert: „Mein lieber Freund Pathetikus! Da kann ich dir vorderhand nichts anderes sagen als: Gehe hin und überzeuge dich selbst!"

4 Spricht Pathetikus: „Ja, ja, das wäre schon alles recht! Aber bedenke mein Ehrgefühl und die ganze andere, mir gerade in dieser leidigen Situation äußerst fatale Gesellschaft! Besonders die nun freilich ganz verzweifelt schön gewordene Lerchenfelderin und mein Weib, mein irdischer Bursche Franz, der Max Olaf und die allergröbste Mariandl, und so noch einige! Dann von Adam abwärts bis zum Paulus die historisch merkwürdigste Geistergesellschaft! Na, die würden

unsereinen doch sicher sonderbar ansehen! Mit Ihm zu reden würde ich mir gerade nichts daraus machen. Aber das andere Völkl, du verzweifelte Geschichte — na, das würde seiner Zunge einen so schönen freien Lauf lassen, daß unsereiner darob vor Schande und Ärger zerplatzen müßte!"

5 Spricht Robert: „Ja, lieber Freund, auf eine ganz radikale Demütigung mußt du dich schon in jedem Fall gefaßt machen. Denn ohne diese dürfte es wohl mit dir ewig nimmer besser, sondern nur schlimmer zu stehen kommen! — Mache dir denn Mut und gib du selbst alle deine Schwächen dem Herrn Jesus kund! Fasse Glauben an Ihn und eine rechte Liebe zu Ihm, so dürfte es geschehen, daß Er dir so manches nachsehen möchte! Aber je mehr du selbst von deiner Ehrsamkeit halten wirst, desto ärger wirst du vor allen allerweidlichst beschämt werden. Denn so gut der wirkliche Gott und Herr Jesus-Jehova ist gegen die, welche sich eines reuigen Herzens Ihm nahen — ebenso unerbittlich strenge ist Er aber auch gegen jene, die Seine Güte, Langmut, Geduld und Liebe auf eine zu lange und schmähliche Probe setzen!

6 Noch ist Er gut und wartet auf dich, aber Seine Geduld dürfte von keiner langen Dauer mehr sein! Ist Seine Geduld aber zu Ende, dann kommt der alte biblische Lehrspruch in Anwendung, wonach es heißt: »Erschrecklich ist es, in die Hände des lebendigen Gottes zu gelangen!« — Darum sage ich dir ganz unverhohlen, für dich ist keine Zeit mehr zu verlieren! Hurer und Ehebrecher werden in das Reich Gottes nicht eingehen! — Groß ist Seine Güte und übergroß Seine Gnade und Erbarmung; aber im Gericht schont Er kein Leben. Da ist Er unerbittlich! Daher bedenke wohl, wie du nun vor Ihm, dem Allmächtigen, stehst und was du zu tun hast! Denn nach mir wird kein Bote mehr an dich abgesandt werden!"

7 Spricht Pathetikus: „No, gar so arg wird es ja doch nicht sein — vorausgesetzt, daß man auch hier von einer Humanität etwas kennt! Aber so hier dein Gott Jesus, seine Apostel, und du samt ihnen noch unerbittlicher als die heidnischen Unterweltsrichter sein solltet, da freilich wäre es hier mit allem Spaß völlig aus, und man müßte sich dann all dem fügen, was ihr wollt! Eine freilich ganz verzweifelte Geschichte das! Aber was kann ein einzelner gegen eine allgemeine, zusammengreifende Macht? Also, meinst du denn wohl im Ernst, daß ich zu ihm, d. h. zu deinem sein-sollenden Gott Jesus, hingehen soll?"

[8] Spricht Robert: „Ganz gewiß, denn sonst bist du ohne alle weitere Hilfe und Rettung verloren!“

[9] Spricht der Pathetikus: „O du verzweifelte Geschichte! O verteufelt, verflucht! Das wird nun eine Hetze werden, gegen die ein römisches Fegfeuer einer armen Seele eine pure Lumperei ist!

[10] Nein, nein, Freund, ich kann doch nicht hin! Denn nun fange ich erst an einzusehen, daß ich im vollsten Ernste ein überaus grobes und dummes Luder von einem Sünder bin! Nun ist schon alles eins — Jesus hin oder her, Gott oder nicht Gott! Aber ich bin wirklich ein Mistvieh vor allen Menschen, und es wäre ein Aberwitz, so ich mich zu jener herrlichsten Gesellschaft hinwagen sollte! Ich begreife zwar noch selbst nicht, wie es kommt, daß ich nun auf einmal mein vollstes Unrecht sonnenklar einzusehen anfange? Aber, es ist richtig so, wie ich es nun einsehe!

[11] O du meine arme Emma, was warst du mir? Selbst in deinem gerechten Zorne noch ein reiner Engel! Und was war ich dir? Ein schmutzigster Sauteufel, ohne Liebe, ohne Dankbarkeit, ohne alle Achtung sogar! Nein, nein, Freund, je mehr ich nun darüber nachdenke, desto klarer stellt es sich heraus, daß ich bis zu diesem Augenblick ein allergemeinster Lump war und eigentlich noch bin! Ich kann mich jener Gesellschaft unmöglich nahen, der schreiendsten Gerechtigkeit wegen. Nein, so ein liebes Weib hatte ich und konnte an den gemeinsten Huren mein Vergnügen finden! O du von aller Gottheit verfluchtes Saufleisch, nun eine Speise der Würmer! Um dich in deinen Bocksgelüsten zu befriedigen, konnte ich einen Engel fliehen und allen Sauteufeln nachrennen! Diese Erkenntnis muß mich nun notwendig umbringen!

[12] O Menschen, die ihr meines Gelichters seid, lasset ab von eurer bösen Fleischteufelei! Ihr werdet bald gleich mir vor euren Richtern stehen und diese werden euch euer eigenes Herz öffnen! Kein Gott wird euch richten, sondern euer eigenes Herz wird euch richten und verdammen, und das mit Recht! Denn ihr selbst habt euch durch eure Teufeleien dazu qualifiziert. Lasset daher nach in eurer großen Verblendung, sonst seid ihr verloren durch euch selbst! — Bruder, gehe von mir, denn ich bin ein zu grober Sünder! Heiße mich in die Schweine fahren!“

99

Robert ermutigt den Pathetikus. — Der furchtsame Sünder zagt Pathetikus-Dismas ermannt sich endlich und folgt dem Gottesboten

[1] Spricht Robert voll Freuden: „Nun, Bruder *Dismas,* das freut mich wahrlich, daß du nun endlich einmal helle wirst und dadurch den ersten Schritt zur Erreichung des wahren vollkommensten Lebens des Geistes im Herrn getan hast! Aber nun mußt du dennoch hier nicht stehen bleiben und dein dich richtendes Herz behorchen, sondern nun mache dich behende auf und eile hin zum Herrn!

[2] Denn glaube es mir, daß auch ich keines leichten Kaufes Ihn als den alleinigen Gott und Herrn der Unendlichkeit erkannt und angenommen habe. Es kostete Ihn und mich eine große Geduld, bis ich aus meinem finstersten Hegeltum und Straußianismus herausgehoben werden konnte, desgleichen auch aus meiner Herrschsucht und Unzucht. Aber als ich einmal durch Seine helfende Gnade in ein wahres Licht versetzt wurde, da sah ich dann auch mit Sonnenaugen mein schreiendstes Unrecht ein und erkannte in dem Heiland Jesus den alleinigen Gott Himmels und aller Welten! Und so tue du nun desgleichen!

[3] Du hast nun leicht wandeln, da du an mir einen wohl durchgebildeten Vorwandler hast. Mir ging es bei weitem schwerer, denn ich hatte niemanden, der mir in meiner Nacht ein rechtes Zeugnis gegeben hätte über Jesus. Ich mußte allein Seinen Worten trauen und aus deren Weisheit entnehmen, daß Er wirklich das einzig und allein wahre Gottwesen ist. Zudem war ich nicht weniger als du, sogar noch hier im Reiche der Geister, von der Begierlichkeit des Fleisches geplagt. Aber da ich von der Tiefe der Wahrheit des Gotteswortes Christi überführt war, so tat ich hernach meinen Sinnen auch eine größere Gewalt an und ward mit Hilfe des Herrn dadurch bald und leicht Sieger über meine fleischlichen Schwächen, die in meiner Seele von der Sinnenwelt in der Erinnerung mit herübergenommen wurden.

[4] Mein eigenes Herz war auch mein Richter und hatte in seinem Unflate weder Ruhe noch eine rechte Hoffnung, außer die mir sicherst dünkende Anwartschaft auf den ewigen Tod. Aber da half mir der Herr aus meiner größten, mich für ewig töten wollenden Not. Mein

Herz ward darauf durch meine mächtige Liebe zu Ihm gereinigt und bekam Raum zur Aufnahme Seiner Gnade. Ich aber ward dadurch seliger und seliger! Das alles wird auch an dir vorgenommen werden. Und so du diese Prüfungen ohne Zweifel gleich mir gut bestehen wirst, wirst du dich auch bald in meinem seligsten Zustande befinden! Mache dich aber nun auf und eile mit mir hin zu Dem, der allein allen helfen kann!"

5 Spricht der Pathetikus Dismas: „Wäre alles recht, wenn ich dazu den Mut hätte! Aber der Mut, wo werde ich den hernehmen? Siehe, ich fange nun wohl zu glauben an, daß jener Jesus das allerhöchste, allmächtigste Gottwesen ist. Aber mit dem Wachstum dieses Glaubens wächst auch die Furcht vor Ihm, dem allein Heiligsten! Wer wird mich von der großen Furcht befreien?"

6 Spricht Robert: „Freund, danke dem Herrn für diese Furcht! Denn damit hat der Herr Seine Hand an dein Herz gelegt und hat kräftig angefangen, dein sehr zerstreutes Geistesleben zu sammeln. Diese heilige Tätigkeit des Herrn in deinem Herzen drängt deinen Geist, daß er wach werde, und bewirkt in deiner Seele das leidige Gefühl der Furcht. Aber ermanne dich und folge mir, da wirst du bald deiner Furcht ledig werden! Der Herr Selbst, der dir diese heilige Furcht gibt, wird sie dir nehmen. Daher noch einmal: Mache dich auf und folge mir hin zum Herrn!"

7 Spricht Dismas: „Nun denn, auf dein Wort, Freund Robert, will ich es wagen! Nun soll mir nach wohlverdientem Maße geschehen was da wolle, so werde ich es ertragen! Warum soll ich vor den Augen des allsehenden Gottes eine Ehre haben wollen, deren ich ewig nie würdig bin. Schande und Beschämung über mich sei nun meine Lebenslosung! Denn so ich auf der Erde den Gottesgeist in mir nicht achtete, der mir das Leben gab und erhielt, wie sollte ich nun Ehre verlangen können von Ihm, den ich so oft zuschanden gestellt habe?

8 Gott gab mir aus Sich Selbst ein Leben Seines heiligen Geistes, und ich wollte die hohe Heiligkeit dieses Lebens nicht erkennen und verherrlichen durch eine gerechte Ordnung und Zucht. Ich floh allzeit die rechte Erkenntnis und verkehrte so das Heilige in Tierisches durch die Brechung der wahren Gottesordnung und durch hundemäßige Unzucht! Nun stehe ich hier auf wohlverdientem Schandpranger vor Gott und

Seinen Heiligen — als ein Unheiligster! Daher noch einmal: Schande mir, wohlverdiente Schande!“

9 Auf diese laut gesprochenen Worte des Dismas treten seine pathetischen Freunde zu ihm und sagen: „Aber Freund Dismas! Was ist dir? Warum rufst du Schande über dich? Sind wir denn nicht alle wie du beschaffen? So du aber Schande über dich rufst, da rufst du sie ja auch über uns, und das kann uns wahrlich nicht einerlei sein. So du uns nicht ausnimmst, soll es dir wahrlich nicht am besten ergehen!“

10 Spricht Dismas: „Wollt ihr etwa auch eine Ehre für euer Schlaraffenleben? Oh, schreit nicht zu früh darnach, sie wird euch nicht ausbleiben! Was tatet ihr denn samt mir auf der Welt, das da einer Ehre wert wäre hier vor Gott? Meinet ihr denn, daß auch hier, wie etwa auf der Materiewelt, die äußere Goldlarve einen Geist vor öffentlicher Beschämung schützt? O da irret ihr euch sehr! Der giftige Gold- und Silberdunst, durch den die Menschen auf der Welt ihre Schande bedecken, nützt hier nichts mehr. Denn hier kommt nur die nackte Wahrheit an das Licht des ewigen Gottestages, welche zu verbergen es hier kein schnödes Mittel mehr gibt. Daher tue ein jeder von euch nur selbst das, was ich nun tue, so wird er dadurch wenigstens diese Ehre seinem Lebensgeist retten, die er als ein Geist der Gotteswahrheit von seiner Seele mit allem göttlichen Recht fordern kann! Tun wir aber das nicht, so haben wir in Bälde die volle Wegnahme des göttlichen Lebensgeistes aus unserer schnöden Wesenheit zu erwarten und mit ihr den wohlverdienten ewigen Tod! — Daher Schande über Schande über unsere Seelen, damit dem lebendigen Gottesgeiste in uns die Ehre der ewigen Wahrheit und Ordnung gerettet werde!“

11 Auf diese Worte ziehen sich die Freunde murrend zurück und kratzen sich stark hinter den Ohren. Robert aber spricht zum Pathetikus Dismas: „Nun, lieber Bruder, bei dir geht es ja mit Riesenschritten vorwärts! Wahrlich, ich sage es dir, so schnell ist es bei mir nicht gegangen. Nun, das freut mich wahrhaft über die Maßen! Du wirst, wie ich’s nun sehe, wahrlich keinen schweren Stand vor des Herrn Angesicht haben. Komme nun, komme! Wahrlich, ich freue mich auf deine Worte vor dem Herrn!“

100

Dismas bekennt vor Gott seine große Schuld, bittet aber nicht um Gnade, sondern um gerechte Strafe
Folgen dieser verkehrten Bitte

1 Auf diese Worte des Robert setzt sich Dismas sogleich in Bewegung und geht mit ihm zu Mir, dem Herrn des Lebens hin. Er fällt dort am Tische vor Mir auf sein Angesicht nieder und ruft laut: „O Herr, ewig unwürdig Dein heiliges Antlitz anzuschauen, liege ich im Staube meiner schändlichsten Nichtigkeit vor Dir als ein elender Wurm voll Eiter der Hurerei und des schändlichsten Ehebruches. Ich bitte von Dir, mir die vollste Strafe für alle meine irdischen Schandtaten nach Deiner Gerechtigkeit zukommen zu lassen. Dein Wille geschehe!"

2 Rede Ich: „Dismas! Wer bist du, und worum bittest du? Ist es dir recht, so Ich dir gebe nach den Worten deiner Bitte? Wehe dir dann, so Ich es dir gebe! Willst du noch unvollkommener werden als du bist, so gehe zum Obersten aller Teufel, der richtet mit der Strafe des Feuers. Ich aber richte und strafe niemanden, somit auch dich nicht. Willst du aber leben, so bitte ums Leben, aber nicht um den Tod! Glaubst du denn, Ich habe ein Wohlgefallen am Tode Meiner Kinder? O du Tor! Bin Ich denn ein Gott des Todes oder ein Gott des Lebens? Siehe, alle Ewigkeiten und die Unendlichkeit Meiner Himmel geben Mir das ewige Zeugnis, daß Ich ein Gott des Lebens und kein Gott des Todes bin. Und du möchtest Mich zum Todesgott machen?

3 Sage Mir denn, wer du bist, damit Ich sehe, welche Verkehrtheit in dir wohnt. Waren deine Handlungen auf der Erde denn nicht schlecht und schnöde zur Genüge, daß du nun auch noch hier vor Meinem Angesicht sündigen willst? Ich aber sehe wohl, wer du bist und was du willst; darum sei dir eine schwere Antwort wohl erlassen! Erhebe dich aber nun und ändere deinen Sinn! Denn mit dieser Bitte wirst du bei Mir ewig nie weiter kommen. Siehe, du batest nun wie ein Sklave Mich um eine gerechte Strafe — und dein Herz will eine vollkommene Gnade! Sage, soll Ich nun deiner Wort-Bitte oder dem Wunsche deines Herzens nachgeben?"

4 Spricht Dismas: „O Herr Jesus, du alleiniger Gott! Habe Geduld

mit mir armem Fleischteufelsgeist! — Ich weiß es ja, daß ich ein gröbster Sünder bin und nicht vermag, auch nur ein weises Wort vor Dir zu stammeln. Urteile nicht nach meinen elenden Worten, sondern nach meinem kranken Herzen und heile es nach Deiner freiesten Gnade, und meine Zunge soll ewig nimmer erlahmen unter Deinem Lobe! Herr, so Du mich nun verstoßest, wer soll mich dann annehmen und aufrichten?“

5 Sage Ich: „Hast du doch Freunde in Menge. Sollen denn diese dir nicht zu helfen imstande sein? Bedenke, über sechzig Jahre lebtest du auf der Erde ohne Meine Hilfe, bloß mit deinen Freunden, die dich mit allerlei Rat versahen. Und du warst nicht unselig — außer beim Anblick deines Weibes, so es dich manchmal in einer süßen Stunde zufällig überraschte. So dir jemand von Mir etwas sagte und dir zeigte, wie Mir dein Leben mißfallen müsse, lachtest du ihn weidlich aus. Nun liegst du vor Mir und willst Tod und Leben von Mir! Was soll Ich dir geben? Den Tod kann ich dir nicht geben, und das Leben willst du nicht völlig, indem dein Wort nicht eins ist mit deinem Herzen und alle deine irdischen Handlungen nichts in sich tragen, das da gliche einem Samenkorne des Lebens! Nun prüfe dich danach und sage, was du willst!“

6 Spricht Dismas: „Herr, wo ist der Gerechte, daß er mit Dir einen Streit bestehen könnte? Um so weniger kann ich mit Dir rechten, der ich voll Sünden bin vor Dir wie vor den Menschen! Wohl weiß ich, daß Du dem reuigen Sünder auch barmherzig sein kannst, so Du es sein willst! Aber dagegen scheint mir auch das richtig zu sein, daß Du, vor dem die Engel nicht makellos sind, auch das bestgemeinte Wort aus dem Munde eines Dich anredenden Sünders deuten kannst, wie Du es willst, und kannst ihm die Sünden vergeben zum ewigen Leben oder vorenthalten zum ewigen Tode — und das alles nach der strengsten Gerechtigkeit!

7 Denn die Gerechtigkeit ist eine Ordnung der Macht! Wer im Besitze der vollsten Macht ist, der ist auch im Besitze des vollsten Rechtes, das ihm niemand je streitig machen kann. Wenn aber Macht und Gerechtigkeit gleichbedeutend sind, wo soll dann ein ohnmächtiger Sünder sich je von irgendeinem ihm zustehenden Recht etwas träumen lassen? Was die Macht tut, das ist gerecht; was aber die Ohnmacht tut wider die Macht, das ist ungerecht.

8 Und eben in solchen Verhältnissen befinde ich mich nun vor Dir,

o Herr — Du die Allmacht selbst, und ich die höchste Ohnmacht selbst! Ich könnte nun sagen, was ich wollte, so stünde es dann aber dennoch bei Dir, zu tun, was Du wolltest, indem Du der allein Mächtige bist. Ich will und kann daher aus den weisesten und vernünftigsten Gründen nichts anderes sagen als: »Herr, Dein Wille geschehe!« Ich könnte nun tausenderlei wünschen, will aber gar nichts mehr wünschen, sondern mich völlig Deinem allmächtigen Willen unterwerfen, mag dieser über mich Gutes oder Bitteres verfügen! Wird er mich ums kennen glücklicher machen wollen, so wird es gut sein; wird er mich aber zur Hölle verdammen, so werde ich auch zur Hölle müssen! Denn die entschiedenste Ohnmacht kann sich der Allmacht ewig nie widersetzen! Tue Du, o Herr, mit mir nun, was Du willst, mir wird alles recht und gerecht sein müssen! Ich glaube damit meine Ohnmacht gegen Deine allmächtige und somit auch gerechte Anforderung zur Genüge dargetan zu haben. Und Du, o Herr, wirst mir tun nach Deinem Vermögen!“

9 Rede Ich: „Nun gut; weil du in die Macht allein alle Gerechtigkeit setzest, so will Meine Macht nun, daß du dich dort gegen Mitternacht hin in dieses Saales Winkel für ewig begibst. Dort sollst du dann von einer kleinen Stechfliege unaufhörlich geplagt werden! Meine Macht will es, und so verfüge dich dahin!“

10 Spricht Dismas zutiefst erschreckt und verlegen: „O Herr, obschon ich mich Deiner Macht fügen muß, bitte ich Dich dennoch inständigst, daß Du mir wenigstens die mich verzweifelnd machende Stechfliege erlassen möchtest! Denn das wäre ja doch etwas Schreckliches, von solch einem Insekt ewig auf einem Fleck gemartert zu werden!“

11 Rede Ich: „Das weiß Ich! Aber Mich rechtfertigt Meine Macht ja! Warum willst du dich denn nun nicht sogleich Meinem allmächtigen Willen fügen?“

12 Spricht Dismas: „O Herr, Du bist allmächtig, aber Du bist auch unendlich gut! Und so wende Ich mich denn an Deine Güte und flehe zu Dir um Gnade! Verschone mich mit der Stechfliege!“

13 Rede Ich: „Du appellierst nun an Meine Güte und Gnade, weil dir das Wasser des Todes schon den Mund zu umspülen beginnt. Aber Ich frage dich, wie du das nun tun kannst, da du doch früher alles in Meine Allmacht legtest und mit höchst eigenem Munde sprachst: »Herr, Dein Wille geschehe!« Dir aber erscheint nun Mein Wille nicht eben sehr angenehm, und so möchtest du in deinem Herzen nun, daß Mein Wille

nicht geschehen möchte! Wie aber soll Ich das nehmen? Mit dem Munde sprichst du stets etwas anderes, als was du im Herzen willst! Meinst du denn, daß Ich ein Wesen bin, mit dem man förmlich Komödie spielen kann? O da bist du in einer sehr großen Irre!

14 Siehe, Ich verfahre mit Meinen Kindern nicht wie dumme Eltern. Solche wollen ihre Kinder oft mit einem Scheinernst schrecken; aber diese merken das bald und lachen sich ins Fäustchen, wenn ihre Eltern über sie ein falsches Donnerwetter verhängen, werden darauf stutzig und achten wenig der Worte der Eltern. Aber so ist es bei Mir durchaus nicht gang und gäbe! Bei Mir ist überall der festeste, unbeugsamste Ernst. Und das Leben einer Milbe muß in derselben ernstesten Ordnung wie das eines Engels erhalten und geleitet werden. Ich bin wie ein Stein von größter Härte und Schwere. Wer sich an diesem stößt, der wird zerschellen. Auf wen aber dieser Stein fällt, den wird er zermalmen.

15 Ich sage dir, solange dein Wort nicht aus deinem Herzen kommen wird, wirst du mit Mir einen harten Stand haben! Denn zwei Stimmen in einem Menschen kann Ich nicht hören. Wenn aber dein Herz eins wird mit deinem Munde, dann will Ich das Wort hören und alle Rücksicht darauf nehmen. Was dir an Mir heilig erscheint, dem mußt du auch gehorchen! Die Macht Meines Gottwillens ist dir das Heiligste, wie du es selbst dargetan hast; also mußt du dich derselben aber auch fügen, willst du dich nicht als ein Meuterer gegen Meine allmächtige Gerechtigkeit aufwerfen.

16 Aber das sollst du auch wissen, daß nicht nur Ich als Gott einen freien Willen habe, sondern auch ein jeglicher von Mir geschaffene Geist hat den gleichen freien Willen und kann tun, was er will. Ich werde dich daher auch nicht mit Meiner Allmacht nötigen, das zu tun, was Ich dir ehedem als ein scharfer Richter geboten habe. Du kannst dich auch widersetzen und tun, was du willst. Aber welche andere Frucht dann dir daraus erwachsen wird, das wird dir die Folge zeigen. Daher tue nun, was du willst!“

101

Törichter Trotz des verblendeten Dismas
Scharfe Urteile seiner wahren Freunde

1 Hier wendet sich Dismas an Robert Blum und sagt: „Lieber, schätzbarster Freund, wie ich es mir gedacht habe, so ist es auch! Mit diesem Jesus ist nichts zu reden und nichts zu machen. Je mehr man sich vor Ihm beugt und demütigt, desto schroffer und unzugänglicher wird Er. Die Folge davon ist, daß man sich von Ihm entfernen muß und nach aller Möglichkeit zu trachten anfängt, dieses elende Leben los zu werden, um das man nie einen Gott gebeten hat! Denn bei solcher Drangsalierung pfeife ich auf ein solch verfluchtes Leben, das bloß zum Vergnügen einer göttlichen Stechfliege da sein soll! Wohl sehe ich ein, daß meine Ohnmacht gegen die göttliche Allmacht ewig nichts wird auszurichten vermögen. Aber danken werde ich der göttlichen Tyrannei wohl auch ewig nimmer für ein solches Sauteufelsleben!

2 Bin ich dem Herrn doch so unterwürfig als nur immer möglich gekommen und glaubte, daß Er mich doch soweit glimpflich aufnehmen werde wie diese Lerchenfelderin. Aber welch ein Unterschied ist da zwischen ihr und mir: Sie wird behandelt wie ein Engel und ich wie ein Verdammter. Und doch war sie so gut eine Hure wie ich ein Hurenlump. Wer bei solcher Handlung nicht in der Gottheit eine launenhafte Willkür ersieht, der muß keine Augen im Kopfe haben. Auf der verfluchten Erde ist man ein Sklave seines Fleisches und hier ein allerelendstes Scheusal! Und für so ein sauberes Leben soll man etwa gar noch Gott danken? Wann in allen Teufelsnamen habe ich denn je Gott gebeten, mir ein Leben zu geben? Wo sind denn die ewigen Kontraktsbedingungen, unter denen mich die Gottheit zu einem selbständigen Wesen gestaltete?

3 Die Gottheit hat mich geschaffen, wie ich bin, und hat mir erst nachträglich Gesetze gegeben, die ich bewußt nicht halten konnte, weil meine ganze Natur dazu nicht eingerichtet war! Und nun soll ich dafür ewig zur Unterhaltung des göttlichen Mutwillens geplagt werden, weil ich zufolge meiner Natur nicht so handeln konnte, wie es Seiner Laune angenehm wäre? Kurz und gut, nun ist mir Gott und Teufel ein Ding!

Das Mächtige spielt mit der Ohnmacht wie die Katze mit der Maus! Und geradeso handelt die Gottheit mit den Menschen. Ein schönes Los, ein Mensch zu sein! — Aber nun ist mir schon alles eins! Wo ist der Sauwinkel, da ich ewig von einer Stechfliege soll gepeinigt werden? Ich werde mich sogleich dahin begeben, und der allergerechteste Herr Jesus kann dann ein oder tausend Moskitos über mich senden. Meine Dankbarkeit dafür soll unbegrenzt sein! Die Gerechtigkeit Gottes sucht in der tyrannischsten Willkür ihresgleichen! Aber solange ich noch eines freien Gedankens fähig bin, will ich ihr einen Kritiker machen, daß ihr die Augen übergehen. Und je mehr sie mich plagen wird, desto ärger werde ich schreien wider sie! Und nun in den Dreckwinkel hin mit mir, damit ich desto eher aus allen Kräften zu fluchen Gelegenheit bekomme!"

4 Spricht Robert: „Freund, bei solcher Sprache kann ich mit dir nicht weiter reden! Der Herr, gegen den du zu Felde ziehst, wird dir die Antwort geben! Wir Geister Seiner Gnade haben das Recht, die verirrten Seelen durch die Liebe und göttliche Weisheit für das wahre, ewige Leben zu gewinnen und sie vor des Herrn Angesicht zu führen, dessen reinstes Licht sie dann durchleuchtet und wahrhaftig erweckt zum ewig freiesten Leben aus und in Ihm. — Aber so irgendeine von uns schwächeren Geistern gewonnene Seele ein barster Teufel ist, haben wir kein Recht mehr, uns weiter mit ihr einzulassen. Erwarte daher von mir nichts mehr, sondern der Herr wird dir geben nach deinem Verdienste!"

5 Hier wendet sich Robert von Dismas ab und geht zu seinen Freunden hin, die voll Ärgers sich über die Frechheit des Dismas nicht genug verwundern können! Die Verwandten schlagen ein Kreuz ums andere und sind voll Entsetzen über diese Verstocktheit. Die anwesenden Apostel werden voll bitteren Ernstes und die Väter der Erde erschauern vor diesem Sohne des Greuels. Und Helena brennt voll Grimm gegen dieses Scheusal, wie sie ihn benennt.

6 Der biedere Max Olaf schlägt mit Tränen in den Augen die Hände zusammen und sagt: „O Gott, o Gott! Ist es denn möglich, daß aus einem Menschen, der in der Schrift bestens bewandert war, durch die pure Fleischlust so ein allerfrechster Teufel werden kann! Wer könnte das je glauben? Nein, Gott vor sich zu haben, seine eigene Nichtigkeit einzusehen und solch eine Sprache zu führen! O Jesus, Du heiligster,

liebevollster, wahrhaftigster, bester Vater! Mir zerspringt das Herz vor Gram, daß Du von einem elendsten Wurm des Staubes so schändlichst verkannt und allertiefst beleidigt wirst — hier vor uns, Deinen begnadigten Kindern! O Herr, Vater Jesus, räche Dich doch an diesem Elenden! Denn er tritt Deine sichtbare Gnade, die Du ihm erteilen willst, mit echt satanischen Füßen und getraut sich hier, Dir ins Angesicht zu trotzen!"

7 Die gewisse Mariandl schlägt sieben Kreuze über ihre Stirne, Mund und Brust und spricht dann, noch immer im Wiener Dialekt, zu dem oben genannten Franz, dessen Augen auch größer und größer werden: „No host ihn ghört!? O der höllische Sausakra! Na, hot aber so was amol a menschliche Seel gsehn und ghört? I bin a a große Sünderin und woaß es a recht guat, daß i nix als d' Höll verdient hob. Aber i möcht hietzt grod zerfließen vor Lieb zum Herrn Herrgott Jesus, weil Er holt goar so guat is. Und i wär auf der Welt a nit gar a so große Sündrin wordn, wann i nur a bißel a bessre Erziehung ghabt hätt! Aber der höllische Sausakra hot di besti Erziehung ghobt und immer d' Heilige Schrift glesen und andri geistliche Bücher a no dazu, so daß seine Freund gmoant hobn, er miaßt von Mund auf schnurgrod ins Himmelreich aufifohrn! Aber hietzt zoagt sich, was für a höllischer Sausakra von an Schriftgelehrten er woar. — Do hobn mer hietzt seine wohre Natur! Na woart, in der Höll werden's dir schon sagen, was du wert bist! Na, mit unsern liebsten Herrgott so z'reden, dos hot die Welt no nit gsehn!"

8 Spricht der Franz: „Ja wohl, i moan, dös brächt der allerärgste Teufl nit zwegen! Wann dös Luadr nöt in die Höll kummt, so wird noch der ärgste Teufl selig! Du woaßt, i bin sonst a guater Kerl und winsch kan Hund wos Schlechts. Aber dös Vieh kunt i in dr Höll broten sehn, und mir kummet ka Erbarmnis über'n an! Aber i moan, dem wird unser liaber Herrgott schon sogn, wieviel's hietzt für ihn gschlogn hot!"

9 Spricht darauf noch ein anderer Freund des Franz: „Du Franz, wie war's denn etwa, wann wir beidi den Limmel unsern liaben Herrgott z'liab packeten und frisch von der Leber weg hinausworfaten und draußen so recht obdreschaten, doß er auf a holbi Ewigkeit gnua hätt?"

10 Spricht der Franz? „Wann unser liabster Herrgott nix dagegn hätt, do loß i mir so was nit zwamol sogn! Denn a Gift hob i auf dös

Luadr schon so, doß i ihn in klane Stickl z'reißen kunnt! Aber sei du hietzt nur ruhig! Wia's mir vorkummt, so is der liabi Herrgott a schon gricht, dös Luadr von aner Spitzbubnseel just in d' Höll z'schicken!"

102

Dismas wird stutzig
Er wendet sich aufrichtig an den Herrn um Gnade und Barmherzigkeit

1 Dismas, der nun solche Urteile über sich vernimmt, richtet sich auf und spricht zu Mir: „Herr! Ich sehe nun, daß Du der alleinige, wahrhaftige Gott und Schöpfer aller Dinge bist! Alles Erkennen, alles Wollen und alle Taten in all Deinen Geschöpfen sind vom Ursprung an Dein Werk und somit in sich selbst gut. Denn ein ewig vollkommenster Geist kann ja doch unmöglich etwas Unvollkommenes und somit Schlechtes erschaffen haben. Dir allein gegenüber kann es daher auch keine Sünder und Sünden geben! Aber Du hast den Menschen so eingerichtet, daß das Wollen, welches Du ihm ursprünglich eingehaucht hast, für die ewige Folge ein von Dir ganz getrenntes, selbständiges und nach den ihm innewohnenden mannigfaltigsten Erkenntnissen sich selbst bestimmendes, freies werden soll. Aber natürlich nur in der Ordnung, die von Dir weisest zur Erhaltung des unendlichen Ganzen bestimmt ist. So kann dann freilich ein Mensch, mit so zahllos mannigfaltigen Kenntnissen, Fähigkeiten und Neigungen ausgestattet, in der vollsten Trennung von Dir trotz Deines geoffenbarten heiligen Willens nur zu leicht so manche Handlungen begehen, die Deiner göttlichen Ordnung schnurgerade entgegenlaufen müssen und somit auch zur Sünde werden, obschon alle solche Abirrungen in der Allumfassung Deiner Ordnung als vollste Nichtigkeiten angesehen werden können.

2 Aber Du, als Herr und Schöpfer aller Menschen, siehst auch sicher den Grund ein, wie so mancher Mensch nur zu leicht und oft gerade das tut, was er nicht tun soll und eigentlich auch im Grunde nicht tun wollte. Aber ein sonderbarer Trieb zieht ihn dazu wie bei den Haaren und läßt ihm eher keine Ruhe, bis er ihn befriedigt hat!

3 Da Dir, o Herr, das alles aus dem tiefsten Grunde ewig klar sein

muß, wirst Du ja auch meine Taten, die ohne alle weitere Entschuldigung offenbar allergröbste Verstöße gegen Deine Ordnung sind, doch nicht mit jener unbegrenzten Schärfe richten wollen, als hätte ein zweiter Gott vor Dir gesündigt. Sondern denke gnädig in Deinem heiligsten Vaterherzen: der Sünder, der nun matt, schwach und hilflos vor Deiner unbegrenzten Macht steht — war, ist und wird ewig bleiben ein aus sich selbst schwacher Mensch, der nur von Dir allein eine volle Kraft bekommen kann, weil Du allein alles in allem bist. Aus sich selbst aber bleibt der Mensch, was er ist — ein schwacher Schatten des Hauches aus Deinem Munde nur!

4 Und so sei mir, als einem allerschwächsten Schatten vor Dir denn auch gnädig und barmherzig! Ich bekenne laut, daß ich vor Dir leider ein gröbster Sünder bin. Aber ich erhoffe auch von Deiner unbegrenzten Weisheit, Güte und Macht, daß Du, o Herr, Schöpfer und Allvater, die von mir begangenen Sünden mir nicht ganz allein zur Schuldenlast schreiben wirst! Denn, so es irgendeine Hölle gibt, da wird auch sie sicher ihren gehörigen Anteil daran haben!

5 So bekenne ich auch, daß ich freventlich Dir ins Angesicht gesprochen habe zum großen Ärger aller Deiner hier anwesenden lieben Freunde. Aber ich fühle darob nun wahrlich tiefste Reue und bitte aus aller meiner Nichtigkeit Dich um eine vielleicht doch noch mögliche Vergebung!

6 Ich weiß aus Deinen Worten, daß Du zu Deinen Jüngern einst sagtest, bei Gott seien alle Dinge möglich! — Und so könnte es vielleicht bei Dir möglich sein, mir meine Vergehen zu vergeben und dann gnädigst zu gestatten, mich von den Brosamen spärlich zu ernähren, die vom Tische Deiner Freunde fallen!“

7 Rede Ich: „Lieber Dismas, diese Rede gefällt Mir besser als alle deine früheren, wo du in deiner Verblendung mit Mir rechten wolltest. Dein offenes Bekenntnis hat auch wieder den Riegel an der schon geöffneten Pforte der Hölle vorgeschoben. Von Mir aus sind dir alle deine Sünden erlassen. Aber du siehst hier eine Menge starker Gläubiger, denen du große Summen schuldest! Wie wirst du mit ihnen gleich werden? Denn siehe, es steht auch geschrieben: »Solange ihr nicht den letzten Heller eurer Schuld an eure Brüder werdet entrichtet haben, werdet ihr ins Himmelreich nicht eingehen!« Was meinst du, wie diese Sache zu schlichten sein wird?“

8 Spricht Dismas: „O Herr! Du weißt, daß ich hier in jeder Beziehung so nackt und arm bin wie vielleicht kein zweiter in der ganzen Unendlichkeit. Wenn es hier ganz allein auf mich ankommen sollte, aus meinem Vermögen, das ich nicht habe, die Gläubiger zufriedenzustellen, dann sind sie wahrlich zu bedauern. Denn da dürften sie wohl ewig keine Vergütung zu erwarten haben. Aber ich getraue mir in meinem Herzen zu denken: Wenn Du, o Herr, es willst, so dürfte es sicher nicht schwer werden, durch Deine Güte und Erbarmung aller meiner Schuld an ihnen ledig zu werden.

9 Alles, was ich nun aus mir tun kann, ist, daß ich sie vor Dir um Vergebung bitte und aufrichtig bekenne, daß ich gegen sie wie gegen Dich arg und gröblich gesündigt habe! Setze, o Herr, mich aber hier in eine Lage, und ich werde alle meine Kräfte dahin aufwenden, ihnen nach Möglichkeit alles zu ersetzen.

10 Die größte Schuld aber wird wohl die an mein liebes Weib und an Freund Max Olaf sein! Die beiden flehe ich nun nach Dir auch zuerst um eine gütige Vergebung mit der treuesten Versicherung an, daß ich zur Tilgung meiner Schuld an ihnen von ganzem Herzen alles tun will, was sie nur immer in Deinem heiligsten Namen von mir verlangen! Du, o Herr, aber wolle gnädigst stärken ihr und mein Herz zur Vollführung alles dessen, was vor Dir als billig und gerecht erscheint!“

11 Rede Ich: „Nun gut, so werde Ich für dich ein versöhnendes Wörtlein mit deinen Gläubigern reden, und es wird sich zeigen, was sie ferner verlangen werden. Und so sei du unterdessen ruhig!“

103

Emma und Olaf vergeben ihrem Schuldner Dismas
Über den starken paulinischen Geist des Dismas
Ein himmlischer Auftrag

1 Ich wende Mich darauf an die nun wieder heiter aussehende Emma und an den biederen Max Olaf und sage: „Nun, habt ihr die Worte eures Schuldners vernommen?“ Sprechen beide: „O Herr, Vater, zu unserer großen Freude vollkommen!“

2 Rede Ich: „Gut! Was werdet ihr nun tun? Werdet ihr ihn richten oder werdet ihr ihm alles vergeben und ihn wieder in eure Herzen aufnehmen?" Sprechen die beiden: „O Du heiligster, bester Vater! Wir haben ihm schon lange alles vergeben und sind vollkommen bereit, ihn in aller Liebe wieder aufzunehmen und für ewig zu behalten, wenn so etwas Deinem heiligsten Willen nicht zuwider sein möchte!"

3 Rede Ich: „Was euch recht und lieb ist in Meinem Namen, das ist auch Mir über alle eure Begriffe recht und lieb! Ja, Ich sage euch, daß Ich darob eine große Freude habe, daß dieser Geist wiedergewonnen ist. Denn Geister seiner Art gibt es wenige. Er hat einen paulinischen Geist und gehört zu Meinem Rüstzeug wider alle ohnmächtigen Feinde Meiner Himmel! Wie hartnäckig er aber ehedem Mir widerstrebte, ebenso beharrlich wird er von nun an in Meinem Dienste stehen.

4 Aber nun kann Ich ihn euch noch nicht sogleich wiedergeben, da er Mir zuvor noch ein tüchtiges Werk verrichten muß. Wird er dies Werk gut zustande bringen, dann sollet ihr sein und er euer Lohn werden!"

5 Spricht Max Olaf: „O Herr, bin denn ich zu gar nichts zu gebrauchen? O gib auch mir eine Gelegenheit, etwas in Deinem heiligsten Namen zu tun!"

6 Rede Ich: „Mein lieber Bruder! Fürs erste hast du Mir schon einen großen Dienst geleistet, und fürs zweite wirst du schon noch ehestens Gelegenheit bekommen, Mir gar wichtige Dienste zu leisten. Nun aber ist es zur Vollendung des Bruders Dismas nötig, daß er Mir einen Dienst der wahren Liebe leistet, und so werde Ich ihn nun allein auf einen guten Fischfang aussenden."

7 Damit ist Max Olaf ganz beruhigt. Ich wende Mich darauf an Dismas und sage zu ihm: „Mein lieber Dismas! Da du dich nun so ganz Meiner Ordnung gemäß in deinem Herzen umgewandelt und dich endlich einmal vor Mir vollkommen gedemütigt hast — und zwar vor all denen, die noch kurz vorher ein Dorn in den Augen deines mitgebrachten Hochmuts waren — so sollst du durch eben diese Selbstdemütigung auch zu großen und wahren Ehren gelangen! Aber da bei Mir jede Ehre nur von einer edlen, guten Tat abhängt, so wirst auch du nun eine gute und ersprießliche Tat durchzuführen bekommen. Von dem Gelingen wird sehr viel abhängen. Aber es wird dir nicht auf Rechnung gelegt werden, ob es dir gelingt oder nicht. Denn bei Mir gilt bloß der

gute Wille, eine redliche, auf Liebe beruhende Absicht und endlich eine zu dem Behufe nach bestem Ermessen eingeleitete Tat!

8 Ob darauf das volle Gelingen erfolgt oder nicht, geht dich nichts an. Denn jedes Gelingen liegt in Meiner Hand! Ich lasse es sogar öfters zu, daß den tätigsten Heldengeistern so manches nicht gelingt, was sie, wenn auch auf Meine Beheißung, tun — eben um ihnen dadurch zu zeigen, daß da in der ganzen Unendlichkeit kein Geist aus sich selbst etwas zu wirken vermag; sondern da er wirket, muß er stets mit Mir wirken. Bei solchem mit Mir vereinten Wirken ist aber dann auch das Gelingen ein sicheres, und dem so mit Mir wirkenden Geiste wird es dann zugute gerechnet.

9 Es hat aber wohl ein jeglicher vollendete Geist eine eigene große Kraft, mit der er vieles wirken kann. Aber was er tut wie aus sich selbst heraus, das gereicht ihm vor Mir zu keinem Verdienst, da er dadurch nur ein Arbeiter für sein eigenes Haus ist. So er aber Meine Kraft in sein Wirken aufnimmt, arbeitet er in Meinem Hause, und diese Arbeit wird ihm zu einem rechten Verdienst angerechnet. Daraus kannst du nun entnehmen, wie man hier in Meinem ewigen Reiche des wahren Lebens handeln muß, um sich vor Mir Verdienste zu sammeln!

10 Und so will Ich dir nun kundtun, was für ein Geschäft dich treffen wird. So höre denn: Du hast dort im mitternächtlichen Hintergrunde dieses Saales eine Gesellschaft deiner ehemaligen Freunde zurückgelassen. Ihre Zahl ist in allem genau dreißig Köpfe, darunter zehn weibliche, die anderen zwanzig männlich. Diese alle sind auf der Welt noch bedeutend ärger gewesen als du; ihre schnöden Handlungsweisen sind dir bekannt, wie nicht minder ihr Grund. Ich gebe sie nun in deine Hand und gebe dir auch die volle Macht, zu tun, was du willst. So denn von Mir ausgerüstet, gehe du zu ihnen hin, gewinne sie und bringe sie alle hierher, wo Ich Selbst das Weitere mit ihnen verfügen werde. Gelingt dir das, so sollst du sogleich mit einem Ehrenkleide angetan werden. Fasse aber die Arbeit ja beim rechten Fleck an, sonst wird sie dir viel Mühe machen!“

11 Spricht Dismas: „O Herr! Schon der Auftrag ist ein zu ehrenhafter für mich, geschweige, daß ich fürs mögliche Gelingen noch mit einem besonderen Ehrenkleide sollte angetan werden! Denn wird mir diese schöne Mühe gelingen, so wird das ganz allein Dein Werk sein. Und wird sie mir nicht gelingen, so wird das ein Zeichen sein, daß ich durch-

gehends zu wenig mit Dir vereint gehandelt haben mochte; in diesem Fall werde ich wohl doch sicher auch keines Ehrenkleides für würdig erachtet werden können! O Herr! Ich werde mit Deiner Gnade wohl tun, was ich nur immer werde tun können. Und ich vertraue auch fest, daß mir mit Deinem Beistand dies Werk gelingen wird. Aber dann bitte ich Dich inständigst, mir dafür keine Ehre anzutun! Wohl aber lasse, o Herr, es zu, daß ich Dich mit der gewonnenen Schar loben und preisen werde nach allen Kräften. Denn einem Sünder wie mir gebührt wohl für ewig keine ehrende Auszeichnung!“

12 Rede Ich: „Nun, Mein geliebter Dismas, das ist schon ein guter Anfang! Denn wer bei Mir der erste sein will, der wird der letzte sein. Wer aber der letzte sein will und alle seine Brüder ehrt, liebt und bevorzugt, der wird bei Mir der erste sein in der vollsten Wahrheit. Wer das Leben aus sich zu gewinnen sucht, der wird es verlieren. Wer aber sein Leben flieht und haßt um Meines wahren Lebens wegen, der wird es gewinnen in aller Fülle. Und so gehe denn nun dahin, wohin Ich dir die Weisung erteilt habe!“

13 Dismas macht nun eine tiefe Verbeugung vor Mir und allen Meinen anderen Freunden und begibt sich dann schnell zu der obgesagten Gesellschaft hin.

104

Dismas und seine ehemaligen Freunde
Allerlei Einreden der geistig Trägen
Hungerkur an starrköpfigen Ungläubigen

1 Nach einigen Augenblicken da angelangt, wird er von der Gesellschaft sehr kalt empfangen. Dismas aber, solches wohl merkend, spricht die Gesellschaft nun so an: „Freunde, wie ihr auf der Erde wart, so seid ihr es auch hier. Eure wahren Freunde waren euch lästig, dafür aber desto angenehmer eure barsten Feinde, die List genug besaßen, euch Sand in die Augen zu streuen und euch dadurch zu blenden. Wer zu euch je mit der Wahrheit kam, der wurde von euch als euer Feind zur Tür hinausgewiesen. Wer euch aber zu schmeicheln verstand wie ein Fuchs den Hühnern, den begrüßtet ihr stets mit Wärme als euren be-

sten Freund. Solange ich mit euch leider in ein Horn stieß, ehrtet ihr mich und hieltet mich eurer Freundschaft wert. Da ich aber — dem Herrn alles Lob! — die Leerheit unseres Zustandes einsehend, mich von euch abkehrte und dorthin wandte, wo die ewige Wahrheit und Treue waltet, und so den Weg des Lichts und des Lebens betrat und nun wieder zu euch zurückkehre, um euch alle auf diesen Weg zu bringen — da empfanget ihr mich kälter als die kälteste Polarnacht den werdenden Tag!

2 O ihr großen Toren! Was wollt ihr denn aus euch machen? Was hat euch denn bis jetzt eure Dummheit getragen, welche Vorteile hat sie euch gewährt? Betrachtet euch und betrachtet jene Freunde Gottes dort. Wie selig sehen sie aus, und wie entsetzlich unselig ihr! Kann es euch denn bei nur einiger Überlegung wohl ernst sein, bloß eurer Torheit zuliebe für ewig in diesem miserablen Zustand zu verharren? Aus welchem Grund wollt ihr denn euch selbst verdammen, so euch Gott Selbst glückselig machen will? Öffnet doch einmal eure Augen und schaffet meinen Worten Raum in euren Herzen, damit es Gott und mir möglich werden kann, euch allen treuherzig zu helfen. Wie wohl tut es mir nun, daß mir der Herr aus meinem Elend geholfen hat! Soll ich nun als euer alter Freund nicht euch allen dasselbe wünschen? Warum wendet ihr dann zornig euer Angesicht von mir ab und verachtet mich obendrauf? Leset es aus meinen Augen, ob ich es unredlich mit euch meine! Findet ihr eine Hinterlist an mir, da verfluchet mich in Gottes Namen! Findet ihr aber an mir einen redlichen Freund, da nehmet mich auf und lasset euch von mir zur wahren Glückseligkeit hinführen!“

3 Spricht einer aus der Mitte der dreißig: „Freund, du bist ehedem ein gescheiter Mensch gewesen und bist jetzt zu einem Narren gemacht worden! Wer hat denn auf der dummen Erde mehr gerechnet, gelesen und geforscht als ich, und manchmal auch du mit mir. Und was haben wir dabei am Ende herausgebracht? Nichts, als daß der Mensch trotz all seines Mühens über das eigentliche Wesen des Universums nie je etwas herausbringen kann.

4 Wir Menschen sind noch viel weniger gegen das unendliche Universum Gottes, als da ist eine Laus gegen die Größe und Kraft eines Menschen. Und wir allerlausigsten Infusionstierchen des Schöpfungs-

tropfens Erde wollen Gott begreifen, ja Ihn sogar als uns ebenbürtig vermenschlichen?

5 Schau, Brüderl, wo du hingerutscht bist! Wie kann es dir aber auch nur im Traum einfallen, in jenem sonst ganz schätzbarsten Menschgeist Jesus die große Gottheit uns hier auftischen zu wollen? Geh und werde wieder der alte, vernünftige Kapitän Dismas!“

6 Spricht darauf Dismas: „Freund! Dieser Leib, den wir hier haben, ist kein fleischlicher, sondern ein rein ätherisch-geistiger Leib, in dem wir alles dessen gewahr werden, was uns der große Meister Jesus auf der Erde verkündigt hat. So wir aber nun im höchsten Grad alles an uns bestätigt finden durch das Fortleben nach des Leibes Tod, durch die Erinnerung an unser irdisches Leben und durch das Erkennen, daß wir dieselben sind, wie und was wir im Leibesleben waren — so wollen wir hoffentlich doch nicht zweifeln, daß derjenige Lebenslehrer, der auf der Erde gleich einer Sonne den Sterblichen zuerst die Augen öffnete und ihnen ihre wahre,. ewig unvergängliche Heimat und ihren wahren Vater erkennen lehrte, denn doch etwas mehr sein müßte, als alle Menschen zusammengenommen! Dies, indem Er der Einzige und Erste war, die Menschen ihrer wahren Bestimmung zuzuführen, und wir nun als Geister die lebendige Überzeugung haben, daß es genau so ist, wie Er es durch Worte und Taten gelehrt hat! Wenn Er es nicht ist, sage, wer ist es dann?

7 Zu alledem verrichtet Er Taten bloß durch Seinen Willen! Im Augenblick ist da, was Er will, und es geschieht alles nach Seinen Worten. Unseres Rates bedarf Er nicht. Und so Er sich von den Menschen auch etwas anraten läßt, so tut Er das nur, um den Menschen zu zeigen, wie gar wenig nütze alle menschliche Weisheit vor Ihm, dem endlos Weisesten ist, und wie gut es sei, ewig nur von Seiner Weisheit abzuhängen!

8 Wenn ihr dieses alles zusammenfaßt und Jesus aus solchem Licht genauer betrachtet in euren Herzen, so müßt ihr es ja doch mit den Händen greifen, daß Er nicht nur ein weisester Lehrer wie sonst keiner, sondern auch das sein muß, als was Er Sich uns Selbst geoffenbart hat! Denn man kann doch unmöglich annehmen, daß ein sonst unerreichbar weisester Lehrer neben Seiner unbegrenzten Weisheit die allereitelste Portion Dummheit besitzen sollte — Sich Seinen Jüngern als Gott von Ewigkeit vorzustellen und als solcher Sich auch anpreisen zu

lassen und vom Satan Gehorsam, Dienst und Anbetung zu verlangen; was meiner Beurteilung nach so viel sagen will als: die ganze geschaffene Naturwelt hat sich Seinem allmächtigen Gottwillen in allem vollkommen zu unterwerfen, so sie nicht mit der Macht und Kraft Seines Wortes gerichtet werden will!

9 Wenn ein Wesen voll der höchsten unerreichbaren Weisheit aber solches mit allem Gotteserntst nicht nur von den Menschen, sondern sogar von der stummen Natur verlangt: kann man da wohl noch einen Zweifel haben, ob solch ein Wesen — wennschon uns Menschen gegenüber in der uns ähnlichen Gestalt — wohl Gott oder bloß nur gleich uns ein Mensch sei? Ich meine, das nun Gesagte, das sich an Jesus klar erweist, muß wohl jeden Zweifel heben und in euch die lichteste Wahrheit aufrichten, daß Er vollkommen das allerhöchste Gottwesen ganz allein sei. Erhebet euch alle zu diesem Glauben! Ich will euch hinführen zu Ihm, wo Er euch dann Selbst zeigen wird, daß Er Derjenige ist, vor dessen Namen sich alle Mächte Himmels und aller Welten allertiefst beugen müssen.

10 Ihr wißt doch, daß eben ich derjenige war und noch bin, der wohl am allerwenigsten je etwas leichten Kaufes angenommen hat. Ich wehrte mich gewiß so lange, als es nur immer tunlich war. Aber als ich durch eine sehr harte Prüfung zum rechten Licht gelangte, da nahm ich alles das ungezweifelt an, was mir die klarste Offenbarung über Jesus kundgab und jetzt noch in stets hellerem Licht kundgibt. Wenn also ich, als der Hartnäckigste unter euch, Jesus nun als Gott anerkenne, so glaube ich, daß solches auch bei euch umso leichter stattfinden kann, indem ihr doch alle auf der Welt gläubiger wart als ich!"

11 Spricht der frühere Wortführer: „Freund, dich hat der Hunger dazu genötigt! Wir aber sind eben noch nicht gar so hungrig! Wenn uns aber der Hunger zwingen wird, dann werden auch wir lieber jenen Schwarzkünstler für einen Gott halten als verhungern!"

12 Spricht Dismas: „O ihr dummen Halbpolypen des stinkendsten Pfützenschlamms! Wo hat mich der Hunger zu der Annahme genötigt, daß Jesus der alleinige, wahre Gott sei? Niemand von euch hat mich hier essen noch trinken gesehen. Und ihr sagt, ich hätte solches aus Hunger getan? Nun sehe ich klar, daß ihr alle rein des Teufels seid! Ja, es hat mich der Hunger dazu geleitet; aber es war kein Magenhunger, sondern ein Hunger im Herzen nach Dem, der mir das Leben gab, das ich

liebte, aber das mir ohne Ihn auch ein unerforschliches Rätsel war! — Dieser Hunger und Durst nach der großen Enthüllung dieses heiligen Rätsels ist nun freilich gesättigt für ewig, und die Sphinx ist besiegt. Aber mein Magen ist noch vollkommen leer!

13 Ihr aber sagt: »Wir haben keinen Hunger, auch den heiligen des Herzens nicht!« Dann ist mir euer unheilbarer Zustand wie auch dessen Grund erklärlich. Wartet aber nur ein wenig, und es soll ein ganz sonderbarer Hunger euch zuteil werden. Wir werden es dann sehen, wie er euch munden wird!"

14 Spricht der Sprecher der Gesellschaft: „Ja, ja, Freund, nur einen rechten Hunger, dann wird sich alles andere schon machen! Denn für die Hungrigen ist der ein Gott, der ihnen etwas zu essen gibt. Jene aber, die keinen Hunger, d. h. weder ein objektives noch subjektives Bedürfnis haben, fragen wenig nach Gott und Seinem Reiche. Zum Beispiel, wenn jemand von einer gewissen Lethargie in seinem ganzen Wesen ergriffen und dabei von einem Schlaf befallen wird, so daß er seiner Sinne kaum mehr mächtig ist — predige dem von der Moral und aller Tugend, so wird er nicht darauf achten; denn seine Sinne sind träge und sein Geist schläft!

15 Willst du aber mit solch einem Menschen etwas ausrichten, so heile ihn zuerst von seinem Übel. Schaffe in seiner Seele ein lebendiges Bedürfnis nach dem, was du ihm geben willst, so wird er dann auch sicher begierig aufnehmen, was du ihm bietest. Aber ohne diese Vorarbeit wirst du bei deinem Patienten schwerlich etwas ausrichten. — Sage mir, würde die Fortpflanzung des Menschengeschlechtes wohl statthaben, wenn der Schöpfer nicht in die sonst stumpfe Natur des Menschen einen so mächtigen Trieb oder Hunger nach der Zeugung gelegt hätte?! Was würde ein Weib dem Mann sein, so dem Mann zum Weib keine Neigung eingehaucht wäre?

16 Du siehst hieraus leicht, daß beim Menschen allenthalben ein mächtiges Bedürfnis vorhanden sein muß, so er sich für etwas tatkräftig interessieren soll.

17 Und so steht es nun gerade auch mit uns. Zu alledem, was du uns nun vorgetragen hast, fühlen wir durchaus kein Bedürfnis in uns. Wir sind wie Halbtote und haben keine Freude an diesem schläfrigen Hundeleben. Sind wir aber durchaus keine Lebensfreunde, wie sollen uns dann deine Lebenslehren und wie dein einziger Lebensmeister Jesus

interessieren? Schaffe in uns erst einen Hunger oder fahre mit deinen uns lästigen Torheiten ab! Unsertwegen kann dein Jesus zehnmal hintereinander das höchste Gottwesen sein. Wenn wir aber kein Bedürfnis nach ihm haben, wenn wir wie Steine nahezu ohne Empfindung hier beisammenkauern, was soll uns da dein Meister Jesus sein? Schaffe daher mehr Leben in uns und gib uns ein Bedürfnis nach ihm, dann wird es sich zeigen, wie wir uns Jesus gegenüber benehmen werden — vielleicht besser als du!"

18 Diese Rede macht Dismas stutzen, und er weiß nun nicht, was er machen soll. Ich aber gebe ihm ins Herz, daß er durch sein Wollen in Meinem Namen einen mächtigen Hunger in ihre Magen legen soll; da werden dann diese Halbtoten schon mehr und mehr ins Leben überzugehen anfangen.

19 Dismas tut das, und die Gesellschaft wird alsbald regsamer. Einige fangen sich die Bauchgegend zu befühlen an und sagen zum Sprecher: „Freund, mache, daß wir etwas zu essen bekommen, sonst fressen wir dich bei Butz und Stengel auf!"

20 Spricht der Sprecher: „Narren, ich werde nun selbst hungrig wie ein zur Schlachtung durchfasteter Ochse und habe selbst nichts, womit ich mich sättigen könnte! Was soll ich dann euch geben? Da steht der Dismas vor euch — den packt! Der wird wohl etwas zum Essen und Trinken haben. Denn er ist ja nun ein intimer Freund jenes Lehrers Jesus geworden, der einmal in einer Wüste bei fünftausend Menschen mit wenig Broten soll gesättigt haben! Vielleicht ist da für uns auch noch eine Kleinigkeit übrig geblieben? Daher also nur den Dismas angepackt!"

21 Darauf fangen alle an, in den Dismas zu dringen und verlangen Speise und Trank von ihm.

22 Dismas aber spricht: „Freunde, ihr fordert etwas von mir, das ich nicht habe. Dort am Tisch aber sitzt Derjenige, der alle Sättigung besitzt in Hülle und Fülle! Geht zu Ihm hin, bekennt vor Ihm eure Gebrechen, demütigt euch vor Ihm und erfüllet eure Herzen mit Liebe zu Ihm, dann werdet ihr sicher auch gesättigt werden!"

23 Sprechen die nun stets empfindlicher hungrig und durstig werdenden Freunde zu Dismas: „O du ausgepeitschter Hauptlump! Hast du uns nach deinen eigenen Worten den Hunger und den Durst geben können, wie sollst du nun nicht imstande sein, uns allen die beiden Pla-

gen wieder zu nehmen? Kannst du das eine, so mußt du auch das andere können. Nimm uns allen daher sogleich den quälenden Hunger und brennenden Durst — sonst siehe zu, was dir widerfahren wird!"

24 Spricht Dismas: „Liebe Freunde, ich bitte euch um eures eigenen Heiles willen, werdet nicht ungestüm! — Daß ich euch auf euer eigenes Verlangen Hunger und Durst geben konnte, beruht darauf, daß da nie jemand einem Bruder etwas zu geben vermag, was er zuvor nicht selbst hat. Ich selbst aber habe einen wahren Hundert-Ochsen-Hunger und kann davon sehr leicht den starken Überfluß mit andern teilen. Hätte ich auch eine Sättigung, so könnte ich auch diese mit andern teilen. — Aber so ich euch zeige, wo ihr für ewig die vollste Sättigung finden müßt, so geht denn hin und tuet, was ich euch angeraten habe! So werdet ihr auch bestimmt von Dem alle Sättigung überkommen, der die ganze Unendlichkeit nährt und erhält. Sollte euch da die Sättigung nicht werden, dann erst habt ihr das Recht, mit mir zu machen, was ihr nur immer wollt; aber eher nicht! Unterlasset ihr aber diesen Punkt, so habt ihr es euch selbst zuzuschreiben, so ihr nicht gesättigt würdet!"

25 Sprechen die Hungrigen und Durstigen: „Haben wir dich denn gerufen, zu uns zu kommen? Du kamst zu uns nicht in unserem Auftrag, sondern im Auftrag deines Gottes Jesus. Hat Er dir aber die Macht gegeben, uns mit Hunger und Durst zu schlagen, warum denn nicht auch die Macht, uns zu sättigen?"

26 Spricht Dismas: „Liebe Freunde, wer von uns hat denn eine Macht, Gott zu nötigen? Er ist der allein Allmächtige und kann tun, was Er will! Er läßt aber gewöhnlich zuvor durch allerlei Apostel den Menschen Bitteres bringen, damit sie dann zu Ihm kommen und Süßes von Ihm empfangen sollen. Die Menschen müssen dadurch zur Einsicht gelangen, daß alle Menschenhilfe nutzlos ist. Erwartet daher auch von mir nichts Gutes! Denn so ich selbst schlecht bin, wie könnte ich euch denn Gutes bieten? — Der aber, der Selbst wahrhaftig ist und übergut, kann auch allein das Gute geben. Daher also zu Ihm hin!"

27 Sprechen die Hungrigen und Durstigen: „Wenn alles gut ist, was von Ihm ist — warum sind denn hernach du und wir schlecht? Gehen wir doch alle von Ihm aus!"

28 Spricht Dismas: „Wir sind nicht schlecht von Ihm aus. Durch uns selbst werden wir erst dann schlecht, so wir zufolge unseres freien Willens uns von Ihm abwenden und uns die vergebliche Mühe machen, zu

tun, als wären wir selbst freie Götter, die vom eigentlichen Gott nichts mehr hören wollen. Da aber Gott das nicht wollen kann, läßt Er solche eingebildete Götter so oft anrennen, bis sie zur Einsicht kommen, daß sie doch keine Götter, sondern ohne Ihn nur schwache und dumme Menschen sind. Das bedenkt auch ihr und geht zu Ihm hin, so wird euch sicherlich wahrhaft geholfen werden!"

29 Spricht die nun schon verzweifelt hungrige und durstige Gesellschaft: „Aber wir wissen gar nicht, was du mit deinem ‚Sichergeholfenwerden' hast! Dummer Teufel, bist du auch zu Ihm hingegangen, als dich der Blum dazu aufforderte? Ist dir denn dadurch geholfen worden? Was hast du denn mehr, als du ehedem gehabt hast! Oder bist du nun etwa satter geworden als du früher warst? So wie uns allen schaut auch dir der Hunger bei den Augen heraus! Und das nennst du ein Besserwerden?

30 O du blitzdummes Luder von einem Apostel! Geh und lasse dich nicht auslachen! Komme selbst mit einem zufriedeneren Gesicht zu uns, so wollen wir dir ein wenig mehr Glauben schenken, als es nun möglich ist. Aber wenn du selbst mit einem unzufriedenen und bedürfnisreichsten Gesicht zu uns kommst, wird dir kein Menschengeist glauben, daß du selig, d. h. mit allem versorgt und versehen bist!

31 Fahre daher nur wieder ganz ruhig ab, Dismas! Denn in deinem uns bis jetzt auf ein Haar gleichen Zustand richtest du nichts mit uns aus. Bringe uns lieber etwas zu trinken und zu essen, dann werden wir dir auch anderswohin folgen. Aber von deiner gegenwärtigen Weisheit läßt sich beim besten Gewissen nichts herabbeißen. Denke nach, wie dumm du nun bist. Du empfiehlst anderen etwas an, was du selber noch nie gehabt hast! Dein Vater muß Schweinernes gern gegessen haben, weil ihm an dir ein so saudummer Sohn geraten ist!"

32 Spricht Dismas: „Freunde, habe ich euch von dem, was ich in Kürze an mir erfahren habe, keine lebendige Überzeugung verschaffen können, so müßt ihr mir doch eines zugeben: daß ich es mit euch allen sicher wohlgemeint habe. Desgleichen kann mir von euch wohl nie jemand nachweisen, daß ich mich unartig, roh und grob gegen ihn benommen habe. Daher glaube ich von euch erwarten zu dürfen, mit mir doch ein wenig artiger zu reden. Ich ziehe euch ja nicht bei den Haaren hin zum Herrn. Wollt ihr hingehen, so gehet hin; wollt ihr es durchaus nicht, wird euch auch kein Zwang angetan werden. Aber roh und

flegelhaft grob solltet ihr darum nicht sein. Daß ihr nun einen starken Hunger und Durst in euch verspürt, daran bin nicht ich schuld, sondern ihr selbst. Ihr habt zu eurer Belebung den Hunger gewünscht; und nicht ich, sondern der Herr hat ihn euch zukommen lassen durch mein Wort. Ich aber habe euch sogleich gezeigt, wo und wie ihr Hunger und Durst stillen könnt! Warum tut ihr es nicht, so ihr es wißt? Ihr heißt mich einen dummen Teufel, weil ich dem Blum folgte und sagt, daß mir diese Hinreise nichts genützt habe. Ich aber sage euch, daß mir diese Hinreise überaus viel genützt hat. Ist auch mein Magen noch leer, so ist aber dennoch mein Herz gesättigt mit der Liebe zu Gott dem Herrn. Es ist viel besser, sein Herz als hundert Magen satt zu machen. Neben einem hungrigen Herzen kann kein Magen befriedigt werden, außer mit einer Kost zum Tod des Herzens. — Tuet nun, was ihr wollt! Ich aber werde euch für die Folge keinen Narren mehr machen. Wollt ihr Viehvolk bleiben, so bleibet es! Wollt ihr aber hin zum Herrn gehen, so steht euch der Lebensweg offen!“

33 Auf diese Worte des Dismas stutzt die Gesellschaft und ist unschlüssig, was sie nun tun soll.

34 Der Hauptwortführer aus ihrer Mitte tritt hervor und spricht, als ihn alle zu reden ersuchen: „Freunde und Schwestern! Ich habe nun viel nachgedacht über die Mission des Dismas an uns und über seine Rede. Ich habe, ich muß es euch offen gestehen, gefunden, daß er am Ende doch recht hat. Wir sollten wahrlich das tun, was er von uns haben will. Denn wir können für eine halbe Ewigkeit hin und her witzeln und Rat halten, so werden wir aber dennoch schwerlich je zu etwas Besserem gelangen, als es der gute Bruder Dismas uns geraten hat.

35 Was hindert uns denn, ebenfalls zu jenem Mann hinzugehen, von dem der Dismas nebst allen anderen, die nun schon glücklich sind, aussagen, daß er die Gottheit Selbst sei? Ich meine also: Ist jener Jesus wirklich Gott Selbst, trotz unseres starren Unglaubens, so wäre unsere Widersetzlichkeit gegen ihn mehr als eine Tollheit zu nennen. Und sollte er das nicht sein, was Dismas nebst den glücklichen anderen von ihm aussagen, nun, so haben wir wahrlich nichts verloren, so wir ihn uns zu einem Freund gestalten. Denn wenn die anderen an seiner Seite es gut haben, warum sollen wir es denn schlecht haben — so es nur von uns abhängt, uns hinzubegeben und ihn durch unsere Herzensfreundlichkeit zu gewinnen? Ist's nichts, so verlieren wir nichts. Alles aber, was

wir dadurch erreichen, kann für uns nur ein Gewinn sein. Denn wer, wie wir, durchaus nichts hat, der kann ja auch ewig nichts verlieren, sondern nur gewinnen. Gehen wir daher doch zum Herrn dieses Hauses hin; es wird sich dann ja zeigen, welchen Fang wir dadurch gemacht haben, so wir Christum werden gesprochen haben. Was meinet denn ihr in dieser Sache?“

36 Sprechen alle anderen: „Ja, ja, das können wir kinderleicht tun, weil es uns keine besondere Mühe kostet; die Köpfe wird er uns ja doch nicht vom Rumpfe reißen. — Auf deine vernünftige Rede ist aber auch leichter etwas zu unternehmen als auf die stark geschwollene des Dismas! Wir wollen zwar nicht behaupten, daß Dismas dumm geredet hätte; aber eine geschwollene Rede macht nie den Effekt wie eine nüchtern vernünftige.“

37 „Es wäre sonst alles recht“, spricht ein anderer aus der Gesellschaft, „wenn wir aber nur so um ein Haar besser adjustiert[1] wären! — Besonders jämmerlich nehmen sich unsere zehn Damen aus! Nichts als Fetzen und Lumpen schmutzigster Art hängen in Unordnung über ihre äußerst unvorteilhaft aussehenden Leiber! — Und wir Männer haben ebenfalls nicht viel voraus. Ich meine daher, daß wir zuvor trachten sollten, zu etwas besseren Kleidern zu kommen, und dann erst zu ihm hinzugehen; denn in diesen unhochzeitlichen Kleidern würden wir uns in seiner Nähe gar verflucht schlecht ausnehmen!“

38 Spricht der erste Redner: „Freund, übers Können hinaus kann niemand gezwungen werden! So sollen denn die Damen hinter uns einhergehen; und die von uns noch am leidlichsten bekleidet sind, die machen den Vortrupp — und so wird es sich meiner Meinung nach schon machen. Dismas als der am besten Bekleidete aber macht ja ohnehin unseren Anführer.“

39 Sagen alle anderen: „Nun gut, so wollen wir denn den Versuch machen!“

[1] angetan, bekleidet.

105

Über die Werke des Verstandes und des Herzens Dismas bringt die Schwergläubigen zum Herrn

1 Spricht Dismas: „Nun habt ihr euch endlich für den Lebensweg entschieden. Recht so! Wenn wir tun, wie es der Herr will, werden wir nie irregehen; aber mit unserem eigenen Verstand sind wir auf dem trockensten Holzweg. Wo der Mensch nur seinem kalten Verstand folgt, kommt er gewöhnlich aufs Eis, wo es mit dem Feststehen einen bedeutenden Faden hat. Nur wo der Mensch dem lebendigen Rat seines Herzens nachgeht, da kommt er auf ein grünes Land, d. h. auf eine lebendige Hoffnung! Und so ist es nun auch mit euch wie mit mir selbst der Fall. Wir haben nun dem Rat unserer Herzen nachgegeben und ich bin fest überzeugt, daß es mit uns allen ehestens besser wird!

2 Denkt nur einmal nach, was alles uns unser eigener Verstand geraten und welchen Wust von Gesetzen er zuwege gebracht hat. Was aber haben sie uns genützt? Nehmen wir dagegen all die wahrhaft großen Werke der Menschen auf der Erde, wie z. B. die der großen Meister in den schönen Künsten der Musik, Poesie und Malerei! Alle waren sie Schüler ihrer Herzen, ihres Gemütes! Und ihre Werke stehen unerreichbar vor den blinden Augen der aus lauter Verstand zusammengesetzten Nachwelt, die sich dann die Mühe nimmt, die großen Werke eines freien Herzens durch tausend Regeln und Gesetze zu erörtern, von denen dem Großmeister bei der Schöpfung seiner unerreichbaren Werke sicher nie etwas geträumt hat.

3 Fragt aber, ob je ein solcher nachhinkender Regelschmied etwas Geniales, Freies und Lebenduftendes zuwege gebracht hat? Sind solcher Fabrikanten Werke nicht stets trocken und steif? Denn in allen Werken des bloßen Verstandes liegt der Fluch, während die geringsten Werke des Herzens von endlos großem Wert sind für alles, was da atmet und lebt.

4 Aus diesem nur zu wahren Grunde aber wollen wir auch dem Verstand samt allen seinen Produkten für ewig den Abschied geben und uns allein an die Wege und Werke unseres Herzens halten. Wir wer-

den damit sicher bald zu einem besseren Ziel gelangen, als das bis jetzt der Fall war.

5 Mit dieser nötigen Vorbetrachtung können wir uns nun getrost zum Herrn hinbegeben, wo wir nach unserer umgewandelten Gemütsstimmung auch zu der erforderlichen Herzens- und Magenstärkung gelangen werden. Und so folget mir nun in der Ordnung, die ihr selbst wegen der sehr unvorteilhaften Bekleidung angeordnet habt!“

6 Nach dieser guten und wahren Rede des Dismas gehen nun alle etwas furchtsam zu Mir her. Bei Mir angelangt, verneigt sich Dismas abermals tiefst vor Mir und spricht: „O Herr! Durch Deine Gnade und alleinige Hilfe ist mir armem Sünder dies heilige Werk gelungen: Alle dreißig sind mir in Deinem Namen hierher gefolgt. Nun geschehe mit ihnen wie mit mir Dein heiliger Wille! Aber nur kein Ehrenkleid mir dafür; darum bitte ich Dich! Dir allein sei alle Ehre ewig!“

7 Rede Ich: „Recht gut hast du, Mein lieber Dismas, deine Mission vollendet und hast dich nun um Meinen Namen sehr verdient gemacht! Ich will dir deshalb auch geben, was dir gebührt; nachher aber auch deinen Gewonnenen nach ihrem Herzen!“ — Mich zu Robert wendend: „Robert, gehe hin und bringe Wein und Brot und ein rechtes Gewand für Bruder Dismas! Ich aber werde nun mit diesen dreißig eine kleine Verhandlung halten. Es sei!“

106

Redeführer Bruno. Des Herrn kritische Gegenfragen
Brunos Demut ruft des Herrn Gnade herab

1 Der Redeführer der dreißig tritt hervor, verneigt sich tief vor Mir und der ganzen Tischgesellschaft und spricht dann beherzt: „Herr, Schöpfer, Erhalter und Regent der ganzen Unendlichkeit! Wir stehen hier als vollste Nichtigkeiten vor Dir, der Du allein alles in allem bist, und erwarten von Dir Gnade und Barmherzigkeit! Nicht aber so, als hätten wir irgendein Recht darauf, da wir alle schwache und sogar gröbliche Sünder sind; sondern weil Du Gott als die reinste und vollkommenste Liebe bist, die sich für die gefallenen Sünder hat an das

Kreuz heften lassen. Du allein bist die Stärke der Schwachen, der Heiland der Elenden, die Hilfe der Notleidenden! Du Selbst sagtest zu den Sündern: »Kommet alle zu Mir, die ihr mühselig und beladen seid, Ich will euch alle erquicken!«

2 Und so sind denn auch wir nun vor Dir, vollbelastet von allen Beschwerden des Lebens. Nimm sie uns ab nach Deiner Erbarmung, o Herr! Wohl können wir Dir dafür nichts bieten als höchstens dreißig mit allerlei Sünden behaftete Herzen, die Dich über alles lieben möchten, so sie sich getrauten. Die wahre Liebe sucht nur das Herz, für alles andere ist sie blind.

3 So wollest denn Du, o Herr, mit uns verfahren! Sieh nicht auf unsere Taten, die allesamt schlecht sind. Sieh auf unsere Herzen, die, wennschon unlauter, dennoch nach Deinem heiligsten Vaterherzen gieren wie ein dürres Gras nach einem Tautropfen!"

4 Rede Ich: „Ja, Mein lieber Bruno, es ist alles recht gut, wahr und schön, was du nun geredet hast im Namen deiner Brüder und Schwestern. Aber in der Schrift steht geschrieben, daß Hurer und Ehebrecher in das Reich Gottes nicht eingehen werden! Ihr aber seid durch die Bank grobe Hurer und Ehebrecher und dabei voller Selbstsucht gewesen. Meine Gnade aber, die ihr wollt, ist das eigentliche Gottesreich. Es fragt sich daher, wie ihr im Einklang mit der Schrift Meiner Gnade und Erbarmung teilhaftig zu werden gedenket?"

5 Spricht Bruno: „O Herr, gestatte, daß ein Sünder vor Dir seinen Mund öffnen darf: Du wirst es ja keinem Sünder verwehren, Reue zu fühlen über seine Sünden und Dich um Gnade anzuflehen! Du hast ja trotz dieses schlimmen Richtertextes Deiner Heiligen Schrift dem Mörder am Kreuz Dein Reich nicht verschlossen, hast die Ehebrecherin im Tempel nicht gerichtet, auch die Magdalena nicht, und kehrtest ins Haus des Zachäus ein. Ebenso hast Du auch nun hier so manche schon beseligt durch Deine Gnade, die Dir doch auch nicht mehr tun konnten als wir. O so sei auch mit uns nicht härter!"

6 Rede Ich: „Ja, ja, aber alle diese waren nicht gar so grobe Sünder wie ihr!"

7 Spricht Bruno: „O Herr! Was kann wohl vor Dir groß oder klein sein, ob Sünde oder Tugend? Du allein bist groß und gut, alles andere aber ist nichts vor Dir! O Herr, der Du für Panther, Löwen, Hyänen

und Tiger sorgst, die doch böse Tiere sind, sorge denn auch für uns, wenigstens nach dem Maße wie für diese Tiere!“

8 Ich winke hier dem Robert, mit Wein und Brot zu kommen. Bruno schaut erstaunt dem Robert entgegen, weiß aber noch nicht, was das bedeuten soll.

107

Himmlisches Gnadenmahl
Herzensprobe in der Feindesliebe

1 Robert stellt vor Mir Brot und Wein auf den Tisch, verneigt sich dann und geht auf seinen Platz. Ich aber nehme das Brot und frage Bruno, ob er wohl wisse, was das sei?

2 Spricht Bruno: „Herr! Das ist Brot der Himmel, eine wahre Speise zum ewigen Leben und zur Vergebung der Sünden. Wohl dem, der es zu essen bekommt!“

3 Sage Ich: „Nun gut denn! Weil du also glaubst und sprichst, so nimm es hin und iß davon, soviel du magst!“

4 Spricht Bruno: „Herr! Es sind aber hier nebst mir noch neunundzwanzig, die noch hungriger sein dürften als ich! O lasse es zu, daß ich von diesem Brot zuerst ihnen gebe nach ihrem Bedürfnis und mich dann erst sättige mit dem, was da übrigbleiben könnte!“

5 Rede Ich: „Tue nach dem Verlangen deines Herzens!“

6 Da dankt Bruno Mir für das Brot mit Tränen im Auge und teilt es bis auf das letzte Brotkorn unter die neunundzwanzig aus, die es mit gerührtesten Herzen sogleich verzehren. Einer aber bemerkt, daß Bruno sich selbst vergessen hat, tritt zu ihm hin und sagt: „Aber lieber Freund Bruno, du hast ja bei der Teilung des Brotes dich ganz vergessen und hast alles uns gegeben, was der Herr dir gegeben hat. Ich habe von meinem Stück noch nichts weggenommen — nimm es hin und iß es, denn du bist nicht minder hungrig als ich!“

7 Spricht Bruno: „Liebster Freund, behalte und esse, was ich dir durch des Herrn Gnade gegeben habe! Ich habe mehr Freude, so ihr alle gesättigt seid, als wenn ich hundertfach wäre gesättigt worden.

Sorgt euch nur um mich nicht, denn an der Seite dieses heiligen Gebers darf einem um die Sättigung wohl ewig nimmer bange werden!"

8 Bei diesem herrlichen Benehmen Brunos wie auch seines Freundes kommen allen Gästen wie auch Mir Selbst Tränen großer Freude! Denn es gibt in allen Himmeln nichts Erhabeneres und Ergreifenderes, als wenn ein armer und sehr hungriger Mann beim Anblick seiner gleich armen und hungrigen Brüder seiner selbst gänzlich vergißt und all das ihm Zugekommene an sie abgibt. Ein solcher macht dadurch einen Riesenschritt ins Zentrum Meiner Liebe!

9 Solches merket auch ihr auf der Erde besonders wohl und schreibet es euch in eure Herzen!

10 Darauf nehme Ich den Wein und gebe ihn Bruno mit der Frage, was dieses sei.

11 Bruno spricht voll dankbarster Rührung: „O Herr, das ist ein köstlicher Wein aus der heiligsten Kelter Deines göttlichen Vaterherzens! Mit nie erlöschendem Dank wage ich, ihn aus Deinen heiligsten Händen zu nehmen und, so Du es erlaubst, ihn auch meinen armen, durstigen Brüdern zukommen zu lassen."

12 Sage Ich: „Ich habe dir schon früher gesagt, daß es Mir völlig recht ist, was du immer nach dem edlen Drange deines Herzens tust. Siehe, der Wein ist nun dein; tue damit, was du willst!"

13 Bruno dankt Mir gerührt und reicht den Wein sogleich seinen Brüdern und Freunden. Diese aber beteuern, davon nicht eher etwas zu nehmen, als bis er davon getrunken habe. Aber Bruno tut's nun einmal nicht anders, und so nehmen denn die andern dankbarst den Wein und trinken davon nach Herzenslust. Es bleibt aber auch vom Wein nichts übrig. Obschon aber Bruno nun noch voll Hunger und Durst ist, freut er sich dennoch innig, daß seine Brüder gestärkt sind und sogleich ein besseres Aussehen bekommen.

14 Rede Ich: „Nun, geliebter Bruno, sage Mir, wie hat dir denn Mein Brot und Mein Wein geschmeckt? Bist du nun stärker als du früher warst?"

15 Spricht Bruno beherzt: „Herr! Ich habe nur einen Mund, einen Magen und ein Herz. Diese aber haben neunundzwanzig Münder, ebensoviele Magen und Herzen. Da anstatt meiner neunundzwanzig gestärkt worden sind, die ich alle wie ein zweites Ich in meinem Herzen trage, so bin ich dadurch nicht nur einfach, sondern in Wahrheit

neunundzwanzigfach gesättigt worden durch die Freude der gestärkten armen Brüder und Schwestern! Und so kann ich auf Deine heilige Frage wahrlich nichts anderes antworten, als daß mir Dein heiliges Himmelsbrot und der Wein sicher bestens gemundet haben! Dir allein ewig Dank darum!"

16 Rede Ich: „Liebster Freund Bruno! Siehe, du hast auf der Erde wohl recht oft und sehr gröblich gesündigt. Aber weil du so viel uneigennützigste Liebe gegen deine Brüder in deinem Herzen fassest, wird dir auch viel vergeben werden! Denn jedem Wohltäter an seinen Brüdern und Schwestern wird hier Barmherzigkeit zukommen, indem er selbst Barmherzigkeit ausgeübt hat; und so denn auch dir deiner Brüder wegen und den Brüdern deinetwegen; denn da steht einer für alle und alle für einen!

17 Aber es gibt da auch Wohltäter auf der Welt, die gegen ein armes junges Mädchen sehr barmherzig sind und ihm nach allen ihren Kräften zu helfen suchen. Kommt aber eine alte und mühselige Witwe zu ihnen, wird sie mit einer Predigt und einem schlechten Kreuzer abgespeist, ebenso auch ein alter, armer Bruder. Solchen barmherzigen Wohltätern werde Ich wenig Barmherzigkeit erweisen! Denn wer für seine Wohltaten einen Genuß haben will, und wenn er den nicht haben kann, dann härteren Herzens ist als ein Stein, der gehört zur Familie aller Teufel. Denn auch die Teufel tun denen Gutes, von denen sie einen angenehmen Vorteil zu erwarten haben.

18 Du aber übst hier Barmherzigkeit aus, hinter der keine unlautere Absicht zu erschauen war, und sollst daher auch bei Mir die höchste Erbarmung finden! Aber bevor Ich dir diese im Vollmaß angedeihen lasse, wirst du Mir noch eine Probe deines Herzens ablegen müssen! Wirst du auch diese bestehen, dann soll dir sogleich Meine Gnade im vollsten Maße zuteil werden!

19 Da gegen Abend hin ersiehst du eine Tür, die halb geöffnet ist. Gehe dorthin! In jenem Gemach wirst du lauter Menschen finden, die auf der Welt deine ärgsten Feinde waren. Suche sie zu gewinnen und bringe sie zu Mir, so wirst du dann vollkommen sein vor Mir. Denn wer nur seinen Freunden Gutes tut, der hat noch lange nicht alles getan, auf daß er dann vor Mir sagen könnte: »Herr, ich war dennoch ein unnützer Knecht!« Wer aber das nicht sagen kann, der ist Meiner wohl

noch lange nicht wert! Gehe daher hin und handle nach Meinen Worten!"

[20] Spricht Bruno: „O Herr, Dein heiliger Wille geschehe! Dein Wille ist mein Leben, mein Heil und meine höchste Wonne! O wie süß ist es, zu handeln im Hause des ewigen, allmächtigen Vaters! — O ihr meine Feinde alle, ihr Brüder, die ihr in mir einen Bruder, der euch liebte, hart verkannt habt — im Namen meines Gottes, Herrn und Vaters komme ich zu euch, um euch zu segnen und Gutes zu tun und dadurch auch für ewig zu vergessen jede Unbill, die ihr mir je erwiesen habt!

[21] Oh, Wonne erfüllt nun mein Herz, das sich jetzt stark genug findet, sich vor seinen hochmütigen und selbstsüchtigen Verächtern zu demütigen! Dunkel ahne ich nun, was Dein heiliges Vaterherz damals im Angesicht Deiner argen Feinde muß empfunden haben, als Du in Dir zum Vater riefst: »Vater, vergib ihnen, denn sie wissen nicht, was sie tun!« O heilige, endlose Größe, deren nur ein Gottesherz fähig ist!

[22] Wahrlich, es ist schön, ja erhebend, so ein Bruder dem Bruder hilft, ohne je an ein Entgelt zu denken! Aber Höheres und Größeres faßt kein Himmel, als zu segnen, die uns fluchen, und wohlzutun denen, die uns gehaßt, verachtet und verfolgt haben!

[23] Daher hin zu meinen Feinden! Denn diese sind wie berufen, mein Herz zu vollenden vor Gott!" Mit solch seltenen, erhebenden Worten stürzt Bruno zu der bezeichneten Tür hin.

108

Der Liebesheld von Feinden umringt
Christi Liebe überwindet alles

[1] Als Bruno in das Gemach seiner Feinde eingehen will, stellen sich sogleich mehrere vor die Tür und sagen mit zornerregter Stimme: „Zurück, Elender! Was haben wir mit dir zu tun? Warst uns doch stets widerwärtiger als der Tod und ein Gegenstand unseres Hasses und tiefster Verachtung! Was sollen wir nun mit dir hier in der Hölle? Zu allen Teufeln mit dir, du elendste Menschenbestie!"

[2] Spricht Bruno beherzt: „Liebe Freunde, was habe ich euch denn je

getan, daß ihr so entsetzlich gehässig seid? Ich will ja alles tun, was ihr von mir verlangt nach Recht und Billigkeit, damit ihr mir nur wieder gut werden möchtet!"

3 Schreien die Wüteriche in der Tür: „Du elende Menschenbestie kannst nichts tun, um uns eine bessere Meinung von dir anzubinden! Wir brauchen nichts von dir als daß du uns verläßt. Deine Gestalt widert uns mehr als die unterste Hölle an! Und so weiche gutwillig von uns, sonst zerreißen wir dich in Stücke!"

4 Spricht Bruno: „Wenn euch das mit mir aussöhnen kann, so lasse ich mich gerne kreuzigen von euch! Aber nur versprechen müßt ihr mir, daß ihr dann keinen Groll mehr auf mich habt!"

5 Sprechen die Wüteriche: „Glaubst du denn, daß uns das zur Ehre gereichen würde? Wir — und dich kreuzigen, das wäre doch eine barste Schande für uns! Höchstens dich niederschlagen wie einen schäbigsten Hund, das könnten wir dir anstandshalber tun, wenn wir gerade gut gelaunt wären! Aber mit dir uns eine größere Mühe zu nehmen, wäre wahrlich lächerlich von uns! Fahre daher ab und ärgere uns nicht länger durch deine scheußliche Gegenwart!"

6 Spricht Bruno: „Aber schätzbarste Freunde! Es ist mir nur zu gut bekannt, daß ihr mich auf der Welt allzeit gehaßt und wie und wo nur immer möglich, verfolgt habt. Wie sehr ich mich bemüht habe, davon auf den Grund zu kommen, so war es dennoch vergeblich. Ihr verfolgtet mich bloß nur, weil ich euch nicht zu Gesicht stand! Hier auf dieser Welt aber haben wir doch alle unsere Gesichter stark verändert. Ich denke nun ganz anders, als wie ich auf der Erde gedacht habe und bin ein ganz anderer Mensch geworden. Dasselbe dürfte denn doch auch mit euch der Fall sein?

7 Sagt mir doch, was ich denn auf der Welt gegen euch verbrochen habe? Ich bin jetzt in der Lage, euch allen tausendfach zu ersetzen, was immer ich euch irgend, wenn schon mir unbewußt, schulde. Nur vergebt mir und werdet freundlicher gegen mich! Ich beanspruche keineswegs eure Freundschaft, das wäre von euch als meinen erklärten Feinden wohl zuviel verlangt! Aber darum darf ich euch dennoch bitten, daß ihr von eurer Feindschaft absteht, und das um so leichter, indem ihr mich ohnehin für zu gering haltet, daß ich von euch könnte gekreuzigt werden?"

8 Sprechen die Wüteriche: „Was nützt da dein Reden und dummes

Protzmaulen! Du bist einmal ein Saukerl und bleibst es in alle Ewigkeit. Ins Gesicht tust du, als wärst du der rarste und biederste Mensch; hinterdrein aber bist du dann ein Luder und dir ist niemals zu trauen! Weißt du, wie du mit uns auf der Börse gehandelt hast? Du sahst ein fortwährendes Sinken, schrecktest uns die Aktien heraus und kauftest sie dann selbst! O Lump, stelle dich nur nicht so unschuldig! Wir kennen dich! Fallen etwa auch hier die Kurse, weil du nun gar so sehr unsere Freundschaft suchst?"

9 Spricht Bruno: „Ah, da steckt es also! O Freunde, wenn euer Groll auf mich von da herrührt, dann hoffe ich, daß wir ehestens die besten Freunde werden! Denn da kann ich euch die treueste Versicherung geben, daß ihr mit eurem Haß gegen mich rein auf dem Holzwege seid! Seht, fürs erste konnte ich ebensowenig wie ihr vorausbestimmen, ob die Kurse steigen oder fallen werden; und fürs zweite könnt ihr mir nicht beweisen, ob ich diejenigen Aktien aufkaufte, die ihr mit Verlust an die Bank zurück verkauftet. Seht, wie seicht euer Groll auf mich basiert ist? Habe ich euch doch nie weder zum Kauf noch zum Verkauf genötigt. Wer aber müßigte euch, eure Papiere beim niedersten Kursstande zu verkaufen und beim höheren zu kaufen? Ich sicher nicht, und tausend andere auch nicht! Ihr waret selbst so töricht, aber euch selbst wolltet ihr eine solche Dummheit nicht zuschieben. Hattet ihr an euch selbst eine derbe Spekulationssünde begangen, so wälztet ihr die Schuld auf den nächsten besten, der in seiner Spekulation klüger war als ihr! Lasset euch nicht auslachen! Was konnten mich eure und euch meine Papiere genieren? Ich kaufte, ihr auch, so es euch rätlich dünkte. Oder ihr verkauftet, und ich kaufte. Das ist doch etwas ganz Natürliches! Woher dann euer Groll auf mich? Falsche Gerüchte aber habe ich nie ausgestreut und mich auch nie einer Illusionslaterne bedient!"

10 „Gut!" sagt einer aus der Haßgesellschaft, „du hast so gehandelt, wie du es uns nun wiedergegeben hast. Aber das kann unseren Grimm und Haß gegen dich nicht vermindern, weil du auf der Welt stets anders dachtest, als wie der Sinn deiner süßen Worte lautete. Sagtest du schwarz, so war es sicher weiß; und sagtest du weiß, da war es schon ganz sicher schwarz! Und das Gegenteil war dann die volle Wahrheit. Aber das merkte dein tückevoller Scharfsinn doch nicht, daß wir deine Aussagen verkehrt benützten. Daß es uns gerade nicht allzeit glückte,

das bringt des Spieles Laune mit sich. Hätten wir aber allzeit nach deiner Aussage gehandelt, da hätten wir sicher in kürzester Frist alles verludert. So steht es, und von daher datiert auch unser gerechter Haß gegen dich! Beweise uns das Gegenteil, so wollen wir dich sogar um Vergebung bitten und deine besten Freunde sein."

11 Spricht Bruno: „Gut, ich nehme euch beim Wort! Beantwortet mir einige Fragen! Nummer eins: War ich auf der Börse mehr als ihr, etwa ein Direktor, Buchhalter, Sekretär, irgendein Rechtskonsulent oder sonst etwas dergleichen?" — Sagen die Groller: „Nein, du warst wie wir bloß nur ein Interessent."

12 Spricht Bruno: „Gut! Frage Nummer zwei: Wer auf der Börse ist denn eigentlich in alle finanziellen Geheimnisse eingeweiht?" — Antwort: „Die Bank- und Börsenamtsleute." — „Gut! Frage Nummer drei: Werden die vielen Börsen-Interessenten von den unterrichteten Amtsleitern wohl allzeit mit der Wahrheit abgefertigt?" — Antwort: „Nein! Wenn etwas schief geht, so erfährt man schon gar nie die Wahrheit!" — „Gut! Frage Nummer vier: Wie und wodurch hätte denn da ich zur Wahrheit gelangen sollen?" — Antwort: „O gar leicht! Auf dem Wege der Bestechung kann ein Lump hinter so manches kommen, was einem ehrlichen Kerl verborgen bleibt!" — „Gut! An dem Gesang erkennt man den Vogel! Bringt mir alle Bank- und Börsenbeamten her, und sie sollen reden, ob ich je auch nur den geringsten mit einem Heller wegen Verrat eines Bankgeheimnisses bestochen habe! Aber von euch wohl sprach die sogenannte böse Welt, daß ihr bei einer sehr kritischen Gelegenheit einem Eingeweihten einen heimlichen, tausend Dukaten schweren Rippenstoß sollt versetzt haben, damit er euch eine kleine Vorenthüllung gäbe, wie die Sachen sich gestalten dürften. Worauf ihr dann schon am nächsten Tage fast eure sämtlichen Papiere mit einem bedeutenden Verlust gegen klingende Münzen umtauschtet und mit diesen dann im Ausland einen geheimen Handel unternommen habt und dadurch zum zweitenmal eingegangen seid! Sagt, habe da auch ich durch mein Schwarz-für-Weiß euch dazu bewogen?"

13 Hier stutzen die Groller und wissen nicht, was sie darauf erwidern sollen. Aber Bruno spricht weiter und sagt: „Freunde, habe ich euch etwa auch dazu den Rat erteilt, daß ihr in Gesellschaft dreißigtausend Gulden in einem Keller habt einmauern lassen? Als aber dann in Wien das Standrecht publiziert wurde und bei Hausuntersuchungen

die Soldaten die hohlklingende Mauerstelle aufbrachen und den für sie erfreulichen Fund bis auf den letzten Groschen in sichern Empfang nahmen — ich meine, dazu hat wohl mein Schwarz-für-Weiß keinen Beitrag gemacht! Ihr wart, kurz gesagt, allzeit selbst schuld an euren Verlusten und meint höchst irrig, ich sei in eure Spekulationsgeheimnisse eingeweiht gewesen und habe an euch einen Verräter gemacht. Wie aber wäre so etwas möglich, da ich außer auf der Börse euch nie mit meiner Gegenwart belästigt habe? Ich trage an eurem Unglück nicht die geringste Schuld, dessen könnet ihr völlig versichert sein! Gott ist mein Zeuge! Meint ihr aber noch, daß ich euch unglücklich gemacht, so beweiset es mir vor Gott, und ich will alles tun, um meine Schuld an euch hundertfach abzubüßen. —

14 Sagt darauf einer nach längerem Nachdenken: „Die Sache verhält sich allerdings so, wie du sie nun uns allen dargetan hast! Aber so du daran nicht beteiligt gewesen sein solltest, begreifen wir nicht, wie du zu dieser genauen Kunde unserer Verhältnisse gekommen bist. Wie könnten sie dir wohl dergestalt bekannt sein, als hättest du sie selbst angeordnet? Es werden in Wien wohl noch eine Menge solch unangenehmer Vorkommnisse stattgefunden haben, sage, sind sie dir ebenso bekannt wie die unsrigen?"

15 Spricht Bruno: „Alle sicher nicht, aber gewiß viele. Wußtet ihr doch auch allezeit, wer vom Gericht eingezogen wurde und warum — ohne darum Denunzianten an den Gerichtsbeteiligten zu sein. Warum soll dann ich es nicht auch in Erfahrung gebracht haben können, wie es euch ergangen ist in der Zeit der Trübsal, da ihr mir doch von der Börse aus wohl bekannt wart? Erweist es mir, daß derjenige, der wie zufällig vom Unglück seiner Bekannten Kunde erhält, auch an diesem Schuld haben müsse. Zeigt mir, in welchem Gesetz das als ein schuldhaftes Verbrechen aufgeführt ist?"

16 Die Groller stutzen nun und wissen nicht, was sie tun sollen. Eine gute Rede fällt ihnen nicht ein. Ebenso steht es mit ihrem Zorn und Grimm. Sie möchten noch gerne weiterhin unversöhnlich verbleiben, aber sie haben dazu bei reiferer Überlegung allen Grund verloren. So stehen sie nun ohne Grund zum Zorn vor Bruno und ärgern sich über sich selbst, da sie nun keinen Haß und Groll auf ihn haben können.

17 Nach einer ziemlichen Weile tritt einer hervor und spricht:

„Dumm ist das, daß wir dir nun nichts Vernünftiges mehr entgegenstellen können. Wie gerne hätten wir dich doch durchgeprügelt, wenn wir dir nur wenigstens eine scheinbare Schuld hätten andichten können! Aber du bist zu gescheit, daß man dir nicht an den Leib kommen kann. Und so müssen wir dir obendrauf noch sogar Freunde werden! Aber was willst du denn nun ferneres noch mit uns tun?"

18 Spricht Bruno: „Freunde, seht ihr nicht in diesem großen Saal den großen Ratstisch und alle, die dort versammelt, einen mächtigsten Rat über die ganze Unendlichkeit halten?"

19 Spricht der Redner: „Wir sehen keinen Saal und keinen Ratstisch! Nur diese wahrhaftige Kneipe, die voll Dunkelheit ist, sehen wir — und dich auch! Ob sie aber irgendeinen Ausgang hat, wissen wir nicht. — Was aber willst du mit deiner unsinnigen Frage?"

20 Spricht Bruno: „Ich will damit nichts anderes, als euch zu dem Herrn und Heiland Jesus hinführen, damit Er euch reinige und darauf für ewig wahrhaft glückselig mache — aus welchem Grunde ich einzig und allein eben von Jesus an euch abgesandt wurde. Folget mir liebewillig, wohin ich vor euch gehen werde. Am rechten Ort wird euch schon ein rechtes Augenlicht werden!"

21 Spricht der Redner: „Das wird etwas hart hergehen! Denn fürs erste besitzt du unser Zutrauen noch lange nicht in dem Maße, daß wir dir nun gleich blindlings folgen, als wärest du uns ein schon lange erprobter Freund gewesen. Und fürs zweite sind wir Neukatholiken, die wohl wissen, was sie von dem Juden Jesus zu halten haben und nicht so dumm sind wie manche, die ihn sogar zu einem Gott gemacht haben, wie einst die Griechen ihren Herkules und noch andere Helden aus der grauen Urzeit. Daher mußt du dir zu unserem Besten schon etwas Klügeres ausdenken, so es dir ernst sein soll, uns am Gängelband herumzuführen."

22 Spricht Bruno: „Freunde, der römisch-katholische Glaube ist zwar wohl albern und seicht in vielen Stücken, aber der neukatholische ist noch tausendmal dümmer. Leugnet er nicht das Leben der Seele nach des Leibes Tod? Und doch lebt ihr nun nach dem Tod eures Leibes fort! Dieser Umstand beweist ja schon zur Übergenüge, welch Geistes Kind der Neukatholizismus ist. Ferner leugnet er nicht nur die offenbarste Gottheit Christi, sondern nach Strauß und Hegel jede Gottheit ganz weg! — Wer aber kann solch einer Lehre anhangen, besonders hier in

der ewigen Geisterwelt, die hinsichtlich des Fortlebens der Seele einen so ungeheuren Fehlschluß gemacht hat!? Eine solche Lehre aber wird doch in allen ihren Prinzipien nicht glaubwürdiger sein als in ihrer schnöden Annahme der Sterblichkeit der menschlichen Seele! Ist aber bei einer Lehre ein Hauptlehrsatz grundfalsch, so können die anderen davon abgeleiteten Sätze unmöglich anders als ebenfalls grundfalsch sein! Werft daher eure ganze neukatholische Lehre zum Plunder und folgt mir, wohin ich euch führen will! Ich stehe euch dafür, daß es mit euch in Kürze besser gehen wird."

23 Spricht der Redner: „Freund, du bist ein verteufelt gescheiter Kerl! Man muß dir recht geben, will man oder will man nicht. Es tut mir nun von Herzen leid, daß wir dir früher so hart und beleidigend entgegengekommen sind. Aber ich hoffe, du wirst uns das wohl vergeben können! Bedenke, wie in Wien alles, Pfaff und Beamte, so bestellt war, die arme Menschheit in des Geistes dickste Nacht zu versenken und sie einzuschläfern. Unter solchen, allen Geist tötenden Umständen war es ja unmöglich, sich in ein reineres Wissen emporzuschwingen. Wie wir aber erzogen wurden, so sind wir auch jetzt noch, nämlich blind, taub und stumm an Seele und Geist. Habe daher Nachsicht und Geduld mit uns und führe uns denn in Gottes Namen irgendwohin, wo wir etwas mehr Licht bekommen werden als jetzt."

24 Spricht Bruno: „Ganz wohl und gut! Daß ich mit dem geduldigsten Herzen zu euch hierhergekommen bin, brauche ich euch hoffentlich nicht mehr zu beweisen. Ich habe euch alles vergeben und bin allzeit euer Freund in aller Wahrheit. So glaube ich auch, daß zwischen uns kein Hindernis mehr obwalten dürfte, jenen Weg einzuschlagen, auf dem es allein möglich ist, hier in dieser Welt sich für ewig in einen Lebenszustand zu versetzen, in welchem dem Bedürfnis der Seele und des Geistes gemäß möglichst selig zu bestehen ist. Faßt sonach Mut und einen festen Willen und folgt mir! Alles übrige aber erwartet getrost von Dem, der allein helfen kann und auch euch sicher helfen wird. Nicht umsonst hat Er mich an euch abgesandt. So viel eurer auch sind: folgt mir alle, und es soll euch allen geholfen werden!"

25 Sprechen nun die Vorderen: „Wir, die wir uns von der Börse her kennen, sind unser nur etliche Zwanzig; aber hinter uns gibt es eine unzählige Menge allergemeinsten Gesindels. Ob diese dir auch folgen werden, ist eine andere Frage. Möglich, aber wenig wahrscheinlich,

denn die sind zu tief in der Nacht zurück. Versuche es! Uns ist es ein Gleiches, ob sie mitziehen oder nicht."

26 Sagen die vielen Hintergründler: „Gar so dumm, wie die Herren da vorne meinen, sind wir nicht! Daher werden wir auch so frei sein, euch als eine wahre Tausendgesellschaft zu begleiten! Denn der euch helfen wird, der wird sicher auch uns nicht zur Tür hinausweisen. Also denn auf gut Glück zur Ehre Gottes aufgebrochen!"

109

Guter Eintrachtsgeist unter den Lichthungrigen
Das Heer von Weltblinden kommt vor den Herrn
Brunos Lebenserzählung

1 Sagen darauf die ehemaligen Groller: „O unsertwegen habt ihr euch nicht zu genieren! Hier in dieser Welt hat ja ohnehin jeder Standesunterschied völlig aufgehört. Und Platz werden wir im unendlichen Raum hoffentlich auch haben. Und so könnt ihr mit uns ganz unbeirrt dorthin ziehen, wohin uns Freund Bruno führen will!"

2 Sagt darauf einer aus dem großen Hintergrundshaufen: „So ein Wort lassen wir uns gefallen! Vor Gott ist alles gleich, Fürst und Bettler, Wolf und Lamm. Der Fürst darf nicht über den Bettler hinwegblicken, und der Wolf darf nimmer nach dem Blut des Lammes gieren. Sind wir unter uns quitt, so werden wir es auch vor Gott sein. Tragen wir auf unseren Schuldtafeln keine gegenseitig obligaten Noten, so werden wir sicher auch im großen Buch des Lebens keine finden. Solltet ihr gegen uns irgend etwas haben, so löscht es für ewig von der Schuldtafel, gleichwie wir alles gelöscht haben, was immer wir dort gefunden haben!"

3 Spricht der Redner des Vorgrundes: „Sehr schön von euch! Was ihr tatet, das taten auch wir, und somit sind wir nun Freunde, Brüder und Schwestern! — Aber nun winkt uns Freund Bruno, und so wollen wir ihm ganz stumm folgen!"

4 Auf diese Worte erheben sich alle und folgen dem Bruno nach, wohin er heiteren Mutes voranzieht.

5 In wenigen Augenblicken mit der großen Karawane bei Mir angelangt, sagt Bruno: „Herr, da wären sie alle, die jenes trübe Gemach gefangen hielt. Ich habe meinen Auftrag erfüllt, nun geschehe mit ihnen Dein heiliger und bester Wille! Blind sind sie alle. Gib ihnen daher das Licht, daß sie Dich sehen mögen, wie ich Dich nun sehe in aller Deiner Milde und Vaterliebe!"

6 Sagt einer aus der Gesellschaft: „Freund Bruno, sind wir denn schon am Ziel unserer kurzen Wanderschaft? Und mit wem hast denn du nun in die Geisterluft hinein geredet?" — Spricht Bruno: „Wir sind nun vollkommen am Ziel! Und Der, zu dem ich nun geredet habe, ist der Herr, Gott Jehova, Jesus Zebaoth! Bittet Ihn um Licht, wie ich Ihn schon gebeten habe, so wird euch auch sogleich Licht werden; und ihr werdet Ihn dann ebenso sehen können, wie ich Ihn nun sehe!"

7 Spricht ein anderer aus der Gesellschaft: „Sage uns doch, ob wir uns nicht in dem großen Saale befinden, von wo wir nachher wegen unserer Anmaßung in jenes finstere Loch getrieben wurden, — und zwar von dem nie zu höflich gewesenen Sachsen Robert Blum?"

8 Spricht Bruno: „Ja, im selben Saale befindet ihr euch. Und der Bruder Robert ist nicht ferne von euch." — Spricht der Redner: „Da war ja auch, wie wir uns leise erinnern, der Herr Jesus zugegen, an den wir aber damals nicht glaubten. Damals sahen wir Ihn, warum können wir Ihn denn jetzt nicht sehen?"

9 Spricht Bruno: „Der Grund liegt einfach darin, daß ihr zu grob sinnlich geworden seid. Aus solcher Sinnlichkeit aber läßt sich durchaus nichts Geistiges wahrnehmen und begreifen, wie ich solches aus eigener Erfahrung weiß aus den verschiedenen Zuständen meines geistigen Lebens.

10 Als ich auf der Erde noch als zarter und gottesfürchtiger Knabe mich im Hause meiner frommen Eltern aufhielt, da hatte ich allerlei herrliche Gesichte. Ja es war mir manchmal, so ich mein Morgen- oder Abendgebet verrichtete, als umschwebten mich Engelsgestalten, die mich stärkten und in meiner Brust so ein himmlisches Gefühl erweckten, daß es mir dabei gar nicht selten vorkam, als befände ich mich schon in irgendeinem Eden Gottes. So hatte ich auch in dieser Lebensperiode oft wunderbar herrliche und bedeutungsreiche Träume, daß ich manchmal daraus sogar kommende Ereignisse für den Kreis unserer Verwandtschaft weissagte. — Als ich aber nachher als erwachsener Jüngling aus

dem väterlichen Hause kam und stets mehr und mehr Geschmack an der Welt fand, war es mit meinen himmlischen Gesichten bald aus. Meine lustigen Freunde disputierten mir alles bei Butz und Stengel weg und machten mir meine Jugend lächerlich und fad, so daß ich mich am Ende derselben förmlich zu schämen anfing. Und so ging ich mit Riesenschritten in die lustige Welt über, wurde am Ende ganz grob materiell sinnlich und hatte von allen meinen herrlichen Knabengesichten kaum noch eine Erinnerung. — Erst in meiner letzten Zeit bekam ich manchmal gewisse Mahnungen, die ich aber leider auch nicht eher würdigte, als bis es wahrhaftig zu spät war. Nun erst sehe ich alles ein, wie alle diese Geschichten an mir sich bestätigt haben — und warum! — Aber hier läßt sich daraus freilich sehr wenig oder auch wohl gar nichts mehr machen; denn hier kommt es nun bloß darauf an, welche Beschaffenheit das arme Herz der Seele anzunehmen noch irgendeine schwache Fähigkeit besitzt. Ist es noch einer reineren Erkenntnis und eines besseren Willens fähig, so ist es gut für uns. Ist aber das Herz, wie man zu sagen pflegt, ein Luder, so ist alles dann ein Luder. Aus dieser getreuesten Beschreibung meines höchsteigenen miserablen Lebens, wie es sich entwickelte und gestaltete, könnt ihr alle nun überdeutlich abnehmen, woher es so ganz eigentlich kommt, daß ihr hier in geistiger Hinsicht noch völlig blind seid. — Wendet euch aber nun vollernstlich an den Herrn Jesus in euren Herzen, und bittet Ihn allein um das rechte Licht, und es wird und muß euch Licht werden!“

11 Die ganze große Gesellschaft denkt nun sehr darüber nach, und viele fangen an, ihre Hände an ihre Brust und an ihr Herz zu legen.

110

Der Herr über Seelenfischfang
Brot, Wein und himmlische Bekleidung

1 Ich aber sage zu Bruno: „Mein lieber Bruno, du bist wahrlich ein guter Fischer. Mit einem Zuge hast du Mir ein volles Netz gebracht. Das ist eine wahre Meisterschaft, die ihres guten Lohnes wert ist in allem Vollmaß! Es wird sich nun freilich erst zeigen, so wir diese Fische

aus dem Netze heben, ob nicht mehrere darunter ausgeschieden und wieder zurück ins Meer geworfen werden müssen ob ihrer doch zu großen Magerkeit. Aber das macht dein Verdienst vor Mir keinesfalls geringer. Denn die Sonderung ist allein Meine Sache, während dir als von Mir ausgesandtem Fischer allein nur das Fangen der Fische obliegt. Jeder Fischer hat schon alles getan, so er sein Netz vollgefüllt hat, und hat nicht darauf zu sehen, ob die Fische gut oder schlecht sind. Ich aber als der Herr kann dann bestimmen, welche Fische Mir taugen und welche nicht."

2 Gehe du aber nun zu Robert hin; er wird dir eine rechte Stärkung, bestehend aus Brot und Wein, und ein dir geziemendes Ehrengewand geben."

3 Spricht Bruno: „O Herr, ich bin wohl kaum Deiner allergeringsten Gnade wert; wie könnte ich von Dir solch eine allergrößte annehmen? Herr, was Du mir zu viel tun willst, das tue lieber diesen armen Fischlein, die vor Dir zu mager aus dem Netze gehoben werden. Mich aber belasse, wie ich nun bin. Denn wahrlich, in Deiner heiligen Nähe bin ich weder hungrig noch durstig, und Dein Wort ist mir das kostbarste Ehrengewand!"

4 Rede Ich: „Mir gefällt deine große Demut und Nüchternheit über die Maßen wohl. Aber dennoch mußt du schon das tun, was Ich dir nun anbefohlen habe. Siehe, auch Mein Petrus wollte einst nicht zugeben, daß Ich ihm die Füße wasche. Als ihm aber von Mir der Grund gezeigt wurde, wollte er am ganzen Leibe gewaschen werden, was aber auch wieder zu viel gewesen wäre. Und siehe, so ist es nun auch hier mit dir der Fall. Du mußt darum zuerst mit Brot und Wein gestärkt und durch das himmlische Ehrenkleid geläutert werden, auf daß dann aus *deiner* Sphäre heraus diese Fischlein gestärkt und wahrhaft belebt werden. Wärest du aber zuvor nicht dazu eingerichtet, könnte es auch mit diesen deinen Fischlein durchaus nicht vorwärtsgehen. Den Grund davon wirst Du erst später vollkommen einsehen. — Tue daher, wie Ich es dir angeraten habe, und es wird darauf mit dem Auslösen dieser Fische sogleich gut zu gehen anfangen."

5 Als Bruno solches vernimmt, da wird er ganz heiter und spricht voll Freuden: „O Herr, Vater! Wenn so, dann will ich gleich essen und trinken für Tausend und mit dem Ehrenkleid der Sonne angetan werden!"

6 Sage Ich: „Iß und trink, was dir gegeben wird, und das Kleid, das dir gereicht wird, das ziehe an — und deine Fischlein werden alsbald das Augenlicht bekommen, Mich und alle zu sehen, die hier um Mich versammelt sind!"

7 Als Bruno solches vernimmt, verneigt er sich tiefst vor Mir und eilt sogleich zu Robert hin. Dieser reicht ihm freundlich ein mäßiges Stückchen Brot und in einem kleinen Kristallbecher etwas Wein. — Bruno verzehrt das Brot und auch den dargereichten Wein sozusagen auf einen Schluck und Druck, empfindet aber darauf noch einen bedeutenden Appetit. Robert aber macht keine Miene, diese Gabe zu wiederholen, sondern holt das bewußte Ehrenkleid, welches Bruno sofort anzieht in der Meinung, er werde dadurch etwas mehr satt werden. Aber dem ist nicht also. Denn nun wird er erst so recht hungrig und durstig und bittet den Robert noch um eine Gabe Brot und Wein.

8 Robert aber bescheidet ihn zu Mir und sagt: „Das abgängige wird dir beim Herrn werden! Gehe nun hin! Ich tue allein nur nach dem Willen des Herrn!"

111

Bruno spürt noch immer Hunger und Durst
Winke über die himmlische Ordnung

1 Bruno begibt sich sogleich zu Mir, nun mit einer weißen Faltentoga angetan, die mit roten Streifen verbrämt ist, und sagt: „Herr, ich armer Sünder danke Dir für diese unschätzbare Gnade, deren Du mich unverdient gewürdigt hast. Ich bin nun für meinen Teil überglücklich, nur verspüre ich noch ein bißchen Hunger und auch etwas weniges von einem Durst. Aber das macht nichts, denn die Seligkeit, die nun von Dir ausgehend mein ganzes Wesen durchströmt, läßt mich weder Hunger noch Durst empfinden. Ich bin nun selig, und mein Herz fühlt zum ersten Mal eine wahre, reine, himmlische Liebe zu Dir, o Herr, und auch zu allen diesen armen Brüdern und Schwestern. Oh, das ist eine Liebe, von der den schwachen Sterblichen wohl äußerst selten etwas in den Sinn kommen dürfte! Denn selbst die besten Menschen auf der Erde

lieben sich selbst mehr als ihre besten Freunde. Um wieviel weniger werden sie dann erst ihre Feinde lieben? Was heißt auf der Welt aber noch Liebe! O du verfluchte Liebe!

2 So mächtig mein Herz nun von der reinen, himmlischen Liebe auch erfüllt ist, und wie sehr ich auch allen armen Sündern und Sünderinnen die vollste Vergebung ihrer Sünden von ganzer Seele wünsche, so fühle ich dennoch gegen gewissenlose Böcke nicht die geringste Erbarmung und hätte eine wahre Freude daran, sie so lange in der Hölle brennen zu sehen, bis sie ihre Geilheit bis zum letzten Tropfen würden abgebüßt haben. Ich wünsche wohl niemandem etwas Böses, aber den Bösen wünsche ich auch so lange nichts Gutes, als bis sie durch vollkommene Buße sich als würdig erwiesen haben. Wohl wird es auch unter diesen von mir hergebrachten Fischen einige faule Nattern und Schlangen geben, die sich auf der Welt mit raffinierter Unzucht sehr abgegeben haben; doch für sie bitte ich Dich dennoch um Gnade und Erbarmen, denn es sind darunter meistens solche, die nicht wußten, was sie taten. — Aber es gibt anderorts viele, die gar wohl wissen, was sie eigentlich tun. Für diese Lumpen bitte ich nicht, die sollen alle Schärfe Deines Gerichtes verkosten!“

3 Rede Ich: „Mein lieber Bruno, du verspürst noch einen Hunger und einen Durst! Weißt du auch, woher das kommt? Siehe, das kommt daher, weil in deinem Herzen noch ein kleiner Richter sitzt! Dieser Richter ist an und für sich zwar sehr billig und gerecht, aber er ist dennoch nicht in Meiner Ordnung!

4 Willst du ganz nach Meiner Ordnung sein, mußt du auch diesen Richter aus deinem Herzen schaffen! Du wirst darauf ewig keinen Hunger und keinen Durst mehr empfinden. Denn siehe, Ich allein bin ein Richter, gut und gerecht in aller Fülle Meiner Macht und Kraft. Und dennoch richte Ich Selbst niemanden! Sondern ein jeder richtet sich selbst nach seiner Liebe. Ist diese rein und gut, so wird auch sein Gericht über ihn selbst gut sein; ist aber seine Liebe unlauter und schlecht, so wird desgleichen auch sein Gericht. Wenn Ich aber aus Meiner Macht und Kraft niemanden richte, um wieviel weniger darfst dann du erst jemanden richten.

5 Wie die Welt und wie diese Wiener beschaffen sind und welch ein Geist sie belebt, das weiß Ich am allerbesten. Sie haben sich gebettet ohne Mich, daher ruhen sie nun auch so, wie sie sich gebettet haben für

Zeit und Ewigkeit. Sie übten allerlei Blutschande aus, daher ruhen sie nun auch auf blutigen Lagern. Wohl schreit dieses Blut vielfach um Rache zu Mir. Aber Ich will es dennoch nicht rächen, sondern lasse es einfach nur zu, daß sich die Blutschänder aller Art untereinander wie die Tiger zerfleischen und untereinander den Lohn geben, den sie sich gegenseitig verdient haben. Und das ist die Hölle im Vollmaße. Eine andere Hölle gibt es nirgends als diese nur, die aus der Selbstsucht im Herzen des Menschen sich von selbst gestaltet.

6 Wer sich selbst nicht verdammt, den verdammen auch wir nicht. Wer sich aber aus der argen Liebe seines Herzens selbst verdammt, der soll auch verdammt sein! Kurz und gut, einem jeden werde, was er selbst will. Und so ihm das wird, ist das wohl das höchste und vollendetste Recht, das jemandem zuteil werden kann. Es soll wohl von unserer Seite nie ermangeln, allen nach ihrer Fassungskraft den rechten Weg zu zeigen und sie durch eine rechte Belehrung zum Guten hinzulenken. Wollen sie den wandeln, wird es für sie gut sein. Wollen sie aber das durchaus nicht, so werde ihnen deswegen von uns aus keine Strafe zuteil, sondern nur das, was sie selbst wollen: sie haben dadurch des Gerichtes und der Strafe in Überfülle! Wollen sie sich aber mit der Zeit, durch ihre Leiden genötigt, wieder auf den guten Weg begeben, so sollen ihnen ewig nie hemmende Schranken in den Weg gelegt werden.

7 Siehe, das ist die wahre himmlische Ordnung der reinsten Liebe Meines Herzens! Diese Ordnung muß auch ganz die deine werden, so wirst du so vollkommen sein wie Ich Selbst und wirst nimmer irgendeine drückende Leere in deinen Eingeweiden verspüren. Auf diese Weise gesättigt und erleuchtet, wird es dir ein leichtes sein, allen diesen von dir Hierhergebrachten aus deiner eigenen Fülle überall zu helfen, wo immer sie irgendeiner Hilfe bedürfen. Du wirst sie sättigen und ihnen den Durst stillen. Die Nackten wirst du bekleiden, die Gefangenen frei machen. Die Traurigen wirst du trösten und die Elenden heilen; und den Blinden wirst du selbst so die Augen öffnen und die Tauben hören machen das Wort des Lebens. Nun wende dich wieder zu deinen Fischlein und öffne ihnen die Augen und die Ohren ihres Herzens für ewig!“

112

Bruno belehrt seine Zöglinge
Einwürfe betreffend Wiedergeburt und Willensfreiheit
Bruno klärt sie auf

[1] Diese Lehre umstaltet den Bruno ganz himmlisch, und er wendet sich darauf sogleich zu seinen Fischlein und fängt an, sie gerecht zu lehren.

[2] Als er aber mit seiner Lehre zu Ende kommt, spricht einer, der ein Neukatholik ist: „Freund, deine Worte waren gewählt, aber wozu alle diese theosophischen Weisheitsphrasen? — Sieh, Moses erzählt in seiner Genesis: Als Gott Sich an das Schöpfungswerk machte, da war es Nacht in der ganzen Unendlichkeit. Und Gott sprach: Es werde Licht! Und es ward Licht in all den endlosen Räumen! Als die Unendlichkeit auf diese Art erhellt ward, da erst begann der allmächtige Gottes-Geist, der über allen Gewässern und ihrem Inhalt schwebte, diese Gewässer und ihr Chaos zu teilen und zu ordnen. Und das war wahrlich völlig eines Gottes würdig weise gehandelt. — Du aber fängst mit uns gerade den verkehrten Weg zu gehen an. So sprachst du viel und wohlgeordnet über Christus und Seine alleinige Gottheit, über Seine Liebe, Güte und Erbarmung und ebenso von Seiner nächsten Nähe. Aber was nützt uns das alles, so wir keine Augen haben, Ihn zu sehen und danach zu beurteilen, ob Er es wirklich ist?

[3] Daher sage auch du, so dir irgendeine Macht eigen ist, gleich der Gottheit über uns: Es werde Licht! Dann wird sich alles andere, wenn wir einmal geläuterten Gesichtes sind, von selbst geben. Aber so du sprichst, was *du* alles siehst, wir aber außer dir nichts erschauen und vernehmen können, wie sollen wir da deinen Worten Glauben beimessen? Besinn dich daher und tue, was uns zuerst nottut, so wirst du hoffentlich auch nicht wider die Ordnung der Himmel handeln, indem doch diese Ordnung das erste Werden aller Dinge bedingte!

[4] Wir begreifen noch immer nicht, warum wir jetzt weniger sehen als gleich im Anfang unseres Hierseins. Anfangs sahen wir recht gut den sehr geräumigen Saal, ebenso auch den seinsollenden Heiland Jesus, Robert Blum, Messenhauser, Jellinek, Becher, die Leanerl, den Pathe-

tikus Dismas, seinen Freund Max Olaf und ein paar Dutzend der saubersten Tänzerinnen. Und nun sehen und hören wir allesamt nichts von ihnen und den vielen anderen! Wo liegt denn da der Hund begraben?

5 Du hast uns bisher darüber keinen Bescheid geben können, wohl aber versprochen, daß uns allen Gott, der Herr Selbst, die Augen eröffnen werde. Aber nun geschieht von alledem nichts! Führe daher du an uns das aus, so wird sich dann alles andere von selbst geben!"

6 Spricht Bruno: „Freunde, nur noch eine kleine Geduld, und es soll euch dann vor allem das werden, wonach ihr nun besonders dürstet. Du hast mir zwar recht weise die Ordnung Gottes bei der Welterschaffung vorgeführt. Aber ich muß mit euch nicht wie Gott bei der Schöpfung mit den Urgewässern Seiner ewigen Ideen verfahren, sondern nur wie eine Wehemutter mit einem neugeborenen Kindlein. Bei dem Kind ist die Öffnung der Augen doch auch nicht das erste, wie soll es bei euch anders sein? Laßt euch erst willig aus dem Mutterleib eurer Sinnlichkeit herausheben, dann erst wird sich zeigen, wieviel des Gotteslichtes ihr auf einmal ertragen werdet! Und so geschehe es im Namen des Herrn!"

7 Spricht ein anderer neben dem früheren Redner mit Spottaugen und sarkastischer Zunge: „No, no, Liebster, auf diese Art bist du ja eine himmlische Schwerenotsmutter geworden! Schade, daß so was die heiligen Patres Liguorianer auf der Erde noch nicht erfahren haben! Die hätten dich vielleicht schon als Gnadenpatron unter dem Namen Hebammius coelestis in einem Hochaltar aus Holz geschnitzt und falsch vergoldet, und hätten dir zu Ehren sich schon einige gute Messen für die Erreichung leichter Geburten um einige hundert Silberlinge heruntergestochen. Nein, bist du ein grundgescheiter Mann! Zu helfen weißt du dir aus jeder Verlegenheit!

8 Aber sage mir als ein in allen Geburtssachen wohlerfahrener Patron, wie oft muß denn so ganz eigentlich eine Menschenseele geboren werden, bis sie endlich einmal sagen kann: Nun bin ich gottlob aus dem letzten Mutterleib an ein beständiges Tageslicht gekrochen! Ich glaube, dahin wird's bei deiner Himmelsverfassung wohl ewig keine Seele bringen. Kein Wunder, daß ein Nikodemus einst Christus, der ihm von einer Wiedergeburt des Geistes etwas vorsagte, zu fragen sich genötigt fand, ob er denn wieder in einen Mutterleib werde hineinschlüpfen müssen! — Mir scheint, eure ganze himmlische Weisheit ist aus sonst

nichts als lediglich aus Geburt und Tod, und dann wieder aus Wiedergeburt und also auch aus Wiedertod zusammengestoppelt! — Sage uns doch einmal aufrichtig, wie oft du an uns noch deine himmlische Hebammenschaft ausüben wirst, bis wir zum wahren Augenlicht gelangen werden? Licht, Licht, Freund Hebammius! Dann wird alles ohne viel Hebammerei besser werden; denn ohne Licht ist jedes Mundwetzen eine Altweiberdummheit! Verstehst du das?"

9 Spricht Bruno: „Freund, mit der Grobheit hat es hier im Reich der Geister noch keine Seele weit gebracht, das kannst du dir vorderhand ernstlich gesagt sein lassen! Ich werde dich dafür zwar ewig nie richten, aber du wirst dich dadurch vom Ziel deiner Bestimmung selbst stets mehr entfernen. Was fragst du denn, wie oft du noch wirst aus einem Mutterleib geboren werden, bis du zu einer vollichten Wahrheit gelangen würdest? Ich sage dir darauf: Wohl noch einige hundert Male, so du verbleibst in deiner eigensinnigen und gröbsten Gemütsverfassung!

10 Ist es denn gar so schwer, seinen eigenen Willen zu verabschieden und an dessen Stelle den Willen der göttlichen Ordnung zu setzen und diesen tatsächlich zu befestigen? Hättest du das schon auf der Erde getan, so wärst du auch schon lange aus dem letzten Mutterleibe herausgeboren worden und befändest dich schon längst im wahrsten Licht alles Lichtes! Aber es hat dir wohl nie gemundet, deinem Herrlichkeitswillen nur den geringsten Abbruch zu tun. Und so muß es dir nun auch munden, blind zu sein — gleich allen denen, die ebenso beschaffen waren und noch sind, wie du es leider noch bist!

11 Wolle du, was *Gott* will, so wirst du zum Licht gelangen! Willst du aber nur stets, was du willst, da wird es mit dir verzweifelt lange nicht anders werden. Hast du diese Worte wohl verstanden?"

12 Spricht der Grobianus: „Ja, Bruderchen St. Hebammius, ich hab's verstanden! Hör einmal, du bist aber sehr dumm und redest etwas daher, was weder Fuß noch Kopf hat! Und wenn es schon irgendeinen Kopf hat, so den von einem auf Reisen begriffenen Stockfisch!

13 Sage mir, wer kann denn seinen eigenen Willen verbannen und dafür einen fremden in seine Seele einpfropfen? Es ist merkwürdig, wie du als ein Sehender das nicht einsiehst, daß ich den Willen eines Fremden unmöglich anders als nur durch meinen höchsteigenen Willen zu meinem eigenen machen kann. Hätte ich aber durchaus keinen eigenen Willen, da möchte ich denn doch erfahren, mit welchem Willen ich

das soll wollen können, was irgendjemand anderer mir zum Wollen auferlegen sollte. Ich habe dich wohl immer für ein wenig dumm gehalten, aber daß du so enorm dumm wärst, das wäre mir nicht einmal im Traum eingefallen! — Nein, keinen Willen haben, und dabei aber dennoch unbeugsam wollen, was ein zweiter will! Das will noch mehr sagen, als jemandem eine Herrschaft schenken, während man selbst nicht einmal der Inhaber eines Schneckenhauses ist! — Sage mir doch gefälligst, hast du dir diese Weisheit etwa gar vom hl. Ignatius von Loyola zu eigen gemacht? Oder hast du dir einmal dein Gehirn mit einem schlecht ausgebackenen Schöpsenen verdorben?

14 Aber nun Spaß beiseite! Sage mir aufrichtig, bist du wirklich so dumm oder foppst du uns bloß so zu deinem Privatvergnügen? Schau, ein Mensch ohne Willen wäre ja doch nichts anderes als ein organomechanisches Uhrwerk ohne Feder oder Gewicht. Ich meine, der Mensch kann wohl seinen Willen einem andern auf eine Zeitlang zu Diensten stellen und das wollen und tun, was irgendein anderer haben will, mag es nun etwas Vernünftiges oder Unvernünftiges sein. Aber seines eigenen Willens ganz ledig werden, so wie ein schwangeres Weib ihrer Frucht, und sich sodann einen andern Willen gewisserart einsetzen lassen, das geht sogar über den Horizont des letzten Fixsternes! Haue du dir ganz evangelisch wohlgemeint beide Hände und zugleich auch beide Füße ab und laß dir dann ein paar fremde anheften, und wir werden sehen, welche Bockssprünge du damit machen wirst! — Also nur gescheit, Freunderl, gescheit! Hast du eine Kraft, so handle zu unserem Besten! Aber mit deinen leeren Worten verschone uns für immer, Herr Brunissimus!"

15 Bruno wendet nun alles auf, sein etwas erregtes Gemüt zu beruhigen, aber der Grobianus will ihm nicht so ganz aus dem Herzen weichen. Nachdem er sein Inneres mehr und mehr beruhigt hat, spricht Bruno zum Grobian: „Freund, deiner absichtlich beleidigenden Einrede habe ich klar entnommen, daß du meine Rede nicht im geringsten verstanden hast. Ich habe euch vorerst zu einer rechten Geduld ermahnt, ohne die kein Mensch je zu etwas Ausgezeichnetem gelangen kann. Darauf habe ich euch gezeigt, wie ein Mensch nur dadurch vorwärts und zum erwünschten Ziele gelangt, wenn er seinen eigenen, nichtswerten Willen dahin gefangennimmt, daß er *durch ihn* den Willen eines Weisen in sich aufnimmt und dann nicht mehr den verkehrten eigenen,

sondern lediglich nur den besseren fremden Willen als Tatkraft in sich wirken läßt.

16 Ich meine, die Sache sollte doch klar sein? Aber du findest in dieser wichtigsten Wahrheit nur eine Dummheit, weil du die Sache so auffaßt, daß man zuvor sich ganz willenlos machen müsse, um erst dann einen fremden Willen als den eigenen in sich wirkend aufzunehmen. Wer aber hat dir je eine solche Lehre gegeben? Das weiß ich so gut wie du und vielleicht noch etwas besser, daß man ohne Willen durchaus nicht wollen kann, was ein zweiter will. Denn ein Mensch ohne Willen wäre entweder ein stummer Automat oder eine bare Statue. Und so versteht es sich doch von selbst, daß ein Mensch nur so seinen Willen in den eines andern übergehen lassen kann, wenn er eben mit dem eigenen Willen den eines andern fest will und danach seine Handlungen einrichtet.

17 Der Wille ist der Arm der menschlichen Bedürfnisse. Wer demnach seinen Willen ändern will, muß zuvor seine Bedürfnisse ändern. Ist dem Menschen die Trägheit ein angestammtes Bedürfnis, so bindet dies Bedürfnis der Seele die Notwendigkeit auf, nichts zu tun. Ist dem Menschen die Befriedigung seines Fleisches ein Bedürfnis, so muß die Seele alles aufbieten, um eine Sättigung dem Fleische zuzuführen. Der Mensch aber hat auch ein höheres Erkenntnisvermögen, durch das er das Schädliche der groben Bedürfnisse einsieht. Damit kann er solche unlautere Bedürfnisse bekämpfen, sie endlich ganz verbannen und an ihre Stelle bessere, d. h. göttliche, setzen. Das heißt dann seinen materiellen Willen gegen einen wahren göttlichen vertauschen! Das aber ist es, was ich von euch im Namen des Herrn verlange.

18 So ich aber nur das und nichts anderes von euch verlange, sage mir, aus welchem Grunde du gegen mich so empörend roh und grob aufgetreten bist?“

19 Spricht der Grobian: „Hättest du früher auch so verständlich mit uns gesprochen, so wäre ich dir auch anders entgegengetreten. Aber du hast ehedem nur hochweise und orthodoxisch mit uns parliert, daß wir dich selbst mit dem besten Willen nicht anders hätten verstehen können. Und die für dich unangenehme Folge war, daß ich dir deshalb im Namen meiner zahlreichen Brüderschaft einige Komplimente habe müssen zukommen lassen. Ich nehme sie aber wieder zurück, weil ich aus deiner letzten berichtigenden Rede ersehen habe, daß du doch nicht gar so einfältig bist als ich glaubte. Nach deiner letzten Berichtigung stehen

die Aktien bei weitem besser, und wir alle sehen nun die Notwendigkeit dessen ein, was du über die Geduld und den Austausch des menschlichen Willens geredet hast. Ja, ja, auf diese Art kann es auch gehen, wenn auch mit manchen Schwierigkeiten; denn ein altes Pferd nimmt schwerer eine andere Dressur an als ein junges, aber das tut nichts zur Sache, wo die Jungfrau Geduld am rechten Fleck weilt!"

113

Grobians Rede über die Entstellung der Religion durch das Priestertum

1 Spricht der Grobian weiter: „Daß wir Menschen nun aber so unmenschlich dumm sind, besonders in den Dingen der Religion Christi, kann uns kein Gott für übel nehmen! Denn das hohe und niedere Pfaffentum haben mit der lieben Lehre Christi ja doch so gewirtschaftet, daß es am Ende sogar dem letzten Sauhalter auffallen mußte, wie die von Wohlleben strotzenden Diener der hl. Religion den getauften Bekennern der alleinseligmachenden römisch-katholischen Kirche nichts so sehr ans Herz legten als die liebe himmlische Armut, Liebe, Geduld und den unbedingten Gehorsam — vorerst gegenüber der Kirche und ihren göttlichen (oder was?) Dienern, dann aber auch gegen den Staat, sofern dieser die Sache der alleinseligmachenden Kirche begünstigt!

2 Bin ich doch selbst oft mit den einfachsten Leutchen darüber zu reden gekommen, die solche Lumpereien ebenso beurteilten und sagten: Die Religion sei nichts anderes, als ein schon in alten Zeiten fein ausgedachtes Mittel, die armen Menschen zu blenden und sie durch höllische und himmlische Vorspiegelungen und glänzende Betrügereien dahin zu verhalten, daß diese dann aus Furcht vor der Hölle oder aus großem Wunsch nach dem Himmel der arbeitsscheuen Priesterkaste die besten Bissen zubringen, selbst aber schlechter leben sollen als der gemeinste Kettenhund — natürlich alles zur ‚größeren Ehre Gottes'! Woraus dann deutlichst hervorgehe, daß es entweder nie einen Jesus gegeben habe, oder daß er doch unmöglich Gottes Sohn gewesen sein kann! Denn wenn man die erschaffene Einrichtung der Welt, die unendlich weise ist, betrachtet und daneben die löblichen Grundsätze der allein-

seligmachenden römisch-katholischen Religion, wonach man ganz ohne Gedanken alles glauben muß, wenn es auch noch so dumm und widersinnig wäre, und wenn man dazu noch bekennen muß, daß nur die römische Lehre die rein christliche sei — so muß man doch sehen, daß derselbe Gott, der alles so höchst weise erschaffen hat, zur Erweckung des Menschen unmöglich solch eine Lehre gegeben haben kann.

3 Sieh, Bruno, so philosophieren ganz einfache Leutchen! Wie sollen dann erst wir Gebildeteren urteilen gegenüber den Dummheiten, Lügen und Betrügereien der römisch-katholischen Kirche? Und in welch einem Ansehen muß da erst der Stifter einer solchen Lehre stehen, die sich wie Wachs oder Gips in alle erdenklichen Mißformen umwandeln läßt?

4 Man sagt freilich: Das Papsttum sehe der reinen Christuslehre ebenso ähnlich wie ein schmutziger Stiefel einer mediceischen Venus. Aber das ändert mein Urteil übers Christentum und dessen Stifter nicht. Denn was von Gott ausgeht, das kann keine menschliche Selbstsucht nur im geringsten ändern. Wäre sonach die Lehre Christi göttlich, da müßte es doch mit allen Teufeln hergehen, daß daran die elende Menschheit etwas nach ihrem selbstsüchtigen Belieben zu ändern imstande sein sollte! Sollte es der Gottheit wirklich nur daran gelegen sein, mit der Lehre von der vollsten Freiheit des Willens den Menschen auch die Erlaubnis zu geben, nach ihrem Belieben mit der Lehre Schindluder zu treiben? Dann Freund, adieu Gottheit! Denn dann muß sogar ein Blinder einsehen, daß der Menschheit solch eine Lehre noch viel weniger nützt als gar keine!

5 Ich meine aber, vor einer rein göttlichen Lehre sollte doch ein jeder Mensch wie vor einer aufgehenden Sonne die höchste Achtung und Ehrfurcht haben, am allermeisten der Verkündiger solcher einzigen Lehre. So aber eben die Pfaffen die reine Lehre Christi am wenigsten respektieren, sondern sie als ein reines Menschenwerk zu ihren herrsch- und selbstsüchtigsten Zwecken ummodeln? Ja so sie nachgerade nur das schroffste Gegenteil von dem sind, was die ursprüngliche Lehre gebietet — muß da nicht ein jeder hellerdenkende Mensch bei sich zu schließen anfangen: Eine Lehre, die sogar von den Priestern keine Achtung in der Tat genießt, sondern nur durch äußere, nichtssagende Zeremonie betätigt wird, kann nicht göttlich sein! Denn vor rein göttlichen Dingen hat sogar das Vieh eine Achtung, um wieviel mehr der mit Vernunft begabte Mensch.

[6] Wer kann beim Anblick der aufgehenden Sonne ohne Achtung vor der großen Gottheit dastehen? Wen ergreift der Anblick hoher majestätischer Gebirge nicht? Wer kann ohne Achtung gleichgültig das Meer ansehen? Wessen Brust wird nicht erschüttert beim mächtigen Rollen der Donner? Siehe, das sind göttliche Dinge, vor denen jeder vor Ehrfurcht bebt. Aber das seinsollende Wort Gottes, wie sieht es denn da mit der Göttlichkeit aus? — Wenn es den Pfaffen nichts als eine verkäufliche Pomade ist, was soll es dann uns Laien sein, die wir keine Doktoren der Gottesgelehrtheit sind?

[7] So der Mensch auf diese Weise notwendig vor solch einer Lehre einen Ekel bekommen muß, ist es dann etwa zu wundern, daß sich hernach ein jeder vernünftige Mensch aus den Bedürfnissen seiner Natur Lebensregeln formt, nach diesen lebt und alles mit Ziel und Maß genießt, was ihm die liebe Gottheit auf dem natürlichsten Wege zum Genuß darstellt.

[8] Ich habe gegen die Grundsätze der reinen Urlehre Christi nichts einzuwenden; sie sind gut und den Bedürfnissen der Menschheit ganz naturgerecht angepaßt. Aber was nützt das, so man sie, um ein guter Katholik zu sein, nicht anwenden kann und darf. Da die Gottheit doch sonst alles leitet, sollte es ihr nicht auch möglich sein, ihre eigene Lehre vor solchen Verwüstungen zu bewahren? Wo aber ist eine solche Verwahrung ersichtlich? Freund, auf der ganzen Erde mir bekanntermaßen nirgends!

[9] Wenn die Sache sich aber tatsächlich so verhält, da bitten wir alle dich, zeige uns, wo es dann stecken mag, so die Lehre Christi etwa dennoch göttlich sein sollte, daß sie zuerst gerade von jenen, die ihre Göttlichkeit am tiefsten fühlen sollten, als eine barste Null betrachtet und auf alle erdenkliche Weise mißbraucht wird und darauf natürlich auch bei allen etwas hellersehenden Menschen in Mißkredit kommt.

[10] Erweise uns die Göttlichkeit der Lehre Christi, dann wollen wir dir aufs Wort glauben, was du uns von den Pflichten sagen wirst, die Gott durch Seine Lehre von den Menschen zu ihrem Besten fordert. Und haben wir je dawider gesündigt, so wollen wir gerne unsere Sünden bereuen und womöglich abbüßen!

[11] Aber natürlich müßtest du uns auch beweisen, daß der Mensch auch ohne Gesetze sündigen kann. Wir aber hatten als hellerdenkende Menschen aus obigen Gründen notwendig kein, und am wenigsten ein

positives, göttliches Gesetz — außer das in unserer Natur, das wir auch stets beachtet haben — und konnten daher auch keines befolgen. Bitte nun, Freund, so du Lust hast zu reden, so rede! Sonst aber laß uns gehen, wohin uns unsere Sinne den geraden Weg weisen werden!"

114

Brunos Antwort aus dem Herrn
Beweis der Göttlichkeit der Lehre Jesu: ihre unerschöpfliche Fülle und Mannigfaltigkeit

1 Nach dieser klar gefaßten Rede unseres Gröblings wendet sich Bruno an Mich und bittet Mich um eine rechte Erleuchtung, damit er dem Redner und dessen Genossen einen wirksamsten Gegensatz entgegenstellen könne.

2 Ich aber bedeute ihm: „Rede, und sorge dich nicht um die Worte! Auf deiner eigenen Zunge wirst du die rechte Entgegnung finden!"

3 Auf diese Zusicherung wendet sich Bruno wieder an den Redner und sagt: „Freund, so du eine rechte Geduld und wahre Aufmerksamkeit besitzest, will ich deiner Aufforderung bereitwilligst entgegenkommen." — Spricht der Gröbling: „Nur zu! Daran soll es weder mir noch jemand anders aus dieser Gesellschaft fehlen. Aber nur nicht übers Alter Christi hinaus darfst du deine Rede dehnen!"

4 Spricht Bruno: „Ganz wohl, liebe Freunde, meine Rede soll ganz kurz und gut sein. So vernehmet mich:

5 Alle zeitlichen Gaben der Gottheit an die Menschen sind so gegeben, daß der unvollendete Mensch mit seinem Naturverstand, der die Gaben durchaus nicht zu würdigen versteht, an ihnen stets etwas zu tadeln hat. Dem einen scheint die Sonne im Sommer zu heiß, ihm wäre ein ewiger Frühling lieber. Einem andern ist der Winter entsetzlich lästig; ein ewiger Sommer wäre ihm bei weitem lieber. Einem ist das menschliche Leben zu kurz, dem andern oft bis zur Verzweiflung langweilig, daß er es sich selbst gewaltsam abkürzt. Wieder will einer, daß die ganze Erde ein fruchtbarer, fester Boden wäre, während ein Engländer das Meer noch ausgedehnter haben möchte, als es ohnehin

ist. So wollen einige lauter Äcker, andere lauter Wiesen, wieder andere lauter Gärten, noch andere lauter Städte und Festungen. Und so tausend verschiedene Dinge! Ja, ich habe kaum je zwei Menschen kennengelernt, die auf ein Haar ein und dasselbe wollten.

6 So können die Menschen aus Unzufriedenheit die göttlichen Gaben auch nicht belassen, wie sie gegeben sind, sondern wandeln diese stets nach Belieben und nach irdischen Bedürfnissen um. Die Tiere werden gefangen, geschlachtet und ihr Fleisch unter allerlei Zurichtungen verspeist. Die Bäume und Pflanzen werden versetzt und veredelt. Mit keiner Ordnung ist der Mensch zufrieden und macht sich selbst eine bessere. So wäre von Natur aus auch angezeigt gewesen, daß die Menschen nackt umherwandeln und sommers und winters unter freiem Himmel oder in Höhlen und Grotten kampieren sollen. Allein sie sind damit durchaus nicht zufrieden und machen sich deshalb mitunter sogar sehr luxuriöse Kleider und bauen sich allerlei Häuser und Wohnungen.

7 Warum pfuschen denn die Menschen da in die erhabene Gottesschöpfung hinein und zeigen dadurch der Gottheit tatsächlich, daß sie mit der ersten, vom Schöpfer gestellten Ordnung durchaus nicht zufrieden sind? Ein Glück für die Gestirne des Himmels, daß sie von menschlichen Händen nicht erreicht werden können, sonst hätten sie schon lange eine andere Ordnung erhalten. Was läßt der Mensch wohl unangetastet, das er mit seinen Sinnen und Händen erreichen kann? Ich sage dir, nichts! Sollen aber alle Dinge auf der Erde darum nicht von Gott erschaffen worden sein, weil die ungenügsamen Menschen ihre Hände daran gelegt und manches sogar ganz umgestaltet haben? Freund, beantworte mir vorerst diese Frage, dann wollen wir von der Gotteslehre vernünftig und weise weiterreden!“

8 Spricht der Redner: „Nun, die Sache läßt sich hören! Wie ich nun leise zu verspüren anfange, dürfte es dir wohl sogar gelingen, uns auch die Gottheit Christi begreiflich zu machen. Fahre nur weiter fort, denn es ist wahrlich interessant, dich in dieser Art reden zu hören!“

9 Spricht Bruno weiter: „Gut, da ihr das von mir Gesagte einseht, will ich denn im Namen des Herrn die Sache Gottes vor euch weiter kundtun:

10 Mit der Lehre Gottes verhält es sich gerade so wie mit der anderen Schöpfung. Sie ist vor den Augen des Weltverstandes eine höchst

unordentliche Torheit und der sucht da vergeblich jene feste Ordnung, die er natürliche Logik nennt. Wundertaten und moralische Lehren in zumeist mystischen Bildern sind nahezu wie Kraut und Rüben untereinander gemengt. Hier liest man ein Wundermärchen, dort einen Verweis. Auf einer andern Seite eine an und für sich zwar erlesenste Moral, aber sie hängt mit den anderen Gleichnissen und Begebnissen für den Weltverstand oft noch weniger zusammen als die ordnungsloseste Flora einer Bauernwiese. Das aber widerspricht in der Gotteslehre an die Menschen der göttlichen Ordnung dennoch nicht im geringsten, sondern bestätigt diese vielmehr. Denn eben dadurch zwingt die Gottheit die träge Natur der Menschen zum fortwährenden Denken und verschiedenartigen Suchen, um sich ordentlich zurechtzufinden in dem, was ihr anfangs in der Äußerlichkeit der Lehre gar so unordentlich und ohne alle Logik hingeworfen vorkommt.

11 Was würdet ihr wohl von der Gottheit halten, wenn z. B. auf der Erde die Sache so eingerichtet wäre, daß auf bestimmten, mathemathisch scharf abgemarkten Plätzen nur eine bestimmte Fruchtgattung, auf anderen wieder eine andere fortkäme? Würde ein Hausvater eine andere als diese Fruchtgattung auf einer solchen Fläche ansäen und darauf nichts ernten — wie sähe es dann mit seinem Haushalt aus?

12 Daher hat der weise Schöpfer nur dort eine unwandelbar feste Ordnung gestellt, wo sie notwendig und den Menschen heilbringend ist. Aber Dinge, mit denen sich der freie menschliche Geist zu beschäftigen hat, sind von Gott darum so bunt durcheinandergeschleudert, damit an ihnen der Geist die beste Gelegenheit finden möge, sich daran zur Erreichung gewisser Vorteile zu üben — um dadurch jene Fertigkeit und Kraft sich zu eigen zu machen, die hier in dieser reinen Geisterwelt die eigentliche liebtätige, ewige Existenz bedingt.

13 Die Gotteslehre ist so gegeben, daß jeder Geist aus ihr *seine* ihm zusagende Nahrung saugen, sich ernähren, dadurch wachsen und zur Vollendung gelangen kann.

14 Wie auf dem Erdboden zwei verschiedene Pflanzen recht gut nebeneinander fortkommen und ihre Reife erlangen können, ebenso können auch aus derselben Gotteslehre mehrere, konfessionell noch so verschieden gestellte Geister ganz ungehindert ihre geistige Vollendung erlangen.

15 Daß aber keine Lehre auf der ganzen Welt eine solche Menge

Kultusarten zuläßt wie eben die Gotteslehre Jesu Christi — ist ein Hauptbeweis für die Göttlichkeit dieser Lehre und ihres erhabensten Verkünders und Stifters! Wäre diese Lehre ein Menschenwerk, wie etwa ein aus Holz nachgebildeter Baum, so könnte niemand aus ihr irgendeinen Zweig weiterverpflanzen. Da aber die Lehre aus dem Gottesmunde Christi kein durch Menschenhände künstlich geschnitzter, sondern ein mit aller Lebenskraft von Gott Selbst gepflanzter Baum ist, so geschieht es denn, daß seine Pfropfreiser (Konfessionen) überall grünen und bei *richtiger* Pflege auch unfehlbar gute Früchte zum Vorschein bringen.

16 Betrachtet dagegen menschliche Lehren, z. B. die Philosophie, die Mathematik und dergleichen mehr: sie sind wie eine Maschine, die nur unter einer bestimmten Form und Einrichtung die stets gleiche Wirkung hervorbringt. In der Mathematik ist auf der ganzen Welt ohne alle Sektiererei zwei mal zwei gleich vier. Ein Aristoteles läßt nur eine Sekte, nämlich die rein aristotelische zu, ebenso ein Wolff, ein Leibniz, ein Fichte, ein Kant und ein Hegel; denn sie alle pflanzten nur tote Bäume!

17 Nicht so verhält es sich mit der Gotteslehre Christi. Jeder verpflanzte Zweig faßt Wurzeln, grünt fort, wächst bald zu einem Lebensbaum und trägt Früchte. Und das ist der gewichtige Unterschied zwischen einem Gotteswerk und dem toten Werke eines Menschen. Zugleich auch der größte Beweis für die unleugbare Göttlichkeit einer Lehre, die unter den verschiedenartigsten Kultformen bei guter und gewissenhafter Pflege stets dieselben Lebensfrüchte trägt.

18 Habt ihr aber noch irgend etwas dagegen einzuwenden, so steht es euch frei! Ich werde euch im Namen des Herrn keine erläuternde Antwort schuldig bleiben."

115

Kritik an Rom. — Brunos Beleuchtung dazu
Vom Nutzen der Nacht

1 Spricht der Redner: „Freund, du hast die Sache mit staunenswerter Folgerichtigkeit dargetan, und ich muß dir im Namen aller Gäste da-

für danken! Aber nun kommt noch eine Hauptfrage. Beantwortest du auch diese überzeugend richtig, dann sollst du uns alle gewonnen haben, und wir werden dich zum Oberhaupt unserer Gesellschaft machen. Die Frage aber lautet:

2 So nach deiner weisen Erörterung Christus der Herr und Gott des Himmels und der Erde ist, so fragt es sich, welche Glaubenssekte der Erde ist der Wahrheit am nächsten? Und wie steht es bei Christus vollernstlich mit der römisch-katholischen Kirche? — Wer kennt nicht das alte, im höchsten Grad herrschsüchtige Getriebe der Alleinseligmacherin? Das Wort Gottes, verkümmert und verkrüppelt, ist da nur ein gleißnerisches Aushängeschild, hinter dem ein Wolf seine reißende Gier verbirgt. Alle möglichen Stürme haben versucht, diesem Wolfsdrachen das Lammfell vom Leib zu ziehen, aber leider bisher rein vergeblich! Dieser Moloch, dieser siebenköpfige Drache, diese alte Welthure gedeiht und vegetiert unverwüstbar fort und treibt ihr ruchloses Metier ganz ohne Beirrung aus dem Himmel!

3 So Christus, der die Schändlichkeiten der jüdischen Pfaffen bei allen Gelegenheiten doch nachdrücklich gerügt hat, Gott ist und lebt wie wir nun nach unserer Leiber Tod — so sage uns: Wie kann Er solchen Greueln nun schon über fünfzehn Jahrhunderte den Lauf lassen und gemächlich zusehen, wie diese schwarzen Gottesdiener mit Ihm ein bei weitem ärgeres Schindluder treiben als alle jene altrömischen Henkersknechte, die Ihn ans Kreuz geheftet haben? Mehr als vier Fünftel der Christenheit sieht dieses arge Treiben klar ein und sagt: »Unter allen christlichen Sekten ist Rom die älteste und muß sonach auch am besten wissen, was sie von Christus und Seiner Lehre zu halten habe! Durch ihre, der Lehre Christi schnurgerade entgegenlaufenden Handlungen aber zeigt sie, daß sie selbst an diese Lehre noch nie geglaubt hat und somit noch weniger an Christus. Sie backt Ihn, sie verkauft Ihn, ja sie verfluchte Ihn sogar zur Hölle, so Er es wagte, etwa auch mit einer andern Sekte Gemeinschaft zu machen. Dadurch werden alle Bekenner Seiner Lehre in ihrem Glauben erschüttert und sind auf diese Weise dann genötigt, solch einer Lehre mit Verachtung den Rücken zu kehren!«

4 Sage, so es einen Christus gibt, sieht Er das nicht oder will Er es nicht sehen? Oder ist es etwa doch Sein Wille, daß die römisch-katholische Kirche ebenso fortwalte, wie sie allzeit schändlich genug bestanden

hat? Hat Christus im Ernst ein Wohlgefallen an solchen Werken? Kann Er im Ernst nur lateinisch und liebt über alles die leerste, nichtssagende Zeremonie? Er, der zu Seinen Lebzeiten doch nichts so sehr bedroht hat wie die schändliche Augendienerei! — Also, Freund, dies Rätsel noch löse uns und wir sind dann ganz deines Gottes!"

5 Spricht Bruno: „Freund, dein Einwurf wegen Rom ist gewiß bestbegründet und es läßt sich für diese Kirche wahrlich schwer irgendeine Befürwortung anbringen. Nichtsdestoweniger muß der Herr dennoch irgendeinen Grund haben, daß Er sie bestehen läßt. Es ist vollkommen wahr, daß das Gotteswort Christi sogar bei den Juden und Mohammedanern bei weitem größeres Ansehen genießt als eben bei den Römlingen, die aus Christus machen, was sie wollen, und Sein heiligstes Wort verdrehen, wie es in ihren herrsch- und habsüchtigsten Kram gerade am besten taugt.

6 Dieser nun schon sehr alte Baum hat in geistiger Hinsicht beinahe dieselbe Degeneration erlitten wie der alte Kastanienbaum in Sizilien nahe am Ätna, dessen Kern schon vor nahezu eintausend Jahren morsch, faul und tot geworden ist. Da aber dieser Baum in seiner Jungzeit mächtige Wurzeln und weitausgebreitete Äste getrieben hat, so hat sich in späterer Zeit zwischen Wurzeln und Ästen eine neue Rumpflinie gebildet. So entstand aus dem ehemals einen, gesunden Baum nun ein Vielbaum, der bloß in der Krone und lange nicht mehr in Wurzel und Stamm als ein und derselbe Baum zusammenhängt. Dieser Baum trägt wohl noch hie und da sparsam Früchte, aber sie sind geschmacklos, hart und nahe ungenießbar. Der Grund davon dürfte wohl der sein, weil der Baum den ersten Hauptlebenskern schon lange gänzlich verloren hat. Wohl haben sich aus den starken Seitenwurzeln in den geteilten Blattstämmen auch eigene Kerne gebildet. Damit aber ist dem Hauptstamm wenig geholfen, von dessen alleiniger Vollgesundheit auch die wohlgenießbare Frucht abhängt. Dieser Baum wird jetzt mehr als eine historische Rarität denn als ein eigentlich nutzbarer Baum angesehen und vom einfachen Volk unter allerlei Märchen und Fabeln (die sich an alles sehr Alte gerne ankleben) verehrt und von stockblinden Narren sogar als ein Heiligtum angebetet. Das beste an diesem Baum ist, daß er bei plötzlich eintretenden Unwettern den Wanderern einen dürftigen Schutz gewährt.

7 Ebenso verhält es sich mit dem in hohem Grad zerrissenen Bestand

der römisch-katholischen Kirche. Sie hat keinen eigentlichen Stamm und keinen Kern mehr. Sie hat noch äußerlich das Ansehen von einem Lebensbaum; aber im Grunde ist sie ebensowenig mehr ein solcher, wie der alte sizilianische Kastanienbaum ein nützlicher Fruchtbaum mehr ist. Sie vegetiert wohl noch und hat in ihren Gliedern noch ein Äußerlichkeitsleben, trägt auch noch Blüten und Früchte; aber sie sind nicht mehr zu genießen, sind hart und geschmacklos und werden von einigen Reisenden nur als eine Rarität gekauft. Wie der sizilianische natürliche Baum eigentlich schon lange tot ist und nun seiner gänzlichen Auflösung entgegengeht, so nun auch der altersschwache geistliche Baum Roms. Ich sage dir: Bald wird Rom nur mehr in den Geschichtsbüchern existieren!

8 Es ist allerdings wahr, daß an seiner Stelle eine Menge anderer frischer und gesunder Bäume stehen könnten. Aber so es Gott noch genehm ist, solche Raritäten bestehen zu lassen, wozu Er sicher Seinen besten Grund hat, — warum sollen sie dann uns genieren, wo wir doch alle schon lange von ihnen keinen Lebensgebrauch mehr gemacht haben und in alle Zukunft noch weniger machen werden!

9 Übrigens kommt mir die römische Kirche vor wie eine Glaubensnacht, da sie bei ihren sogenannten gottesdienstlichen Verrichtungen stets Lichter anzündet zum Zeichen, daß es in ihr auch am hellsten Tage Nacht ist! Die Nacht aber hat auch ihr entschieden Gutes, denn sie gibt den Müden Ruhe. Und wo haben die Geistesmüden mehr Ruhe als in der Nachtkirche Roms? Sie brauchen nichts zu denken, nichts zu forschen und nicht vorwärts zu schreiten, sondern nur ganz ruhig an den Gütern ihrer Mutter (Nacht) teilzunehmen und können dabei ruhig schlafen! Erwachen sie aber dann, durch irgendeinen moralischen oder politischen Rumpler geweckt, so sucht niemand so emsig ein Licht als eben diejenigen, die sich in der Nacht befinden!

10 Und so glaube ich, daß der Herr aus *diesem* Grund die römisch-katholischen Nächtlinge duldet, gleichwie die natürliche Nacht neben dem Tage, daß die Menschen in dieser Nacht desto größeren Appetit nach dem Licht bekommen sollen! Ich habe mich wenigstens noch allzeit überzeugt, daß die Blinden stets größere Freunde des Lichts waren als die Sehenden. So mag es wohl auch sein, daß von allen christlichen Glaubenssekten keine so viel nach wahrem Licht forschen wird

als eben die der Nachtkirche zuständigen Bekenner. — Ich meine, daraus dürfte euch so ziemlich einleuchtend sein, warum der Herr die alte Römerin duldet, und wozu sie eigentlich gut ist?“

116

Entstellung der reinen Gotteslehre zufolge der menschlichen Willensfreiheit
Das Ende der Langmut des Herrn

1 Spricht der Redner: „Freund, wir sehen nun ein, daß die Gotteslehre Christi wohl eine echte Gotteslehre sein kann und auch sicher ist, obgleich sie von Rom auf das greuelhafteste mißbraucht wird. Aber nur sehen wir noch nicht ein, wie denn der Herr es zulassen konnte, daß diese in der ersten Zeit doch rein apostolische Kirche in den letzten Jahrhunderten so herabgesunken ist, daß sie nach dem reinen Sinn des Evangeliums gar keine Kirche mehr ist. Ihr lateinisches Geplärr, ihre Ohrenbeichte, ihr Meßopfer und sonstiger Heiligenfirlefanz und besonders das aller Natur widerstrebende Zölibat sind doch Erscheinungen, über die sich in der jetzigen Zeit sogar schon Pudel zu mokieren anfangen — anderer dümmster kirchlicher Gebräuche nicht zu gedenken. Und solch eine großartigste Narrenanstalt duldet der Herr, dessen Lehre ein Zentralsonnenlicht den Menschen der Erde sein soll! Sieh, das ist des Pudels ominöser Kern! Darüber, Freund, gib uns noch ein Lichtlein!“

2 Spricht Bruno: „Liebe Freunde! Warum dieses der Herr zulassen kann, müßt ihr euch aus dem heiligen Begriff der notwendigen Freiheit des menschlichen Willens erklären, ohne welche der Mensch nicht Mensch, sondern ein bloßes Tier oder ein Automat wäre. Da er jedoch, um Mensch zu sein, einen vollkommen freien Willen haben muß, demzufolge er tun kann, was immer er will, so ist es auch klar, daß es ihm auch in Hinsicht auf die noch so reingöttliche Lehre freistehen muß, sie anzunehmen oder nicht anzunehmen, oder als echt oder nicht echt anzuerkennen. Da aber dem Menschen solches zusteht, so war es dann

auch möglich, daß sich mit der Zeit aus der reinen Lehre Christi ein finsterstes Papsttum herausbilden konnte.

3 Haben sich doch schon zu den Zeiten der Apostel Geschäftemacher mit der Wunderlehre Christi vorgefunden; ja Christus Selbst hatte einen, der Ihn verriet, bei sich! Wie sollen sich da in den späteren Zeiten nicht Krämer in Menge vorgefunden haben, denen die Lehre Christi als eine geduldige Kuh galt, die ohne viel Futter eine ungeheure Menge Milch gibt. Da aber geldsüchtige Menschen das nur zu gut eingesehen haben, machten sie aus der Gotteslehre eine Verkaufsware, handelten damit in allen Landen der Erde und machten die besten Geschäfte. Das war schon die erste böse Tat! Als aber die Kaufleute (römische Pfaffen aller Art) sahen, daß die Ware in ihrer reinen, geistigen Form nicht mehr gar zu gierig gekauft wurde, besonders bei den prunk- und zeremonieliebenden Asiaten — da richteten sie auch bald ihre Ware so ein, wie sie glaubten, daß sie den Morgenländern am meisten zusagen dürfte. Und sehet, der neue Handel ging dann wieder gut vonstatten.

4 Aus dieser Handelsepoche datiert hauptsächlich zuerst die freche Beschneidung der reinen Lehre Christi, die Erfindung des Fegfeuers, der Ablässe, der Bruderschaften und dergleichen mehr. Auch die den verschmitzten Kaufleuten Roms sehr viel eintragenden Kreuzzüge gehören dieser zweiten Epoche an. — In der späteren Zeit, als die Menschen ein wenig einzusehen begannen, zu wessen Nutzen Roms Ablässe so eifrig gepriesen und mit aller Energie betrieben wurden, hat man dann dieser zu grellen Betrügerei etwas Einhalt tun müssen. Auch ist man dahintergekommen, daß die Kaufleute Roms mit den Sarazenen in innigster Geschäftsverbindung standen und diesen treulich kundgaben, wann sie wieder von einem Kreuzzuge besucht würden — wodurch es dann den wohlunterrichteten Sarazenen freilich stets ein leichtes sein mußte, die blinden Kreuzritter auf das zweckmäßigste zu empfangen.

5 Als die Menschen hinter all diese Betrügereien kamen, warf man sich auf die Mystik oder eigentlich Schwarzkunst, errichtete Wallfahrtsorte mit Mirakelbildern, hüllte sich ganz ins Latein ein, produzierte wundertätige Reliquien und baute große Tempel mit viel Wunderaltären. Damit handelt man bis zur Stunde. Aber da gegenwärtig die Menschen den Pfaffen schon wieder über den Kopf wachsen und

sogar vor dem heiliggeistigen Mann keinen Respekt mehr haben, geht nun diesen Kaufleutchen der Faden aus. Sie wissen nun nicht, wie sie die Sache anstellen sollen, um ihrer sehr verlegenen Ware einen ergiebigen Absatz zu verschaffen.

6 Aber Freunde, diesmal wird sich's nicht mehr tun! Die Bibeln sind nebst anderen hellen Schriften zu sehr unters Volk gekommen. Und diese Kaufleute haben zu offen gezeigt, daß sie für alles zu haben sind um Geld. Und so hat sich sogar Maria, die lange ihre Hauptstütze war, samt ihrem hölzernen Christus bei ihnen zu empfehlen angefangen, was für diese Kaufleute ein außerordentlich böses Omen ist. Beinahe möchte ich um meine ganze Seligkeit wetten, daß sie in Bälde vor den Völkern gerade nicht viel anders dastehen werden, als wie eine sich stets sittlich und fromm gebärdende Tochter, so sie endlich als eine feile Dirne ertappt wird. — Oder sie, die Kaufleute, werden stark handeln lassen müssen, was aber auch ein Argumentum gegen sie sein wird.

7 Und so wird der Herr Seine Lehre zur rechten Zeit auf eine Art reinigen, die aller Welt wie ein Blitz in die Augen springen wird! Im ganzen aber schadet es gerade niemandem, wenn er der Römerin dem Namen nach angehört, denn ich kann euch alle versichern, daß der Herr die römischen *Lämmer* sehr lieb hat. Aber was bisher noch nicht geschah, das steht nun vor der Tür!

8 Darum alle Ehre Ihm allein, der die Seinen stets so sanftmild leitet wie eine Henne ihre Küchlein! Ich meine, daß ihr nun bezüglich der Römerin völlig im klaren sein dürftet. Und so wendet euch denn nun allein an Jesus Christus, auf daß euch allen ein volles Licht für ewig werden möchte."

117

Die Zweifler glauben nun, fürchten aber zum Teil den Gang zum Herrn
Zwiegespräch eines Kirchlichen und eines Freien
Humor im Geisterreich

1 Spricht darauf der frühere Redner, der vor dem sogenannten Grobianus gesprochen hatte: „Ich und mein Nachredner sind von der Klarheit deiner Rede ganz durchdrungen. Die Wahrheit ist darin durch-

schlagend! Es wird auch unfehlbar so werden, wie du es nun in prophetischem Geist vorausgesagt hast. — So ist auch der Jude *Jesus,* der Christ, sicher das, was die gute Überlieferung von Ihm zeigt und was du von Ihm ausgesagt hast. Aber umso schwerer ist es nun für uns, daß wir uns an Ihn wenden. Denn wir sind allzumal große Sünder gewesen und haben Seiner göttlichen Lehre nicht geachtet! Wird Er uns nicht sogleich zurufen: »Weichet von Mir, ihr Täter des Übels, Ich kenne euch nicht!«"

2 Spricht der zweite Redner: „Wo denkst du schon wieder hin? Glaubst du denn im Ernst noch an Hölle und Fegfeuer? Nein, so etwas könnte mir nicht einmal im Traum einfallen. Christus wird doch um ein hübsches Stück weiser sein und auch besser als wir beide. Sag mir, könntest sogar du bei deiner Herzenshärte jemand in die jesuitische Hölle hinein verdammen, und das auf ewig, so es eine gäbe? Ich sage, da müßte man geradeswegs ein Teufel sein. Wie stellst du dir hernach aber Christus vor, wenn du Ihm so etwas zumuten kannst?"

3 Spricht der erste: „Du hast zwar wohl recht; aber weißt du, das sind auch Seine eigenen Worte, denen zufolge Hurer, Ehebrecher, Diebe, Mörder, Betrüger, Meineidige, Geizhälse und Hartherzige nicht ins Reich Gottes eingehen werden. — Es heißt: »Wer glaubt und getauft wird, der wird selig!« Wir sind zwar wohl getauft worden, aber geglaubt haben wir nie etwas, außer was wir mit Händen greifen konnten. Wir können also vor Christus mit gar nichts auftreten, das für uns nur einen günstigen Schein hätte. Er ist wohl unendlich gut, aber Er ist auch ebenso unendlich heilig und deshalb ebenso gerecht! Wie wir uns aber mit Seiner Gerechtigkeit zurechtfinden werden, das ist eine andere Frage!"

4 Spricht der zweite: „Aber hast du denn unsern Freund und Führer Bruno nicht reden gehört, wie die Sachen stehen? Er ist von Christus an uns abgesandt worden, um uns zu gewinnen und hinzuführen vor den Herrn! Er hat uns nun gewonnen, warum sollen wir noch Umstände machen? Das wissen wir alle, daß wir vor Gott keinen Schuß Pulver wert sind, aber so Er uns gnädig und barmherzig sein will, warum sollen wir uns spreizen wie eine Jungfrau auf einer Bauernhochzeit? Da heißt es mit beiden Händen zugreifen, wenn uns der große Herr der Himmel etwas geben will, und nicht allerlei jesuitische Bedenken tragen!"

5 Spricht der erste: „Aber wenn du nur um ein bißchen feiner wärest! Auf der Welt warst du stets so ein gerader Michel, wirst du etwa im Angesicht des Herrn und aller Seiner heiligen Freunde auch so reden? Da wirst du sicher beben wie das Laub der Espe bei einem großen Sturm!"

6 Spricht der zweite: „O je, o je! Wie ich nun merke, steckt noch ein ganzes Jesuitenkollegium in dir! Hast du denn auf die klaren Worte Brunos nicht achtgegeben? Der hat die römische Betrügerei doch klar enthüllt, und du schwärmst noch wie ein sterbender Pater. Geh, laß dich nicht auslachen! Sieh, dem Freund Bruno wird schon ordentlich nicht gut, wenn er dich ansieht, weil du so ein blitzdummes Gesicht machst und darauf los redest, als wie ein Wiener Fiaker am Karfreitag, wenn die Liguorianer seine Pferde mit Weihbrunn besprengen. Schäme dich, hier im Geisterreich mit derlei Albernheiten zu kommen! Schau, Christus, der Herr, müßte dich gerade selbst auslachen, wenn Er dich mit diesem Gesicht sähe!"

7 Spricht der erste: „Freund! Ich bitte dich, bezähme deine grobe Zunge, sonst kommst du noch selbst in die Hölle! Denn es gibt eine Hölle, wie es einen Himmel gibt. Lege doch deiner Zunge ein bißchen einen Zaum an, sonst wirst du ohne weiteres verdammt!" — Spricht der zweite: „Freund Bruno, sei so gut und tröste doch diesen Helden ein wenig, sonst erleben wir noch hier in der Geisterwelt das Malheur einer Hosenverunreinigung! Die Voranstalten dazu scheinen schon so ziemlich getroffen zu sein!"

8 Die ganze Gesellschaft gerät darüber ins Lachen und der erste Redner spricht: „Aber Freund Bruno! Ich bitte auch, diesem Verunglimpfer meines guten Namens sein weites Maul ein wenig zu stopfen. Denn was geht das ihn an, wenn ich ein Freund der Diener Gottes war? Laß ihn doch nicht solche Anspielungen machen, daß mich darob alle auszulachen anfangen!"

9 Spricht Bruno: „Sei gescheiter, dann wird dich niemand auslachen! Aber so du hier mit lauter jesuitischen Bedenken kommst und dadurch mein Werk an euch allen verzögerst, so hat Freund *Niklas* recht, wenn er dich ein wenig rippelt! Wer ist denn vor Gott gut und gerecht, und wer hat Verdienste vor Ihm, dem Allmächtigen? Hat Er denn nicht Selbst gesagt: »So ihr alles getan habt, da müsset ihr noch sagen, daß ihr faule und unnütze Knechte waret?« Wenn Er aber so geredet hat,

was urteilen wir denn, ob wir welche oder keine Verdienste vor Ihm haben? So Er uns aber gnädig und barmherzig sein will, was sollen wir uns denn da dagegen stemmen? O sieh, das ist eitel! Wir alle sind schlecht, und Gott allein ist gut! So Er uns aber nun etwas aus Seiner ewigen Güte heraus tun will, so ist es an uns, zu tun wie einst der Sünder Zachäus, als ihn der Herr vom Baum herabsteigen ließ, in seinem Hause einkehrte und dann mit ihm das Mahl hielt. Und so tun denn auch wir, was einst Zachäus getan hat!"

118

Bardos Rechthaberei
Niklas' Zurechtweisung
Die Tausendschar, im Geiste vereint, darf des Herrn Gnade erfahren

1 Spricht der erste Redner *Bardo:* „Nun denn, in Gottes Namen, ich will ja wohl nachgeben, wenn es so ist. Aber daß der Niklas durchaus kein feiner Geist ist, das muß er doch selbst einsehen. Darauf aber, daß Niklas ein Neukatholik war und als solcher an den Herrn Jesus gar nicht mehr geglaubt hat, braucht er sich nicht gar zu viel einzubilden. Denn die haben die Welt zum Himmel machen wollen und haben uns Katholiken dumme Schafsköpfe benamst. Aber nun als Geist sitzt der gute Niklas mit gar vielen seines Glaubens samt uns alten Katholiken im gleichen Pfeffer. Und deswegen braucht der Niklas gerade nicht gar so grob mit unsereinem zu sein!"

2 Spricht etwas lächelnd der Niklas: „Mein schätzbarster Freund Bardo! Nichts für ungut, so ich ein wenig zu hitzig geworden bin! Aber ich habe es wenigstens gut gemeint, was mir niemand leugnen kann. Sag mir, ob je ein eigentlicher römischer Katholik anders zu Gott betet, als um von Gott etwas zu bekommen? Ein jeder bittet um etwas anderes; aber Gott die Ehre zu geben, darum nur, weil Er als Gott das vollkommenste Wesen ist — Freund Bardo, meine Seligkeit gebe ich für einen Papisten, so er je aus uneigennütziger Absicht zu Gott gebetet hat. Bilde dir daher auf deine römisch-katholische Sanftmut nur nicht gar zu viel ein! Übrigens meine ich, daß es nun an der Zeit wäre, dem

Rate des Freundes Bruno nachzukommen, denn des leeren Strohes hätten wir beide nun zur Genüge miteinander gedroschen!"

3 Spricht Bardo: „Das ist kein leeres Stroh! Verstehst du? Denn wenn man jemanden einen Esel, wenn auch umschrieben nennt, so ist das bei mir kein leeres Stroh!"

4 Spricht Niklas: „Was denn hernach? Wenn es dich denn gar so ärgert, weil ich dir ein wenig die Wahrheit gesagt habe, so sage mir dafür denn eine zurück und wir sind dann miteinander quitt! Schau, siehst denn du noch nicht ein, daß uns allen an Christus dem Herrn mehr gelegen sein muß als an unserer gegenseitig gekränkten Ehre? Was ist denn alle Ehre ohne Gott?! Daher, Freund Bardo, nun nichts mehr von derlei irdischen Dummheiten; sondern wir vereinigen uns alle nach dem Rat Brunos und bitten den Herrn Jesus um Licht, um Gnade und um Erbarmung! — Ich will den Vorbitter machen, und ihr bittet es mir laut und vom Grunde des Herzens nach. — natürlich, so ihr es wollt!" — Spricht Bardo: „Eh, warum soll ich denn gerade dir nachplappern? Ich werde doch etwa selbst auch imstande sein, eine Bitte zu formulieren!" — Spricht Niklas: „Nur zu! Habe gar nichts dawider! Denn ein jeder muß es am allerbesten wissen, wo ihn der Schuh am meisten drückt! Ich aber werde nun einmal meine Bitte laut vortragen, und es stehe einem jeden frei, sich daran zu beteiligen oder nicht."

5 Hier spricht die ganze Tausendgesellschaft: „Bitte du, Niklas, wir werden dir nachbitten!"

6 Spricht Bardo: „Ich aber werde doch allein für mich bitten, denn ich weiß schon warum." — Spricht Niklas: „Tue was du willst, aber wir bitten dich, daß du uns fürder nicht störst. Daher bitte in der Stille!"

7 Nach diesen Worten fällt es allen bis auf Bardo wie Schuppen von den Augen. Ich Selbst stehe unweit des großen Ratstisches, um den noch die schon bekannte Gesellschaft versammelt ist, knapp vor Niklas. Alle getrauen sich kaum aufzuschauen und können sich über die Größe und Pracht des Saales wie über die Frische und Schönheit der Gäste nicht genug verwundern.

8 In diesem Augenblick tritt auch Bruno in höchster Ehrfurcht vor Mich hin und spricht: „O Herr! Dir allein alle Liebe, Ehre und Anbetung! Als ein unnützester Knecht übergebe ich Dir diese Schar, die, wie ich überzeugt bin, nun ganz Dir im Herzen angehört."

[9] Rede Ich: „Sehr gut hast du es gemacht! Deine große Geduld und Demut haben dies nicht geringe Werk musterhaft zustande gebracht. Wahrlich, weil du bei deinem ersten Geschäft in Meinem Reich dich so meisterhaft benommen hast, sollst du bald über Größeres gesetzt werden. Und dein Freund Niklas soll dir zur Seite stehen. Denn auch er hat gegen das Ende deiner Verhandlung mit dieser Tausendgesellschaft entschieden viel dazu beigetragen, daß sie nun, bis auf einen leichten Eigensinnler, vollkommen gerettet vor Mir, ihrem Gott, Herrn und Vater steht!

[10] Wahrlich, keine Gewinnung der Geister ist segensreicher als die durch ein wahres Wort und eine weise Lehre! — Ihr habt allein durch Wort und Lehre diese Herde gewonnen, was vollkommen Meinem Willen und Meiner Ordnung gemäß ist. Daher ist diese Herde nun vollkommen frei und kein Wunderwerk hält ihr Herz gerichtet. Sie ist daher auch fähig, sogleich größere Gnaden zu empfangen und das macht Mir wahrlich große Freude. Euer Lohn soll aber daher auch ein großer sein!

[11] Als alle die Früheren zu Mir kamen, hatten sie Hunger und Durst, denn sie konnten mehr nur durch wundersame Taten und Erscheinungen zu Mir gebracht werden. Euch aber hungert es nun nicht, und niemand, bis auf den Bardo, hat einen Durst. Der Grund davon ist, weil ihr alle allein dem Worte gefolgt seid. Und das ist recht, denn so ist es Mein Wille!

[12] Gehet ihr beide, Bruno und Niklas, zu Robert hin, der wird euch neue Kleider geben. Ich Selbst aber werde den Bardo ergreifen und ihm geben, was er haben will — Süßes oder Bitteres!“

[13] Niklas, ganz zerknirscht vor Liebe und Dank, möchte noch etwas reden. Aber Ich sage zu ihm: „Freund, du hast schon geredet, denn Ich verstehe Mich auf die Zunge des Herzens. Daher gehe nur mit Bruno getrost hin zu Robert! Im neuen Kleid werden wir dann noch vieles miteinander zu reden und zu schlichten bekommen. — Es sei!“

119

Bardos Seelenheilung
Niklas Rede von den Führungen Gottes
Himmlische Verbrüderung

1 Die beiden bewegen sich sogleich zu Robert hin, der sie überaus freundlich aufnimmt. Ich aber sage zu Bardo, der Mich noch nicht sieht: „Tue dich auf, du Finsterling, gib Antwort und zeige Mir deines Hochmuts Grund!"

2 Bardo erschrickt gewaltig, als er Mich vor sich erblickt und sogleich erkennt. Er versucht zu reden, aber die Zunge versagt ihm den Dienst. So stammelt er bloß so hin wie einer, den in den größten Sorgen der Schlaf übermannt. Er meint in seinem zitternden Herzen nichts anderes, als daß Ich ihn schon im nächsten Augenblick zur Hölle verdammen werde.

3 Aber Ich sage zu ihm: „Blinder! Wie eitel ist doch deine Furcht! Wann kam Ich denn je zu denen, die durch sich selbst verdammt sind, um sie noch mehr zu verdammen? Ich komme zu helfen, aber nicht zu richten und zu verdammen! Ich sehe aber in dir eine starke Krankheit, und die heißt Hochmut. Und darüber sollst du Mir, der Ich dir helfen will, genaue Auskunft geben. Nicht um Mich etwa über dich in Kenntnis zu setzen, denn Mir sind alle Dinge von Ewigkeit her wohlbekannt; sondern damit du selbst dich deiner Bürde entledigst vor Mir.

4 Siehe, als dein Freund Niklas euch allen einen Bittleiter machen wollte, da wolltest du nicht mithalten, sondern wolltest ganz für dich allein bitten. Und du batest auch, aber wie und warum? Für dich selbst wolltest du gerade nicht viel, dafür aber desto mehr Demütigung für alle, die dich beleidigt haben. Am allermeisten für Niklas, der dir bei Bruno deine Volksvertreterschaft streitig gemacht hatte und es am Ende sogar gewagt hatte, dir einige sehr bedeutende Wahrheiten ins Gesicht zu sagen.

5 Bedenke aber, ob das wohl recht ist, so du dem, der dir dein bester Freund ist, eine große Demütigung an den Hals wünschest, weil er als Freund es gewagt hatte, dir ganz gebührendermaßen die Wahrheit zu sagen?! Solltest du dem, der dir als wahrer Freund die Wahrheit sagt

und dich dadurch von der verderblichen Stufe des Hochmuts und der Selbstsucht zurückzieht, nicht vielmehr alles Beste wünschen?

6 Meinst du denn, hier im Reiche der ewig unverhüllten Wahrheit gehe es auch so zu wie auf der Erde, wo die Blinden nur die Schmeichler als ihre Freunde halten, jene aber, die ihnen die Wahrheit sagen, als ihre ärgsten Feinde verfolgen — gleich wie es die Juden an Mir taten, der Ich auch keck genug war, ihnen die nackte Wahrheit vor Augen zu führen?

7 O Mein lieber Bardo, hier ist es ganz anders. Hier gilt nur die Wahrheit allein und die mit ihr gepaarte reine Liebe! Alles andere ist ein Greuel vor Mir und muß von Meinem Reiche ewig fernbleiben. Darum bekenne nun aus dir selbst, daß du an Niklas in hohem Grade Unrecht geübt hast. Gehe hin und vergleiche dich mit ihm! Dann komme wieder hierher und Ich werde dir zukommen lassen, was recht ist und was dir gebührt!"

8 Als Bardo solche gewichtige Worte aus Meinem Munde vernimmt, fängt er an, in sich zu gehen und sagt bei sich im Herzen: Ja, der Herr, der Allmächtige hat es gesprochen. Wer kann sich wider Seine Weisheit und Allmacht auflehnen? Es ist schon so und ewig recht! Der Mensch ist ein Feind der Wahrheit, besonders wo sie ihm zu nahe tritt. Aber er tut ihr groß unrecht, zumal so er bedenkt, daß sein Leben endlos weit über das Grab hinausreicht, und zwar lediglich in der Wahrheit und Liebe bedingt! — Der Herr Selbst hat es mir gezeigt und so will ich denn, wie schwer es mir auch ankommen sollte, tun, wie es der Herr will! Ich will mutig und entschlossen zu Freund Niklas hingehen, ihm alles bekennen und ihn um seine Freundschaft demutsvoll bitten! — Darauf begibt er sich sogleich zu Niklas hin, um seinem guten Vorhaben nachzukommen.

9 Niklas aber kommt ihm, nun schon umgekleidet, entgegen, umarmt ihn und spricht: „Freund! Auf der Erde benötigen die Blinden auch der Tat, denn sie sehen nicht des Willens Kraft. Hier aber, wo man mit geöffneten Augen den Ernst des Willens wohl erschaut, fragt man nicht nach der Tat, sondern allein nach dem Willen. Ist dieser in der Ordnung, dann ist auch alles in Ordnung. Hier ist nur der Wille unser, alle Tat aber ist des Herrn!

10 So sind wir nun die besten Freunde für ewig und alle unsere irdischen Differenzen haben für immer aufgehört! Freund Bruno aber

wollen wir auch allzeit von ganzem Herzen lieben als einen wärmsten Freund, denn seiner großen Geduld haben wir alle die volle Rettung vom Untergang zu danken. Natürlich, wie es sich von selbst versteht, der unendlichen Güte, Milde und unbegreiflichen Herablassung des Herrn zuvor! Denn Er war, ist und bleibt ewig der Haupt- und Urgrund alles Heils! — Auch wir haben noch mehrere Freunde hier lobend anzuerkennen. Denn sie waren ein starker Magnet, der uns schon auf der Erde sehr angezogen hat, und waren auch hier die handgreifliche Veranlassung, daß wir durch sie unser Heil in ihrer Wohnung gefunden haben.

11 Dem Vater Jesus aber sei Dank, Anbetung und Liebe dafür, daß Er unsere Schritte so geleitet hat, daß wir wider allen unseren Glauben nun am Ende langer Blindheit dennoch dahin gelangten, wohin wir nach Seiner Ordnung zu gelangen hatten!

12 Wahrlich, Seine Ratschlüsse sind unerforschlich und unergründlich Seine Wege! Es geht dem Menschen wie mit einem Schiff, das ohne Segel und Ruder von den Winden auf dem Meere hin und her getrieben wird. Wer sollte dabei denken: »Sieh, dieses Fahrzeug, aller leitenden Organe ledig, wird dennoch nach einem besten Plane geleitet!« Aber man bedenkt dabei nicht, daß auch die Winde des Herrn sind und Er allein ihnen die Richtung und Kraft erteilt. Das Schiff kommt endlich dennoch an ein sicheres Ufer, als hätte es der erfahrenste Steuermann geleitet. Und das ist ein Werk des Herrn, dem darum allein Ehre und Preis gebührt für ewig!

13 So hat der Herr auch uns geleitet, daß wir durch unsere wahrlich groben Sünden den Weg zu Ihm nehmen mußten. O wie gut und weise muß Er sein und wie unermeßlich liebegewaltig! Nun sind wir für ewig gerettet, daher seien wir auch voll besten Mutes und voll der innigsten Liebe zu Ihm, dem Retter aller unserer Retter!"

14 Nach diesen Worten umarmen sich beide und darauf Bruno, dann Dismas und Max Olaf, der den Dismas zurechtgebracht, hauptsächlich aber Robert, der zur endlichen Wiederbringung des Dismas kräftig gewirkt hatte.

15 Nach dieser Szene begibt sich Niklas mit Bardo zu Mir und spricht: „Herr, wir beide stehen wie ein Herz vor Dir. Vergib auch Du uns, wie wir uns gegenseitig alles vergeben haben, auf daß wir Dich dann wie aus einem Herzen über alles lieben können!"

16 Rede Ich: „Wenn ihr miteinander gleich seid, dann ist auch alles geebnet vor Mir und Eure Schuldtafel ist vernichtet! — Gehet aber nun mit Robert und den anderen Freunden hin zu dem großen Goldschrank! Dort werdet ihr für diese tausend Armen eine rechte Menge Kleider finden. Nehmt sie und teilet sie an die Armen aus, denn sie sehen noch sehr nackt aus. Dann aber kommt, auf daß Ich euch segnen und weiterführen kann im Reiche des Lichtes! Also sei es!"

120

Bekleidung im Jenseits. Segensrede des Herrn
Blum und seine Freunde werden zur Ordnung des Speisesaals beschieden
Ihre verwunderlichen Erfahrungen

1 Alle begeben sich nun zu Robert hin. Dieser führt die große Schar zu dem Goldschrank, öffnet ihn und teilt allen die neuen Kleider aus, die sie sogleich anziehen. Dadurch bekommen alle ein besseres Aussehen und werden voll frohen Mutes.

2 Es ist aber im Reiche der Geister ein bedeutender Unterschied zwischen solchen, die durch ihre innerste Erkenntnis, die rein durch Liebe zu Mir erweckt wird, sich von selbst zu Mir wenden — und jenen, die nur durch einen weisen Unterricht von außen her zu Mir gekehrt werden. Erstere bekommen eine neue Kleidung wie von *innen* heraus. Die zweiten aber müssen sichtlich ihr altes Weltkleid ausziehen und dafür ein neues, himmlisches, wie von *außen* her anziehen. Diese Erläuterung deshalb, daß in der Folge niemand einen Anstoß finden soll, da es hie und da bei anderen Szenen vorkommt, daß manche Geister plötzlich wie aus sich heraus in eine neue Kleidung geraten, ungefähr wie ein Baum im Frühjahr — während die Geister dieser Szene zumeist von außen her, als wären sie noch auf der Erde, neu bekleidet werden müssen.

3 Wir sehen nun vor uns die ganze Gruppe schon neu bekleidet dastehen. Alle preisen Mich heimlich und manche können Meine Herablassung nicht tief genug bewundern. Andere betrachten die Urväter und die Apostel mit einer gewissen heiligen Scheu. Wieder andere wa-

gen es ganz schüchtern, ein Gespräch mit den Aposteln anzuknüpfen. Aber Petrus bedeutet allen, sich zuvor zu Mir hinzubegeben und den verheißenen Segen zu empfangen, dann würden sie schon in allerlei Weisheit wie von selbst eingeführt werden. — Auf diese Mahnung hin eilen nun alle zu Mir, danken Mir für die schönen Kleider und bitten Mich um den verheißenen Segen.

4 Ich erhebe darauf die Hände über alle und sage: „Nehmt alle hin den verheißenen Segen zur Stärkung eurer noch schwachen Liebe und Weisheit, ohne welche es unmöglich wäre, in Mein eigentliches Himmelreich einzugehen! Da ihr nun aber Meinen Vatersegen empfangen habt, seid ihr auch fähig, einen starken Schritt weiter zu machen in Meinem Reich. Ihr habt euch auf der Erde oft gefragt, wenn ihr manchmal einen Blick zu den Sternen emporgerichtet habt: was etwa doch diese Sterne sind, was der Mond, was die Sonne und manches andere. Einige meinten dies, einige jenes, einige wohl auch gar nichts. Allein das tut nun nichts zur Sache; denn ihr alle habt das Irdische überwunden und stehet froh und tief erbaut vor Mir, eurem Gott, Vater und Erlöser. Als vollendete Kinder habt ihr nun das Recht, in die großen und endlos vielen Wohnungen eures himmlischen Vaters eingeführt zu werden. Und so bereitet euch alle wohl vor! Denn erst von nun an beginnt eine wahrhaft große Einführung in alle die Werke, die euch durch euer ganzes Leben als verhülltes Rätsel täglich vor den Augen schwebten!

5 Dies Haus aber, in dem ihr gefallen und wieder erstanden seid, wird euch als allgemeine Wohnung dienen, in der ihr Mich allemal wiederfinden werdet, so ihr von einer großen Wanderung ein wenig müde eine Erholung wünschen werdet.

6 So ihr aber durch viele Erfahrungen in der Liebe zu Mir ein Übermaß erreicht haben werdet, dann wird auch ein jeder in sich selbst ein höchst eigenes Wohnhaus finden, das er dann seligst bewohnen wird für alle Ewigkeiten.

7 Auf daß ihr aber alle die Erfahrungswanderungen in Meinen Reichen vollgestärkt antreten möget, wollen wir vorerst allesamt ein wahres Lebensmahl zu uns nehmen. Du, Robert, und alle deine Hauptbrüder, gehet und öffnet die mittlere Tür gegen Mittag, dort wird sich euch ein neuer Saal zeigen. Darin werdet ihr eine Menge Tische und Stühle finden. Ordnet sie und besetzet sie wohl mit Brot und Wein!

Ich aber werde dann Selbst diese Gäste einführen in den großen Saal des Friedens und der Ruhe, da sollen sie alle gesättigt werden! Tuet nun, was Ich euch anbefohlen habe!"

8 Robert begibt sich mit den anderen Freunden in den bezeichneten Saal, der überaus groß und mit einer Menge großer und kleiner Tische versehen ist. Aber diese stehen noch in Unordnung, entsprechend jenem Zustand eines Geistes, in dem er zwar schon im Besitze allerlei liebtätiger Grundsätze ist, aber diese noch nicht geordnet und daher zu den verschiedenen guten Zwecken auch noch nicht anwendbar sind. Der Geist kann es noch nicht merken, was da als Nummer eins, zwei, drei usw. folgen soll. Aus diesem Grunde müssen jene Geister (Robert und seine Freunde) nun vorausgehen, um die Tische, die gleich sind den Liebtätigkeitsgrundsätzen, zu ordnen. Werden sie geordnet sein, komme dann Ich Selbst und führe die Gäste in den Wohl- und Liebtätigkeitssaal ein, wo sie die höheren Gnaden und Gaben auch in einer höheren und reineren Ordnung empfangen sollen.

9 Als Robert mit seinen Freunden Messenhauser, Becher, Jellinek, Max Olaf, Dismas, Niklas, Bardo und noch einigen sich dazu frei Anbietenden die vielen Tische in ziemlicher Unordnung stehend erschauten, macht er große Augen und spricht: „Freunde, da werden wir eine ziemliche Weile zu ordnen haben, bis alles so dastehen wird, wie es eigentlich soll. Es ist nur mit der verschiedenen Größe der Tische fatal: einige sind höher, einige niederer, andere sind schmäler, einige wieder kürzer. Das wird ein schönes Stück Arbeit absetzen! — Ich bin aber auch ein schöner Hausherr, weiß nicht einmal, was alles sich etwa noch in diesem Hause vorfindet und wie es geordnet sein soll! Oh, das ist eine saubere Hausherrschaft! Aber was ist da zu machen? Wir werden uns doch müssen an die Arbeit machen und diese Geschichte ordnen, so gut wir es vermögen!"

10 Spricht Messenhauser: „Wahrlich sonderbar! Im früheren Saale waren wir schon wie vollendete Weise, und hier stehen wir schon wieder so dumm da, als hätten wir nie das Einmaleins gelernt! Es handelt sich hier nur um die ordentliche Zusammenstellung dieser Tische, Bänke und Stühle, und wir wissen nicht, was wir zuerst angreifen sollen. Welcher Tisch ist Nummer eins, also obenan, welcher Nummer zwei und so weiter? Wie werden wir die niederen zu den höheren stellen und die schmalen zu den breiten?"

[11] Spricht Becher: „Freunde, ich helfe überall, aber verlangt nur keinen Plan von mir! Denn wahrlich, in dieser ungeheuer großen Halle komme ich mir so dumm vor, als wäre ich erst aus dem Mutterleib gekrochen!" — Spricht Jellinek: „Es ist diese Sache, wie mir heimlich vorkommt, viel bedeutungsvoller, als wir sie uns vorstellen! Ich meine: Der Herr hat uns alle hier ein wenig anrennen lassen? Daher wird uns nichts übrigbleiben, als zu Ihm zu gehen und Ihn um einen rechten Plan zu bitten. Denn wir könnten da eine halbe Ewigkeit sinnieren und würden doch mit nichts zu einem Ende kommen! Tausend Tische und einige tausend Stühle und Bänke der verschiedensten Größe sozusagen unter ein Dach zu bringen, das vermögen wir nicht. — Senden wir daher jemanden zum Herrn, daß er sich erkundige nach der rechten Ordnung!"

[12] Spricht Robert: „Da gehe ich selbst! Bleibet unterdessen hier und beschauet die anderen Wunderlichkeiten dieses Saals!"

[13] Nach diesen Worten kehrt Robert in den früheren Saal zurück und macht übergroße Augen, als er diesen ganz leer von menschlichen Wesen findet. Einrichtung und Türen, Wände und Fenster sind aber dieselben wie früher, jedoch kein Laut läßt sich von irgendwoher vernehmen. Robert schaut zu den Fenstern hinaus, sieht aber niemanden. Er öffnet andere Türen, aber überall ist nichts von dem zu erspähen, was er sucht. Er geht sogar in den Hofraum hinaus, doch es rührt sich nirgends etwas. Als er trotz alles Suchens und Rufens nichts findet, kehrt er betrübt wieder zurück, wo er seine Freunde nicht minder betrübt antrifft.

[14] Spricht Robert: „Gottlob, daß ich doch euch noch hier antreffe; denn der Saal draußen ist so leer von allen Wesen wie ein Eispol der Erde! Kein Herr und kein anderes Wesen ist irgendwo mehr vorhanden, auch in allen Nebengemächern nicht, die ich durchsucht habe. Das bringt wahrlich ein Vieh um und hätte es ein noch so zähes Leben! O du verzweifelte Geschichte! Was machen wir nun?"

[15] Spricht erstaunt Jellinek: „Das ist nicht übel! In Gottes Namen, sei es nun, wie ihm wolle. Fangen wir doch an, so gut es geht, diese Tische zu ordnen! Werden sie geordnet und besetzt sein mit Brot und Wein, wird es sich ja zeigen, ob wir die Gefoppten sind."

[16] Beruft Robert den Max Olaf und sagt: „Bruder, du bist auf der Erde so ein Seemann, Ingenieur und Geometer gewesen. Daher dürftest

du auch am ersten mit diesen Tischen und Bänken eine gute Ordnung zu treffen imstande sein. Gehe und überschaue die Geschichte! Denn nun bleibt uns nichts anderes übrig, als das zu tun, was der Herr uns ehedem anbefohlen hat, und wie es auch Bruder Jellinek meint!"

17 Spricht Max Olaf: „Mehr als man imstande ist, kann kein Gott von jemandem verlangen! Und so wollen wir die Ordnung dieser Tische auch sogleich ins Werk setzen. Die großen von gleicher Höhe und Breite stoßen wir zuoberst des Saales zusammen, an diese die ein wenig niedrigeren und schmäleren. An diese wieder die noch niedrigeren und schmäleren — und so fort in der Ordnung. Im ganzen formieren wir ein langes Viereck oder aber auch ein Kreuz, was beinahe noch entsprechender wäre, da wir mit dieser Arbeit so ein eigentliches Kreuz haben! Auf diese gleiche Weise verfahren wir auch mit den Bänken und Stühlen. Haben wir diese Arbeit beendet, dann wird es sich ja wohl zeigen, ob der Herr kommen wird, wie Er es verheißen hat. Kommt Er aber nicht, so gehen wir auch ins Freie hinaus und suchen unsere Gesellschaft in allen Winkeln dieser Welt. Und so fangen wir in Gottes Namen diese Geschichte zu ordnen an!"

18 Mit dem Plane des Max Olaf sind alle einverstanden und legen ihre Hände sogleich ans Werk. Nach einer guten Weile stehen Tische, Bänke und Stühle in der Ordnung eines Kreuzes. Robert öffnet darauf mehrere Schränke, die alle voll Brot und Wein sind — das Brot in Form der gewöhnlichen runden Laibe, und der Wein in mit goldenen Deckeln versehenen Bechern. Robert bestellt nun mit Hilfe der übrigen Freunde alle Tische mit Brot und Wein.

19 Als auch diese Arbeit zu Ende ist, spricht Robert: „Herr, der Du allwissend bist, Du siehst nun sicher, daß wir die uns gegebene Aufgabe, so gut es immer sein konnte, getreu gelöst haben. Du hast uns verheißen, sofort mit den Gästen hierher zu kommen und uns alle für höhere Geschäfte der Himmel zu stärken und zu segnen! O so komme zu uns, die wir gar schwer Deine allbelebende und beseligende Gegenwart missen!"

20 Darauf sprechen alle anderen das gleiche, doch niemand vernimmt irgendwo ein Geräusch oder eine andere Stimme. Aber das macht unsere Tischordner nicht irre, sie warten eine geraume Weile ganz geduldig.

21 Als aber trotz dieses Wartens niemand zum Vorschein kommt,

spricht Robert: „Das ist wahrlich sonderbar! Sollte der Herr uns versuchen wollen, oder haben wir etwas verschuldet? Oder ist diese lange Geschichte seit unserer Ankunft in dieser Welt doch nur ein Traum? Wahrlich sonderbar! Was tun wir aber nun? Tretet zusammen, liebe Freunde, und machet Rat und Vorschläge, sonst bekommt diese Sache ein verzweifeltes Aussehen!"

121

Ansichten und Ratschläge der Freunde
Dismas bringt die Herzen in Ordnung. Roberts Dank
Vom Segen der Nächstenliebe

1 Tritt Bardo zu Robert hin und spricht: „Freunde, ich kann nicht leugnen, daß dieses Verschwinden des Herrn samt der großen Gesellschaft mir ebenfalls sonderbar vorkommt. Aber ich denke mir's nun so: Ist die frühere Geschichte mit tausend weisen Vorkommnissen nur eine traumähnliche Erscheinung gewesen, so sind wir frei und somit unsere höchsteigenen Gesetzgeber. Wir können daher tun, wie wir es für unsere Bedürfnisse am besten finden und keine fremde Macht kann uns darin beirren. Ist aber all das, was wir nun in dieser Welt erlebt, geschaut und erfahren haben, reine geistige Wahrheit und Wirklichkeit, und ist der von uns allen gesehene, über alles geliebte Jesus — der Herr: dann ist diese unsere Verlegenheit nichts als eine zu unserem Heil berechnete Probe. Seine Liebe und Gnade läßt sie uns zukommen, um uns dadurch selbständiger, selbsttätiger und gewisserart geistig männlicher zu gestalten. Daher meine ich: Wir sollen in der Liebe zu Jesus dem Herrn, wie Er uns belehrt, erhoben und mit allmächtiger Schöpferhand gesegnet hat, sehr zunehmen, so wird Er sicher bald in unserer Mitte sein mit all den lieben Brüdern und Schwestern! Das ist mein Rat. Weiß aber jemand etwas Besseres, so bitte ich, daß er damit auftrete!"

2 Spricht darauf Niklas: „Bruder, ich muß offen bekennen, du triffst den Nagel allzeit auf den Kopf! Es ist so, wie du gesagt hast, und es kann unmöglich anders sein! Ich habe zwar Freund Bruno eher verstanden als du, nun aber könntest wahrlich du unser aller Führer sein. Ja,

an der Liebe zu dem Herrn mangelt es sicher bei uns allen, und darum läßt Er uns nun ein wenig sitzen. Die schöne Helena wird sicher nicht ohne Ihn sein so wie wir. Warum? Weil sie Ihn gleich anfangs bei Seiner schwächsten Seite zu fassen wußte, nämlich im Herzen! Wir aber als Weisheitskrämer glaubten, daß wir das ganze Himmelreich mit dem Löffel rein aufgefressen haben, stehen aber nun da wie die allerschönsten Ochsen!

3 Daher: Mehr Liebe! Viel mehr Liebe als Verstand müssen wir dem Herrn zum Opfer bringen, da wird Er nicht verziehen! Aber so wir die Befehle des Herrn vollziehen und uns dabei als göttliche Geschäftsträger einbilden, wir wären etwas mehr als manche andere Gottesgnadenschlucker — da kann es dann freilich nicht fehlen, daß wir an uns Dinge erleben, die uns sehr sonderbar vorkommen müssen! Ich meine aber, daß wir selbst eigentlich noch sonderbarer sind als diese Erlebnisse! Habe ich recht oder nicht?“

4 Sagen alle: „Ganz vollkommen, so ist es! Wir selbst sind an alledem schuld. Aber der Herr kennt ja unsere Dummheit und wird sie uns wohl nachsehen!“

5 Tritt Dismas etwas näher und spricht: „Liebe Freunde, erlaubet auch mir ein Wörtlein! Was da die Nachsicht unserer Dummheit betrifft, so meine ich, daß wir mit solcher Erwartung auf dem Holzweg sind. Denn so es sich darum handelt, daß des Menschen Geist erst dann vollendet ist, wenn er durch seine eigene Kraft, durch die ihm von Gott gegebene innere Lebensmacht in die erkannte Gottesordnung eintritt und in dieser wie in seinem höchsteigenen Lebenselemente sich tatkräftig fortbewegt — so dürfte es da mit einer barmherzigen Nachsicht einen mächtigen Faden haben.

6 Wir haben nun eine Kraft und haben die Gotteslehre im Überfluß. So heißt es nun selbsttätig uns so gestalten, wie es die von uns erkannte Ordnung Gottes erheischt! — Das erste ist eine freie Liebe, wie deren unsere Herzen fähig sind. Gott mehr lieben als man kann, wäre eine Torheit. Gott aber weniger lieben, als es unsere Herzen verlangen, wäre eine sträfliche Lässigkeit und müßte uns endlich in den Stand des Halbtodes setzen. Haben wir aber das rechte Maß der Liebe, so werden wir auch Weisheit haben und auch entsprechend geordnete Kraft, mit der wir dann als freie und vollendete Geister aus uns selbst, wie aus Gott heraus, uns freitätig bewegen können. Gott ist sicher die höchste Ord-

nung selbst in allem. Wollen wir aber diese Ordnung fassen, so müssen wir in uns selbst zur wahren Ordnung in allem gelangen, ansonsten wir nie auf eine vollkommene Freiheit Anspruch machen können.

7 Die von uns bewerkstelligte, vom Herrn gebotene Ordnung dieser durcheinander gemengten Tische und Bänke ist ein Fingerzeig Gottes, was wir an uns durch uns selbst noch zu tun haben, um für die Folge vor Gott bestehen zu können. Daher heißt es nun, diese Erscheinung dankbar so zu benützen, wie es der Herr will.

8 Wenn wir recht nachdächten, wie wir etwa noch beschaffen sind, ob wir wohl aller Leidenschaften ledig sind und sich nicht etwa noch ein Fünkchen Hochmut in uns vorfindet, und ob wir wohl das Gute allein um des Guten willen in uns tätig aufnehmen — so dürften wir es dann nimmer schwer haben, in die Vollendung des Geistes überzugehen und den Herrn als Vollendete nach Seiner Ordnung zu erwarten. Aber so wir diese Erscheinung als eine Art Ansetzerei von seiten des Herrn betrachten und uns darob verwundern, dürften wir freilich noch weit vom Ziele entfernt sein!

9 Es ist nicht genug, daß wir gleich belebten Maschinen tun, was der Herr von uns verlangt, sondern wir müssen in uns selbst den wahren Grund davon erforschen, denn dadurch erst können wir uns selbst in eine lebendige Gottesordnung stellen. An der äußeren Ordnung dieser Möbel liegt wenig oder nahe gar nichts. Aber wenn sie ein Fingerzeig Gottes ist, daß wir im zweiten Saale unseres Herzens, dem der göttlichen Weisheit, alle unsere Lebensgerätschaften in eine bestimmte Ordnung bringen sollen, liegt dann ungeheuer viel an dieser Erscheinung. Weiß jemand von euch aber noch etwas Besseres, so trete er damit auf in des Herrn Namen!“

10 Spricht Robert: „Freund, ich bin vor Verwunderung über deine Weisheit ganz hingerissen. Du warst doch ehedem ein hartnäckiger Streiter gegen die Annahme der Göttlichkeit Jesu Christi, und es hat uns viele Mühe gekostet, bis du dich zurechtfandest. Wir hatten um dich keine geringe Sorge, aber nun bist du uns allen um eine halbe Ewigkeit voraus. Du hast uns nun eine so große Wahrheit enthüllt, daß ich offen bekenne, wir alle wären ohne dich vielleicht erst in tausend Jahren hinter diese Enthüllung gekommen. Bruder, du hast uns damit einen sehr großen Dienst erwiesen!

11 Sieh, dieses Haus hat der Herr mir für ewig zu eigen gegeben,

doch ich selbst kenne nur den geringsten Teil seiner innern Schätze. Wenn es dich aber freute, gäbe ich es dir auf der Stelle vollkommen zu eigen! Du hast uns heilige Worte wie aus Gottes Mund Selbst gegeben, die uns aufgerichtet haben in unserer Öde. Oh, da ist ein Wort mehr wert als Hunderttausende solcher Häuser! Darum nimm, was ich dir geben kann! Es ist hier mein höchster Besitz, außer dem Herrn und dir selbst. Geliebter Bruder, wie lieb und teuer bist du uns allen nun geworden! Wie lange ist es wohl, als wir mit leidigem Bedauern auf dich herabschauten, und nun stehst du so hoch über allen. Ich bitte dich darum, uns noch mit einigen solchen Worten aufzurichten!“

12 Spricht Dismas: „Liebe Brüder, habt ihr nie gehört, daß da stets eine Hand die andere wäscht? So ist es auch hier! Euer Brudersinn hat mich ehedem gereinigt und aus der Tiefe meiner Verworfenheit gehoben, denn ich war damals meinem Innersten nach ein Bürger der Hölle. Ihr aber habt es verstanden, mein Innerstes zu ergreifen, und ich ward dadurch gerettet. Ihr aber seid nun bloß in eine kleine Verlegenheit geraten wegen der Selbstordnungsprobe, die der Herr in diesem zweiten Saal uns hat zukommen lassen. Da habe ich aus meinem Innersten einige Worte geholt und sie haben — dem Herrn allein alles Lob! — die erwünschte Wirkung nicht verfehlt.

13 Aber darum verdiene ich noch lange nicht, daß du, Robert, mir dein Haus, das der Herr aus deinem Herzen erbaut hat, hier als ganz zu eigen schenken sollst, was nach meiner schwachen Meinung auch gar nicht so leicht möglich sein dürfte. Sieh, das Haus samt all seinen Herrlichkeiten ist ganz entsprechend dein eigenstes Herz, aus dessen Gottes- und Bruderliebe der Herr dieses herrliche Werk gestaltet hat. Würde ich daher dieses Haus von dir als Geschenk annehmen, so würde ich dir damit auch Herz und Leben nehmen, weil dies Haus der tieferen Wahrheit nach deines Herzens liebtätiges Wesen selbst ist.

14 Aber geistig in deinem Hause mit dir wohnen, ist eine leicht mögliche Sache, denn schon auf der Erde läßt ein edler Mensch gar manche Freunde in seinem Herzen mehr als sich selbst walten. So tut er es hier um so leichter, weil hier der Herr alles das in plastische Erscheinlichkeit treten läßt, was auf der Welt nur tätiger Wunsch bleibt. Hier aber wird alles zur tastbaren Wirklichkeit, aber sie bleibt in sich dennoch, was sie auf der Welt war, nämlich das Herz und dessen liebtätige Einrichtung.

15 Wie aber schon auf der Welt wahrhaft echte Gotteskinder ihr Herz völlig ihren Brüdern geben möchten, so möchtest auch du, liebster Bruder, nun dein eigenes Herz mir zum Geschenk machen. Das ist zwar überaus edel, aber es ist hier in der geistigen Welt vollkommen unmöglich; auch wäre es sehr unnötig und zwecklos. Denn wo die wahre Bruderliebe Gesetze über Mein und Dein gibt, kann es ewig keine Grenzstreitigkeiten geben. Kein Gesetz sichert jedem das Seinige so mächtig wie das heilige Gesetz der Nächstenliebe, demzufolge ein jeder das Seinige allen freudigst zur Benützung stellt. Was einer tut und übt, das tun und üben dann auch alle anderen. Und so ist es hier die reinste Unmöglichkeit, daß da jemand zu kurz kommen könnte.

16 Wir alle wohnen nun in dir, wie du in uns allen. Wer aus uns kann sagen: »Brüder, ich habe zuwenig!« Ein jeder hat das Seinige, und je mehr er hat und gibt, desto mehr empfängt er wieder. Die Herzen sind hier wie die Meere; eines ergießt sich stets in das andere, und doch hat nie eines zu wenig Wasser. Und so brauchst du mir dein Haus nicht zu schenken, denn ich genieße es so, als wäre es mein eigenes. Dafür aber steht dir auch das meinige zur freiesten Verfügung offen.

17 Nun aber horcht! Ich vernehme Stimmen im anstoßenden ersten Saal. Gehen wir zur Tür und sehen da, was es etwa gibt!"

18 Spricht Robert: „Dank dir, liebster Bruder, für diese herrliche Belehrung, die wahrlich nichts mehr zu wünschen übrigläßt! Aber da ich nun auch viele Stimmen vernehme, ist es an der Zeit, daß wir alle nachsehen, was es da gibt. Aber du, Bruder, gehe mir zur Seite, denn du bist mir ein mächtiges Bedürfnis geworden!"

122

Eindringen einer erregten Menge Kriegsgefallener
Rede des Führers. Sein Aufruf zum Gebet

1 Alle bewegen sich zur Tür und schauen verstohlen in den großen Vorsaal mit der Hoffnung, den Herrn an der Spitze der schon bekannten Gäste zu erblicken. Aber dem ist nicht so! Eine große Menge von

allerlei menschlichen Wesen dringt in den Saal ein und verlangt stürmisch den Herrn dieses Palastes.

[2] Spricht Robert zu Dismas: „Bruder, das ist ja eine verzweifelte Bescherung! An Stelle des Herrn kommt und dringt zwielichtern aussehendes Gesindel in dies Haus und verlangt keck den Herrn dieses Hauses, der ich leider zu sein die Ehre habe. Was wollen sie denn, gibt es etwa auch hier Räuber und Mörder? Wahrlich, das wäre eine hübsche Zulage für Gottes Himmelreich! Schau nur, was sie für glutentbrannte Augen haben! Wenn dieses Gesindel nicht geradewegs der Hölle entsprungen ist, leiste ich auf alles Verzicht! Sage mir, was wir nun mit diesem Gesindel machen sollen? Diese Kerle wären imstande, uns sogar hier im Himmelreich von Haus und Hof zu jagen. Wie das wogt und tobt! Der ganze Saal ist schon gedrängt voll und noch sehe ich durch die Tür, wie sich sogar der Hofraum stets mehr füllt. Wenn das so fortgeht, werden wir ohne weiteres erdrückt. Auch der ganz bestialische Gestank will meinen Nüstern nimmer behagen. Ah, das ist wahrlich eine unerwartete, höchst fatale Erscheinung! Was nun machen?“

[3] Spricht Dismas: „Gar nichts vorderhand! Denn sie sehen uns wie auch diese Tür nicht und können daher auch hier nicht eindringen. Übrigens scheinen sie erst von der Erde in diese Welt eingewandert zu sein, wahrscheinlich von den Schlachtfeldern Ungarns und Italiens, denn ich vernehme ganz deutlich ungarische Flüche und auch welsche Scheltworte! Wir müssen sie zuvor abkümmern lassen, wodurch sie etwas sanfter werden. Dann erst wollen wir uns ihnen zeigen, denn jetzt in ihrer ersten Rachefurie wäre mit ihnen nichts zu machen. Behorchen wir sie aber ein wenig, daß wir die Richtung ihrer Herzen erkennen mögen!

[4] Sieh, da vorne scheinen die drei Führer zu sein. Denn wie sie sich gebärden, so gebärdet sich auch die ganze große Menge. Daher aufgepaßt, wir werden wohl ganz merkwürdige Dinge vernehmen! Der mittlere wendet sich nun um und gebietet Ordnung und Ruhe. Er wird sicher eine Anrede an den ganzen Troß halten, die wird gewiß von großer Bedeutung für uns sein, daher wollen wir sie auch mit aller Aufmerksamkeit behorchen! Es wird nun stiller und es kommen auch keine weiteren Unholde mehr nach. Daher nur aufgepaßt. Er gebietet Aufmerksamkeit und räuspert sich bereits. Horcht, er spricht!“

5 Ein Führer der Neuangekommenen: „Meine teuren Kampfgenossen! Auf dem sogenannten Feld der Ehre fürs Vaterland sind wir verendet wie das Vieh auf der Schlachtbank! Was haben wir nun davon? Nach oben strebten wir, und tief nach unten sind wir gekommen! Als Helden kämpften wir mit Todesverachtung, glaubten an kein Jenseits und lachten über das sogenannte Evangelium. Nun aber sind wir wirklich in der Hölle, was durchaus kein Traum ist. Wir fühlen, daß irgendein Teufel uns aus Dankbarkeit für unsere Heldentaten diesen Höllenpalast finden ließ und uns in denselben hineintrieb. Nun sind wir hier eingezwängt wie Pökelheringe: Ringsum finster wie in einer Höhle und nirgends irgendein Ausweg. Der eigentliche Herr dieses Hauses ist nicht zu entdecken, es wird auch wahrscheinlich keinen geben. So haben wir nun den wahren Lohn unserer irdischen Mühen und Bestrebungen!

6 O wäre es doch möglich, unseren armen Kameraden auf der Welt kundzumachen, welch ein Lohn hier ihrer harrt! Wahrlich, nicht einer würde mehr das verfluchte ‚Feld der Ehre' betreten! Wären wir in allen Teufelsnamen ganz hin geworden, so würde alles gut sein. Aber wir empfinden hier recht eindringlich, daß wir leider in der gräßlichsten Not fortleben. Wir leiden an allem Guten Mangel und haben dafür Überfluß an allen erdenklichen Leiden wie Hunger, Durst, Hitze und Kälte zugleich. Schmerzen nagen gleich Würmern in unseren Eingeweiden und kein Licht erquickt unsere Augen. Oh, das ist ein herrlicher Lohn für unsere Leiden und Entbehrungen, die uns das ‚Feld der Ehre' so reichlich hat angedeihen lassen!

7 Das ist also das Los des stolzen Herrn der Erde, daß er am Ende lebendig gefressen wird und dann als ein sich selbst bewußtes Wesen in ewiger Finsternis verzweifeln kann! O du verfluchtes Leben eines Menschen und besonders eines Helden! Was ist aber nun zu machen? Geflucht hätten wir hoffentlich genug, wie wäre es, so wir einmal beten möchten? Vielleicht könnte uns ein Gebet nützen. Kann denn niemand von euch irgendein lausiges Gebet auswendig?"

8 Spricht einer aus der Mitte: „Herr Kommandant, ich kann das von Kossut!" — Spricht der Kommandant: „Esel, das könnten wir gerade brauchen! Kossut ist damit auf den Hund gekommen, was wird es uns dann nützen? Kann niemand ein anderes?"

9 Spricht ein Italiener: „Signore Generale! Jo kann eine Sönheit von ani Gebete von die santa Maria, und ani de lo santo Giuseppe!"

[10] Spricht der Kommandant: „Halt dein Maul, du Esel von einem Italiener! Solche Dummheiten gingen uns hier gerade noch ab! — Melde sich irgendein anderer, aber mit etwas Vernünftigem! Kann aus euch allen in Kuckucks-Namen niemand das sogenannte »Vaterunser« beten?“ — Tritt einer hervor und sagt: „Herr General! Wie i war noch Bub, hob i glernt Vaterunser. Is Gebet schönes, und is a wunderbarlich! Aber kann i itzt nit mehr ganz. Was i no kann, nu dos will i vorbeten!“ — Spricht der General: „No, so bete Er denn, wie viel und so gut Er's kann!“

[11] Beginnt darauf der Vorbeter: „Also betet mir nochi und soget: Vater unse, Du bis in Himmel! — Nun wart a bißl! Wie haßt's weite? A — waß i schun! — Vater unse, du bis in Himmel, dein Name gheilig! Dein Wille gscheh in Himmel und af Erd! — Nun wart wieder a bißl! Wie haßt's itzt weite? — Bitt um Verzeihung, Herr General, weil geht mi so schlechte! Aber Geduld, wird schun olle werdn! Aha, waß i schun, wie geht weite! Gib uns heutige Brot — und — führ nit in Versuchung!“

[12] Spricht ein anderer: „Oha, vergib uns unsere Sünden, wie wir vergeben unseren Schuldnern — kommt noch vorher!“ — Sagt der erste Vorbeter: „Bitt di, bet du 's letzte Stuck, weil waß i nit ganz gut!“ — Spricht der zweite: „No gut! Weiter heißt es dann: Führe uns nicht in die Versuchung, sondern befreie uns von allen blitzdummen Kerlen, die das größte Übel sind! Amen!“ — Spricht der erste: „Ho, a so haßt es nit af die Letzte! Haßt nur: Erlös uns von alle Übel, Amen! — Aber hob i di schun verstanden, daß du hast mir gemant, daß i bin a dumme Kerl! Bist du selber a nix besser, weil glaubst, daß bist du a gscheiter Kerl! Aber i sag dir, bist a dumme Kerl selbe! Jtzt waßt's du!“

[13] Spricht der General: „Nur keine Zänkereien! Wir sind unglücklich zur Genüge durch eine unbesiegbare Macht! Warum sollen wir uns da durch gegenseitige Ehrverletzungen noch unglücklicher machen? Und was kann so ein Gebet nützen, wo der eine gut die Hälfte nicht mehr beten kann? Trete jemand vor, der dies Gebet ordentlich beten kann, sonst ist es besser garnicht zu beten!“

[14] Tritt eine Dame vor und sagt: „Herr General, ich kann dies Gebet wohl. Aber deutsch zu beten, ist gewisserart gemein; französisch oder englisch könnte ich damit schon dienen!“

[15] Spricht der General: „Meine liebe Dame! Ich bitte Sie, beten Sie

für sich englisch oder chinesisch, wir aber verstehen bisher nur allgemein deutsch und möchten auch so beten! Ich frage daher noch einmal: Wer von euch kann das Vaterunser gut deutsch beten? Der trete hervor und bete gut deutsch vor!"

16 Tritt ein Pastor vor und spricht: „Herr General, so das nichts macht, daß ich ein Lutheraner bin, möchte ich versuchen, hier einen Vorbeter zu machen!" — Spricht der General: „Mir ist das höchst einerlei, ob Lutheraner, Römisch-Katholik oder Türke. Aber es gibt in dieser großen Gesellschaft leider eine bei weitem größere Menge Römlinge und diese könnten sich daran stoßen. Daher danke ich Ihnen vorderhand für diesen Antrag, von dem ich erst dann Gebrauch machen werde, wenn sich in der römisch-katholischen Gemeinde wirklich niemand vorfinden sollte, der dieses Gebet gut vorzubeten imstande wäre. Bleiben Sie unterdessen aber hier bei mir!"

123

Ein Mönch will Messe lesen um Geld
Der General wettert über Rom
Robert möchte helfen. Der Herr kommt

1 Spricht der General weiter: „Ist denn unter dieser armseligen Gesellschaft niemand, der aus der römisch-katholischen Konfession das alte Vaterunser deutlich und gut deutsch beten könnte?"

2 Da tritt ein bekutteter Mönch hervor und spricht: „Herr General, ich kann dieses Gebet wohl. Aber es wird uns nichts nützen, denn wir alle sind ohne die heiligen Sterbesakramente gestorben und haben keine Beichte abgelegt, weshalb wir uns im Zustand gänzlicher Gnadenlosigkeit befinden! Wir könnten uns nun die Zunge herausbeten und es würde uns dennoch nichts nützen, da wir von Gott schon für ewig verdammt sind. Wir werden in diesem traurigen Zustand wohl bis ans Jüngste Gericht verharren. Da wird uns dann die schreckliche Posaune in unsere Leiber zurückrufen, in denen wir vor den unerbittlichen Richterstuhl Gottes werden hintreten müssen, um da die ewige Ver-

dammnis zu empfangen, und werden geworfen in die ewige, allerschrecklichste Feuerqual!

[3] Ich kenne nur ein einziges Rettungsmittel, und dieses heißt: Die heilige Messe, die allein Gott wohlgefällig ist. Ich habe hier zwar keine Gelegenheit und keine Behelfe, eine zu lesen; aber so ich von diesen Mitmenschen eine kleine Prämie bekäme, da möchte ich dennoch eine solche auswendig lesen, und wir alle möchten dadurch wohl gerettet werden. Denn nur die Messe kann uns helfen, alle anderen Gebete sind zu nichts nütze!"

[4] Spricht der General: „Schau, daß du weiter kommst, du Hauptlump! Wenn du die Messe als einziges Rettungsmittel ansiehst und hast dabei nicht soviel Nächstenliebe, uns, die wir sämtlich nichts haben, unentgeltlich zu retten, so bist du schlechter als alle Diebe, Mörder, Räuber, Hurer und Ehebrecher der ganzen Erde! Du bist hier, was du auf der Erde warst, ein Gottesdiener ums Geld! Ohne Geld kann von dir aus die ganze Welt verdammt werden und du wirst dich darum nicht im geringsten abhärmen. Gehe mir aus den Augen und lies deinen lateinischen Quark, wo du willst, aber uns verschone damit! Denn wir sind zum größten Teil Deutsche und Slaven und wollen und werden daher auch deutsch oder slavisch beten. — Halbrechts! Marsch!"

[5] Der Mönch entfernt sich auf diese sehr militärische Einrede des Generals. Dieser ruft nun die Slaven auf, daß jemand aus ihnen das Vaterunser beten möchte.

[6] Sogleich tritt ein Pole heraus und spricht: „General, ich kann es in fünf Sprachen!" — Spricht der General: „Gut, so bete Er's zuerst deutsch und dann slavisch, aber gut vernehmlich und erbaulich!"

[7] Der Pole betet nun sogleich ganz nach dem Wunsch des Generals vor und alle beten ihm von Wort zu Wort nach. — Nur der Mönch, der die Messe lesen wollte, und einige seines Gelichters nehmen daran keinen Teil und sind voll Ärger, daß der General sich nicht ihres lateinischen Gottesdienstes bedienen wollte. — Die Umstehenden aber merken, daß diese Geistlichen schmähliche Gebärden schneiden, und daß der Messe lesen wollende Mönch bei der Bitte: »zu uns komme dein Reich!« — gesagt hatte: »zu euch komme die Hölle!« Deshalb packen sie diese heiligen Gottesdiener, schleppen sie vor den General und erzählen ihm alles.

[8] Der General, erbost über diese Gottesdiener, spricht zu denen, die

sie hergeschleppt haben: „Gebt euch ruhig! Ihr wißt doch, daß dieses Pfaffengeschmeiß auf der Erde mit seltener Ausnahme alles eher war als das, was es hätte sein sollen! Und so darf es euch hier um so weniger wundern, wenn der allerletzte Sauhirte noch ein bei weitem besserer Christ ist als so ein Pfaffe! — Wer hat Christum gekreuzigt? Die Pfaffen! Damit sie aber in diesem Werk nicht aus der Übung kommen, haben sie die Messe erfunden, die nichts ist als eine zeremonielle Wiederholung der einstigen wirklichen Kreuzigung Christi. Was man davon erwarten kann, läßt sich leicht mit den Händen greifen. Denn wer jemanden richtet, muß entweder mächtiger sein als der, den er richtet, oder er maßt sich das Richteramt an und tut, als wäre er ein Herr dessen, den er wenigstens in seiner Idee richtet. Der Pfaffe aber richtet Christum den Herrn täglich und macht Ihn auch wieder lebendig, um Ihn wieder zu töten — weil er einen beständig lebendigen nicht brauchen kann! Ist er da als Gottesrichter nicht mehr als Gott Selbst? Wer kann es leugnen, daß es in der alleinseligmachenden römisch-katholischen Kirche nicht so ist? — So sich aber dies schwarze Pfaffenpack schon über Gott Selbst ein Todesurteil anmaßt, wie soll es uns dann wundern, so es auch uns zur Hölle verdammt?

9 Ich habe in meinem irdischen Leben die Weltgeschichte studiert und gefunden, daß, wo es sich um Hauptniederträchtigkeiten handelte, die Pfaffen meist obenan waren. Nehmt nur die gegenwärtige Revolutions- und Kriegsgeschichte! Wer hat sie angezettelt? Die Pfaffen!

10 In der Schweiz haben sie angefangen und mußten in alle Winde löbliches Fersengeld nehmen. Darauf wurde der Papst von allen Seiten gedrängt, diese Greueltat womöglich auf der ganzen Erde zu rächen, denn die Schweiz wäre für eine solche Missetat viel zu wenig gewesen. Denn es hat nämlich das Schweizervolk sogar die Keckheit gehabt, als es sehr hungrig war, sich an den mit besten Weinen gefüllten Kellern und strotzend vollen Speisekammern der Gottesdiener zu vergreifen — weil die Gottesdiener nichts hergeben wollten aus christlicher Nächstenliebe! Diese Greueltat hatte die heiligen Gottesdiener so aufgebracht, daß sie auf allen möglichen Wegen die Menschen aufzuhetzen anfingen, damit ihr Fluch über die Erde in Erfüllung gehen solle. Und seht, sie haben ihre Aufgabe sehr effektvoll gelöst, aber dabei auch gottlob sich selbst eine Wunde versetzt, die wahrscheinlich kein irdisches Kräutlein mehr heilen wird! — Ich meine, ihr habt mich verstanden,

daher seid nun ganz ruhig, wenn euch auch diese Schwarzen tausendmal die Hölle wünschen!

11 Wer einen Menschen kennen will, der betrachte sein Tun, denn jeder Mensch ist daran am leichtesten zu erkennen. So es aber schon bedenklich ist, mit Vieh- und Menschenschlächtern einen Freundschaftsbund zu schließen, um wieviel weniger mit den sicher im allgemeinen allerherzlosesten Gottesschlächtern?

12 Die Geschichte aller Zeiten und insbesondere die von Spanien zeigt nur zu klar, wie teuflisch grausam die Gottesdiener mit ihren verirrten Schäflein umgegangen sind. Lasset daher diese Schwarzen an Leib, Seele und Geist gehen, wohin sie wollen, und fluchen, so viel sie nur immer wollen! Wir alle aber wollen uns von nun an als wahre Brüder verhalten und einander raten und helfen, so gut es geht!

13 Ich denke, so es irgendeinen Gott gibt, woran ich hier um so weniger zweifle, weil ich nun sehe, daß wir nach dem Tode des Leibes wirklich fortleben — so muß Er bei Betrachtung der weisesten Schöpfung sicher besser sein als Seine Diener, die Er in der Person Christi zu Jerusalem Selbst gehörig gewürdigt hat, indem Er zeigte, wessen Geistes Kinder sie sind! Wir dürfen darum sicherer Hoffnung sein, daß Er uns auch besser richten wird als dieses finsterste Pfaffenpack!"

14 Die ganze Gesellschaft bricht in einen Jubel aus, als sie vom General so eine energische Rede an die etlichen Pfaffen vernommen hatte. Diese aber machen dazu die grimmigsten Gesichter. Und der vorerwähnte Mönch, dem es nicht mehr möglich ist, seine schäumende Wut zu verbeißen, fängt an, der Hölle zuzurufen, daß sie sich öffne und solche greuelhafte Frevler jählings verschlingen solle. Aber die Gesellschaft läßt sich das nicht zu lange gefallen, packt den Gottesdiener beim Kragen und wirft ihn vors Haus hinaus, wo er ganz ermattet eine Weile liegen bleibt.

15 Zugleich aber spricht an der Tür des zweiten Saales Robert zu Dismas: „Bruder, die Rede und Gesinnung des Generals gefällt mir sehr gut, bis auf die etwas zu starke Auftragung über das Wesen der Pfaffen! So es tunlich wäre, möchte ich denn doch diesen armen Narren ihren noch sehr trüben Zustand ein wenig verbessern!"

16 Spricht Dismas: „Nur noch eine kleine Geduld und die Sache wird sich wie von selbst machen! Nur müssen wir den Herrn haben, und ich

fühle es, daß Er kommt! Da sieh zum Fenster hinaus — schon ist Er da mit allen den uns wohlbekannten Gästen! Gehen wir Ihm nur schnell entgegen! Oh, Er ist es, Er ist es!"

124

Roberts Freude. Des Herrn Sorge um den Mönch
Robert als Hausherr erhält eine Gehilfin in Helena
Himmlische Eheschließung

1 Alle die acht Männer begeben sich nun eilig hinaus, wo sie des Herrn ansichtig geworden sind. Sie finden Mich dort gerade mit dem hinausgeworfenen Mönch beschäftigt, der Mich natürlich noch nicht kennt.

2 Robert richtet mit Tränen in den Augen folgende Worte an Mich: „O Herr, Du lieber, heiliger Vater! Wo warst Du denn so eine geraume Weile, daß wir Dich trotz alles Suchens nicht finden konnten? Ach wie traurig, öde und leer war es hier, als wir Dich im Hause nirgends mehr finden konnten! Wie schlecht ging es uns mit der Ordnung der Tische! Kurz, es war ohne Dich nicht mehr zum Aushalten. — Nun aber, weil Du wieder zu uns in Dein Eigentum gekommen bist, ist alles wieder unaussprechlich gut! Ich könnte nun vor Freude gerade ausgelassen werden, aber nicht meine Füße, sondern mein seligstes Herz soll hüpfen vor höchster Freude und Wonne! Wie ewig wahr ist es doch, was Du gesagt hast: »Ohne Mich vermöget ihr nichts!« Ich setze noch hinzu und sage es laut: Ohne Dich, o Du lieber, heiliger Vater, ist überall vollkommen nichts! Alles ist dann öde, leer und zum Verzweifeln traurig! — Aber von nun an wirst Du uns doch nicht mehr so verlassen?"

3 Rede Ich: „Ich habe euch ja diesmal nicht verlassen. Ich führte deine Gäste als Meine Kindlein nur ein wenig in den großen Garten dieses Hauses und zeigte ihnen die mannigfachen, ganz neuen Anlagen, an denen alle ein übergroßes Wohlgefallen hatten. Du hattest unterdessen die schönste Weile, den großen Speisesaal in die beste Ordnung zu bringen, was auch zu Meiner Freude geschehen ist. Daß du Mich auf einige

Augenblicke mit den Augen nicht wahrnehmen konntest, hat nichts zu bedeuten, da Ich mit der gleichen Liebe bei euch war. Ich habe dem Bruder Dismas Selbst Worte auf die Zunge gelegt, die er zu eurer tiefsten Belehrung gesprochen hat. Nun aber bin Ich wieder sichtbar bei euch und will wieder in dieses Haus einziehen und allda die vielen Kranken zum Leben heilen!

4 Da haben wir vor uns in dem Mönch schon so einen Patienten, der noch ganz taub, blind, stumm und lahm zugleich ist! Diesem muß zuerst geholfen werden, und er wird uns sodann die andern bearbeiten helfen. Der General hat ihn zu derb angegriffen und ihn gewisser Verbrechen beschuldigt, die dieser Arme in seinem ganzen Leben wohl nie ausgeübt hat. Das war nicht recht von dem sonst nach Wahrheit und Licht lechzenden General. Dieser Mensch ist nur, wie alle seinesgleichen, und da muß ihm geholfen werden. Denn ein eingefleischter römischer Katholik sein heißt: geistig taub, blind, stumm und lahm sein: Ein Zustand, in dem niemand als zurechnungsfähig betrachtet werden kann. Aber für seinen priesterlichen Hochmut war diese erste Kur dennoch wieder gut. Denn er sieht es nun ein, daß er gefehlt hat, indem er allen andern etwas glauben machen wollte, an das er selbst noch nie geglaubt hat. Die Hölle gebrauchte er bloß als Schreckmittel und den Himmel als süße Lockspeise, aber er selbst glaubte weder an das eine noch an das andere. Die ganze Religion war bei ihm ein altes mythologisches Mittel, die Völker der Erde im Gehorsam gegen die weltlichen Gesetze zu halten. Den Gottesdienst verrichtete er stets nur als notwendiges Blendwerk für die geistig blinde Menge, hielt aber selbst nie etwas darauf und sagte, gleich einem gewissen Papste, oft bei sich und auch nicht selten in Gegenwart seiner vertrautesten Kollegen: »Die alte Mythe von Christo ist gar nicht übel! Man kann aus ihr machen, was man will. Und sie trägt ihren Dienern sehr viel Geld und Ansehen. Das ist aber auch das Beste an ihr; sonst wäre denn doch die alte griechische viel besser und erhabener gewesen!«

5 Aber Ich sage euch: Das alles tut nichts zur Sache! Denn der Mönch in seiner großen Blindheit war ein dreifacher Sklave Roms! Kann man aber einen Sklaven darum züchtigen, daß er sich von seinem Herrn, der mächtiger war als er, die Augen hat ausstechen und die Ohren ausbrennen lassen? Daher gehe du, Bruder Robert, nun sogleich ins Haus und bringe Wein und Brot heraus! Denn dieser muß vor allem eine volle

Stärkung bekommen, damit er fähig wird, für die Folge von uns belehrt und geordnet zu werden. Tue, was Ich dir anbefohlen habe!"

6 Robert bringt in ein paar Augenblicken eine große Flasche Wein und einen ganzen Laib Brot und spricht: „Herr, hier ist es schon! Wie werden wir aber diesen Armen damit laben? Denn er liegt ja wie tot mit dem Gesicht am Boden. Wir werden ihn doch zuvor vom Boden aufrichten müssen!"

7 Rede Ich: „Liebster Robert, nur Geduld! Unsere Nähe wird ihn gar bald aufrichten. Aber es sind das immer sehr gefährliche Patienten, daher muß man sich mit ihnen schon ein wenig mehr Zeit nehmen. — Ich sehe, daß dir der Wein und der ganze Laib Brot ein wenig schwer zu halten ist. Wie wäre es denn, so dir die liebe Helena, die dich hier so teilnehmend betrachtet, ein wenig unter die Arme griffe? Wenn du so eine Wirtin hättest, was meinst du, ginge da dein Hauswesen nicht bedeutend besser vonstatten?"

8 Robert schmunzelt verlegen und sagt nach einer Weile: „Wäre alles unaussprechlich gut, wohl und recht, wenn sie nur nicht gar so schön wäre! Aber sonst eine Gehilfin! O Herr, von Dir mir gegeben — würde freilich aus meinem einen Hause zehntausend Himmel machen! Aber sie ist ja zu ungemein schön, lieb und herrlich für mich."

9 Rede Ich: „Du warst ja doch sonst ein Freund alles Schönen und dabei auch Nützlichen! Dein Wahlspruch lautete ja sogar: »Das Schöne muß nützlich und das Nützliche schön sein!« Und siehe, das ist auch von Ewigkeit her Mein eigener Handlungsgrundsatz gewesen. Daher denn alle Meine Werke ebenso schön wie nützlich sind. Denn die Nützlichkeit entspricht Meiner ewigen Liebe und Güte, und die Schönheit Meiner Weisheit und Wahrheit. Und so kannst du hier im Reiche der Himmel nie eines ohne das andere haben. Je schöner hier sich dir etwas darstellt, desto nützlicher ist es auch!

10 Helena ist wahrlich überaus schön, aber sie ist eben deshalb ein ebenso überaus nützliches Wesen. Daher scheue dich nicht so sehr ihrer Schönheit wegen! Du wirst erst durch sie ein vollkommener Mensch und Engel, und sie durch dich noch schöner, vollkommener und nützlicher! Ich gebe sie dir zu einem wahren himmlischen Weibe, mit dem du stets weiser, glücklicher und seliger werden wirst. Reiche ihr daher deine Rechte und drücke sie an deine Brust! Und die Erfüllung dieses Meines Willens ist der ewige Segen für euch beide!"

11 Robert spricht schwindelnd vor Wonne: „O Herr, vergib mir meine große Schwachheit! Aber hier muß ich Dir offen gestehen, daß ich die Bitte: »Herr, Dein Wille geschehe!« wohl nie leichter und seliger ausgesprochen habe als diesmal! So komme denn her an meine Brust, du himmlisch schöne und herrliche Helena! Was der Herr, Vater Jesus, Jehova Zebaoth mir gnädigst gegeben hat für ewig, hat Er durch mich auch dir gegeben für ewig! Und so wollen wir denn seligst eins sein in allem, in der Liebe, in der Wahrheit, in aller Liebtätigkeit und dadurch eins in unserem heiligsten, liebevollsten Vater!"

12 Spricht Helena, strahlend von himmlischer Schönheit: „Des Herrn Name sei gepriesen ewig und Sein heiliger Wille geschehe! Ebenso aber wird mir auch ewig heilig sein dein Wille, da ich nun klarst erschaue, daß du keinen andern Willen mehr in deinem Herzen birgst als allein den heiligen des himmlischen Vaters aller Menschen und Engel! — Sollte dein Herz je nach großen Taten in der Liebe auf Augenblicke matt werden, da soll es an dem meinen eine reiche Stärkung finden. Und sollte ich selbst je im heiligen Wollen irgendeine Schwäche zeigen, da wird dein Herz mich kräftigen in allem, was dem heiligsten Vater wohlgefällig ist! — Und so will ich denn im Namen unseres himmlischen Vaters sein für ewig dein himmlisches Weib, das mit und in dir leben und handeln wird als *ein* Wesen für ewig! Des heiligsten Vaters Gnade, Liebe, Weisheit, Ordnung und Wille sei uns ein Segen für ewig!"

13 Robert, über alle Maßen gerührt, drückt Helena an seine Brust und küßt sie dreimal auf die Stirne. Und Helena küßt ihn darauf ebenso oft auf den Mund, nimmt ihm dann sogleich den Wein und das Brot ab und spricht: „Als nun für ewig dein Weib, lasse dir deine Mühe von mir geringer machen! Es ist genug, daß du im Namen des heiligsten Vaters ordnest. Handeln werde dann schon ich als dein rechter Arm!"

14 Rede Ich: „Gut, gut, Meine geliebten Kinder! Ihr seid nun gesegnet und eins und werdet es bleiben stets seliger für ewig!

15 Aber unser Werk ist dadurch nicht zu Ende. Nun heißt es erst so recht, ins Handeln übergehen! Aber jede Handlung wird von nun an leichter und schneller beendet werden können, da du, Mein geliebter Robert, als ein vollendeter Bürger des Himmelreichs dastehst und jetzt nicht nur eine unterweisende Macht hast durch die Wahrheit des Wortes, sondern auch eine richtende durch den Liebewillen aus Mir, die du

jedoch nur da gebrauchen wirst, wo die erste durchaus nicht ausreichen sollte! Und so bücke dich denn zu diesem Kranken nieder und hauche ihn an, auf daß er erstehe zur Heilung!“

125

Geistiges Erwachen des Mönches
Selbstgespräche als Seelenspiegel
Christus, der Lebensanker des Schiffbrüchigen

1 Robert bückt sich sogleich und behaucht den ehedem hinausgeworfenen Mönch. Dieser fängt sogleich an sich zu rühren wie ein aus tiefstem Schlaf Erwachender.

2 Als der Mönch sich nach einer Weile vollends aufgerichtet hat, fragt er: „Wer hauchte denn ein Leben in mein Eingeweide, da ich doch getötet war von meinen Feinden?“ (In der Geisterwelt werden nämlich alle, die von einem Hause hinausgeworfen werden, auf eine Weile wie tot. Denn hinausstoßen oder hinauswerfen heißt in der Geisterwelt soviel als gewaltsam richten oder töten.) — „Wo bin ich denn nun? Es ist Nacht und sehr finster, wohin ich auch meine Augen wende. Kein Laut wird von meinen Ohren vernommen. Ob ich auch lahm bin, weiß ich kaum, denn ich fühle keinen Boden unter mir. Oh, wenn ich doch nur einen kleinsten Lichtschimmer irgendwo wahrnehmen könnte!

3 Ich war auf der Welt ein Priester und verrichtete meinen vorgeschriebenen Dienst mit allem Eifer. Freilich waren damit zumeist nur pure irdische Interessen verbunden und von einem Glauben war wohl nicht viel vorhanden. Dessenungeachtet verrichtete ich mein Amt gewissenhaft. Aber welch einen Lohn habe ich nun im Reich des Todes geerntet! O Gott, so du irgend bist, oder du unerbittlich hartes Fatum! Warum mußte ich denn zu einem denkenden, selbstbewußten Wesen werden? Warum geführt durch die unnatürlichsten Lebensverhältnisse, die mit allem Fluch belastet sind? Wer wollte es denn, daß ich das und nichts anderes werden mußte? Was kann wohl ein Kind dafür, daß es blind zur Welt geboren wird und dann keinen Arzt mehr findet? O hartes Fatum, wo bist du, daß ich zu dir hin mich wende und dir fluche!

Mein ganzes Leben bisher war nur ein ununterbrochener Fluch, aber ich will nicht mehr fluchen; denn es ist genug, daß ich selbst ein Fluch bin."

4 Sage Ich zu Robert: „Nun behauche ihm die Ohren!" — Robert tut das.

5 Der Mönch horcht und spricht nach einer Weile: „Wohin bin ich denn gekommen? Denn nun vernehme ich etwas wie ein Rauschen großer Gewässer und unter dem Rauschen wie Stimmen von allerlei Vögeln! Wahrlich sonderbar, das Rauschen wird mächtiger und das Getön der Vögel stärker! Werden die Wasser mich denn überfluten und die Vögel sich dann sättigen mit meinem Leichnam? O gräßliches Fatum, warum muß ich denn, da ich untergehe, zuvor die schreckliche Stimme des Verderbens vernehmen! Kannst du denn nicht wie ein Meuchelmörder dich über mich Ohnmächtigen hermachen? Aber was hadre ich denn hier? Verlesen doch auch die harten Menschenrichter auf der Erde den Übeltätern ihr Todesurteil, bevor sie dieselben töten. Der grausamen Härte des Menschenherzens genügt nimmer der alleinige Tod ihres wehrlosen Bruders, sondern er muß zuvor auch gequält werden. Tun es die Menschen also, warum soll da das harte Fatum ein Blatt vor den Mund nehmen?"

6 Ich sage darauf zu Robert: „Nun behauche ihm die Augen." Robert tut es.

7 Der Mönch fängt darauf an, sich die Augen zu reiben und spricht: „Was war denn das? Ich empfand deutlich einen Hauch über meine Augen gleiten. Nun sehe ich plötzlich wie durch eine Abenddämmerung hindurch und gewahre unter mir nun wieder festen Boden. Sieh, da ist wieder dasselbe Haus, aus dem mich meine Feinde hinausgeworfen haben! Ja, es ist auf ein Haar dasselbe, und ich vernehme nun anstatt des ominösen Wasserrauschens die vielen Stimmen meiner Feinde! Und das Vogelgetöne sind Stimmen in meiner Nähe! Aber ich vermag niemanden zu entdecken!

8 Nun glaube ich doch wieder an irgendeinen Gott! Der General drinnen, der meine Messe nicht ganz mit Unrecht verschmähte, hatte recht, daß er die Gottheit als viel besser pries, als ich sie ihm darzustellen mich bemühte. Aber wie die Arbeit, so auch der Lohn! Recht haben sie gehabt, daß sie mich hinausgeworfen haben! Warum wollte ich sogar hier ein finsterer Esel sein!?"

[9] Sage Ich zu Robert: „Behauche ihm nun den Mund und die Brust.“ Robert tut sogleich, was Ich ihm sage.

[10] Der Mönch spricht: „O wie herrlich und wohltuend umwehte ein zartes Lüftchen meinen Mund! War das etwa eines Engels sanfter Kuß? Ja, so müssen Engel küssen! Ich gewahrte es auch in meiner Brust, die ein wonnigstes Leben durchdrang, daß meinen Mund ein Engel geküßt haben mußte, ansonst es mir nimmer gar so wonnig hätte zu Mute werden können. Wahrlich sonderbar, es wird nun auch eigentümlich heller und heller in mir! Und meine Hände werden voller, und in den Füßen empfinde ich ein wohltuendes Drängen! Es ist, als ob eine neue Lebenskraft mein ganzes Wesen zu durchströmen begänne.

[11] Nun wird auch die ganze Gegend heller und das Haus bestimmter ersichtlich! Ach, das ist ein gar wunderherrliches Haus! Drei Stockwerke! Und diese herrlichen Arkaden und Balkone unter den Fenstern! Diese imposante Größe und Höhe! Nein, es kommt mir die ganze Sache wie ein Traum vor! Ich habe doch schon ehedem dieses Haus gesehen, als uns alle der General hierher brachte, aber ich kann mich nicht erinnern, daß es damals so herrlich ausgesehen hatte.

[12] Ich möchte wohl gerne wieder in das Haus gehen, aber da würde ich sicher schnell wieder hinausgeworfen werden. Daher bleibe ich lieber hier im Freien und bewundere im stillen dieses ungeheure Prachtgebäude, das nun mit dem Zunehmen des Morgenlichtes stets größer zu werden scheint. Ja, ich bleibe hier, denn es wird mir nun so wohl zu Mut.

[13] Ich begreife nur nicht, wieso es mir hier so heimelig vorkommt; es ist, als ob ich schon Gott weiß wie lange hier zu Hause gewesen wäre. Und doch ist mir diese Gegend so fremd, als einem Menschen nur je etwas nie Gesehenes vorkommen kann. Ach, herrlich ist es hier! Es harmoniert aber auch alles: dieser weitgedehnte Garten mit den Anlagen, der schöne Gebirgskreis, der diese Villa in weiter Ausdehnung umgibt, sich besonders gegen Morgen stets höher erhebt und gegen Abend und Mitternacht in eine unabsehbare Ebene verflacht. — Oh, das ist unbeschreiblich!

[14] Aber ganz in meiner Nähe ersehe ich ja einen herrlichen Pavillon! Wie wäre es denn, so ich ihn bestiege? Da müßte sich diese Gegend ja noch wunderherrlicher ausnehmen! Kraft habe ich nun in den Füßen. Es ist zwar hübsch hoch hinaufzusteigen, aber nur hinauf mit mir! —

Doch nein, ich bleibe dennoch hier unten, es könnte so etwas dem Eigentümer vielleicht nicht angenehm sein. Es ist hier auch schon alles gut. Aber wie es nun in mir stets lichter und heller wird, merke ich, daß der Mensch auch im Geisterreiche hungrig und durstig werden kann. So ein Stückchen Brot und etwas Trinkbares zu dieser Beleuchtung der Geisterwelt könnte sich wahrlich nicht schlecht ausnehmen!"

15 Sage Ich zu Robert: „Stelle ihm nun Brot und Wein vor!" Robert nimmt seiner Helena schnell das Brot und den Wein ab und legt es in den Schoß des Mönches. Dieser verwundert sich hoch und erschaut wohl sogleich die Spende, aber noch nicht die ihn umgebenden Spender.

16 Er betrachtet eine Weile das Brot und den Wein, dann spricht der Mönch zu sich: „Gottlob, nun wäre freilich alles beisammen! O du göttliches Tischlein-deck-dich! Nun, so tut es sich ja in der Geisterwelt! Eine bezaubernde Aussicht und Einsicht für einen lichten Magen, wahrlich, da wird es so schon auszuhalten sein in alle Ewigkeit, Amen! Aber nur keine Nacht mehr in dieser Gegend, denn die Nacht war hier schauderhaft!

17 Aber nun möchte ich auch wissen, wer hier so dienstfertig ist? Geister sind es in jedem Falle, und sicher lauter sehr gute! Aber ich bin ja nun doch auch ein Geist! Wie kommt es denn, daß ich dann diese mir unsichtbar dienenden Geister oder Engel nicht sehen kann? Wahrscheinlich werde ich noch viel zu unheilig sein, um die heiligen Engelsgeister zu schauen! Aber das Brot und den Wein sehe ich doch! Na, es ist schon gut so, das andere wird sich nachher auch wohl machen! In Gottes Namen werde ich mich zuerst ans Brot machen und dann an den überaus gut aussehenden Wein! Gott segne es! Ihm allein alle Ehre, alles Lob und allen Preis!"

18 Nach diesen Worten bricht der Mönch ein tüchtiges Stück Brot vom Laibe, fängt an zu essen und findet es wunderbar wohlschmekkend. Daher macht er sich gleich über den ganzen Laib her und spricht, als er damit vergnügt fertig ist:

19 „Gottlob! Das war ein Brot, so wohlschmeckend wie eine reife Ananas aus Brasilien! Nun aber will ich auch dem Wein zusprechen in Gottes heiligstem Namen! Ist fast mehr als ein Maß! Aber das macht nichts, hab' ja öfter auf der Erde auch bei Versehgängen ein Maß und manchmal noch etwas darüber, etwa so einen heiligen Johannessegen,

mitgenommen. Nun, in Gottes Namen! Es wird sich schon auch hier tun. O du liebs Weinl du! Was für eine herrliche Goldfarbe!"

[20] Hier setzt er die Flasche an und setzt sie nicht eher ab, bis der letzte Tropfen getrunken ist. Er kann sich nicht genug verwundern über die außerordentliche Güte des Weines und wird über die Maßen fröhlich und dabei sehr andächtig gestimmt, so daß er am Ende nur in einem fort: „O gottlob, o gottlob!" herausbringt.

[21] Nach einer Weile andächtiger Ergießungen richtet er sich endlich ganz auf und spricht bei sich: „Wie hat mich doch dieses Mahl gestärkt: Das war kein irdisches Brot und kein irdischer Wein! Das war wahrhaftig Brot und Wein aus den höchsten Himmeln, denn das Brot war ganz Nahrung und der Wein ganz Leben! — Nun erst lebe ich wahrhaft, und der Tod scheint für ewig von mir gewichen zu sein. Am Ende ist die alte Mythe von Christo, der das Abendmahl im Brot und Wein seinen Jüngern gegeben und dessen Genuß zur Gewinnung des ewigen Lebens anbefohlen habe, denn doch nicht gar so leer, als wie sie, freilich ganz heimlich, von dem gebildeten höheren Klerus geglaubt ward!

[22] Es ist zwar in dieser Christuslehre, die durch die vier Evangelisten sich bis auf diese Zeit erhielt, so manches Widersprechende enthalten, das ein gesunder Geist eben nicht so leicht verdauen kann, wie ich nun dieses Brot und diesen Wein. Aber dennoch enthält sie wieder andere höchst folgerichtige Dinge, aus denen man ersehen kann, daß der Stifter solch einer Lehre durchaus kein gewöhnlicher Mensch, sondern offenbar ein Gott sein mußte. Und nun diese Neubelebung durch Brot und Wein gibt mir einen beinahe unwiderlegbaren Beweis, daß Christus auf der Erde einst wirklich existiert hat und es mit Seiner Gottessohnschaft eben nicht gar so schlecht aussehen kann, als wie es heimlich die hohe Klerisei meint.

[23] Wer kann wissen, ob es sich denn in dieser schönsten Geisterwelt doch nicht einmal begeben kann, daß ich irgendwo mit dem Geiste Christi zusammenkomme! O Gott! Wenn ich solches erlebte, dann würde ich Christus bitten, mir zu gestatten, dem Papst und sämtlichen Kardinälen einen sicher unwillkommenen Besuch abzustatten, um ihnen zu zeigen, wer Christus ist und wessen Geistes Kinder sie sind! Freilich würde das nicht viel nützen; aber wohl täte es unsereinem, wenn man diesen Rotmäntlern, diesen offenbarsten Widerchristen zeigen könnte, daß Christus keine Fabel ist, wie sie wähnen — sondern wahrhaft Der

und Das, als wen und als was Er Sich Selbst geoffenbart hat. Augen müßten sie machen so groß wie der schönste Vollmond!

24 Aber nun vernehme ich auf einmal ein Gelispel wie von Menschen um mich her, und das Morgenlicht wird stärker und stärker. — Darum nun ganz stille! Vielleicht vernehme ich wohlartikulierte Worte und Sätze?“

126

Der Mönch vernimmt die heilige Lehre von Jesus
Der einst geistig Blinde erkennt den Herrn und dessen Gnade

1 Nun hört der Mönch ganz leise die Worte: „Jesus, der Gekreuzigte, ist allein Gott über alle Himmel und über alles, was den unendlichen Raum erfüllt. Er allein ist der Urschöpfer aller Dinge, aller Engel, Menschen, Tiere, Pflanzen und aller Materie. Er ist der Vater Seinem urewigen Liebewesen nach, der ewige Sohn Seiner Weisheit und der allein Heilige Geist Seiner unendlichen Macht, Kraft und Wirkung nach.

2 An diesen Jesus wende dich im Herzen wahrhaftig und getreu. Liebe Ihn, der dich so sehr liebte, daß Er aus Liebe zu dir wie zu allen Menschen die Menschennatur annahm und des Leibes bittersten Tod über sich kommen ließ, auf daß dir und allen Menschen ein ewiges Leben ermöglicht werde!

3 Das ewige, Gott völlig gleiche, seligste Leben ist durch Ihn allein ermöglicht worden und als ein unendlicher Schatz gegeben aller Kreatur. Es bedarf nun nichts mehr, als diese große Gabe des heiligen Vaters liebewillig zu verlangen und dankbarst anzunehmen — und der Mensch wird selig leben in Ewigkeit in Gottes Gesellschaft wie ein zweiter Gott.

4 Gott, der da ist unser aller Vater Jesus, ist die reinste Liebe, die niemanden richtet und jeden selig machen will. Nur muß der Mensch auch das wollen, was Gottes reinste Liebe will. Denn Gott tut niemandem einen Zwang an, am wenigsten in dieser Welt der Geister. Daher wird jedem nur das zuteil, was er selbst will. Was du demnach willst, das wirst du auch empfangen!

5 Es gibt aber kein Leben und keine Seligkeit außer in der reinen Gottesliebe. Wer diese in sich aufgenommen hat und selbst das will, was diese heilige Liebe will, der lebt und ist selig für ewig.“

6 Als der Mönch diese Worte aus dem Gelispel vernommen hatte, staunt er nicht wenig und spricht bei sich: „Merkwürdig! Eine ganz neue Lehre über Gott! Also keine drei gesonderten Personen! Auf der Erde wäre das die größte Ketzerei, himmelhoch verschieden von der römisch-katholischen Lehre. Aber ich finde sie dennoch ganz natürlich und viel wahrer als die römisch-katholische! — Was mich aber sehr wundert, ist, daß dieser Geist, der aus der Luft so weise zu mir geredet hat, von der allerseligsten Jungfrau Maria und den anderen lieben Heiligen mit keiner Silbe erwähnt hat, daß man sie um ihre mächtige Fürbitte angehen soll. Das ist durchaus nicht katholisch, aber das macht nichts. Der Unbekannte, der mir höchstwahrscheinlich das herrlich gute Brot und den besten Wein zukommen ließ, hat mir nun auch diese Lehre gegeben. War das erste überaus gut, so ist es auch die Lehre! Sei es nun, wie es wolle, ich werde diese Lehre doch annehmen.

7 Muß offen gestehen, so der Teufel von solcher Lehre durchdrungen wäre, da müßte selbst er selig sein. Solch ein Brot wird in der Hölle sicher nicht gebacken und solch ein Wein nimmer gekeltert. Daher ist das alles aus den Himmeln — Brot, Wein und Lehre! Und ich will sie annehmen! Aber wenn es so ist, dann freuet euch, ihr Kardinäle und du Papst! Ich werde in eurem Gehirn ganz kurios zu spuken anfangen. Ich will Jesum so lange bitten, bis Er mir das gewähren wird. Gut, ich werde die römische Kurie in die Enge treiben und ihr ein Licht anzünden, vor dem sie erschauern soll! Aber nun nichts mehr davon! Jetzt heißt es, sich ganz ernstlich an den Herrn Gott Jesum wenden, alles andere wird dann erst von da ausgehen.“

8 Sage Ich zu Robert: „Berühre nun seine Augen!“ — Robert tut es. Der Mönch erschaut nun zu seinem größten Erstaunen die große Schar Seliger samt Mir um ihn versammelt, aus der er aber noch niemanden erkennt. Er betrachtet bald den einen, bald den andern und gebärdet sich wie ein vom Schlaf Trunkener.

9 Nach einer Weile kommt der Mönch zur volleren Besinnung und fragt ganz schüchtern den ihm zunächststehenden Robert: „O du himmlischer Freund, sage mir doch, wo ich denn bin? Und so du es nicht krumm nimmst, daß ich dich gleich mit Fragen belästige: sage mir auch,

mit wem ich in dir, du lieber Freund, zu reden die Ehre und Gnade habe?"

10 Spricht Robert: „Du bist hier auf himmlischem Grund und Boden. Und dies Haus, das da vor dir in unbeschreiblicher Größe, Pracht und Majestät dasteht, ist mein himmlisches Wohnhaus für ewig. Ich aber bin der nun selige Geist des auf Erden dir wohlbekannten, unglücklichen Robert Blum. Und dies allerschönste Weib an meiner Seite ist mein von Gott dem Herrn mir für ewig verbundenes Weib. Nun weißt du es und nun rede, was du vor allem wünschest!"

11 Der Mönch, ein wenig seinen Kopf hin und her schüttelnd, spricht: „Du, der Robert Blum? Der Hauptketzer Robert Blum — und im Himmel? — Ah, da geht es doch nicht mit richtigen Dingen zu! Und das soll dein Grund und dein Haus sein? Gibt es denn im Himmel auch Gründe und Häuser? Der Himmel besteht doch nur aus lauter lichten Wolken, auf denen die himmlischen Bürger gleich den Engeln herumschweben, Gott von Angesicht schauen und in einem fort ausrufen: »Heilig, heilig, heilig ist der Herr Zebaoth! Himmel und Erde sind Seiner Herrlichkeit voll! Die Ehre sei Gott, dem Vater und dem Sohn und dem Heiligen Geist — Amen!« Von alledem ist aber hier nicht die leiseste Spur. Wie könnte das sonach der Himmel sein? Vielleicht nur so ein neukatholischer Himmel, den euch Gottes Gnade zuläßt bis zum Jüngsten Tag, um euch für manches Gute, das ihr auf der Erde gewirkt habt, zeitlich zu belohnen. Aber danach wird dieser Himmel vergehen und in die Hölle verwandelt werden. Und dieses Haus wird wahrscheinlich auf lockerem Sande und nicht auf Felsen gebaut sein. So wird es nur zu bald in nichtigsten Schutt zusammenstürzen!

12 Die Sache kommt mir ganz und gar nicht richtig vor. Sage mir, wo ist denn hernach Gott der Herr mit allen Seinen heiligen Engeln und den sonstigen Heiligen — wenn das der Himmel ist?"

13 Spricht Robert: „Sieh dich nur um, und du wirst dir zu allernächst Gott, den Herrn Jesus, und hinter Ihm die heiligen Apostel klar erschauen und dahinter die Urväter der Erde von Adam angefangen!"

14 Der Mönch sieht sich schüchtern um und erkennt sogleich an Mir Jesus, den Gekreuzigten. So auch die Apostel, die er aus den ihm bekannten Attributen ihrer Gewänder erkennt. — Er fällt sogleich vor Mir nieder und spricht: „Herr Gott Jesus! So Du es bist, so sei mir

armem Sünder gnädig und barmherzig, denn ich bin ein grober und großer Sünder!“

[15] Und Ich sage: „Thomas, stehe auf, schaue und lebe! Ich bin das Alpha und das Omega, der Erste und der Letzte! Warum aber zweifelst du noch an Mir und an der Wahrheit Meines Himmels?“

[16] Spricht der Mönch Thomas: „O Herr, du fragst mich, als könnte ich Dir etwas sagen, das Du nicht wüßtest. Siehe Dich nach Meinem Herzen um und Du wirst darin noch jene Urschriftzüge finden, die Deine allmächtige Rechte eingezeichnet hat. In diesen Zügen spricht sich eine unendliche Größe und Erhabenheit aus, unter der allein Dich mein Herz fühlen konnte. Es war darum stets außerstande, Dich anders sich vorzustellen. Jede kleinliche, herrsch- und habsüchtige Vorstellung von Dir konnte daher in meinem Herzen nimmer Platz fassen. Aus diesem Grunde konnte ich auch den Glauben an die Gottheit Jesu, des Gesalbten, nie so ganz vollkommen annehmen, obschon ich streng genommen an der Möglichkeit nie gezweifelt habe. Freilich müßte die Gottheit Christi offensichtlicher hervorgetreten sein, ungefähr wie bei den Aposteln, so ich zu einem festen Glauben hätte genötigt werden sollen. Aber das war sicher aus weisesten Gründen nie der Fall. Christus oder Sein Geist ließ es allzeit zu, daß die römische Kurie aus Ihm machen durfte, was sie nur immer wollte.

[17] Welch geweckterem Geist hätte bei Kenntnis der römisch-katholischen Theologie nur im entferntesten einfallen können, solch eine Lehre für rein göttlich zu halten? Ich selbst habe aus Oblaten mehrere tausend rechte Christusse gemacht und habe sie dann zum größten Teile selbst aufgegessen. Was aber soll ein ehrlicher Mensch sich von einer Lehre denken, über die ein jeder Chinese hoch auflachen muß. Wie oft habe ich nach einer Messe gedacht, wenn ich darauf einen Blick zur Sonne und abends zu den Myriaden Sternen sandte: »Also Der, den du heute durch die sogenannte Konsekration aus einer runden Oblate aus Stärkemehl zum allerhöchsten Gott machtest und Ihn darauf lebendig gegessen hast, soll dies alles gemacht haben?« O Herr, das war für den Glauben eines Sterblichen denn doch ein wenig zu viel! Wer das glauben kann, dem ist wahrlich nicht zu gratulieren, denn er kann doch kein kleinstes Fünklein Geistes in sich besitzen! Wohl verrichtete ich den sogenannten Gottesdienst vor den Augen der blinden Welt vorschriftsgemäß. Aber ich selbst glaubte unmöglich daran, weil die Ur-

schrift in meinem Herzen und in der ganzen Schöpfung mich allzeit eines anderen belehrte.

18 Daß aber dadurch auch der wirkliche Christus, der solchen Unsinn duldete, bei mir und vielen anderen in Mißkredit kam, wirst Du, o Herr, sicher noch klarer einsehen als ich. Jetzt glaube ich wieder an Deine alleinige Gottheit, da Du nun ganz so da bist, wie Du einst auf der Erde gewandelt bist. Aber an einen Oblatenchristus aus Stärkemehl werde ich nie glauben!

19 Sieh Herr, so steht es in meinem Herzen geschrieben. Dies ist mein Leben, wie ich es als rein Göttliches in mir sehe. Und so habe ich armer Sünder Dir Allwissendem mit mangelhaften Worten nichts dargetan, als was Du schon von Ewigkeit klarst eingesehen hast. Und so denn geschehe mit mir Dein heiliger Wille!"

20 Rede Ich: „Gut, Mein lieber Thomas, es ist alles in Ordnung, was du geredet hast. Aber wenn du Mir einen Vorwurf machst, daß Ich der römischen Kirche ob ihrer Greuel noch nie eine Gegenkundgabe zukommen ließ, da tust du Mir unrecht! Betrachte doch alle die Trennungen von der Römerin, sind das nicht gewaltige Gegenkundgaben? Aber sie fruchteten wenig, weil Ich den Drachen noch nicht richten wollte wegen Meiner Liebe. Weiter betrachte die große Verbreitung des reinen Wortes durch die Druckschrift in allen Sprachen! Aber sie fruchtet wenig, weil Ich den Drachen noch nicht richten wollte — wegen Meiner Liebe! Wieder weiter betrachte die zu allen Zeiten von Mir erweckten neueren Propheten! Diese übten eine starke Gegenkundgabe aus. Aber es fruchtete wenig, weil Ich den Drachen noch nicht richten wollte — wegen Meiner Liebe! Dann betrachte noch die tausendfachen Demütigungen, die Ich der Römerin als starke Gegenkundgaben von allen Seiten zukommen ließ! Aber sie fruchteten bisher ebenfalls noch wenig, weil Ich den Drachen noch immer nicht richten wollte — wegen Meiner Liebe!

21 Von nun an aber wird es mit der Römerin ein ganz anderes Verhältnis nehmen. Ihre Weltmacht wird sehr erschüttert und eine offene Zunge gegen sie allenthalben gestattet werden. Wird sie solch eine Kundgabe auch noch nicht fruchtbringend machen, so wird der Drache gerichtet werden wegen Meiner zu lange mißbrauchten Langmut.

22 Ich meine, du wirst nun wegen der Mir von dir vorgeworfenen Vernachlässigungen in der Ordnung sein. Und so schließe dich

nun völlig an Mich an und gehe mit uns in dieses Haus zu einem schon bereiteten Mahle!“

23 Spricht Thomas: „Du ewiger Heiland aller kranken Seelen und Geister! Eines Mahles, das Du Selbst Deinen verdientesten Dienern bereitet hast, bin ich wohl nicht wert! Das wäre ja zuviel Erbarmung für mich, indem ich auf der Erde allzeit grob gesündigt habe vor Dir. Hinein ins Haus werde ich wohl gehen, aber teilnehmen an einem so heiligen Mahle würde ich mir ewig nimmer getrauen, indem ich da gar leicht das Los eines Judas Ischariot an mir selbst erfahren könnte, und das wäre denn doch etwas überaus Erschreckliches!“

127

Gotteslob des dankbaren Thomas
Belehrung des Herrn über die Schlichtheit der Liebe

1 Rede Ich: „Mein lieber Thomas, du bist noch sehr blöde! Den Judas hieß Ich nicht mit Mir Brot in die Schüssel zu tunken, denn Ich wußte es, daß es ihm zum Gericht gereichen werde, da er unwürdig war, mit Mir das Brot des Lebens zu essen! Dich aber beheiße Ich Selbst, weil Ich in dir keine Unwürdigkeit entdecke. Und so kannst du ohne Bedenken tun, was Ich von dir nun verlange. Zudem hat hier alle richterliche Zurechnung aufgehört, da hier jede Tat ohnehin ihre Folge hat, entsprechend dem Geist in dem sie begangen wurde. Weil ein jeder Geist nach seinen Taten hier vollkommen sein eigener Richter ist, hast du auch von keiner Seite mehr eine fremde Einwirkung zu befürchten. Was du willst, das wirst du auch tun; und das Tun wird dich richten nach deinem Willen, der die eigentliche Triebfeder jeder Handlung ist.

2 Und so mache dir von nun an keine Skrupel mehr! So du hungrig und durstig bist, wirst du doch etwas zu essen und zu trinken haben wollen. Wolltest du aber dennoch nichts essen und trinken, müßtest du dir dann freilich auch den Schmerz gefallen lassen, den Hunger und Durst als notwendige Folge in sich bergen. Oder würdest du eine schar-

fe Rute zur Hand nehmen und dich damit selbst züchtigen? Das wirst du sicher auch bleibenlassen.

[3] Was du aber dir selbst nicht tun möchtest, wirst du auch deinen Brüdern nicht antun. Denn die Liebe deines Herzens würde sicher nimmer zulassen, den Brüdern wehe zu tun, weil hier im Geisterreich die Ordnung so bestellt ist, daß da eine jede Tat, an einem zweiten verübt, auch auf den Täter mit der gleichen Empfindung rückwirkt.

[4] Du weißt nun durch diese Erörterung, wie sich die Sachen hier verhalten. Und so meine Ich, daß du nun nach Meiner Beheißung ohne Gewissensangst tust, was dir zu deinem höchsteigenen Besten gereichen kann und wird!

[5] Siehe, Ich könnte dich zwingen, dahin augenblicklich zu gehen, wo Ich dich haben will. Da Ich dich aber schon zum Guten nicht mittels Meiner Allmacht zwinge, sondern nur mit sanfter Belehrung dein Herz, deinen Verstand und deinen Willen stärke, — um wieviel weniger werde Ich dich dann zu etwas Argem zwingen. Von Mir wird nichts so sehr berücksichtigt wie des Menschen völlig freier Wille. Und so kannst du es ganz beherzt wagen, freiwillig das zu tun, was zu tun Ich als dein Gott, Schöpfer und Vater voll der mächtigsten Liebe von dir verlange!"

[6] Spricht Thomas: „O liebevollster Vater! Nun gibt es in meinem Herzen keinen Anstand mehr. Was Du wünschest, soll stets meines Herzens heiligstes Gesetz sein. O wie gar sanft und weise ist Dein heiliger Vaterwille! Wo ist ein Herz, das ihm widerstehen könnte? Wie selig ist nun mein ganzes Wesen, daß ich Dir folgen darf, und Du Selbst mir zur Seite stehst und an Deiner Vaterhand in das Reich des ewigen Lebens führst! O du heiliges Haus der Häuser, das Gott betritt! Wer kann lobend genug erwähnen des großen Mahles, das Gott Selbst bereitet hat allen denen, die Sein Vaterherz erwählt hat zu Seinen Kindern? Ihr seligsten Brüder und Schwestern, fühlt ihr es wohl ganz, erfaßt ihr die heilige Tiefe, daß unser Lehrer und Führer Gott Selbst ist? — Wir sind bei Gott, ja bei dem großen Schöpfer der Unendlichkeit, bei dem Vater sind wir! O saget, fühlet ihr es wohl tief genug, wer Der ist, der uns nun führt in Sein Haus?"

[7] Rede Ich im Gehen ins Haus: „Gut, gut, Mein lieber Sohn Thomas! Es ist Mir eine rechte Freude, daß du in deinem Herzen Gefühle aufkeimen läßt, die viel Ähnlichkeit haben mit den Mich preisenden Flammengedanken der Cherubim und Seraphim, die da sind die Aus-

träger Meines Willens in Ewigkeit. Aber so erhaben auch solche Gedanken sind, deren Tiefe und Größe nur wenige Geister fassen, so ist's Mir dennoch lieber, wenn Mich Meine Kindlein so recht herzlich ‚Vater' nennen. Lieber, als wenn die größten Lobengel Mich mit Weisheitsliedern besingen und am Ende ganz ermattet zusammensinken, so sie zur Einsicht kommen, daß ihre flammendsten Gedanken nicht einmal den Saum Meines Kleides berühren, während Meine einfachen Kindlein mit Meinem Herzen und Meinen Gedanken seligst spielen und allzeit bei Mir und an Meinem Tische das Brot des wahren Lebens genießen!

8 Siehe, die Meine Macht besingen und den unendlich großen Gott preisen, die sind außer Mir und betrachten Mich ungefähr so, wie du auf der Erde den gestirnten Himmel oft überaus erhaben besungen hast — aber dabei nicht wußtest, was die von dir besungenen Sterne sind und was in ihnen ist. Die aber zu Mir sagen: »O lieber Vater! O Du mein göttlicher Bruder!« — die sind bei Mir und sogar in Mir. Sie preisen Mich wie Kinder ihren allein wahren Vater und betrachten Meine Größe nicht mehr aus heilig scheuer Ferne, wo sie stets eine große Kluft von Mir trennt. Sondern sie sind selbst auf den Sternen bei ihrem Vater im Vollgenuß jener heiligen Wirklichkeit, die von den Großsängern kaum geahnt wird.

9 Merkst du nun diesen gewichtigen Unterschied? Und weil du ihn merkst, bist du auch schon um vieles glücklicher als ehedem. Das ist gut und recht und Mir am meisten wohlgefällig, weil es in Meiner Ordnung ist. Du wirst gar bald an Meiner Seite die ungeheuersten Großwerke voll Wunder über Wunder zu schauen bekommen. Wenn du da allzeit fragen würdest: »Wer fühlt es tief genug, was Gott ist?« — da würden dich Meine lieben Kindlein auslachen und dir sagen: »Aber kindisch schwacher Bruder Thomas! Was schwärmst du denn für Unsinn zusammen? Wer kann es ewig je tief genug und ganz fühlen und empfinden, was Gott in Sich Selbst ist!? Wie kann das Endliche das Unendliche je erfassen? Gott ist unser aller Vater! Wir lieben Ihn über alles, Er führt uns und wir sehen Ihn, wie lieb und endlos gut Er ist. Das ist ja bei weitem mehr! Gott als Vater über alles lieben ist ja endlos mehr wert, als Ihn ergründen wollen! — Was ist wohl eines Menschen würdiger: sich in Gedanken vertiefen und, so ein armer Bruder vorüberzieht, diesen vor lauter großen Gedanken gar nicht bemerken

— oder die Gedanken Gott dem heiligen Vater überlassen und mit liebfreundlichen Augen den armen Brüdern dienstfertig entgegenkommen? Lassen wir daher das Große den Großen über! Wir aber bleiben in der Liebe hübsch klein beisammen und werden glücklicher sein als die großglücklichen Großen!«

10 Siehe Thomas! So würden alle diese Brüder mit dir reden. Daher bleiben denn auch wir beisammen. Denn um den ganzen Himmel zu sehen, braucht man ja nicht ebenso große Augen zu haben, wie der Himmel selbst ist. Verstehst du das?

11 Ja, du verstehst es schon! Und so wollen wir uns sogleich an das Mahl machen, da wir uns alle nun schon in dem großen Saale befinden, wo die Tische bestellt sind."

128

Thomas' Bitte für die noch im Vorsaal harrende Schar seiner früheren Gegner. Er wird mit Ehrenkleid und Weisheitshut angetan
Seine erste Aufgabe

1 Thomas verwundert sich, daß er sich schon im großen Speisesaal mit allen anderen Gästen befindet, und zwar vor einer bestbestellten Mahltafel, die nach der Berechnung Max Olafs in Kreuzform aufgestellt war.

2 Nachdem Thomas sich sozusagen ausgewundert hat, spricht er: „Herr, Du lieber Vater! Welche Größe und namenlose Pracht ziert doch diesen Speisesaal! O Gott, da hätte ja die hundertfache Bevölkerung der ganzen Erde bequem Platz! Diese unabsehbaren Säulenreihen nach allen Seiten hin, diese wahre Himmelshöhe! Die gleich einer Sonne leuchtenden Verzierungen der gewölbten Decke und dreifachen Galerien! Die hohen, alle Lichtfarben spendenden Fenster und dieser ganz reine Goldboden machen alle meine Sinne erbeben vor Ehrfurcht. Wer hat denn das gebaut? Oh, ich frage ja hier wie ein Blinder, Du, ewiger Meister, bist der alleinige Erbauer solcher Wunderwerke! Nimmer kann Dich selbst der feurigste Geist eines Cherubs, dessen Wesen aus den hellsten Flammen Deiner Weisheit geschaffen

ist, genug lieben und preisen; geschweige so ein Wurm des Staubes wie ich! O herrlich, herrlich, so ein Anblick! Wahrlich, das übersteigt millionenfältig die Phantasie selbst eines Erzengels!

[3] Ein Weiser der Vorzeit hatte recht, als er von Deiner namenlosen Güte tief ergriffen ausrief: »Vater, höre doch endlich auf zu segnen! So Du ein Kind züchtigst, hast Du ein gemessenes Ziel. Aber so Du es darauf als gebessert zu segnen anfängst, hat dann des Segnens nimmer ein Ende! Solch eine nie geahnte Größe Deiner Güte, Liebe und erbarmenden Milde, Sanftmut und Herablassung ist für einen schwachen Geist auf einmal zu viel!"

[4] Rede Ich: „Schon gut, Mein liebster Thomas! Mache nur nicht gar so viel Wesens! Ist denn für Mich das gar so etwas Großes, wenn Ich ein solches Haus werden lasse nach dem guten Maße des Herzens dessen, dem es nun völlig zu eigen gegeben ist? Siehe, das alles entspricht dem Herzen unseres auf der Erde stets unglücklichen Robert und ist noch lange nicht das Großartigste, was das ganze Haus enthält. Du wirst noch ganz andere Dinge zu sehen bekommen, da kannst du dann deiner Phantasie ganz freien Lauf lassen. Nun aber setzen wir uns allesamt zu Tisch!"

[5] Thomas, einen schüchternen Blick nach dem ersten Saale werfend, spricht: „O Herr, heiliger Vater, sieh einmal zur Tür hinaus! Dieses Elend: eine große Schar unglücklicher Seelen! Könnte nicht auch ihnen geholfen werden? Sie sind beinahe alle im Grunde besser als ich, weshalb sie mich ehedem auch als den Schlechtesten gebührlich hinausgeworfen haben, was ich ihnen schon gänzlich verziehen habe. Vergib auch Du ihnen, o allerbester Vater, und lasse sie auch an diesem reichen Mahle teilnehmen!"

[6] Rede Ich: „Ja, Mein liebster Bruder Thomas, wenn du Mir mit solchen Angelegenheiten deines Herzens zu kommen anfängst, wirst du freilich bald ausrufen müssen: »Vater! Höre auf zu segnen!« — Siehe, mit diesem Herzenswunsch hast du selbst mit einem Zuge alle deine Schulden vor Mir getilgt. Dir muß daher sogleich ein neues Strahlenkleid und ein wie die Sonne leuchtender Weisheitshut angetan werden! Robert, dort gegen Mittag siehst du einen Schrank aus reinem Gold. Gehe hin und hole ein Kleid und einen Hut! Denn dies ist das wahre Kleid aller, die mit der Weisheit im gleichen Maße Liebe paaren!"

[7] Robert eilt hin und bringt zum Erstaunen aller Gäste ein noch heller strahlendes Kleid als das der Helena, sowie einen runden Hut, ungefähr in der Form eines Kardinalshutes, der überaus stark leuchtet.

[8] Als Thomas das Kleid und den Hut sieht, sagt er bebend vor Freude: „Aber Vater, Vater! So etwas soll mein sündigstes Wesen zieren? O Gott, o Du mein Jesus! Nein, das ist für ewig zuviel! Ach dieser Glanz! Und das soll ich anziehen?"

[9] Rede Ich: „Ja, ob deines Mir wohlgefälligen Herzens mußt du es anziehen. Mache nur geschwind, denn wir haben noch sehr viel zu tun!" Thomas nimmt das Kleid und den Hut, die sich im Augenblick des Ergreifens auch schon vollkommen auf seinem Leib angepaßt befinden, worüber er schon wieder nicht genug staunen kann.

[10] Als er nun neu bekleidet dasteht, sage Ich zu ihm: „Nun Bruder, du bist jetzt vollendet und gesättigt mit Meiner Gnade, Liebe und Weisheit! Das Mahl hier ist bereitet und es mangelt auch nicht an würdig gemachten Gästen. Aber, wie du es ehedem selbst gewünscht hast — draußen im Vorsaal befinden sich bei 3000 noch sehr arme Geister unter der Führung eines Generals, den du wohl kennst. Dieser Mann hat ein gutes und verständiges Herz, und sein Wort ist von großer Wirkung bei seiner Schar. Gehe du nun mit Bruder Dismas, den der General auf der Welt sehr gut gekannt hat, hinaus in den Vorsaal und suche den biederen Mann für Mich nach der Freiheit seines Herzens zu gewinnen und durch ihn auch die ganze große Schar. Hast du deine erste Mission in diesem Reiche des wahren Lebens gut ausgeführt, sollst du nach dem Mahle über Großes gesetzt werden. Denn Ich sage dir: in Meinem Reich gibt es gar viele und von dir noch nie geahnte große Anstellungen aller Art. Gehe daher nun schnell, an Dismas wirst du einen überaus weisen Helfer haben."

[11] Spricht Thomas: „O Du guter, heiliger Vater! Wie sehr doch sorgst Du für das verlorene Schäflein, für den verlorenen Groschen und für den verlorenen Sohn! Preis, Ruhm und alle Liebe und Anbetung Dir allein ewig!"

129

Thomas und Dismas beim General und seinen Dreitausend Aufklärung über Jesus und den Heilsweg. Rede des Generals Der Herr an der Tür des Lebenssaals

1 Nach diesen Worten nimmt Thomas den freundlichen Dismas bei der Hand und begibt sich sogleich hinaus in den Vorsaal.

2 Der General erstaunt, als er hinter Dismas den ihm bekannten Mönch Thomas in leuchtender Kleidung und freundlichster Haltung erblickt. Er reicht sogleich beiden die Hände und spricht: „Grüße euch, liebe Freunde! Tausendmal willkommen! Aber Freund Thomas, wie seht Ihr aus? Ehedem, als meine Schar wider meinen eigentlichen Willen die Hände an Euch legte, wegen des mißlungenen Vaterunsers, der projektierten Messe und noch mancher nicht mehr zu erwähnender Worte— da wart Ihr ja schwarz wie ein alter Mohr, und nun leuchtet Ihr wie eine Sonne! Wie ist denn das zugegangen, daß Ihr zu so einer enormen Glorifizierung gekommen seid? Habt Ihr das doch durchs Messelesen erhalten und durchs lateinische Vaterunser? Habt Ihr damit etwa gar die Gottheit gefunden? O saget mir, welchen Weg Ihr eingeschlagen habt, daß Ihr zu solch einem wahren Heil gelangt seid?"

3 Spricht Thomas: „Mein schätzbarster Freund! Versprich mir, ungezweifelt zu glauben, was ich dir sagen werde — so sollst auch du mit dieser ganzen Schar dich sogleich auf demselben Grund befinden, auf dem nun ich und dieser dir wohlbekannte Bruder Dismas uns befinden!"

4 Spricht der General: „Ich erkenne es aus eurem Leuchten, daß ihr euch auf dem Boden der Wahrheit befindet. Die Lüge kann nicht leuchten, weil sie hohl und nichts ist. So will ich euch auch aufs Wort glauben, was immer ihr mir sagt. Ich brenne vor Begierde, aus eurem Mund eine leuchtende Wahrheit zu vernehmen!"

5 Spricht Thomas: „Gut, so höre denn! — Jesus, der Gekreuzigte, ist nicht nur der *Sohn* des lebendigen Gottes, sondern Gott, der Allmächtige Selbst, in aller Fülle der urewigen Allkraft. Durch Ihn und in Ihm ist allein das Heil und das wahre, ewige Leben zu finden. Wende dich samt der ganzen Schar an Ihn, und es wird euch allen im Augenblick

geholfen sein! Er ganz allein hat mir und diesem Bruder geholfen, da Er endlos gut ist und niemanden richtet. Jedem aber gibt Er, danach sein Herz sich sehnt. Wer guten Willens ist, dem wird ein Übermaß des Guten zuteil aus seinem eigenen Willen. — Nun weißt du alles und kannst tun, was du willst! Dein höchsteigener Wille wird dein Richter sein."

6 Spricht der General: „Was sagst denn du, Freund Dismas, dazu?" — Spricht Dismas: „Was der Bruder Thomas weise gesagt, das sage auch ich nach der Fülle der Wahrheit!"

7 Spricht der General: „Zwei solche Zeugen genügen! Und somit glaube ich euch alles aufs Wort. Nun aber lasset mich auch einige Worte an diese schon ziemlich geweckte Schar richten!"

8 Darauf wendet sich der General zu der Menge und spricht: „Habt alle Achtung auf das, was ich euch nun verkünde! Ihr alle habt es seit unserem traurigen Hiersein nur zu tief empfunden, in welch unbeschreiblich unangenehmem Zustand wir uns bisher befunden haben. Wir klagten und weinten, doch es kam uns kein Tröster entgegen. Wir suchten — und fanden nichts. Wir fluchten, und es tat sich kein Schlund auf, daß er uns verschlänge. Wir begannen dann auch zu beten, so schlecht wir es zuwege bringen konnten. Aber auch das Beten schien uns im Stich lassen zu wollen. Kurz, uns blieb am Ende nur noch die Verzweiflung übrig. Ich tröstete euch wohl, so gut es mir möglich war. Aber was half das alles, so sich der Tröster selbst bei weitem unglücklicher fühlen mußte!

9 Als mich selbst nun schon alle Hoffnung zu verlassen anfing, da sandte die Gottheit, die von uns lange verbannte und nicht geglaubte, zwei uns wohlbekannte Retter! Diese verkünden uns die nahe Rettung durch die alleinige Annahme der einzigen Gottheit Jesu Christi, des Gekreuzigten! Was hindert uns hier, das treuherzig anzunehmen und fest zu glauben, was diese zwei lichtumflossenen Freunde uns sagen? Schlechter als hier kann es uns wahrlich in der barsten Hölle nicht ergehen! Wir haben durch gläubige Annahme des Vernommenen begründete Hoffnung auf die mögliche Verbesserung unseres Loses, und das ist ja schon etwas Bedeutendes gegenüber unserer nunmaligen Lage.

10 Bedenket das von mir Gesagte und tut darnach! Schaden kann es uns keinen bringen. Zudem übt an uns hauptsächlich jener Pater, denn ihr früher hinausgeworfen habt, den Akt dieser Freundschaft aus. Der

wird uns am wenigsten belügen, da er ehedem lange genug das herbe Los mit uns geteilt hat. — Und so, Freunde: Jesus Christus für unsere Herzen um jeden Preis! Hilft Der uns nicht, sind wir verloren!"

11 Die ganze Schar schreit: „Ja, ja, lieber General, wir alle sind ganz Ihrer Meinung! Was Sie sagen und wollen, werden wir auch tun! Jesus Christus, der helfe uns um jeden Preis, sonst sind wir verloren und hin!"

12 Spricht der General zu Thomas: „Freund, ich meine, daß alle die weltlichen Titulaturen hier für ewig zu Ende sein werden. Darum sage ich: liebster Freund und Bruder! Du hast nun selbst vernommen, wie schnell diese ganze Schar sich wie ein Mann für die allein gute Sache erklärte! Jesus ist ihr, wie mir selbst, nun alles in allem! Was müssen wir zu erreichen trachten, um Jesus, dem Herrn von Ewigkeit, etwas würdiger zu werden, als wir nun sind?"

13 Spricht Thomas: „Es steht geschrieben: »Wer an den Sohn Gottes glaubt, der wird selig werden.« Ihr glaubet nun und werdet deshalb pur durch Seine Gnade selig! Aber etwas geht euch noch ab, wie ich aus deinen Äußerungen entnehme, die noch etwas lebenstrocken sind! Dieses Abgängige aber ist die Liebe zu Jesus, dem Herrn! Öffnet Ihm euer Herz und laßt es in aller Liebe erbrennen zu Ihm. Er wird euch Selbst dann wahrlich entgegenkommen, wird euch aufnehmen und weiterführen! Denn Seine Güte und Liebe und Erbarmung hat ewig kein Ende!"

14 Spricht der General: „Freund, wohl klingen unsere Worte etwas rauh, aber sie kommen aus einem aufrichtigen Herzen. Und so kannst du versichert sein, daß unsere Herzen dem Herrn Jesus sicher wärmer entgegenschlagen werden als die so mancher Christen, die viel denken und erhaben sprechen, dabei aber sehr wenig fühlen. Wir haben auch etwas Verstand, freilich nicht von feinster Bildung, dafür aber desto mehr Herz auf der Zunge. Und ich meine, das wird dem Herrn der Herrlichkeiten doch auch nicht unangenehm sein. Somit sei vollauf versichert, daß wir in der Liebe zu Gott Jesus, dem Herrn, nicht schwächer sein werden als in unserem kernfesten Glauben an Ihn! Sage, was geht uns noch ab?"

15 Spricht nun Dismas: „Es geht euch allen nichts weiter ab. Daher sage der ganzen Schar, sie möge ihre Augen auftun und auf die offenstehende Tür sehen, die aus diesem Saale in den anstoßenden großen Lebenssaal führt. Dort steht Er schon mit ausgebreiteten Armen, um

euch alle aufzunehmen in das große Reich Seiner Gnade und Erbarmung!"

16 Hier wendet sich der General schnell nach der offenen Tür und sieht und erkennt Mich sogleich. — Von größter Freude ergriffen, ruft er mit echter Kommandantenstimme: „O Du Herr über alle Himmel und Welten! So, so endlos herablassend kommst Du Erhabenster uns Elenden entgegen! O Du Heiliger, Heiliger, Heiliger! — Brüder, hebet empor eure Augen und schauet! Gott, Jesus, der für uns am Kreuz den Heldentod starb und am dritten Tag aus eigener Macht wieder vom Tod erstand als ein Sieger aller Sieger, kommt uns entgegen! Fallet nieder und betet Ihn an aus der tiefsten Tiefe eures Herzens! Saget lebendigst: O unser heiligster Vater, der Du kommst aus Deinen Himmeln zu uns armen Sündern, gepriesen und geheiligt werde Dein Name! Vergib uns unsere Sünden und strafe uns nicht nach unseren schlechten Taten, sondern lasse uns Deine heilige Gnade nach dem Maße Deiner Erbarmung anstatt des strengen Gerichtes angedeihen! Dir, o Herr, sei ewig allein all unsere Liebe!"

130

Die Schar vor dem Herrn
General Theowalds Lebensweg zu Gott
Geheimnis des Erdendaseins im Jenseits beantwortet
Jesu Licht- und Lebensworte

1 Bei diesen Worten des Generals richtet alles die Augen nach der großen Saaltür und fällt bei Meinem Anblick sogleich auf die Knie nieder. Alles betet, lobt und preist Mich so gut es geht bei der völligen Unkultur der Seelen, die hier einem noch sehr unverdorbenen Geiste zur Wohnung dienen und daher in diesem Zustand mehr Gefühls- als Verstandesleben verraten. Ich belasse sie eine kurze Weile in diesem erbaulichen Zustand, damit sie sich in ihrem Innern sammeln können.

2 Den General aber berufe Ich zu Mir. Er entschuldigt sich zwar mit seiner Unwürdigkeit, Mir näher treten zu können. Ich aber verweise ihn auf den Zachäus des Evangeliums, der ein großer Sünder war, in

dessen Haus Ich aber dennoch einkehrte, um mit ihm das Mahl zu halten.

3 Auf diese Belehrung bekommt der General bald mehr Mut, nähert sich Mir mit größter Ehrfurcht und spricht: „O Herr, vergib mir und uns allen unsere große Dreistigkeit, daß wir es wagen, Deiner Heiligkeit ins Angesicht zu schauen! Aber was können wir armen Geschöpfe dafür, daß das Verhältnis zwischen uns und dem ewigen Schöpfer ein so entsetzlich armseliges ist? Wir alle sind vor Dir, o Herr, ein vollkommenes Nichts, und Du allein bist alles in allem. Es ist schon eine unglaubliche Seligkeit, daß ein Geschöpf nach dem Wegfall des Fleisches zur Fähigkeit, Dich zu schauen, gelangen mag. Was soll ich hier wohl noch Größeres wünschen können? O Gott, Du Erhabener! Welch eine Wonne durchströmt hier mein ganzes Wesen, daß ich Dich endlich einmal sehe und die allmächtige Stimme Deines Mundes vernehme!

4 Wie oft fragte ich auf der Erde: »Gibt es einen Gott oder keinen? So es einen Gott gibt, wo ist Er, wie kann Er aussehen? Ist der jüdische Lehrer Jesus wohl das, was die Legenden von Ihm aussagen? Er, ein Mensch wie unsereiner, soll Gott sein? Gott, der den unendlichen Raum mit zahllosen Myriaden von Geschöpfen und Wesen aller Art aus Sich Selbst erfüllt hat?« Aber auf alle diese wichtigen Fragen bekam ich nimmer eine befriedigende Antwort. Denn der Himmel war verschlossen und der Sterbliche fragte vergeblich nach dem ewig Lebendigen. Nur irdisch sterbliche Menschen bemühten sich manchmal, mir eine andere Meinung von Gott beizubringen. Sie erzählten mir Deine irdischen Wundertaten, die wie Märchen klangen und daher auch viel zu schwach waren, meinem forschenden Geist zu geben, wonach er forschte! Kurz, ich suchte und fand nichts! Ich klopfte überall an, aber nirgends war jemand da, der zu mir der Wahrheit gemäß gesagt hätte: »Tritt herein, Freund, hier sollst du finden, was du suchst!«

5 So kam ich endlich um allen Glauben an einen Gott! Alles ward in meiner Vorstellung ein Werk des Zufalls durch die stumm wirkenden Kräfte der Natur. Und das warf mich dann in den Wirbel der Welterereignisse, in denen ich eben den bösen Tod fand, der mir nun die Pforte zu diesem Leben öffnete. Und nun bin ich hier und schaue ein anderes Leben — und schaue auch Dich, der Du allein mir das Leben gabst! Das Reich des vielen Fragens ist zu Ende und in Dir, o Herr, steht nun die lebendige Antwort vor mir! Ja, so ist es: das Erdenleben ist nichts als

eine große Frage, die erst hier beantwortet wird! — O ewigen Dank Dir, daß Du des Wurmes im Staube gedenkest!"

6 Rede Ich: „Mein lieber Theowald! Des Lebens Verhältnisse auf der Erde sind andere, als die der geistigen, unvergänglichen Welt. Aber sie müssen so sein, damit aus ihnen dieses wahre, vollkommene Leben werden kann. Freilich, wohl ist ein jeder noch im Fleische lebende Mensch berufen, schon auf der Erde durch die genaue Beobachtung Meines Wortes — das da hauptsächlich in den bekannten vier Evangelien geschrieben steht — die Bahn zu brechen, um sich dieses vollkommenen Lebens zu versichern. Aber da ein jeder Mensch, um ein ewig lebender Geist zu werden, seinen freiesten Willen haben muß, so geschieht es besonders in dieser Zeitenfolge nur zu häufig, daß sich die Menschen ihre Ohren von der Sirenenstimme der Welt übertäuben und ihre Augen vom trügerischen Lichte des Weltglanzes blenden lassen.

7 So kommen dann solche Menschen auf der Welt schwer oder oft auch gar nicht dahin, wozu sie berufen sind, sondern gerade dahin, wohin sie nicht kommen sollten: zur Eigenliebe, Selbstsucht, Herrschlust, Habsucht, Geiz, Neid, Fraß, Völlerei, Wollust, Unzucht und Hurerei! Diese Stücke aber verzehren das Leben statt es zu mehren. So kommt es dann, daß es nach Ablegen des Fleisches vielen so ergeht, wie es dir und deiner Schar erging. Sie müssen dann in dieser Welt sehr verlassen werden von allem, was ihre rohen Sinne zu sehr beschäftigt hatte, und müssen sehr elend werden, damit sich ihr Leben in solch geistiger Einöde und Wüste wieder sammeln kann. Hat es sich gefunden, so wie das eurige nun, dann kommt auch die Hilfe, die da vonnöten ist — aber doch so, daß sie nicht als aufgedrungen, sondern als rein von den Bedürftigen selbst verlangt erscheint.

8 Aus diesem Grunde sagte dir auch Mein Bote Thomas, daß dein Wille der alleinige Richter und Geber von allem ist, was du willst, Gutes oder Schlechtes. Du verlangtest aber darnach Gutes und verlangtest Mich Selbst — und siehe, so steht nun vor dir wahr und lebendig, was du in deinem Herzen wolltest! Von nun an wird dir Mein besonderer Wille kundgetan werden. Wirst du diesen zu deinem eigenen machen, so wirst du leben ein wahres seligstes Leben! Gehe und künde solches auch deiner Schar!"

9 Der General Theowald tut solches sogleich. Und die ganze Schar

nimmt alles unbedingt wie ein Militärkommando an und fügt sich in allem, was der General von ihr verlangt. Nachdem dieser seinen Auftrag bald und leicht ausgerichtet hat, kommt er schnell wieder zurück und sagt: „Herr, Vater, Gott Jesus von Ewigkeit! Es ist geschehen, was Du durch mich von der ganzen Schar verlangtest. Dein heiligster Wille sei nun unser ewiges Gesetz! Da du sagtest, uns allen erst jetzt Deinen besonderen Willen kundzutun, so bitten wir Dich, liebevollster Vater, nun darum! Wir alle beteuern, daß wir von Deinem vernommenen Willen in unserem eigenen Wollen und Handeln nie auch nur ein Häkchen werden fallen lassen!"

10 Rede Ich: „Nun, es macht Mir zwar rechte Freude, von euch allen wie aus einem Munde das zu vernehmen. Aber dessenungeachtet solltet ihr euch doch ein wenig prüfen, ob ihr wohl schon fähig seid, alles, was Ich will, in euern Herzen als willkommen und dadurch erst vollkommen ausführbar anzunehmen!"

11 Spricht Theowald: „O Herr, wer wohl kennt es besser als Du, wessen unsere Herzen fähig sind! Daher überlassen wir dies alles für ewig Dir allein. Du wirst uns sicher nicht mehr aufbürden, als wir zu tragen imstande sind. Daher werde von uns auch nur erwogen, ob wir wohl als würdig angesehen werden, Deinen besonderen Willen in unsere noch sehr unreinen Herzen aufzunehmen. Ich meine, daß für uns alle zuvor noch eine ganz tüchtige Läuterung dazu vonnöten sein wird!"

12 Rede Ich: „Meine lieben Kinder! Ich muß euch offen bekennen, obschon ihr nahe sämtlich Kinder der Welt seid, so seid ihr dennoch in vielem klüger als die Kinder des Lichtes. Ihr habt euch dadurch so manches erspart, das ihr sonst noch zu bestehen hättet. Aber weil ihr klugen Herzens seid und so viel Liebe und Volltrauen zu Mir in eueren Gemütern aufkeimen lasset, so soll euch auch vieles erlassen werden! Seid aber froh, daß ihr auf der Erde keine Diktatoren wart, denn diese werden Mich in einem ganz anderen Gewande zu Gesicht bekommen! — Erhebet euch nun alle und höret, was Ich zu euch sagen werde:

13 Der Größte unter euch sei euer Diener und Knecht; und die gegenseitige, tatsächliche Liebe sei euer aller Gesetz! — Thomas und Dismas seien eure Lehrer, ihre Worte betrachtet als die Meinigen und tuet danach, so werdet ihr fähig werden, völlig in Mein Reich einzugehen! Liebet sie als eure innigsten Freunde und Brüder. Denn ihnen ist es

von Mir gegeben, euch den wahren Weg in das Reich des ewigen Lebens zu führen. Diese werden euch auch mit allem versehen, was euch vorderhand not tut!“

131

Das große Mahl
Der General und sein Freund Kernbeiß
Thomas dankt ihnen für die frühere Kur
Blick auf die irdische Hölle

1 Nach diesen Worten trete Ich wieder aus der Tür und beordere Robert, mit Hilfe der ehemaligen Tänzerinnen eine hinreichende Menge Brot und Wein an die beiden Lehrer Thomas und Dismas auszufolgen, die dann diese Stärkungen an die neuen Gäste verteilen sollen. Robert tut das sogleich, und als die Gäste draußen auf diese Art zu solch einer Stärkung kommen, da hört man nichts als Jubel über Jubel und Lob von allen Seiten. Die beiden Lehrer aber treten auf einen Wink von Mir ebenfalls in den zweiten Saal, wo auch wir das bereitete Mahl miteinander halten.

2 Die neuen Gäste aber können sich nicht genug verwundern, wie es denn möglich war, daß sie alle so schnell haben bedient werden können. Ein nächster Freund des Generals Theowald spricht darob folgendes: „Lieber Freund, wie kommt es dir vor, daß wir alle, sicher über dreitausend an der Zahl, von nur zwei Brüdern, nämlich vom ehemaligen Mönche und dem uns bekannten Dismas, wie auf einen Schlag mit Brot und Wein reichlichst versehen werden konnten? Ehedem brachte nur, so ich mich nicht irre, der berüchtigte Robert Blum mit etwa ein paar Dutzend gar verzweifelt schönen Maiden etliche Flaschen Wein und auch etliche Laibe Brot. Ich dachte mir, als die beiden Brüder allein die Verteilung übernahmen: Na, bis die zwei diese wenigen Flaschen und Laibe Brot an alle mathematisch genau wie beim Militär ausgeteilt haben, da werden die ersten schon wieder hungrig und durstig sein, bis die letzten zur Beteilung kommen werden! — Aber es war ganz anders: Wie durch einen Zauberschlag hatte ein jeder der ganzen

Schar einen Becher voll Wein und ein respektables Stück wohlschmekkendsten Himmelsbrotes in seinen Händen. Und die etwa dreißig Flaschen Wein waren richtig geleert und vom Brot der letzte Laib bis auf die letzte Brosame verteilt. — Nun sage, wie diese Sache auf einem halbwegs begreiflichen Naturwege möglich war? Mir ist das ein Rätsel über alle Rätsel!"

3 Spricht der General: „Du mein lieber Freund Johann von Kernbeiß, wie man dich auf der Erde nannte, forschest schon wieder zuviel! Denke dir die göttliche Weisheit und Allmacht hinzu, so wird dir so etwas ohne allen Anstand begreiflich sein! Hast denn du auf der Erde alles begriffen, was du da gesehen und erlebt hast? Wer spannte deine Lunge, wer machte dein Herz pochen und die Pulse schwellen? Wer kochte in deinem Magen die Speisen? Wer machte, daß du gewachsen bist? Wer baute die Augen und wer das Ohr? Und wie hat solcher Dinge Meister das alles zuwege gebracht? Siehst du, all diesen und tausend anderen Wundererscheinungen sahen wir schon auf der Erde täglich ins Angesicht! Aber da wir schon von Jugend an uns an sie gewöhnt haben (so wie ans nicht viel Denken!), so ist uns das wahrhaft Wunderbare all dieser Erscheinungen nie aufgefallen und wir konnten gleichgültig darüber hinweggehen.

4 Hier aber, wo wir nun aller Materie bar sind und unser Denkvermögen ungestörter seine Tätigkeit auszuüben imstande ist, müssen uns freilich alle Erscheinungen dieser Welt um so mehr in gerechtes Erstaunen setzen, je fähiger wir sind, das wahrhaft Wunderbare schnell zu bemerken. Aber daß wir uns dabei unsere Köpfe zerbrechen sollen, um die Möglichkeit solcher Dinge zu begreifen, wäre eine barste Torheit. Ist es zu unserm ferneren Heile vonnöten, so werden uns unsere zwei Lehrer schon belehren. Ist aber solch eine Belehrung nicht absolut nötig, so ist's genug, daß wir wissen, daß einem allmächtigen Gott alle Dinge möglich sind. Denn siehe, ich halte alles für ein unerforschliches Wunder!

5 Gott, der Herr, hat uns allen aus Seiner Erbarmung wunderbar des besten Brotes und Weins zukommen lassen, und wir haben uns daran zur Übergenüge gesättigt. Was brauchen wir nun noch dazu zu wissen, wie Er das so wunderbar angestellt hat? Danken wir dafür dem allgütigen Geber, so werden wir Ihm auch sicher wohlgefälliger sein,

als so wir Ihn mit der Weisheit aller Engel erforschen und zergliedern möchten!“

6 Spricht Johann Kernbeiß: „Du hast recht, und ich bin ganz deiner Meinung! Aber überraschend wunderbar bleibt die Sache dennoch immer.“ — Spricht der General: „Allerdings, das wird auch kein Engel in Abrede stellen. Aber wir sind nicht da, um sie zu erforschen, sondern nur um sie zu bewundern und dankbar zu genießen!“

7 Spricht Johann Kernbeiß: „Du bist demnach nicht für irgendeinen geistigen Fortschritt?“ — Spricht der General: „O Freund, da irrst du, daß ich darob wider einen geistigen Fortschritt wäre, weil ich mich in keine zwecklose Untersuchung wunderbarer Erscheinungen einlassen will. Oh, ich liebe nichts so sehr wie geistige Vollkommenheit! Warte nur ein wenig, bis unsere zwei Lehrer wieder zu uns kommen, die werden dir sicher mehr darüber sagen können als ich. So ich dir aber mehr sagen möchte, als ich weiß, da wäre ich entweder ein eitler Narr oder ein lügenhafter Großsprecher.

8 Da sieh, die beiden kommen schon. Der eine schlicht und ohne vielen Glanz, das ist der Dismas — und Thomas mit einem wahren Sonnenlicht! Ich werde dich ihnen sogleich als einen sehnsüchtigen Forscher in der Weisheit Gottes vorführen, so es dir genehm ist.“

9 Spricht Johann Kernbeiß: „Ich bitte dich, tue das nicht, denn unsere Besprechung soll ganz unter uns bleiben. Was braucht da die ganze himmlische Gesellschaft davon in Kenntnis gesetzt zu werden? Die beiden würden kuriose Augen machen, so ich ihnen mit einer solchen Frage käme. Daher sei davon lieber ganz still! Ich bin nun vollkommen deiner Meinung und werde auch bei ihr verbleiben!“

10 Thomas und Dismas treten nun wieder in diesen ersten Saal zu der großen Schar. Und General Theowald in Gesellschaft seines Freundes Kernbeiß treten ihnen freundlich entgegen und sprechen im Namen der ganzen Schar den Dank gegen den Herrn der Herrlichkeit für solch eine kostbarste Bewirtung aus. Kernbeiß bemerkt noch insbesondere, wie das alles so wunderbar schnell vor sich gegangen sei.

11 Der Mönch Thomas aber erwidert, daß er seine gegenwärtige geistige Vollendung nächst dem Herrn hauptsächlich der kräftigen Zurechtweisung von seiten des Generals und nach ihm der gesamten Schar zu verdanken habe, die ihm den guten Dienst erwies, daß sie ihn wegen seiner großen Dummheit hinauswarf. Darauf sagt Kernbeiß:

„Liebster Freund, davon rede nichts mehr, denn ich war auch einer von denen, die dich hinausgeschoben haben. Aber was einmal geschehen ist, das kann man leider nicht mehr ungeschehen machen. Mich hat es schon tausendmal gereut. Aber der Mensch kommt manchmal in eine solche Hitze, wo er sich selbst nicht mehr kennt. Leider findet es auch sogar unter den sonst besten Menschen statt. Aber ich meine, so die Menschengeister dann ihre gegenseitigen Fehltritte aneinander so viel als immer möglich wiedergutmachen, sich gegenseitig um Vergebung bitten und die Hände der Freundschaft zum Bunde reichen, wird auch der liebe Vater der Himmel dazu kein gar zu zorniges Gesicht machen!"

12 Spricht Thomas: „Ganz natürlich! So die Menschen untereinander in der Ordnung sind, dann sind sie es auch vor Gott! Denn Gott der Herr will ja von den Menschen nichts anderes, als daß sich keiner über den andern erhebe und keiner des andern Richter sei. Wir beide haben ohnehin nie etwas gegeneinander gehabt und uns daher auch nichts zu verzeihen. Daß du mich aber hier in dieser Geisterwelt ein wenig hinauswerfen halfst, hat auf unsere irdische Freundschaftsordnung ohnehin nicht den geringsten Bezug. Dies um so weniger, als du mir dadurch einen besten Dienst geleistet hast. Ohne dieses Geschehnis wäre ich vielleicht noch bis jetzt in meiner mönchischen Dummheit steckengeblieben, während ich nun die an euch schon begangenen Dummheiten durch die Gnade des Herrn vielfach wiedergutmachen kann.

13 Wieviel Dummes habe ich euch auf der Erde vorgeschwatzt, so daß sogar hier noch einige von einer Dummheit, die ich euch als Priester vormachte, befangen sind. Aber alles dieses wird hier von mir an euch wiedergutgemacht werden. Dummheiten sollen vernichtet werden, und an ihre Stelle sollen, so viel es in meinen Kräften steht, weise Belehrungen treten. Der aber, der mir dieses rein himmlische Amt gegeben hat, stärke euch und mich zu diesem Zweck!

14 Durch die Gnade des Herrn wurde mir das Vermögen erteilt, daß ich sehen kann, was nun auf der Erde und namentlich in unserem irdischen Vaterland geschieht. Auch ihr werdet bald Kunde von einigen hier eintreffenden neuen Ankömmlingen erhalten. Ich sage es euch: Die Großen, die schon sehr klein waren, haben am Blut ihrer Brüder eine gute Mast gefunden und sind wieder fett und stark geworden. Statt dem Herrn zu danken für den Sieg über ihre vermeinten armseligen Feinde, wissen sie nun vor Stolz, Hochmut und Rache nicht, was

sie tun sollen. Der Satan schiebt ihnen die ganze Hölle auf die Schaubühne der Weltpolitik unter die Füße. Und sie ergreifen die Hölle und wirtschaften nach deren Prinzipien.

15 »Richtet nicht, auf daß ihr nicht gerichtet werdet! Verdammet niemanden, auf daß ihr nicht verdammt werdet! Seid barmherzig, so werdet ihr auch Barmherzigkeit finden!« Das sind des Herrn ernsteste Mahnungen, die Er den Menschen auf der Erde gab. Aber trotz all dieser ernsten göttlichen Gesetze tun die Mächtiggewordenen mit ihren Brüdern nun, was sie wollen. Sie richten, verdammen und töten nun nach ihrem Wohlgefallen, da sie im Besitz der äußern Macht sind. Von solchen in der jüngsten Zeit grausam Ermordeten werden nun bald mehrere hier anlangen und werden ein großes Klagegeschrei anfangen. Diese müßt ihr sogleich zu euch nehmen und sie trösten und beruhigen, so werdet ihr ein erstes himmlisches Werk verrichten!"

132

Eine Schar Hingerichteter kommt an
Der Führer gibt ihre Geschichte kund
Philosophie der Gott- und Lieblosigkeit

1 Als Thomas kaum seine Belehrung beendet hatte, wird von draußen her schon ein mächtiges Schreien und Heulen vernommen. Thomas ermahnt die Schar zur Aufmerksamkeit und sagt: „Wie ihr nun vernehmt, so geht schon in die Erfüllung, was ich soeben durch die Gnade des Herrn verkündigt habe. Eine schrecklich zerstörte Schar naht sich diesem Hause. Die da kommen, müssen sehr bedrängt und im höchsten Grade beleidigt worden sein. Es sind Seelen unbarmherzig Hingerichteter; sie kommen näher und näher. Nun stille, Freunde! Sie eilen schon durch die große Gartenstraße herein! — Ein Mann, ganz düsteren Aussehens, in eine schwarze Samtbluse gehüllt, das Haupt mit einem blauen goldgestickten Käppchen geschmückt, schreitet beinahe wie ein Betrunkener voran und etliche dreißig folgen ihm. Hinter ihnen bemerke ich etwas wie Flammen. Oh, das sieht ganz entsetzlich aus! Aber nun stille!"

2 Der düstere Führer macht halt, wendet sich um, mustert seine Gesellschaft und spricht zu ihr: „Da sind wir nun voll des höchsten Elends und Jammers! O meine arme Gattin! Dein Schatten in Gestalt rachesprühender Flammen eilt vergeblich dem schändlich gemordeten Gatten nach. Es hat sich die ganze Hölle wider ihn verschworen, um ihn ewig nimmer auszulassen. — O meine lieben Freunde, ihr heult umsonst in dieser finsteren Qualwelt. Eine übergeraume Zeit flohen und schrien wir schon, aber von keiner Seite her kommt uns Hilfe oder Trost entgegen! Es gibt keinen Gott und keine Vergeltung. Ihr schreit umsonst um Rache gegen unsere Mörder! Denn gäbe es einen gerechten Gott, so könnte er doch unmöglich zulassen, daß auf der verfluchten Satanserde von elendsten Menschen gegen andere Elende solche Greuel verübt werden!

3 Was taten wir denn, das des Todes würdig wäre? Wir wollten nur, was uns unser Kaiser und König versprach. Und weil wir das wollten und das Gegebene von heute auf morgen nicht gleich fahren lassen konnten, so fragten wir und wurden dadurch zu Rebellen und Hochverrätern erklärt. Wir wehrten uns gegen eine solche Zumutung moralisch und auch physisch. Da zog man gegen uns zu Felde mit der Macht zweier Kaiser und hätte uns nicht besiegt, wenn man nicht alle erdenklichen Mittel aufgeboten hätte. Wir ergaben uns nicht auf Gnade und Ungnade, sondern gegen eine von Rußland garantierte Amnestie. Und da — als Staatsverbrecher Hingeschlachtete haben wir sie nun!

4 O du verfluchte Erde mit all deinen Menschen! Wer auf diesem Satansboden reich, mächtig und grausam genug sein kann, hat auch das volle Recht für sich. Er kann alle als Verbrecher hinmorden lassen, die sein Gewaltrecht nicht als wirkliches, die Menschheit wahrhaft beglückendes Recht annehmen wollen. — Sie wußten, wie man den Boden bearbeiten muß, um sich Glückseligkeit zu schaffen auf Kosten von Millionen von armen Grasfressern. Hätten wir das schon lange getan, so wären wir im selben Recht. Aber sie sind uns zuvorgekommen und haben nun auch alles Recht für sich.

5 Jede Grausamkeit ist ihnen recht, weil sie diese als Recht bestimmen und von niemandem zur Verantwortung gezogen werden können. Nur der Reiche und zugleich Mächtige hat allein das Recht zu leben und alles zu besitzen, wessen immer er sich durch seine überwiegen-

de Macht bemächtigen kann. Glaubt ihr nun etwa noch an einen Gott und an eine Vergeltung?"

6 Schreien alle anderen: „Nein, nein, wir glauben es nimmer! Du hast recht geredet, so ist es! Eine Hölle gibt es, und zwar auf der Welt! Aber einen guten und gerechten Gott gibt es ewig nimmer! Denn gäbe es einen, müßte er die verfluchte Erde ja schon lange zu allen Teufeln gerichtet haben. Aber da es keinen Gott gibt, ist und bleibt die Erde ein Thron der Hölle! So ist es, so ist es!"

7 Spricht ein anderer aus dieser neu angekommenen Gesellschaft: „Herr Graf, Sie haben recht! Ich bin ganz Ihrer Meinung — bis auf das, daß es keinen Gott gebe! Aber daß dieser Gott als das schaffende Prinzip sich um den Staub dieser Erde ebensowenig kümmert, wie wir uns je gesorgt haben um ein Schweißtröpfchen, können wir mit Sicherheit annehmen. Ein Krieg unter den Menschen auf der Erde ist vor den Augen der wahren Gottheit bei weitem etwas Geringeres als für den Kaiser von China der Infusionstierchen-Krieg in einem Tautropfen! Daher haben sie recht gehabt, daß sie uns gemordet haben. Denn sie wußten, wie man den Satansboden bearbeiten muß, um sich da eine Glückseligkeit bereiten zu können!

8 Wahrlich, Diebe, Straßenräuber und Mörder sind eigentlich die gescheitesten Menschen auf der Erde, denn sie wissen den Wert der Dinge, der Menschen und ihres Lebens am besten zu taxieren. Gott liegt nichts am Leben von Milliarden Menschen. Ob sie sich alle totschlagen oder ob hie und da noch einige übrigbleiben, ist bei Gott eine Leberwurst. Daher dürfen wir aber auch fürder nicht so dumm sein, wie wir bis jetzt waren. Wir schließen einen Bund, und was uns nur unterkommt, muß ohne Rücksicht niedergemacht werden!"

9 Spricht ein dritter: „Ich meine, ein bißchen Rücksicht sollten wir gegen gewisse Individuen doch nehmen — z. B. gegen unsere Eltern, Weiber, Brüder, Schwestern und Kinder und noch gegen einen guten Freund."

10 Spricht der zweite: „Was da Rücksicht! Die Rücksicht ist nichts als eine Feigheit gegen andere, die man besseren Gewinns halber noch etwas länger leben läßt. Oder man hält sie in der eigenbewußten Schwäche für mächtiger als sich selbst. — Eltern? Hohngelächter der Hölle! Das sind die ersten Tyrannen der Kinder! — Das Weib? Nun, so es noch jung und üppig ist, das kann man schonen! Aber wird es ein-

mal alt und häßlich, dann keine Schonung mehr, da es dann niemandem mehr zum Vergnügen dienen kann! — Kinder als artige Spielpuppen lasse ich mir auch gefallen, obschon ich diejenigen Völker der Erde für weiser halte, die ihre üppigsten Kinder schlachten und fressen, weil sie ein besseres Fleisch haben als die mageren. Sind sie aber einmal groß, dann auch mit diesen Blutegeln ihrer Eltern keine Rücksicht mehr! — Brüder und Schwestern und sonstige Freunde sind schon auf Erden die lästigsten Nebenmenschen und werden es hier um so mehr sein. Daher schon gar keine Rücksicht mit ihnen! Hätten die Menschen auf der Erde die Einsicht, wie ich nun hier, so würde der Erstgeborene sich dieser lästigen Nebenbuhler schon zu entledigen gewußt haben. Aber was auf der dummen Erde Mensch heißt, ist bis auf wenige raffinierte Spitzbuben rein Vieh und noch dümmer. So kommt es dann, daß einer dem andern zur Last leben bleibt, bis er erschlagen wird von einem Pfiffigeren oder am alten Gift der Luft krepiert! Daher keine Schonung und Rücksicht mehr mit jemandem!"

133

Der Graf und der Rücksichtslose
Beider Lebensgeschichte
Ihre einmütige, finstere Gottesverkennung
Der stolze Königsthronbewerber und sein klägliches Ende

1 Spricht der Graf: „Freund, du gehst mit deiner Rücksichtslosigkeit denn doch zu weit! Dadurch verurteilst du auch dich selbst. Wird es dir recht sein, so man sich nach deinen Grundsätzen auch deiner entledigen würde?" — Spricht der Rücksichtslose: „Das gilt einem wie dem andern! So jemand sich meiner zu seinem Vorteil entledigen kann, würde ich ihn selbst einen Esel nennen, so er's nicht täte!"

2 Spricht der Graf: „Du nähmest also auch gegen mich keine Rücksicht?" — Spricht der Rücksichtslose: „So ich daraus Vorteil hätte, allerdings! Der Herr Graf haben doch unseren irdischen Mördern selbst recht gegeben, daß sie sich unser entledigten, weil sie uns ihren Zwecken

nicht dienlich ansahen. Können Sie mir da Unrecht geben, so ich ganz so denke wie Sie, Herr Graf?"

3 Spricht der Graf: „Ja, so — ist es um diese Zeit? Du bist auch einer, der mich fangen will. Aber es soll dir nicht gelingen, denn ich weiß nun schon, was ich zu tun habe!"

4 Spricht der Rücksichtslose: „Was werden und was können Sie tun? Ich sage offen, daß Sie nun ebensoviel tun können wie in Ihrer letzten Erdlebenszeit, wo Sie ebenso wie ich dem Henker hinaus zum Galgen folgen mußten. Geflucht haben wir alle bis zum Ekel, aber es hat nichts genützt. Alle tausend Teufel haben wir angerufen, und es ließ sich keiner sehen. Was haben wir kräftigst Gott, Tod, Teufel, Himmel, Erde, Sonne, Mond und Hölle verflucht; aber die wollen sich zu unserem Ärger auch nichts daraus machen. — Was können Sie also noch tun? Wollen Sie etwa gar zu beten anfangen?"

5 Spricht der Graf: „Ja, gerade das will ich tun, um dich dadurch wenigstens bis zum Totwerden zu ärgern!" — Spricht der Rücksichtslose: „O nur zu, Herr Graf, meine Lachmuskeln sind schon in der vollsten Spannung! Aber sagen Sie mir, zu wem werden Sie beten? Zu einem unendlich großen Gott, der Ihre Stimme geradeso vernehmen wird wie Sie die Stimmen jener kleinen Wesen, die zu Trillionen in einem Tautropfen wohnen. Oder zu einem unendlich kleinen Götterl, dessen Ohren für Ihre Riesenstimme doch ein bißchen zu klein sein dürften? Oder werden Sie etwa gar ein andächtiges Gebetlein zum allerheiligsten Herzen Jesu und Mariä und daneben auch zum heiligen Joseph anstimmen?"

6 Spricht der Graf ganz zornig: „Jetzt halte das Maul oder ich reiße es dir auseinander, du verfluchter Galgenstrick! Nun nimmt sich diese gemeine Canaille die Frechheit, mich ersten Kavalier von ganz Ungarn zu hänseln! Der Teufel hole dich, du schlechtes Hundsluder! So ich beten will, werde ich's tun und werde es wohl so einer schlechten Canaille nicht auf die Schweinsnase binden! Schau Er, daß Er mir aus den Augen kommt, sonst soll Er die Kraft meiner Kavaliersarme fühlen!"

7 Spricht der Rücksichtslose: „Herr Graf, was Sie doch für ein sonderbarer Mensch sind! Wie Sie auf der Erde waren, so sind Sie es auch hier. Ich habe nun zu Ihnen nichts anderes geredet, als was ich von Ihnen selbst aufgenommen habe. Und das ärgert Sie nun bis zum Zerbersten! Wann haben denn Sie, lieber Herr Graf, je an einen Gott ge-

glaubt? Ihr Gott war der unendliche Raum und die unendliche Zeit. Haben Sie sich nicht oft selbst bis zum Speien geärgert, so Sie eines Kruzifixes oder eines Marienbildes ansichtig wurden? Oder sind Sie nicht ein Feind des edlen Kossut geworden, weil er für Sie ein religiöser Schwärmer war und nicht selten ernstlich Gottes Christi Hilfe anrief! Haben Sie auf der Welt je nur ein Vaterunser gebetet? Und Sie wollen jetzt beten! Ich frage Sie: Wie, was und zu wem denn?"

8 Spricht der Graf noch voll Zorn: „Das geht Ihn einen Teufel was an! Kann ich denn auf der Welt in meinem Innern nicht ein ganz anderer Mensch gewesen sein, als wie ich mich nach außen hin zeigte?"

9 Spricht der Rücksichtslose: „Wird schwer halten, Herr Graf! Ich werde es Ihnen genau sagen: Sehen Sie, nach innen waren Sie ein Freund des reizenden Venusfleisches, und nach außen waren Sie ein Kavalier und wären lieber selbst König von ganz Ungarn geworden. Christus war bei Ihnen eine lausige Fabel der Schwaben, aus dem Judentum aufgegriffen! Und eine andere Gottheit — ein Hirngespinst irgendeines philosophischen Schluckers! — Und Sie sagen, daß Sie innerlich ein ganz anderer Mensch gewesen wären? Ich bitte Sie, lügen sich der Herr Graf doch nicht selbst an! Sie und beten! Das sind zwei konträre Pole, die sich schwer je berühren werden! Verstehen Sie mich nun?"

10 Spricht der Graf: „Sage Er mir jetzt nur, wer Ihm denn eigentlich das Recht gibt, mit mir so zu reden, als ob wir miteinander Schweine gehütet hätten? Glaubt Er denn, ein Graf Bathianyi wird sich das länger von Ihm gefallen lassen? Oder meint Er etwa, daß ich dadurch, weil ich in der letzten Zeit in den Reihen der gemeinen Husaren stritt, mit Ihm schon im gleichen Rang mich befinde? Oh, da irrt Er sich gewaltig! Ich sage Ihm, so Er sein loses Maul nicht bald zur Ruhe bringen wird, soll Er bald erfahren, welch ein Unterschied zwischen mir und Ihm obwaltet! Daher nun kein Wort mehr! Nehme Er sich ein Beispiel an unseren anderen zweiunddreißig Leidensgefährten! Alle sind still und ruhig und betrauern in mir ihren künftig werden sollenden besten König, nur Er nimmt sich eine Frechheit heraus und will mich hänseln, weil ich nun hilflos dastehe. Lasse Er Ihm aber ehestens diesen Appetit vergehen, sonst könnte er Ihm teuer zu stehen kommen!"

11 Spricht der Rücksichtslose: „Herr Graf! Unsere Waffen in dieser

Dunstwelt bestehen nur in der Zunge und mitunter auch in den Händen und Füßen. Was die Zunge betrifft, da werden Sie mit mir nicht leicht aufkommen. Ebenso mit den Händen nicht, denn ich habe in England das Boxen gelernt. Aber beim Gebrauch der Füße dürften Sie mir sehr bedeutend überlegen sein, denn von Fersengeld habe ich nie einen Gebrauch gemacht."

12 Der Graf wendet sich nun ab und spricht zu einem anderen: „Freund, was sagst denn du zu dieser enormen Frechheit dieses gemeinsten Husaren? Sage mir doch, ob du diesen Kerl von der Welt her etwa näher kennst? Ich weiß nur, daß ich ihn einigemale unter den gemeinsten Soldaten gesehen habe. Wo er aber her ist und was er früher war, ist mir völlig unbekannt."

13 Spricht der Angeredete: „Meines Wissens war er einmal ein Mönch im Franziskaner-Orden und stand in dem etwas unangenehmen Geruch eines sogenannten Hellsehers. Er sagte öfters verschiedene empörende Dinge über den Orden selbst aus und nahm durchaus keine Zurechtweisung an. Und wollten sie ihn deshalb hinter Schloß und Riegel bringen, so prügelte er als ein unbändig starker Kerl das ganze Konvent durch. Als er aber mit der Weile doch solchen Neckens überdrüssig wurde, packte er eines Tages alle seine Ordensfaxereien zusammen, verbarg sie an einem Ort, verließ darauf mit einigen mitgenommenen Klostergeldern sein Konvent und ließ sich beim nächstbesten Honvedbataillon anwerben. Er focht allenthalben wie ein Löwe, weshalb er auch mit uns als ein Kommandant ins Gras beißen mußte. Das ist alles, was ich von ihm weiß."

14 Spricht der Graf: „Schau, schau, jetzt ist es mir erst leid, daß ich den Menschen etwas zu hart angegangen bin. Wenn er ehedem als Mönch um so viel weiser war als seine Ordenskollegen, deren Verstand so vernagelt war, daß er sie geprügelt hat, gehört er offenbar den besseren Menschen an. Ah, mit dem muß ich sogleich wieder freundschaftlich anknüpfen!" — Der Graf wendet sich darauf wieder an den Rücksichtslosen und spricht: „Geschätztester Freund! Sie müssen es mir schon zugute halten, so ich ehedem ein bißchen zu unhöflich mit Ihnen umgegangen bin, aber ich wußte ja nicht, wer Sie eigentlich waren. Da ich nun aber durch diesen Freund erfahren habe, wer Sie auf der Welt waren, bekommt nun freilich alles ein ganz anderes Gesicht! Also Sie sind der Riese Goliath, der seinem Orden aus innerer Überzeugung den

Rücken kehrte und darauf mit starker Hand das Schwert zur möglichen Rettung des Vaterlandes ergriff?"

[15] Spricht der Rücksichtslose: „Ja, lieber Herr Graf, der bin ich! Ich opferte mich zum Besten der Menschheit, deren schwere Sklavenketten mir unausstehlich lästig wurden. Jedoch wir haben gesät, andere aber werden ernten. So war es stets in der dummen Welt und so wird es auch bleiben! Wir haben den Weinberg bearbeitet, und unsere Ernte war Blut und Tod! Den Rebensaft aber werden die auskeltern, die nach uns kommen werden. Schönes Los der großen Menschen! Sie sind verdammt, für das Fortkommen der Schmeißfliegen vorzuarbeiten. Kommt dann die Zeit der Ernte, so fallen ganze Schwärme über die großen Menschen her, bringen sie um und bemächtigen sich so der schönen Ernte. Wie gefällt Ihnen diese göttlich weise Einrichtung der Welt und ihre naturrechtlichen Lebensverhältnisse?"

[16] Spricht der Graf: „Darüber ist wahrhaft besser zu schweigen als zu reden. Diese Einrichtung ist sogar für den Zufall zu schlecht, geschweige für irgendein allweises höchstes Wesen! Die Gottheit scheint, so sie irgend ist, nicht die leiseste Notiz von ihren Werken zu nehmen. Es genügt ihr wahrscheinlich als eine Art Spielerei, Wesen und Menschen bloß zu erschaffen. Sind sie einmal da, sorgt die liebe Gottheit wieder dafür, daß sie so bald als möglich hingerichtet werden. Damit das desto leichter geschehen kann, läßt sie die sonst harmlose Menschheit von der schändlichsten Selbst- und Herrschsucht beseelen. Durch diese Höllengier getrieben, wird ein Bruder dem andern zur Hyäne und von nimmer zu löschendem Blutdurst erfüllt. Oh, das ist schändlich: ein scheußliches Spiel mit dem Leben einer sich selbst bewußten Menschenpuppe! Welch einen Ersatz kann die Gottheit auch einem Menschen bieten, der wie ich schändlich eines Todes gestorben ist, wie die Weltgeschichte etwas Ähnliches kaum aufweisen dürfte.

[17] Denken Sie einen ersten Grafen von ganz Ungarn! Dieser wird durch ein paar kaiserliche Soldatenrichterlein zum Galgentode verdammt und sogleich ohne Umstände auf den Richtplatz geschleppt. Da macht er in der größten Verzweiflung einen Selbstmordversuch, der ihm aber mißlingt. Das zusehende Volk, vom Mitleid übermannt, fängt laut zu fluchen an und verlangt Aufschub meiner Hinrichtung. Da geben die Exekutoren wegen der Halswunde nach, und der Graf wird ins Spital zurückgebracht. Der Graf war der festen Hoffnung, nun vom

Kaiser eine Amnestie zu erlangen. Da kommt gegen Abend ein Auditor, weckt den Grafen aus einem Ohnmachtsschlaf und verliest ihm ein zweites Todesurteil, das sogleich in Vollzug gesetzt werden müsse. Der Graf, wie von tausend Blitzen gerührt, sinkt zusammen, so daß man ihn laben muß. Als er wieder zu sich kommt, wird er sogleich von den Schergen ergriffen und abermals zur Richtstätte hinausgeführt, wo er von mehreren Jägern wie ein Hund erschossen und dann einer Schindmähre gleich begraben wurde. Und dieser Graf bin ich, was Ihnen ohnehin bekannt sein dürfte. Und sehen Sie, das heißt man Gerechtigkeit!

18 Dennoch kann ich mich nun nicht mehr so ärgern über die bestialische Grausamkeit der Menschen. Denn sie scheinen mir doch mehr stumme Werkzeuge einer unsichtbaren Macht zu sein, als daß sie so etwas aus höchsteigenem Willen tun würden. — Darum bat auch der in vielen Stücken sehr weise Lehrer aus Nazareth bei der Hinrichtung seinen vermeintlichen Gott Vater für seine Mörder um Vergebung, da er sicher der Meinung war, daß die Natur der Menschen denn doch nicht so böse sein könne. Und derselben Meinung bin auch ich.

19 Aber die eigentliche Gottheit oder Satan, das allmächtige Wesen sitzt behaglich in irgendeinem unzugänglichen Zentrum, spendet seinen giftigsten Odem allen Weltkörpern und ergötzt sich dann an den zahllosen von ihm selbst zubereiteten Mordspektakeln. Daß da die armen Schauspieler auf das entsetzlichste gepeinigt werden, kümmert die große Gottheit wenig! Also diese schändliche Gottheit möchte ich kennen, zugleich aber auch Macht haben, sie zu verderben!"

20 Spricht der Rücksichtslose: „Sie haben ganz recht, nun taugen wir erst füreinander! Aber hören Sie, ich vernehme Menschenstimmen in der Nähe! Daher nun Ruhe, vielleicht hören wir etwas zu unserem Trost."

134

Trost der Hingerichteten ist zunächst die Rachsucht
Wirkung der fremden Stimmen. Not lehrt beten. Die Heilsstimme

1 Spricht der Graf: „Was Trost, wer sollte uns trösten können? — Eine rechte Vergeltung denen, die uns ohne erweisbaren Grund haben ermorden lassen, wäre der einzige Trost für mich und für euch alle! Jeder andere Trost ist mir ein Greuel. Glauben Sie, daß mich ein Gott mit tausend Himmeln schadlos halten könnte gegen das, was ich verloren habe: mein Weib, meine Ehre und mein großes Vermögen? Wohl weiß ich, daß ich mit der Zeit auch so alles hätte verlassen müssen, aber mein Name wäre glänzend wie die Sonne auf die spätesten Zeiten gekommen. So aber wird mein Name in der Welt erlöschen und schadenfrohe Weltrichter werden ihn in der späteren Zeitfolge unter den Galgenstricken gezeichnet finden. Also Vergeltung, unerbittlichste Rache! Weg daher mit allem, was nur den leisesten Geruch nach einer Gottheit oder sonstiger engelhafter Vermittlung verspüren läßt!— Vor allem muß unsere Ehre auf der Erde vollkommen wiederhergestellt sein und unsere Mörder müssen höllisch gerichtet werden! Dann erst wollen wir von irgendeiner Versöhnung vor dem Tribunal aller Teufel zu reden anfangen!"

2 Spricht der Rücksichtslose: „Lieber Herr Graf, Sie sind in einen zu starken Affekt geraten und können daher diese Sache auch nicht mit gehöriger Ruhe und Würdigung betrachten. Sehen Sie, ich, der ich doch sicher rücksichtslos streng urteile, denke über den Punkt der Wiederherstellung unserer eingebüßten Ehre ganz anders. Welche Ehre soll uns denn das sein, bei solch einer Schandwelt in Ehren zu stehen? Ich sage Ihnen, diese Weltochsen hätten uns ja keine größere Ehre antun können als auf die Art, wie sie mit uns verfahren sind. Wäre es denn eine Ehre, von solchen gemeinen Schandbestien geehrt zu sein? Bei Gott, dieser Wunsch sei für ewig ferne meinem Herzen!

3 Wo wäre der Name des edlen Blum, so ihm das Rindvieh von einem Fürsten Windischgrätz nicht durch Pulver und Blei den Weg zur Unsterblichkeit angebahnt hätte? Schon lange wüßte von ihm kaum noch jemand etwas. So aber bleibt sein Name allen Zeiten als ein wah-

rer Ehrenname aufbewahrt. Und gerade so und noch besser wird es unseren Namen ergehen! Habe ich recht oder nicht?“

4 Spricht der Graf etwas beruhigter: „Schau, das ist ein köstlicher Gedanke! Wahrlich, auch ich brauche keine Ehre mehr auf der Hundewelt. Ja, solch eine Weltehre wäre nur die größte Schande für uns! Sie haben recht, sehr recht!“

5 Nach diesen Worten des Grafen werden wieder Stimmen vernommen, und zwar auch vom Grafen selbst, der zum Rücksichtslosen sagt: „Nun, diesmal habe auch ich Stimmen wie von vielen Menschen vernommen. Das ist nicht übel! Am Ende sind wir hier von feindlich gesinnten Geistern ausgekundschaftet worden, und sie werden uns fangen und dann irgendwohin zur Hölle treiben. Sie müssen uns schon ganz nahe sein. Wie wäre es, so wir doch eine Flucht irgend weiter versuchten? Denn gerade vor uns scheinen sich auf uns lauernde Feinde zu befinden.“

6 Spricht der Rücksichtslose: „Da bin ich wieder anderer Meinung. Wohin sollen wir fliehen in dieser ewigen Nacht, wo wir kaum so viel Schimmer um uns spüren, daß wir uns gegenseitig schlecht genug erkennen? Wer von uns ist denn bekannt mit dieser verzweifelten Gegend? Wir rennen vielleicht etliche Schritte, und ein ins Unendliche gehender Abgrund hat uns gnädigst aufgenommen. Denn hier scheint schon alles unendlich und ewig sein zu wollen. Oder wir könnten gerade unseren Feinden in den Rachen eilen. Da kann gerade dort die Hauptmasse sich aufhalten, von woher wir gar keine Stimmen vernehmen, und wir könnten dort am ersten gefangen werden. Daher verhalten wir uns hier ganz ruhig! Und kommt uns etwa so ein kleines Streifkorps in die Nähe oder ein paar schleichende Kundschafter, packen wir sie gleich an, nehmen sie gefangen und stopfen ihnen das Maul.“

7 Spricht ein anderer aus der Gesellschaft: „Wäre alles recht, wenn Geister umzubringen wären! Aber ihr müßt ja schon aus dem entnehmen, daß dies nicht mehr geht, weil auch wir hier gerade so fortleben, als ob wir nie umgebracht worden wären. Zwar ist das wohl ein Leben, wie es kein miserableres mehr geben kann; aber Leben ist und bleibt es dennoch.

8 Ich meine, wir sollten uns geradewegs fangen lassen und mit unseren vermeintlichen Feinden gemeinschaftliche Sache machen. Überhaupt

kommt es mir vor, daß wir im Grunde gar keine Feinde haben können. Denn wie sollten wir uns hier solche gemacht haben, da wir außer uns noch mit keiner Seele zusammengestoßen sind?"

9 Spricht der Graf: „Freund, das verstehen Sie nicht! Gibt es denn hier in dieser verfluchten Teufelswelt nicht auch eine Menge österreichisch-kaiserlicher Seelen oder Geister, was soviel wie Teufel heißt! Wer schwarzgelb auf der Welt war, der wird es auch hier sein und ist somit unser Feind."

10 Spricht der andere: „Glaube nicht, Herr Graf! Schwarzgelb sind nur die Reichen. Der Staat mache sie nur arm, und sie werden radikal wie die Wölfe! Wenn sie dann erst durch des Leibes Tod alles einbüßen und ihnen nichts als ein elend nacktes Seelenleben bleibt, wird ihr schwarzgelber Sinn sicher auch Schiffbruch leiden."

11 Spricht ein dritter: „No, schwarzgelb und Geisterwelt, das paßte so zueinander! Man muß nur bedenken, warum die Untertanen des eigentlichen Österreich schwarzgelb sind. Sie sind schwarzgelb erstens: aus Furcht vor den vielen Bajonetten, Kanonen und Galgen. Zweitens: die Reichen, das Militär und die Beamten aus Eigennutz! Diesen allen liegt nicht das Wohl der Völker, sondern nur ihr höchsteigenes am Herzen. Und drittens sind auch viele aus religiöser Dummheit schwarzgelb, weil es einen heiligen Kaiser Leopold gegeben habe und einen frommen, alle Protestanten verfolgenden Ferdinand. Die letzte Art könnte sich hier vielleicht erhalten; aber für die ersten zwei stehe ich, daß von ihnen hier keine Spur mehr anzutreffen sein dürfte!"

12 Spricht der Graf: „Habt gut gesprochen, es ist wahr! Aber ich meine ganz etwas anderes als Sie, und das dürfte auch hier wohl anzutreffen sein. Es ist: Rache nehmen aus herrschsüchtiger Bosheit! Haha, was sagen Sie dazu?" — Sagt der dritte: „Nichts als: wo nichts ist, da ist es mit aller Rache und herrschsüchtiger Bosheit futsch, und alle wirklichen oder falschen Rechte gehen da einen hohlen Weg!" — Spricht darauf der Graf: „Mein Freund, die innere satanische Bosheit ist ein Feuerwurm, der nicht stirbt und dessen Feuer nimmer erlischt. Wir haben hier freilich nichts als unser elendstes Dasein, aber der echten Bosheit kann das noch viel zu wenig sein. Man kann darum leicht annehmen, daß es ihr sehnlichster Wunsch ist, uns womöglich noch elender zu machen. Daher meine ich auch, daß wir uns langsam, mit Füßen und Händen lavierend, von dieser Stelle begeben sollen. Stoßen

wir auf jemanden, so fragen wir ihn, wer er ist. Ist er uns nicht gefährlich, nehmen wir ihn auf. Hat er aber etwas Gefährliches an sich, so lassen wir ihn wieder gehen!

13 Aber am besten wäre es doch, wenn wir zu beten anfangen möchten. Wohl habe ich auf der Erde kaum etwas für dümmer gehalten als besonders den Rosenkranz und die lateinischen Gebete. Hier aber kommt es mir vor, daß es doch gut wäre, etwa zu beten zu irgendeinem allerhöchsten Gottwesen. Und Sie, mein Freund, der Sie auf der Erde ein Franziskaner waren, werden doch noch so einige Gebete können, z. B. das Paternoster, lateinisch oder deutsch, windisch oder ungarisch. Hilft es nichts, so wird es uns doch auch nicht zu schaden imstande sein. Seien Sie daher von der Güte, uns wenigstens per Spaß etwas vorzubeten!"

14 Spricht der rücksichtslose Franziskaner: „Warum nicht gar! Das hieße die menschliche Vernunft töten. Wenn man schon beten will, so muß man wissen, zu wem und warum! Aber bloß beten, um sich damit die Zeit zu verkürzen, ist die größte und sündhafteste Dummheit! Denn gibt es irgendeinen weisen Gott, wird Ihm so ein dümmstes Gemurmel wohl noch ekelhafter vorkommen als unsereinem. Gibt es aber keinen Gott, dann wäre die Dummheit noch größer, so wir zu einem barsten Nichts unsere Gebete erschallen ließen. — Ich bin daher der Meinung, daß wir vorderhand gar nichts tun sollen, sondern alles mit möglichster Ruhe abwarten. So werden wir ganz vorbereitet für alles sein, was uns immer begegnen mag.

15 Aber nun vernehme ich in aller Nähe sogar Worte, wie es mir vorkommt. Horchet, daraus werden wir am ersten erkennen, was für Geister sich in unserer Nähe befinden. — Aha! Habt ihr's vernommen? Ich habe nun deutlich die Worte verstanden: „Wendet euch im Herzen an Jesus, den Gekreuzigten, so wird euch geholfen werden!"

16 Spricht darauf der Graf, der dieselben Worte vernommen hat: „Freund, da sieht es schon sauber aus! Mit solch einem echt römisch-katholischen Zuruf und allfälliger Darnachachtung wird uns verdammt wenig geholfen sein. Es wundert mich nur, daß wir hier bloß auf Jesus und nicht zugleich auch auf die ganze Litanei von Heiligen angewiesen wurden! Ja, ich möchte sogar behaupten, daß dies kein alleinseligmacherischer Zuruf war, sondern etwa ein lutheranischer oder calvinischer!"

17 Spricht der Franziskaner: „Das ist nun schon ein Plunder! Helfe nun, was da wolle, könne und möge! Wenn uns nur geholfen werden kann, so wird es etwa doch einerlei sein, ob mit Dreck, mit Klötzen oder mit Ananas! Wenn uns nun durch Jesus Hilfe angeboten ist, was soll uns hindern, sie anzunehmen?"

18 Spricht der Graf: „Ganz gut, lieber Freund! Wissen Sie aber auch ganz bestimmt, daß uns da Hilfe angeboten wurde? Könnten sich nicht noch andere Gruppen in unserer Nähe aufhalten, die sich in ähnlich miserabler Lage befinden? Allah ist groß, und Mohammed sein Prophet ist breit! Und so können auch wir sagen: »Gott, so Er einer ist, ist groß, und Jesus war sein Prophet und war noch breiter in seiner Lehre als der sarazenische Mohammed! — Gott weiß, wo die sind, denen dieser Zuruf gilt!"

135

Geheimnisvolle Winke an die Unglücklichen
Grafenwahn von dem Rücksichtslosen gegeißelt
Ungarische Politik von damals

1 Nach diesen Worten vernehmen alle deutlich die Worte: „Dieser Zuruf gilt euch, ihr Ungläubigen von der ersten Geburt an!"

2 Der Graf erschrickt ordentlich bei diesem Zuruf. Und der Franziskaner spricht: „Nun, da haben wir es auf die Nase geschrieben, wen das angeht! Werden der Herr Graf jetzt auch noch Bedenken tragen, sich an Jesus, den Gekreuzigten, zu wenden?"

3 Spricht der Graf: „Was die andern tun werden, das werde in Gottes Namen auch ich tun. Fragen Sie aber auch die andern! Nur das habe ich hinzuzufügen, daß wir unsere reine Vernunft nicht leichten Kaufes mit der sogenannten christlichen Demut umtauschen sollen. Wenn es unter dem Regiment Jesu auch Grafen und Fürsten gibt, dann: Heil Christus! Ist das aber nicht der Fall, dann: Adieu Christus! — Denn das wäre nicht übel, so wir hier in dieser Welt etwa irgendeinem himmlischen Batzenlippel Honneurs machen oder gar die Stiefel putzen müßten!"

4 Auf diese Worte des Grafen ertönen wieder Worte: „Hier gibt es weder Grafen noch Fürsten! Nur Einer ist der Herr, alle anderen aber sind Brüder und Schwestern!“

5 Spricht darauf der Franziskaner zum Grafen: „Nun, Herr Graf, das wird doch deutlich genug gesprochen sein! Mir kommt es vor, als ob diese treffliche Antwort Ihnen allein gegolten hätte, der Sie noch in der Geisterwelt ein Graf oder Fürst sein wollen! Aber wie kann man als Geist noch Vorliebe zu dem Rock haben, in dem man auf der Welt schmählich justifiziert worden ist? Nein, von der Vernunft halte ich wahrlich nichts! Was haben denn der Herr Graf nun davon, daß Sie auf der Erde einer der angesehensten Magnaten Ungarns waren? Wären Sie ein gemeiner Sauhalter gewesen, so könnten Sie vielleicht jetzt noch bei einem guten Wein und einer guten Schüssel Gulasch sitzen! So aber machen Sie mit uns hier das gleiche trübselige Gesicht und können von Ihrem Grafentitel nicht eine Laus herunterbeißen. Haben Sie nie gehört, daß der Blitz die impertinente Eigenschaft hat, zuerst in die höchsten Gegenstände zu schlagen? Und daß er die niederen erst dann berührt, so diese sich zu nahe unter den hohen Gegenständen gleich Ochsen unter einem Baum befinden?“

6 Spricht der Graf: „Mir scheint, Sie machen Anspielungen auf mich! Wissen Sie, daß ich mir so etwas auch hier noch werde zu verbitten wissen? Denn ein Bathianyi bleibt Bathianyi auch in der Geisterwelt!“

7 Spricht der Franziskaner: „Wahrscheinlich aus purer reinster Vernunft! Wünsch' Ihnen viel Glück und ein schönes Wetter dazu, Herr Graf! Bleiben Sie nur hier in der Geisterwelt bei Ihrer magyarisch reinen Grafenvernunft, die Sie auf der Erde an den Galgen gebracht hat! Wer weiß, zu welch schönen gehörnten Auszeichnungen Sie damit gelangen können.“

8 Spricht der Graf erbost: „Halt' Er's Maul, sonst vergreife ich mich an Ihm! Hat Er mir was zu sagen, so rede Er, wie es sich geziemt! Aber mich zu foppen, das lasse Er bleiben, sonst soll Er es erfahren, daß ein Graf Bathianyi noch nicht aufgehört hat, Graf zu sein! Versteht Er das, Er dummer Protzer?“

9 Spricht der Franziskaner: „So packen Sie mich gleich an, und Sie werden sich dadurch überzeugen, wie gar nichts ein Graf Bathianyi hier vermag! Was für eine Kraft hat denn etwa so ein Geist? Wann ist je die Dummheit stark und mächtig gewesen? Ich sage Ihnen — solange

die Welt steht, nie! Sie aber sind sehr dumm, daher auch in jeder Hinsicht sehr schwach, weil Sie das beleidigt hat, was ich rein zu Ihrem Besten geredet habe. Ebenso haben Sie auch auf der Erde gezeigt, daß Sie überaus dumm waren! Denn wären Sie gescheiter gewesen, so hätten Sie es so gemacht wie ein Kossut und Konsorten, die noch zur rechten Zeit ein rechtes Loch aus dem Tempel gefunden haben. Sie aber haben sich wie ein Gimpel fangen und dann ganz heldenmütig totschießen lassen! Sagen Sie mir, ob das pfiffig zu nennen ist?"

10 Spricht der Graf: „Wer den Schaden hat, über den kommt gewöhnlich auch noch die Schande! Wenn aber Sie so ein grundgescheiter Kerl sind, warum haben auch Sie sich aufhängen lassen? Ich meine, so nach Ihrer Definition die Stärke mit der Weisheit gleichen Schritt hält, so dürften Sie auch nicht einer von den allerstärksten sein!"

11 Spricht der Franziskaner: „Halte mich gar nicht auf über dero allergnädigste Bemerkung! Denn an der echt magyarischen Dummheit habe ich — als selbst so ein kleines Edelmännlein — niemals Mangel gelitten. Nur war es bei mir der Fall, daß ich einzusehen begann, wo in Ungarn der eigentliche Hund begraben ist, freilich leider um einige Wochen zu spät. Da standen schon Galgen vorne und hinten, und Kanonen und Spieße ohne Zahl! Freund, da hat mir dann meine neuerwachte Vernunft freilich keinen Ausweg mehr zeigen können. Aber bei Ihnen war die Sache ganz anders. Sie konnten an den Fingern ausrechnen, wie die Sache in jüngster Zeit ablaufen werde. Aber nein, Ihre echt magyarisch aristokratische Weisheit raunte Ihnen ins Ohr: entweder siegen oder sterben! Was haben Sie nun von dem Heldentode am Galgen? Vielleicht werden Ihnen einige Freunde in Nordamerika einmal eine Ehrensäule setzen, aber in der Weltgeschichte werden Sie für 1848 ein miserables Plätzchen finden. Das wird dann alles sein, was Sie für Ihren Heldentod auf der Erde zu erwarten haben."

12 Spricht der Graf: „Ich werde von Millionen betrauert! Millionen sehen das schreiende Unrecht ein, das man an mir verübt hat und verwünschen Österreich zu allen Teufeln! Ist das etwa nichts?" — Spricht der Franziskaner: „Ja, ja, das klingt alles sehr schön und romantisch! Vielleicht schreibt noch einmal ein Franzose ein Trauerspiel darüber. Aber wir, die eigentlichen Helden, leben hier elend fort, und es fragt sich dabei, was nützt uns nun das alles für ewig?

13 Darum heißt es hier nicht mehr in der alten Dummheit beharren,

sondern mit dankbarstem Herzen annehmen, was uns dargeboten wird. So werden wir sicher leicht vergessen, was uns auf der Welt für unsere Mühen zuteil wurde. Ich glaube, das wird doch etwa deutsch genug sein!"

14 Spricht der Graf: „Ja, führe uns nicht in die Versuchung! — heißt es irgendwo in dem gewissen — ja, ja, hm! — wie heißt denn nur geschwind das Gebet? — Hm, fällt mir nicht ein! Heiße es, wie es wolle — aber es steht irgendwo einmal so; daher sage ich nun auch: Führe uns nicht in die Versuchung!"

15 Spricht der Franziskaner: „Was faseln Sie denn da von dem »Führe uns nicht in die Versuchung?« Ich verstehe das durchaus nicht, denn das paßt doch auf meine Rede noch schlechter als eine Faust aufs Auge! Ich bitte, erklären sich der Herr Graf ein wenig deutlicher, so es Ihnen möglich sein sollte!"

16 Spricht der Graf: „Dummer Schwätzer! Hätten Sie mich ausreden lassen! Habe ich Sie doch auch nicht unterbrochen, wie Sie mir früher die Ohren vollgemacht haben mit Ihrem Geschwätz!" — Spricht der Franziskaner: „Genieren Sie sich nicht und fahren Sie mit ihren Redensarten fort, sonst kommen wir zu keinem Ende!"

17 „Die Metapher will soviel sagen als: Sie wollen mich auf die schönste Art um meinen Grafentitel bringen. Es ist daher das eine Versuchung, mich samt allem und jedem auf den Hund zu bringen. Aber nichts da! Ein Graf Bathianyi bleibt fest!" — Der Franziskaner bei sich: „ — ein Ochs!" — Der Graf: „Verstehen Sie nun das?"

18 Spricht der Franziskaner: „O sehr gut und sehr klar! Aufrichtig gesprochen, Herr Graf — Ihre große aristokratische Dummheit hat Sie an den Galgen gebracht! Wären Sie um ein Haar weiser gewesen, so wäre Ihrem irdischen Hause solch eine Schmach nie widerfahren. Das aber müssen Sie nun doch einsehen, daß die Welt für Sie wie für uns alle für ewig verloren ist samt allen ihren fingierten Rechten. Was wollen Sie denn hernach noch von ihr und weigern sich nun schon zum Ärger der ganzen Gesellschaft, die angebotene Hilfe durch Jesus Christus anzunehmen, außer Er würde Sie auch hier in der Geisterwelt als Grafen Bathianyi bestätigen? Denken Sie doch einmal darüber nach und reden Sie dann entschieden — aber nicht als Magnat von Ungarn, sondern als ein hilfsbedürftiger Mensch, wie wir alle es sind!"

136

*Gespräche über Jesus. Des Franziskaners religiöse Erfahrungen
Der Graf als Bibelkundiger. Des Franziskaners Schlußvorschlag*

1 Spricht der Graf: „Ja wer oder was ist denn eigentlich Ihr Herr Jesus? Etwa derselbe, von dem die römische Fabel sagt, daß er ein Sohn Gottes gewesen wäre, und von dem Sie doch selbst früher sagten, daß Sie nie an ihn und seine römisch-kirchlichen Alfanzereien geglaubt haben? Oder gibt es noch irgendeinen anderen Jesus?"

2 Spricht der Franziskaner: „Ja, derselbe Jesus, von dem die evangelische Tradition sagt, daß Er Gottes Sohn ist und bleibt — ein Herr Himmels und der Erde ewig! Ich glaubte zwar bei meinen Lebzeiten auf der Erde dieser Tradition nicht, weil sie von Rom aus zu mißbraucht wurde und ich daraus den Schluß ziehen mußte: Wäre die Sache nicht bloß ein Werk der früheren herrschsüchtigen Hierarchen, so wäre es doch unmöglich, mit solch einer Gotteslehre schändlichsten Unfug zu treiben. Denn es sind in der römischen Hierarchie in kaum 1200 Jahren Dinge geschehen, vor denen die ganze Hölle tiefsten Respekt haben muß. Und der im grauen Hintergrund weilende Stifter solch einer Lehre soll ein Sohn des Allerhöchsten sein? Wahrlich, Herr Graf, so etwas zu glauben wäre für meinen Geist keine kleine Aufgabe gewesen.

3 Als ich aber später die vollkommene Bibel von einem protestantischen Priester in meine Hände bekam, ging mir freilich ein anderes Licht auf. Ich trachtete dann, um jeden Preis aus der römischen Geistesmördergrube zu entkommen und wurde darauf lieber ein gemeiner Soldat als je wieder ein römisch-katholischer Geist-Ermordungsgehilfe. Denn ich dachte mir: Es ist noch immer besser, ein Fleisch- als ein Geistesmörder zu sein.

4 Es kann daher der besagte Jesus gar wohl Gottes Sohn sein und die Macht haben, uns zu helfen, wenn Er auch noch so von der schändlichen Römerin verleugnet ward. Denn Er ist auch trotz des Verrats des Judas Ischariot doch am dritten Tag aus eigener Macht vom Tod erstanden und hat ihm alle Macht genommen. Und von eben diesem Jesus wurde uns durch einen unsichtbaren Mund Hilfe angeboten! Wir haben sie alle vernommen die köstlichen Worte und zögern noch, ob wir sie

annehmen sollen oder nicht! Hauptsächlich Sie, Herr Graf, sind der Hartnäckigste und wollen sich nicht dazu verstehen — als ob Sie in diesem elenden Zustand sich Gott weiß was vergeben müßten. Ich rate Ihnen daher nun zum letztenmal, die angebotene Hilfe anzunehmen oder im Gegenfall uns andere nicht mehr darin zu beirren!"

5 Spricht der Graf: „Was euch nicht schadet, wird auch mich nicht umbringen. Auch ich will nun die Hilfe annehmen! Aber einige Bedingungen könnten wir dabei doch in Vorschlag bringen, sonst kann es uns hier wie auf der Erde ergehen, wo man sich auch auf Gnade und Ungnade ergeben hat und dann nur Ungnade erntete. So z. B. wäre eine wohlgenährte Rachenehmung an unseren irdischen Feinden eine Hauptvoraussetzung und für uns eine volle Schadloshaltung für alles auf der Welt Verlorene!"

6 Spricht der Franziskaner: „Was fällt Ihnen doch alles für dummes Zeug ein! Wenn Sie z. B. auf der Erde unter die Räuber gerieten und irgendein Starker wollte Ihnen helfen, Sie aber schlügen ihm Bedingungen vor, unter denen Sie seine Hilfe annehmen — würden darob nicht sogar die Eisbären Sie auslachen? Wann hat man je gehört, daß ein Bettler dem Wohltäter Bedingungen vorgeschrieben hätte! Ah, Herr Graf, da läßt sich nichts mehr darüber reden! Unser irdisches Sich-Ergeben war ja ganz etwas anderes. Dort hat uns niemand eine Hilfe angeboten, sondern dort hieß es: »Gnade und Ungnade unter verheißener Fürsprache!« Hier aber ist uns doch ausdrücklich volle Hilfe angetragen. Wie kann man denn das mit dem irdischen Zustand, der uns des Leibes Tod brachte, nur in entferntesten Vergleich ziehen? Ich bitte Sie, Herr Graf, seien Sie doch nicht gar so vernagelt!"

7 Spricht der Graf: „Ja, Sie haben schon wieder recht! Ich bin wohl etwas dumm, aber ein gebranntes Kind fürchtet das Feuer. Es werden hier wohl ganz andere Lebensverhältnisse sein, als sie auf der Erde gang und gäbe waren. Aber traurig erfahrene Sachen haften tiefer in der Seele eines Unglücklichen, als daß man sie von heute auf morgen aus dem Leibe schaffen könnte. Und es ist mir doch sicher zugute zu halten, wenn ich da in der Annahme der angebotenen Hilfe ein wenig gezaudert habe.

8 Man hat uns allen auch Amnestie verheißen. Als wir aber dann an die Österreicher ausgeliefert wurden, da war von einer Amnestie keine Rede mehr! Aus solchen irdisch traurigsten Erfahrungen, die man

lebendig mit herübergenommen hat, muß ein Mensch oder Geist denn doch etwas stutzig werden und in allem äußerst vorsichtig zu Werke gehen.

9 Ich erkenne wohl, daß es einen Gott geben muß, ohne den wir gewiß ganz zunichte geworden wären und kein Dasein hätten überdauern können. Aber dieser Gott ist allmächtig und gegen Sein Urteil findet kein Rekurs statt. Und darin liegt Grund zur Übergenüge, mit der Annahme auch einer angebotenen Hilfe bedenklich zu zaudern und vorher alle Umstände genau zu erwägen. Ich kann mich aus meiner Jugend noch genau erinnern, daß ich einmal ein Evangelium gelesen habe, wo von einem großen Gastmahl die Rede ist. Am Ende, da die Geladenen nicht kommen wollten, wurden alle an den Gassen und Zäunen weilenden Proletarier durch die Diener des mächtigen Gastgebers förmlich bei den Haaren herbeigezogen. Als der große Speisesaal auf diese Weise gefüllt war, kam auch der Gastherr in den Saal, besah die Proletariergäste und fand einen, der kein sogenanntes Hochzeitsgewand anhatte. Und diesen ließ er ergreifen und ins Gefängnis werfen! — Was ich damit sagen will? Ja, was hat der arme Teufel wohl verschuldet? Die Diener zogen ihn wie die anderen, die vielleicht zufällig besser bekleidet waren, von der Straße zum Gastmahl und nahmen keinen Anstoß an seiner Kleidung. Als aber dann der Herr kommt, verurteilt er ganz allein den armen Teufel, der doch sicher ohne sein Verschulden in den Speisesaal kam!

10 Wenn man diese Sache, durch die offenbar die Gottheit in Ihrem willkürlichen Handeln dargestellt wird, näher bedenkt, so kann einem wohl niemand verargen, wenn man sogar bei angebotener Hilfe von oben bei der Annahme sehr behutsam zu Werke geht. Dem Judas ward auch der Bissen gereicht; aber auf diesen ward er dann erst recht des Teufels! Sagen Sie mir, ob Sie auf diese meine begründeten Motive mich wegen meiner Zauderei noch für so dumm halten wie ehedem?“

11 Spricht der Franziskaner: „Nun, der Herr Graf sind ja famos in der Bibel bewandert! Das freut mich um so mehr, da Sie gerade einen Text zum Vorschein bringen, der auch mir im höchsten Grade ungerecht vorgekommen ist. Es gibt noch einige andere Texte, durch die der sonst überaus gute Herr Jesus wahrlich ein unerbittliches und irdisch betrachtet ungerechtes Wesen bekundet. Dafür aber gibt es freilich wieder eine Menge Texte, die sehr trostreich sind. Ihre Bedenklichkeit von

diesem Standpunkt betrachtet, ist freilich zu entschuldigen. Denn die Macht hat stets das für sich, daß sie ewig tun kann, was sie will. Aber das Gute dabei ist, daß sich keine wahre Macht ohne vollkommene Weisheit denken läßt. Und mit einem höchstweisen Wesen ist immer leichter auszukommen als mit einem dummen. So meine ich, wir könnten es denn doch wagen, die angebotene Hilfe anzunehmen.

12 Wenden wir uns denn im Herzen an Jesus, den Gekreuzigten, und warten dann mit Geduld ab, was daraus werden wird! Sieht etwas Gutes heraus, so haben wir keine schlechte Wendung gemacht. Sollte aber aus dieser Wendung für uns etwas Schlechtaussehendes zum Vorschein kommen, nun, so kehren wir in unseren Zustand wieder zurück."

13 Spricht der Graf: „Wäre alles gut und recht! Aber auch die allerhöchste Weisheit läßt sich ewig nichts abhandeln. Was sie einmal ausspricht, das ist ausgesprochen für die Ewigkeit! Das zeigt auch Jesus klar, da Er sagt: »Himmel und Erde werden vergehen, aber Meine Worte ewig nimmer!« Wenn wir also nach unserer Herzenswendung zu Ihm etwa vernähmen: »Hinweg mit euch, ihr Täter des Übels!« — was dann, Freunde? Ich meine, solange wir von Ihm nichts verlangen, hat Er auch nicht vonnöten, uns etwas zu geben, weder Gutes noch Schlechtes. Verlangen wir aber einmal etwas, dann haben wir Ihm zugleich das Tor geöffnet, mit uns zu tun, was Er nach Seiner unwandelbaren Weisheit will.

14 Mir fällt gerade wieder ein passender Text zur Belegung meiner Meinung ein, und der hat zehn Jungfrauen im Schilde, wovon die Hälfte weise und die Hälfte töricht war. Alle erwarteten ihren Bräutigam. Die weisere Hälfte versah ihre Lampen mit Öl, die törichte Hälfte aber nicht. Als in der Nacht die Kunde kam, daß der Bräutigam kommen werde, wahrscheinlich schon in einer Stunde — da baten die Törichten die Weisen, ihnen etwas Öl in ihre leeren Lampen zu geben. Aber die eisernen Weisen verweigerten solches, wahrscheinlich aus purer christlicher Nächstenliebe? Die Törichten waren dadurch genötigt, zu einem Kaufmann zu gehen und sich dort ums Geld ihre Lampen mit Öl füllen zu lassen. Sie kehren darauf voll guten Willens in das Bräutigam-Erwartungshaus zurück, aber schon war die Haustür verriegelt! Denn der Bräutigam ist bald darauf gekommen, und zwar früher als sie mit vollen Öllampen zurückkamen. Als die Armen ganz harmlos an die Tür pochten und um Einlaß baten, donnerte des Bräu-

tigams Stimme ihnen rauh entgegen: »Hinweg mit euch! Ich habe euch noch nie erkannt und kenne euch nicht!«

15 Diese Sache ist menschlich-ehrlich betrachtet impertinent grob, ungerecht und streng genommen auch unwahr, wenn unter dem Bräutigam die Gottheit zu verstehen ist. Denn wie kann die Gottheit zu jemandem sagen: »Ich kenne dich nicht!« — wo sie andererseits doch wieder lehrt, daß sie sogar alle Haare auf dem Haupte eines Menschen zählt! Aber wer kann der allmächtigen Gottheit Unrecht geben? Sie läßt kalt sein zum Verzweifeln, auch wenn dabei Tausende erfrieren. Und wenn Millionen armer Teufel um Wärme bitten, bleibt es dennoch kalt, so lange die Gottheit ihrer Weisheit zufolge kalt haben will. So läßt sie auch ohne Gnaden die schönsten Saaten durch Fröste und Hagel zerstören, und niemand kann ihr dagegen einen Damm setzen. Ich sage dir, wer sich von der Gottheit abhängig macht, hat das Elend schon in sich. Was hätte denn den fünf törichten Jungfrauen geschehen können, so sie gar nicht zum Bräutigamshaus zurückgekehrt wären? Die Grobheit wenigstens hätten sie sich sicher erspart! Denn da hätten sie dem sonderlich groben Bräutigam keine Gelegenheit geben können, ihnen die Tür vor der Nase zu verriegeln. Und so meine ich, daß wir der Stimme Gottes erst dann ein volles Gehör schenken sollen, wenn wir von ihrem Wohlwollen gegen uns überzeugt sind. Sonst aber bleiben wir, wo wir sind, denn ich traue der allmächtigen Gottheit nicht!"

16 Spricht der Franziskaner: „Herr Graf, Sie fassen die Sache allzu behutsam auf! Ich sage, man muß die Worte Gottes nicht so buchstäblich nehmen, da doch die ganze Schrift nur eine bildliche Darstellung der höheren Moral ist, wie sie ein vollkommener Mensch haben soll. Unter dem Lampenöl wird hauptsächlich die wahre Liebe zu Gott verstanden und unter dem Licht der Lampe die aus der Liebe entspringende Weisheit. Die törichten Jungfrauen aber hatten keine Liebe und wollten die Liebe auch den anderen nehmen. Diese aber waren klüger und ließen sich nicht verführen. Sie beschieden die Liebelosen hinaus in die Welt, daß sie sich das Liebeöl dort holen sollten. Und die Lieblosen gingen und holten sich ihre Lampen, oder besser ihre Herzen, voll Weltliebe-[Öl]. Als sie mit der Weltliebe in des Bräutigams Haus zurückkehren wollten (in dem wir uns hier nun schon seit geraumer Zeit, wie ich mir's nicht ohne Grund nunmehr vorstelle, befinden) — oder

noch besser: als sie ohne wahre Liebe zu Gott ankamen und Einlaß ins Himmelreich verlangten, kann zu ihnen die Gottheit doch kaum etwas anderes gesagt haben als: »Ich kenne euch nicht mit dieser eurer Liebe, die Ich nie als die Meine bestimmt habe! Gehet also dahin, woher eure Liebe ist!« — Sehen Sie, lieber Herr Graf, so verstehe ich diesen und noch manchen anderen Text. Und so verhält sich's auch. Und so meine ich denn, daß der Herr Graf der Gottheit gar zu viel Härte ansinnen. Setzen wir uns alle darüber hinaus und ergreifen die angebotene Hilfe! Wahrlich, uns kann es nicht so arg ergehen — das sagt mir mein Herz!"

17 Spricht ein Nebenstehender aus der Gesellschaft: „Dos glaub ich halt a! Dos Evangeli ist durchaus metaphorisch und muß gut verstanden werden, weil alles ist metaphorisch!" — Spricht der Graf: „Ich bitte Sie, bemeistern Sie sich gütig Ihres Mundes, sonst wird uns allen übel! War denn unsere Hinrichtung auf der Erde etwa auch metaphorisch oder gar bloß provisorisch? Oder ist Jesus etwa auch metaphorisch ans Kreuz genagelt worden?" — Spricht der Zurechtgewiesene: „O na, dos wor nit metaphorisch, dos wor wirkli, sonst waren wir nit erlöst!" — Spricht der Graf: „Schöne Erlösung das, mir hat bis jetzt wenigstens nichts davon geträumt! Besonders diese ägyptische Finsternis und unser vollkommen leerer Magen sind die sprechendsten Beweise für die Erlösung. Wahrlich, diese Erlösung macht sich! — Auf der Erde: Tod am Galgen, und hier: die ewige Finsternis — das sind recht handgreifliche Beweise der großen Erlösung an uns! Gefallen sie euch, meine lieben Freunde?"

18 Spricht ein anderer: „Bis jetzt hat es mit der Erlösung noch verflucht schlecht ausgesehen. Aber ich muß andererseits bekennen, daß wir eigentlich noch nie etwas getan haben, was uns der Erlösung hätte teilhaftig machen können. Wenn zuletzt der Galgen nicht eine gute Portion unserer Todsünden hinweggestreift hat, so sieht es — wenn hier wirklich nach den zehn Geboten vorgegangen wird — hier mit der Erlösung verdammt schlecht aus. Denn von irgendeiner christlichen Tugend war bei uns allen schwerlich je die Rede. Ich wäre daher sehr für die sofortige Annahme des Hilfeantrags, sonst kann es uns noch sehr übel ergehen! Denn wir haben gar nichts, worauf wir uns rechtens stützen könnten als höchstens unsere unbegrenzte Dummheit, und im besten Falle auf die Gnade und Erbarmung Jesu Christi!"

19 Spricht der Franziskaner: „Gerade aus meiner Seele gesprochen! So ist es! Gottes Jesu Christi Gnade und Erbarmung — oder wir sind alle des Teufels! Denn wir waren es ja auf der Erde, besonders in der letzten Zeit, und hatten verdammt wenig Mitleid mit dem tausendfachen Elend unserer Mitmenschen. Wir trieben sie wie Kälber vor uns her und stießen sie aufs Schlachtfeld. Und den Feinden ging es verzweifelt schlecht, so sie in unsere Gefangenschaft gerieten. Kurz und gut, so uns jetzt noch Rache belebt gegen die, die ihre Hände an uns gelegt haben — welches Maß von Rache haben wir von den vielen Tausenden zu erwarten, die durch unsere Hände gefallen sind und ebensogut, manche vielleicht tausendmal bessere Menschen waren als wir!

20 Ich meine daher: Vergeben wir von ganzem Herzen allen denen, die uns moralisch und physisch mißhandelt und endlich gekreuzigt haben! Denn auch wir wußten Tausenden das Kreuz ganz gehörig an ihr Leben zu schlagen. Was meinen Sie, Herr Graf, habe ich recht oder nicht?"

21 Spricht der Graf: „Leider! Aber eben das macht mich fürchten, daß es uns am Ende so ergehen wird wie den fünf törichten Jungfrauen. Wie wir anklopfen, werden wir sogleich den Urteilsspruch vernehmen, und dann gute Nacht auf ewig!"

137

Des Grafen Stolz bäumt sich nochmal auf
Erdenpolitik in jenseitiger Beleuchtung
Der General und Robert über den Streit dieser Geister
Des Herrn große Geduld

1 Spricht der Franziskaner: „Herr Graf, da läßt sich wenig darauf sagen. Das Unrecht ist einmal auf unserer Seite, nun kommt es lediglich auf die Gnade Gottes an. Nimmt uns diese an, so sind wir nicht verloren. Läßt uns aber diese im Stich, dann gehören wir auf ewig der schwarzen Katze zu."

2 Spricht der Graf erregt: „Was sagen Sie da, das Unrecht sei auf unserer Seite! Wo lebt der Gott, der mir das erweisen könnte? Stam-

men wir nicht geradewegs von Attila ab? Haben nicht unsere Voreltern das herrliche Ungarn für uns erkämpft? Haben wir dieses Land nicht schon über tausend Jahre inne? Wir selbst haben unsere Könige gewählt und sind nie auf das Haus Habsburg beschränkt gewesen. Daß wir es lange genug beibehalten haben, war unser freier, magyarisch großmütiger Wille. Wie konnten wir fehlen, den, den wir nie zum König gesalbt haben, des ungarischen Thrones verlustig zu erklären, da er sich den Thron nur angemaßt hatte? Denn sein Oheim, der rechtmäßige König Ungarns, hatte laut der Pragmatischen Sanktion ohne unsere Einwilligung nie ein Recht, statt seiner einen König für unser mächtiges Reich einzusetzen! — Und Sie reden von einem Unrecht auf unserer Seite?"

3 Spricht der Franziskaner: „Aber um Gottes willen, reden Sie doch hier im Geisterreich nicht so ultramagyarisch dumm! Sagen Sie mir, hat denn die Gottheit dieses Land dem Attila wie den Israeliten das gelobte Land Kanaan geschenkt? Oder hat es nicht vielmehr der Attila mit Waffen erobert und somit unrechtmäßig den alten Ureinwohnern geraubt? Ist das ein rechtmäßiger Besitz vor Gott? Österreich hatte wahrlich größere und ältere Rechte auf unser Reich, als wir ihm je zugestehen wollten. Österreich hat Ungarn von den Türken zurückerobert und uns wieder zu eigen gegeben mit dem alleinigen Vorbehalt, daß die Habsburger stets das erste Recht auf die Krone Ungarns haben sollen. Warum wollten wir denn nun eine eigene Wurst gebraten haben? Sehen Sie, das hat unser Hochmut getan! Wir sind unter Österreichs Zepter zu reich und mächtig geworden und wollten dann unser Reich selbständig beherrschen und viel von uns reden machen.

4 Aber das hat dem lieben Herrgott nicht gefallen und Er machte uns einen Strich durch die Rechnung. Und Ihnen, Herr Graf, als einem echten Sohn Attilas, steht es nun frei, einen Rekurs gegen den allmächtigen Herrgott zu ergreifen. Wer weiß, welch seltene Effekte da herauskommen. Ich wünsche Ihnen viel Glück und schönes Wetter dazu!

5 Wissen Sie denn nicht, wie es in der Heiligen Schrift lautet, daß alles, was vor der Welt groß sein will, vor Gott ein Greuel ist? Wir wollten aber groß und mächtig sein; und da stecken wir nun in der schönsten Sauce! Jetzt aber nur noch die Dummheit ein wenig weiter getrieben und es kann uns glücken, daß wir ein echt höllisches Bratel mit Schwefelsalat als ewiges Konfekt aufgetischt bekommen. Dann

wird uns wahrlich nichts mehr zu wünschen übrig bleiben, so ein kleines Vorgeschmäckchen hätten wir bereits. Nur zu in unserem Starrsinn, es wird schon noch besser werden! Es ist ein altes Sprichwort: »Was die Hölle will, das bleibt ihr nicht aus!« Ich habe nun ausgeredet."

6 Spricht der Graf: „Sehr wohl von Ihnen, Herr von Schwarzgelb! Es ist nur schade, daß Sie mit diesen Argumenten nicht zwölf Monate früher auf der Erde zum Vorschein gekommen sind. Es müßte mit dem Teufel hergehen, wenn Sie nicht schon längst ein einträgliches Plätzchen beim Wiener Ministerium erlangt hätten. Wahrhaftig, so eine schöne Argumentation hätte sogar einem Fürsten Metternich keine Schande gemacht.

7 Wenn Sie etwa doch ehestens mit Jesus, dem Herrn, freundschaftlich in Berührung kommen dürften, so suchen Sie Ihn dahin zu bewegen, daß Er einige himmlische Verdienstorden auf die Erde hinabsenden und sie als Zeichen Seines Wohlwollens an jene verteilen möchte, die sich bei unserer Aufhängungsgeschichte am tätigsten erwiesen haben. Denn sehen Sie, das Leutaufhängungsgeschäft muß bei Jesus, dem Herrn, schon deshalb einen besonders hohen Wert haben, da Er Selbst eines ähnlichen Todes gestorben ist. Nein, das hätte ich nie geglaubt, daß Sie so ein Gutgesinnter wären. Das Aufhängen muß Ihnen ordentlich wohlgetan haben, weil Sie nun der österreichischen Regierung dafür so dankbar sind!"

8 Spricht der Franziskaner: „Lieber Herr Graf, Sie belieben mich zu hänseln gleich einem Lausbuben! Aber das macht mir gar nichts, denn ich weiß, warum ich so geredet habe. Sie aber haben meine ganze Rede gar nicht verstanden, daher ist es Ihnen auch zu verzeihen, wenn Sie so reden. Lobte ich denn die Handlung der österreichischen Regierung? Herr, ich kenne Österreichs Gebrechen so gut wie irgendeiner. Österreichs Kaiser ist schon ein genügender Vesuv für alle Länder Österreichs; das weiß der Herr Jesus. Wir wollten aber mit aller Teufelsgewalt ein zweiter werden, und das war eben gefehlt. Das Unrecht ist von Gottes wegen darum auf unserer Seite!

9 Wir haben nun die Pflicht, dieses Unrecht einzusehen und Gott, dem Herrn, das in unsern Herzen zu bekennen! Sprach nicht Gott dereinst: »In Meinem Zorn habe Ich euch einen König gegeben!« — Wenn ein König schon ein Werk des Zornes ist, warum trachteten wir dann danach? Wir erhielten auch den Zorn Gottes als erste Draufgabe auf

den König! Hätten wir lieber anstatt um den Zorn Gottes um Seine Liebe gekämpft, so stünde es nun wahrscheinlich heller um uns, als es gegenwärtig der Fall ist!

10 Jesus aber will nun, wie ich es jetzt getreu in mir gewahre, die Zahl der Regenten vermindern und nicht vermehren, aus sicher höchst weisen Gründen. Und so sind wir Ihm gerade recht gekommen, die wir Europa um ein neues freies Königtum vermehren wollten! Sollen wir etwa hier auch noch auf der Verwirklichung dieser Idee beharren und dadurch für ewig zugrunde gehen? Lassen der Herr Graf doch einmal ab von diesen irdischen Hoheitsdummheiten! Es ist genug, daß wir auf der Erde dafür gehörig eingegangen sind!“ —

11 Spricht im ersten Saale des Hauses der bewußte General zum soeben aus dem zweiten Saale mit Helena tretenden Robert: „Höre, das ist ja eine langweilige Geschichte! Was diese unglücklichen Geister da draußen zusammenschwätzen, ist ja unerhört! Da schlägt buchstäblich eine Dummheit die andere. Jetzt streiten die Kerls schon eine halbe Ewigkeit, ob sie die angebotene Hilfe des Herrn annehmen sollen oder nicht! Nein, so etwas dürfte in der ganzen Unendlichkeit nicht leichtlich zum zweiten Male vorkommen! Wie lange werden wir denn mit diesen Schwätzern noch Geduld tragen müssen?“

12 Spricht Robert: „Mein liebster Freund und Bruder, der Herr ist hier unser aller lebendigster Maßstab. Da sieh nur zur Tür hinein, wie Er sich mit den Seinen unterhält und eben davon spricht, wie mit diesen dreißig fürder soll vorgegangen werden. Merken wir alle hier nur die geringste Ungeduld in Seinem heiligsten Angesicht?“ — Spricht der General: „Wahrlich nein! Die göttlichste Ruhe und ewig gleiche höchste Anmut entstrahlt Seinem ganzen Wesen.“

13 Spricht Robert weiter: „Siehst du, Bruder, das ist unser Gedulds- und Liebesmaßstab! Für Ihn gibt es keine Feinde, die Konservativen sind so gut Seine Kinder wie die Radikalen. Er sorgt für alle! Wenn irgendein Vater auf der Erde viele Kinder hat, die untereinander im Zank und Hader leben, so bestraft er die mutwilligsten wohl. Aber seine gleiche Liebe zu allen kann er doch nicht verleugnen und ist daher stets bemüht, für alle bestens zu sorgen. — Was ist vor dem Herrn das irdische konservative oder radikale Wesen der Menschen? Er züchtigt wohl auch die Mutwilligen, aber durch eben die Züchtigung sorgt Er desto mehr für sie. Er ist noch stets Derselbe der neunundneunzig

eingefriedigte Schafe verläßt und das hundertste suchen geht, das Er dann mit größter Freude in Seinen großen Schafstall trägt, der nach allen Seiten hin eingefriedigt ist durch Seine göttliche Gnade, Liebe und Erbarmung.

14 Und so müssen denn auch wir mit Seinen Kindern, unsern Brüdern die größte Geduld haben. Denn hier gibt es keine fremden Parteien mehr, sondern lauter Kinder eines und desselben Vaters! Wir sagen hier nimmer: »Herr, Österreich handelt Deiner Ordnung entgegen — strafe es!« Oder: »Die Ungarn haben wider Dein Gesetz gehandelt — züchtige sie!« Sondern wir sagen: »O Vater, siehe gnädig zur armen Erde hinab und erleuchte unsere schwachen Brüder, welcher Partei sie auch immer angehören mögen, und hilf ihnen allen!« — Und der Herr spricht dann huldreich zu uns: »Warum bittet ihr denn? Habt ihr etwa mehr Liebe zu euern Brüdern und Schwestern denn Ich als der Vater aller?« Auf solche Gegenfrage werden wir dann alle wie sprachlos gegenüber der großen Liebe des ewig heiligsten Vaters.

15 Er liebt alle gleich! Die zu Ihm wollen, kommen auch zu Ihm, und es ist da niemand ausgenommen. Wie Er Seine Sonne scheinen läßt über Würdige und Unwürdige und Sein Regen auf edle und unedle Kräuter fällt, so ist auch Seine Gnade, Liebe und Erbarmung. Sie erstreckt sich über alle gleich, und nicht selten kommt gerade über die Schwächsten ein ganzer Wolkenbruch Seiner höchsten Liebe, Geduld, Gnade und Erbarmung!

16 Geduldet euch daher nur noch ein wenig, und ihr alle werdet es sehen, was des Herrn Liebe vermag! — An eben diesen dreißig wird sich Seine Erbarmung ganz besonders hervortun!"

138

Der Graf und der Franziskaner über die neuvernommenen Stimmen
Der Graf äußert immer noch Bedenken
Ein Mann aus dem Volk ruft Jesus an

1 Die draußen befindlichen etlichen dreißig vernehmen dieses Gespräch, Graf Bathianyi sogar ganz deutlich, von Wort zu Wort.

2 Der Graf erstaunt sich sehr darüber und spricht zum Franziskaner:

„Freund, haben Sie diese tröstlichen Worte vernommen? Wie mir vorkommt, haben weder Sie noch ich recht. Zwar war die erste Stimme etwas rauh und voll Ungeduld. Darauf aber erhob sich eine andere, überaus sanfte Engelsstimme und floß wie ein Balsam über meine gedrückte Brust! Ja, Freund, so lasse ich mir den Herrn Jesus schon gefallen! Aber wie Sie Ihn mir vorgezeichnet haben, hätte ich Ihn wahrlich nie brauchen können."

3 Spricht der Franziskaner: „Der ist ein Schelm und Hauptlump, der mehr gibt, als er hat. Meine Meinung war wenigstens ehrlich, wenn auch manchmal etwas grob. Da es hier für uns alle gleich finster ist, so ist es auch nicht zu verwundern, daß unsere Kontroversen nicht zu hell ausfallen können. Ich hatte aber im Grunde dennoch recht, so ich Sie zur Annahme der angebotenen Hilfe von seiten des Herrn Jesu Christi zu bewegen trachtete. Der Herr Graf aber waren dabei fest für die Nichtannahme dieser Hilfe gestimmt — höchstens unter allerlei lächerlich ärgerlichen Bedingungen. Nun aber haben Sie es mit eigenen Ohren gehört, und so meine ich denn, daß Sie von nun an weiter keine Anstände mehr machen werden.

4 Daß ich Christus, den ewigen Sohn des Allerhöchsten, nicht so kenne, wie Ihn Seine Engel kennen, wird doch leicht zu begreifen sein. Aber das wußte ich doch, daß der gute Herr Jesus nicht gar so tyrannisch unerbittlich ist, wie Ihn der heilige Ignatius von Loyola dargestellt hat. Denn ich habe den Vers stets vor Augen gehabt, wo Jesus einmal sprach: »Kommet alle zu Mir, die ihr mühselig und beladen seid, Ich werde euch alle erquicken!« Leider haben die römischen Priester das auf den löblichen Beichtstuhl gedeutet, an dessen Stufen allein der Herr Jesus die Mühseligen und Beladenen annehme und erquicke. Aber diese Beichtstuhl-Erquickung hat schon manchen Schwachen zur Verzweiflung gebracht und manche um all ihre Habe, um Ruhe und Leben — Zustände, die wahrlich wenig Erquickliches aufzuweisen haben! Aber ich dachte mir, daß ein überaus guter Mensch mit den Beladenen und Mühseligen sicher anders tun möchte als die heilige römische alleinseligmachende Kirche, die nach dem Verdammen der armen Ketzer zur ewigen Höllenpein sich das Mittagsmahl ganz harmlos schmecken läßt, wie wenn gar nichts vorgefallen wäre — und dabei noch die Keckheit hat, sich eine liebevollste Mutter zu nennen!

5 Und so meine ich: mühselig und beladen wären wir schon und hät-

ten wohl vollsten Grund, uns zu dem liebreichsten Herrn Jesus hinzubegeben und Ihn um die verheißene und angebotene Erquickung anzuflehen. Ich bin bereit, den Anfang zu machen. Wer mir folgen will, tue das, was ich nun unwiderruflich tun werde!"

6 Spricht der Graf: „So warten Sie doch ein wenig! Vielleicht kommen uns noch einige Winke aus unsichtbarem Munde, wie wir die Sache anzustellen haben. Man kann denn doch bei dem allerhöchsten Herrn nicht gleich mit der Tür ins Haus fallen. Sie sind wirklich recht hellen Verstandes trotz der uns umgebenden Finsternis. Aber den Fehler haben Sie, daß Sie die höchst mystischen Lebensverhältnisse dieser Welt mit zu natürlichen Augen betrachten und hier ganz so handeln wollen wie auf der Erde im Hause Ihrer Eltern. Wissen Sie denn, was hier über uns und unter uns sich befindet? Daher heißt es hier, sich genauest informieren lassen, bevor man auch den besten Schritt wagt.

7 Ich bin keineswegs mehr gegen die Annahme der angebotenen Hilfe, ja, ich freue mich sogar kindlichst darauf. Ich sage Ihnen noch mehr: mein höchster Wunsch geht nun dahin, Christus, den Herrn von Ewigkeit, zu sehen und in höchster Liebe Ihm zu Füßen zu fallen und, wenn möglich, da aus Liebe zu sterben! Aber, Freund, sogleich die ganze Hand herreißen, wenn einem ganz mystisch der kleine Finger gezeigt wird — das geht nicht!

8 Die Artigkeit als Aushängeschild eines dankbaren und demütigen Herzens wird auf der Erde gerne gesehen, aber die vorlaute Dreistigkeit sehr mißachtet. Sollten wir denn nun im Reiche des eigentlichen Lebens annehmen, daß man hier wie ein Gassenbube unartig sein müsse, um bei dem höchsten Herrn der Unendlichkeit etwas durchzusetzen? — Daher, mein lieber Freund, etwas mehr Eile mit Weile! — so wird sich meiner Meinung nach schon alles machen."

9 Spricht der Franziskaner: „Nun ja, in dem Sinne sollen auch Sie einmal nicht Unrecht haben. Vor Gott müssen wir freilich in tiefster Achtung hintreten, wenn auch anfangs nur im Herzen. Und so warten wir denn noch ein wenig, vielleicht hören wir noch einmal etwas Tröstliches."

10 Auf diese Worte des Franziskaners wird die ganze Gesellschaft still und horcht, ob sie nicht irgend etwas vernehme. Aber von keiner Seite her kommt ein Wort.

11 Nach einer Weile erfolglosen Harrens tritt einer aus der Gesell-

schaft vor den Grafen hin und spricht: „Freund, ich war stets ein Magyar mit Leib und Seele und fürchte weder Tod noch Teufel. Mein ganzes Leben war dem schweren Dienste des Ungarntums geweiht. Kein Gott hätte mich zu etwas anderem bewegen können als für das Heil unseres Vaterlandes. Aber unser aller Erkenntnis war ein Hirngespinst. Denn was wir auch taten in der fixen Idee, daß es dem Vaterland fromme, das taten wir ohne Gott. Wohl sprachen wir Gebete vor des Volkes Ohren, um es zu berücken. Aber wo war da unser Herz, wo unser Glaube, wo die wahre Liebe zu Gott und zum Volk?

12 Wir wußten, daß wir schwach sind und harrten dabei auf eine Hilfe von außen her. Aber diese kam nicht und wir mußten uns gefallen lassen, daß zufolge unserer Großtuerei unser Gegner die Hilfe Rußlands ansuchte und auch bekam. Am Ende aber mußte es offenbar werden, wie wir bestellt waren. Und das Fazit war, daß wir unserem Volk nicht nur nichts genützt, sondern nur unsere Hoffnungen zu leeren Träumen gemacht haben.

13 Daraus aber folgere ich, daß wir uns hier auch nicht auf andere Hilfe verlassen sollen. In dem wunderbar klingenden Antrag hieß es: »Wendet euch an den Herrn Jesus, und es wird euch geholfen werden!« — Dawider und dafür habe ich nun schon bis zum Ekel zwischen dir und dem Franziskaner eine Menge Worte versplittern gehört. Um wieviel besser ist es darum nun mit uns? Noch stehen wir am alten Fleck! Darum kein Zaudern mehr, sondern handeln nach der gegebenen Bedingung! Sonst gehe ich auf und davon und werde für mich ganz allein handeln!“

14 Spricht der Graf: „Mein lieber Freund, das ist ja ganz merkwürdig, daß in dieser chimärenhaften Geisterwelt alle Radikalen schwarzgelb werden! Am Ende ist die Gottheit selbst ganz schwarzgelb!“

15 Fällt ihm der andere erregt in die Rede: „Eh, sage mir in Gottes Namen, was hast denn du gewonnen mit deiner antischwarzgelben Völkerbeglückung? Daß wir beide und vielleicht noch einige Dutzend aufgehängt wurden, ist unser ganzer radikaler Gewinn! Und es muß unser antischwarzgelbes Benehmen auch der lieben Gottheit nicht sehr gefällig gewesen sein, ansonsten wir nach unserer Justifizierung doch sicher nicht in einen solch jammervollen Zustand versetzt worden wären!

16 Sieh, Freund, obschon wir uns in einer vollen Finsternis befinden,

wird es mir aber im Herzen doch stets klarer. Ich sehe es ganz hell ein, daß der Mensch nicht für die Erde — auf der er nur ein Vorbereitungsleben durchzumachen hat, sondern für eine ewig dauernde Geisterwelt erschaffen ist, in der sich gar leicht die höchste Seligkeit bekunden kann.

17 Wären wir lieber der österreichischen Regierung treu untertänig geblieben und hätten uns manchen Druck gefallen lassen, der zum allgemeinen Besten berechnet war, stünde es nun besser um uns. Da wir aber der sicher von Gott gestellten Regierung ungehorsam geworden sind und selbst Regenten werden wollten, haben wir nun auch den Lohn dafür erhalten. Es ist genug, daß wir auf der Erde Meisterstücke menschlicher Dummheit an das Tageslicht befördert haben. Sollen wir hier davon etwa auch noch Gebrauch machen? Lieber für ewig ein gemeinster Einwohner irgendeines schwarzgelben Himmels sein, als in dieser Hölle einen radikalsten König abgeben!

18 Ich binde mich nun nimmer an irgendeine Farbe außer an die des Gehorsams und der wahren Demut. Und so rufe ich nun laut aus:

19 »Du erhabenster, gerechtester und liebevollster Herr und Gott Jesus, der Du auch mich mit Deinem heiligsten Blut am Kreuze erlöst hast, hilf mir und womöglich uns allen aus dieser lichtlosen Bedrängnis! Höre nimmer auf das herrschsüchtigste Eselsgeplärr eines hochadeligen, selbstsüchtigen Demokraten, bei dem das gemeine Volk dennoch Canaille hieß! Sondern höre auch auf uns andere armen Teufel und hilf uns allen nach Deiner Gnade und Barmherzigkeit aus diesem großen Jammer, der wohl schon einige Tausende von Erdjahren andauert!«“

139

Im Grafen wird es hell
Ein Hochgebirge und ein Palast werden sichtbar
Liebevollste Belehrungen über die jenseitige Ordnung

1 Der Graf kehrt sich bei diesem Aufruf des Redners beinahe um vor Ärger und will davonfliehen. Aber der Franziskaner faßt ihn am Rock fest und sagt: „Herr Graf, keinen Schritt weiter! Sie haben in Un-

garn über uns als erster Minister geherrscht. Es wird heller nun, der ewige Richter kommt: Sie werden uns vor Ihm verantworten! Verstehen Sie mich?"

2 Der Graf, ganz entsetzt über den sonderbaren Ernst des Franziskaners und noch voll Ärger über das Gebet des Redners, gerät förmlich in Fieber und spricht ganz sanft und gelassen: „Nun, nun, mir ist, ja, mir ist schon alles recht. Aber das bitte ich euch, daß ihr mich nicht wie einen Raubmörder umbringt! Fallet mich nur nicht gar so an, ich will ja alles tun!" — Spricht der Franziskaner: „Nun gut denn, aber vor dem ewigen Richter, wie wird es Euch da ergehen — und wie uns als Ihren Helfershelfern?"

3 Spricht der Graf: „Aber lieber Freund, haben Sie denn nicht früher gehört, daß der Herr uns allen gnädig und barmherzig sein will! Wie soll Er uns dann richten wollen? Oder wozu soll der Allmächtige und Allwissende erst eine Gegenüberstellung mit Seinen Geschöpfen halten, um sie durch ihr eigenes Geständnis dahin zu bringen, selbst einzusehen, daß sie mit Recht verdammt werden? Oh, das ist verdammt schwach von einem römisch-katholischen Ordenspriester, der Gottheit menschliche Schwächen anzudichten. Gott ist gut und gnädig, wem Er gut und gnädig sein will. Wen Er aber fallen läßt, dem hilft gar nichts, am allerwenigsten das Fürwort eines ungarischen Grafen. Ich glaube aber, daß der liebe Herrgott auf den Mist gar nicht schauen wird, den wir uns gegenseitig vor die Türen gekehrt haben. — Verstehen Sie das, mein lieber Pater Grobianus?"

4 Spricht der Franziskaner: „Schon gut, Herr Graf! Wir werden es ja zu sehen bekommen, wer am Ende recht haben wird. Es wird nun immer heller von Osten her, wie es mir vorkommt. Wenn nur der fatale Nebel nicht wäre! Wir müßten sonst bei dieser Helle doch schon hie und da etwas wahrnehmen, wenn es hier überhaupt etwas zum Erkennen gibt."

5 Spricht wieder der Redner: „Liebe Freunde und Brüder, mir ist ein guter Gedanke durch meine Seele gefahren und diesen will ich euch kundtun! Seht, wir sind alle gleich unglücklich geworden und keiner hat etwas vor dem anderen. Wie wäre es, so wir lieber in echter Bruderliebe und Freundschaft beisammen verharrten und ohne gegenseitige Vorwürfe erwarten, was die Allmacht Gottes über uns verfügen wird? Es ist ja ohnehin Qual genug, so wir uns vor Gott fürchten wie

eine Taube vor den Krallen eines Aars. Meinet ihr denn, daß dadurch das Urteil Gottes gegen uns milder ausfallen wird? Gott tut, was Er will, und keine Ewigkeit bringt Ihn von Seinem einmal gefaßten Urteil ab! Daher seien wir wenigstens unter uns freundlich, so uns die Gottheit nimmer freundlich entgegenkommen sollte! — Aber es wird nun im Ernste heller und heller, und gegen aufwärts kommt mir auch der Himmel schon recht blau vor! Nur Sterne kann ich noch nicht wahrnehmen. Wahrscheinlich werden hier auch keine sein."

6 Spricht der Graf: „Bravo, Freund Miklosch, deine Sprache gefällt mir tausendmal besser als die des Paters Cyprianus. Wahrlich, ein Pfaffe bleibt doch ewig ein gefühlloses Wesen! Aber es sei ihm alles verziehen! Von nun an werde ich mich nimmer erheben, auch über meinen ärgsten Feind nicht. Gott gebe uns allen eine rechte Erkenntnis und eine gegenseitige feste Geduld! Sein Wille sei mit uns allen!"

7 Auf diese Äußerungen des Grafen werden die Nebel dünner und es kommt allen vor, als wenn sie sich noch nicht gar zu lange in dieser Gegend befänden.

8 Miklosch sagt nach einer Weile, als er gegen Abend und Mitternacht ein mächtiges Gebirge entdeckt: „O Freunde, da, da sehet hin! Land, Hochgebirge! Endlich, zum erstenmal Land in dieser Welt, und das ein Hochgebirgsland! Es steht über den majestätischen Anblick eines Hochgebirges wohl ewig nichts auf! Das sänftigt ganz wunderbar das sonst oft so magere Gemüt des Menschen und sein Herz wird im Glauben an einen allmächtigen Gott gestärkt und von Liebe zu Ihm entbrannt. O wie erbaut bin ich nun beim Anblick dieses riesigen Hochgebirges! Besonders die Spitze zwischen Abend und Norden ist etwas Ungeheures. Wahrlich, gegen diese wären die höchsten Spitzen der Erde kaum Hügelchen zu nennen. Seht ihr wohl auch dieses prachtvolle Hochgebirge?"

9 Sprechen alle: „Jawohl, wir sehen es. Aber es muß noch sehr weit von hier entfernt sein. Man kann das aus der graulich-blauen Färbung entnehmen. Fast muß man sich das Genick ausrenken, so man jene höchste Spitze erschauen will. Das muß eine Höhe sein! Gott tausendmal Lob, daß wir doch einmal etwas zu sehen bekommen! Oh, das ist herrlich, man könnte sich geradezu die Augen ausschauen. Aber merkwürdig, daß gegen Mittag und besonders gegen Morgen noch alles in Nebel gehüllt ist! Und doch kommt eine gewisse Helle nur von Morgen

her! Die Sonne, so es hier auch eine gibt, muß noch tief unter dem Horizont stehen, weil selbst auf jenen höchsten Spitzen keine Strahlen anschlagen."

10 Spricht der Graf: „Doch, wie ich es merke, steht die höchste Spitze schon in den Strahlen, ansonsten sie nicht so rötlich schimmern würde. Aber es ist wahrlich etwas ungeheuer Majestätisches, der Anblick so eines Gebirges! Freunde, wenn wir hier nur einen Führer hätten, ich wäre wirklich einer der ersten, der sich entschlösse, so ein Gebirge zu besteigen. Von der mittägigen Seite müßte die Spitze nicht einmal gar zu schwer zu besteigen sein. Und zu versäumen hätten wir hier gerade auch nichts. — Nun, Pater Cyprianus, was sagen denn Sie dazu?"

11 Spricht der Franziskaner: „Was soll ich dazu sagen? Ich habe genug geredet und man hat mich nicht gehört, sondern nur einen Grobian gescholten. Darum bin ich nun still und werde bloß hören und danach handeln, so mir das Gehörte zusagt! Gehet ihr ins Gebirge, so werde ich nicht allein zurückbleiben. Aber ich meine, auf jener unermeßlich hohen Spitze wird keinen von uns je der Kopf schmerzen, denn da wird man schon beim Hinaufschauen schwindlig. Wie würde es einem erst oben ergehen!

12 Spricht Miklosch: „Ja, so denke ich auch! Wir sind zwar hier wohl Geister und somit um vieles leichter als auf der Erde; aber von einer solchen Höhe möchte ich denn doch keinen Salto mortale wagen. Bleiben wir daher noch eine Weile, bis es etwas heller wird, es wird sich dann schon zeigen, was zu tun uns übrigbleibt. Mir kommt es im Geiste vor, als ob wir in Kürze hier ganz seltene Besuche bekommen werden. Und so mich meine Sinne nicht täuschen, kommt dort von Morgen her soeben schon jemand gerade auf uns zu."

13 Spricht der Graf: „Ja, ich sehe auch jemanden mit einem faltenreichen Gewand! Am Ende ist das wieder ein neuer Ankömmling von der lieben Erde, etwa auch ein gleich uns Justifizierter?"

14 Spricht der Franziskaner: „Da müßte er gleich uns noch in irdische Lumpen gehüllt sein. Auf der Erde trägt seit den alten Griechen und Römern kein Mensch ein Faltengewand mehr. Das wird schon ein recht alter Bürger dieser Welt sein! Nun, es wird sich bald zeigen, wer er ist und was er seines Amtes sein dürfte. Ich werde ihn zu uns herrufen!"

15 Spricht Miklosch: „Ich glaube, daß wir ihn gar nicht zu rufen

brauchen, er bewegt sich ohnehin gerade zu uns her. Seine Annäherung macht einen guten, sogar wohltuenden Eindruck auf mein Wesen. Das muß ein guter Mensch oder Geist sein! Es wird nun auch heller, je näher er kommt, und das ist etwas sehr Merkwürdiges! Da sehet hin gegen Morgen: etwas hinter dem Mann erschaue ich durch die noch starken Nebel auf einmal ganz deutlich Umrisse eines ungeheuer großen Palastes!“

16 Alle wenden ihre Gesichter gen Morgen hin, entdecken zugleich, was der Miklosch entdeckt hat, und verwundern sich darüber gewaltig. Der Graf sagt: „Seht, ich hatte früher doch recht! Hätten wir uns um einige hundert Schritte weiterbewegt, wären wir mit der Nase an dieses Gebäude gestoßen und hätten dort um Einlaß bitten können! So aber sind wir noch hier.“ Spricht der Franziskaner: „Das macht nichts! An der Ewigkeit um ein paar Minuten früher oder später, das ist schon einerlei! Aber nun stille! Der gute Mann, der wahrscheinlich in jenem Palast wohnt, ist uns schon sehr nahe. Es erfordert die Artigkeit, daß wir ihm entgegengehen, indem er sich ganz sicher unseretwegen hierher bemüht.“

17 Mit diesem Antrag sind alle einverstanden und gehen dem Ankommenden entgegen. Als sie mit ihm zusammenkommen, nimmt der Graf das Wort und spricht: „Mit dero gütigster Erlaubnis zu fragen — wohin denn so eiligen Ganges? Werden wohl vielleicht einen noch sehr weiten Weg zu machen haben?“

18 Spricht der Fremde: „Seid Mir gegrüßt, liebe Freunde und Brüder! Ich komme nur euretwegen hierher zu euch. Ich habe eure Stimmen vernommen und bin daher von diesem Hause herausgeeilt, um euch allen nötigenfalls Hilfe anzubieten, so ihr einer bedürfet. Ich wohne in diesem Hause, das ihr von hier noch etwas im Nebel erschauet.“ — Spricht der Graf: „Dieselben werden wohl höchstwahrscheinlich der Eigentümer —?“

19 Spricht der Fremde: „Ja, so halb und halb, wie man zu sagen pflegt. Aber seht, es gibt hier kein eigentliches gesondertes Eigentum, alles ist da gewisserart ein Gemeingut. In diesem Reiche herrscht eine reine Demokratie. Denn was einem gehört, das gehört auch allen andern, die eines Sinnes und Herzens sind. Und so könnt auch ihr von allem einen Genußbesitz nehmen, ohne euch dabei zu fragen: wem gehört hier dies oder jenes? Hier herrscht die vollendetste Freiheit,

über die nur eines jeden freiester Geist ohne irgendeine Einsprache zu befehlen hat. Was hier jemand will, das wird ihm auch zuteil."

20 Spricht der Graf: „O schön, das ist eine herrliche Ordnung! Das wollten wir auch auf der Erde erkämpfen, aber es ging da nicht. Denn da ist noch immer das Recht des Stärkeren! — Aber hier scheint demnach das Recht des ersten Besitznehmers zu gelten oder gar das uralte ‚Jeder ist Selbstherr'?"

21 Spricht der Fremde: „Ja, ja, fast so, aber doch noch etwas anders! Denn hier gibt es nur ein Recht und das ist das Recht der freien, reinen Liebe. Wie die Liebe, so das Recht aus und durch die Liebe! Was ihr wollt, daß man euch tue, das tuet auch den anderen — das ist hier der Grundsatz des Lebens! Und weil jedermann diesen obersten Rechtsgrundsatz zu seiner Hauptlebensmaxime macht, räumt er dadurch auch jedem das freie Recht ein, von allem, was er hat, den vollen Mitgenuß zu nehmen, da er umgekehrt auch das gleiche Recht ganz unbeirrt sich herausnehmen darf. — Ihr sehet nun jenes Haus schon etwas klarer. Und Ich sage euch, daß ihr das vollste Mitgenußrecht dieses Hauses habt, weil auch der Besitzer seinerseits dasselbe Recht hat an einem Besitz, der euch hier irgendwo zuteil werden kann. Seid ihr mit diesen Rechtsprinzipien einverstanden?"

22 Spricht der Graf: „Aber Freund, das ist ja der Kommunismus in bester Form oder so ganz eigentlich das reine, alte Christentum! Auf der Erde blüht für solch eine Staatsverfassung wohl noch lange kein Weizen. Es ist wahrlich die natürlichste und beste Verfassung eines Volkes. Nur das Üble ist daran, daß sich dabei die Trägheit vor dem Fleiße in einem mächtigen Vorteil befindet."

23 Spricht der Fremde: „Freund, du irrst dich! Der Träge und der Fleißige stehen hier in keiner Gemeinschaft, weil der Träge unmöglich das wollen kann, was da der Fleißige will. Hier ist das wahre »Gleich- und Gleich-gesellt-sich«, und das Ungleiche scheidet sich von selbst aus. Denn wenn der oberste Rechtsgrundsatz heißt, daß ein jeder seinem Bruder gerade dasselbe zu tun hat, was er im Gegenfalle von seinem Bruder wünschen kann, — so ist dadurch schon von selbst ausgeschlossen, daß der Träge von seinem fleißigen Bruder alles ihm Zusagende wünscht, ohne jedoch des Sinnes zu sein, dem Bruder das gleiche zu tun. Das geht hier durchaus nicht, da hier eben ein jeder Geist nur trachtet, seinen Brüdern auf jede mögliche Art zu nützen. Wer aber

träge und nicht von diesem Geiste beseelt ist, dem ekelt es bald vor solchem Kommunismus, und er sucht sich eine Gesellschaft aus, die in allem seines Sinnes ist. Wie es aber nach kurzem einer solchen isolierten Faulenzergesellschaft ergehen kann, dürfte wohl jedem aus euch ohne viele Erläuterung klar sein.

24 Ihr sagt dazu: Ja! Weil ihr dies nun völlig einseht und das Rechtsgesetz dieser Welt, in der es keinen Tod mehr gibt, als gut anerkennt — so verhaltet euch auch so, wie es in eurem eigenen Interesse dieses Gesetz fordert. Dann seid ihr dadurch schon vollkommen Bürger dieser Welt und könnt von allem einen guten, euch dienlichen Gebrauch machen, so ihr in jenes Haus ziehen wollt, um dort irgendeine Erquikkung zu nehmen. Nur müßt ihr aber den festen Willen mitnehmen, diesem Hause auf jede mögliche Weise nützlich sein zu wollen!"

25 Spricht der Graf: „Mein geehrtester lieber Freund, das versteht sich von selbst! Denn ich wollte ja bei weitem lieber gar nicht sein, als von jemandem etwas annehmen, das ich ihm nicht auf eine oder die andere Art wieder rückerstatten könnte. So ist auch meine ganze Schar; dafür getraue ich mich einen Bürgen zu machen mit dem besten Gewissen! Aber nun, lieber Freund, der du schon sicher länger diese Gegend bewohnst und dich überall gut auskennen wirst, sage uns allen, wie wir uns zu unserer Hilfe an den alleinigen Gott Himmels und der Erde, also an Jesus, den Gekreuzigten, wenden sollen? Wo ist Er? Und werden unsere sündigen Augen je Sein heiligstes Antlitz zu sehen bekommen?

26 Wir sind ehedem, als es hier noch sehr finster war, durch eine Stimme aufgefordert worden, uns an Jesus zu wenden, so uns geholfen werden soll. Anfangs hielt ich das mehr für eine akustische Täuschung. Aber nach und nach fing ich an einzusehen, daß an der Sache wirklich etwas sein müsse. Aber wie diese effektvoll anpacken, das ist eine andere Frage! Und dies würde uns wahrscheinlich kein Wesen besser beantworten können als gerade du, der du hier sicher in allem und jedem schon ganz zu Hause sein wirst."

27 Spricht der Fremde: „Ganz gut, Meine lieben Freunde! In dieser Welt bin Ich sozusagen überall völlig zu Hause. Aber was euer Anliegen betrifft, so habt ihr euch ja ohnehin schon an den Herrn Jesus gewendet, weshalb es auch sogleich heller um euch geworden ist. Ich brauche euch daher in dieser Sache nichts Weiteres mehr zu eröffnen.

Behaltet nur Jesus in eurem Herzen, so wird euch ehestens die beste Hilfe werden. Nur müßt ihr allen euern von der Welt mitgebrachten Hochmut, Stolz, Eigendünkel, alles Rachegefühl und die leidige Sinnlichkeit in bezug auf das weibliche Geschlecht für ewig von euch verbannen und alles Jesus, dem Herrn, anheimstellen. So werdet ihr für ewig bei Ihm, um Ihn und in Ihm sein! Denn Seine Güte ist unermeßlich."

140

Weitere Fragen an den Fremden über Jesus
Rätselvolle Antwort

1 Spricht Miklosch, ganz entzückt über die Worte des Fremden: „O liebster Freund, da du den Herrn Jesus Christus gut zu kennen scheinst, ansonsten du doch nicht mit solcher Zuversicht von Ihm reden könntest, so gib uns allen gefälligst eine kleine Beschreibung von Ihm und zeige uns ungefähr die Gegend, wo Er Sich mit Seinen seligsten Freunden vorzugsweise aufzuhalten pflegt."

2 Spricht der Fremde: „Liebe Freunde! Was da die erste Frage betrifft, so muß ich euch sagen, daß gerade Ich Selbst die größte Ähnlichkeit mit Ihm habe. Persönlich sieht Er geradeso aus wie Ich. Auch Seine Stimme ist ganz wie die Meinige. Fürwahr, wer Mich sieht, der sieht das wirklich vollkommene Ebenbild Jesu des Herrn! Ihr dürfet also nur Mich recht fest ins Auge fassen, so seht ihr auch schon so gut wie Jesus Selbst, der Gestalt nach.

3 Was aber das Wo betrifft, so ist die Antwort ein wenig schwieriger, obschon am Ende alles auf eins hinausläuft. Im allgemeinen aber wohnt Er im ewigen Osten. Und vom irdisch naturmäßigen Standpunkt aus betrachtet in der Gegend des Sternbildes »Löwe«, und zwar in der entsprechenden geistigen Zentralsonne, die da umfaßt die naturmäßige unter dem Namen Regulus und über sie hinaus die ganze Unendlichkeit. Habt Ihr Mich wohl verstanden?"

4 Spricht der Graf: „Ja, so gut es gehen mag! Aber daß du dich dabei ein wenig dunkel über das Wo geäußert hast, wird wohl jeder von uns gemerkt haben. Wie da deine persönliche Ähnlichkeit mit Jesus und

Sein wahres Wo am Ende auf eins hinauslaufen könnte, das, liebster Freund, ist mir ein bißchen zu rund! Denn was hat deine zufällige Ähnlichkeit mit dem wahren Wo des Herrn Jesus zu tun? Wie kann das eins sein? Da mußt du dich im Eifer vielleicht doch ein wenig verredet haben. Sei demnach so gut und deute uns diese Sache ein wenig klarer!"

5 Spricht der Fremde: „Ja, mein lieber Bathianyi, schau, hier ist es schon einmal so! Es muß einem da nicht alles auf einmal klar sein. Siehst du denn nicht, wie diese Gegend von den Nebeln nicht auf einmal klar werden will? So geht es auch mit so mancher Antwort. Eine vollständige Antwort macht den Geist träge, weil er um nichts Weiteres mehr zu fragen hat. Ist aber die Antwort etwas dunkel, wird der Geist über alle Maßen fleißig, um sich darin wieder zurechtzufinden. Sieh, über die Gestalt Jesu hast du keinen weiteren Anstand erhoben. Dein Geist gab sich auf diese klare Antwort sogleich seiner trägen Ruhe hin und fragte um nichts mehr. Aber die Dunkelheit der zweiten Antwort erweckte ihn wieder und er nötigte dich dann, weiter fragen zu müssen. Und das ist gut! — Mache dir daher in der Zukunft über irgendwo vorkommende Zweifel keine Skrupel, denn zu rechter Weile wird dir schon alles klar werden!"

6 Spricht der Graf: „Das ist alles recht schön, gut und wahr — aber sehr mystisch bleibt es immer!" — Fällt ihm der Franziskaner ins Wort: „Ja, ja, mystisch und immer mystisch! Wir müssen froh sein, daß uns dieser Freund so viel Aufschluß erteilt, nicht aber, daß wir noch seine herrlichen Worte bekritteln sollen. Mich hat die zweite Antwort gar nicht im geringsten geniert. Sie, Herr Graf, aber möchten halt schon wieder die ganze Hand, wo Ihnen ein Finger gezeigt wurde. Ich finde darinnen wahrlich keine Höflichkeit, die Ihnen doch sonst so eigen war!"

— Spricht der Graf: „Freund, das geht Sie nichts an! Wenn Sie eines trägen Geistes sind, so seien Sie es immerhin, aber von meinem Geiste haben Sie keine Trägheit zu verlangen!"

7 Spricht der Fremde: „Ruhig, ruhig, meine Freunde! In solchem Eifer läßt sich nichts Großes und Wahres erreichen. Liebe sei euer Führer!"

141

Der Franziskaner über die Liebe
Er kritisiert den Grafen
Dessen aristokratische Antwort
Miklosschs Vermittlung

[1] Spricht der Franziskaner: „Haben Sie gehört, was dieser edle Freund gesagt hat? Die Liebe soll unser Führer sein! Mit sehr wenig Worten ungeheuer viel gesagt. Ja, die Liebe, die große heilige Liebe! Darin liegen alle Geheimnisse des Lebens verborgen.

[2] Wir kennen wohl auch eine Art Liebe. Aber diese heißt bei uns Nummer eins Eigenliebe und Nummer zwei Fleischliebe, das heißt das Fleisch des schönen Geschlechts. Mit dieser Liebe haben wir beide manches Abenteuer zu bestehen gehabt. Aber jene göttliche Liebe, die noch am Kreuze unter größten Schmerzen für ihre Mörder den ewigen Vater um vollste Vergebung bitten konnte — Herr Graf, von solch einer Liebe hat uns beiden wohl noch nie etwas geträumt! Und doch ist nur in dieser Liebe alles enthalten, was das Leben bedingt.

[3] Unsere Feinde verderben, ihnen alles Ungemach über ihre Köpfe wünschen und sie der Hölle überliefern — dazu wären wir ganz gemacht. Aber die segnen, die uns verflucht haben, unseren Missetätern Gutes tun und jene aufnehmen, die uns verfolgt haben, von dem ist noch keine Spur in unseren Herzen. Denn bisher haben wir geheim noch immer eine mögliche Rache gebrütet. Seine Brüder verurteilen aus irgendeiner Macht heraus, ist wahrlich keine Kunst. Brüder wegen Meinungsverschiedenheiten hassen, ist eine leichte Sache. Aber Meister der eigenen Leidenschaften werden und über alle Schwächen der blinden Menschen die reine göttliche Liebe allein walten lassen und ihnen Gnade und Vergebung von oben herab aus vollem Herzen wünschen und mit allen Brüdern Geduld und Erbarmung haben, Freund, das ist eine ganz andere Kunst!

[4] Und sehen Sie, wertester Freund, das ist eben die heilige Gottesliebe, das Geheimnis alles Lebens, von der uns beiden noch nie etwas geträumt hat. Und so ich mich nicht irre, hat unser noch unbekannter

Freund gerade diese Liebe gemeint, daß sie unser Führer werde. Wie aber wird das möglich sein, solange wir nicht viel besser als Hunde und Katzen miteinander harmonieren? Aufrichtig gesagt, von Ihnen, Herr Graf, ärgert mich hauptsächlich das am meisten, daß Sie nicht einmal Ihren Titel ablegen wollen. Ich habe meinen »Pater Franziskaner« schon lange verabschiedet. Warum haben Sie es mit Ihrem »Herrn Grafen« nicht auch schon lange so gemacht? — Glauben Sie mir sicher, ich hätte Sie als Mensch und Bruder nie mit einer Silbe beleidigt, so mich an Ihnen der Graf, der in dieses Geisterreich paßt wie die Faust aufs Auge, nicht immer ärger geniert hätte. — Ich bitte Sie nun um Ihres Heiles willen, geben Sie selbst dem »Herrn Grafen« einen Nasenstüber für ewig! Sie sollen dann nimmer ein Wort vernehmen, das Sie im geringsten beleidigt. Und ich will Sie auch für alle Ihnen angetanen Beleidigungen aus ganzem Herzen um Vergebung bitten. Tun Sie es doch dieses edelsten Freundes wegen, aus dessen Mund schon so viel Tröstendes für unsere traurigen Herzen geflossen ist."

5 Spricht der Graf: „Mein lieber Cyprian, so wohlfeil wird der »Graf« nicht verkauft. Dieser Freund, der sehr weise zu sein scheint, hat so etwas von mir noch nicht verlangt. Und so er's verlangt hätte, fragt sich's, ob ich seinem Begehren sogleich gewillfahrt hätte. Denn das Geschlecht der Bathianyi ist sehr alt, verstehen Sie das?" — Spricht der Franziskaner: „O ja!" — Spricht der Graf: „Bleiben Sie, was Sie sind, und ich, was ich bin! Was geniert Sie das, ob ich ein Graf oder kein Graf bin? Hat es denn nicht auch sehr fromme Grafen, Fürsten und Herzöge gegeben? Oder kann man als ein Graf Gott nicht ebensogut lieben? Ich glaube, die feine Bildung eines Kavaliers wird für eine reine Liebe doch fähiger sein als die eines gemeinen Stallbesens! Gott müßte nicht vollkommen sein, so Er am Unvollkommenen ein größeres Wohlgefallen hätte. Warum werden denn sogar im Himmel die vollkommensten Engel »Erzengel« genannt? Auch nennt man sie »Fürsten des Lichts« und »Herolde der Macht Gottes«! — Es hat also schon den erstgeschaffenen Geistern Gott Selbst eine bestimmte Rangordnung gestellt, die Er sogar unter den Weltkörpern, Bergen, Meeren, Pflanzen und Tieren genau beobachtet. Und zwar so, daß sich gegenseitig wohl alles dienen muß. Dessenungeachtet bleibt die Sonne fortan Sonne und kann zu keinem gemeinen Planeten herabgezogen werden, und der Chimborasso bleibt Chimborasso und kann zu keinem Maulwurfhügel

herabgedrückt werden. Zwischen einem Amazonenstrom und einem Bächlein wird hoffentlich auch ein merklicher Unterschied sein.

6 Möchten Sie nicht die Gottheit darum angehen, daß sie solche Vorrangsrechte in der großen Natur beseitigen möchte? Warum hat denn dereinst Jehova nur einen Saul, David und Salomo zu Königen und Herren übers ganze jüdische Volk gesetzt? Hätte Er nach Ihrer Meinung nicht lieber das ganze Volk zu lauter Königen salben sollen? So hat meines Wissens Gott auch dem David die Verheißung gemacht, daß Er aus Davids Stamm den künftigen Messias der Welt erwecken werde, und daß sein Stamm ewig bestehen werde. Mußte Jesus denn gerade von Maria, die königlichen Stammes von David her war, geboren werden, und Joseph, der desselben Stammes war, Sein Nährvater sein? Haben Sie nie gelesen, wie im Buche, ich glaube der Chronik, von Adam an die edle Primogenitur bis auf Jesus nachgewiesen wird? Wozu sollte denn solches gut sein? Sollen nach Ihrer Meinung nicht lieber alle Menschen wie die Spatzen gleich sein?

7 Lieber Freund, wie können Sie eine Rangordnung, welche doch die Gottheit Selbst eingeführt hat, auf einmal aufheben wollen! Hat das nicht die Gottheit so geordnet, daß mein Stamm in das gräfliche Patriarchat aufgenommen werden mußte? Hat aber Gott einmal etwas bestimmt, dürfen das Menschen bloß nach ihrem Gutdünken aufheben? Ich bin Graf von Gott aus und kann daher dieses ehrwürdigen Vorzugs nicht von seiten eines ehrneidigen Franziskaners entsetzt werden!“

8 Spricht der Franziskaner: „Ich habe aus Ihrer mit allerlei fraglichen Beweisen unterspickten Rede klar entnommen, daß dem Menschen nichts schwerer fällt, als sich zu demütigen und seine auf der Welt erreichten Hoheitsvorrechte fahren zu lassen. So habe ich aus Ihrer genialen Rede auch herausgefunden, daß es den irdisch Hohen sehr schwer wird, so klein zu werden wie die Kinder, die noch von keiner irdischen Vorzüglichkeit etwas in sich verspüren und die nach dem Worte Gottes allein die Befähigung haben, in das Reich Gottes einzugehen. Und auch das habe ich gefunden, was einst der Herr und Gott Jesus zum reichen Jüngling gesagt hat: daß nämlich ein Kamel leichter durch das Öhr einer Nadel gehe als ein Reicher oder Hoher (was ein und dasselbe ist) ins Himmelreich.

9 Freund, ist denn das Senfkörnlein, mit dem der Herr Selbst Sein Reich verglich, etwa ein Chimborasso oder ein Amazonenstrom? O

nein, es ist unter den Samenkörnern das kleinste! So aber der Herr Sein Reich mit einer solchen Kleinigkeit vergleicht, wodurch Er sicher die äußerste Demut des Menschen andeuten will, so kann man doch nicht annehmen, daß Chimborassos und Amazonenströme auf der Oberfläche des kleinen Körnchens Platz finden. Auch sagt Er, daß unter den Ästen des ausgewachsenen Senfstrauches die Vöglein des Himmels Wohnung nehmen werden. Hätte Er da zugunsten der irdischen Hoheit nicht vielmehr sagen sollen: »Und unter seinen Ästen werden Greife, Aare, Lämmergeier und Strauße Wohnung nehmen!« — um dadurch anzuzeigen, daß man wenigstens ein Baron auf der Welt sein mußte, um ins Himmelreich aufgenommen zu werden.

10 O mein lieber Herr Graf, Sie können mir mit tausend Beweisen kommen, und ich werde stets bei dem Spruch Christi verbleiben: »Was vor der Welt groß, hoch und herrlich ist, das ist vor Gott ein Greuel!« — Ich möchte wetten, daß wir im Himmelreich weder einen David noch einen Salomo als König, keinen Kaiser Karl den Großen, keinen heiligen König Stefanus von Ungarn und somit auch keine Fürsten und Grafen antreffen werden. So sie schon im Himmelreich weilen, sind sie lauter liebe, gegenseitig dienstbeflissene Brüder, die alle nur einen Gott, einen Herrn und einen Vater haben. Aber in der Hölle dürften noch so manche eisenfeste Erzaristokraten sich gegenseitig Honneurs machen! Da, unser edler Freund möge mich aufs Maul schlagen, so ich eine Unwahrheit geredet habe. Will Ihnen aber dadurch nur gesagt haben, wie ich Ihre Rede für mich verstanden habe. Der edle Freund aber möge zwischen uns beiden den Schiedsrichter machen, wenn Sie nichts dawider haben!"

11 Spricht der Graf: „Oh, ich habe dagegen gar nichts einzuwenden. Es bedarf aber da meiner Meinung nach keines Schiedsrichters, denn Sie haben recht für Ihren und ich für meinen Teil. Ich will Ihrer künftigen Seligkeit nichts in den Weg legen, und Sie lassen mich von nun an der meinigen zugehen, so sind wir beide ohne Schiedsgericht auf leichte Weise quitt miteinander." — Spricht der Franziskaner: „Bei dem ist Taufe und Chrisam verdorben! Alles kann gewonnen werden, selbst ein Judas Ischariot; aber bei einem ungarischen Edelmann ist jeder noch so wohlgemeinte Versuch rein für nichts. Darum: Requiescat in pace!"

12 Spricht darauf Miklosch, der sich unterdessen mit dem Fremden unterredet hatte: „Freunde, ich sage euch, euer Hadern kommt mir vor

wie das Getreidedreschen kleiner Kinder, die in einem Winkel der Scheune mit kleinen Spieldreschflegeln auf einem leeren Strohhalm herumpicken.

13 Ich sage euch: Wir werden und können uns gegenseitig schon darum nicht bessern, weil wir — ein jeder für sich — schlecht sind von A bis Z. Was nützt es uns denn, so wir uns gegenseitig noch so weise belehren, aber als Tat nichts Weises und Gutes aufzuweisen haben? Wenn der Belehrte dem Lehrer entgegnen kann: »Was lehrst du mich in eine gute Ordnung zu treten, und wandelst selbst in der Unordnung? Ordne dich zuvor selbst, so ich an deinen Worten Wohlgefallen finden soll! Warte, bis ich selbst zu dir komme und sage: Bruder, deine Ordnung gefällt mir. Weihe mich ein in alle ihre Vorteile und Grundsätze!« — Auch fehlt uns alle Erfahrung in dieser neuen Welt, und wir wissen im Grunde alle nichts, was da die Verhältnisse dieser Welt betrifft. Wie sollen wir uns dann gegenseitig darüber belehren können?

14 Deine Rede, lieber Freund Cyprian, war sicher ganz evangelisch christlich und hätte auf der Erde vielleicht manche gute Wirkung zur Folge gehabt. Aber welche Wirkung hat sie bei meinem Freund Bathianyi hervorgebracht? Gerade das Gegenteil, was du damit bezwecken wolltest. Was aber ist davon die Ursache? Nichts anderes als das, was der Herr einst zu den Pharisäern gesagt hat, daß kein Selbst-Blinder wieder einen Blinden führen kann!

15 Seht, hier in unserer Mitte weilt ein überaus erfahrener Führer, der in dieser Welt sehr wohl sehend ist. Diesen ersuchen wir alle einstimmig, uns des rechten Weges zu führen! Ich bin fest überzeugt, daß von Ihm ein Wort mehr wirken wird, als so wir Blinde noch eine halbe Ewigkeit einen leeren Strohhalm dreschen würden.“

16 Spricht der Graf: „Ja, mit diesem Antrag bin ich vollkommen einverstanden! Da werde ich auch alles tun; aber der gute Cyprianus, der ein bedeutender Grobianus ist, soll mich mit seinem Requiescat gerne haben. Ich leugne nicht, daß seine letzte Rede gut und echt war, aber wer gab ihm denn das Recht, mich damit führen zu wollen? Er ist doch um kein Haar besser als ich; wie will er mich dann lehren!

17 Eine wahre Lehre muß von einem sanften, reinen und erleuchteten Herzen ausgehen und darf keine satyrischen Floskeln in sich tragen, dann wird sie stets von der besten Wirkung sein. Aber eine noch so reine Lehre, wenn sie mit sichtlicher Ironie unterspickt ist, verdirbt mehr als

sie gutmacht. Wenn ich gebessert werden soll, darf ich nicht beleidigt, sondern nur sanft und brüderlich überzeugt werden. Freund Cyprianus aber beißt mit seiner Lehre ärger als der schärfste Paprika. Aber dein Antrag, Bruder Miklosch, ist etwas anderes. Danach kann man sich schon richten, und ich werde mich auch danach richten!"

18 Spricht der Franziskaner: „Ja, so ihr alle das tut, was schon lange mein sehnlichster Wunsch war, sind wir ja alle in der schönsten Ordnung. Bitten wir daher diesen lieben Freund, daß er uns die rechten Wege zeigen möge, die wir dann unverweilt wandeln werden!"

142

Predigt des Fremden gegen den Richtgeist
Einwurf des Franziskaners
Der Fremde über Herzensordnung

1 Spricht der Fremde: „Meine lieben Freunde! Ich verlange von euch keine Bitte, sondern nur ein folgsames, sanftes Herz. Alles andere wird von selbst kommen und ihr sollt dann ewig an nichts Mangel leiden. Aber ihr müßt euch fürder wegen einer Meinungsverschiedenheit nicht mehr anfeinden, noch euch gegenseitig einer Menge Sünden beschuldigen, als hättet ihr ein Recht, euch zu richten und zu verurteilen!

2 Da ihr alle in der Schrift ziemlich bewandert zu sein scheinet, müßt ihr es ja auch wissen, daß wer zu seinem Bruder sagt: »Du Narr!« des ewigen Feuers in der Hölle schuldig sein soll. So ihr dieses wißt, wie könnt ihr dann hadern miteinander? Ein jeder von euch ist für sich voll Fehler und Gebrechen und hat genug vor seiner Tür zu fegen! Daher mache sich keiner breit über die Fehler seines Bruders, denn das ist am meisten ein Greuel vor Gott.

3 Wohl weiß Ich leider, wie auf der Erde Brüder gegen Brüder zu Felde ziehen aus purem Hochmut und bellendster Habsucht. Ein jeder hält sich für fehlerfrei gegenüber seinem Bruder und zeichnet seinen Bruder oft mit allen Farben der Hölle. Besonders schief werden die irdisch Wohlhabenden von den Ärmeren beurteilt, wozu freilich ein nicht selten zu knickeriger Geist der Wohlhabenderen die Veranlassung

ist. Da aber der Reiche stets der Mächtigere ist, und der Ärmere bei ihm Dienste und Brot suchen muß, so tut er das aber nicht aus Liebe, sondern aus Not. Es wurmt ihn heimlich nicht selten entsetzlich, daß er seinem Bruder untergeordnet sein muß, während er doch lieber seinen wohlhabenden Bruder auf jede erdenkliche Art beherrschen möchte. Daß auf der Erde zwischen Brüdern solche Verhältnisse stattfinden, ist gegenüber dem reinsten Gotteswort traurig genug.

4 Aber hier im Reiche der Geister, wo von keiner Armut und keinem Vorrang mehr die Rede sein kann, dürfen solche irdische Gehässigkeiten nimmer zum Vorschein kommen. Denn Ich sage es ohne Hehl: Wer seinen Bruder haßt aus was immer für einem Grund, in dem ist Gottes Gnade nicht! Seine Seele ist ein Teufel voll Hochmut und unversöhnlichen Geistes. Und sein steter Wunsch ist, seinen Brüdern, weil sie ihm ein eingebildetes Unrecht antaten, alles Ungemach zu einer gewissen strafartigen Witzigung widerfahren zu sehen.

5 Eure gegenseitigen Belehrungen mögen noch so gut und richtig sein. Was aber nützen sie, so hinter ihnen Rangeifer, Herrschlust, Eigennutz und allerlei Habsucht stecken? Wer seinen Bruder wirksam lehren will, muß zuvor den Balken aus dem eigenen Auge entfernen und dann erst voll Liebe sagen: »Mein teuerster Bruder, ich sehe, daß ein Splitterchen dein Auge trübt. Lasse mich zu dir hingehen, daß ich es dir sanft aus dem Auge nehme!« Seht, so wird dann jede Lehre, die sich Brüder gegenseitig erteilen, voll der herrlichsten Wirkung sein. Aber so Brüder durch ihre oft ungebetene Belehrung nur zeigen wollen, daß jeder von ihnen der Weisere und Bessere sei, ist die beste Belehrung unnütz und macht alles schlechter.

6 Seht, Ich bin ein rechter Lehrer, denn Ich verlange von euch nichts, als daß ihr das annehmet, was allein zu eurem eigenen Frommen dienen kann. Und so müßt ihr alle gegenseitig sein, dann werden eure Worte gesegnet sein!

7 Bruder Miklosch ist euch gegenüber so aufgetreten, und seine Worte haben sogleich Eingang in eure Herzen gefunden. Hätten Cyprianus und Bathianyi ebenso gesprochen, wäre diese ganze Gesellschaft schon um viele Schritte weiter. Aber diese beiden wollten einander ganz evangelisch beweisen, daß ein jeder von ihnen der Vorzüglichere sei, und so lag in ihren Worten auch kein gesegnetes Gedeihen.

8 Leget nun alles ab, was immer einen Schein von Vorzüglichkeits-

gelüsten in sich birgt, ansonst könnt ihr nicht Kinder eines und desselben Vaters im Himmel werden. Was könnte es euch wohl nützen, so ihr es mit eurer gegenseitigen Belehrung dahin brächtet, daß einer dem andern eine ganze Welt abgewänne, dabei aber an der eigenen Seele den größten Schaden erlitte! Was wird er wohl geben können, seine eigene Seele aus dem Pfuhl des Verderbens zu erlösen?

9 Ihr kennt doch das Gebet des Herrn? Seht, da lautet es unter anderem: »Vergib uns unsere Sünden, so wie wir vergeben unseren Brüdern, die sich an uns versündigt haben!« Wenn ihr aber allerlei schwere Versöhnungsbedingungen stellet, die von dem Gegner oft kaum zu erfüllen sein dürften — auf was gründet ihr dann eure entsprechende Bitte zu Gott?

10 In der Schrift heißt es auch: »Segnet, die euch fluchen, und tut Gutes denen, die euch hassen und Übles wollen!« — So ihr aber schon als Unglücksgenossen euch untereinander zerzausen möchtet, was würdet ihr dann mit euren Feinden tun? Und doch sage Ich euch, daß von euch keiner eher in das Gottesreich wird eingehen können, als bis er gleich Christo am Kreuze aus der Tiefe seines Herzens ausrufen wird: »Herr! Vergib ihnen, denn sie wußten ja nicht, was sie taten!«

11 Seid ihr alle damit einverstanden, so kommt nun mit Mir in jenes Haus. Im Gegenteil aber bleibt und sucht euch selbst eine Herberge, denn euer Wille ist frei für ewig!"

12 Spricht Bathianyi: „Freund, deine Worte sind zwar wie scharfe Pfeile und treffen genau das Zentrum, aber sie verwunden dennoch kein Herz. Denn sie sind nach der Ordnung, in der allein eine Gesellschaft glücklich bestehen kann, überaus wahr. Ich und hoffentlich wir alle nehmen sie dankbarst an. Auf deine Worte hin vergebe ich auch von ganzem Herzen allen meinen irdischen Feinden. Denn sie handelten wahrlich nur in blinder Siegeswut an uns, ihren vermeinten größten Feinden. Gott der Herr vergebe es ihnen, von mir aus haben sie keine Schuld mehr an mir!

13 Nur möchte ich den Herrn Himmels und der Erde bitten, daß Er meines Weibes und meiner Kinder gedenken und sie so leiten möchte, daß sie einst auf einem besseren Weg zu Gott gelangen, als es bei mir der Fall war!"

14 Spricht der Fremde: „Sorge dich um nichts mehr, was auf der Erde unten geschieht! Denn dafür sorgt schon der Herr, der euch allen hier

um vieles näher ist als ihr vermeint. Was dein Weib und deine Kinder betrifft, so tut ihnen eine tüchtige irdische Demütigung überaus not, ohne die sie wohl kaum dahin kommen würden, wo du dich nun befindest. Aber durch diese Demütigung lernen sie doch etwas die Nichtigkeit aller irdischen Güter kennen und heimlich sogar verabscheuen. So wird es ihnen nach der Ablegung ihres Leibes leichter werden, in das Reich des Lichts zu gelangen. Du aber sorge dich um nichts anderes als um die Liebe zu Gott und deinen Brüdern; alles andere wird dir von selbst hinzukommen!"

15 Spricht der Franziskaner: „Freund, ich bin auch ganz einverstanden, was hier meinen Leidensgenossen betrifft. Aber was die unbarmherzigsten Teufel auf der Erde betrifft, da bin ich wohl nicht so leichten Kaufes fertig wie Freund Bathianyi. Denn das muß ja doch die weiseste Gottheit einsehen, daß es keine Kleinigkeit ist, auf der Erde gleich einem Straßenräuber hingerichtet zu werden. Für solchen Frevel verlange ich von Gott, eine gerechte Sühne zu nehmen durch eine verhältnismäßige Züchtigung an unseren Richtern, ansonsten mein Herz nicht leichtlich Ruhe finden wird."

16 Spricht der Fremde: „Freund, die, welche dich gerichtet haben, sind ebenso des Herrn wie du. Nehmen wir aber an, du hättest durch Unvorsichtigkeit dir mit deinen Händen an den Füßen eine Verwundung zugefügt, so daß du im Schmerze deine Hände verwünschtest. Es käme dann jemand zu dir und sagte: »Freund, das haben dir deine eigenen Hände zugefügt. Nimm darum Rache an ihnen und lasse sie dir abhauen, denn sie sind nicht mehr wert, Teil deines Leibes zu sein!« Sage, würdest du diesem Antrag wohl Gehör und Willen leihen?"

17 Spricht der Franziskaner: „Oh, vor so einer Dummheit wird einen Menschen doch die liebe Gottheit bewahren! Das wäre nicht übel, zu einem Wehe noch ein Zehnfaches hinzuzufügen!"

18 Spricht der Fremde: „Aha, da habe Ich dich schon, wo Ich dich haben wollte! Wenn dir ein zweites Weh zufolge des strafartigen Abhauens deiner Hände nicht munden will — wie soll es dann der Gottheit munden, sich Ihre Glieder abzuhauen, so sie sich gegen andere unvorsichtig benommen haben? Wie magst du von Gott verlangen, daß Er an sich tun soll, was du doch an dir selbst nimmer tun würdest? So wie du mit allen deinen Leibesgliedern als ein vereinigtes Wesen dastehst, so ist auch die Gottheit mit all Ihren geschaffenen Wesen ein

konkretes Ganzes und sucht stets alle kranken Teile bestens zu heilen und sie für ihre ewige Bestimmung tauglich zu machen. — Wenn Gott der Herr dir aber deine Wunden auf eine andere und viel bessere Art zu heilen versteht, wirst du dann noch auf Rache gegen deine irdischen Feinde sinnen?"

19 Spricht der Franziskaner verlegen: „Ja, dann freilich wohl nicht mehr! Überhaupt sage ich denn in Gottes Namen auch: Was Gott dem Herrn recht ist, soll künftighin auch mir recht sein! Aber ich hoffe, daß mir die liebe Gottheit meine durch traurigste Umstände herbeigeführte Gesinnung zu keinem Fehler anrechnen wird."

20 Spricht der Fremde: „Wenn du in deinem Herzen in der Ordnung bist, dann bist du es auch mit Gott. Und hast du allen deinen Feinden vom innersten Grunde deines Herzens vergeben, so ist dadurch auch deine Schuldtafel vor Gott gereinigt! Und du kannst dann ganz ruhigen Herzens und Gewissens zu Gott beten: »Vater, vergib mir alle meine Sünden, so wie ich nun allen vergeben habe, die an mir gesündigt haben!« Und der Vater wird dir alles vergeben und hat dir's schon vergeben, bevor du Ihn noch darum gebeten hast."

143

Letzte Zweifel des Franziskaners. Was geschieht mit Todsündern? Liebevolle Antwort des Fremden. Einladung ins Haus

1 Spricht der Franziskaner: „Ich danke dir, lieber Freund, für diese herrliche Auskunft! Sie ist wahr und eines großen Gottes würdig, und jedes Gemüt muß in ihr Beruhigung finden. Aber es gibt dennoch Dinge, die als Hauptfehler der menschlichen Natur anzusehen sind. Man kann es mit ihnen nicht so machen wie mit den Feinden, die uns Übles taten. Dazu gehören z. B. gewisse Betrügereien, die man an anderen ausgeübt hat und mit dem besten Willen nicht wiedergutmachen kann. Ebenso ist auch die Unzucht, Notzucht, Selbstbefleckung, Knabenschändung (oft sogar an geweihten Orten) usf. eine von Gott strengstens verbotene und mit ewiger Verdammnis belegte Sünde, die sich nimmer ungeschehen machen läßt und trotz der Beichte auf der

Seele unvertilgbare Makel zurücklassen muß. Es fragt sich daher sehr: Was wird die heiligste Gottheit da tun? Gehen diese Makel auch mit dem lebendigen »Herr, vergib uns, wie wir vergeben!« von der Schuldentafel?"

2 Spricht der Fremde: „Freund, hältst du die Gottheit für weiser als die weisesten Menschen, so wirst du auch das von ihr halten müssen, daß sie die natürlichen Schwächen der Menschen mit noch viel besseren Augen betrachtet, als wie sie von den bestherrlichen Menschen betrachtet werden. Du hast freilich viel gesündigt in deinem Fleische, weil du von diesem viel versucht wurdest. Du hättest zwar diese Versuchungen wohl bekämpfen können, so du je einen wahren Ernst dazu verwendet hättest. Aber das kam dir zu ernst vor und des Naturlebens Tändeleien zu süß, und so bliebst du deinem Fleische nach unverändert gleich. Aber siehe, da legte sich dann, dir unbewußt, die Gottheit ins Mittel, führte dich aus deiner sinnlichen Friedenszelle und stellte dich auf das Schlachtfeld. Da hattest du dann mächtige Gelegenheit, das Ende alles Fleisches und seiner Gelüste in den grauenerregendsten Zeichen zu erblicken und wurdest dabei nüchterner. Und am Ende mußte dein Fleisch an sich selbst erfahren, welch ein Wert in all seinen Gelüsten und deren Befriedigung gelegen war. Und siehe, so hat die Gottheit dein Fleisch gestraft und deine Seele von diesem gereinigt. Du brauchst daher nicht mehr zu fragen, was aus deinen Sünden wird. Denn Ich sage dir, sie haben mit dem Fleische ihr Urteil und ihr Ende erreicht! Denn was des Fleisches ist, das wird auch mit dem Fleische gerichtet und begraben.

3 Anders ist es, wo die Seele selbst ganz ins Fleisch übergegangen ist. Da freilich kann ihr kein anderes Los als das des Fleisches zuteil werden. Aber bei dir ist das nicht der Fall, was du daraus erkennen magst, daß du hier — ohne Fleisch, aber dennoch in dir das Los des Fleisches fühlend — vollkommen lebst und nicht wie tot im Grabe liegst."

4 Spricht der Franziskaner: „Aber Freund, was geschieht denn dann mit solchen, das schaurige Los ihres Fleisches teilenden Seelen? Die werden nach völliger Verwesung ihres Abgottes doch sicher zur Hölle fahren?"

5 Spricht der Fremde: „Keine Seele wird je ihrer Freiheit wie auch ihres Bewußtseins und ihrer Erinnerung beraubt! Was sie will, das wird ihr. Will sie erstehen, so wird sie erstehen. Will sie aber noch tiefer un-

ter ihr Grab zur Hölle hinab, so wird ihr der Weg nicht verrammt. Wohl ist die Hölle von Gott zugelassen und als für ewig in sich selbst von allen Himmeln abgeschieden; nicht aber so eine Seele! Denn diese wird nicht gerichtet, außer von ihrer eigenen Liebe und vollsten Freiheit des Willens. Will sie zur Hölle, weil diese ihre eigentliche Liebe ausmacht, so wird sie zur Hölle gehen, und wir alle werden sie nicht abzuhalten vermögen. Will sie aber zum Himmel, so werden wir sie auch liebreichst aufnehmen und auf den besten Wegen dahin geleiten. So will es die beste Ordnung Gottes!"

6 Spricht der Franziskaner: „Aber Freund, könntest du uns denn nicht auch sagen, wie es denn eigentlich in der Hölle aussieht?"

7 Spricht der Fremde: „Freund, in der Schrift heißt es: »Vor allem suchet das Gottesreich, alles andere wird euch dann von selbst werden.« — Und so wollen wir uns denn auch ums Göttliche lebendig kümmern. Das leidige Kontra wird dann jedem früh genug ersichtlich werden. — Und so gehet nun alle mit Mir in jenes nun schon von allen Nebeln befreite Haus! Dort werdet ihr ein größeres Licht erhalten! Es sei!"

144

Herrlichkeit und Größe des Hauses. Wohnt hier Jesus Christus? Sehnsucht der Seelen nach dem Herrn. Mikloschs gute Ahnung

1 Bathianyi schließt sich rechts an den Fremden an und der Franziskaner zur Linken. Miklosch geht als Anführer der übrigen Gesellschaft hinter dem Fremden nach.

2 Je näher sie dem Hause kommen, desto mehr fällt ihnen die Großartigkeit und unnennbare Pracht und Majestät des Gebäudes auf. Schon in der Nähe des Hauses kann sich Bathianyi nicht mehr halten vor Verwunderung und sagt in höchster Begeisterung: „Freund, das können weder Engel noch die weisesten Geister aus allen Sternen erbaut haben, sondern das hat Gott mit höchsteigener Hand erbaut! Diese Größe und dabei dennoch eine über alles ästhetische Ebenmäßigkeit ist mit nichts zu vergleichen. Ah, das ist mehr, als was wir alle je begreifen werden! Nun, so dieses Haus aller Häuser schon äußerlich

so unaussprechlich wundervoll gestaltet ist, wie wird es erst innen eingerichtet sein?"

3 Spricht der Franziskaner: „Du hast recht! Bitte um Vergebung, Herr Graf! Sie haben ganz recht, wollte ich sagen!" — Spricht der Graf: „Freund, bleiben Sie beim Du! Ich will von keiner Titulatur mehr etwas wissen. Wir sind von nun an Brüder!"

4 Spricht der Franziskaner: „Schön und gut, lieber Freund, das war schon lange mein Wunsch! Aber nun zur Sache! Du hast recht: Ich habe doch die Peterskirche zu Rom samt dem tausendzimmrigen Vatikan gesehen, aber das alles ist kaum ein Schneckenhaus gegen diesen Palast! Gering gerechnet könnte nach meiner Schätzung in diesem Riesenpalast wohl bequem hundertmal die ganze Bevölkerung der Erde Platz haben. Da geht's ja links und rechts beinahe ins Unendliche hin! Und was die Höhe betrifft, so kommt es mir vor, daß hier ein Mond fast an den Giebel des Hauses anstoßen müßte, denn solch eine Höhe läßt sich nur nach Meilen bestimmen. Ah, das ist etwas Ungeheures, da könnte man gerade zu einem Narren werden!"

5 Spricht der Graf zum fremden Führer: „Aber sage uns doch, lieber guter Freund, wohnt etwa der Herr Gott Jesus Christus in diesem mehr als weltgroßen Gebäude? Denn für einen oder mehrere seligster und größter Engel wäre es doch zu ungeheuer groß und herrlich."

6 Spricht der für die Gesellschaft noch Fremde: „Ja, ja, Er Selbst wohnt auch häufig in solchen Häusern, und so auch in diesem bei Seinen Freunden und Kindern! Nur im Augenblick ist Er nicht im Hause, wird aber, so ihr in das Innere des Hauses treten werdet, sich höchstwahrscheinlich sogleich einfinden. Nur müßt ihr da hübsch achtgeben, daß ihr Ihn erkennt!"

7 Spricht der Graf: „Eljen Christus! O Freund, bei Gott, wenn ich nur einmal Christus sehen könnte, verlangte ich nachher keine andere Seligkeit mehr! Aber weißt du, den wirklichen Christus und nicht so eine römische Maskerade." — Spricht auch der Franziskaner: „Ja, auch ich verlange keine andere Seligkeit mehr!"

8 Tritt ein anderer aus der Gesellschaft vor und sagt: „Oh, ich bitte, auch nur einmal Christus sehen! Und wann kunnt möglich sein auch heiligen Joseph, weil er war mein Namenspatron! Aber wann kann nit sein, verlange ich nit — wenn kann ich nur Christus sehen!"

9 Spricht der Fremde: „Ja, warum möchtest denn du gar so gerne

Christus sehen, erkläre mir das!" — Spricht der Hervorgetretene: „Ho, da braucht ja nix Erklärung! Was man so hat über alles gern, das möcht man auch über alles gern sehen!" — Spricht der Fremde: „Das ist schon recht; aber warum hast du denn Christus so über alles gerne?" — Spricht der Hervorgetretene: „Ho, das ist ganz klar — weil Christus ist Gott und weil hat Er mich erlöst von der Höll und weil war Er auch gar so a guter Heiland!" — Spricht der Fremde: „Aber was wirst du machen, so du Christus sehen wirst?" — Spricht der Hervorgetretene: „Oh, da werd i vor Freud »Eljen Christus!« schreien und Ihm, wann werd i dürfen, um den Hals fallen!"

10 Spricht der Fremde: „Nun, das sehe Ich jetzt schon, daß du Christus sehr gerne hast! Aber was machtest du dann, wenn Christus dich nicht so gerne hätte wie du Ihn?" — Spricht der Befragte: „Ho, das macht nix, weil bin i so nit wert, daß soll mich Christus a gern haben. Da werd' i mir nix draus machen!" — Spricht der Fremde: „Mein Lieber, gehe nun wieder zu deinen Kameraden zurück mit der Versicherung, daß dich der Herr Christus vielleicht doch noch lieber haben wird als du Ihn."

11 Joseph geht nun zurück, und der Fremde spricht zum Grafen: „Hört, der hat mit seinem Herzen statt mit seiner Zunge gesprochen. Das ist auch der Unschuldigste unter euch allen und hat seine irdische Todesstrafe wahrlich nicht verdient. Auf den Menschen muß Ich schon eine besondere Rücksicht nehmen! — Nun sind wir aber am Tor! Lasset uns sogleich einziehen in dieses Hauses Gemächer!"

12 Spricht der Graf: „Liebster Freund, nur noch eine Bitte! Sage uns doch, so Christus ankommen wird etwa mit Millionen Engeln, wie werden wir Ihn erkennen?" — Spricht der Fremde: „Da verlaßt euch nur auf Mich! Ich habe euch schon gesagt, daß Er Mir vollkommen ähnlich sieht. Ihr dürft dann nur Mich ansehen und vergleichen, ob jemand ähnlich aussieht und der wird es dann auch sein." — Spricht der Graf: „Ich danke dir, daß du bei uns bleibst! Da wird uns Christus der Herr auch nicht durchgehen, ohne daß wir Ihn sehen. Das ist gut, sehr gut!"

13 Spricht auch der rückwärts befindliche Miklosch: „Freunde, wie ich merke, sind wir noch ein wenig blind. Ich sage euch, ich habe eine sonderbare Ahnung!" — Spricht der Franziskaner: „Nun, was denn für eine Ahnung?" — Spricht Miklosch: „Ich sage euch sonst nichts.

Bald aber werdet ihr es auch fühlen und sagen: wie konnten wir denn gar so blinde Ochsen sein! Habt ihr mich verstanden? Gar so blinde Ochsen!“

14 Spricht der Graf: „Liebe Freunde, wir stehen bereits an der Schwelle des Eingangs in ein Haus, wovon Sonne, Erde und Mond nichts Ähnliches aufzuweisen haben. Damit wird auch sicher der Eintritt in ein ganz neues, noch nie geahntes Lebensverhältnis auf das engste verknüpft sein. Weil aber der Eintritt in dieses Wunderhaus von den wichtigsten Folgen sein muß, bin ich der Meinung, daß sich Bruder Miklosch zuvor klar ausdrücken sollte, denn seine Ahnung kann uns von größtem Nutzen sein. Sei daher, Bruder Miklosch, so gut und erkläre uns deine Ahnung näher!“

15 Spricht Miklosch: „Ja, meine lieben Freunde, meine Ahnung ist wahrlich sonderbar, aber ich kann sie euch nicht beschreiben. Mir kommt es hier beinahe so vor, als wie es den zwei nach Emmaus wandelnden Jüngern vorkommen mochte, als der Herr Selbst in ihrer Mitte wandelte und sie Ihn nicht erkannten, obschon Er sie weise über allerlei Dinge belehrte. Ich wollte beinahe eine Wette eingehen, daß diese mich beseligende Ahnung nicht ganz mit einem leeren Stroh zu vergleichen sein wird! Kommt Zeit,kommt Rat! Am Ende wird es sich zeigen müssen.“

16 Spricht der Graf: „Geh, geh, du lieblich frommer Schwärmer! Christus, der Herr, wird aus Seinem höchsten Himmel so ganz schlicht und ohne alle Glorie zu uns groben Sündern herabsteigen, wie Er als Menschensohn zu den harten Juden herabgestiegen ist? Schau, wo tust du dich denn hin? Bedenke doch, wer Christus ist und was wir Ihm gegenüber sind, dann wirst du gleich zu einer anderen Ahnung kommen. Deine gute Ahnung ist nichts als ein artiges Christus-Luftschlößchen, deren auch ich in meiner Jugend die schwere Menge gebaut habe. Aber wo ist die Wirklichkeit geblieben! Mir gefällt übrigens dein Luftschlößchen nahe besser als dies Haus. Christus mag noch so gut und herablassend sein — ob Er es aber gar so wohlfeil geben wird, wie wir es in unseren idyllisch-christlichen Luftschlössern uns ausmalen, möchte ich doch stark bezweifeln! Hab ich recht oder nicht?“

17 Spricht Miklosch: „Du hast recht, aber ich kann trotzdem meine Ahnung nicht los werden. Und wahrlich, mein Herz bebt in mir!“ — Spricht der Graf: „Lapperl! Das meinige bebt auch, und wie! Aber das

macht der bedeutungsvolle Eintritt in dieses echte Gotteshaus und die Ungewißheit, was uns darin begegnen wird." — Spricht Miklosch: „Ja, du wirst am Ende doch recht haben. Ja, das ist es ganz sicher!"

18 Spricht der Fremde: „Nun, seid ihr schon fertig mit eurer Verhandlung?" — Spricht der Graf: „Freund, wir sind schon wieder ganz in der Ordnung! Es wäre freilich interessant, auch von dir über diesen Punkt Aufklärung zu bekommen. Aber du greifst schon nach der Türschnalle. Daher wird sich vielleicht noch im Hause eine Gelegenheit finden, um darüber unseren Verstand ein wenig zu erleuchten."

19 Spricht der Fremde: „Allerdings, da wird es noch manche Gelegenheiten geben. Aber nun heißt es einmal ins Haus treten. Und so öffne dich denn, du Pforte zum ewigen Leben!"

145

Eintritt ins himmlische Haus. Begegnung mit alten Bekannten
Des Grafen blindes Suchen nach Jesus. Endlich gefunden

1 In diesem Augenblick geht die Tür weit auf. Eine unbeschreibliche Pracht strahlt aus dem ersten Saal den Eintretenden entgegen und eine übergroße Volksmenge, in Faltenkleidern wie aus feinstem Byssus, begrüßt die Eintretenden herzlichst. An der Spitze steht der General, umgeben von dem Mönch Thomas und von Dismas.

2 Als der Graf den General sieht und erkennt, stürzt er sich über die Maßen erfreut seinem alten Freunde an die Brust, küßt ihn und spricht voll Feuer: „Hunderttausend Male gegrüßt in einem sicher besseren Leben sei du mir, mein lieber alter guter Freund und Bruder! O wie glücklich bin ich, daß ich dich wieder habe! Du bist gewiß schon überglücklich, und Gott der Herr wird auch mich nicht unglücklich lassen. Aber alles hätte ich eher erwartet, als dich hier wiederzusehen! Wie ist's denn dir ergangen gleich nach deiner Ankunft hier? Und was machst du so ganz eigentlich hier?"

3 Der General erwidert den Gruß und sagt darauf: „Mein liebster Freund, vom Etwas-Machen ist hier gar keine Rede. Bloß vom Genießen all dessen, was uns die unbegrenzte Güte und Liebe des Herrn Jesus

Christus in überschwenglichster Fülle beschert. Wenn der Seligkeitsgenuß nicht mit einer wundervollsten Mannigfaltigkeit verbunden wäre, müßte man wahrlich mit Hiob ausrufen: »O Vater, bester Vater, höre doch eine kleine Weile nur auf zu segnen!« Ja, Freund, hier erst lernt man wahrhaft Christus kennen! Aber ich brauche dir weiter nichts zu erzählen, denn es wird dich die Folge über alles ins klare setzen. Willst du dir aber von der Weisheit, Allmacht und Liebe des Herrn einen kleinen Begriff machen, so betrachte nur die Herrlichkeit dieses Saales, und du wirst dir schon einen kleinen Begriff von Christus, dem alleinigen Herrn Himmels und der Erde, verschaffen."

4 Spricht der Graf: „Was weißt du von Ihm? Hast du etwa schon das Glück gehabt, Ihn, den Allerheiligsten, zu sehen? Ist Er schon da gewesen oder von woher wird Er kommen? Wie werde ich Ihn sogleich erkennen? Weißt du, ich liebe Ihn so ungeheuer, daß mir ohne Ihn alle diese Herrlichkeiten wie ein ausgestorbenes Haus vorkommen würden. Sei daher so gut und mache mich gleich aufmerksam auf Ihn! — O Gott, welch ein Anblick wird das sein, so ich meinen Schöpfer sehen werde!"

5 Der General schmunzelt bei diesem emsigen Befragen des Grafen und sagt: „Aber Freund, du kommst mir hier vor wie einer, der den Wald vor lauter Bäumen nicht sieht! Sage mir doch, wie du dir denn ungefähr Jesus den Herrn vorstellst? Nachher will ich dir etwas sagen, was dich sicher mächtig überraschen wird."

6 Spricht der Graf: „Sieh, ich stelle mir Christum als Gott den Herrn in einer unbeschreiblichen Glorie vor, umgeben von Seinen Aposteln und zahllosen Engelschören. Denn es steht in der Schrift, daß Er wiederkommen werde auf schwebenden Lichtwolken der Himmel, aus denen sicher Trillionen Blitze in die Unendlichkeit hinauszucken werden. — Da hast du nun meine Vorstellung von Christus dem Herrn! Und nun sage du mir, was du mir versprochen hast."

7 Spricht der General: „Bruder, da hast du eine grundfalsche Vorstellung von Christus dem Herrn! Wie gesagt, du siehst den Wald vor lauter Bäumen nicht. Wir alle haben es hier deutlich vernommen, wie dir unser allergrößter Freund die Erkennungsmerkmale gegeben und auch zugesagt hat, daß der Herr mit euch zugleich in diesem Hause eintreffen werde. Nun, so sehe dich ein wenig um nach jemandem, der Ihm auf ein Haar ähnlich sieht. Und findest du jemand, so halte ihn für

den Herrn! Denn ich sage es dir, der Herr, Gott Jesus ist hier ebenso einfach und prunklos, wie Er es auf der Erde war. Von irgendeinem Glanz an Ihm ist nirgends eine Spur anzutreffen!"

8 Spricht der Graf: „Richtig, richtig! Gerade so hat es dieser hochliebwerte Freund uns draußen gesagt. Aber ich werde eine ziemliche Weile brauchen, bis ich mit der Durchmusterung aller dieser tausend Anwesenden fertig werde. Der Saal ist ungeheuer groß und stark beleuchtet, die Anwesenden stellen sich wie durch ein Kommando in Reih und Glied auf. So dürfte ich mit der Durchmusterung doch eher fertig werden, als ich mir anfangs dachte. Da in den ersten Reihen finde ich einmal nichts Ähnliches! Auch weiterhin will sich nichts Ähnliches auffinden lassen. Ich nehme hier zwar die mehr Entfernteren ebensogut wahr wie die ganz nahe Stehenden; aber unser lieber guter Freund scheint darin keinen Zwillingsbruder zu haben. Dort ganz im Hintergrunde entdecke ich noch eine Gruppe, die ich mir etwas näher besehen möchte, so es gestattet wäre."

9 Spricht der General: „Nur zu, ganz ohne Anstand! Denn hier ist die vollkommenste Freiheit zu Hause!" — Darauf begibt sich der Graf mit dem ihm noch unbekannten Freund hin zu der obbenannten Gruppe. Als er aber mit seinem Freunde in deren Nähe kommt, fällt diese von großer Ehrfurcht ergriffen aufs Angesicht und schreit: „Heil Dir, Heil Dir, Heil Dir Allererhabenster!"

10 Der Graf erschrickt förmlich vor dieser Wendung und sagt zu seinem Begleiter: „Nun, da haben wir's! Ich wollte sie mit dir vergleichen, und nun liegen sie alle auf ihren Angesichtern vor uns und schreien Gott weiß zu wem: »Heil Dir!« Sollte das einen von uns beiden angehen, oder ist etwa schon Jesus sichtlich hergekommen?" — Spricht der Fremde: „Warte nur ein wenig! Diese Gruppe wird sich gleich wieder erheben und du wirst deine Forschungen weiter fortsetzen können."

11 Auf einen geheimen Wink des Herrn erhebt sich die ganze Gruppe wieder. Der Graf macht die Entdeckung, daß sie aus lauter weiblichen Individuen besteht, und sagt darauf: „Liebster Freund, auf der Erde war meines Wissens der Heiland Jesus ein vollendeter Mann und wird in Seinem ewigen Gottesreiche sicher kein Weib geworden sein! Daher meine ich, wird sich zu meinem Zweck hier wenig feststellen lassen. Aber nur das möchte ich von ihnen erfahren, warum sie denn früher

gar so »Heil Dir« geschrien haben." — Spricht der Begleiter: „Gehe hin und frage sie!"

12 Der Graf nähert sich bescheiden der Gruppe, diese aber schreit ihm entgegen: „Zurück, zurück! Mit dir haben wir keine Gemeinschaft, denn du bist ein Frevler im Hause Gottes!"

13 Der Graf tritt zurück, sagt aber noch zur Gruppe, die sich selbst noch nicht lange in diesem Hause befindet: „Nun, gebt nur acht, daß wir euch nicht etwa einige Lot Apothekergewicht herunterstreifen von eurer höchst päpstlichen Heiligkeit! O ihr heiklen Greteln ihr! Ich glaube, so heilig wie ihr dürften wohl dieser mein Freund und ich auch sein! — Geh, lieber Freund, weiter mit mir, denn mit diesen Wesen ist nichts zu machen! Ihr echt jesuitischer Heiligkeitshochmut ist mir unausstehlich!"

14 Spricht der Begleiter: „Ah, Freund, das darfst du nicht so nehmen. Hier muß alles mit der größten Geduld ertragen werden! Diese sind noch nicht ganz in der Ordnung, aber sie haben nicht mehr weit zum Ziel!"

15 Spricht der Graf: „Schon recht! Aber uns wie Verbrecher zurückweisen, ist etwas sonderbar! Aber in Gottes Namen, sei es wie es wolle. Wenn ich nur schon meinen Zweck erreicht hätte. Es ist mir ganz unerklärlich, wie ich hier beinahe für nichts als allein nur für Jesum, den Herrn, einen Sinn habe. Alle diese wahren Himmelsschönheiten sind für mich wie Bilder ohne Seele, solange der Eine nicht da ist. Hier, wo man auf dem Punkte steht, als Geist den vollkommensten Geist Gottes sehen zu können, wird einem das Dasein unerträglich, so man Den nicht zu sehen bekommt, der einem allein alles in allem ist. So du, lieber Freund, weißt, wo Er sich nun befindet, da zeige mir Ihn, daß ich Ihn wenigstens in der Ferne erblicken möge!"

16 Spricht der Begleiter: „Mein lieber Freund und Bruder, das wird etwas hart hergehen, daß Ich dir Jesum in der Ferne zeige. Denn wer Jesum nicht zuerst in nächster Nähe zu sehen bekommt, kann Ihn auch in der Ferne nicht ersehen. Du mußt Jesum allein in deiner Nähe zu erschauen wünschen, dann wird es dir auch werden nach deinem Wunsch."

17 Spricht der Graf: „Mein hochgeehrter Freund, das wäre schon sehr wünschenswert, wenn ich Seine heilige Nähe ertragen könnte. Aber es sollen sogar die höchsten Engel Seine nächste Nähe nicht zu ertragen

imstande sein, wie dann ich?" — Spricht der Begleiter: „Freund, so aber Christus, der Herr, nicht um ein Haar ansehnlicher vor dir stünde als Ich und geradeso mit dir redete wie Ich nun — sage Mir, hättest du da auch noch so eine Heiligkeitsscheu vor Ihm?" Spricht der Graf: „Nun, ich meine, das würde mir wohl leichter vorkommen. Es würde mir zwar noch immer etwas schwerfallen, da ich doch wohl bedenken müßte, wer Er ist und wer ich bin. Er — das unendlichste Alles, und ich — das vollendetste Nichts! Aber leichter müßte mir dabei doch zumute sein, als so Er in Seiner himmlischen Macht daherkäme."

18 Spricht der Begleiter: „Gut! Was tätest du denn, wenn Ich Selbst Christus wäre und gäbe Mich dir aus gewissen Gründen erst jetzt zu erkennen? Was möchtest du denn dazu für ein Gesicht machen?"

19 Spricht der Graf: „Höre, Freund, das heißt einen armen Teufel wie mich doch auf eine zu harte Probe stellen! Wahrlich, hoher Freund, so du es am Ende dennoch selbst wärest, da würde ich wohl für die ganze Ewigkeit sprachlos! Aber sage es mir lieber bestimmt, auf daß ich vor lauter Ehrfurcht, Liebe und Entsetzen sogleich vergehe!"

20 Spricht der Begleiter: „Ja, Freund, Ich Selbst bin es! Und so du es schwer glauben solltest, so frage diese hier, sie werden es dir sagen! Deine Liebe hat Mich so an dich gezogen!!"

146

Der große Augenblick des Grafen
Du bist es! — Herrliche Huldigungsrede
Der Herr über das Verhältnis des Vaters zu Seinen Kindern

1 Der Graf, ganz außer sich, teils vor Furcht, teils aus freudigster Entzückung, teils auch aus Furcht vor einer von ihm für möglich gehaltenen Täuschung, kann sich über Meine Erklärung gar nicht fassen. Erst nach einer ziemlichen Weile des inneren Erstehungskampfes, durch den sein Geist alle Bande zerreißt und sich in seiner ganzen ihn umfassenden Seele ausbreitet, stammelt der Graf die Worte:

2 „Also — d—d—du — du — b—b—bist es!! — Du!? — der ewige Herr — über alles, was Zeit und Raum fassen und über alles, was über

alle Zeit und allen Raum erhaben in ewiger Freiheit lebt und in die ewigen Tiefen Deiner Wunderschöpfungen schaut! — O Gott, o Gott, o Gott! — Ich — ein elender Wurm, ein nichtigster Staub stehe nun vor Dir, dem heiligsten, ewigen Meister der endlosen Wunderwerke, die alle aus Deiner allmächtigen Hand geflossen sind; vor meinem Gott, vor meinem Schöpfer, Vater, vor meinem Heiland Jesus!! — O höret es, alle Himmel! Kommet hierher, alle ihr überseligen Aeonen, helfet mir fühlen die Tiefe aller himmlischen Wonnen, — fühlen, was das ist: ein Geschöpf steht das erstemal vor Gott, seinem allmächtigen Schöpfer! Und — oh, es ist kaum zu denken — dieser Gott ist wie ein Mensch einfach und schlicht und spricht von der höchsten Liebe geleitet so herablassend mild und sanft mit mir, wie nur ein bester Bruder mit seinem anderen Bruder sprechen kann!

3 O Menschen, die ihr in allerlei Irrsalen auf der Oberfläche der tückischen Erde umherwandelt und nimmer wißt, wo aus und ein ihr euch wenden sollt — hierher kommt in euern Herzen und lernt Gott in Jesus, dem lieblichen Heilande kennen, und ihr werdet für das kurze Probeleben auf Erden mit euern eitlen Plänen leicht fertig werden.

4 Die wahre Erkenntnis Gottes wird euch zeigen, wie wenig dazu gehört, sich in Gott dem Herrn zurechtzufinden und dann über alle Begriffe glücklich zu sein! Streitet euch nicht wie elende Hunde und Katzen um irdische Dinge, sondern bewerbet euch um rechte Erkenntnis und Liebe Gottes! Liebet euch wie wahre Brüder und Schwestern als Kinder eines Vaters, der allzeit und ewig heilig und über alle Begriffe lieb, gut und sanft ist — so habt ihr in euern Herzen mehr, als was euch die ganze Welt je verschaffen könnte!

5 O Gott, welch eine Wonne ist es doch, bei Dir zu sein. Wie vergessen sind nun alle die schlimmen Mißgeschicke, die mir auf der Erde begegnet sind! Wahrlich, nun könnte ich ausrufen: Kommet her Millionen, ob Feinde oder Freunde, und lasset euch brüderlich umarmen!“

6 Nach diesen Worten voll höchster Liebesglut fällt er auf die Knie vor Mir nieder, faltet die Hände und spricht: „O Du mein allein ewig guter Gott und Heiland Jesus! Lasse Dich ewig von mir anbeten, loben und preisen! Nun begreife ich es, wie man unter Deinem Lob und Preis allein die höchste Seligkeit empfinden kann. So liebe Dich denn alles, was an mir ist, ewig und danke Dir für alles, was Du je über mich wenn auch in einem noch so schwer zu tragenden Gewande verhängt

hast! Denn nun erst fange ich an einzusehen, daß das alles bloß Deine unberechenbar große Liebe zu mir getan hat!

7 O Du heiliger Vater, ich war wohl auch ein stark verlorener Sohn und mußte durch großes Elend zu Dir zurückgewendet werden. Aber nun bin ich wieder bei Dir, Du ewig guter Vater! Nimm mich auf als einen Allergeringsten in Deinem Reiche und sei auch mit all den vielen anderen verlorenen Söhnen ebenso gnädig wie mit mir! Und wenn es Dein Wille wäre, so lasse meine auf Erden hinterlassene Familie eher um alle irdische Habe kommen, als daß sie vor Dir zu tief falle und Deiner am Ende gänzlich vergäße!"

8 Rede Ich: „Stehe auf, Mein lieber Bruder, und mache nicht so viel Aufhebens! Denn du siehst ja, daß Ich Mich nicht im geringsten verändert habe, da du Mich nun erkannt hast. Wie die Brüder miteinander reden, handeln und wandeln, so werden auch wir es ewig miteinander machen!

9 Ich bin wohl Gott, als das urewigste Wesen voll Weisheit, Macht und Kraft — und du nur ein Geschöpf Meiner Willenskraft. Aber dein Geist ist dennoch ganz das, was Ich Selbst bin. Somit bleibt zwischen uns fortan das völlig gleiche Verhältnis wie zwischen Vater und Sohn oder wie zwischen Bruder und Bruder. Denn deiner Seele nach, die nun dein äußeres Wesen ist, bist du Mir ein Sohn und deinem Geiste nach ein Bruder! — Die Seele ging hervor aus dem Urlicht Meiner Weisheit und ist um endlos vieles minder als das erschaffende Urlicht. Darum ist die Seele ein Sohn zu Mir, der Ich im Grunde des Grundes pur Liebe bin. Aber dein Geist, der da Meine Liebe Selbst in dir und somit Mein höchsteigener Geist ist, ist demnach Mein Bruder durch und durch! Also bedenke dich nicht zu weitläufig über diese Sache, sondern stehe auf und komme mit Mir zu den andern Brüdern hin!"

10 Spricht der Graf, sich langsam vom Boden aufrichtend: „O Vater, wie endlos gut bist Du doch! — Wenn meine dumme Zunge Dich nur einigermaßen Deiner heiligsten Würde entsprechend loben könnte! Aber ich bringe nun fast nichts zuwege!"

11 Rede Ich: „Sei ruhig, Bruder, und lasse das übertriebene Loben! Denn dein Herz ist das beste Lob, an dem Ich allein das größte Wohlgefallen habe. Alles andere gehört mehr oder weniger ins Reich der Mir lästigen Betbruderei! Stehe nun vollends auf und gehe mit Mir zu den andern Brüdern!"

147

Bathianyis Zerknirschung
Der Herr über die Reifung des Menschen zur höchsten Gotteserkenntnis
Der noch blinde Franziskaner erhält von Miklosch derbe Winke

1 Spricht der Graf, ganz zerknirscht vor Liebe und Ehrfurcht: „O Herr, bei Deinem allmächtigsten Namen, es ist Dir sicher leichter zu sagen: »Stehe auf und komme!« — als für mich Sünder, aufzustehen vor Dir, dem ewigen Herrn der Unendlichkeit! O Herr, ich — ein dummer Menschengeist, ein Nichts vor Dir, und Du, das unendliche Alles in Allem! Und ich soll Dich begleiten? Nein, dieser Gedanke ist zu ungeheuer für einen geschaffenen Geist! O lasse zuvor noch ein wenig tiefer mich fassen, denn mir schwindelt vor Deiner unendlichen Größe."

2 Rede Ich: „Aber Mein geliebter Bruder, jetzt wirst du Mir schon ordentlich langweilig mit deinen Lobreden an Meine endlose Macht, Kraft und Weisheit! Schau, du kindischer Bruder — Ich muß als Gott ja das sein, was Ich bin, auf daß du aus Mir und neben Mir sein kannst, was du bist und noch vielmehr werden wirst. Übrigens bist du ja doch Mein Werk. Und so du dich als Mein Werk für ein vollstes Nichts ansieht, beschimpfst du ja Mich! Und das wirst du ja doch nicht tun können!"

3 Spricht der Graf: „Nein, Herr, ewig nein, von Dir aus bin ich ja ungeheuer groß. Nur von mir aus bin ich nichts! Nun, ich stehe schon auf, denn Dein Wort hat mich ganz aufgerichtet." Darauf geht der Graf sogleich mutig zu Mir hin und sagt: „Herr, Vater, Gott, Jesus! Ich bin nun durch Deine Liebe und Gnade ganz geheilt und die übertriebene Furcht vor Dir ist auch dahin. Aber dafür tobt eine unbegrenzte Liebe zu Dir förmlich wie höchste Leidenschaft in jeder Fiber meines Herzens. Nach und nach wird sich vielleicht auch diese neue Eigenschaft des geistigen Lebens etwas legen. Aber jetzt möchte ich Dich wohl mit all meiner Lebenskraft umarmen und sterben in der Gottesliebe unbeschreiblichster Wonne! Herr, lasse Dich nur ein bißchen umarmen und an mein vor Liebe brennendes Herz drücken!"

4 Rede Ich: „Mein lieber Bruder, das würde dir jetzt schädlich sein,

weil dein Geist in der Seele noch zu wenig Fuß gefaßt hat. Aber wenn dein Geist ehestens eine rechte Gediegenheit erreicht haben wird, werden wir uns auch ohne Furcht vor einem Schaden umarmen können. Ich bin freilich, soviel als nur immer möglich, gleich dir ein Mensch. Aber in diesem Menschen wohnt dennoch die Fülle Meiner Gottheit leibhaftig, und diese würde dein Geist nicht ertragen. Er würde alle Fesseln zersprengen und sich dann vereinen mit der Gottheit in Mir als seinem ewigen Urgrund. Wenn aber dein Geist in deiner Seele sich vollkommen geordnet haben und in sich selbst erfüllt sein wird mit aller Stärke der Liebe aus Mir, dann wird er Meine Umarmung ohne allen Nachteil ertragen können.

5 Jetzt aber gehe mit Mir nur geschwind zu den anderen hin, daß auch sie alle auf Deinen Erkenntnisgrad mögen erhoben werden! Ihre Wißbegierde ist schon über die Maßen groß, denn sie wissen noch immer nicht, welche Ergebnisse du mit deiner Christussucherei herausgebracht hast. Miklosch allein hat eine tiefe Ahnung, die ihm aber der Franziskaner gleichfort bestreitet mit der Folge, daß sich auch die übrige Gesellschaft nach seiner Meinung stimmt. Daher müssen wir schnell hin, um dem Franziskaner ein wenig den etwas vorlauten Mund zu stopfen.

6 Spricht der Graf: „O Herr, Du ewige Güte und Sanftmut, das ist ganz aus meinem Gemüt gesprochen! Dieser Mönch ist zwar an und für sich ein gutes Wesen, so überhaupt außer Dir noch etwas gut sein kann. Aber was da seine Begriffe über das Verhältnis Gottes zu den Geschöpfen und umgekehrt betrifft, da ist er unverdaulicher als ein Pfund gekochtes Leder. Ich bitte Dich, Herr, lasse Du nur den so ein wenig durch, wie man zu sagen pflegt!“ — Rede Ich: „Ganz gut! Aber nun ein wenig leiser, denn sie kommen uns schon entgegen!“

7 Ich bewege Mich nun mit dem Grafen der Gesellschaft entgegen. Der Franziskaner ruft dem Grafen schon von weitem zu: „Nun, lieber Graf, welche Resultate hast du denn auf deiner Saaldurchsuchung geerntet? Hast Ihn irgendwo gefunden, den Herrn über Leben und Tod und über Himmel, Erde und Hölle? Mir scheint, der famose Zwillingsbruder verzieht noch immer, denn ich sehe noch keinen dritten bei euch.“

8 Spricht der Graf: „Freund, das hat es auch gar nicht vonnöten, denn wir beide genügen uns auch ohne die Dazwischenkunft eines

dritten! Verstanden, Herr von Naseweis?" — Hier stupft Miklosch den Franziskaner und sagt: „Cyperl, merkst du was? Du wirst des Ecksteins nicht eher gewahr, bis du daran deine Nase breitschlägst." — Spricht der Franziskaner: „Was denn, was für einen Eckstein? Wo ist denn hier einer?" — Spricht Miklosch: „Ich glaube, der Graf hat es dir doch hübsch auf deutsch gesagt. Aber noch siehst du den Wald vor lauter Bäumen nicht!"

9 Spricht der Franziskaner: „Erkläre dich einmal deutlicher! Was ist es wohl, was mir der Graf gesagt haben soll? Er sagte, daß er und unser unbekannter Freund sich auch ohne die Dazwischenkunft eines dritten genügen. Ist denn das so etwas Außerordentliches? Der dritte, Allerhöchste, wird wahrscheinlich noch sehr lange verziehen, da von uns wohl keiner als moralisches Wesen so gestellt ist, daß er sich würdig erachten könnte, Gott zu schauen. Solange man aber einen schon würdigen Gottesfreund zur Seite hat, der einem die rechten Wege zu Gott zeigt, kann man auch leicht sagen: Wir beide genügen uns auch ohne die Dazwischenkunft eines dritten — selbstverständlich nur vorderhand! Denn das wäre sehr traurig, wenn wir nie zu der Anschauung Gottes gelangen sollten."

10 Spricht Miklosch: „Freund, du bist vernagelt! Sonst kann ich dir nichts sagen, weil ich dir nichts anderes laut einer mahnenden Stimme in mir sagen darf. Es kann zwar auf der Welt noch eine Menge solch vernagelter Köpfe geben wie der deinige. Aber sie werden sicher eher zu kurieren sein als du, obschon sie noch in der Welt in ihrem Fleisch wandeln, während du als Geist dich schon lange hier in den Gefilden Gottes befindest. Um dir aber möglicherweise die Augen mehr zu öffnen, will ich dir ein passendes Gleichnis erzählen. Sieh, es war auf der Erde einmal ein großer und mächtiger Herr und Gebieter. Da es ihm darum zu tun war, seine Untertanen persönlich kennenzulernen, verkleidete er sich oft zu einem ganz gewöhnlichen Menschen und besuchte sogar öfters als Bettler die Häuser besonders der Reichen, die mit der Obsorge für die Armen von ihm aus betraut waren. Wohl denen, die er als Unerkannter in der von ihm gegebenen gesetzlichen Ordnung traf! Jedem aber war ein starkes Wehe vorbehalten, den er nicht in dieser Ordnung fand. — Und siehe, der Herr des Himmels und aller Welten scheint ein Ähnliches zu tun. Freilich nicht in der Absicht, um Seine Menschen zu prüfen und daraus erst zu ersehen, wie

sie beschaffen sind, sondern um ihnen Gelegenheit zu geben, sich selbst zu prüfen, wozu Er ihnen durch Seine Liebe und Weisheit handgreiflich Gelegenheit gibt. Aber ich möchte beinahe auch hier sagen: Wehe jenen, die durch ihren Eigensinn, durch ihre absichtliche Blindheit und Stumpfheit Ihn bezüglich Seiner Langmut auf eine zu empfindliche Probe stellen! — Hast du dieses Gleichnis verstanden?"

11 Spricht der Franziskaner: „So ziemlich! Aber was soll ich damit? Soll ich deshalb etwa jenen fremden Freund für den verkleideten Herrn Himmels und der Erde ansehen? Oder ist es vielleicht irgend jemand anderer hier? Am Ende gar der mit dem strahlenden Hut? Diesen aber kenne ich, da er meines Standes auf der Erde war. Er muß erst hier zu dieser Ausstrahlung des Kopfes gelangt sein, denn auf der Welt war sicher nichts strahlenloser als sein Kopf. — Sage mir daher, wo ist denn der Verkleidete, daß ich hingehe, vor Ihm niederfalle und Ihn gebührend anbete!"

12 Spricht Miklosch: „Freund, ich habe dir schon beinahe zu viel gesagt und rede nun kein Wort mehr. Dort ist der Graf mit dem großen Freunde; wende dich zu ihnen und frage sie um den Verkleideten! Das aber bleibt Wahrheit: ein Pfaffe ist auf der Welt gewöhnlich das hartnäckigste Wesen, und in der Geisterwelt mag er den Herrn nicht erkennen, so er auch mit Ihm zusammenstößt! Weißt du, wer zu Jerusalem am blindesten und verstocktesten war? Siehe, es waren die Pfaffen! Und willst du wissen, welche Menschen auf der Welt am wenigsten geneigt sind, einen wahren Glauben anzunehmen? Das sind wiederum die Pfaffen, hauptsächlich die römisch-katholischen, zu denen auch du gehörst. — Jetzt habe ich dir's zur Genüge gesagt, gebe Gott, daß es dir etwas nützen möchte! Aber jetzt gehe nur zu den zweien hin und besprich dich mit ihnen!"

148

Der Franziskaner durch den Anblick Robert Blums nochmals in Zweifel gestürzt
Seiner Teufelsangst begegnet der Herr mit Seiner Vatermilde

1 Der Franziskaner geht nun vorwärts zu Mir, dem General und dem Grafen. Als er gerade seine Frage: »Wer bist du, fremder Freund?« von sich geben will, kommt — natürlich auf einen inneren Ruf — Robert Blum zu Mir und sagt: „Herr! Brot, Wein und Kleidung stehen in Bereitschaft!"

2 Sage Ich: „Gut, Mein geliebter Robert (geflissentlich hinzusetzend) Blum! In diesem Hause bist du ein Herr neben dem Herrn, und deine große Liebe zum Herrn ist die Gesetzgeberin über dein Haus und alle, die darinnen sind!"

3 Als der Franziskaner — der aus Liebe zur Freiheit, aber nicht aus Liebe zur großen Wahrheit des Evangeliums seinen Orden verlassen hatte — des ihm wohlbekannten Robert Blum leibhaftig ansichtig wird, schlägt er die Hände über dem Kopf zusammen und spricht: „Aber um Gottes willen! Jesus, Maria und Joseph, und ihr alle Engel und Heiligen Gottes, stehet uns bei! Da befinde ich mich ja in dem Hause eines Erz-Hauptketzers!! O Jesus, Maria und du heiligster Josephus! Das ist ja ebensoviel als in der Hölle selbst! Und da soll Christus, der Herr, Sich irgendwo aufhalten? O du verfluchter Teufel du! Du hinterlistiger Beelzebubteufel. Gelt, du hast gemeint, daß du mich hast? Aber nichts da, du abscheulicher und dümmster Teufel du! Die selige Jungfrau hat dich zu rechter Zeit mit ihrer himmlischen Allmacht vor mir entlarvt und ich kann mich noch aus deinen Klauen entreißen! Ja, ich habe aber auch stets allein die Hochseligste verehrt, damit sie mich vor den Versuchungen des Teufels zeitlich wie ewig bewahren möchte. O ihr bestialischen Teufelsfreunde alle, und du Teufelskerl Miklosch! Möchtest du mir nun keinen neuen Christus unter eurer herrlichen Gesellschaft bekanntgeben? O du Hauptteufelslump, wie schön hast du dir Mühe gegeben, mich in die Hölle zu bringen! Aber die seligste Jungfrau hat dir einen Strich durch deine Rechnung gemacht. So bald, wie

du meinst, wird der Teufel mit einem Franziskaner denn doch nicht fertig!"

4 Rede Ich: „Mein Freund, dies Haus ist weder das eines Ketzers und noch weniger einer Gesellschaft von Teufeln. Das sage Ich, der alleinige, ewige Herr Himmels und der Erde dir! Denn in der Hölle wandeln nirgends freie Gestalten im Lichte der Himmel. Ist dir aber diese echte himmlische Brüderschaft zu verdächtig, so siehst du dort das noch offene Tor und draußen eine weite Ferne. Du kannst gehen oder bleiben, das ist uns gleich. Die Unendlichkeit ist weit, breit, hoch und tief genug. — Und nun schweige oder gehe! Du aber, Bruder Blum, gehe in den großen Nebensaal und heiße sie alle herauskommen! Lasse Brot und Wein in aller Fülle auf diesen großen runden Tisch bringen, auf daß dieser blinde Narr sich überzeugen möge, wie die vermeintlichen Teufel dieses Hauses aussehen und wie sie etwa gar gesotten und gebraten werden!"

5 Robert begibt sich schnell fort, um Meinen Willen zu vollziehen. Sogleich kommen alle die Altväter, Propheten und Apostel mit Auszeichnungen, an denen sie leicht zu erkennen sind. Ebenso auch die Altmütter, von Eva angefangen, und auch Mutter Maria mit Joseph und allen in den Evangelien vorkommenden Personen. Diesem großen Zug schließen sich dann die Neuangekommenen an: Robert, Messenhauser, Jellinek, Becher, Niklas, Bardo und alle die zu ihnen Gehörigen. Am Ende auch noch die vierundzwanzig Tänzerinnen, die von Roberts Weib geführt werden. Sie tragen Wein und Brot in Menge herbei und stellen diese Lebenssachen in bester Ordnung auf dem Tische auf. Alle aber, die aus dem Nebensaal kommen, sind mit einer starken Glorie umfangen, und das hauptsächlich, um dem Franziskaner die Augen zu öffnen.

6 Nachdem der Tisch bestens bestellt ist, sage Ich zu den neunundzwanzig Neuen: „Kommet her, Freunde und Brüder! Und du, vom Franziskaner als ein Teufelskerl hingestellter Miklosch, tritt zu Mir her! Nimm und iß zuerst das Brot des Lebens und trinke zugleich den Wein der Erkenntnis und Kraft! Und sage dann dem Franziskaner, der schon lange einen leeren Magen hat, wie dir diese höllische Kost schmeckt!"

7 Miklosch, der Mich schon draußen heimlich zu erkennen anfing, kommt sogleich ehrerbietig und demütigst zu Mir und spricht: „Nun,

o Herr, kann ich zum erstenmal in meinem gesamten Sein wahrhaftig ausrufen: »O Herr, ich bin nicht wert, daß Du eingehst unter mein sündiges Dach!« — Aber ein heilig Wort nur rede, o Herr, und alles, was in und an mir ist, wird gesund! — Ja, das ist ein wahres lebendiges Brot der Himmel, Dein rechter Leib ohne Falsch und Trug, o Herr! Wer dieses Brot ißt, der wird ewig leben, denn es hat in sich die Kraft des ewigen Lebens! Und welch ein überhimmlischer Geschmack! — Und dieser Wein, rein aus Deinem Herzen geflossen, ist ebenso Dein wahrhaftiges Blut, durch das uns alle Sünden abgenommen werden, die wir je auf der Erde begangen haben. Und so wage ich es, ihn gleichwie das heilige Brot zu genießen. Welch ein Geschmack und welch ein Geist! O Herr, das faßt kein Sterblicher einer Welt! Brüder, esset und trinket und schmecket es selbst, wie viele Himmel in einem jeden Tropfen zu Hause sind!"

8 Alles greift nun zu und ißt und trinkt nach Herzenslust. Und niemand findet Worte, die große Herrlichkeit des Geschmacks, der Süße und des Geistes zu beschreiben.

149

Der Franziskaner versteift sich auf die römische Lehre
Miklosch kuriert ihn mit scharfen Fragen
Nun bricht auch bei dieser starren Seele das Eis
Seliges Staunen ob der himmlischen Wahrheiten

1 Nach einer Weile tiefsten Erstaunens spricht der Graf zum Franziskaner: „Freund, wenn es in deiner vermeintlichen Hölle so aussieht, da bleibe ich unverrückt darinnen — und der Bruder Miklosch sicher auch samt allen andern! Es sehen auch jene höllischen Geister und Geistinnen ungeheuer schön und herrlich aus. Wahrlich, in solch einer höllischen Gesellschaft wird sich's für ewig gar nicht so schlecht bestehen lassen! He, Freund, was meinst du da?"

2 Spricht mürrisch der Franziskaner: „Es sind schon unendlich viele an solcher höllischen Süße zugrunde gegangen und dieses Los wird auch euch noch zuteil werden! Ich bin zwar wohl auch sehr hungrig und be-

sonders aber durstig. Doch bis ich nicht gleich einem Thomas handgreifliche Beweise über alles das habe, traue ich dem Landfrieden nicht. Denn bei Ketzern, wie Robert Blum und Konsorten es sind, kann Gott der Herr nicht wohnen!"

3 Spricht Miklosch: „Freund, da komm mit mir an jenes große Fenster dort! Ich werde dir etwas zeigen." — Spricht der Franziskaner: „Was denn?" — Spricht Miklosch: „Wirst schon sehen!" — Spricht der Franziskaner: „Gut, so gehen wir hin! Aber täusche mich nicht, sonst —!"

4 Die beiden gehen ans Fenster. Und Miklosch zeigt dem Franziskaner eine große Freie außerhalb des Hauses und in bedeutender Ferne gegen Abend eine wie Budapest aussehende Stadt. Er sagt zu ihm: „Freund, jener Herr, den deine Dummheit für der Teufel Obersten hält, läßt dir durch mich sagen: »Ich gebe dich los von dieser Hölle! Dort ersiehst du Budapest. Gehe hin und schaffe dir daselbst oder irgendwo anders einen bessern Himmel!« — Du kannst auch hier gleich durchs Fenster hinausgehen, denn diese Fenster haben kein Glas." — Spricht der Franziskaner: „Ein wenig werde ich doch noch warten!" — Spricht Miklosch: „O warum denn? So das die Hölle ist, wie möchtest du dich wohl noch länger darin aufhalten?"

5 Spricht der Franziskaner: „Weißt du, ich möchte nur noch erfahren, ob etwa der Blum vor seiner Hinrichtung sich samt seinen Glaubensgenossen doch wieder in den Schoß der allein wahren und seligmachenden Kirche zurückbegeben hat. Ist dies der Fall, so kann hier bis auf die noch nirgends ersichtliche heilige Dreifaltigkeit alles in Ordnung sein. Wenn nicht, was ich eben am meisten befürchte, so ist das hier nichts als höllisches Blendwerk! Denn auch die Hölle ist voll hartnäckigsten Eifers, daß die Ihrigen zuvor wohl zubereitet werden, bis sie als volltauglich in die eigentliche Hölle eingelassen werden. Hier ist wahrlich alles beisammen: Christus, Maria und der heilige Joseph, alle heiligen Apostel, alle Urväter, Patriarchen und Propheten und sonst noch eine Masse Heiligkeiten. Wenn jedoch Blum und Konsorten noch die gleichen Ketzer sind, ist dies alles nur höllisches Blendwerk, und ich muß mich dann schnell von hier entfernen. — Denn schau, Freund, wenn der römische Papst nicht der wahre Stellvertreter Gottes auf Erden, und die römische Kirche nicht die allein wahre und seligmachende ist, die allein die Schlüssel zu Himmel und Hölle für alle

Menschen in ihren allerheiligsten Händen hat — so ist Christus gar nicht Christus und alle Religionen der Erde sind wertlose Hirngespinste. So stehen die Dinge, und ich bin darum äußerst auf der Hut, mich irgendwo von der Hölle berücken zu lassen. Denn die wahre Kirche ist ein Fels, den die Pforten der Hölle ewig nimmer überwinden werden."

6 Spricht Miklosch: „Gut, gut, gut! Alle diese römisch-katholischen Narrheiten kenne ich so gut wie du. Ich könnte dir deinen Mund zwar stopfen, so daß du auf tausend nicht eins erwidern könntest. Aber ich ziehe es vor, dich bloß durch einige Fragen ein wenig in die Enge zu treiben, sage dir aber im voraus, daß du mir jede beantworten mußt! Denn beantwortest du sie mir nicht, wirst du mir dadurch nur bejahen, daß das Papsttum keinesfalls von Christus gegründet wurde. So höre denn, das sind die Fragen:

7 Bei welcher Gelegenheit hat Christus das von der Kirche so hoch gehaltene Meßopfer, und zwar nur in der damals heidnischen römischen Sprache angeordnet? Ich bitte um eine streng aus der Heiligen Schrift belegte Antwort!"

8 Dem Franziskaner geschieht bei dieser Frage wie dem Ochsen vor einem neuen Tor. Es erfolgt keine Antwort.

9 Miklosch aber fragt weiter: „Da du keine Antwort findest, muß ich dir schon mit etwas Leichterem kommen. Bei welcher Gelegenheit hat denn Christus die Zeremonien, die reich verbrämten Gewänder, die Stola, das Quadratel, rote Strümpfe, die Impfel, den sehr wertvollen Hirtenstab (meines Wissens hat Er sogar den Aposteln verboten, einen Stock zu tragen!), die päpstliche Tiara, die sehr teuren Kardinalshüte verordnet? Bitte um eine Antwort! — Du bist schon wieder stumm! Nun, ich werde mit etwas noch Leichterem kommen:

10 Wann hat denn Christus der Herr, der eigentlich eine lebendige Kirche im Herzen des Menschen erbaut haben wollte — die gemauerten Tempel anbefohlen, deren es nun schon bei einer Million und darüber auf der Erde geben dürfte? Wann ihre heidnischen Einrichtungen, die privilegierten Altäre, die Gnadenbilder, das geweihte Taufwasser, ebenso das heiligste Chrisam? Die wahren Apostel tauften doch mit ganz natürlichem Wasser, wie es Gott erschaffen hat; ob sie sich bei der Taufe auch des heiligsten Öls bedienten, davon scheint die Geschichte ebenfalls zu schweigen! Wann die Glocken, Orgeln und Meß-

lieder, die teuren Meßrequisiten, wann die Exequien und die teuren Totenämter? Und bei welcher Gelegenheit hat Er die Kapläne, die Pfarrer, die Dechanten, die Domherrn, die Pröbste, Prälaten, Bischöfe und Kardinäle eingeführt und sie mit so großem Einkommen dotiert? Meines Wissens hat Er den Aposteln, als Er sie zum Ausbreiten Seiner Lehre hinaussandte, sogar verboten, Säcke zu haben, um irgendein Geschenk einstecken zu können! — Bitte hier abermals um eine wohlbezeugte Antwort! Rede nun, rede! Hast ja doch sonst stets eine so geläufige Zunge gehabt! Du bist und bleibst stumm? Das heißt also: »Ich weiß nichts zu sagen zugunsten der römisch-katholischen Kirche und bin daher lieber still!«

11 Spricht endlich ganz unwillig der Franziskaner: „Ich könnte dir wohl manches sagen, aber vor einem Ketzer ist es besser, zu schweigen!" — Spricht Miklosch: „Das glaube ich auch, besonders so man mit keinen Beweisen aufkommen kann! Sage mir aber wenigstens das, wann Christus die gottlose Formel des Übertritts von einer christlich-ketzerischen Religionssekte in die römische Kirche angeordnet hat? Wann den Ablaß, wann das Rosenkranzfest, wann das Portiunkulafest? Bei welcher Gelegenheit hat Er denn die heilige römische und spanische Inquisition eingesetzt? Und wann und warum all die Ordensgeistlichkeit eingeführt? Rede und gib mir Antwort! — Sieh, du bist schon wieder stumm wie eine Grabmauer! Warum? Das weiß ich! — Also etwas Leichteres:

12 Sage mir, wo in der Apostelgeschichte steht denn geschrieben, daß der Apostel Petrus wirklich in Rom das Papsttum gegründet hat? Meines Wissens hat sich dieser Apostel in seiner letzten Zeit in Babylonien aufgehalten und hat von dorther nach Jerusalem auch einen Brief geschrieben. Aber Rom und Petrus haben einander ebensowenig gesehen, wie ich und der Kaiser von China! Aber vielleicht hast du andere, verbürgte Daten, und so rede! — Aber du redest schon wieder nichts. Dir fällt sicher wieder nichts Haltbares ein. Schau, was du doch für ein armer Mensch bist mit deiner Papstverteidigung!

13 Aber das wirst du mir vielleicht doch sagen können, wann Christus oder Petrus dem Papst den Titel »Heiliger Vater« gegeben und den ablaßreichen Pantoffelkuß angeordnet haben? Christus hat ja meines Wissens streng untersagt, irgendjemand anders gut und heilig zu nennen als bloß nur Gott allein. So sollte man auch niemanden Vater nen-

nen, als Gott ganz allein, denn alles andere sei Bruder und Schwester! Aber wer weiß, ob da Christus, der Herr, hintendrein, so Ihm etwas Besseres mag eingefallen sein (?), nicht eine Menge uns Laien unbekannte nachträgliche Verordnungen hat ergehen lassen — trotzdem Er es Selbst offen vor vielen Menschen zu Jerusalem fest erklärte: »Himmel und Erde werden vergehen, aber Meine Worte nicht!«

14 Ja, mein Freund, du schweigst noch immer und deine ärgerliche Verlegenheit kann man dir schon aus dem Gesicht lesen. Was soll denn daraus werden? — Schau, ich könnte dir noch mit tausend solch sonderbarer Fragen aufwarten. Aber was nützte das? Du magst mir keine beantworten! Und so wird es besser sein, du läßt entweder den Papst ganz fahren, gehst zum wirklichen Herrn hin und bekennst vor Ihm treu und offen deine Dummheit — oder du machst dich auf die Reise nach dem ersichtlichen Budapest hin!"

15 Spricht endlich der Franziskaner: „Freund, du hast mich durch deine merkwürdigen Fragen auf ganz andere Ideen gebracht, wofür ich dir sehr dankbar bin. Und ich will dir folgen zu jenem einzig Wahren hin!"

16 Spricht Miklosch: „Also nicht nach Budapest hin?" — Spricht der Franziskaner: „Wahrlich nein! Denn ich glaube, in den Städten der Welt schaut für einen Geist verdammt wenig mehr heraus. Was könnte da einem Geist alles widerfahren, so er sich irgend blicken ließe!" — Spricht Miklosch: „Rede doch nicht gar so geschwollenes Zeug zusammen! Welcher Sterbliche hat denn je einem Geist etwas antun können? Aber besser wärst du dort freilich nicht geworden, sondern nur um vieles schlechter. Denn von Disteln pflegt man wohl nie Trauben zu ernten."

17 Spricht der Franziskaner: „Aber nun sage mir, weil du wirklich bedeutend weiser bist als ich: Ist denn das wohl das leibhaftige Budapest von Ungarn? — Mir kommt die Sache denn doch ein wenig verdächtig vor! — Ich bin der Meinung, daß jene sichtbare Stadt mehr eine Illusion als etwas Wirkliches ist." Spricht Miklosch: „Lassen wir das gut sein. Ob das, was wir sehen, Wirklichkeit ist oder nicht, wird uns schon noch klar werden. Wir gehen nun hin zum Herrn, bekennen vor Ihm unsere große Torheit und überlassen dann alles andere Ihm allein."

18 Spricht der Franziskaner: „Aber meinst du nicht, daß es vielleicht

gut wäre, so wir uns zuvor an die allerseligste Jungfrau Maria wendeten, weil sie ja auch da ist!“ — Spricht Miklosch: „Warum nicht gar an Adam und Eva und alle Patriarchen und Propheten? An wen hat sich denn der Graf gewendet? An niemand anderen als geradewegs an den Herrn Selbst! Und sieh, er ist bei Ihm, und zwar zuallernächst! Willst du etwa noch näher sein? — Sieh auch Robert Blum an, dem der Herr dieses Haus voll Pracht und Größe für ewig zu eigen gegeben hat: der hat sich zuvor sicher auch an den Herrn selbst gewendet und ist überselig! Willst du etwa noch mehr?“

19 Spricht der Franziskaner: „Du hast recht! Es hängen einem eben noch viele Narrentümer an, die man nicht auf einmal loswerden kann. Aber Geduld, es wird sich mit der Zeit alles machen. Gehen wir daher jetzt nur zum Herrn hin und zeigen uns Ihm, wie wir sind! Ich meine, Er wird es mit unsereinem ja doch nicht gar so römisch-katholisch genau nehmen!“

20 Spricht Miklosch: „Ist meine geringste Sorge! Schau, ich bin doch gewiß schön dumm und dazu noch sehr schlechten Herzens gegenüber dem Herrn — und schon ich könnte dich deiner Blindheit wegen doch unmöglich scharf angehen, sondern dich als ein rechter Bruder nur ganz gemütlich behandeln. Um wieviel mehr läßt sich das vom Herrn, der Selbst die reinste Liebe ist, im Vollmaß erwarten! Gewiß wird der Herr auch höchst scharfe Seiten haben, besonders gegen den Hochmut, Geiz, Neid und gegen alle, die ihre irdisch ärmeren Brüder als reine Nullen angesehen haben. Aber gegen uns, die wir auch im gemeinsten Mann stets den Menschen sahen, wird Er sicher viel milder sein. Und so gehen wir jetzt nur guten Mutes zu Ihm!“

21 Die beiden treten nun schnell zu Mir. Ich aber gehe ihnen einige Schritte entgegen und sage zu Miklosch: „Nun, ist dir Bruder Cyprian doch nicht durchgegangen? Das freut Mich recht sehr! So kommet nur! Etwas Brot und Wein ist noch vorrätig: Esset und trinket davon nach eurem Bedürfnisse! — Nachher werde Ich euch alle in das große Museum dieses Hauses führen, da werdet ihr Augen machen! — Gehet jetzt nur schnell zum Tische und stärket euch!“

22 Die beiden treten nun schüchtern zum Tisch hin, und der Franziskaner, weil er gerade vor Maria zu stehen kommt, getraut sich kaum etwas anzurühren.

23 Die Mutter Maria aber lächelt ihn an und spricht: „Aber lieber

Freund Cyprian, warum denn gar so verlegen? Iß und trink! Meinst du denn, hier im Himmelreich geht es auch so hochmütig zu wie an den Höfen der Könige auf der finsteren Erde? O mitnichten! Hier sind wir alle wie Kinder und lieben den Vater und sind voll Liebe, Güte und Sanftmut gegen jedermann! Daher also keine Scheu mehr, mein lieber Cyprian!"

24 Cyprian sinkt vor Ehrfurcht vor Maria fast zusammen. Aber Miklosch sagt zu ihm: „Sei nur jetzt nicht dumm, lieber Bruder, und tu, was dir der Herr Selbst und die liebste Maria gesagt haben!" — Spricht der Franziskaner: „Du hast leicht reden! Denn das feine höhere Gefühl war dir sicher nie im höchsten Grad eigen. Aber ich, der ich schon von Geburt an so empfindlich war, daß ich über den Tod einer Fliege habe weinen können, bin hier auf ganz kuriose Gefühlskohlen gestellt."

25 Rede Ich: „Mache dir nichts daraus, das ist nur anfangs so. Mit der Weile wirst du schon mutiger werden." — Spricht der Franziskaner: „O Herr, Deine ungeheure Herablassung könnte einem gerade das Herz vor Liebe zu Dir bersten machen!" — Rede Ich: „Nun, so iß und trink! Sieh, Miklosch hat seinen Mann schon gestellt! — Robert! Mehr Brot und Wein herbeigeschafft! Ich merke es dem Miklosch an, daß es ihm schmeckt."

150

Der Franziskaner labt sich. In heißem Dank gedenkt er des Herrn
Das wahre Himmelreich mit neuen Wundern
Die Gesellschaft der Seligen im Hauptsaal
„O Herr, wie groß bist Du!"

1 Robert holt schnell mehr Brot und Wein. Der Franziskaner nimmt unter tiefster Verbeugung vor den Speisen das Brot und ißt es. Schon beim ersten Bissen weiß er sich vor lauter Entzücken über den wunderbaren Wohlgeschmack gar nicht zu helfen. Als er aber darauf den Wein verkostet, ist es völlig aus mit ihm. Man vernimmt von ihm nichts als ein nimmer endenwollendes Aaah!

2 Bei dieser Verwunderung fragt ihn der schon beherztere Mik-

losch: „Nun Bruder, was sagst denn du jetzt zu deiner früheren »höllischen Illusionskost«? Mir scheint, daß dir dieser Schwefelpfuhl ganz vortrefflich schmeckt!"

3 Spricht freundlich lächelnd der Franziskaner: „Mein lieber Bruder, zum Sein eines jeden Menschen gehören vier Dinge: Zuerst das In-die-Welt-erschaffen-Werden. Darauf kommt die Dummheit, in der sich der Mensch auf der Welt breitmacht. Nummer drei kommt dann des Leibes Tod, der zwar der Seele die schwere Fleischbürde abnimmt, ihr aber dabei die weltliche Dummheit ungeschmälert beläßt. Und so geschieht es, daß — Nummer vier: der Mensch auch in der Geisterwelt zuerst dumm sein muß, um weise werden zu können. Und so ging es denn auch mir!

4 Du weißt es so gut wie ich, wie dumm unser Glaube bestellt war und wie dumm das Dogma, das ihn uns einbläute! Woher hätten denn wir bei solch einer Lehre die wahre Weisheit schöpfen sollen? Als dann der Tod über uns kam, da hat er uns als unveränderte Ochsen angetroffen und uns als solche hierher versetzt. In dieser Eigenschaft wären wir bis in Ewigkeit verblieben, so nicht der übergute, heiligste Herr, Gott und Vater Seine allmächtigen Hände an uns gelegt hätte. Ihm daher alles Lob, allen Preis und Dank! — Aber da sieh, Bruder Robert hat noch einen tüchtigen Becher voll Wein und einen ganzen Laib des köstlichen Brotes hierher auf den Tisch gebracht!"

5 Spricht Miklosch: „Wahrlich zu viel des Guten! Iß und trink, Bruder! Ich habe meinen Mann bereits gestellt und bin nun so gesättigt und gestärkt, daß ich es für ewig aushalten könnte." — Spricht der Franziskaner: „Mir geht es nun ebenso! Aber was etwa der Herr dazu sagen möchte, so wir Ihm dies Brot und diesen Wein zubrächten?"

6 Spricht die Mutter Maria: „Tut es, tut es! Das wird Ihn freuen!" — Spricht der Franziskaner: „ So die Allerseligste damit einverstanden ist, gibt es kein weiteres Fragen mehr. Er spricht nun zwar mit dem Grafen, aber das macht nichts. Nimm du nur den Wein, ich werde das Brot nehmen, und so wollen wir Ihn überraschen!"

7 Beide bringen Mir nun Brot und Wein, und der Franziskaner sagt in höchster Demut: „Herr, Du sagtest einst auf Erden: »Nun werde Ich von diesem Gewächs nicht eher etwas genießen, bis Ich es neu genießen werde mit euch in Meinem Reich!« Herr, hier ist nun Dein wah-

res Reich. O so genieße denn zu unserem Trost von diesem neuen Gewächse Deines Reiches!“

8 Rede Ich: „Das freut Mich wahrlich sehr, daß ihr euch Meiner erinnert und als Kinder eurem Vater auch etwas zu essen und zu trinken gebracht habt! Ich könnte Mir es freilich wohl Selbst nehmen, aber dann hätte es Mir bei weitem nicht so geschmeckt, als wenn es Mir Meine Kindlein zubringen. Und so gebet das Brot und den Wein nur her und ihr werdet euch sogleich überzeugen, daß Ich im Ernste davon essen und trinken werde! Darauf verzehre Ich etwas Brot und Wein und gebe den Rest den Umstehenden, die alle davon genießen und eine abermalige, noch größere Stärkung in sich wahrnehmen.

9 Der Franziskaner aber sagt dazu, im höchsten Grad entzückt: „Herr, Gott und Vater! So es mir selbst ein Engel auf der Erde gesagt hätte, daß es in Deinem Himmelreich so zugehe, so hätte ich ihm nicht geglaubt! Wo ist hier der von uns Rom-Katholiken geglaubte übermystisch gloriöse, göttlich unanschaubar heilige Nimbus? Wo das schrecklich ernste Richtergesicht des Gottessohnes? Wo das des unerbittlichen Vaters? Alles ist hier so natürlich, die größte Herablassung, die höchste Freundlichkeit von allen Seiten! Und Du als höchstes Gottwesen wandelst am allereinfachsten unter allen einher. Niemand merkt Dir es äußerlich an, was und wer Du bist! Deine Rede ist die schlichteste von der Welt und alles an Dir ist Zeuge der größten Prunklosigkeit!

10 Wahrlich, man könnte in Zweifel kommen, wenn einem die große Majestät dieses Saales, das hereinfallende herrliche Licht und alle die übergut frisch und engelsjung aussehenden und herrlichst bekleideten Seligen nicht sagten: »Dies ist das wahre Himmelreich! Es kann ewig kein wahreres geben als das, wo der Herr Himmels und der Welten im schlichtesten Hauskleid unter Seinen Kindern wandelt und für sie sorgt!« Ich muß offen gestehen, daß mir nach den Worten des Evangeliums hier anfangs so manches nicht zusammenging. Denn es wird dort öfters erwähnt, wie der Sohn zur Rechten des allmächtigen Vaters sitzt im ewig unzugänglichen Licht. — Wieder heißt es an einer Stelle: »Ich werde kommen in den Wolken der Himmel mit großer Macht, Kraft und Herrlichkeit und richten die Lebendigen und die Toten!« Und wie seltsam mystisch sind die Gesichte des Johannes! Von alledem aber ist hier keine Spur, sondern es ist alles himmelhoch anders! Darum ist uns gewisserart auch zu vergeben, so wir hier in diesen wahrsten

Himmel eine Zeitlang hineinschauten wie chinesische Ochsen in ein spanisches Dorf.

11 Aber ich sehe nun ein, daß nur ein gerade so gestalteter Himmel jedem Geiste die wahrste, freieste und somit auch höchste Seligkeit für ewig bieten kann. Dafür sei Du, o heiligster und liebevollster Gott und Vater, von uns allen gelobt, geliebt und gepriesen!“

12 Rede Ich: „Nun, Mein lieber Cyprian, es sieht hier gewiß alles sehr einfach aus und man entdeckt nirgends ein unnötiges Gepränge. Aber darum mußt du dennoch nicht meinen, als wären mit dem, was du nun siehst, Meine Himmel schon abgeschlossen! Warte nur ein wenig und du wirst des Wunderbaren noch in Hülle und Fülle zu sehen bekommen!

13 Wir werden jetzt in den anstoßenden Saal gehen und von dort ins große Museum dieses Hauses, wo sich dir Dinge vorstellen werden, vor denen du sicher niedersinken wirst. Aber selbst da darfst du nicht denken, daß es damit schon eine Grenze mit Meinen Himmeln hat, sondern das ist alles erst des Anfangs erster Voranfang!

14 Aber dessenungeachtet werde Ich dennoch bleiben, wie Ich nun bin! Und wenn du alle Dinge verändert und ins Endlose verherrlicht erschauen wirst, werde Ich dennoch ewig unverändert inmitten Meiner Werke erscheinen, obschon deren Größe und Tiefe keine Ewigkeit je ermessen wird. — Jetzt aber machen wir uns auf und begeben uns in den großen Saal!“

15 Alle die mehreren tausend Gäste gehen nun voraus. Ihnen folgen die Urväter und die Apostel. Vor uns geht Maria mit Joseph und dem Apostel Johannes. Mir zunächst gehen der Graf, der Franziskaner, Miklosch, der General, dann Thomas und Dismas. Hinter uns gehen Robert mit seiner Helena, Becher, Jellinek, Bruno, Bardo, Niklas und die vierundzwanzig Tänzerinnen, die dem Robert die Geschirre und Gefäße nachtragen.

16 Als wir so geordnet in den großen Saal gelangen, in dem sich die mehreren tausend Gäste geradeso ausnehmen, als ob sich kaum einige dreißig Menschen darin befänden, da sinkt der Franziskaner vor Verwunderung fast nieder und spricht:

17 „O Herr, das ist zuviel auf einmal für einen schwachen Geist! Diese Größe, diese Höhe, diese Pracht! Wahrlich, Herr, das wird doch kein Voranfang sein, sondern das ist schon der gesamte Himmel mit

allen Enden, wie man zu sagen pflegt! Die Decke gleich dem ganzen Sternenhimmel mit den herrlichsten Sterngruppen! Die Wände sind gleich Wolken im Morgenrot strahlend! Und die wundersamst verschlungenen Galerien gleichen den hohen Bergzinnen, die zuerst im Morgengold prangen! — O herrlich, herrlich! Das ist zuviel auf einmal für einen schwachen Geist! — O Herr, wie groß bist Du!!!“

— Ende des ersten Teils —

Inhaltsverzeichnis:

Kapitel Seite

Kriegsgefallene als neue Gäste

Robert und Helena

Ein Mönch und sein Erleben der ewigen Liebe

Gewinnung der 3000 Kriegsgefallenen

Neue Gäste: Unglücksscharen politischer Todesopfer

Sachverzeichnis

(Die ersten Ziffern bedeuten die Kapitel, die zweiten den Abschnitt)

Personenverzeichnis

(Die ersten Ziffern bedeuten die Kapitel, die zweiten den Abschnitt)